CULINARIA
FRANKREICH

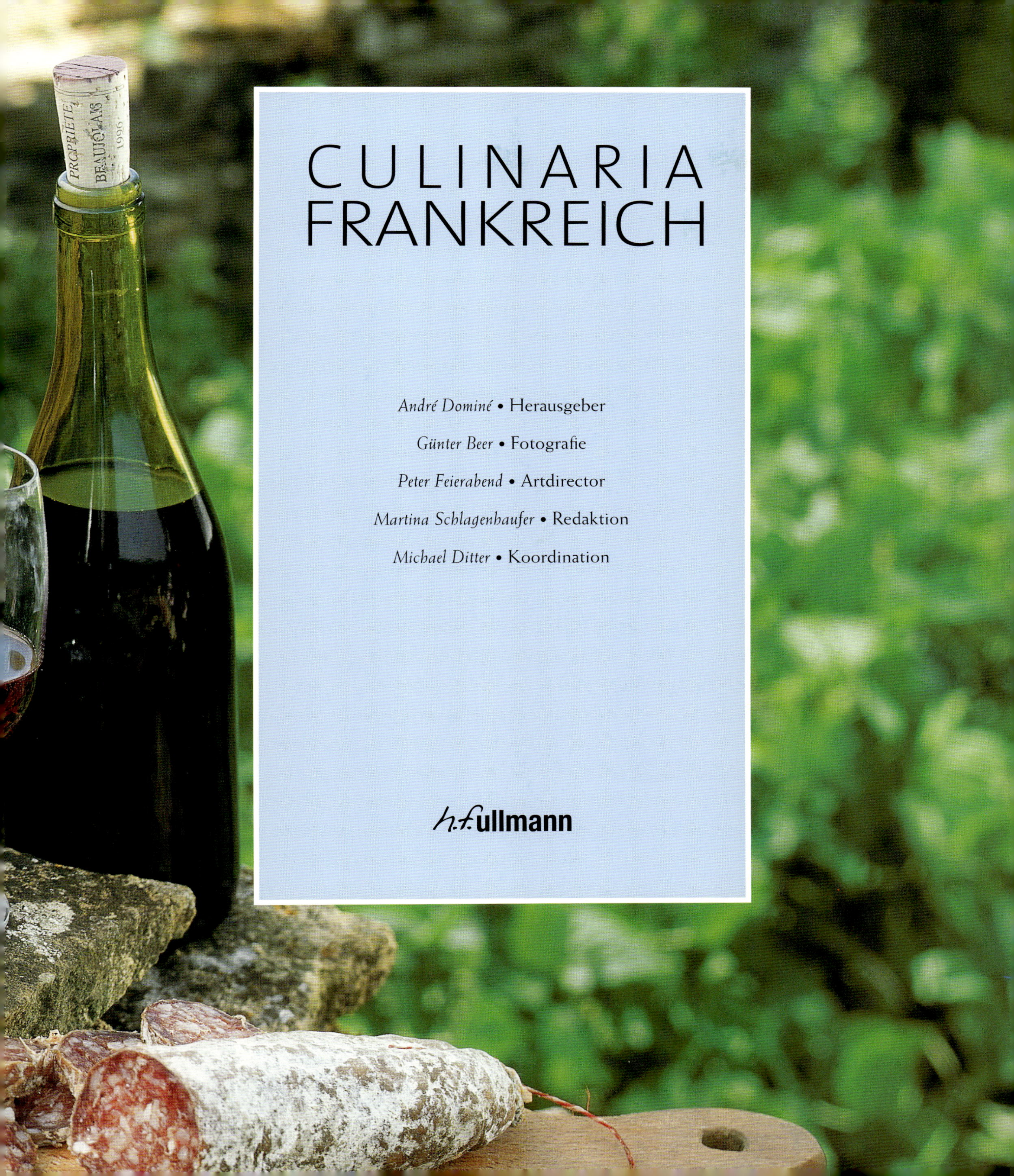

CULINARIA FRANKREICH

André Dominé • Herausgeber

Günter Beer • Fotografie

Peter Feierabend • Artdirector

Martina Schlagenhaufer • Redaktion

Michael Ditter • Koordination

h.f.ullmann

Hinweise zu Abkürzungen und Mengenangaben

1 g	= 1 Gramm = 1/1000 Kilogramm
1 kg	= 1 Kilogramm = 1000 Gramm
1 l	= 1 Liter = 1000 Milliliter
1 ml	= 1 Milliliter = 1/1000 Liter
1 EL	= 1 gestrichener Eßlöffel
	= 15–20 Gramm bei trockenen Zutaten (je nach Gewicht)
	= 15 Milliliter bei flüssigen Zutaten
1 TL	= 1 gestrichener Teelöffel
	= 3–5 Gramm bei trockenen Zutaten (je nach Gewicht)
	= 5 Milliliter bei flüssigen Zutaten

Löffelangaben beziehen sich bei trockenen Zutaten immer auf die verarbeitete Rohware, beispielsweise: 1 EL gehackte Zwiebeln, aber: 1 Zwiebel, geschält und gehackt

Mengenangaben in den Rezepten
Wenn nicht anders angegeben, sind die Rezepte für vier Personen berechnet – ausgenommen Drinks (jeweils pro Person) und Büfett-Gerichte (für eine unbestimmte Anzahl von Personen, die sich nach Belieben bedienen).

© 2004/2007 Tandem Verlag GmbH
h.f.ullmann ist ein Imprint der Tandem Verlag GmbH

Originaltitel: *Französische Spezialitäten*
ISBN 978-3-8331-1048-1

© 2007 für diese Ausgabe: Tandem Verlag GmbH
h.f.ullmann ist ein Imprint der Tandem Verlag GmbH

Sonderausgabe

Fotoassistenz:	Markus Bassler
Karten:	Astrid Fischer-Leitl
Rezept-Redaktion und -Übersetzung:	Francie Jouanin
Korrekturen:	Sabine Bleßmann
Register:	Regine Ermert
Layout:	Georg Windheuser, Michael Ditter
Coverdesign:	Peter Feierabend, Claudio Martinez
Foto Vorderseite:	©Tandem Verlag GmbH/Ruprecht Stempell
Foto Rückseite:	©Tandem Verlag GmbH/Günter Beer. www.beerfoto.com

Printed in China

ISBN 978-3-8331-4520-9

10 9 8 7 6 5 4 3 2 1
X IX VIII VII VI V IV III II I

Nach einer Idee von Ludwig Könemann

Inhalt

Vorwort   9

Paris · Île-de-France   10–51

Die Hallen   14
Rungis – Der neue Bauch von Paris 14

Die Baguette   17

Pariser Frühstück   18
Populäre Brotformen 18
Pariser Brotsorten 19

Café   20
Chicorée à café 21

Jüdische Back- & Kolonialwaren   22

Patisserie   24

L'Opéra   26

Pariser Gastronomie   28
Wo man sich ganz nach Gusto ›restaurieren‹ kann 30

Grand Hôtel   32

Historische Küche   34
Klassische Rezepte 34

Die besondere Behandlung: Der Traiteur   37

Frankreichs Sterne   40
Kochschulen 41

Küchenutensilien   42

Pariser Alltagskost   44

Käse   46
Französischer Käse auf einen Blick 47
Käseübersicht 48–51

Champagne · Lorraine · Alsace   52–89

Champagner   56
Wer Ihren Champagner wirklich abgefüllt hat 57
Champagnertypen 58

Schweinsfüße, Wurst & Schinken   60

Auf der Jagd   62

Wildgerichte aus den Ardennen   64

Kaviar der Konfitüren   66
Seltene Konfitüren und Gelees 66

Quiche lorraine & Konsorten   68

Königliches Gepäck: Baba, Madeleine & Kougelhopf   70

Elsässer Backwaren   72

Choucroute   74
Alexandre Dumas' Choucroute 75

Bierbrauen 76
Elsässer Bier   77

Straßburger Gänseleberpastete   78
Tips zur fois gras 79

Winstub   80
Weitere Winstub-Gerichte 81

Munster Käse   82
Geburt eines Munsters 83

Die Weine des Elsaß   84
Die 50 Grands Crus des Elsaß 85
Rebsorten im Elsaß 86
Wie man ein Elsässer Weinetikett liest 86

Eau-de-vie   88
Mirabelle de Lorraine 88

Nord – Pas de Calais · Picardie
Normandie · Bretagne   90–125

Fischfang   94
La Criée de Boulogne:
Fischversteigerung unter Dach und Fach 94
Boulogne-sur-Mer 95

Der Hering   97

Meeresfische des Nordens   98

Meeresfrüchte   100
Belon-Austern 100
Cotriade 102

Genièvre   104
Brauereien im Norden 104

Berlingots   106
Bêtises de Cambrai 106
Zucker 107

Camembert   108

Andouille de Vire   110
Potjevlesh 110

Hummer   112

Kutteln   113

Cidre   114

Calvados   116
Pommeau 117

Apfeldesserts   118

Blumenkohl & Artischocken   120

Das Meersalz der Guérande   122

Galettes   124

Crêpes & Kuchen   125

Pays de Loire · Centre   126–149

Frühgemüse   130
Endive – Chicorée 131

Champignons de Paris   132

Fische aus der Loire   134

Schlachtspezialitäten der Touraine   136
Frankreichs Andouillettes 137
Innereien 139

Die Weine der Loire   140

Essig von Orléans   144
Vom Umgang mit Essig 145

Die echten Pralinen   146
Praliné und Ganache 147

Crottin de Chavignol   148

Bourgogne · Franche-Comté   150–193

Anis de Flavigny   154
Pain d'épice de Dijon 155

Kir & Crème de Cassis   156

Traditionelle Rezepte des Burgund   158

Charolais   160
Charolais Terroir 161
Der Umgang mit hochwertigem Rindfleisch 163

Moutarde de Dijon Senfsorten 164	164
Exquisite Speiseöle	166
Innovative burgundische Küche	168
Mönchskäse Käse des Burgund 171	170
Die Weine des Burgund Die kommunalen Appellationen 173	172
Chablis Lagen und Gemeinden 175	174
Pinot Noir	176
Grands Crus der Côte de Nuits	180
Grands Crus der Côte de Beaune Hospices de Beaune: Die berühmteste Weinversteigerung der Welt 181	181
Marc de Bourgogne	182
Geräuchertes aus dem Jura Schinken von Luxeuil-les-Bains 186	185
König der Bergkäse: Le Comté Käsespezialitäten aus dem Jura 189	188
Die grüne Fee und der Anis von Pontarlier: Absinth Der Kirsch der Franche-Comté 191	190
Die Weine des Jura Die Rebsorten 193 Die Appellationen 193	192

Lyon · Rhône-Alpes   194–233

Lyon: Bistrot & Bouchon	198
Lyoner Bistrot-Küche	200
Wurstspezialitäten aus Lyon	202
Lyoner Schokolade	204
Coulis-Kunst	206
Beaujolais Le Beaujolais nouveau est arrivé 209	208
Die Weine des Beaujolais Appellationsstufen des Beaujolais 210 Coteaux du Lyonnais 211	210
Karpfen und Hechte der Dombes	213
Volaille de Bresse	214
Feines Federvieh & Co Rezepte mit Bresse-Geflügel 218	216
Saint-Marcellin	220
Ein Menü an der Drôme	222
Früchte aus dem Rhône-Tal	224
Große Weine der nördlichen Rhône Côte-Rôtie, Condrieu, Hermitage & Co	228
Chartreuse	230
Liköre	232

Poitou-Charentes · Limousin   234–255

Austern Austernsorten 239 Austerngrößen 239	238
Feines von der Küste	240
Frankreichs beste Butter: Échiré Crème fraîche 243	243
Himmlische Verführung: Angélique de Niort	244
Limousin-Rinder Das Milchkalb von Brive 247 Bildatlas zum französischen Fleischschnitt beim Rind 248	246

König der Kaninchen Küche der Autarkie 250 Violetter Senf 251	250
Star unter den Weinbränden: Cognac Pineau des Charentes 253	252
Barrique & fût: Eichenfässer	255

Bordeaux · Périgord · Gascogne · Pays Basque   256–309

Bordeaux und seine Appellationen Wichtigste Rebsorten im Bordeaux 261	260
Crus Classés	262
Médoc, Graves und Cabernet Sauvignon Die trockenen Weine des Médoc und der Graves 269	268
Die großen Süßen von der Gironde Sauternes und Barsac 271	270
Saint-Émilion, Pomerol und der Merlot	272
Die Weine des Südwestens	274
Fischen auf der Gironde Caviar de Gironde 277	277
Das Lamm von Pauillac	278
Fischfang der Basken	280
Ganz und gar baskisch Piment d'Espelette 282 Gâteau basque 283	282
Almkäse in Gefahr 284 Schafskäse aus den Pyrenäen: Brebis	285
Birnenwasser aus der Pilgerstadt: Branas Cidre basque 286	286
Baskischer Wein: Irouléguy	287
Fast ein Schlaraffenland: Jurançon	288
Madiran Pyrenäenweine 291	290
Jedem sein Sonntagshuhn: Poule au pot	292
Wo fette Vögel friedlich watscheln: Gänse-Ehre	294
Marché au gras Kriterien der Klassifizierung 296 Enten-Entente 297	296
Ente im Kurs	298
Pruneaux d'Agen	300
Armagnac Floc de Gascogne 302 Armagnac auf einen Blick 303	302
Chariot de desserts	304
Wo der Tabak wächst Tabaksorten 307	306
Der blaue Dunst	308

Toulousain · Quercy · Aveyron · Auvergne 310–345

Chasselas de Moissac	315
Cassoulet de Castelnaudary	316
Millas	317
Schwarzer Wein von Cahors	318
Couscous	320
Der Rosarote von Lautrec: Knoblauch	322
Der Lämmer beste Stücke: Souris & quasi des Quercy	324
Frankreichs beste Schafe 324	
Wildpilze	326
Laguiole, das Messer	328
Roquefort	330
Die Käse der Auvergne	332
Käseküche der Auvergne	334
Würste & Schinken	336
Die grünen Linsen von Puy	338
Bodenständiges Backwerk: Fouace	340
Mineralwasser	342
Die großen Wässer Frankreichs 344	

Roussillon · Languedoc · Les Cévennes 346–383

Apéritifs à base de vin	350
Muscheln des Bassin de Thau	352
Soupe de poissons	354
Küstenrezepte	356
Anchovis	359
Die Cargolade	360
Schneckenkunde 360	
Weinbergschnecken 361	
Wildschweine	362
Omelett auf dem Bauernhof 363	
Katalanische Kochkunst	364
Desserts à la catalane	366
Touron	368
Rousquille 369	
Touron-Sorten 369	
Das süße Erbe der Tempelritter: Vins Doux Naturels	370
Appellationen 370	
Kategorien 371	
Die Weine des Roussillon	372
Collioure 372	
Wichtigste Rebsorten im Midi 373	
Fitou, Corbières & Minervois	374
Limoux 374	
Von der Masse zur Klasse: Languedoc-Weine	376
Vins de Pays 376	
Die Appellationen 377	
Die Cevennen	378
Deftiges mit Tradition: Manoul & Moche	380
Cevennen-Honig	382
Wissenswertes über Honig 382	
Miel de Narbonne 383	

Provence · Côte d'Azur 384–431

Plädoyer zweier Experten: Die echte Bouillabaisse	388
Fische und Meeresfrüchte der Provence	390
Die eßbaren Teile des Hummers und des Seeigels 391	
Der Umgang mit Krebstieren 392	
Provenzalische Fischgerichte	394
Oliven	396
Huile d'olive	398
Olivenöle der Provence 399	
Aïoli & pistou	401
Herbes de Provence: Zauberkräuter	402
Die wichtigsten Kräuter der Provence 403	
Pastis	404
Appetitlicher Strauß: Mesclun	406
Gemüse des Südens	408
Gemüseküche	410
Trüffelzeit in der Provence	412
Trüffelsorten 412	
Gemüse kann nicht alles sein: Fleisch & Geflügel	414
Reis der Camargue	416
Die Stiere der Camargue	419
Die Weine der südlichen Rhône	421
Appellationen der südlichen Rhône 421	
Die Weine der Provence	422
Appellationen der Provence 423	
Provenzalische Süße	424
Calissons d'Aix	426
Die 13 Weihnachtsdesserts	428
Nougat 428	
Kandierte Früchte	429
Gâteau des Rois 429	
Dichtes Krippengetümmel: Santons	430

La Corse 432–455

Frisch aus der Hölle: Fische	436
Korsische Fischrezepte	438
Boutargue 438	
Die heimlichen Prozente: Fruchtweine, Liköre & Co	440
Korsische Elixiere 441	
Cedratzitrone: Anspruchsvoller Duft 441	
Prisuttu, figatellu & Co: Wissen um Salz & Rauch	442
Unsere tägliche Kastanie: Brot vom Baum	444
Unverfälscht korsisch	446
Brocciu	448
Korsische Käse 448	
Schafe und Ziegen 449	
Brocciu à la carte 450	
Korsischer Wein	452
Die neun Weingebiete 453	
Clementinen	454

Anhang 457–468

Eingefaßt von Ardennen, Alpen und Pyrenäen, von Atlantik, Rhein und Mittelmeer, ist Frankreich so reich an verfeinerten und deftigen, an flüssigen und festen, an herzhaften und süßen Spezialitäten, daß selbst ein so umfangreiches Buch wie dieses nicht ausreicht, sie alle zu erfassen. Statt also jedem Wurstzipfel, Kuchen oder Wein nachzujagen, haben wir uns auf Produkte konzentriert, die bis heute oder von heute an Esprit, Kenntnis und Können ihrer Urheber verkünden, seien sie bekannt oder vergessen. In allen Regionen des Landes haben wir Meisterinnen und Meistern kulinarischer Berufe über die Schulter geblickt, um mitzuerleben, nachzuvollziehen, festzuhalten, worauf es bei Qualität ankommt, und um das Geheimnis des Geschmacks zu enträtseln. Wir haben gelernt, in der Schönheit und Verschiedenartigkeit der französischen Landschaften auch die Grundlagen zu erkennen, mit denen die Natur die Voraussetzungen für manche Genüsse erst schafft, mag es sich dabei nun um Butter oder Birnen, Camembert oder Champagner, Langusten oder Linsen, Pfefferschoten oder Poularden handeln. Nicht immer konnten wir deshalb den am grünen Tisch gezogenen Grenzen folgen, sondern sahen aus der feinschmeckenden Perspektive anders zusammengefügte Regionen. Fasziniert ließen wir uns von alten Traditionen berichten, bestaunten kulinarisches Geschick, befolgten Grundregeln und begannen mit neuer Einsicht zu genießen. Überall hieß man uns freundlich willkommen, gewährte uns bereitwillig Einblicke in Küchen, Kammern und Keller und teilte mit uns das Wissen, das nur die Praxis schenkt. Mit jedem Besuch, jeder Begegnung, jedem Fototermin fügte sich dieses Buch mehr und mehr zusammen. Aus Tausenden von kleinen Mosaiksteinen entstand so mit der Zeit das im wahren Wortsinn geschmackvolle Bild einer Nation von Feinschmeckern, in der Tag für Tag Frauen und Männer, Gärtner und Bauern, Köche und Traiteure, Bäcker und Konditoren, Metzger und Käsemeister, Winzer und Brenner, Profis und Amateure mit Traditionsbewußtsein und Einfallsreichtum, viel Engagement und Liebe zu ihrer Aufgabe oder zu ihrem Beruf eine nahezu paradiesisch anmutende Fülle an hochwertigen Genüssen zaubern, wie exklusiv oder einfach sie auch immer sein mögen. Ihnen allen ist es zu verdanken, wenn dieses Buch einen authentischen Eindruck französischer Lebensart vermittelt.

André Dominé

Paris
Île-de-France

Sharon Sutcliffe

Die Hallen
Die Baguette
Pariser Frühstück
Café
Jüdische Back- & Kolonialwaren
Patisserie
L'Opéra
Pariser Gastronomie
Grand Hotel
Historische Küche
Der Traiteur
Frankreichs Sterne
Küchenutensilien
Pariser Alltagskost
Käse

In Paris liebt man es, Essen zu gehen, ob in elegante Restaurants, stimmungsvolle Brasserien oder sympathische Bistrots.

Jedes Jahr im Herbst, wenn die Trauben auf dem Montmartre eingebracht werden, feiern die Pariser ein Volksfest.

Der schier unersättliche Appetit seiner Einwohner und das Genie seiner Köche haben Paris zur unbestrittenen Kapitale des guten Essens erhoben. Seine 20 Arrondissements, die wie auf einer Spirale aufgereiht Notre-Dame umkreisen, beherbergen ungezählte Horte des Genusses: seien es nun kleine, traditionell geführte Bäckereien, die ihre knusprigen Baguettes anbieten, seien es reichbestückte Käseläden oder luxuriöse Delikatessengeschäfte, in denen Trüffel, Gänsestopfleber oder Kaviar wie kostbare Juwelen ausgestellt werden. Keine Zutat fehlt im aktuellen Angebot, wie exotisch oder bescheiden sie auch sein mag.

Schon vergangene Zeiten kannten neben den harten Hungerperioden ein vielfältiges, aber oft auch sehr kostspieliges Angebot. Denn die Seine brachte die köstlichen Produkte der Champagne und des Burgund, der Normandie und der Auvergne sowie die frischen, aber nur begrenzt verfügbaren Erzeugnisse der umgebenden Île-de-France bis nach Paris. Damals schwärmte die Seine-Metropole von den Pfirsichen aus Montreuil, von den Kirschen aus Montmorency und vom Spargel aus Argenteuil. Und wo sich nun der Eiffelturm erhebt, erstreckten sich früher Weingärten. Die meisten Dörfer, die die Hauptstadt versorgten, wurden inzwischen selbst von ihr verschlungen. Nur aus den Wäldern von Fontainebleau kommen bis heute frische Pilze und Wildbret, aus Houdan noch immer wohlschmeckende Hühner und aus Meaux und Melun große Räder weichen Bries. Oft wird behauptet, Paris besitze keine eigene kulinarische Identität, doch Gerichte wie *Entrecôte Bercy*, *Hachis Parmentier*, *Navarin d'agneau* sowie viele Suppen und Saucen beweisen das Gegenteil. Seit der Gründung erster Restaurants vor gut 200 Jahren florieren in Paris gastronomischer Erfindungsgeist wie kulinarische Kreativität. Genaugenommen war es die Französische Revolution, die zur Entstehung erstklassiger Restaurants führte, denn sie fütterte ihre Guillotinen mit den Arbeitgebern der Köche, den reichen Aristokraten. Das Ausgehen zum Essen als allgemeines Freizeitvergnügen begann sich jedoch erst nach dem Zweiten Weltkrieg so richtig einzubürgern. Heute lassen sich die Pariser mit Vorliebe von Köchen aus allen französischen Regionen und aus fernen Ländern kulinarisch verwöhnen. Und bis heute erfinden die Küchenchefs ständig neue, aufregende Rezepte, die um die Welt gehen und den gastronomischen Ruf ihrer Heimatstadt auf allerhöchstem Niveau halten.

Die Hallen

Geplagt von Verkehrsstaus, Abfallbergen, Ungeziefer und Diebstählen, zog man für den Markt von Paris 1969 eine höchst umstrittene Konsequenz. Nach 800 Jahren entschloß man sich, ihn nach Rungis, in eine verkehrstechnisch günstige Lage nahe dem Flughafen Orly, umzusiedeln. Und die enormen, spöttisch Regenschirme genannten Pavillons verschwanden für immer.

Im Jahr 1183 hatte König Philippe Auguste den Markt vom Lepra-Krankenhaus Saint-Lazare auf das rechte Seine-Ufer in die Nähe des *Cimetière des Innocents* verlegen lassen. Trotz der Nachbarschaft dieses größten Friedhofs wuchs der Markt schnell zu einer beachtlichen Größe und damit zu wirtschaftlichem Gewicht. Eine Mauer umgab ihn, die es der Obrigkeit ermöglichte, Zölle und Abgaben zu erheben, aber auch ein gewisses Maß an Recht und Ordnung zu gewährleisten. Unehrliche Händler und Diebe erwartete ein Pranger, üblere Missetäter der Galgen. Zunächst diente der Markt als Umschlagsort sämtlicher Waren, aber im 17. Jahrhundert setzte es sich durch, ausschließlich Frischwaren zu verkaufen.

Im 19. Jahrhundert, gerade als Baron Haussmann neue, breite Alleen durch das Stadtzentrum treiben ließ, beauftragte Napoleon III. den Architekten Victor Baltard, die Hallen aufzupolieren. Dessen zehn aus Stahl und Glas konstruierte Pavillons sollten zum Symbol eines ganzen Viertels werden. Die Szenerie von Marktständen mit ihrem vielfarbigen Spiel überbordender Gemüse, Bergen von fettem Geflügel, glitzernden Fischen und ganzen Rinderseiten regte Émile Zola zu seinem berühmten Roman an, dem er den Titel »Der Bauch von Paris« gab, der zum Synonym für den Großmarkt wurde.

Vor dem Umzug verstopften Nacht für Nacht Tausende von Lastwagen, die aus allen Regionen Frankreichs heranrollten, die umgebenden Straßen, von denen sich jede auf ein spezifisches Produkt spezialisiert hatte. Da gab es keine Ladenkassen und keine elektronischen Registrier-Systeme. Die Geschäfte wurden per Handschlag besiegelt, und niemand stellte lästige Fragen. Noch in der Nacht kamen die Spitzenköche der elegantesten Pariser Restaurants, um selbst die Zutaten auszuwählen, die sie für jene Gerichte benötigten, denen sie ihren Ruf verdankten. Wer die Vorräte, die er erworben hatte, nicht allein zu tragen vermochte, konnte die Dienste eines der stämmigen Träger in Anspruch nehmen, die als *Forts des Halles* bekannt waren. Seit dem 12. Jahrhundert waren sie in einer Gilde organisiert und wurde ihr Entgelt nach festgesetzten Einheiten bemessen. Pro Einheit mußte ein Gewicht von 200 kg sechs Meter weit getragen werden. Nach und nach fiel den *Forts* auch die Verantwortung für die buchstabengetreue Einhaltung der Marktbestimmungen zu.

Rungis
Der neue Bauch von Paris

Gewiß werden Nostalgiker weiter *Les Halles* nachtrauern, doch Rungis hat längst bewiesen, daß der Großmarkt modernen Zeiten hier weitaus besser angepaßt ist. Der größte Großmarkt der Welt bedeckt eine Fläche von 232 ha, von denen mehr als 550 000 m² überdacht sind. Weitere 45 000 m² Lagerhäuser sind geplant. Allein die Parkplätze erstrecken sich über 58 ha. Über Rungis werden 18 Millionen europäische Verbraucher versorgt, 12 Millionen davon sind Franzosen. Insgesamt sind 1600 Firmen in Rungis tätig, darunter 20 Banken und 30 Restaurants, die zusammen 14 000 Menschen beschäftigen, von denen 10 500 im Großhandel arbeiten. An jedem Markttag, der von 11 Uhr abends bis 6 Uhr morgens dauert, fahren durchschnittlich 28 000 Fahrzeuge Rungis an, wo sich 20 500 regelmäßige Käufer eindecken. Was Paris und seine nähere Umgebung betrifft, liefert Rungis 60 % der Meeres- und Frischwasser-Produkte, 50 % an Obst und Gemüse, 45 % des Fleisches und 50 % an Schnittblumen und Topfpflanzen. Alle Transaktionen werden elektronisch erfaßt und vom Staat aufs genaueste kontrolliert. Man kann Rungis besichtigen, aber kaufen können nur Geschäftsleute aus dem Lebensmittelhandel.

Fisch
Der Fisch-Pavillon schlägt 23 % der gesamten in Frankreich konsumierten Menge an See- und Süßwasserfischen, Krusten- und Schaltieren um. Pro Jahr entfallen auf
Seefische: 50 240 t
Süßwasserfische: 11 360 t, davon
  z. B. 8650 t Lachs
Krustentiere: 9940 t, davon
  1800 t Scampi
  4200 t Krabben
Schaltiere: 19 680 t, davon
  11 480 t Miesmuscheln
  4060 t Austern

Fleisch
Insgesamt belaufen sich die angelieferten Mengen, einschließlich der für den Transit bestimmten Waren, auf 440 480 t.

Rind: 85 170 t
Kalb: 31 040 t
Lamm: 41 430 t
Schwein: 104 000 t
Innereien: 37 500 t
Geflügel und Wild: 79 540 t
Pferdefleisch: 1620 t
Außerdem wurde im März 1998 offiziell die neue Innereienhalle in Betrieb genommen, die bereits im Jahr zuvor die Arbeit aufgenommen, 28 500 t an Innereien umgesetzt und damit mehr als ein Viertel des gesamten französischen Handels mit Innereien abgewickelt hatte.

Molkereiprodukte und Eier
Ihre Gesamtmenge beläuft sich auf 198 840 t.

Käse: 72 290 t
Butter: 9460 t
Eier: 40 330 t

Obst und Gemüse
Hier werden 26 % des nationalen Verbrauchs umgeschlagen, wobei nur 28,5 % des Obstes französischer Herkunft sind, aber 67,6 % des Gemüses. Insgesamt erreicht die Menge über 1 225 000 t. Zum Beispiel
Bananen: 79 000 t
Erdbeeren: 19 500 t
Tafeltrauben: 42 610 t
Melonen: 40 400 t
Tropische Früchte: 72 000 t
Artischocken: 10 500 t
Karotten: 44 000 t
Spargel: 4310 t
Tomaten: 105 110 t

Gärtnereiprodukte
Es gehört zur jahrhundertealten Tradition der Hallen, daß dort zugleich Blumen und Pflanzen angeboten wurden. Auch auf diesem Sektor hat Rungis eine würdige Nachfolge angetreten. Von den Schnittblumen kommen etwa 36 % aus Frankreich, aber fast 58 % stammen aus den Niederlanden.

Schnittblumen: 460 000 Kästen
Topfpflanzen: 18 377 000 Einheiten
Weihnachtsbäume: 265 000 Stück

Während Erzeuger und Händler, Ladenbesitzer und Köche um die Preise von Salzwiesenlämmern oder Provence-Zitronen stritten, schwankten die Nachtschwärmer vergnüglich durch die Hallen und steuerten die überfüllten Bistros an, von denen einige bis heute überlebt haben. Dort stärkten sie sich gemeinsam mit den professionellen Marktbesuchern mit Schalen dampfender Zwiebelsuppe, die mit reichlich Käse goldgelb überbacken worden waren. Erste Hausfrauen erschienen gegen 7 Uhr morgens auf der Suche nach den Zutaten für Mittag- und Abendessen. Wenn ihre Einkaufskörbe überquollen, wurde es Zeit, daß der lärmende Markt für einige wenige Stunden verstummte. Eine Glocke, auf französisch *cloche*, läutete markant. Für Land- und Stadtstreicher war dies das sehnsüchtig erwartete Signal, sich zwischen die Stände zu stürzen und alles Eßbare zu retten, was vom Angebot des Tages übriggeblieben war. Dies trug ihnen den Namen *clochards* ein.

Mit der Zeit nahmen die Hallen mitten im Zentrum der Stadt geradezu gigantische und unlenkbare Ausmaße an. Der Puls von Paris drohte sich selbst zu Tode zu pumpen. Als Präsident Georges Pompidou 1971 den Abriß von Baltards Pavillons anordnete (nur einer blieb als Museum erhalten), um einem – inzwischen höchst erfolgreichen – Geschäftszentrum, dem eleganten *Forum des Halles*, Platz zu machen, war es das Ende eines ganzen Zeitalters.

Rechte Seite: Die starken Lastenträger der alten Markthallen von Paris nahmen bis zu 200 kg auf ihre Schultern.

In zehn solchen Pavillons wurden bis 1971 die meisten Lebensmittel für Paris umgeschlagen.

Ein Gruß aus der Welt der Marktleute: die Hallen als Postkartenansicht

Jean-Luc Poujauran in seinem Laden: »Die Kunst des Bäckers liegt in der Berührung. Er muß wissen, wie er den Teig anfaßt und wie sich der Teig anfühlen soll.«

Die Baguette

In keinem anderen Land wurde ein einfacher Laib Brot zum Symbol einer ganzen Nation. Die rund 70 cm lange Baguette, die kaum 100 Jahre auf ihrem krustigen Buckel hat, gilt dem Rest der Welt als typisch französisch, während Franzosen sie mit Paris identifizieren. Französische Städte waren es gewohnt, sich bei der Versorgung mit Nahrungsmitteln überwiegend auf ihre ländliche Umgebung zu verlassen. Paris selbst fehlte es selten an Brot, weil der Stadt seit römischen Zeiten die weite Ebene der Beauce als Kornkammer diente. Dank dieses Reichtums an Getreide konnte die Kathedrale Notre-Dame errichtet werden. Ihre großartigen Buntglasfenster wurden von den ortsansässigen Geschäftsleuten finanziert. Mit vier Fenstern stifteten die Bäcker mehr als jede andere Zunft, was beweist, welche Bedeutung ihnen damals zukam. Bäcker rollten ihren Teig zu Kugeln, zu *boules*, woher sich die Standesbezeichnung *boulanger* ableiten läßt, die auf das 15. Jahrhundert zurückgeht. Die Brote waren rund und groß, mit dicker Kruste und dichter Krume versehen und ungesalzen, da Salz teuer war. Der Bevölkerung galten sie als Grundnahrungsmittel. Das dunkle, grobe Vollkornbrot entstand aus einer Mischung unterschiedlicher Mehlsorten, denn man säte auf den Feldern meist mehrere Getreidearten gleichzeitig aus, um das Risiko einer völligen Ernteeinbuße durch Halmkrankheiten herabzusetzen. Die Ärmsten der Armen, die sich nicht einmal dieses rustikale Brot leisten konnten, kauften *biscuit* (*bis-cuit* bedeutet zweimal gebacken), Brot vom Vortag, das man erneut buk, damit es trocken und haltbar wurde. Wie man zur Herstellung von Weißbrot Kleie aussondert, entdeckte man erst zur Zeit des Sonnenkönigs, denn Ludwig XIV. bevorzugte feines weißes Weizenbrot. Dafür reicherte man den Sauerteig zusätzlich mit Bierhefe an. Das weiße, aus raffiniertem Mehl gebackene Brot gab es jedoch nur in den Städten, wo es zum Statussymbol avancierte, da der Adel rasch entdeckt hatte, daß seine delikaten Mägen nichts anderes vertrugen. Wie alle Städte war aber auch Paris den Folgen schlechter Ernten ausgeliefert. Der Regierungsbeschluß von 1787, den Getreidepreis anzuheben, eine erbärmliche Ernte im Folgejahr, gekrönt von einem außergewöhnlich harten Winter waren Faktoren, die schließlich zur Auslösung der Revolution führten.

Im Lauf des 18. Jahrhunderts erschienen erste lange, schlanke Brotformen, die das Verhältnis von Kruste und Krume zugunsten der Kruste veränderten, was die Pariser sofort begeisterte. Dank des Zusatzes von Hefe erhielt die Baguette ihre feine goldene Kruste und die lockere Struktur. Zum Glück für die Bäcker fiel der Aufstieg der Baguette mit der Verbreitung von Knetmaschinen zusammen, die ihnen ihre Arbeit sehr erleichterten. Während ganz Paris die Stangenbrote mit größtem Genuß verzehrte, schwor die Landbevölkerung weiterhin auf die traditionellen breiten und radförmigen Laibe, und tatsächlich dauerte es bis weit ins 20. Jahrhundert, ehe die Baguette in der Provinz Aufnahme fand.

Die besten Baguettes sind außen golden und kross, und die Schnitte im Teig sind zu knusprigen Erhebungen aufgegangen. Innen sollte die Krume cremefarben, nicht zu weiß, sowie bei Berührung elastisch federnd sein, dazu kleine Löcher und einen feinen Geschmack nach Milch und Mandeln aufweisen. Wenn die Kruste abblättert und das Innere nach Watte oder Pappe schmeckt, wurde die Baguette vermutlich aus tiefgefrorenem Fertigteig hergestellt. Industrielle Brotbackmethoden verkürzen Knet- und Aufgehzeiten, was zu einer faden, weißen, großporigen Krume führt, die schnell austrocknet. Dieser Feuchtigkeitsverlust findet an der Oberfläche durch Verdunstung statt, mit dem Erfolg, daß die Kruste zäh, das Innere aber härter wird. Dies kann bei Supermarktbrot der Fall sein, das in Cellophan mit neutralem, ungefährlichem Gas wie Stickstoff abgepackt ist, wodurch es zwar einige Tage länger haltbar bleibt, weil es nicht unter Sauerstoffeinwirkung oxidiert, aber nie die Krustigkeit eines frisch gebackenen Brotes zeigt. Unglücklicherweise haben sich seit den sechziger Jahren die Backterminals durchsetzen können, in denen die Qualität der Baguettes so sehr gelitten hat, daß französische Verbraucher entweder die konsumierte Brotmenge drastisch reduzierten oder sich Brotsorten wie *pain complet* oder *pain de campagne* zuwandten, die heute als nahrhafter gelten.

Erst dank einer neuen Generation hervorragender Handwerker entdecken die Pariser allmählich wieder, wie eine Baguette eigentlich sein sollte. Einer davon ist Jean-Luc Poujauran, der reichhaltige, bedächtig zwischen zwei Mahlsteinen zerriebene Mehle verarbeitet und den Teig in einem langsamen, aber stetigen Prozeß aufgehen läßt, damit er Geschmack entwickelt. Der als Gärungsstarter eingesetzte Vorteig wird mit dem zurückbehaltenen Rest einer älteren Teigmenge angesetzt und verleiht dem Teig einen nussigeren Geschmack als frische Hefe. Die jungen Bäcker bieten ihrer Kundschaft eine große Auswahl an Spezialbrötchen und -broten, die mit Kräutern, Gewürzen, Nüssen oder Trockenfrüchten angereichert sind.

In Frankreich gibt es heute 35 000 Bäckereien, die 3,2 Millionen Tonnen Brot im Jahr backen. Aber Franzosen verspeisen nur noch 150 g Brot pro Tag, während es 500 g im 19. Jahrhundert waren. Jedes dritte verkaufte Brot ist eine Baguette. Man schätzt, daß es täglich 10 Millionen Stück sind.

Heute haben sich die Rollen verkehrt. Vollkornbrot gilt als gesund und wird meist von Bessergestellten gekauft, während das einfache Volk zu industriellen Weißmehlprodukten greift.

Die schmale, etwa 70 cm lange Baguette erhält durch das Backen jene krosse, goldbraune Knusprigkeit, der sie ihre Popularität verdankt.

Die Teigschlangen werden behutsam gebettet, damit sie in aller Ruhe aufgehen können, was dem Geschmack ebenso zugute kommt wie der Kruste.

Damit die Kruste beim Backen appetitlich kross aufbricht, wird jede einzelne Baguette zuvor sorgsam von Hand eingeritzt.

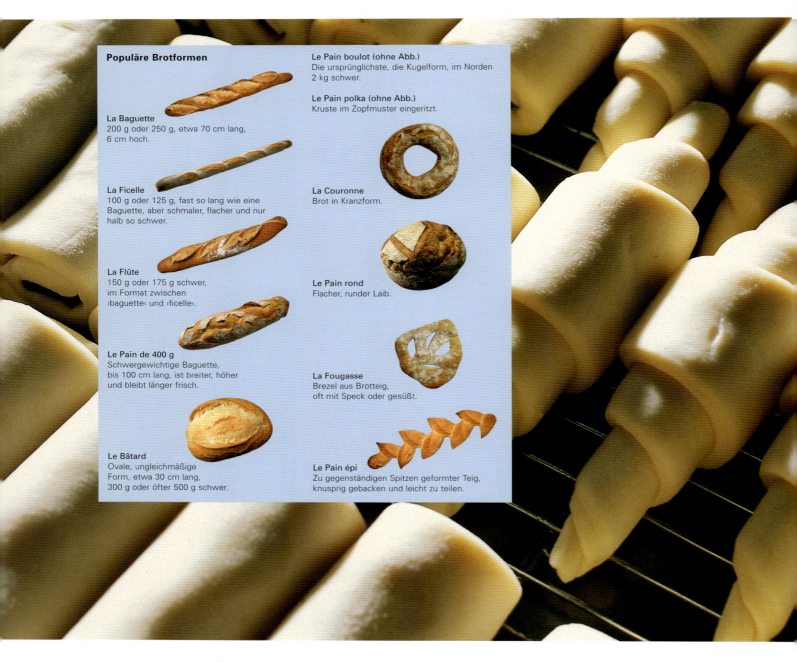

Populäre Brotformen

La Baguette
200 g oder 250 g, etwa 70 cm lang, 6 cm hoch.

La Ficelle
100 g oder 125 g, fast so lang wie eine Baguette, aber schmaler, flacher und nur halb so schwer.

La Flûte
150 g oder 175 g schwer, im Format zwischen ›baguette‹ und ›ficelle‹.

Le Pain de 400 g
Schwergewichtige Baguette, bis 100 cm lang, ist breiter, höher und bleibt länger frisch.

Le Bâtard
Ovale, ungleichmäßige Form, etwa 30 cm lang, 300 g oder öfter 500 g schwer.

Le Pain boulot (ohne Abb.)
Die ursprünglichste, die Kugelform, im Norden 2 kg schwer.

Le Pain polka (ohne Abb.)
Kruste im Zopfmuster eingeritzt.

La Couronne
Brot in Kranzform.

Le Pain rond
Flacher, runder Laib.

La Fougasse
Brezel aus Brotteig, oft mit Speck oder gesüßt.

Le Pain épi
Zu gegenständigen Spitzen geformter Teig, knusprig gebacken und leicht zu teilen.

Pariser Frühstück

Für ein typisches Pariser Frühstück nimmt man ein Stück Baguette oder ein kleines Milchbrötchen, einen Croissant, eine Brioche oder ein Rosinenbrötchen, Konfitüre und Butter. Die süßen Backwaren werden *Viennoiseries* genannt, weil man irrtümlich annahm, sie stammten aus Wien. Sie sind städtische Erfindungen, für die man Blätter- oder Brandteig und viel Butter verwendet. Sie werden täglich frisch gekauft, und kaum jemand kommt auf die Idee, sie selbst zu backen.

Am beliebtesten aber ist der Croissant. Doch was so urfranzösisch anmutet, stammt ursprünglich aus Ungarn. Der Name bedeutet ›zunehmender Mond‹ und hat seine eigene Geschichte: Ende des 17. Jahrhunderts belagerten die Türken Budapest. Um die Stadt zu Fall zu bringen, gruben sie unter den Stadtmauern Tunnel hindurch. Weil die Bäcker aber schon in den frühesten Morgenstunden ihr Handwerk verrichteten, konnten sie rechtzeitig Alarm schlagen, und die Feinde mußten erfolglos abziehen. Als Zeichen ihres Triumphes formten die Bäcker das Emblem des Türkenreichs, den zunehmenden Mond, aus Blätterteig. Auch in Wien machte er Furore, und es war die gebürtige Österreicherin Marie-Antoinette, die ihn im 18. Jahrhundert mit nach Paris brachte. Um heutzutage keine Enttäuschung zu erleben, verlangt man beim Bäcker am besten *croissants au beurre*, Butter-Croissants.

Pariser Brotsorten

Pain au levain à l'ancienne
Ein nur aus Mehl, Salz und Wasser bestehendes, mit gesäuertem Vorteig getriebenes Brot.

Pain sportif
Besteht aus einer Mischung von Weizen, Roggen, Sojamehl, getrockneten Früchten, Kleie und Kürbiskernen.

Pain de seigle
Roggenbrot mit einem Vorteig aus Weizenmehl, das mindestens zwei Drittel Roggen enthält und gern mit gesalzener Butter zu Meeresfrüchten und Austern gegessen wird.

Pain au seigle
Eine unwesentliche Variation in der Schreibweise, aber im Brot deutlich höherer Weizenanteil.

Pain complet
Hefebrot, das aus einer Mischung verschiedener Mehle sowie Schrot, Kleie und Keimen besteht und entsprechend reich an Vitamen, Mineralien und Ballaststoffen ist.

Pain à l'ancienne
Aus nicht behandeltem, steingemahlenem Mehl, das reich an Kleie, Vitaminen und Mineralien ist und durch Sauerteigansatz getrieben wird.

Pain de campagne
Weizenmischbrot mit 15 % Roggenmehl und Sauerteigansatz, meist rund und rustikal. Es wiegt um 500 g und hat eine dicke, oft mit Mehl bestäubte Kruste.

Pain au son
Ein geschmacklich intensives und besonders gut strukturiertes Weizenbrot dank eines Kleieanteils von 20–25 %.

Pain aux noix
Ein Walnußbrot, das mindestens 15 % Nüsse enthält und eine im Elsaß beheimatete Spezialität ist.

Baguette de campagne
Reichhaltiger und schmackhafter Teig, aber mit dem von Parisern so sehr geschätzten hohen Krustenanteil.

Pain de mie
Toastbrot aus einem mit Zucker, Milch und Butter angereicherten Teig, der in Kastenform bebacken wird.

Pain de mie brioché
Der Teig enthält noch mehr Zucker und Eier.

Baguette viennoise
Eine Baguette mit weicher, schimmernder Kruste, gezeichnet von tiefen Kerben, mit einer leicht süßlichen Krume und reich an Milch, manchmal auch Butter oder Margarine.

Brioche parisienne
Sie besteht aus lockerem Hefeteig, in den außer Mehl auch Zucker, Eier, Butter und Milch gehören; er wird zu zwei Kugeln geformt, die aufeinander gebacken werden.

Seigle-Apricot & mini pain complet
Roggenbrötchen mit getrockneten Aprikosen und Vollkornbrötchen

Seigle-Raisins
Roggenbrötchen mit Rosinen

Pistolet
Ursprünglich belgisches, leichtes und krustiges, vor allem Sonntags gegessenes Brötchen

Pain campagne aux olives
Herzhaftes Landbrötchen mit Oliven

Pain aux fines herbes & pain à l'ail
Brötchen mit Kräutern und mit Knoblauch

Jockey pavot & sésame
Rundes Weizenbrötchen mit Mohn und Sesam

Pain à la confiture d'échalotte
Stangenbrötchen mit Schalottenkonfitüre

Fougasse aux olives
Fladenbrötchen aus Ölteig mit Oliven

Pain de campagne figues et noix
Landbrötchen mit Feigen und Walnüssen

Pain de campagne noisette et raisins
Landbrötchen mit Haselnüssen und Rosinen

Napoléon
Krustiges Frühstücksbrötchen

Pavé de campagne
Viereckiges Landbrötchen

Café

Was wäre Paris ohne Kaffee und ohne Cafés? Die Mehrheit der Pariser und aller Franzosen schlürft zum Frühstück eine große Schale *café au lait*. Nur eine Minderheit begnügt sich mit mittelstarkem schwarzem Kaffee oder vertreibt die Müdigkeit durch einen *petit noir*. Diesen kleinen Schwarzen aus der Espresso-Maschine genehmigt man sich in der Regel am Thresen. Für viele gehört es einfach zum Tagesablauf, kurz im Café oder Bistrot an der Ecke einzukehren, ehe man den Weg zur Arbeit antritt. Und nicht wenige lassen es beim Frühstück mit einem Kaffee bewenden. Das macht durchaus Sinn, denn Koffein stimuliert auch die Umwandlung von als Fett gespeicherten Energiereserven.

Kaffeesträucher gehören gewöhnlich einer von zwei großen Familien an: Robusta und Arabica. In Paris greift der Wirt des üblichen Café-Bar-Tabac zur angestammten Mischung, die überwiegend aus Robusta besteht und viel Koffein sowie ein hohes Maß an Bitterstoffen enthält. Denn trotz ständigen Zuwachses der feineren Arabicas, die Kaffeetrinker im übrigen Europa bevorzugen, erfreut sich der ordinäre Robusta in Frankreich treuer Anhängerschaft. Das liegt nicht nur am deutlich niedrigeren Preis, sondern auch daran, daß sich Robusta, der weniger Anforderungen an Klima, Lage und Bodenbeschaffenheit stellt, in den früheren französischen Kolonien in Afrika und Asien anpflanzen ließ. Sein Koffeingehalt kann doppelt so hoch sein wie der von Arabica, der 75 % der gesamten Kaffeeproduktion liefert. Diese Sorte bevorzugt Höhenlagen in 400 bis 1300 m und entwickelt geschmackliche Charakteristiken je nach Anbaugebiet. Ursprünglich aus Äthiopien stammend, wo noch heute der feinste *moka* geerntet wird, liegen die hochwertigsten Anbaugebiete für Arabica heute in Mittel- und Südamerika.

Von der Blüte bis zur Reife der kirschähnlichen Früchte vergehen acht bis zwölf Monate. Das Fruchtfleisch der ›Kirschen‹ umschließt meist zwei Steinkerne, in denen sich je ein Same befindet, von einer dünnen Haut umhüllt. Um Kaffeebohnen zu erhalten, müssen Fruchtfleisch und Samenhaut entfernt werden, wozu man zwei unterschiedliche Methoden anwendet: Trocknen oder Waschen. In beiden Fällen erhält man grünen Rohkaffee, dessen Bohnen nur noch etwa 12 % Feuchtigkeit enthalten. Damit sie ihr aromatisches Potential entfalten und trinkbaren Kaffee ergeben, muß man sie rösten. Je nach Dauer und Temperatur des Röstvorgangs verändern sie ihre Farbe und ihren Geschmack. Röstet man sie nur kurz, bleiben sie hell, ist die Säure stärker, der eigentliche Kaffeegeschmack schwächer, die Bitternote dezenter, aber der Koffeingehalt höher. Je stärker man sie röstet, desto dunkler wird ihre Farbe, die Säure nimmt ab, der Bitterton zu, und der Koffeingehalt wird niedriger. Kaffeegeschmack drückt sich im mittleren Bereich am markantesten aus. Er geht auf das ätherische, flüchtige und in Wasser lösliche Kaffeeöl zurück, das während des Röstprozesses vom Inneren der Bohnen auf ihre Oberfläche getrieben wird. Daher sehen stärker geröstete Bohnen öliger aus. Bei zu starker Erhitzung verfliegt das Kaffeeöl samt Säure und Koffein.

In den arabischen Ländern, wo sich Kaffee im 15. Jahrhundert zu verbreiten begann, lernten ihn venezianische Kaufleute kennen und führten ihn um 1620 in ihrer Heimatstadt ein. Über Venedig erreichte er ganz Mittel- und Nordeuropa. 1669 weihte der türkische Botschafter in Paris, Soliman Aga, Ludwig XIV. in den Kaffeegenuß ein. Das erste Pariser Café – es existiert heute noch als Restaurant – wurde 1686 von einem Sizilianer namens Procopio eröffnet und bald als ›Procope‹ zum Treffpunkt von Literaten und Philosophen. Es blieb nicht das einzige in Paris. Cafés boten vor allem eine völlig neue Gelegenheit der Begegnung und des Austausches. Kaffeeduft begleitete die ersten intellektuellen und politischen Ansätze, die zur Entwicklung moderner Gesellschaftsformen führten. Was den Genuß betrifft, blieben die zu Beginn oftmals ungewöhn-

In Paris gibt es zahlreiche kleine Kaffeeröstereien, wo die zum Teil überaus kostbaren Bohnen unterschiedlichster Herkunft erst durch den Röstvorgang ihr Aroma entfalten.

Zu edlem Kaffee gehören entsprechend elegante Kaffeekocher
Hintergrund: *Le petit noir* in seiner dickwandigen Porzellantasse.
Für viele Pariser beginnt damit der Tag.

lich eleganten Cafés keineswegs nur dem Kaffee vorbehalten.

Die *cafés chantants* oder *cafés concerts* stellten eine Bühne für die leichte Muse und für Varieté-Aufführungen. Manche Cafés spezialisierten sich auf köstliche Eiscremes und Sorbets, während andere mit unkomplizierter, einige mit erlesener Küche lockten. Im 19. Jahrhundert nahm in Paris das Eckcafé als Nachbarschaftstreff Gestalt an. Und damit bürgerte sich die Sitte ein, egal zu welcher Tageszeit auf einen *petit noir* oder auch auf hochprozentigere Schlucke einzukehren.

Während heute die Kaffeemultis auch auf dem französischen Markt Arabicas mit stetig wachsendem Erfolg propagieren, haben inzwischen französische Gourmets die reizvolle Palette exklusiver Kaffees entdeckt. Kleine handwerkliche Röstereien sorgen für ein verführerisches Angebot an Kaffees reiner Provenienzen oder sorgsam abgestimmter Mischungen. Und immer zahlreicher werden die Restaurants, die zum Abschluß des Essens ihren Besuchern Karten mit einem breitgefächerten Angebot unterschiedlicher Kaffees reichen: vom kraftvollen Moka über sanften, leicht säurebetonten Colombie, koffeinschwachen Brésil bis zum körperreichen Kenya, originellen Malabar, luxuriösen Blue Mountain de Jamaïque oder zum legendären Maragotype aus Mexiko oder Guatemala.

Chicorée à café

Die Wegwarte, wie der wilde Chicorée heißt, war schon im alten Ägypten wegen ihrer verdauungsfördernden Wirkung geschätzt und wurde auch später weithin als medizinische Pflanze eingesetzt. Doch von 1690 an begannen zunächst die Holländer, die Wurzeln in großem Stil zu rösten. In Frankreich wurde Chicorée kurz vor der Revolution zum Mode- und während der von Napoleon verhängten Kontinentalsperre zum allgemein üblichen Getränk. Im Gegensatz zu Kaffee enthält es keinerlei stimulierende Substanzen.

Der Bretone Jean-Baptiste Alphonse Leroux gründete im Jahr 1858 seine Chicorée-Fabrik in Orchies bei Lille. Leroux ist heute eines der ältesten Familienunternehmen in Frankreich und erzeugt fast 35 000 t gerösteten Chicorée pro Jahr, was etwa 40 % der Weltproduktion entspricht.

Chicorée gibt es in drei Variationen:

en grains ou moulue – in Körnern oder gemahlen, um dem Kaffee zugefügt zu werden und ihn zu mildern

soluble – aus 100 % Chicorée als selbständiges Frühstücksgetränk, jetzt auch mit verschiedenen Aromen als generelles Heißgetränk

liquide – als flüssiger Extrakt, der sich verdünnt als Getränk eignet, aber vor allem die Verwendung in der Küche ermöglicht
Außerdem wird er bereits mit löslichem Kaffee gemischt angeboten.

Eng verwandt mit dem in Frankreich sehr beliebten Chicorée, dessen Triebe man als Salat zubereitet oder als Gemüse dünstet, bildet auch die Kaffeezichorie stattliche, leicht bittere Wurzeln aus. Durch Zuchtverbesserungen bringen sie es inzwischen auf ein Gewicht von rund 500 g pro Stück. Ihr Hauptanbaugebiet ist der französische Teil Flanderns mit seinen Sand- und Schwemmböden. Nach der Ernte werden die Wurzeln gewaschen, gründlichst gesäubert und sortiert, bevor man sie in dünne Scheiben und dann in kleine Würfel schneidet. In einem sich drehenden Drucklufteöfen verlieren sie 75 % ihrer Feuchtigkeit und werden zu *cossettes* gedörrt, die man mehr als drei Monate lang trocken einlagert. Erst dann erfolgt das Rösten. Die Dauer des Röstvorgangs richtet sich nach der Größe der Stückchen, wobei sich die Temperatur zwischen 120 und 140 °C bewegt. Das Rösten erfordert einige Erfahrung, denn es geht darum, den getrockneten Saft zu karamelisieren, ohne ihn dabei zu verbrennen. Nur so bewahrt der Chicorée sein volles Aroma. Nachdem sie abgekühlt sind, sollten die *cossettes* ausreichend hart und brüchig sein, um zerrieben und zu Körnern zerkleinert werden zu können. Auf diese Weise ergeben 5,2 kg frische Wurzeln 1 kg geröstete Körner. Keinerlei andere Stoffe werden Chicorée zugesetzt.

Brote

Rogalik
Kümmelbrot mit gerösteten Zwiebeln und Sesam

Pain au cumin
Kümmelbrot

Hala aux graines de pavot
Hefezopf mit Mohnsamen

Hala aux raisins
Hefezopf mit Rosinen

Pain Razowy au seigle noir
Russisches Schwarz-Roggenbrot

Jüdische Back- & Kolonialwaren

Das Marais, heute eines der schönsten Viertel von Paris, war keineswegs immer ein geschätzter Wohnort. Die Sümpfe (*marais*) wurden zwar bereits im 13. Jahrhundert trockengelegt, doch vor dem 17. Jahrhundert ließen sich Angehörige des Adels hier nicht blicken. Als die gefeierte Schriftstellerin Madame de Sévigné und andere Damen von Welt Philosophen und Redner in ihre berühmten Salons luden, erlebte die großartige Place des Vosges, die damalige Place Royale, und damit das ganze Viertel ein goldenes Zeitalter. Als Folge der Revolution wurden die *hôtels particuliers*, die Stadthäuser des Adels, dann aufgegeben. Die Wohlhabenden siedelten im Westen der Stadt, und das Viertel verfiel. Erst in den sechziger Jahren des 20. Jahrhunderts begannen die Renovierungsarbeiten, und heute hat das Marais seinen einstigen Glanz wiedergefunden.

Das Jüdische Viertel bildete sich im Herzen des Marais. Schon im Mittelalter hatte sich eine kleine jüdische Gemeinschaft dort niedergelassen, der größte Zustrom erfolgte jedoch Ende des 19. Jahrhunderts aus Osteuropa und Rußland als Folge der dortigen Pogrome. In den sechziger Jahren des 20. Jahrhunderts stießen die Sephardischen Juden aus Algerien dazu. Bis heute werden die Rue des Ecouffes und die Rue des Rosiers von Delikatessenläden und Restaurants gesäumt, die eine faszinierende Vielfalt jiddischer Spezialitäten anbieten. Das ganze Jahr über locken in den Läden traditionelle russische, polnische und ungarische Köstlichkeiten. Dazu gehören süß-

Backwaren nehmen unter den jiddischen Spezialitäten eine Sonderstellung ein und bieten ein kosmopolitisches Kaleidoskop an Leckereien.

saure Heringe und Salzgurken, herzhaftes *Goulash* oder kräftiger *Borscht*, Lachs als Teigpastete oder *Helzel* (gefüllte Hühnerhälse) sowie eine reiche Auswahl an süßen und salzigen Backwaren. Auch die algerischen Juden haben das Angebot bereichert. Die Festtage des Jüdischen Kalenders lösen weitere kulinarische Aktivitäten aus. Beim Rosch ha-Schana, dem jüdischen Neujahr, ist es Sitte, sich mit Honigkuchen zu beschenken, damit das neue Jahr auch bestimmt süß wird. Jom Kippur und andere wichtige Anlässe werden mit *Gefilte Fish* zelebriert, und zum Weihe- bzw. Lichtfest Chanukka gibt es goldgelbe, mit Himbeerkonfitüre gefüllte Berliner.

Matzele'h aux graines de pavot
Herzhaftes Gebäck mit Mohnsamen

Matzele'h aux graines de sésame et oignons roses
Gebäck mit Sesam und roten Zwiebeln

Pletzel aux oignons
Zwiebelbrötchen

Latkès
Kartoffelpuffer mit Knoblauch

Pirojki aux épinards
Teigrolle mit Spinatfüllung

Sambos
Mit Rindfleisch gefüllte Teigtasche

Pirojki à la viande
Teigtasche mit Fleischfüllung

Gekorte Beigel
Erst in kochendes Wasser getauchtes, dann gebackenes Bagel

Beigel aux graines de pavot
Bagel mit Mohnsamen

Chausson au fromage blanc
Teigtasche mit Quarkfüllung

Houmentach aux noix
Festtags-Dreieck mit Nußfüllung

Houmentach aux graines de pavot
Teigdreieck mit einer Füllung aus Mohnpaste

Kourabié
Weiches Mandeltörtchen

Roulé aux dattes
Dünner Sandteig mit Dattelfüllung

Strudel roumain
Teigrolle mit Walnüssen, Rosinen und Zimt

Apfel strudel aux pommes caramélisés
Apfelstrudel mit karamelisierten Äpfeln

Linzertorte
Sandkuchen mit Himbeerkonfitüre, Zimt und Haselnüssen

Pavé aux noix et raisins
Mandelviereck mit Haselnuß-Rosinen-Füllung

Pavé aux pruneaux
Viereckiger Kuchen mit Pflaumenfüllung

Pavé noisettes bananes
Viereckiger Kuchen mit Nuß-Bananen-Füllung

Pavé aux graines de pavot
Viereckiger Kuchen mit Mohnfüllung

Pavé aux figues
Viereckiger Feigenkuchen

Brownie
Schokolade-Nuß-Kuchen

Kraiankis
Bunter Schichtkuchen

Pianowy
Lockerer Quark-Käsekuchen

Vatrouchka
Russischer Käsekuchen

Streuzel
Butterstreußelkuchen

Mitten im Marais findet man die ausgezeichneten Fachgeschäfte des Jüdischen Viertels.

Patisserie

Frankreich wäre nicht das Land des verfeinerten Genusses, hätte es nicht schon früh süßen Verführungen gehuldigt. Im 13. Jahrhundert erhielten Oblatenbäcker offiziellen Status und konnten auch an Festtagen Waffeln backen. Noch aber waren die verschiedenen Berufe, die für Ernährung und leibliches Wohl sorgten, nicht klar voneinander getrennt. Sogenannte Teigmacher (*pâtéiers*) fertigten überwiegend herzhafte Torten und Pasteten, aber auch bereits heißbegehrte Krapfen. Aufschwung nahm das süße Gewerbe dank Katharina von Medici, die sich 1533 mit Heinrich II. vermählte. In ihrem Gefolge kamen italienische Konditoren und Köche nach Paris, die Eiscreme zubereiteten und den Brandteig erfanden. Von da an nahm der Verbrauch zweier elementarer Grundzutaten, Zucker und Mandeln, stetig zu, und schon 1566 wurde *pâtissier* als eigener Berufsstand anerkannt.

Der Blätterteig, französisch *millefeuille*, was soviel heißt wie Tausendblatt, soll in Paris von einem jungen Koch geschaffen worden sein, der die leichtsinnige Wette eingegangen war, einen Kuchen aus tausend Lagen zu backen. Natürlich verlor er. Aber das gelungene Ergebnis wirkte inspirierend und wurde weiter perfektioniert. So verzeichnet »Le Cuisinier françois« (1651), das erste klassische französische Kochbuch, bereits ein Rezept dafür. Das populärste ist die *Galette des Rois*, die zum Fest der Heiligen Drei Könige gebacken wird. Sie ist mit Mandelcreme gefüllt, die man *frangipane* nennt und die ihren Namen von einem italienischen Parfümmacher herleitet, der im 17. Jahrhundert in Paris lebte.

Pariser Patissiers der Vergangenheit und Gegenwart haben einige der beliebtesten Kuchen der Welt kreiert. Im 19. Jahrhundert vervollkommnete der große Antonin Carême, der in seiner Schrift »Le Pâtissier royal« die Grundlagen des Handwerks festlegte, Windbeutel und Baisers und schuf eindrucksvolle *croquembouches*, denen er die Gestalt berühmter Bauwerke gab. Erst Anfang des 20. Jahrhunderts fand dieses Backwerk zu seiner heutigen Form, einer Pyramide aus kleinen Windbeuteln, zusammengehalten von einer Karamelglasur. Um viele Kuchen ranken sich auch kleine Anekdoten. Den berühmten *Saint-Honoré* erdachte der Konditor Chiboust 1846 und benannte ihn nach der Straße, in der er seinen Laden hatte und damit zugleich nach dem Schutzheiligen der Bäcker. Ragueneau, Schöpfer der köstlichen kleinen *Amandine*-Törtchen, wurde sogar von Edmond de Rostand in seinem berühmten Stück »Cyrano de Bergerac« verewigt. Eine begehrte Torte ist nach wie vor die radrunde *Paris-Brest*, die ein Bäcker komponierte, dessen Geschäft an der Strecke des Radrennens von Paris nach Brest lag.

Die Entwicklung von Schokoladen-, Dragées-, Eis- oder Kühlmaschinen im 19. Jahrhundert erleichterte die Ausübung des Gewerbes beträchtlich, und geniale Köche oder Patissiers ließen sich immer neue Köstlichkeiten einfallen. Inzwischen muß ein Meister des Metiers alle Register süßer Gaumenfreuden zu ziehen verstehen, und große Restaurants können auf Spitzenpatissiers nicht verzichten. Heutzutage gleichen Patisserien Juweliergeschäften. Ihre Einrichtung ist elegant, und die Auswahl süßer Prachtstücke nimmt es mit der Auslage von Preziosen auf. Bedächtig, als würde sie kostbare Schmuckstücke erstehen, wählt die Kundschaft aus dem verlockenden Angebot phantasievoller Torten, Gebäckstücke und Süßspeisen das Passende aus, um ein Essen zu krönen. Denn die Kunstfertigkeit der Patissiers bestimmt den Nachgeschmack des Diners.

1 La Corne d'abondance
Füllhorn des Überflusses aus Mandelnougat mit verschiedenen Sorten Eiscreme und Sorbet gefüllt und mit grünen Marzipanblättern dekoriert.

2 Croquante aux agrumes
Torte auf Makronenbasis mit Vanillecreme und einer Garnitur aus Mandelkrokant, Zitrusgelee und eingelegten Orangen.

3 Le Millefeuille
Dreilagige, mit Konditorcreme garnierte Blätterteigtorte, mit glasierten Mandeln und Puderzucker dekoriert.

4 Fraisier
Mit Kirschwasser getränkter Mandelteig mit Buttercreme, frischen Erdbeeren und Erdbeerkonfitüre.

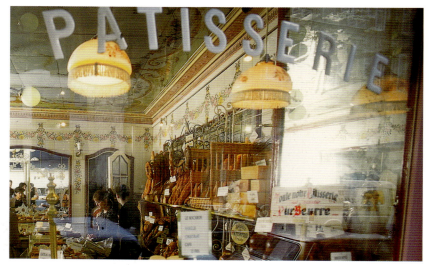

Eine gute Patisserie führt neben Kuchen, Torten und Eis auch Herzhaftes wie Pasteten und Quiches.

PARIS & ÎLE-DE-FRANCE

5 Le Roussillon
Mit Johannisbeergelee überzogene Eisbombe aus Biskuit- und Pistazienteig mit Pfirsich- und Erdbeersorbet sowie Cointreau-Parfait.

6 Framboisine
Biskuit mit Pistazienpaste, garniert mit Vanillecreme, frischen Himbeeren, Pistazienbutter und Himbeerkonfitüre.

7 Saint-Honoré
Im Kreis angeordnete Windbeutel werden mit Kirsch-Eier- und Chibousts Vanillecreme sowie Vanillesahne garniert.

8 Régal Chocolat
Mit Vanillesirup getränkter Bitterschokoladenbiskuit mit Mousse au chocolat, der mit Himbeer-Coulis serviert wird.

9 Paris-Brest
Radförmiger Kuchen aus Brandteig mit mehreren Lagen einer Creme aus gebrannten Mandeln und Haselnüssen, bestäubt mit Puderzucker.

10 La Coccinelle
Ein kühler Käfer aus Mandelbiskuit mit Pistazieneis, den rote Fruchtsorbets und Johannisbeerglasur einhüllen; die Pünktchen bestehen aus Schokolade.

L'Opéra

Auch Patisserie unterliegt dem Zeitgeschmack, und so werden ständig neue Rezepte entwickelt, während unbemerkt die unmodern gewordenen Kreationen aus den Auslagen verschwinden. Nur selten gelingt einer dieser Schöpfungen der Aufstieg unter die Klassiker, die immer wieder und von vielen Konditoren nachgeschaffen werden. In diesen illustren Reigen gesellte sich zuletzt die *Opéra*, eine Huldigung an die Pariser Opéra Garnier. Dieser imposante Musikpalast, heute die bedeutendste Ballettbühne der Welt, wurde 1858 von Napoleon III. in Auftrag gegeben, der jedoch nicht mehr in den Genuß des von Charles Garnier konzipierten Baus kam. Als die Oper im Jahr 1875 eingeweiht wurde, war der Kaiser begraben und die Republik ausgerufen worden.

Mit seiner Mischung aus verschiedensten Bau- und Stilelementen erinnert das Gebäude an das Werk eines Zuckerbäckers und wurde oft genug von den kunstsinnigen Parisern als solches verspottet. Aber als Hochburg der Musik hatte die Oper dennoch ihre Verehrer. Und auch die Architektur hat durch die Patina der Jahre an Reiz gewonnen. So schuf ein Chef der berühmten Patisserie Dalloyau 1954 ihr zu Ehren einen rechteckigen und vielschichtigen Schokoladenkuchen, den er schlicht *Opéra* taufte. Geradezu schlicht könnte man auch dieses Meisterwerk nennen, das im Gegensatz zum schmuckvollen Palais Garnier die Aura einer vornehmen Eleganz verbreitet. Unverändert wird es noch heute bei Dalloyau und in anderen berühmten Patisserien gefertigt.

Rechte Seite: Die immer nur 3 cm hohe rechteckige Schokoladenoper trägt ihren Namen in einem schwungvollen Schriftzug.

1 *L'Opéra* beginnt mit dem Backen von drei sehr zarten und lockeren Lagen *biscuit Joconde*, der aus Mehl, Eiern, Butter, Eischnee und Zucker besteht.
2 Die unterste Lage Biskuit wird flach in einem rechteckigen Rahmen ausgebreitet und zunächst mit gut abgekühltem Kaffeesirup getränkt.
3 Eine leichte Buttercreme, gefärbt und aromatisiert mit hausgemachter Kaffee-Essenz und mit Karamel, wird gleichmäßig darauf verstrichen.
4 Es folgt der zweite dünne Biskuitboden, der behutsam darübergelegt und anschließend mit einem Konditorblech fest angedrückt wird.

5 Der kaffeegetränkte zweite Boden erhält einen Belag aus *ganache chocolat*, einer Bitterschokoladencreme, angereichert mit Milch, Sahne und aufgeschlagener Butter.
6 Der dritte Biskuitboden wird auf die Schicht mit *ganache chocolat* gelegt, sorgfältig festgedrückt und anschließend mit Kaffee getränkt.
7 Eine zweite, dünnere Schicht Kaffeebuttercreme rundet die Komposition ab. Dann entfernt man den Rahmen und läßt die Schichttorte auskühlen.
8 Für das Glasieren des Kuchens verwendet man eine Mischung aus 2 Teilen geschmolzener Bitterschokolade und 1 Teil zerlassener Kakaobutter.

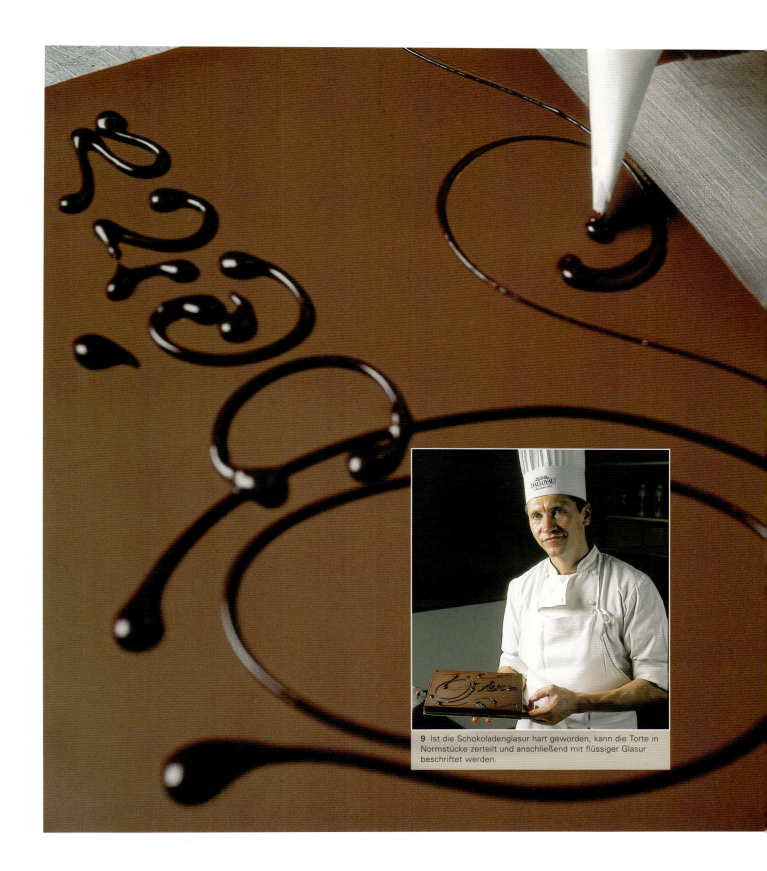

9 Ist die Schokoladenglasur hart geworden, kann die Torte in Normstücke zerteilt und anschließend mit flüssiger Glasur beschriftet werden.

Pariser Gastronomie

Paris bietet eine Vielzahl von Lokalen, in denen man gut speisen kann. Aus allen Regionen sind Franzosen in die Hauptstadt gekommen, um hier ihr Glück zu versuchen. Ihnen folgten Wirte und Köche, die das Heimweh ihrer Landsleute mit regionalen Spezialitäten in heimatlicher Atmosphäre kurieren. Ohne Paris verlassen zu müssen, kann man hier in ganz Frankreich tafeln. Und nicht nur das: Seit sich Angehörige verschiedener Nationalitäten in Paris niederließen und ihre Kochkünste mitbrachten, kann man in der Seine-Metropole gastronomisch die Welt umkreisen. Die Selbstverständlichkeit, mit der man heute zum Essen ausgeht, hat sich erst in den letzten 200 Jahren entwickelt. Davor sorgten zwar Herbergen und Gasthäuser dafür, daß Reisende nicht verhungerten, doch mehr konnten diese auch nicht erwarten. Tavernen hatten zunächst lediglich das Recht, Wein auszuschenken, bevor man ihnen nach und nach einräumte, auch Fleischgerichte anzubieten. Aber angesehene Leute verkehrten dort ohnehin nicht. Pionier neuzeitlicher Bewirtung wurde ein gewisser Monsieur Boulanger, der in seinem Laden ab 1765 die Kundschaft mit gekochten Speisen ›restaurierte‹. Das erste richtige Restaurant entstand 1782 in der Rue de Richelieu, gegründet von Antoine Beauvilliers, einem ehemaligen Versorgungsoffizier des Grafen der Provence und zugleich ein versierter Koch. Vertraut mit englischen Gepflogenheiten, wo Essengehen bereits gesellschaftsfähig war, taufte er es »La Grande Taverne de Londres«. In vornehmer Atmosphäre speiste man dort an feingedeckten Tischen Gerichte, die man nach der Karte bestellt hatte. Beauvilliers' Erfolg diente wenig später jenen Köchen als Vorbild, deren adlige Arbeitgeber ein Opfer der Revolution geworden waren. Gab es 1789 noch kaum 50 Restaurants in Paris, waren es 100 Jahre später schon 1500. Heute sind es über 5000.

Die elegantesten und teuersten Restaurants bieten weit mehr als nur eine Mahlzeit. Ihr Besuch zielt darauf, ein Fest für alle Sinne zu sein. Einrichtung, Tischdekoration, Gedecke, Getränke und Service tragen ihren Teil dazu bei. Zugleich ist der Anspruch, den Pariser an die Kunst berühmter Köche stellen, außerordentlich hoch. Bereits der Anblick der Gerichte soll eine Augenweide sein, während erwartet wird, daß Komposition, Textur und Geschmack der Zubereitungen unvergeßlichen Genuß bereiten.

Ein stilvolles Ambiente vermag das Erlebnis selbst eines hervorragenden Essens noch zu steigern. Das kann, muß aber nicht Art nouveau sein.

Ein Restaurantbesuch war in der Vergangenheit nicht so selbstverständlich wie heute, wo man allein in Paris unter 5000 Eßlokalen wählen kann.

Auf guten Service wird im allgemeinen viel Wert gelegt, und gern vertraut man den Empfehlungen des Kellners oder Sommeliers.

Bedingt durch die wirtschaftliche Krise geht in den letzten Jahren der Trend zu gutem und günstigem Essen. Anerkannte Köche haben Bistrots eröffnet, wo man von ihrer Erfahrung und Kreativität zu vernünftigem Preis profitieren kann. Ein für Kunde und Wirt überschaubares Konzept ist die *menu-carte* mit einem Angebot an Gerichten zum Einheitspreis.

Wo man sich ganz nach Gusto ›restaurieren‹ kann

Restaurant
Der klassische Begriff für ein Speiselokal, das nur zu festen Zeiten geöffnet hat und wo man Gerichte nach der Speisekarte auswählt. Neben den hochgerühmten und kostspieligen Tempeln der Feinschmeckerei findet man unter den insgesamt

Restaurant ist das – oft feine – Eßlokal

5000 Restaurants, die die Hauptstadt zu bieten hat, glücklicherweise wesentlich günstigere, die zudem jede nur vorstellbare Küche offerieren. Manche haben sich auf Fisch, andere auf Fleisch spezialisiert, bislang bieten jedoch erst relativ wenige vegetarische Gerichte an. Viele haben die Regionalküche, die *cuisine de terroir*, in ihrem Programm; andere geben sich supermodern. Die meisten haben immer einige Menüs auf der Karte, in deren Preis alle Gänge inbegriffen sind.

Bistro(t)
Im allgemeinen sind sie kleiner und deutlich ungezwungener als Restaurants, was man schon daran erkennt, daß das meist bescheidene Speisenangebot manchmal mit Kreide auf Schiefertafeln oder auf handgeschriebenen Karten verzeichnet wird. In der Regel gibt es ein günstiges Tagesessen, *le plat du jour*. Traditionelle Bistrots bieten oft eine bodenständige Küche mit beliebten Gerichten wie *Coq au vin* (Huhn in Rotwein), *Pot-au-feu* (Rindfleischeintopf) oder *Confit de canard* (Eingelegte Ente), aber auch *entrecôte* (Zwischenrippenstück) oder *bavette* (Lendenstück) kann man finden – fast überall garniert mit einer kräftigen Portion Lokalkolorit.

Bistrots bieten einfache Küche mit Atmosphäre

Bistrot à Vin
Diese Sonderkategorie eines Bistrots, eines Cafés oder einer Bar verdankt so manche Anregung angelsächsischen *Wine Bars* und hatte es zunächst nicht leicht, von den Weinliebhabern akzeptiert zu werden. Doch mittlerweile konnte sie längst überall in Paris, in Hunderten von Variationen, Fuß fassen. Mögen sich manche Lokale – in Erinnerung an einstige *tavernes* und *cabarets* – mit süffigen und günstigen Tropfen zufriedengeben, sind andere zu Kultstätten für Weinliebhaber geworden,

Im Bistrot à Vin ist Wein so wichtig wie das Essen

in denen kenntnisreiche Wirte ihre jüngsten Entdeckungen glasweise einem kundigen Kundenkreis kredenzen und nicht selten über Hunderte von Weinen gebieten. Oftmals bleibt die Küche eher schlicht und basiert auf wenigen ausgesuchten Produkten wie Würsten, Schinken und Käse. Es gibt aber auch Beispiele, die eine ausgefeilte Bistrotküche zu bieten haben.

Brasserie
Wörtlich bedeutet der Name Brauerei. Diese Lokale wurden nach dem Krieg von 1870 von elsässischen und lothringischen Flüchtlingen gegründet,

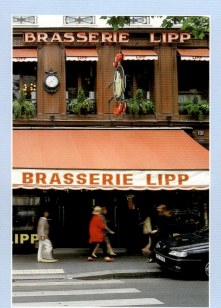
Brasserien servieren traditionelle Gerichte

die dort verschiedene Biersorten, aber auch und vor allem elsässische Weine wie Riesling, Sylvaner und Gewürztraminer in Karaffen oder flaschenweise ausschenkten. Populärstes Gericht auf der Karte war und ist unbestritten Sauerkraut. Der zweite berühmte Klassiker sind auf großen Platten servierte Meeresfrüchte, die man sich gewöhnlich zu mehreren teilt. Sonst verzeichnet die Speisekarte eher traditionelle Gerichte, die man zu (fast) allen Tageszeiten serviert bekommt. Viele Brasserien wurden vor der Wende zum 20. Jahrhundert eröffnet und im damals modernen Art-Nouveau-Stil eingerichtet und dekoriert. Lange Zeit bei Künstlern und Politikern beliebt, sind sie bis heute animierte und quirlige Treffpunkte geblieben, die bis spät in die Nacht geöffnet haben. Einige von ihnen haben ihr ursprüngliches Interieur aus der Belle Époque mit großen Spiegeln, geschnitzter Holztäfelung und reizvollen Mosaiken bewahrt und sind heute bei Liebhabern dieser Stilrichtung besonders geschätzt.

Café
Sie sind keineswegs nur das, was in anderen Ländern darunter verstanden wird, aber zuerst sind sie ein Ort, an dem man etwas trinken kann, was nicht unbedingt Kaffee sein muß, sondern was sich nicht selten als alkoholisches Getränk erweist. Das den ganzen Tag über servierte Speisenangebot beschränkt sich in der Regel auf einfache Gerichte und kleine Mahlzeiten wie *Croque Monsieur*, Salate und manchmal, jahreszeitlich bedingt, *Moules-frites*, Miesmuscheln mit Pommes frites. Zu den großen Cafés an den Pariser Boulevards gehören die Terrassen, die draußen an der Straße aufgestellten Stühle und Tische. Dies sind die besten Aussichtspunkte, um das geschäftige Treiben der Hauptstadt und ihrer Einwohner zu beobachten. Cafés öffnen schon früh am Morgen, und die meisten schließen ihre Pforten erst gegen 9 Uhr abends.

Salon de Thé
Dies ist die Form französischer Gastronomie, die den Cafés anderer Länder noch am ehesten entspricht, denn der Teesalon präsentiert eine gediegene Auswahl an Kuchen und Torten, hat aber in der Regel keine alkoholischen Getränke auf der Karte. Oft bietet er zur Mittagszeit ein schlichtes Tagesmenü, doch können es auch einfache Imbisse, Salate und Sandwiches sein. Neben verschiedenen, auch erstklassigen Teesorten und

Im Café stillt man auch seinen alkoholischen Durst

heißer Schokolade – man sollte nicht versäumen, *chocolat à l'ancienne* zu probieren – bereiten die gepflegtesten auch unterschiedliche Kaffeesorten zu. Teesalons öffnen meist erst kurz vor *midi* zum Mittagessen und schließen gewöhnlich bereits am späten Nachmittag.

Bar
Es sind ursprünglich Anfang des 20. Jahrhunderts nach überwiegend amerikanischem Vorbild eröff-

Der Salon de Thé lockt die Kuchengenießer

nete Lokale, in denen man sich ein Glas, nicht selten einen Cocktail oder Whisky, im Stehen an der Theke genehmigt. Oft zeichnen sie sich durch besonderes Design aus und stellen mehr oder weniger intime Treffpunkte dar, für die sich die Pariser ein besonderes Faible bewahrt haben. Die besten haben eine spezielle, auf Kunst, Musik, Literatur, Politik oder Sport ausgerichtete Stammkundschaft aufgebaut, die auch das Ambiente prägt. In den Piano-Bars sorgen Live-Musiker für eine dezente musikalische Untermalung. Häufig wird ›Bar‹ der Bezeichnung ›Café‹ vor- oder nachgestellt und verweist in diesem Fall auf eine übliche Gaststätte.

Im Bar-Tabac trifft man sich beim Zigarettenholen

Von der Speisekarte einer Brasserie

Huîtres chaudes
Warme Austern

20 Austern
100 g feingehackte Schalotten
15 g Butter
150 ml Crème fraîche
weißer Pfeffer aus der Mühle
½ TL Currypulver
1 EL Cognac

Die Austern öffnen (ihr Wasser auffangen), die Muscheln in der unteren Schalenhälfte belassen. Schalotten mit Austernwasser in einen Topf geben, Butter zufügen und auf die Hälfte reduzieren. Den Grill erhitzen.
Crème fraîche zur Sauce geben, mit weißem Pfeffer, Curry und Cognac würzen und unter Rühren um ein Drittel reduzieren.
Je 5 Austern auf einem Teller anrichten (dazu kann man die Schalenhälften in grobes Meersalz betten), in jede Schale etwas von der Sauce geben und die Austern kurz im Grill gratinieren, bis sie eine goldbraune Farbe annehmen. Sofort servieren.

Merlans Bercy
Wittlinge Bercy

Für 2 Personen

2 Wittlinge, je 350 g
½ Bund Petersilie
75 g Schalotten
125 g Butter
Salz und Pfeffer aus der Mühle
125 g Champignons
150 ml trockener Weißwein
1 Lorbeerblatt

Die Wittlinge wässern und ausnehmen.
Die Petersilie und die geschälten Schalotten fein hacken. Den größten Teil der so vorbereiteten Petersilie und Schalotten mit 75 g Butter vermengen, salzen und pfeffern und die Fische mit der Farce füllen.
Den Backofen auf 180 °C vorheizen. Eine feuerfeste Form gut ausbuttern, restliche Schalotten und Petersilie darin verteilen, die Wittlinge darauf betten, salzen und pfeffern und mit Butterflöckchen bestreuen.
Die Champignons in der restlichen Butter andünsten, dann mit dem Wein und dem Lorbeerblatt zu den Wittlingen geben. Die Fische im Backofen 15 Minuten garen, dabei wiederholt begießen. Sofort in der Form servieren.

Purée Saint-Germain
Erbsensuppe Saint-Germain

Für 6 Personen

400 g getrocknete halbe Erbsen
50 g Speck
1 l helle Kalbsbrühe
1 Bouquet garni: Thymian, Lorbeer, Sellerie, Porree
Pfeffer aus der Mühle
120 g Butter
24 Croûtons

Die Erbsen 2 Stunden in kaltem Wasser einweichen, dann abgießen und in 1 Liter Salzwasser kochen, dabei gut abschäumen.
Wenn die Erbsen gar sind, abgießen (das Kochwasser dabei aufbewahren) und durch ein Sieb passieren.
Den Speck sehr fein würfeln und in einem Topf auslassen. Das Erbsenpüree dazugeben, mit der Kalbsbrühe und dem aufbewahrten Kochwasser der Erbsen aufgießen und das Bouquet garni hineingeben. Auf sehr niedriger Temperatur 15 Minuten köcheln lassen.
Das Bouquet garni entfernen, die Erbsensuppe in eine vorgewärmte Terrine füllen, die Butter einrühren und zum Servieren die Croûtons separat dazureichen.

31

Grand Hôtel

Je größer und bekannter ein Restaurant ist, um so mehr Personal braucht es, um seine Gäste gut zu bewirten. Ob in Küche oder Saal, es ist in beiden Fällen die Aufgabe einer spezialisierten Brigade, für Zufriedenheit zu sorgen. Ein solches Team ist streng gegliedert, wobei Rangstufen die Größe der Verantwortung spiegeln und Aufgabenbereiche klar abgegrenzt sind. So arbeiten in der Küchenbrigade viele Personen Hand in Hand, um der Restaurantbrigade einwandfreie Gerichte auszuhändigen, die dann mit bestem Service das Ihre dazu beiträgt, daß der Gast sich wohl fühlt.

Die Küchenbrigade

Chef de cuisine – Küchenchef
Er ist verantwortlich für den gesamten Küchenbetrieb und teilt die verschiedenen Dienste ein. Er arbeitet Speisekarte und Menüs aus, stellt die Kalkulation auf und kümmert sich um den Einkauf. Er leitet und überwacht die Zubereitung der Speisen, er hat ein Auge auf die Präsentation der fertigen Gerichte, um sicherzustellen, daß jedes einzelne dem Qualitätsstandard entspricht, den er vorher festsetzte. Er arbeitet mit dem Leiter des Restaurants zusammen, mit dem er sich bei der Kreation neuer Rezepte und der Aktualisierung der Speisekarte abspricht. Beide müssen stets über Neuheiten und Tendenzen in der Gastronomie informiert sein, um ihr eigenes Angebot darauf abzustimmen.
Darüber hinaus ist der Chef für sämtliche übrigen, die Küche betreffenden Bereiche verantwortlich, nicht zuletzt für die Hygiene oder die Lehrlingsausbildung, und er repräsentiert die Küche gegenüber dem Gast.

Sous-chef de cuisine
Stellvertreter des Küchenchefs
Er empfängt die Anweisungen des Küchenchefs und teilt sie den übrigen verantwortlichen Köchen mit, die die unterschiedlichen Posten unter sich haben. Seine Aufgabe ist es, die Arbeit der einzelnen Posten miteinander zu koordinieren. Er vertritt den Küchenchef in dessen Abwesenheit, aber nimmt ihm auch nicht selten Aufgabenbereiche wie zum Beispiel die Ausbildung ab. Meist zeichnet er zudem noch für einen Küchenposten verantwortlich.

Chef de partie – Brigadekoch
Er trägt die Verantwortung eines Postens, das heißt eines begrenzten Teils der Küche, der auf die Zubereitung bestimmter Zutaten und Gerichte spezialisiert ist. Ist der Posten weniger bedeutend, muß er sich mit dem Titel *Demi-Chef* zufriedengeben.

Cuisinier – Koch
Hinter dieser allgemeinen Bezeichnung verbirgt sich im Gefüge einer Küchenbrigade eine genau definierte Stellung, die besagt, daß der entsprechende Inhaber selbständig und damit verantwortlich auf seinem Posten arbeitet; man spricht auch vom *Cuisinier de partie*.

Commis – Jungkoch
Ein ausgelernter Koch, der auf seinem Posten unter einem Chef und nach dessen Anweisungen arbeitet und einen oder mehrere Bestandteile eines Menüs zubereitet. Außerdem ist er für die Pflege der Kochutensilien des Postens zuständig.

Apprenti(e) – Lehrling
Er/sie erhält einerseits eine von einem Schulbesuch begleitete Ausbildung, andererseits fallen ihm/ihr in der Küche verschiedene vorbereitende und Putzarbeiten zu.

Plongeur – Geschirrspüler
Er reinigt und pflegt Kochgeschirr und Kochgeräte und kann zu diversen einfachen Vorbereitungen herangezogen werden.

Saucier
Er bereitet nicht nur Saucen zu, sondern auch warme Vorspeisen, vor allem aber zählen zu seinem Aufgabenbereich sämtliche Fleischgerichte und in kleineren Brigaden auch Fisch. Unter den verschiedenen Posten ist dies der wichtigste und angesehenste.

Rôtisseur
Wie der Name sagt, kümmert er sich um Braten, aber auch um alles Gegrillte und Fritierte, einschließlich der Pommes frites.

Poissonnier – Fischkoch
In großen Restaurants ist er ausschließlich auf die Zubereitung von Gerichten aus Fisch und Meeresfrüchten spezialisiert.

Entremetier
Sein Bereich konzentriert sich auf Suppen sowie auf alles, was nicht Fisch und Fleisch ist, also Gerichte aus Gemüse, Getreide, Eiern und Käse, einschließlich der Vollwertküche.

Garde-manger
Er ist für die kalte Küche zuständig, ob es sich dabei um Vorspeisen und Salate oder um das Zusammenstellen und Anrichten eines kalten Buffets handelt. Außerdem übernimmt er das Zuschneiden von rohem Fleisch und ist für die Kühlräume verantwortlich.

Tournant
Der Tausendsassa unter den Köchen, der immer an dem Posten einspringt, wo gerade Not am Mann ist.

Pâtissier

Die Desserts stammen von ihm, aber auch alle anderen süßen Verführungen, die den Ausklang eines Essens begleiten, sowie nicht selten alles, was an Brot und Brötchen auf den Tisch kommt. Manchmal stellt er auch die Teigwaren her.

Boulanger – Bäcker

Nur Hotels mit großen Restaurants stellen auch Bäcker ein, die täglich für frisches Frühstücksgebäck, aber auch für die verschiedenen Brote und Brötchen sorgen, die ein Essen begleiten.

Neben diesen grundlegenden Berufsbezeichnungen und Aufgabenbereichen bietet eine große Küchenbrigade Platz für weitere Spezialisierungen wie den *Chef de garde*, der außerhalb des Küchendienstes Speisen zubereitet, die auch die Küchenarbeit vorbereitet, die *mise-en-place*, den *Potager*, der sich um Gemüsegerichte kümmert, während der *Légumier* es nur putzt. Vorbereitende oder Hilfsarbeiten werden dann vom *Garçon de cuisine* oder vom *Marmiton* übernommen, der auch für die Töpfe zuständig ist. Große Betriebe beschäftigen zuweilen einen *Boucher de cuisine*, einen Hotelmetzger, und stellen dem *Pâtissier* vielleicht einen *Glacier* für Eiscremes sowie einen *Confiseur* für kleine süße Leckereien zur Seite.

Die Restaurantbrigade

Directeur de la restauration

Diese Position mit der Verantwortung für den gesamten gastronomischen Bereich wird nur in bedeutenden Hotels bekleidet. Ihrem Inhaber obliegt dabei die wirtschaftliche und administrative Koordination der unterschiedlichen Aktivitäten, die mehrere Restaurants, Bars, den Traiteur-Service und nicht zuletzt Empfänge und Veranstaltungen umfassen kann.

Directeur de restaurant

Ihm untersteht das Restaurant in allen seinen Aspekten, vom Zustand der Räume und der Dekoration über Geschirr und Gläser zur organisatorischen Auf- und Einteilung, dem Einsatz des Personals, der Ausbildung des Nachwuchses, aber auch wirtschaftlich und in der mit dem Küchenchef abzusprechenden Konzeption. In großen Betrieben steht ihm ein Assistent zur Seite, der ihn auch vertritt.

Maître d'hôtel

Im Saal des Restaurants kontrolliert er die Bedienung. Er empfängt die Gäste, weist ihnen ihren Tisch zu und berät sie in der Wahl ihres Menüs (falls er diese Aufgabe nicht an einen *Chef de rang* delegiert). Er überwacht den reibungslosen Ablauf der Bedienung, ob nun beim Frühstück, Mittag- oder Abendessen, und er achtet darauf, daß die Qualität eingehalten wird, die dem Standard des Hauses entspricht. Er nimmt eventuelle Beschwerden entgegen und hat die Richtigkeit der Rechnung zu überprüfen.

Chef de rang

Das Restaurant ist in Zonen unterteilt, die Rang genannt werden. Jeder dieser Ränge untersteht einem Verantwortlichen, der in seinem Bereich auf den guten Zustand des Restaurants achtet sowie die Bedienung der einzelnen Tische überwacht und lenkt, aber daran auch selbst teilnimmt.

Sommelier – Weinkellner

Seine Aufgabe ist das Zusammenstellen einer Weinkarte, der damit verbundene Einkauf und der Ausbau des Weinkellers, für den er auch verantwortlich ist, nicht nur für den Inhalt, sondern ebenso für den Zustand. Er berät die Gäste, wenn sie es wünschen, bei der Wahl des oder der richtigen Weine und sorgt für deren einwandfreies Ausschenken. In größeren Restaurants leitet er außerdem als *Chef sommelier* oder *Chef caviste* eine kleine Equipe von Weinkellnern.

Serveur de restaurant – Kellner

Der Kellner, der bereits über Berufserfahrung verfügt, kann sich um Empfang und Beratung der Gäste kümmern. Seine Hauptaufgabe ist aber das Servieren. Falls erforderlich, kann er jedoch am Tisch auch Fleisch aufschneiden, Fisch filetieren oder flambieren, obwohl dies heute oft der *Chef de rang* oder der *Maître d'hôtel* übernimmt, während es dafür früher einen *Trancheur* gab.

Commis – Jungkellner

Auch im Saal gibt es *Commis*, die ihre Lehre bereits abgeschlossen haben, aber erst wenig Berufserfahrung besitzen. Sie werden unterschiedlich eingesetzt. Der *Commis de rang* assistiert dem *Chef de rang* und serviert. Ein *Commis de suite* sorgt für den Transport der Speisen von der Küche bis in seinen Rang. Er räumt auch ab, sofern dafür kein *Commis débarrasseur* zur Verfügung steht.

In einem großen Hotel kommen weitere Berufe hinzu wie etwa *Barman* oder gar der *Responsable des bars*, dem mehrere Bars unterstehen. Außerdem bietet man die Dienste eines *Voituriers* an, der den Gästen die Mühe abnimmt, ihren Wagen zu parken. Während in einem Restaurant die Garderobe von der Bedienung abgenommen wird, wartet beim Verlassen die *Dame du vestiaire* mit den Mänteln am Ausgang. Früher waren die Berufe in Küche und Restaurant nahezu ausschließlich Männersache. Inzwischen wendet sich das Blatt. Immer mehr Frauen reihen sich in die Brigaden, ob in der Küche oder im Saal.

Die komplette Küchen- neben der Restaurantbrigade des Hotel Ritz in Paris

Historische Küche

Jean-Anthèlme Brillat-Savarin

Im Bugey, der Landschaft zwischen Savoyen und Jura, in der man sich auf erstklassige Käse und Wurstwaren sowie gute, gehaltvolle Küche versteht, wuchs der 1755 geborene Brillat auf. Den Zunamen verdankte er einer Erbtante.

Jean-Anthèlme Brillat-Savarin

Er studierte Jura in Dijon, wurde Anwalt und machte rasche Karriere zunächst als Gerichtspräsident, dann als Bürgermeister und schließlich als Kommandant der Nationalgarde, weshalb es ihm ratsam schien, sich in der Revolution zunächst in die Schweiz, dann nach Amerika abzusetzen, wo er seinen Lebensunterhalt vorwiegend mit Französischunterricht bestritt. In Frankreich enteignete man ihn, ließ ihn aber 1796 zurückkehren und berief ihn vier Jahre danach an den Obersten Gerichtshof. Brillat-Savarin liebte es, Freunde zu bewirten. Außerdem interessierte er sich für Chemie und Physik, Archäologie und Astronomie. Seine Liebe zur Gastronomie wie zur Wissenschaft vermochte der Junggeselle in seinem berühmten Werk »Physiologie du Goût« (Physiologie des Geschmacks) zu verbinden, in dem er sich auf wissenschaftliche, aber auch unterhaltsame und literarisch brillante Weise mit Essen und Trinken auseinandersetzte. Nur wenige Wochen nach dem anonymen Erscheinen seines Meisterwerks, das die französische Gastronomie entscheidend beeinflußte, starb Brillat-Savarin 1826 in Saint-Denis.

Antonin Carême

Carême, das wohl größte Genie französischer Kochkunst, wurde 1784 in Paris in eine kinderreiche und bettelarme Familie geboren und auf den Namen Marie-Antoine getauft. Von seinem Vater mit zehn Jahren auf die Straße gesetzt, kam er als Gehilfe in einer Garküche mit dem Kochhandwerk in Berührung. Als Sechzehnjährigen nahm ihn der berühmte Patissier Bailly, der sein Talent erkannte und es förderte, als Lehrling an. Zu Baillys Kundenkreis zählte auch der Herzog von Talleyrand, der auf Carême aufmerksam wurde und ihn als Koch engagierte. Der Außenminister Napoleons verstand es, spektakuläre Diners mit diplomatischem Geschick politisch auszunutzen, ganz so als müßten kulinarische

Antonin Carême

Höhepunkte politische Erfolge begünstigen. Für ersteres sorgte Carême, der zwölf Jahre lang die ausgefeiltesten Menüs für Talleyrands berühmte Tafel kreierte. In diesen Jahren avancierte Carême zu einer Art Botschafter französischer Haute cuisine, denn er kochte u. a. für den späteren englischen König George IV., für Zar Alexander I., für den Wiener Hof und zuletzt für den Baron de Rothschild. Mit unermüdlicher Energie schuf Carême Suppen und Saucen, Pasteten und Terrinen, Fisch- und Fleischspeisen und war zugleich ein überragender Konditor. Als er 1833 im Alter von nur 50 Jahren starb, hinterließ er mit dem fünfbändigen »Art de la Cuisine au XIX. siècle« (Die Kunst der Küche im 19. Jahrhundert) das Standardwerk französischer Hochküche.

Auguste Escoffier

Obwohl sich Escoffiers Laufbahn vorwiegend in England abspielte, konnte er dennoch zum hervorragendsten Vertreter der damaligen französischen Küche aufsteigen, die sensibel reformiert zu haben eins seiner bleibenden Verdienste darstellt. Viele traditionelle Rezepte interpretierte er auf eine neue, leichtere Art, wenn er auch oft an aufwendigen Zubereitungen festhielt.

Auguste Escoffier

Vor allem aber organisierte er die unterschiedlichen Küchenarbeiten neu und deutlich rationeller. Seine grundlegenden Ideen, die bis heute nichts an Gültigkeit eingebüßt haben, führte er in seinen Büchern »Guide culinaire«, »Livre des menus« und »Ma cuisine« aus. Mit dreizehn Jahren hatte Escoffier 1859 seine Lehre in einem Nizzaer Restaurant, das seinem Onkel gehörte, begonnen. Wichtige Stationen wurden Paris, Luzern und Monte Carlo. Als er später während einer Kreuzfahrt für die Verköstigung Kaiser Wilhelms II. verantwortlich war, verlieh dieser ihm den Titel »Kaiser der Köche«. Später ging er nach London, wo ihn César Ritz 1892 zunächst für die Küche des Savoy engagierte, bevor er ihn sieben Jahre später ins Carlton berief. Bis zu seiner Pensionierung 1921 leitete Escoffier dessen Küche. Seine bekannteste Kreation ist der *Pêche Melba*, Vanille-Eis mit pochierten Pfirsichen und Himbeermus. Escoffier starb 1935 in Monte-Carlo.

Klassische Rezepte

Nach der Französischen Revolution bürgerte sich zwar allmählich das Mittagessen ein, das bis zu drei Vorspeisen und drei Hauptgerichte umfassen konnte, aber nach wie vor war das Diner die wichtigste Mahlzeit. Meist wurde *à la française* serviert, wobei der erste Gang bereits aufgetragen war und auf Rechauds warmgehalten wurde, wenn man zu Tisch kam. Er bot Hors-d'œuvres, Suppen und Gebratenes. Es folgten warme und kalte Braten sowie Pasteten, Salate, Gemüse und erste Süßspeisen. Schließlich erschienen Desserts, Kuchen, Gebäck und Käse.

Die folgenden drei Rezepte geben einen Eindruck von der aufwendigen Zubereitung. Zutaten wie Béchamelsauce, gemischtes Röstgemüse, gutabgeschäumte Rindfleischbrühe oder Kalbsfond sind dabei selbstverständlich. Komplizierter wird es, wenn *quenelles de volaille* verlangt ist, eine Klößchenmasse aus Mehl, Fett, Eiern, Gewürzen und feingehacktem Fleisch, die ein eigenes Rezept darstellt. Oder gar die *farce mousseline*, für die Fleisch von Geflügel oder Wild püriert, mit Eiweiß aufgeschlagen und gut gekühlt wird, bevor man es im Eisbad mit Crème fraîche verrührt. Es ist nicht üblich, bei kostspieligen Zutaten Zurückhaltung zu üben. Diese große Tradition wird heute nur noch in den Küchen einiger Luxushotels lebendig gehalten.

Noix de veau Brillat-Savarin
Kalbsnuß mit Morcheln und Entenstopfleber

1 Kalbsnuß, entbeint
100 g getrocknete Morcheln
4 Schalotten
100 g Butter
200 ml Crème fraîche
Béchamelsauce
200 g Entenstopfleber
Speck zum Spicken
Röstgemüse als Bratenunterlage
Rindfleischbrühe
trockener Weißwein
2 Tomaten, entkernt
1 Bouquet garni
Salz und Pfeffer aus der Mühle
Spinat

Das Fleisch der entbeinten Kalbsnuß flach klopfen und beiseite stellen.
Die Morcheln 2–3 Stunden in lauwarmem Wasser einweichen, abgießen und anschließend auf Küchenpapier abtropfen lassen.
Eine Schalotte schälen und fein hacken, in Butter mit den eingeweichten Morcheln 15 Minuten andünsten, Crème fraîche zugeben und 30 Minuten köcheln lassen.
Die restlichen Schalotten schälen und fein hacken, mit einer Béchamelsauce (ersatzweise einer Mehlschwitze) binden.
Die Schalottenfarce auf dem flachgeklopften Kalbfleisch etwa 1 cm dick verteilen und glattstreichen. Mit den Morcheln bestreuen und in die Mitte die Entenstopfleber geben. Das Fleisch der Kalbsnuß zusammenrollen und mit Küchenzwirn in Form binden. Mit Speck spicken, dann in Butter rundum leicht anbraten.
Das Röstgemüse in einen Schmortopf geben, den Braten darauf legen, mit Wein und Fleischbrühe zu gleichen Teilen aufgießen. Die entkernten Tomaten und das Bouquet garni dazugeben, mit Salz und Pfeffer würzen. Zum Kochen bringen, die Temperatur reduzieren und zugedeckt 2 Stunden köcheln lassen.
Kurz vor Ende der Garzeit den Spinat putzen und andünsten.
Das Fleisch aus dem Topf nehmen und warm stellen. Den Saft reduzieren, durch ein Sieb streichen und die Sauce binden. Den Braten in Scheiben schneiden und mit etwas Sauce übergießen. Die restliche Sauce in eine Sauciére geben.
Den gedünsteten Spinat und Morcheln in Rahmsauce als Beilagen reichen.

Chartreuse à la Parisienne nach Carême
Chartreuse von Flußkrebsen und Filets mignons

8 schöne Trüffeln
500 ml Champagner (nach Belieben)
100 kleine Flußkrebsschwänze
Butter
Hähnchenbrustfilets
Quenelles de volaille (Geflügelklößchenmasse)
Kalbsbries (ersatzweise Wildfilets)
12 Champignons
12 Scheiben Filet mignon (Geflügel oder Wild)
1 Zucchini
1 Möhre

Die Trüffeln entweder im Kamin, eingeschlagen in Alufolie, in heißer Asche garen oder in Champagner kochen, dann abkühlen lassen und in Stäbchen schneiden.
Die Flußkrebsschwänze in Kranzform in einer runden, ausgebutterten Form anrichten und die Trüffelstäbchen dazwischen arrangieren.
Die Hähnchenbrustfilets anbraten und damit die Flußkrebse belegen. Die Mitte der Form mit Trüffelresten bestreuen. Darauf die Geflügelklößchenmasse (aus feingehacktem Geflügelfleisch, Mehl, Fett, Eiern und Gewürzen) verteilen und einen Rand hochziehen. Das Zentrum der Form mit gebratenen Geflügelstücken und Kalbsbries (ersatzweise Wildfilets) garnieren. Mit Geflügelklößchenmasse ausgleichen, auffüllen und glattstreichen.
Die Oberfläche mit Backpapier abdecken, dann die Chartreuse im Wasserbad bei mittlerer Temperatur 1 1/2 Stunden garen. Vorsichtig aus der Form lösen, auf eine Servierplatte stürzen und anrichten. Mit angebratenen Champignons und Filets mignons von Geflügel (oder Wild), kurz sautierten halben Zucchinischeiben und zu Blumen geschnittenen gegarten Möhrenscheiben garnieren.

Poularde Talleyrand nach Escoffier
Masthuhn mit Makkaroni und Trüffeln
(Abbildung oben)

1 Poularde
Makkaroni
geriebener Parmesan
Crème fraîche
150 g Entenstopfleber
50 g Trüffeln, gewürfelt
80 g Trüffeln, gehobelt
40 g Trüffeln, in Stifte geschnitten
Farce mousseline
Kalbsfond

Die Poularde in einem Topf rundum anbraten, die Brustfilets auslösen und in Würfel schneiden. Die gleiche Menge Makkaroni blanchieren, in kleine Stücke schneiden, mit Parmesan und Crème fraîche binden und mit den Filetwürfeln vermengen. 150 g Entenstopfleber und 50 g in Würfel geschnittene Trüffeln damit vermischen, mit dieser Masse die Karkasse füllen.
Die Poularde mit einer Farce mousseline (aus püriertem Geflügelfleisch oder Wild, Eischnee und Crème fraîche) bestreichen und dabei die Form des Huhns nachempfinden, dann mit Trüffelscheiben verzieren und mit Butterbrotpapier bedecken. Im vorgeheizten Backofen bei mittlerer Temperatur garen.
Aus braunem Kalbsfond eine mit der Hälfte der Trüffelstifte aromatisierte Sauce zubereiten und einen Teil davon auf eine Servierplatte geben. Die Poularde Talleyrand darauf anrichten und mit Trüffelstiften reichlich verzieren. Die restliche Sauce getrennt servieren.

Links: *Chartreuse à la Parisienne nach Carême*
Chartreuse von Flußkrebsen und Filets mignons

Ganz links: *Noix de veau Brillat-Savarin* – Kalbsnuß mit Morcheln und Entenstopfleber

PARIS & ÎLE-DE-FRANCE

Die besondere Behandlung

Der Traiteur

Es ist das Jahr 1889, und Frankreich feiert den hundertsten Jahrestag der Revolution. In Paris findet die Weltausstellung statt, zu deren Eröffnung der Eiffelturm eingeweiht wird. Präsident Sadi Carnot veranstaltet im Rathaus ein prachtvolles Diner. Das Menü dieses denkwürdigen Abends beginnt mit Flußkrebscreme Saint-Germain und Lukullus-Pastete. Es folgen Törtchen Conti, Lachs mit Indischer Sauce, Steinbutt mit Sauce Normandie, Viertel vom Frischling nach Moskauer Art, Perigourdiner Poularden, Hummer à la Bordelaise, kalter Sperlingsbraten, Granité Grande Champagne. Der nächste Gang beschert Sorbet von Roederer, Getrüffelten Pfau, Fels aus Stopfleber. Anschließend stehen Russischer Salat, Spargel mit Mousselinsauce, Eisbombe Eiffel und Hundertjahreseis auf dem Programm. Und wer dann noch dazu in der Lage ist, kann sich an Waffeln, Blätterteig und Neapolitanischen Kuchen gütlich tun.

Dieses Diner wird von Potel & Chabot ausgerichtet, einer Traiteurfirma, die auch 1900 das Bürgermeister-Bankett im Jardin des Tuileries abwickelt, das größte Festessen, zu dem jemals in Frankreich geladen wurde. Potel & Chabot kochen für 22000 Gäste. Dafür haben sie 6000 Helfer aufgeboten. Sie brauchen 95000 Gläser, 66000 Bestecke, 250000 Teller und 5 km Tischdecke. Unter anderem verarbeiten sie 1800 Jungenten, 2000 kg Lachs und 1500 kg Kartoffeln. Und die überaus zufriedenen Gäste schmauchen am Schluß 30000 Zigarren. Noch heute arbeitet Potel & Chabot für die französische Regierung, aber mit Filialen in den USA und Rußland auch international.

Schon vor der Revolution, als Restaurants noch gar nicht existierten, wandte man sich an Traiteure, wenn es darum ging, eine Hochzeit oder ein festliches Abendessen zu begehen. Der erste Traiteur in modernem Sinn war jedoch kein Koch, sondern Gärtner. Vor dem schicksalhaften Datum 1789 belieferte Germain Chevet Königin und Hof mit Rosen. Vom Revolutionstribunal dazu gezwungen, seine Rosensträucher auszureißen und durch Kartoffeln zu ersetzen, »um das Volk zu ernähren«, entschlossen sich Chevet und seine Frau, die Knollen zu kleinen Pasteten weiterzuverarbeiten, um sie aufzuwerten. Sie eröffneten im Palais-Royal ein Geschäft, wo sich bald alles traf, was Rang und Namen hatte. Dazu zählte der erste gastronomische Kritiker, Grimod de la Reynière, der es in seinem Almanach von 1812 erwähnte. »Dieser Laden fährt fort, mit all

Das Buffet de la Mariée, das Buffet der Braut, ausgestattet von Potel & Chabot, die 1820 das Haus Chevet übernommen haben.

dem sehr gut versorgt zu sein, was den Appetit eines wahren Feinschmeckers stimulieren kann, vor allem mit Wild, Fisch, Schaltieren und Frühgemüse. Das schließt auch weder Pasteten noch Wurstwaren aus Troyes oder Reims aus, die man hier immer in bester Qualität findet, ebenso wie eine Fülle anderer, nicht weniger appetitanregender Artikel.«

Die Idee, sich mit Portionen von fertig Zubereitetem ›behandeln‹ zu lassen, ist nicht neu. Seit über 500 Jahren wirken in Frankreich Spezialisten, die Braten garen oder Fleisch kochen, die *rôtisseurs* und *chair-cuitiers*. Zu ihnen gesellte sich noch die Zunft der *pâtissiers*, die alles, was eßbar war, in Teige hüllten. Und bis heute greift man in Paris, aber auch anderswo in Frankreich gern auf das Angebot der Traiteure zurück, wenn man keine Zeit oder keine Lust zum Kochen hat oder wenn man sich, seine Familie und eventuelle Gäste verwöhnen möchte. Oft findet man in Charcuteries ein Traiteur-Angebot, aus dem sich ein vollständiges Menü zusammenstellen läßt, von Appetithappen über Hors-d'œuvres zu Fertiggerichten aus Fisch und Fleisch bis schließlich zu Käse und Desserts, inklusive Getränken.

Neben dieser alltäglichen kulinarischen Dienstleistung, die gerade in unserer geschäftigen Zeit mehr Zuspruch findet als je zuvor, sind die Traiteure ihrer historischen Aufgabe, für die Bewirtung bei besonderen Anlässen zu sorgen, treu geblieben, auch wenn sich ihre Kundschaft mit der Zeit verändert hat. In der zweiten Hälfte des 19. Jahrhunderts, die vom Erfolg der industriellen Revolution geprägt ist, ersetzt die Großbourgeoisie die Aristokratie. Gespeist wird nach wie vor auf hohem Niveau, aber die Traiteure werden flexibler, müssen sie doch in der Lage sein, ein exquisites und intimes Diner für zwei ebenso perfekt auszurichten wie ein Luxusbankett für mehrere tausend Teilnehmer. Dabei obliegt ihnen nicht nur die Vorbereitung des Menüs, sondern auch die gesamte Ausstattung und Dekoration. Sie stellen Tischwäsche, Porzellan, Gläser, Bestecke, Blumenschmuck und Beleuchtung. Denn die Aufgabe des Traiteurs ist nicht nur die Verköstigung der Gäste, er soll sie vielmehr zum Träumen bringen. Deshalb werden Buffets zum Fest für Gaumen und Augen, was den Einsatz von Spezialisten verlangt. Dafür benötigt man nicht nur Metzger und Konditoren, Sauciers und Rôtisseurs, sondern Köche, die Talent als Dekorateure und Stylisten, Fleuristen und Bildhauer (in Eis und Butter) beweisen. So paßt der Traiteur seine Ausstattung thematisch dem Ereignis an und untermalt es auf grandiose, verblüffende, skurrile, exotische oder klassische Weise. Der Erfolg des Banketts, vielleicht sogar des Festes, liegt in seiner Hand, und weiterhin stattet er die größten Ereignisse lukullisch aus. Heute ist der Traiteur beides: einerseits der König der improvisierten Mahlzeit, die man zu Hause genießt und die sich jeder leisten kann, andererseits ein hochspezialisierter Partyservice.

**Croustille d'agneau à la menthe poivrée
Röstkartoffel mit Lamm und Pfefferminze**
Mit Minzblatt und Tomaten-Concassé gewürzte dünne Scheibe Röstkartoffel, gekrönt von einer Scheibe rosig gegartem Lammfleisch.

Finguer foie gras – Stopfleberfinger
Krosse Röhrchen aus Phyllo-Teig mit einer Füllung aus Stopfleber und verschlossen mit einer Rosine.

Marinière de légumes – Mariniertes Gemüse
In Olivenöl gebratenes, auf italienische Weise mit Parmesan und Basilikum bestreutes Saisongemüse, serviert mit Balsamico-Dip.

**Oh La La! au crabe et aubergine
Überraschung mit Krebs und Aubergine**
Kleine ausgehöhlte Brötchen, mit Pfefferminze, Krebs und Auberginenkaviar garniert und mit Gemüsestäbchen gespickt.

**Philo de rouget aux tétragones
Phyllo von Rotbarbe mit Sommerspinat**
Mit Basilikum und Olivenöl parfümierter Phyllo-Teig mit gebratenem Rotbarbenfilet an Olivenöl auf Sommer- oder Pflückspinat.

Savarin de sole et saumon – Seezungen- und Lachskrone
Seezunge und Lachs mit Salat und Kräutern garniert, mit Trüffelcreme und Gemüsekrusteln serviert.

Gambas mille graines – Gambas tausend Samen
In Vanille-Öl geschwenkte Gambas werden in eine hauchdünne Apfelscheibe eingeschlagen und anschließend mit einem Band aus der Länge nach dünn gehobelter Möhre umwickelt. (›Samen‹ bezieht sich auf die Vanillesamen.)

Langoustines au citron – Kaisergranat mit Zitrone
Gebratener, mit Zitrone, Salz und Zucker gewürzter Kaisergranat (besser bekannt unter dem italienischen Namen Scampi).

Caille aux poires – Wachtel mit Birnen
Mit Ingwer marinierte und fritierte Wachtelbrüste, die mit Birnen an Wachteljus, gewürzt mit Honig und Essig (Mitte) angerichtet sind.

Roulés de choux au caviar – Kohlröllchen mit Kaviar
Zarte, stark blanchierte Kohlblätter umhüllen Räucherlachs auf Zitronenquark und erhalten eine Krönung aus echtem Kaviar.

**Mangues rôties au jus de passion
Gebratene Mangos mit Passionsfruchtsaft**
In der Pfanne gebratene und mit Vanilleschnaps flambierte Mangoschnitze, die mit Passionsfruchtsaft serviert werden.

Fraises au chocolat – Erdbeeren in Schokolade
Vollreife Erdbeeren der aromatischen, kleinfruchtigen Sorte Guariguette, in schwarze und weiße Schokolade getaucht; am besten sind sie eisgekühlt.

**Sablé pistache et pommes rouges
Pistazienkeks mit geröteten Äpfeln**
Knuspriger Mürbekeks aus Pistazienteig umschließt einen in Granatapfelsirup eingelegten Apfelschnitz.

Macarons
Kleine Mandelmakronen, die Farbe und Geschmack Pistazien-, Erdbeer- und Kaffeecreme verdanken.

Tulipes au myrtille – Heidelbeerhörnchen
Gerollte Mandelhippen, die mit einer Kirschwasser-Eiercreme gefüllt und mit Heidelbeeren verschlossen sind.

**Tartare de saumon au basilic
Lachstatar mit Basilikum**
Frischer und geräucherter, zu Tatar gehackter Lachs, den man mit Basilikum-Öl würzt.

Frankreichs Sterne

Drei Generationen französischer Feinschmecker sind mit dem roten Michelin-Führer für Hotels und Restaurants aufgewachsen. Seine Geschichte beginnt um 1900 und geht Hand in Hand mit der Geschichte des Autos und selbstverständlich der Michelin-Reifen. Die wenigsten Besucher der Weltausstellung, die 1900 in Paris stattfand, schenkten dem kleinen, aber 400 Seiten dicken Büchlein Beachtung, das gratis an alle Automobilbesitzer verteilt wurde. Auf der Innenseite seines roten Umschlags konnte man lesen: »Dieses Buch bemüht sich, den Autofahrer, der durch Frankreich reist, mit nützlichen Informationen für Hilfs- und Reparaturdienste für sein Automobil und darüber zu versorgen, wo man unterkommen, essen und durch Post, Telegraph oder Telefon korrespondieren kann.«

Bibendum, der aus Autoreifen geformte Michelin-Mann, präsentierte den Führer von Anfang an. Sein Name stammt vom lateinischen Trinkspruch ›Nunc est bibendum‹ (Trink jetzt!). Die Botschaft der Firma besagte, daß ihre Reifen ›die Straße trinken‹. Bibendum symbolisiert Beweglichkeit, das Glas voller Nägel, mit dem er anfänglich dargestellt wurde, suchte den Automobilisten in einer Zeit Vertrauen einzuflößen, in der von Hufnägeln durchbohrte Reifen als Folge der zahlreichen Pferdekutschen auf den Straßen keine Seltenheit waren. Die erste Ausgabe des Michelin enthielt 50 Seiten bebilderter Anleitungen für den Umgang mit Autoreifen. Frühe Jahrgänge boten eine Fülle praktischer Informationen, enthielten Stadtpläne, eine eindrucksvolle Liste unbedingt mitzuführender Ersatzteile und für den schlimmsten Notfall die Namen der besten Chirurgen Frankreichs. Die Stadtpläne waren so zuverlässig, daß die Alliierten vor der Invasion der Normandie 1944 Offiziere mit der 1939er Vorkriegsausgabe des Michelin ausstatteten, damit sie ihnen bei der Befreiung der besetzten französischen Städte die Orientierung erleichtere.

Bibendums Kopf als neues Symbol Bib Gourmand

Erst ab 1920 begann Michelin seinen Führer zu verkaufen, eine direkte Folge der Entscheidung, jegliche Form von Anzeigen zu verbannen, um die Glaubwürdigkeit zu unterstreichen. Über die Jahre wurde die Auswahl an Hotels und Restaurants in Frankreich immer größer. Bald widmete sich der Führer, der zweimal sein Format änderte, auch anderen Ländern und legte entsprechende Ausgaben vor, so daß sich in vielen Ländern Reisende auf Michelin verlassen konnten.

Das Sterne-System für die Restaurantbewertung wurde 1926 entwickelt. Für einen Koch ist die Zuerkennung von einem, zwei oder drei Sternen die Bestätigung seines Könnens, sie bringt Ruhm, Ehre und Kunden. Die Mächtigen und Reichen der Welt warten bereitwillig Monate auf einen Tisch in einem frischgekürten Drei-Sterne-Restaurant, und jeder in Frankreich träumt davon, einmal in einem zu speisen. Der Michelin wirkt wie ein Köder und spornt an. Einige Chefs und ihre Häuser bewahren die begehrten drei Sterne bereits seit Jahrzehnten: Bocuse seit 1965, Haeberlin seit 1967 und Troisgros seit 1968.

Überall in der Welt erscheint der neue Michelin am selben Tag. Bis dahin hütet man die Auf- und Abwertungen besser als ein Staatsgeheimnis. Die rund 500 Restaurants, die ein Stern auf den bald 1500 Seiten hervorhebt, sind nur die Spitze der Pyramide, deren Gipfel 21 Drei-Stern- und 70 Zwei-Stern-Restaurants bilden. An die 3500 weitere Restaurants fanden die Inspektoren empfehlenswert und zeichneten sie nach dem Niveau ihres Komforts und Services mit ein bis fünf Besteckpaaren aus, während ein Glas mit einer Gabel unter einem Dach ein einfaches, aber konvenables Restaurant symbolisiert. An die 5800 aufgeführte Hotels werden nach einem ähnlichen fünfstufigen System bewertet. Seit 1998 gibt es mit dem Bib Gourmand ein neues Symbol: Bibendums lächelndes Gesicht hebt Restaurants hervor, die besonders viel fürs Geld bieten.

Jahr für Jahr findet der Michelin weltweit über eine halbe Million Käufer. Das Geheimnis seines Erfolgs beruht auf seiner Verläßlichkeit, die dem Reisenden hilft, selbst in der abgelegensten Region noch eine akzeptable Unterkunft zu finden. Und sie beruht auf der Unbestechlichkeit seiner Restaurant-Kritiker, die wie alle anderen Gäste auch bestellen, essen, trinken und bezahlen, um dann das Restaurant unerkannt zu verlassen.

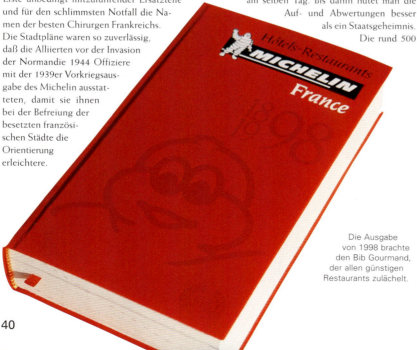

Die Ausgabe von 1998 brachte den Bib Gourmand, der allen günstigen Restaurants zulächelt.

Die erste Ausgabe des Michelin erschien im Jahr 1900 zur Pariser Weltausstellung und war ein Geschenk der bekannten Reifenfirma an die von mancherlei Hindernissen geplagten ersten Auto-Touristen.

Notgedrungen mußte der Guide Michelin die Kriegsjahre überspringen, aber die detaillierten Stadtpläne der Ausgabe 1939 leisteten den alliierten Truppen bei der Befreiung wertvolle Dienste.

Kochschulen

Neben den staatlichen *écoles hôtelières* haben sich private Schulen von ausgezeichnetem Renommee etabliert, von denen einige auch interessierten Amateuren offen sind. Vorkenntnisse sind, sofern nicht anders erwähnt, nicht erforderlich.

Le Cordon Bleu L'Art Culinaire
8, Rue Léon Delhomme, 75015 Paris
In der ältesten, 1895 gegründeten Pariser Kochschule dauert der professionelle Koch- wie der Patisseriekurs je neun Monate und führt zu einem Diplom. Zusätzlich gibt es Schulungen für Traiteure und Sommeliers. Für Amateure veranstaltet man Kurse und Workshops.

École Ritz Escoffier de Gastronomie Française
15, Place Vendôme, 75001 Paris
Seit César Ritz 1898 sein Hotel im ehemaligen Hôtel de Gramont eröffnete, ist das Ritz für seine Küche bekannt. Seine Kochschule wandte sich zuerst an Amateure und Weinfreunde, die in begrenzter Zeit ihre kulinarischen Fähigkeiten und Kenntnisse erweitern konnten. Seit kurzem bieten sie späteren Profis einen 30wöchigen Intensivkurs mit Großem Diplom in Küche und Patisserie.

École Lenôtre
40, Rue Pierre Curie, 78735 Plaisir
Neben anderen Möglichkeiten gibt es eine sechsmonatige professionelle Ausbildung, wobei sich Kochunterricht in kleinen Klassen mit Erster-Hand-Erfahrung in Lenôtres Küchen, Restaurants und Läden abwechseln. Grundsätzliche kulinarische Kenntnisse werden in thematischen Wochenkursen vermittelt.

École de Paris de Métiers de la Table
17, Rue Jacques Ibert, 75017 Paris
Seit 1978 stellt diese Pariser Fachschule ein Ausbildungszentrum für junge Leute dar, die einen Beruf im Hotel- und Restaurantfach ergreifen oder aber Patissier oder Chocolatier werden wollen. In einer einjährigen Zusatzausbildung kann man sich zum Sommelier schulen lassen. Auszubildende im Alter von 14 bis 25 Jahren werden angenommen.

École des Arts Culinaires et de l'Hôtellerie d'Ecully
Château du Vivier, 69131 Ecully
Diese in einem Schloß im Beaujolais vor Lyons Toren untergebrachte Schule untersteht Paul Bocuse. Der Nachwuchs für den Hotel- und Restaurantberuf erhält hier eine Ausbildung, die einem Universitätsdiplom in Verwaltung und Management entspricht. Der Drei-Jahres-Kurs beinhaltet außer Kochen und Hotelfach auch Ausbildung in Buchhaltung, Marketing, Verwaltung, Personalführung und Informatik.

École Supérieure Internationale de Savignac
24420 Savignac-les-Eglises
Diese Schule reserviert ihr Lehrprogramm für junge Frauen und Männer, die bereits in einem Hotel, einem Restaurant oder in der Tourismusbranche arbeiten. Sie unterrichtet allgemeines Management genau so, wie es auch in den bedeutenden *business schools* gelehrt wird, aber speziell auf den Hotelfach- und Verpflegungssektor ausgerichtet.

Schulmahlzeiten

Viele professionelle Hotelfachschulen in Paris und anderswo in Frankreich öffnen ihre Restaurants der Öffentlichkeit. Folgende Pariser Schulen haben wochentags (außer Mittwochs) mittags geöffnet: École Hôtelière Jean-Drouant; Lycée Technique Privé Albert-de-Mun; Lycée Hôtelier Jean-Quarre; Institut Vatel Lycée Hôtelier Belliard; École Ferrandi.

PARIS & ÎLE-DE-FRANCE

Küchen-utensilien

Ein Blick in die Küche verrät heute leider nicht mehr ohne weiteres, in welchem Land man sich befindet. Während es dem bewußten Verbraucher überall gelingen wird, Zutaten zu finden, die regionaltypisch sind, oder der versierte Feinschmecker in jedem Landstrich Gerichte zu entdecken vermag, in denen man noch, oder wieder, den Geschmack von Geschichte und Kultur erleben kann, so stehen Koch- und Küchenbegeisterte vor einem inzwischen internationalen und damit gleichförmig gewordenen Angebot an Messern, Kellen, Töpfen und Formen. Der Unterschied liegt heute mehr in der Häufigkeit der Verwendung einzelner Küchenwerkzeuge und Geräte als in ihrer Präsenz an sich. Die irdenen oder eisernen Töpfe, in denen am Feuer Speisen langsam garten und die in jeder französischen Region ihre eigene Form hatten, gehören genaugenommen bereits der Vergangenheit an. Aber eine *moulinette* ist trotz inzwischen fast weltweiter Verbreitung ein urfranzösisches Gerät. Je nach Einsatz dient sie zum Passieren der unverändert beliebten *potage*, der sämigen Kartoffel- und Gemüsesuppe, zum Raspeln von Karotten und Sellerie für die geschätzten *crudités*, zum Reiben von Käse für die vielen überbackenen Gerichte oder zum Schneiden von Scheiben, insbesondere bei Kartoffeln, etwa für *Gratin dauphinois*. Ein anderes simples, doch geniales und ebenfalls per Hand zu bedienendes Gerät ist die unverzichtbare Salatschleuder. Messer, Kochlöffel, Paletten und Kellen gibt es überall in verschiedenen Formen. Aber die schmucken Stielkasserollen scheinen sich auf einem französischen Herd sehr viel heimischer zu fühlen als irgendwo sonst. Die zahlreichen Auflaufformen bezeugen von allein, daß man Gerichte hier gern in den Backofen schiebt und eine Vorliebe für Überbackenes hat. So verraten die vielen schönen Terrinenformen aus Porzellan oder Email, daß Frankreich eine Hochburg der Pasteten- und Terrinenesser ist. Was die Kuchen betrifft, sind die Formen für Brioche, Savarin und Kougelhopf zweifellos die verbreitetsten, während für Madeleines die Muschelform die mit Abstand französischste zu sein scheint. Und noch immer werden hier die schönen kupfernen Wannen bevorzugt eingesetzt, um Konfitüren in einer althergebrachten Weise auf sanfter Hitze langsam eindicken zu lassen.

Cocotte en fonte
Der gußeiserne Bratentopf ist ideal für stundenlanges Schmoren.

Couvercle
Er springt überall da ein, wo ein zugehöriger Deckel fehlt, aber gebraucht wird.

Casseroles
Die vielseitigen Stieltöpfe lassen sich dank des Stils besonders gut handhaben.

Passoire deux anneaux
Das Henkelsieb ermöglicht ein schnelleres Abtropfen durch Schwenken.

Passoire chinois
Ein Spitzsieb empfiehlt sich besonders zum Dekantieren von Flüssigkeiten.

Essoreuse
Salat, der in der Salatschleuder trocknete, nimmt ölhaltige Saucen besser an.

Moules à soufflé
Soufflé- oder Auflaufförmchen für kleine Kuchen oder Desserts wie *Crème caramel*.

Terrine
In einer Terrinen- oder Pastetenform aus Porzellan garen Zutaten im Wasserbad.

Plat rectangulaire avec support
Die Auflaufform mit Ständer kann man direkt aus dem Ofen auf den Tisch stellen.

Thermomètre à sucre
Ein Zuckerthermometer ist für das Gelingen kunstvoller Desserts unerläßlich.

Poche à douille et ses douilles
Der Spritzbeutel ermöglicht kunstvolle Verzierungen, erleichtert aber auch das Füllen.

Moule à madeleine
In die Mulden der Kuchenform gießt man den flüssigen Teig für Madeleines.

Emporte-pièces
In der Größe aufeinander abgestimmte Ausstechformen sind vielseitig einsetzbar.

Moule savarin
Die Napfkuchenform dient für Hefe- und Rührkuchen ebenso wie für Fischterrinen.

Ficelle
Küchenzwirn hilft bei Rouladen, gefülltem Geflügel oder gedämpftem Rinderfilet.

Mixeur
Ein Pürierstab leistet schnelle Hilfe beim Mischen, Schlagen und Pürieren.

Véritable mandoline, Der Universalhobel reibt, raspelt und schneidet Käse, Obst und Gemüse.

Hachoir
Das Wiegemesser für die feingewiegten Kräuter, Zwiebeln oder Knoblauchzehen.

Hintergrund: Moulinette
Passier- und Raspelgerät, die Flotte Lotte, für Rohkost, Pürees, Käse

Küchenmesser (von links)

Économe office	– Sparschäler mit beweglicher Klinge zum dünnen Schälen von Gemüse und Kartoffeln
Bec oiseau	– Küchenmesser (›Vogelschnabel‹) für kleines bis mittelgroßes Obst und Gemüse
Office	– Gemüsemesser zum Aufschneiden, Schälen und Kleinschneiden aller Arten von Gemüse
Éminceur	– Küchen- bzw. Schlagmesser mit langer, breiter Klinge zum Schneiden und Klopfen dünner Fleischscheiben
2 Spatules	– Paletten (35 cm, 30 cm) dienen zum Auftragen, Aus- und Glattstreichen von Teigen und Cremes
Tranchelar	– Tranchier- oder Kuhlenmesser schneiden weiches Fleisch wie Lachs in hauchdünne Scheiben
Désosser	– Ausbeinmesser mit extrem scharfer Spitze
Tranchelar	– Tranchier- oder Wellenschliffmesser schneiden festeres Fleisch in dünne Scheiben
Spatule coudée	– Gekrümmter Spachtel zum Einsatz in Pfannen

Pariser Alltagskost

Es sind keineswegs nur die Höhenflüge, die das Image der Pariser Küche prägen. Wenn man mittags und abends anstehen muß, um in Brasserien und Bistrots einen Platz zu bekommen, spricht das für einen gesunden Hang zum Bodenständigen. Man schätzt deftige Suppen (*potages*), preiswerte Fische wie Kabeljau oder Wittling, Rindfleisch (*entrecôtes* oder *bavettes*), Ragouts, gegarten Schinken, Kalbskopf oder *andouillettes*, Gekrösewürste. Bleibenden Einfluß auf diese Küche hatten Großmarkt und Schlachthof, *les Halles* und *la Villette*, sowie Bercy, frühes Zentrum des Weinhandels. Die weltbekannte französische Zwiebelsuppe entstand in den Kneipen und Gaststätten rund um die Hallen, wo sich die Marktleute frühmorgens aufwärmten. Bei der Villette stürzte man sich statt dessen auf große Stücke *Entrecôte* oder auf mit Zunge und Bries servierten Kalbskopf. In Bercy gehörten ein ordentlicher Schuß Wein und Schalotten an jedes typische Gericht. Pariser haben eine Vorliebe für Mayonnaise und insbesondere für ihre *Sauce Gribiche*, die mit gekochtem Eigelb aufgeschlagen und mit Essig, Kapern, Kräutern, Pfeffer und Salz gewürzt wird. Man serviert sie zum Kalbskopf und zu kaltem Fisch. Aber auch für den kleinen Hunger ließ man sich hier etwas einfallen, was um die Welt ging: den *Croque Monsieur*. Angeblich soll er 1910 in einem Café am Boulevard des Capucines das Licht der Welt erblickt haben. Er ist ein Klassiker im Angebot von Cafés und Brasserien geblieben.

Gratinée des Halles
Überbackene Zwiebelsuppe
(Abbildung unten links)

400 g Zwiebeln
60 g Butter
1 EL Mehl
1 l Rindfleischbrühe
Salz und Pfeffer aus der Mühle
½ Baguette
100 g Gruyère, gerieben

Die Zwiebeln schälen und in dünne Ringe schneiden. Die Butter in einem Topf erhitzen und die Zwiebeln darin leicht anbraten. Das Mehl darüberstreuen und verrühren, dann mit heißer Rindfleischbrühe aufgießen. Zum Kochen bringen, die Temperatur reduzieren und zugedeckt 30 Minuten köcheln lassen. Mit Salz und Pfeffer abschmecken. Baguette in dünne Scheiben schneiden und toasten. Die Suppe in feuerfeste Schalen füllen, mit den Baguettescheiben abdecken und mit dem geriebenen Gruyère bestreuen. Im vorgeheizten Backofen oder im Grill goldgelb überbacken und sofort heiß servieren.

Croque Monsieur
Schinken-Käse-Toast
(Abbildung unten rechts)

Pro Person

2 Scheiben Toastbrot
1 TL Butter
½ Scheibe gekochter Schinken
25 g geriebener Käse

Die beiden Scheiben Toast dünn mit Butter bestreichen. Auf eine Scheibe den Schinken legen und mit dem geriebenen Käse bestreuen. Mit der zweiten gebutterten Scheibe Toast bedecken. Im vorgeheizten Grill zuerst eine Seite, dann die andere toasten. Serviert man den Toast mit einem Spiegelei, wird er zur *Croque Madame*.

Potage cressonnière
Kressecremesuppe
(ohne Abbildung)

400 g Kartoffeln
1,5 l Wasser
1 Bund Brunnenkresse
100 ml Crème fraîche
Salz und Pfeffer aus der Mühle

Die Kartoffeln schälen, waschen, würfeln und in gesalzenem Wasser aufsetzen. Aufkochen lassen, die Temperatur reduzieren und 30 Minuten köcheln. In der Zwischenzeit die Stiele der Brunnenkresse fein hacken und die Blätter gründlich waschen. Einige kleine Blätter zur Seite legen. Die Kresse zu den Kartoffeln geben und weitere 10–15 Minuten kochen.
Die Suppe mit dem Mixstab pürieren. Die Crème fraîche unterrühren, mit Salz und Pfeffer abschmecken und in vorgewärmte Schalen füllen. Mit den Brunnenkresseblättern garniert servieren.

Potage parisien
Pariser Kartoffel-Porree-Suppe
(ohne Abbildung)

3 Stangen Porree
60 g Butter
1,5 l Wasser
400 g Kartoffeln
Salz und Pfeffer aus der Mühle

Den Porree putzen, waschen und in schmale Streifen schneiden. Die Hälfte der Butter in einem Topf erhitzen und den Porree darin andünsten. Mit dem kochenden, gesalzenen Wasser aufgießen und kurz aufkochen lassen. Die Kartoffeln schälen, waschen, in kleine Würfel schneiden und in den Topf geben.
Etwa 20 Minuten auf niedriger Temperatur kochen lassen. In eine Suppenterrine füllen, die restliche Butter unterziehen und mit Salz und Pfeffer abschmecken.

Gratinée des Halles – Überbackene Zwiebelsuppe

Croque Monsieur – Schinken-Käse-Toast

Jambon à la Porte Maillot
Gekochter Schinken Porte Maillot
(Abbildung rechts)

Für 10 Personen

1 Schinken, 2,5 kg (nicht zu stark gesalzen)
600 g Möhren
200 g Zwiebeln
2 Gewürznelken
2 Zweige Thymian
2 Lorbeerblätter
4 Basilikumblätter
1 Prise Zimt
1 Prise geriebene Muskatnuß
50 g Knoblauch
1 Bund Petersilie
2 Kopfsalate
300 g Frühlingszwiebeln
500 g Erbsen
500 g grüne Bohnen, blanchiert
1 Bund junge Möhren
50 g Butter
Pfeffer

Sauce

2 Möhren
2 Zwiebeln
20 g Butter
500 ml trockener Weißwein
500 ml Kraftbrühe
Lorbeer, Thymian, Petersilie

Den Schinken außen entsalzen, parieren, in ein Musselintuch wickeln und in einen Schmortopf geben. Knapp mit Wasser bedecken und 4 Stunden mit Möhren, Zwiebeln, Gewürzen, Kräutern und Knoblauch köcheln. Den Schinken aus dem Tuch nehmen und den Knochen auslösen.
Für die Sauce Möhren und Zwiebeln in Butter andünsten, Wein und Brühe angießen und die Kräuter hinzufügen. Zum Kochen bringen, dann durch ein Sieb passieren. Den Schinken mit der Sauce bedecken und nochmals 1 Stunde köcheln lassen. Kurz vor dem Servieren Salate, Zwiebeln, Erbsen, grüne Bohnen und Möhren in Butter andünsten. Den Schinken mit zerstoßenem Pfeffer würzen und mit dem Gemüse auf einer Platte anrichten.

Entrecôte Villette
Zwischenrippenstück Villette
(ohne Abbildung)

Pro Person

1 Entrecôte, 300–350 g, ca. 15 mm dick
5 Schalotten
100 g Butter
Salz und Pfeffer aus der Mühle
1 TL feingehackte glatte Petersilie
Zitronensaft
grobes Meersalz

Das Fleisch pfeffern und abgedeckt 2 Stunden ruhenlassen. Die Schalotten schälen und fein hacken. Ein Drittel der Butter erhitzen und das leicht gesalzene Entrecôte pro Seite kurz braten. Warm stellen. Die restliche Butter zerlassen, die Schalotten zufügen und in 2 Minuten bräunen.
Das Fleisch auf einem vorgewärmten Teller anrichten, Schalotten und Butter darübergeben, mit Petersilie bestreuen und einige Tropfen Zitronensaft darüberträufeln. Dann mit etwas grobem Meersalz und Pfeffer aus der Mühle würzen. Als Beilage eignen sich Pommes frites oder Ofenkartoffeln.

45

Dieser Wagen trägt ein reichhaltiges und gekonnt zusammengestelltes Angebot verschiedener Käse.

Käse

Franzosen sind stolz darauf, mehr verschiedene Käse zu erzeugen, als das Jahr Tage hat. Aber nur in Paris kann man sie alle finden und goutieren. Während in den *crèmeries* Käse nur verkauft wird, ist ein *affineur* ein Künstler, der den Rohstoff Käse nach seinem Willen gestaltet und all seine Begabung einsetzt, ihn zu vervollkommnen. Ein *fromager-affineur*, der etwas auf sich hält, reist immer wieder durch ganz Frankreich, ständig auf der Suche nach den allerbesten Käseproduzenten, bei denen er sich mit jungen Käsen eindeckt, um sie dann selbst zu optimaler Reife zu führen. Erst nach diesem Prozeß der *affinage*, wenn jeder Käse seinen ganz eigenen Charakter voll entfaltet hat, kommt er ins Angebot.

Um seinem Handwerk nachzugehen, braucht der Affineur geeignete Keller. Dort müssen konstant niedrige Temperatur und hohe Luftfeuchtigkeit herrschen. Doch um jeder Käsesorte gerecht zu werden, braucht es verschiedene Kammern, die man entsprechend regulieren kann. Ein Weichkäse mit flaumiger Rinde wie Camembert benötigt 95% Luftfeuchtigkeit, dagegen kommt Hartkäse mit 80% und Ziegenkäse mit 75% aus. Es ist nicht damit getan, die Käse einzulagern und sie dann sich selbst zu überlassen, im Gegenteil, jeder einzelne verlangt spezielle Aufmerksamkeit, um gut zu reifen. Einige wollen in Salzlauge, Bier oder sogar Schnaps gewaschen werden. Andere bestäubt der erfahrene Affineur mit Holzasche oder wickelt sie in Blätter oder Heu. Viele reibt er nur ab und wendet sie. Diese erhalten kühlere, jene wärmere Plätze. Ein Blick, eine Berührung sagen dem versierten Käsemeister, wo es fehlt. Einen Camembert pflegt er zum Beispiel bis zu drei Wochen, während er einen halbfesten Cantal bis zu sechs Monate hegt. Generell ist die Reifezeit abhängig von der Größe eines Käses. Doch ist Vorsicht geboten: Jedes Überschreiten des perfekten Reifegrads rächt sich mit üblen Noten. Nur gewissenhafte Pflege gewährleistet ausgewogenen Geschmack, intensives Aroma, optimale Textur und ansprechendes Erscheinungsbild. Das erhebt die Meisterwerke des Affineur über simple Molkereiprodukte. Bislang haben 42 Käse das Gütesiegel Appellation d'Origine Contrôlée erhalten. Eine Sonderkategorie stellen industrielle Kochkäse dar, deren berühmtester Vertreter La Vache qui rit ist. Nach Art der Herstellung werden alle anderen Käse in Frankreich folgenden Kategorien zugeordnet: Frischkäse, Weichkäse mit weißer oder roter Schimmelrinde, Blaue Edelschimmelkäse, Ziegenkäse sowie aus nichtgekochtem und aus gekochtem Teig gepreßte Hartkäse. (Sie werden an konkreten Beispielen aus verschiedenen Regionen eingehend vorgestellt werden.) Natürlich darf bei einem guten Essen der Käse nicht fehlen, und ein Wagen mit einer repräsentativen Auswahl erstklassig affinierter Käse ist in jedem Spitzenrestaurant Ehrensache.

PARIS & ÎLE-DE-FRANCE

Französische Käse auf einen Blick

(Die Jahreszahl bezieht sich auf die erstmalige Vergabe der Appellation d'Origine Contrôlée)

Fromages à croûte fleurie
Weißschimmelkäse
Brie de Meaux (1980)
Brie de Melun (1980)
Brillat-Savarin
Camembert de Normandie (1983)
Chaource (1970)
Coulommiers
Neufchâtel (1969)
Saint-Marcellin

Fromages à croûte lavée
Weichkäse mit Rotflora
Epoisses (1991)
Langres (1991)
Livarot (1975)
Maroilles (1955)
Mont d'Or, Vacherin du Haut-Doubs (1981)
Munster, Munster Géromé (1969)
Pont-l'Évêque (1972)

Chèvre – Ziegenkäse
Banon (2003)
Brocciu Corse (1983)
Chabichou du Poitou (1990)
Charolais, Charolles
Chevrotin (2002)
Crottin de Chavignol (1976)
Pélardon (2000)
Rocamadour (1996)
Valençay (1998)

Picodon de l'Ardèche, Picodon de la Drôme (1983)
Pouligny-Saint-Pierre (1972)
Sainte-Maure de Touraine (1990)
Selles-sur-Cher (1975)

Fromages à pâte persillée
Blauschimmelkäse
Bleu d'Auvergne (1975)
Bleu des Causses (1953)
Bleu du Haut-Jura, Bleu de Gex, Bleu de Septmoncel (1935)
Bleu du Vercors-Sassenage (1998)
Fourme d'Ambert, Fourme de Montbrison (1972)
Roquefort (1921)

Fromages à pâte pressée non cuite
Halbfeste und feste Schnittkäse
Ardi-Gasna
Bethmale
Cantal (1956)
Laguiole (1961)
Mimolette
Morbier (2000)
Ossau-Iraty (1980)
Reblochon (1958)
Saint-Nectaire (1955)
Salers (1961)
Tome des Bauges (2002)

Fromages à pâte pressée cuite
Hartkäse
Abondance (1990)
Beaufort (1968)
Comté (1952)

In diesem faszinierenden Laden bietet Roland Barthélémy, Präsident der Pariser Käsegilde, ein reichhaltiges und optimal gereiftes Angebot an.

Relative Käsechronologie
Beim Verzehr einer Auswahl an Käse beginnt man mit dem mildesten. Die unten abgebildete Anordnung ist jedoch nur ein Beispiel, denn die Reihenfolge hängt von der Reife jedes Käses ab.

1 Montrachet
2 Camembert
3 Cantal
4 Comté
5 Roquefort
6 Munster

Fromages à croûte fleurie
Weißschimmelkäse

Brillat-Savarin
Sehr milder, leicht säuerlicher, mit 75 % Fett in der Trockenmasse sehr gehaltvoller Käse aus der Normandie. Die Stücke messen etwa 12 cm im Durchmesser.

Camembert
Berühmter Käse aus der Normandie, vorzugsweise aus *lait crû*, Rohmilch. Er reift mindestens 21 Tage, und der Teig sollte auf schwachen Fingerdruck leicht nachgeben.

Neufchâtel
Der herzförmige, quadratische oder zylindrische weißflaumige Käse aus roher oder pasteurisierter Milch stammt aus der Seine-Maritime, wo er seit dem 11. Jahrhundert verbrieft ist. Er wird nur kurz affiniert und ist angenehm im Geschmack.

Coulommiers
Brie aus der Île-de-France; die rund 500 g schweren Stücke werden sowohl aus roher wie aus pasteurisierter Milch hergestellt.

Brie de Meaux
Der wohl bekannteste Brie wurde bereits von Karl dem Großen geschätzt. In der heute überwiegend industriellen Produktion hat der Salzgehalt zugenommen. Flache, reife Torten von 35 cm Durchmesser und 2,5 cm Höhe zeigen auf weißlichem Flaum rötliche Flecken oder Streifen.

Auf den Weiden der Normandie finden die Kühe fettes Gras, das ihrer Milch die Reichhaltigkeit gibt.

Chaource
Seit dem Mittelalter bekannter Käse aus der Champagne und dem nördlichen Burgund; angeboten als mit Papier umgürtete Zylinder von 450 g und 200 g Gewicht; sehr cremig, reif mit Champignonaroma. Er ist am besten im Sommer.

Saint-Marcellin
Dieser kleine Käse aus der Isère ist am aromatischsten im Zustand wie abgebildet. Er wurde früher gewöhnlich aus Ziegenmilch hergestellt, heute bevorzugt man ihn aus Kuhmilch, egal ob roh oder pasteurisiert.

Brie de Melun
Der Durchmesser der Torten beträgt etwa 28 cm. Nach üblichen vier Wochen Affinage (möglich sind bis zu zehn) zeigt der Käse ähnliche äußerliche Merkmale wie der Brie de Meaux, mit glattem gelbem Inneren, nussigem Geschmack. Beide Bries werden in Seine-et-Marne und angrenzenden Departements hergestellt. Weniger gut im Frühjahr.

Fromages à croûte lavée – Weichkäse mit Rotflora

Epoisses
Burgundische Spezialität, die mit Marc (Trester) und/oder Weißwein affiniert wird. Die glänzende glatte oder leicht geriffelte Rinde ist von dunklem Orange; markantes Bukett, sehr cremig, angenehm würzig.

Livarot
Kennzeichen dieses Käses aus dem Calvados-Gebiet ist die an den Seiten von Binsenstreifen eingekerbte Rinde; gelber elastischer Teig.

Maroilles
Ein berühmter, seit dem Mittelalter geschätzter Veteran in quadratischer Form von 13 cm Seitenlänge und 6 cm Höhe mit ziegelroter, glänzender Rinde. Er hat einen starken Duft, einen ausgeprägten eigenen Geschmack und paßt gut zum Bier.

Munster, Munster Géromé
Von Mönchen kreierter, sehr aromatischer Käse aus roher oder pasteurisierter Kuhmilch der Vogesen-Almen; er ist in zwei verschiedenen Größen erhältlich.

Langres
Die beim jungen Käse gelbe, schrundige und dünne Rinde wird mit zunehmender Reife dunkler. Sie darf mit Annatto eingefärbt werden. Der leicht pikante Geschmack des schmelzenden Teigs ist im Herbst am besten.

Vacherin Mont d'Or
Aus roher Winter–milch hergestellter Käse, der auf Fichtenbrettern reift und von einem Tannenrindenstreifen in Form gehalten wird.

Pont-l'Évêque
Der quadratische normannische Käse wird seit dem Mittelalter hergestellt. Er wiegt 350 g bzw. 400 g und zeichnet sich durch glatten gelblichen Teig mit einem prägnanten, leicht nussigen Geschmack aus.

Chèvre – Ziegenkäse

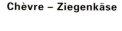

Cabécou
Weicher, 30–40 g leichter Ziegenrohmilchkäse aus dem Quercy, dem Périgord oder dem Rouergue.

Chabichou du Poitou
Der Käse, der in 6 cm hohen Zylindern von 150 g Gewicht verkauft wird, geht angeblich auf die Mauren zurück.

Charolais, Charolles
Burgunderkäse aus Ziegen- und/oder Kuhmilch mit natürlicher Schimmelrinde im 200-Gramm-Zylinder.

Crottin de Chavignol
Kleine (4–5 cm im Durchmesser), rundliche Käse, benannt nach dem Loire-Dorf in der Region des Sancerre-Weins.

Montrachet
Ein sehr milder, cremiger Burgunderkäse, der jung gegessen wird.

Pélardon
Diesen Rohmilchkäse aus den Cévennes gibt es in vielen Variationen. Sein milder, aromatischer Geschmack verträgt eine dreiwöchige Reifezeit.

Picodon de l'Ardèche, Picodon de la Drôme
Die kleinen, flachen Taler müssen mindestens 12 Tage reifen, werden aber gewöhnlich drei bis vier Wochen aufgespart.

Pouligny-Saint-Pierre
Von der Loire aus dem Zentrum Frankreichs stammt diese 250-Gramm-Pyramide aus Ziegenvollmilch. Am besten schmeckt der Käse mit leicht bläulichem Schimmel.

Sainte-Maure
Der bekannteste Chèvre ist eine handwerklich gemachte, leicht bläuliche (sonst weiße) 14–16 cm lange Rolle, die durch einen Strohhalm in der Mitte ihre Form hält.

Selles-sur-Cher
Von der südlichen Loire. Die sich leicht verjüngenden Zylinder werden mit einer Mischung aus Salz und Holzkohlenasche bestäubt und dann affiniert. Feine Nußnote.

49

Fromages à pâte persillée – Blauschimmelkäse

Roquefort
Berühmtester, aus roher Schafmilch hergestellter Blauschimmelkäse, gereift in den einzigartigen Kalksteinhöhlen von Roquefort-sur-Soulzon.

Bleu des Causses
Nur aus Kuhmilch erzeugter Bruder des Roquefort, der in Kalkgebirgshöhlen des Aveyron unter vergleichbaren Bedingungen altert. Der gleichmäßig helle Teig ist mit bläulichem Edelschimmel gezeichnet.

Fourme d'Ambert, Fourme de Montbrison
Der traditionsreiche, vermutlich seit 2000 Jahren in den Bergen der Auvergne hergestellte milde Blauschimmelkäse aus pasteurisierter Kuhmilch wird zu 19 cm hohen Zylindern geformt, dann meist mit Pilzkulturen geimpft und mehrere Monate affiniert. Auf der grauen Rinde entwickelt sich oft verschiedenfarbiger Schimmel. Der Käse wird meist mit dem Löffel aus dem Stumpen geschabt.

Bleu d'Auvergne
Er wurde erstmals Mitte des 19. Jahrhunderts von einem Bauern im Zentralmassiv hergestellt. Unter einer gebürsteten dünnen Rinde ist fester elfenbeinfarbener Teig von ungleichmäßigen blaugrünen Pilzadern durchzogen. Der charakteristische pikante Geschmack läßt sich in der Küche vielseitig verwenden.

Bleu du Haut-Jura, Bleu de Gex, Bleu de Septmoncel
Der Außenseiter unter den französischen Blauschimmelkäsen wird zu 36 cm großen Rädern geformt und von Hand gesalzen. Nach mindestens vierwöchiger Reifezeit zeigt er eine schöne goldgelbe Rinde, cremefarbenen, mit feinem blaugrünem Schimmel marmorierten Teig und besitzt ein delikates, nussiges Aroma. Seine beste Saison ist von Juni bis Oktober.

Fromages à pâte pressée cuite – Hartkäse

Abondance
Von Mönchen des Klosters Abondance in der Haute-Savoie seit dem 12. Jahrhundert produziert. Die Milch stammt von der gleichnamigen Rinderrasse. Beim Dicklegen und ein zweites Mal danach wird die Käsemasse erhitzt (jedoch nicht über 40 °C), in ein Tuch geschlagen und in Holzreifen gepreßt. Nach drei Monaten Reife ist die Rinde von hellem Orange, der Teig mit wenigen Löchern von hellem Gelb, der Geschmack der 7–12 kg schweren Laibe angenehm ausgewogen. Besonders fruchtig erscheint er im Sommer.

Comté, Gruyère de Comté
Der populärste Hartkäse Frankreichs stammt aus dem Franche-Comté, wo die Kühe im Sommer auf den Almen des Jura weiden. Für einen Laib Comté werden 530 l Milch verarbeitet. Nach alter Tradition wird die Konsistenz des Korns durch einmaliges Erwärmen auf 40 °C erreicht, worauf der Teig in Tuch gepreßt wird. Gesalzen und abgerieben reift er, regelmäßig gewendet, drei bis sechs Monate. Unter ihrer harten Rinde verbergen die bis zu 55 kg schweren Räder einen gelben Teig mit wenigen kirschgroßen Löchern (Augen). Das Aroma verbindet fruchtige mit floralen Noten.

Beaufort
In Buchenreifen gepreßt, erhält dieser Käse seine Radform mit einem Durchmesser von bis zu 75 cm und einem Gewicht von bis zu 70 kg. Nach mindestens sechs Monaten Reife hat er eine harte gelbe bis braune Rinde und schmeckt nussig. Hergestellt werden drei Sorten: zusätzlich zum einfachen Beaufort noch Beaufort été (Juni bis Oktober) und Beaufort d'alpage (gefertigt auf einer Alm mit der Milch einer einzigen dort weidenden Herde).

Fromages à pâte pressée non cuite
Halbfeste und feste Schnittkäse

Ossau-Iraty
Die Milch für diesen Schafskäse aus Tälern und von Almen der westlichen Pyrenäen (Ossau liegt im Béarn, Iraty im französischen Baskenland) darf erst 20 Tage nach dem Lammen verarbeitet werden. Die mindestens drei Monate gereiften Laibe besitzen eine feste Rinde, glatten Teig mit wenigen Löchern und feine markante nussige Aromen. Am besten sind sie im November und Dezember.

Saint-Nectaire
Den berühmten halbfesten, zweimal gepreßten Rohmilchkäse aus der Auvergne, der auf Roggenstroh in feuchten Kellern bis zu zehn Wochen altert und dabei seine bunte Rinde erhält, kennzeichnet ein feiner Teig mit Pilz- und Nußaromen.

Mimolette
Dieser eigenwillig geformte Käse aus pasteurisierter Kuhmilch, der auch unter dem Namen Boulle de Lille bekannt ist, wird nach dem gleichen Verfahren hergestellt wie holländischer Edamer. Er reift sechs Wochen bis zwei Jahre.

Morbier
Aus der Region des Comté stammt der halbfeste Schnittkäse mit dem charakteristischen Aschestreifen in der Mitte. Morbier ist nicht gleich Morbier, denn er wird sowohl handwerklich als auch industriell hergestellt.

Ardi-Gasna
Für diesen festen Schafskäse *(pur brebis)* aus dem Baskenland, der gern mit Kirschkonfitüre gegessen wird, verarbeitet man die rohe Vollmilch. Nach einer Reifezeit von zwei bis drei Monaten ist der Käse zum Verzehr geeignet, er kann aber bis zu zwei Jahren affiniert werden.

Bethmale
Dieser milde Kuhmilchkäse aus den Pyrenäen trägt den Namen eines Dorfs in der Region Couserons. Die 3,5–6 kg schweren Räder mit gebürsteter Rinde reifen zwei bis drei Monate.

Tomme de Savoie
Ein ursprünglich nur in Savoyen aus entrahmter Kuhmilch hergestellter Käse. Nach vier- bis sechswöchiger Reifezeit bilden sich auf der grau-braunen Oberfläche rötliche Flecken.

Cantal
Der bekannteste Schnittkäse des südlichen Zentralmassivs ist in drei Größen und drei Reifegraden erhältlich: jung (30 Tage), mittelalt (2–6 Monate) und alt (mehr als 6 Monate).

Salers
Dieser Cantal-Käse wird nur aus der rohen Vollmilch der auf Sommerweiden grasenden Salers-Kühe hergestellt. Ein 30–40 cm hoher Zylinder wiegt 35–45 kg.

Laguiole
Der Verwandte des Cantal vom Hochplateau des Aubrac ist handwerklich hergestellt und reift vier bis zehn Monate. Angeblich ist er ein Klosterkäse des 19. Jahrhunderts.

Reblochon
Der flache, runde, am Stück oder als Hälfte verkaufte Käse aus den Bergen Savoyens wird leicht gepreßt und wiederholt gewaschen. Seine Rinde ist gelborange, aber mit Weißschimmel überzogen. Der elastische, gleichmäßige, cremige Teig schmeckt angenehm mild und leicht nach Haselnuß. Der Käse reift wenigstens zwei, gewöhnlich aber drei bis vier Wochen bei einer Temperatur unter 16 °C.

PARIS & ÎLE-DE-FRANCE

Champagne
Lorraine
Alsace

Fabienne Velge
Sharon Sutcliffe

Champagner
Schweinsfüße, Wurst & Schinken
Auf der Jagd
Wildgerichte aus den Ardennen
Kaviar der Konfitüren
Quiche lorraine & Konsorten
Baba, Madeleine & Kougelhopf
Elsässer Backwaren
Choucroute
Elsässer Bier
Straßburger Gänseleberpastete
Winstub
Munster Käse
Die Weine des Elsaß
Eau-de-vie

Choucroute hat ganz Frankreich erobert, aber Kohlköpfe, Sauerkraut und Rezepte kommen nach wie vor aus dem Elsaß

Die Vogesen bilden das Bindeglied und die Grenze zwischen Elsaß und Lothringen

Frankreichs Nordosten birgt große Kontraste. Von Paris kommend, ist man schnell in der Champagne, die zunächst mit der schier endlosen Weite ihrer Felder verblüfft, da sie in gewissem Widerspruch zu dem illustren Ruf zu stehen scheinen, den das Gebiet seinem weltbekannten Wein verdankt. In Städten wie Reims und Epernay ist dieses besondere Flair, das sich vom einzigartigen Image des Champagners nährt, auch durchaus zu spüren – zumal in den besten Restaurants –, gleichwohl ist die Champagne selbst eine eher bodenständige Region geblieben. Der cremige, nach Champignons schmeckende Chaource und der orangefarbene Langres mit dem intensiven und markanten Aroma stecken den Horizont ihrer Käse ab. Gen Belgien haben die Ardennen ihren Ruf als Wild- und Schinkenregion bewahrt. Kulinarisch steht den Champenois das Schwein jedoch zweifellos am nächsten.

Das verbindet sie mit den Nachbarn in Lothringen und im nordöstlichsten Zipfel Frankreichs, im Elsaß. Lothringer wie Elsässer gelten als Meister im Räuchern und Pökeln, in Pasteten und Terrinen, in Kochwürsten und Aufschnitt. Abgesehen von seinen Industriezentren ist Lothringen bis heute vor allem ein ruhiges Bauernland mit stillen Dörfern, in denen man Flußfische schätzt und eine deftige Küche bevorzugt. Dafür sprechen nicht nur die berühmte *Quiche lorraine* und die mit Fleisch gefüllten Teigpasteten, sondern selbst die süßen Leckereien wie Madeleines, Babas oder Mirabellentorten.

Trotz vieler Gemeinsamkeiten, die die Vogesen überspannen, ist das Elsaß augenfällig anders, malerisch und eigenständig. Seine bewegte Geschichte befähigt es, das Beste aus französischen und deutschen mit eigenen Traditionen zu verbinden. Die Weine des Elsaß illustrieren dies mit ihrem spezifischen Charakter auf angenehme Weise. Zugleich spricht die außerordentliche Konzentration von Michelin-besternten Restaurants dafür, wie verbunden man sich französischer Gastronomie fühlt und wie hochkarätig die Kunst Elsässer Köche ist. Das ändert nichts daran, daß die Elsässer mit Vorliebe Winstuben besuchen, deren heimelige und gesellige Atmosphäre ihnen genauso zusagt wie die angebotene Hausmacherkost. So präsentiert sich dieser Landstrich am Rhein als eine der quirligsten, charmantesten und genußreichsten französischen Provinzen, worauf man mit einer *Blonde d'Alsace* ebensogut anstoßen kann wie mit einer *Sélection des grains nobles*.

Champagner

Von Anfang an umgab Champagner eine Aura des Luxus. Das zunächst noch verhaltene Perlen von Schaumwein faszinierte im 17. Jahrhundert zuerst die vornehme Londoner Gesellschaft, bevor die Woge der Lust an prickelndem Wein nach Frankreich überschwappte. Ludwig XV. ließ sich von seinen Mätressen zu diesem edlen Getränk verführen, und bis heute hat es sich auf festlichen Tafeln behaupten können, ohne Ansehen der Personen, die daran Platz nehmen (sofern sie nicht ganz mittellos sind). Champagner macht den besonderen Anlaß zum Fest – bereits das Öffnen einer der sorgsam verschlossenen Flaschen wird zu einem Erlebnis, dem sich kaum jemand zu entziehen vermag.

Dabei vergißt man leicht, daß auch Champagner Wein ist, und zwar der nördlichste, der in Frankreich wächst. Epernay und Reims, seine beiden Hauptstädte, liegen 140 km nordöstlich von Paris. Ihren Reiz verdanken sie – abgesehen von der grandiosen Kathedrale in Reims – nicht zuletzt den Häusern der berühmten Marken mit ihren beeindruckenden Reifekellern, die 10–50 m tief im Kreidefels liegen, und deren Galerien eine Gesamtlänge von über 300 km erreichen. Während die Landschaft sonst wenig einladend wirkt, entfalten die sanften, rebstockbewachsenen Hügel und die stillen, oft von Wäldern geschützten Winzerdörfer ihren eigenen Charme. Er kann jedoch nicht darüber hinwegtäuschen, daß der Frost hier eine immer gegenwärtige, nie völlig auszuschließende Gefahr darstellt. Werden in einem guten Jahr rund 260 Millionen Flaschen Champagner erzeugt, ist die Natur in der Lage, diesen Fluß im ungünstigsten Fall auf weniger als ein Drittel zu reduzieren.

Den größten Anteil des 32 700 ha umfassenden bepflanzten Champagnergebiets nimmt das Departement Marne ein, wo mit der Montagne de Reims, der Côte de Blancs südlich von Epernay und mit einem Teil des Marne-Tals auch die berühmtesten Anbauzonen liegen. Ein Fünftel des Champagners stammt von den Weinbergen im Umkreis der Gemeinden Bar-sur-Aube und Bar-sur-Seine, östlich von Troyes. Die Qualität des Champagners beruht auf mineralreichen Kreideböden und günstigen Mikroklimata. Diesen Faktoren trägt der immer wieder neu festgesetzte Traubenpreis Rechnung. Von den 302 Gemeinden, die Champagner erzeugen, sind nur 17 als Grand Cru klassiert und haben Anrecht auf 100%. Weitere 41 wurden zu Premiers Crus mit Preisen zwischen 90% und 99% erhoben. Die Mehrheit muß sich mit 80–89% zufriedengeben. In der Champagne gibt es 14 800 traubenerntende Betriebe, viele davon Mitglieder in 44 Winzergenossenschaften. Von den 5152 Winzern, die Champagner in Flaschen abgeben, führt nur ein Teil das aufwendige Herstellungsverfahren selbst durch, allen voran die 265 eingetragenen Handelshäuser. Wenn auch einige davon ausgedehnte Weinberge besitzen, kaufen doch alle Trauben oder Most und führen die Champagnisation durch. Die weltweit berühmten Marken sind in der Hand weniger Gesellschaften. So verdient an jeder vierten verkauften Champagnerflasche die Holding LVMH (Louis Vuitton Moët Hennessy), denn sie produziert sowohl Moët et Chandon, Veuve Cliquot und Mercier als auch Pommery, Canard-Duchêne, Ruinart und Henriot.

Neue Champagnerkorken sind noch zylindrisch

In den ins Kalkgestein gehauenen Gewölben reift der Champagner bei konstanter Temperatur heran

56   CHAMPAGNE, LORRAINE & ALSACE

Vom Rebstock zum Brut

Der weitaus meiste verkaufte Champagner ist eigentlich nichts als Weißwein, allerdings kein gewöhnlicher Weißwein, wird er doch zu zwei Dritteln aus roten Trauben gewonnen: aus Pinot Noir und Pinot Meunier. Ersterer, der Spätburgunder, gibt geringere Erträge, dafür aber Fülle und Nachhall. Pinot Meunier, der Schwarzriesling, ist wenig frostanfällig und unkomplizierter im Anbau, mit einer hervortretenden Fruchtigkeit aber auch im Ausdruck. Die weiße Traube, der Chardonnay, rundet die Komposition ab.

Wird der Lesebann gegen Ende September aufgehoben, ist Eile geboten. Unzählige Helfer ernten die Trauben von Hand, da sie auf keinen Fall verletzt werden dürfen – die blauen Schalen würden den Most färben. Um jede Tönung zu vermeiden, wird sofort gepreßt. Darauf erfolgt mit Zusatz von Hefe und unter strikter Temperaturkontrolle die alkoholische Gärung, an die sich meist eine zweite, die malolaktische Gärung zum biologischen Säureabbau, anschließt. So erhält man den stillen und trockenen Grundwein.

Nun beginnt die Kunst der Champagnerbereitung, die Dom Pérignon entwickelte, Ende des 17. und Anfang des 18. Jahrhunderts Kellermeister der Abtei von Hautvilliers. Weine verschiedener Sorten, Lagen und Jahre – sofern es sich nicht um Jahrgangschampagner handelt – werden zur Cuvée assembliert und abgefüllt. Bevor sie mit einem Kronenkorken verschlossen wird, erhält jede Flasche etwas *liqueur du tirage*, jene Mischung aus Rohrzucker (24 g/l), altem Wein und Reinzuchthefe. Innerhalb von acht bis zehn Wochen hat sich die *prise de mousse*, die Flaschengärung vollzogen. Aus stillem ist durch die entstandene Kohlensäure Schaumwein geworden. Nun beginnen sich die Hefen selbst zu zersetzen, den Wein zu ›nähren‹, was ihm zusätzliche Aromen und Fülle verleiht.

Mindestens ein Jahr lang müssen die einfachen, dreimal so lange die Jahrgangschampagner auf den Heferesten harren. Meist reifen sie wesentlich länger in den endlosen Kreidekellern von Reims und Epernay, bevor mit dem Rüttelprozeß begonnen wird, der die Rückstände in den Flaschenhals sinken läßt. Haben sie sich dort abgesetzt, folgt das Degorgieren. Im Tauchverfahren läßt man sie gefrieren. Wird dann der Kronenkorken maschinell entfernt, schleudert der Druck der Kohlensäure die Rückstände heraus. *Liqueur d'expédition*, die Versanddosage aus mit Zucker versetztem Wein, dient zum Auffüllen der Flaschen. Ihre Zugabe entscheidet über den Champagnertyp. Wird nur trockener Wein zugefügt, entsteht *non dosé, brut nature, ultra brut, extra brut* oder *brut intégral*. Sonst reicht die Skala vom meist wenig dosierten *brut* bis zum *doux*. Am wichtigsten für die Handelshäuser ist der Brut ohne Jahrgang, denn auf seinen unveränderten Charakter, auf seine stets gleichbleibende Qualität gründet sich ihr Renommee.

In dem kühlen nördlichen Klima liefern die Weinberge Pinot-Noir- und Chardonnay-Trauben mit einem hohen Säuregehalt, der dem Champagner seine Lebhaftigkeit verleiht.

Zeichen der traditionellen Flaschengärung, der *méthode champenoise*, sind die Heferückstände, die vor der endgültigen Abfüllung durch Degorgieren entfernt werden.

Bei der *remuage* wird jede einzelne Flasche alle zwei oder drei Tage leicht gedreht und dabei immer steiler gestellt, um die Heferückstände in den Flaschenhals zu befördern.

Anschließend wird der Champagner mit *liqueur d'expédition*, mit Zucker vermischtem Wein, aufgefüllt, marktgerecht abgefüllt und mit dem endgültigen Korken verschlossen.

Wer Ihren Champagner wirklich abgefüllt hat

Ein Champagner-Etikett ist nicht schwer zu verstehen. Es trägt außer der Herkunftsbezeichnung den Namen der Marke, den Typus abhängig vom Zuckergehalt, zum Beispiel Brut, den Namen des Erzeugers, Flascheninhalt und Alkoholgehalt sowie eventuell die spezielle Cuvée und den Jahrgang. Oft erscheint unterhalb der übrigen Angaben kleingedruckt eine Nummer, der meist zwei Buchstaben vorangestellt sind: Sie verraten, wer den betreffenden Champagner abgefüllt hat. Denn jeder Abfüller hat sein eigenes Kennzeichen.

NM: Négociant-manipulant – dieser Händler oder dieses Handelshaus erntet oder kauft Trauben, Most oder Grundweine und verarbeitet sie in seinen Kellern zu Champagner.
RM: Récoltant-manipulant – ein Winzer, der aus seiner eigenen Lese in seinen eigenen Kellern einen Winzer-Champagner macht.
RC: Récoltant-coopérateur – dieser Weinbauer ist Mitglied in einer Genossenschaft, von der er den Wein zurücknimmt, um ihn an die eigene Kundschaft zu verkaufen.
CM: Coopérative de manipulation – Winzergenossenschaft, die aus den Trauben ihrer Mitglieder in eigenen Kellern Champagner keltert und reifen läßt.
SR: Société de récoltants – Vereinigung von unabhängigen Winzern, die aus der Lese ihrer Mitglieder Champagner entwickelt und abfüllt.
ND: Négociant distributeur – Weinhändler oder Handelsgesellschaft, die bereits abgefüllten Champagner kauft und dann selbst etikettiert.
R: Récoltant – dieser Weinbauer läßt seine Trauben von einem Négociant-manipulant in Lohnarbeit vinifizieren und erhält den Champagner von diesem abgefüllt in Flaschen zurück.
MA: Marque auxiliaire – wörtlich Hilfsmarke, bezeichnet Handelsmarken, die im Auftrag eines Weiterverkäufers erzeugt und mit seinem Etikett versehen werden.

1 Champagnerhaus	MOËT et CHANDON
2 Ort	à Epernay
3 Gründungsjahr	Fondée en 1745
4 Herkunftsbezeichnung	Champagne
5 Cuvée	Cuvée Dom Pérignon
6 Alkoholangabe	12,5 %
7 Flascheninhalt	750 ml
8 Dosierungstyp	Brut
9 Nr., Art des Abfüllers	
10 hergestellt von	élaboré par
11 Firma, Ort, Land	MOËT et CHANDON EPERNAY/FRANCE
12 eingetragenes Warenzeichen und Muster	Muselet EPARNIX
13 Jahrgang	Millésime 1990

(Anordnung und Vollständigkeit können variieren)

57

Champagnergenuß

Champagner ist etwas Besonderes, doch man muß ihn auch so behandeln, nur dann wird er alle Erwartungen erfüllen. Und die erforderliche Sorgfalt beginnt bereits beim Einkauf. Grundsätzlich paßt Champagner zu allen Gelegenheiten und Gerichten – es muß nur der richtige sein.

Was den geeigneten Champagner für den jeweiligen Anlaß betrifft, sollte man zunächst wissen, daß kaum ein anderer Wein ein so breites Spektrum bietet. Jeder Champagner-Produzent hat die Möglichkeit, durch Mischung von Rebsorten, Weinen verschiedener Lagen und unterschiedlichen Alters sowie durch eigens abgestimmte Dosage seinen Cuvées persönlichen Charakter zu verleihen. So gibt es schlanke und füllige, fruchtige und blumige, frische und reife, süße und sehr trockene, junge und entwickelte Champagner. Und natürlich gute und schlechte, feine und banale, harmonische und derbe, teure und billige. Gerade bei dem beliebtesten Champagnertyp, dem Brut ohne Jahrgang, gibt es die größten Unterschiede von Winzer zu Winzer, von Haus zu Haus. Da hilft letztendlich nur der Rat eines Sommeliers, eines Fachhändlers, eines fachkundigen Verkäufers, eines seriösen Weinführers – oder die eigene Erfahrung.

Champagner ist ein wunderbarer Aperitif, vorausgesetzt er ist spritzig, frisch und trocken, was auf eine große Gruppe von Brut ohne Jahrgang und auf die jungen Blancs de Blanc zutrifft. Letztere passen auch ausgezeichnet zu Austern und anderen Meeresfrüchten. Zu Kaviar und Hummer sollte es lieber ein etwas kräftigerer Brut sein. Viele Fischgerichte finden in einem Brut oder Blanc de Blanc ideale Begleiter. Doch wenn Geschmack, Konsistenz und Saucen der Speisen kräftiger werden, dann muß auch der Champagner mehr Struktur und Komplexität aufweisen, und es empfehlen sich Jahrgangs- oder Roséweine. Die raren Prestigecuvées verlangen nach ebensolchen und fein abgestimmten Zubereitungen. Auch zu Käse kann man kräftigere trockene Champagner reichen, während zu – möglichst nur dezent süßen – Desserts eher die Kategorien *sec* und *demi-sec* zu empfehlen sind.

Hat man schließlich den passenden Champagner ausgewählt, muß man ihn auch optimal servieren. Die vorteilhafteste Temperatur liegt zwischen 6 °C und 9 °C, und der Wein sollte auf sanfte Weise abgekühlt werden. Dazu stellt man ihn am besten in einen mit Eiswürfeln und Wasser gefüllten Kühler, in dem die Flasche auch aufbewahrt wird, wenn sie einmal geöffnet ist. Servieren Sie Champagner unter keinen Umständen in Schalen, da er darin sowohl Aromen wie Kohlensäure einbüßt, sondern statt dessen in klaren, schlanken, tulpenförmigen Kristallgläsern mit einem ausreichend hohen Stiel, damit die Körperwärme nicht über die Hand an den Kelch abgegeben wird und so die Temperatur des Champagners beeinträchtigt.

Champagnertypen

Extra-brut: Auch Brut non dosé, Brut Nature, Ultra Brut, Brut Zéro, Brut Intégral; es ist ein nicht dosierter Champagner, der von Natur aus weniger als 2 g/l Restzucker aufweist.

Brut: Er enthält eine geringe Dosage, deren Obergrenze auf 15 g/l Zucker festgesetzt ist.

Sec: Obwohl er trocken heißt, hat ihm der *liqueur d'expédition* immerhin zu 17–35 g/l Zuckergehalt verholfen.

Demi-sec: Vorwiegend zum Dessert gedacht, bewegt sich der Zuckergehalt halbtrockenen Champagners bei 33–50 g/l.

Doux: Der Zuckergehalt des selten gewordenen Süßen übersteigt die Grenze von 50 g/l.

Brut sans millésime: Der Trockene ohne Jahrgangsangabe ist das individuelle Aushängeschild jedes Champagnerhauses, denn er stellt 80 % des Gesamtumsatzes. Sehr unterschiedlich.

Blanc de Blanc: Nur aus der weißen Chardonnaytraube gekeltert, ist er in der Regel frisch und lebendig und ein guter Aperitif.

Blanc de Noir: Nur aus den dunklen Trauben von Pinot Noir und/oder Pinot Meunier besitzt er kräftigere Struktur und Frucht.

Crémant: Champagner mit geringerer Kohlensäure, weniger schäumend, weiniger; der aus Cramant ist der gesuchteste und nicht mit Crémants anderer Weinregionen zu verwechseln.

Rosé: Selten aus roten Trauben mit etwas Schalenkontakt, häufiger aus einer Mischung von Rot- und Weißwein komponiert; oft kräftiger und fruchtiger, dann besser zum Essen geeignet.

Millésimé: Jahrgangs-Champagner stammen nur aus Jahren mit besonders guten Bedingungen, werden drei, oft sechs Jahre gealtert, besitzen mehr Volumen und Körper (was sie eher zu Essensbegleitern bestimmt) und reifen mehrere Jahre gut in der Flasche weiter.

Cuvée Prestige etc.: Diese Luxusabfüllungen oft in kostspieliger Ausstattung bieten auch an Champagner das Optimum. Meist handelt es sich um lange gereifte Weine aus besonders großen Jahrgängen, von denen einige legendären Ruf und ebensolche Preise besitzen.

Champagner wird am besten in Eiswasser gekühlt und mit 6–9 °C serviert.

Zur sauberen Entfernung schneidet man die Metallhülle rings um den Flaschenhals ein.

Dann zieht man die Hülle ab, der Draht wird freigelegt, aufgedreht und abgenommen.

Die rechte Hand umfaßt den Flaschenhals, wobei der Daumen dieser Hand den Korken sichert.

Während die rechte so den Korken hält, dreht die linke Hand behutsam die ganze Flasche.

Wer Champagner liebt, läßt Korken nicht knallen: Es entweichen zuviel Kohlensäure und Aromen.

Zum Einschenken ruht die Flasche auf den Fingern, während der Daumen in die Höhlung greift.

Eben über den Glasrand gehalten, perlt der Champagner ruhig und ohne viel zu schäumen ins Glas.

Ein tulpenförmiges klares Kristallglas läßt Bukett und Perlung optimal zur Geltung kommen.

Schweinsfüße, Wurst & Schinken

Die Region Champagne-Ardenne kennt auch deftige Seiten. Hinter dem perlenden Glanz des Champagners verbirgt sich eine ländliche Gegend, in der es keineswegs so opulent zuging wie dort, wo man ihr berühmtestes Erzeugnis entkorkte. Zwar kocht man gern mit Wein, am liebsten Hecht und andere Fische in Weiß-, die Poularde in Schaum- und Hähnchen in Rotwein, aber die Vorliebe der Leute zwischen Troyes im Süden und Charleville-Mézières im Norden gehört unbestritten dem Schwein. Troyes behauptet sich unter den Hochburgen der *andouillettes*, der Kuttelwürste, als klassischer Vertreter der Schweinefraktion: Niemals kämen Kalbsdärme in die Wurst wie in Lyon. *La potée champenoise*, der stärkende Eintopf, der den Lesehelfern frische Kraft verleihen sollte, basiert auf reichlich fettem Schweinefleisch, auch wenn ein Huhn gern darin gesehen ist. In Reims besteht man darauf, für die Pastete *pur porc* zu verwenden, ausschließlich Schweinefleisch, und der *Jambon de Reims* hat sich gastronomisches Renommee verdient, stellen die Schlachter doch daran ihr handwerkliches Geschick und ihren Geschmack unter Beweis. Sie garen Schinkenstücke in einer Brühe, fügen feingewürztes Gelee hinzu und panieren das Ganze, was ihrem Werk sein charakteristisches Aussehen verleiht. Doch zu besonderen kulinarischen Höhen haben es unter Kennern drei andere Spezialitäten gebracht: die Schweinsfüße von Sainte-Menehould, die Weißwürste von Rethel und der Schinken der Ardennen.

Schweinsfüße

In Sainte-Menehould, dem Geburtsort von Dom Pérignon, jenem genialen Champagner-Mönch, hält man Schweinsfüße schon seit geraumer Zeit in hohen Ehren. Bereits König Karl VII., dem im 15. Jahrhundert Jeanne d'Arc so erfolgreich zu Hilfe eilte, soll bei einem Halt in dem Etappenstädtchen 1435 auf den Geschmack der unvergleichlichen Hachsen gekommen sein und sie fortan – so erzählt man sich – auf den höfischen Speisezettel gesetzt haben. Vermutlich ähnelte das deftige Gericht, das seinen Beifall fand, unserem vergleichsweise schnell zuzubereitenden Rezept. Die originalen *pieds de porc*, wie man sie nur in Sainte-Menehould verzehren kann, gehen auf einen Irrtum zurück, wie so viele schmackhafte Zubereitungen. Vor mehr als 250 Jahren soll die Wirtin der Herberge ›Soleil d'or‹ den Kessel mit Schweinsfüßen auf dem Feuer vergessen haben, wo sie eine lange Nacht zusätzlich köchelten. Zu ihrer Überraschung waren sie keineswegs verkocht, im Gegenteil. Nun ließen sich sogar die Knochen mit Genuß verspeisen. Einmal auf die richtige Fährte gestoßen, ging man in Sainte-Menehould daran, die ideale Kochzeit auszutüfteln. Heute von einer Bruderschaft, der Confrèrie Gastronomique des Compagnons du Pied d'Or, propagiert, bewegt sie sich um 40 Stunden. So lange schmoren die Schweinsfüße in ihrer aromatischen Court-bouillon, bis schließlich die kleinen Knochen auf der Zunge zergehen, während der Genießer den größeren nun leicht ihr köstliches Mark entsaugen kann. Um das Vergnügen noch zu erhöhen, werden sie beim klassischen Rezept ordentlich paniert und dann in viel Butter golden gebraten.

Weißwurst

Boudins blancs, die feinen und sanften Brüder der deftigen Blutwürste, der *boudins noirs*, gibt es fast in jeder Metzgerei Frankreichs. In einigen Regionen sind sie jedoch zu bemerkenswertem Charakter aufgestiegen, so in der Normandie, im Südwesten, vor allem in Castres und in Mazamet, und nicht zuletzt in den Pyrénées Orientales, wo sie katalanischem Einfluß gehorchen. Landesweit gilt *Boudin blanc à la Richelieu* als die vornehmste, da man dafür Geflügelfleisch und bisweilen sogar Trüffeln verwendet. Kardinal Richelieu ist indirekt auch für die Geburt der gepriesensten Weißwurst ganz Frankreichs, jener aus Rethel, verantwortlich. Als Gegenspieler des Hochadels erließ der leitende Minister Ludwigs XIII. nämlich 1626 eine Verordnung, die das liebste Freizeitvergnügen abenteuerlustiger Aristokraten unter drastische Strafe stellte: das Duellieren. Ein Adliger namens Jacques Augustin Chamarande konnte es dennoch nicht unterlassen, ein Duell heraufzubeschwören. Er überstand es als Sieger, seine Ehre war gewahrt, doch aus Furcht vor den Repressalien Richelieus setzte er sich in das Städtchen Rethel 40 km nordöstlich von Reims ab, ließ sich dort als Metzger nieder – und kochte sich sein Denkmal.

Les pieds de porc à la Sainte-Ménehould
Schweinsfüße nach Art von Sainte-Ménehould

4 Schweinsfüße
400 g grobes Kochsalz
1 Zwiebel
2 Schalotten
2 Knoblauchzehen
2 Möhren
1 Bouquet garni: Thymian, Lorbeerblatt, Petersilie
1 Glas Weißwein
2 Gewürznelken
Salz
2 Eier
200 g Semmelbrösel
100 g zerlassene Butter

Die Schweinsfüße über einer Gasflamme flambieren, säubern und 3 Stunden in grobes Kochsalz einlegen. In Stoffstreifen wickeln, damit die Schweinsfüße während des Kochens ihre Form behalten.
Zwiebel, Schalotten, Knoblauch, Möhren und Bouquet garni in einen Topf geben, dann Schweinsfüße, Weißwein, Gewürznelken hinzufügen. Salzen und reichlich mit Wasser übergießen. Zum Kochen bringen, die Temperatur reduzieren, und das Fleisch etwa 4 Stunden köcheln lassen, bis es zart ist. Die Schweinsfüße herausnehmen, erkalten lassen und längs halbieren.
Eier in einen Teller schlagen. Schweinsfüße zunächst darin, dann in den Semmelbröseln wenden. In eine feuerfeste Form legen, mit der Butter übergießen und in den auf 200 °C vorgewärmten Backofen stellen, bis sie goldbraun sind.
Auf einer Platte anrichten und heiß servieren. Dazu wird Apfelmus gereicht.

Die Schweinsfüße wurden in Stoffstreifen gewickelt, so behielten sie beim Kochen die Form.

Nach dem vierstündigen Garprozeß entfernt man die Bandagen und separiert die Füße.

Nun läßt man die Schweinsfüße erkalten, bevor man sie der Länge nach teilt und überbackt.

Mit Zwiebeln, Knoblauch, Möhren, Kräutern, Nelken und Wein werden die Schweinsfüße zum Kochen gebracht.

In diesen voluminösen alten Dampfdrucktöpfen garen die berühmten Schweinsfüße von Sainte-Menehould, bis sie auf der Zunge zergehen.

In dieser Gegend, die nicht von ungefähr *porcien* genannt wird, wählt man für die Weißwurst nur das beste, frischeste und hellste Schweinefleisch aus. Hinzu kommen tagesfrische Eier, sahnige Milch und raffinierte Gewürze, wobei die Zusammenstellung letzterer als Familiengeheimnis vom Vater an den Sohn weitergegeben wird. In natürliche Schweinsdärme gefüllt, kochen die Weißwürste kurz in Bouillon, bevor sie in kaltem Wasser abgeschreckt werden. Keine weiteren Zutaten, geschweige denn Konservierungsstoffe sind erforderlich. Am besten schmeckt *boudin blanc* warm, einfach nur im Ofen erwärmt oder über wenig Glut schonend gegrillt. Oft wickelt man sie vorher in eine Scheibe Ardennenschinken. In der Pfanne in Butter gebraten, verändert die Wursthülle ihre Farbe zu einem appetitlichen Bernsteinton. Kommt sie aus dem Ofen, paßt auch eine Tomaten- oder Trüffelsauce, wie man sie im Périgord zubereitet, gut dazu. Mit Kartoffelpüree oder Bratkartoffeln sowie feingeschnittenen Champignons in einer *Sauce suprême* auf der Basis von Hühnerfond mit Crème fraîche ergibt sich ein komplettes Mittagessen.

Ardennenschinken

Die Ardennen gehören teils zu Belgien, teils zu Frankreich, und bezüglich des Schinkens macht sich diese Grenze durchaus bemerkbar, wird er doch nördlich davon in Salzlake gepökelt, geräuchert und bereits nach einem Monat verzehrt, während man ihn in Frankreich von Hand salzt und mehrere Monate trocknen läßt. Ursprünglich ging der Ruhm des Schinkens auf eine regionale Schweinerasse zurück. Der rauhen Umgebung angepaßt, waren die Tiere hochbeiniger, widerstandsfähiger und genügsamer, lebten im Wald und ernährten sich von Eicheln, Kastanien, Wildfrüchten, Wurzeln und anderem. Ihre Schinken dürften mit den heutigen wenig gemein gehabt haben, denn ihr Fleisch muß marmoriert und überaus aromatisch gewesen sein. Schließlich wurde der Schinken der Ardennen schon zu Beginn unserer Zeitrechnung von dem griechischen Geographen Strabon erwähnt.
Heute kennzeichnen zwei Brandzeichen jeden Schinken aus dem Departement der Ardennen, das französische Hexagon und das eigene Wahrzeichen, das Wildschwein. Beide bürgen dafür, daß der Schinken hohen Anforderungen gerecht wird. Die beginnen schon beim Schwein, das nur aus der Region stammen darf. Jedem Tier sind mindestens 50 m² Freilauf zugestanden. Sein Futter muß aus Weizen, Hafer, Gerste, Futtergerste, Futtererbsen und -bohnen bestehen, die Mastzeit darf 16 Wochen nicht unterschreiten. Das vorschriftsmäßige Schlachten muß die Tiere vor so viel Streß wie möglich bewahren. Ihr Gewicht beträgt dann 90–120 kg, das ergibt Schinken, die frisch 8–10 kg wiegen. Sie werden während einiger Wochen wiederholt mit Salz eingerieben. Erst nach dieser Phase hängt man sie zu einer sieben- bis neunmonatigen Trocknung auf. Je länger er trocknet, um so edler werden Textur und Geschmack des Schinkens. Abgesehen von den vielen Gelegenheiten, ihn zu servieren, dient er in der Ardenner Küche gern zum Umwickeln bei der Fleischzubereitung.

61

Auf der Jagd

Mit ihren immensen Wäldern verfügten die Ardennen über einen legendären Reichtum an Feder-, Dam- und Schwarzwild. Doch die moderne Forstwirtschaft hat die Waldstruktur verändert. Wo einst Mischwald mit reichlich Unterholz gedieh, haben sich hochgewachsene Nadelgehölze ausgebreitet, unter denen jede andere Vegetation eingeht. Die früher so zahlreich vorhandenen Wildschweine, die nun keinen ausreichenden Schutz mehr und kaum noch Nahrung fanden, wanderten ab, bis sie weiter im Süden der Region auf natürlichere Wälder und – auf Maisfelder stießen. Die Landwirte waren mit diesem gestiegenen Interesse an ihrem Mais alles andere als einverstanden. Sie riefen sich die schmackhaften Wildschweinrezepte in Erinnerung und griffen zur Flinte. Heute sind Wildschweine in den Ardennen selten geworden.

Auch Hirsche und Hirschkühe lieben die ausgewachsenen Nadelwälder nicht. Sie sind daher in den Ardennen westlich der Meuse selten anzutreffen und bevorzugen die Mischwälder des Brie. Die Schußquoten in den einzelnen Jagdrevieren orientieren sich aber an ihrem Wildbestand. Deshalb wird für jede Saison erneut eine Hektaranzahl an Wald festgesetzt, für die ein Tier zum Abschuß freigeben wird. Im so berühmten Jagdgebiet ist die zugrundegelegte Waldfläche bei der Hirschjagd in der Regel vier- bis achtmal höher als in Forsten im südlichen Teil der Region Champagne-Ardenne. Dagegen haben Rehe sich gut vermehrt, da sie Nadelgehölze lieben und meist genügend Nahrung finden.

Die Jagd ist erlaubt und spielt im Leben der Ardennen-Bewohner eine wichtige Rolle. Entweder schließen sich Land- und Forstwirte, die über eigenen Waldbesitz verfügen, zu einer privaten Jagd zusammen, oder die Jäger gründen Vereine, die in Gemeinde- oder Staatsforsten jagen. Im Süden des Departementes werden vor allem Rebhühner, seltener Fasane und Hasen gejagt. Rebhühner und Hasen sind im Gegensatz zu den Fasanen geschützt. Generell müssen die Direktoren der Jagden Pläne vorlegen, wie hoch der Wildbestand in ihrem Gebiet ist. Danach werden die Termine der Jagd bestimmt. Wurden keine Pläne erstellt, reduzieren die Forstämter diese Zeiten drastisch. Auf Rot- und Schwarzwild veranstaltet man überwiegend Treibjagden. Die Pirsch ist wesentlich seltener und kommt nur für Rehe oder Hirsche in Frage. Die Beute teilen sich die Jäger. Wird sie an Wildhändler verkauft, hat seit 1996 eine strikte Fleischbeschau zu erfolgen. Wichtiger Bestandteil der Jagd sind die gemeinsamen Mittagessen. Sie beginnen meist mit einer kräftigen Suppe zum Aufwärmen. Ihr folgt ein Hauptgericht, das oft aus einem Schmortopf oder Wildpfeffer besteht. Den Ausklang bilden Käse und Obstkuchen.

Sanglier – Wildschwein
Das berühmteste Wild der Ardennen, das einst seine Wälder in großen Rudeln bevölkerte, ist dort inzwischen rar geworden, aber kulinarisch führt es den Reigen immer noch an. Frischlinge (*marcassins*) sind einfach gebraten eine Delikatesse, während ausgewachsene Tiere hauptsächlich als Ragout oder Pfeffer zubereitet werden. Mittlerweile gibt es in verschiedenen Regionen erfolgreiche Wildschweinzuchten, was den Genuß auch außerhalb der Jagdzeit erlaubt.

Chevreuil – Reh
Rehe haben sich den durch kommerzielle Forstwirtschaft veränderten Lebensbedingungen angepaßt, und da ihnen der gleiche Jagdschutz zuteil wird wie den Hirschen, konnten sie sich gut vermehren. Kulinarisch ist das dunkelrote, aromatische Rehfleisch sehr geschätzt: Filets und Koteletts junger Tiere brät man kurz in Butter, Rücken und Keule kommen in den Backofen. Auch Rehpfeffer ist beliebt. Als Beilagen bevorzugt man Pilze, Eßkastanien, gekochte Birnen und Johannisbeergelee.

Lièvre – Hase
Der Hase ist eines der Opfer einer modernen Landwirtschaft, die mit ihrem Einsatz von chemischen Mitteln und modernen Maschinen, aber auch mit ihrer Gier nach jedem Flecken ausbeutbaren Landes, ihm das Leben zu schwer machte. Hinzu kam eine üble Epidemie – und alljährlich ein Heer von Freizeitjägern. Im Gegensatz zum Kaninchen hat der Hase dunkles Fleisch. Am besten ist er als *lièvre de l'année* mit einem Gewicht von 2,5–3 kg, der Rücken, das begehrteste Stück, mit Bitterschokolade zubereitet. Ältere und schwerere Tiere mariniert man in Rotwein oder verarbeitet sie zu Hasenpfeffer.

Faisan – Fasan
Dieser Vertreter der aus Asien stammenden Urhühner gelangte im Mittelalter nach Europa. Er mag es gern feucht, liebt natürliche Bachläufe und Brachland, Landschaftselemente, die rar geworden sind. Verhängnisvoller für ihn wurden die Jäger, weshalb er heute schon gezüchtet und ausgesetzt werden muß. Für die Küche bevorzugt man das Fleisch der Hennen. Die Jungvögel brät man schlicht, aber wirkungsvoll am Stück oder zerteilt sie, um sie in Süßwein oder mit Cognac zu garen. Ältere Vögel enden meist als Ragout. Pilze oder Kohl sind besonders geschätzte Beilagen.

Perdreau et Perdrix – Rebhuhn
Es gehört zu den Feldhühnern und ist vergleichsweise weit verbreitet. In Frankreich kennt man vor allem zwei Arten: das rote und das graue Rebhuhn, wobei letzteres häufiger anzutreffen ist. *Perdreau* heißen die jungen Vögel mit zartem Fleisch, während Rebhühner nach dem 1. Oktober, wenn sie meist älter als acht Monate sind, *perdrix* genannt werden. Die Jungvögel kombiniert man gern mit Weintrauben, die älteren Tiere vertragen kräftigere Zutaten wie Kohl oder Linsen und werden zu Ragouts, Pâtés oder als Mousse verarbeitet.

Canard sauvage – Wildente
Sie ist Mitglied der Gänsefamilie und Urahn der Hausente, die zuerst von den Chinesen domestiziert wurde. Dank vieler neuer Kunstseen konnte sie sich behaupten und stellt einen guten Bestand, wird aber auch gezüchtet. Die Stockente, auf französisch wegen ihrer grünen Kopffarbe *colvert* genannt, wird von Feinschmeckern geschätzt, die Brust und Keulen junger Vögel am Spieß oder im Ofen gebraten vorziehen. Sonst als Ragout.

Cerf et biche – Hirsch und Hirschkuh (große Abbildung)
Das größte Tier der französischen Wälder ist in den Ardennen heute selten anzutreffen. Traditionell wird es als Ragout zubereitet, aber das sehr aromatische Fleisch der Hirschkälber und der jungen Hirschkühe eignet sich auch gut für edlere Rezepte. In der Verwendung gibt es kaum Unterschiede zum Reh. Auch dieses Wild läßt sich inzwischen züchten.

Wildgerichte aus den Ardennen

Mögen sich unter Jägern und auf dem Land lange in Wein marinierte und Stunden auf kleiner Flamme gegarte Ragouts und Wildpfeffer ungeschmälerter Begeisterung erfreuen, die feine Gastronomie hat ihre Einstellung zum Wild grundlegend geändert. So wie man heute in der Küche generell mehr Wert auf den Eigengeschmack der Zutaten legt als auf aufwendige und ausgedehnte Zubereitungen, denen er schließlich zum Opfer fallen muß, so schätzen Köche heute Wildbret auf eine einfachere und direktere Art als früher. Dafür eignet sich allerdings nur das Fleisch noch junger Tiere, das zart genug ist, um ganz kurz in der Pfanne oder im Ofen gebraten zu werden, und das im Innern rosa bleiben sollte. Dabei entfällt das früher übliche lange Abhängen oder das tagelange Marinieren in Wein und Gewürzen. Köchen kommt heute entgegen, daß einige Arten inzwischen mit Erfolg gezüchtet werden und ihnen deshalb auf die gleiche Weise zur Verfügung stehen wie anderes Fleisch auch. Dies trifft für Damwild ebenso zu wie für Wildschweine. Unter dem Wildgeflügel haben sich Fasan und eine Kreuzung aus Wild- und Hausente besonders bewährt. Der Verkauf ihres Fleisches ist aber auf die Monate außerhalb der Jagdsaison begrenzt. Dies gibt den Freunden echten Wildbrets eine Garantie, die von Anfang Oktober bis in den Januar hinein währt.

Tournedos de chevreuil au jambon de sanglier gratiné à l'oignon
Rehlendenschnitten mit Wildschweinschinken

3 Zwiebeln
50 g Butter
Salz und Pfeffer aus der Mühle
1 mittelgroße Scheibe Wildschweinschinken
2 Eigelb
50 ml Crème fraîche
8 Rehlendenschnitten, je ca. 60 g
1 EL Semmelbrösel

Die Zwiebeln schälen, in dünne Ringe schneiden und in 25 g Butter dünsten. Salzen und pfeffern. Den Schinken fein würfeln. Die Eigelb mit Crème fraîche, Zwiebeln und Schinken mischen. Die Lendenschnitten in 25 g Butter braten, dabei einmal wenden, abschmecken und mit der Schinkencreme übergießen. Mit den Semmelbröseln bestreuen und unter dem Grill des vorgeheizten Backofens überkrusten.
Dazu passen frische Nudeln mit Wildsauce.

Aumônières de biche forestière sauce Champagne
Hirschkuhtaschen mit Champagnersauce

12 Hirschlendenschnitten, je ca. 40 g
50 g Butter
400 g gemischte Pilze
1 Schalotte
250 ml Champagner
250 ml Wildfond
250 ml Schlagsahne
12 Phyllo-Blätter, Durchmesser 20 cm
1 Bund Schnittlauch

Das Fleisch in 25 g Butter in einer Pfanne braten, daß es innen noch rosa ist, herausnehmen und auf einem Rost ruhenlassen. Die Pilze putzen und die Schalotte fein hacken, dann gemeinsam im verbliebenen Bratfett andünsten, herausnehmen und den Bratensatz mit Champagner ablöschen. Den Wildfond zugießen, die Sahne unterrühren, abschmecken und zur gewünschten Konsistenz einkochen.
Den Backofen auf 240 °C vorheizen. Die restliche Butter zerlassen, damit die Phyllo-Blätter bepinseln. Jeweils etwas von den Pilzen und eine Lendenschnitte darauf legen, dann die Blätter zusammenfalten und mit Schnittlauch verschnüren. Im Backofen goldgelb backen. Dazu geschmorten Rotkohl reichen.

Tournedos de chevreuil au jambon de sanglier gratiné à l'oignon – Rehlendenschnitte mit Wildschweinschinken

Poêlée minute de cerf au vinaigre de Reims infusée au genièvre – Hirschkeule in Weinessigsauce

Poêlée minute de cerf au vinaigre de Reims infusée au genièvre
Hirschkeule in Weinessigsauce

600 g Fleisch von der Hirsch- oder Rehkeule
Thymian
Lorbeerblatt
10 Wacholderbeeren
1 EL Öl
1 EL Butter
1 Schalotte
3 EL Weinessig aus Reims
250 ml Wildfond
250 ml Schlagsahne
Salz und Pfeffer aus der Mühle

Die Hirschkeule in Würfel schneiden und mit den Kräutern, Beeren und Öl über Nacht marinieren. Am nächsten Tag das Fleisch in Butter in einer Pfanne halbdurch braten. Herausnehmen und warm stellen.
Die Schalotte fein hacken und im verbliebenen Bratfett glasig dünsten, mit dem Essig ablöschen, den Wildfond zugießen, dann die Sahne und die Kräuter der Marinade untermischen. Mit Salz und Pfeffer würzen und bei schwacher Hitze ziehen lassen. Die Sauce durch ein Sieb passieren und über das Fleisch gießen.
Dazu kann man eine Sellerie-Mousseline reichen.

Rouelles de jarret de marcassin braisées au cassis
Scheiben von der Frischlingskeule in Johannisbeersauce

1 Möhre
1 Zwiebel
1 Bouquet garni
10 Wacholderbeeren
3 EL Rotweinessig
3 EL Öl
1 kg Frischlingskeule, in Scheiben von je 250 g
4 EL Rotwein
50 g Butter
Salz und Pfeffer aus der Mühle
1 Messerspitze Zucker
Stärkemehl
100 g Mark schwarzer Johannisbeeren

Für die Marinade Möhre und Zwiebel putzen und in Stücke schneiden. Mit Gewürzen, Kräutern, Essig und Öl zu dem Fleisch geben, mit dem Wein übergießen und über Nacht marinieren lassen. Das trockengetupfte Fleisch in einem Bräter in 25 g Butter anbraten. Gemüse und Kräuter aus der Marinade dazugeben, 5 Minuten dünsten, dann die Marinade angießen. Mit Salz, Pfeffer und Zucker würzen und etwa 2 Stunden schmoren lassen. Nach der Garzeit das Fleisch herausnehmen und warm stellen. Die Sauce durch ein Sieb in einen separaten Topf passieren und mit Stärkemehl binden. Die restliche Butter zufügen, dann das Johannisbeermark unterrühren. Das Fleisch zurück in die Sauce geben und weitere 10 Minuten köcheln. In Butter gedünstete Apfelviertel reichen.

Joues de sanglier et poires confites au Bouzy
Wildschweinbäckchen mit Rotweinbirnen

1 Möhre
1 Zwiebel
12 Wildschweinbäckchen
1 Bouquet garni
10 Wacholderbeeren
3 EL Öl
3 EL Weinessig
500 ml Bouzy-Wein oder ein anderer Pinot Noir
50 g Butter
Salz und Pfeffer aus der Mühle
4 Birnen
Stärkemehl
1 Messerspitze Zucker

Möhre und Zwiebel putzen und in Stücke schneiden. In einen Topf mit den Wildschweinbäckchen, Kräutern, Gewürzen, Öl und Essig geben. Den Wein zugießen und über Nacht marinieren. Das trockengetupfte Fleisch in einem Topf in 25 g Butter bräunen. Gemüse und Kräuter aus der Marinade hinzufügen und 5 Minuten dünsten. Die Marinade angießen, abschmecken, zum Kochen bringen und etwa 2 Stunden köcheln lassen.
Die Birnen schälen und vierteln. Das Fleisch aus dem Topf heben, die Sauce durch ein Sieb in einen separaten Topf passieren und mit Stärkemehl binden. Die restliche Butter unterrühren, dann die Birnen, Zucker und Wildschweinbäckchen zufügen und noch 10 Minuten köcheln. Jeweils 3 Wildschweinbäckchen mit 4 Birnenstücken anrichten, die Sauce dazugeben und mit Polenta servieren.

CHAMPAGNE, LORRAINE & ALSACE

Kaviar der Konfitüren

Bar-le-Duc im westlichen Lothringen kennt eine Spezialität, die erstmals 1344 in einem Dokument erwähnt wurde: Johannisbeerkonfitüre. Als Rohrzucker und überhaupt süße Sachen noch eine Seltenheit und somit Luxusartikel waren, kamen allein adlige Herrschaften in ihren Genuß. Daher stand sie auch als Geschenk hoch im Kurs. So war es damals üblich, daß sich die aus einer Rechtsstreitigkeit als Sieger hervorgegangene Partei bei den Richtern bedankte, indem sie ihnen einige Schachteln Konfitüre zukommen ließ. Jawohl, Schachteln: Angeblich bewahrte man sie damals in Holzetuis auf, die mit Leder überzogen waren. Ihr Ruhm erreichte den Hof, und Anfang des 16. Jahrhunderts wurde sie auch dort Gästen als Zeichen der Ehrerbietung in kleinen Kristallgefäßen gereicht. Alte Kontobücher der Stadt verzeichnen wiederholt höhere Beträge für kostbare Konfitüretöpfe, die gut gefüllt hochgestellten durchreisenden Persönlichkeiten überreicht wurden, um sie so als Fürsprecher zu gewinnen. Immerhin erzeugte man vor der Revolution in Bar-le-Duc jährlich zwischen 40000 und 50000 Töpfe. Dabei handelt es sich um kleine Glasgefäße mit etwa 110 g Konfitüre.

Im Klima Lothringens gedeihen Johannisbeersträucher ausgezeichnet. Über die Jahrhunderte suchte man die Sorte durch Auslesen zu verbessern, bis man schließlich eine optimale Konfitürensorte erlangt hatte, die auch heute noch in den Katalogen der Baumschulen als Groseille de Bar, Johannisbeere aus Bar-le-Duc, geführt wird. Die Ernte beginnt Ende Juni und kann sich über den ganzen Juli erstrecken. Ursprünglich war das Pflücken Sache der Frauen, die früh am Morgen, bevor die Hitze sich voll entfaltete, loszogen, vor den Sträuchern in die Knie gingen und Rispe auf Rispe pflückten, ohne auch nur eine Beere zu zerquetschen. Kaum war das Pflücken abgeschlossen, wurde die Ernte von Fahrern eingesammelt. Bei den Fabrikanten wurden die Johannisbeeren gewogen und an die Entkernerinnen verteilt, die gekommen waren, um ihre Dienste anzubieten. Denn was die Johannisbeerkonfitüre von Bar-le-Duc so einzigartig macht, ist die Entkernungsmethode: Die roten und weißen Johannisbeeren werden von Hand entkernt! Beere um Beere nimmt die Entkernerin vorsichtig zwischen Daumen und Zeigefinger der einen Hand. In der anderen hält sie einen schräg angespitzten Gänsekiel, mit dem sie die Fruchthaut am Stengelansatz durchsticht und die Kerne herausbefördert, ohne die Frucht weiter zu verletzen. Die entkernten Johannisbeeren werden dann in kochendem Zuckersirup pochiert, was Aromen und leuchtende Farbe bewahrt.

Seltene Konfitüren und Gelees

Crameillotte – Konfitüre von Löwenzahnblüten
Oft Löwenzahnhonig genannt, basiert diese Konfitüre auf den Löwenzahnblüten. Sie werden im Frühjahr gesammelt und in Wasser abgekocht. Der bittere Sud wird gefiltert und mit Zucker gekocht, wobei sich die Bitterstoffe bis auf einen leichten Beigeschmack verlieren. Man ißt diese honigartige Konfitüre auf Brot, mit Crêpes oder benutzt sie für Eis.

Confiture de bluets de Vosges – Konfitüre von Heidelbeeren aus den Vogesen
Diese Konfitüre wird durch eine Appellation geschützt. Sie schreibt vor, daß die Heidelbeeren nur im Herzen der Vogesen angebaut und nur mit Kompost und Fichtenrinde gedüngt werden dürfen. Jegliche Anwendung von Pestiziden ist untersagt. Außerdem müssen die Früchte von Hand gepflückt werden. Die Mühe zahlt sich aus, denn die Konfitüre ist besonders aromatisch.

Gelée de sureau – Holunderbeerengelee
Es werden zwei Sorten von Holunderbeeren verarbeitet, schwarze und rote. Die ersten sind süßer, die zweiten wachsen in Bergregionen. Die Beerendolden läßt man in Wasser aufplatzen und kocht sie etwa 10 Minuten, bevor man den Saft filtert. Wegen des kleinen Kerns, der Giftstoffe enthält, verwendet man den Saft, um Gelee zu machen, statt aus dem Fruchtmus Konfitüre zu kochen.

Gelée de sorbes – Vogelbeerengelee
Die bis zu 15 m hoch wachsenden Ebereschen bilden Dolden mit kleinen roten Früchten, die sehr viel Vitamin C, aber auch viele Bitterstoffe enthalten. Aus dem Fruchtsaft bereitet man ein Gelee, das ebenfalls einen bitteren Geschmack besitzt und sehr gut mit Wildgerichten harmoniert.

Mit der Pinzette befreit man die Beeren von ihren dünnen Stielen.

Zum Entkernen der Beeren eignen sich am besten spitze Gänsekiele.

Bei der kostbarsten der französischen Konfitüren werden die meisten kleinen Kerne der Johannisbeeren vor dem Kochen von Hand entfernt.

CHAMPAGNE, LORRAINE & ALSACE

Rote und weiße Johannisbeeren gedeihen vorzüglich im Lothringer Klima, und die säurereichen handverlesenen Früchte ergeben beste Konfitüre.

Quiche lorraine & Konsorten

Feinschmecker denken an Sahne, Butter und Eier, an Schweinefleisch, an Kuchen und Konfitüren, Obst und Obstwässer, wenn sie von Lothringen hören. Zur bekanntesten und vielerorts nachgebackenen Spezialität stieg ein herzhafter Kuchen auf. Die *Quiche lorraine* soll im 16. Jahrhundert von einem Bäcker in Nancy erfunden worden sein. Anfangs mit schlichtem Brotteig zubereitet, erfuhr sie später eine Verfeinerung, als Mürbeteig zu ihrer Basis wurde. Geschmacklich kommt dem Räucherspeck die Hauptrolle zu, einer weiteren Spezialität dieser Provinz. Traditionell benutzt man eine Tortenform mit 18 cm Durchmesser, die mit Teig ausgelegt wird. Darauf gibt man die Füllung, *migaine* genannt. Sie besteht aus einer Mischung von Sahne und Eiern, die man mit *chons* garniert, wie die kleinen Würfel von Räucherspeck hier heißen. Als die *Quiche lorraine* alle Regionen Frankreichs eroberte, mogelte sich geriebener Käse mit ins Rezept, der ursprünglich gar nicht dazugehört. Die Urfassung vertraut allein auf die Qualität dreier fundamentaler lothringischer Erzeugnisse: Butter, Eier und Räucherspeck.

Letzterer verdankt seine Güte jahrhundertelanger Erfahrung. Seit dem Mittelalter, als in Lothringens Salinen Salz abgebaut wurde, nutzte man dieses kostbare und einträgliche Handelsgut auch selbst, um Schweinefleisch haltbar zu machen. Denn das Schwein ist das Lieblingstier der Lothringer. Sie verwenden es für Speck, Schinken und diverse Würste, von denen *jésu* und *fuseau* besondere Aufmerksamkeit verdienen. Die erste ist eine große luftgetrocknete Wurst, für die man den Magen füllt. Bei der zweiten wird fetter Darm gestopft.

Aber auch aus der lothringischen Küche ist das Schweinefleisch nicht wegzudenken. Da bildet es vor allem den Grundstock für den beliebten und auch heute noch oft zubereiteten Eintopf. Zugleich wird es vielfältiger und reichlicher bei zwei weiteren Zubereitungen eingesetzt, bei denen auch die Vorliebe fürs Backen, die schon die Quiche zeigt, zum Zuge kommt: bei der *tourte* und der *pâté*. Nichts mag man nämlich lieber, als zur Vorspeise Gebackenes aufzutischen und besonders gern etwas in Teigkruste. Traditionell verwendet man dazu nicht nur Schweine-, sondern auch Kalb- oder Geflügelfleisch, das man hackt oder in feine Streifen schneidet und oft mit einer Eiercreme bindet, die man mit Kräutern, Speck oder Käse würzt und manchmal auch mit Möhren und Zwiebeln garniert. Das Fleisch läßt man in Weißwein marinieren, ohne es zu salzen. Gesalzen wird es mit großem Feingefühl erst vor dem Garen. Was den Teig betrifft, so stehen die Traditionalisten zu Mürbeteig. Die verhaltenen Reformer nehmen ihn noch für den Boden, setzen jedoch einen Deckel aus Blätterteig darauf. Die Modernisten aber schwärmen von Blätterteig unten wie oben.

Quiche lorraine
Lothringer Speckkuchen

Für 2–4 Personen

150 g Weizenmehl
Salz, schwarzer Pfeffer aus der Mühle
3 Eier
75 g Butter
150 g magerer Räucherspeck
geriebener Käse (nach Belieben)
125 ml Crème fraîche
1 Prise Muskatnuß

Das Mehl in eine Schüssel sieben und in die Mitte eine Mulde drücken. 1 Prise Salz, 1 Ei und die Butter in kleinen Stückchen zufügen. Zutaten und Mehl miteinander verkneten und den Teig zu einer Kugel formen. Flach drücken und ein zweites Mal zu einer Kugel formen. In Frischhaltefolie wickeln und 2 Stunden in den Kühlschrank legen.
Den Teig etwa 3 mm dünn ausrollen. Eine Torten- oder Quicheform von 18 cm Durchmesser mit Butter einfetten. Mit dem Teig auskleiden und überstehenden Teig abschneiden. Den Teig mehrmals mit einer Gabel einstechen. Den Backofen auf 220 °C vorheizen.
Die Schwarte vom Speck schneiden, alle Knorpel entfernen und den Speck in kleine Würfel schneiden. In einer Pfanne leicht anbräunen. Die restlichen beiden Eier schlagen, Crème fraîche unterrühren und die Masse mit Muskat und Pfeffer würzen, kaum salzen.
Speckwürfel auf dem Teig verteilen (nach Belieben mit geriebenem Käse bestreuen) und mit der Ei-Sahne-Mischung übergießen. Etwa 25 Minuten im Ofen backen. Heiß servieren.

Hinweis: Man kann den Boden vor dem Belegen etwa 10 Minuten oder bis er goldbraun ist blindbacken.

1 Ei, Butter und Salz werden zum Mehl auf das Backbrett gegeben. – 2 Die Zutaten verknetet man und formt aus dem Teig eine Kugel.
3 Nach der Ruhezeit im Kühlschrank wird der Teig dünn ausgerollt. – 4 Eine gut ausgebutterte Form wird sorgfältig damit ausgekleidet.

5 Indem man mit dem Nudelholz über den Rand der Form rollt, schneidet man überschüssigen Teig sauber ab. – 6 Den Boden bestreut man mit geriebenem Käse und Speck.
7 Zwei Eier werden mit der Crème fraîche verquirlt und gewürzt. – 8 Die Eier-Sahne-Mischung verteilt man gleichmäßig auf dem Belag.

Pâté lorraine
Lothringer Fleischpastete

Für 8 Personen

1 kg Schweineschulter oder -hals
500 ml Weißwein
8 Schalotten
2 Lorbeerblätter
1 EL gehackte Petersilie
Salz und Pfefferkörner
700 g Blätterteig
1 Eigelb

Das Fleisch in Stücke schneiden, die Schalotten vierteln und über Nacht mit Lorbeerblättern, Petersilie und Pfeffer in Weißwein marinieren.
Den Teig etwa 4 mm dick ausrollen, davon ein langes Rechteck ausschneiden, das als Deckel der Pastete dient.
Den Backofen auf 180 °C vorheizen. Das Fleisch abtropfen lassen und auf die Mitte des Teigs geben; mit der restlichen Teigplatte bedecken, fest andrücken und mit Eigelb bestreichen. Aus mehrfach gefalteter Alufolie einen Zylinder formen und als Kamin in die Mitte des Teigdeckels stecken.
Im vorgeheizten Ofen 45 Minuten backen.

La potée lorraine
Lothringer Eintopf

Für 6 Personen

1 Schinkenknochen
250 g magerer Räucherspeck
500 g Schweineschulter
3 geräucherte Würste
500 g weiße Bohnen
12 mittelgroße Kartoffeln
1 großer Wirsingkohl
12 Möhren
6 weiße Rüben
1 Zwiebel
Salz und Pfeffer aus der Mühle

Schinkenknochen, Speck, Fleisch, Würste und Bohnen in einen Topf mit kaltem Wasser geben und 1½ Stunden auf niedriger Temperatur köcheln. Dann das Gemüse zufügen und weitere 1½ Stunden garen.
Das Gemüse herausnehmen, abtropfen lassen und auf einer Servierplatte anrichten. Fleisch, Speck und Würste in Scheiben schneiden und auf dem Gemüse verteilen. Die Brühe durch ein Sieb gießen und getrennt in einer Suppenschüssel servieren. Oder Fleisch, Gemüse und Brühe gemeinsam in einer Terrine anrichten.

Tourte lorraine
Lothringer Pastete

Für 8 Personen

250 g Kalbsschulter
750 g Schweinenacken
Weißwein
Thymian, Lorbeerblatt und weitere Kräuter nach Geschmack
18 g Salz, Pfeffer
450 g Blätter- oder Mürbeteig
2 Eier
500 ml Crème fraîche

Das Fleisch in feine Streifen schneiden. In reichlich Weißwein mit Kräutern einlegen und 24 Stunden marinieren. Dann mit der Hand gut auspressen und salzen.
Den Backofen auf 180 °C vorheizen. Den Teig 4 mm dünn ausrollen und eine Pastetenform damit auskleiden. Den überschüssigen Teig abschneiden. Das Fleisch in die Form geben. Den übrigen Teig nochmals 3 mm dünn ausrollen, daraus einen passenden Deckel formen und ein Loch in der Mitte ausstechen. Den Teigdeckel auf das Fleisch legen und die Ränder andrücken.
Im vorgeheizten Ofen 40 Minuten backen und aus dem Ofen nehmen.
Eier und Crème fraîche zusammen leicht schlagen, abschmecken und behutsam durch das Loch einfüllen. Erneut 30 Minuten backen. Heiß servieren.

Mag sein, daß eine *Quiche lorraine* mit gewelltem Rand dekorativer ist – Geschmackssache ist es keine.

Baba au rhum

Königliches Gepäck

Baba, Madeleine & Kougelhopf

Im Reich der Süßigkeiten wird Lothringen durch zwei Botschafter vertreten, die dem polnischen König Stanislaw Leszczynski (1677–1766) zu verdanken sind, das Elsaß hingegen durch einen Kuchen, den Marie Antoinette (1755–1793) aus Österreich mitbrachte.

Stanislas hatte aufgrund russischer Interventionen seinen Thron an den Sohn Augusts des Starken verloren, erhielt aber als Entschädigung das Herzogtum Lothringen zugeteilt. Dort klagte er dem Patissier Stohrer, daß er polnische Napfkuchen zu trocken fände, da sie aus Roggenmehl seien. Der mitfühlende Konditor verwandelte das Originalrezept mit Creme und rumgetränkten Rosinen in einen saftigen Kranzkuchen, den er zusätzlich in einen mit Rum oder Kirschwasser angereicherten Sirup tauchte. Am Hof in Nancy soll man obendrein eine Mischung aus süßem Malaga und Rum dazu gereicht haben. Da der Ex-König ein begeisterter Leser der Geschichten aus Tausendundeiner Nacht war, taufte er den Kuchen auf den Namen seines Lieblingshelden Ali Baba. Stohrer, der mit Maria, der Tochter von Stanislas und Gemahlin Ludwigs XV., 1725 nach Paris kam, eröffnete dort 1730 seine Patisserie in der Rue Montorgueil, wo sie sich noch heute befindet. Auch hier kam Baba gut an, und bald entstand eine rosinenlose Variante, der Kranz mit Früchten, Creme oder Schlagsahne gefüllt: der Savarin.

Auch die Madeleines, kleine, überall in Frankreich beliebte muschelförmige Kuchen, sollen ihre Popularität Stanislas verdanken: Es trug sich zu, daß bei den Vorbereitungen zu einem Gala-Diner der Saucier und der Patissier heftigst in Streit gerieten, worauf letzterer seine Teigschüsseln im Stich ließ und das Weite suchte. König Stanislas war verzweifelt. Sollte er nun seinen Gästen nichts Süßes anbieten können? Da brachte ihm sein Majordomus Hilfe in der Person einer Kammerzofe, die anbot, schmackhafte kleine Kuchen nach dem Rezept ihrer Großmutter zu backen. Und tatsächlich fand ihr goldenes Gebäck bei allen Gästen großen Gefallen. Als der König sie rief, lobte und nach dem Namen des Backwerks fragte, wußte sie keinen zu nennen. Da wollte er ihren Namen und ihren Geburtsort wissen. Sie antwortete, sie heiße Madeleine und stamme aus Commercy. »So nenne man deinen Kuchen von heute an Madeleine de Commercy«, erwiderte der König.

Kougloff, Kougelhopf oder Guglhupf – wie ihr Hefenapfkuchen heißt, das wußten die Elsässer von Anfang an, aber wie sie den Namen schreiben wollen, wissen sie bis heute nicht. Daß der Kuchen schon zu einem guten Frühstück dazugehört, darüber sind sich alle wieder einig. Und zum Nachmittagskaffee. Und wenn man ein Glas Tokay Pinot Gris oder Gewurztraminer anbietet, gibt man gern ein Stück dazu. Eine salzige Version mit Speckwürfeln statt Rosinen begleitet bisweilen den Aperitif. Sein Äußeres verdankt der Kuchen jener hochwandigen gewellten Form, in der er gebacken wird. Die traditionellen Näpfe werden aus Terrakotta gebrannt und sind ziegelrot. Sein Name leitet sich aus dem Deutschen ab, seine Heimat aber ist Österreich, von wo Marie-Antoinette das Rezept nach Versailles brachte. Bis auf den Kougloff von Ribeauvillé. Dort feiern die Einwohner in einem früheren Dorfbäcker namens Kugel den Urheber ihres Napfkuchens.

Baba au rhum

125 g Rosinen
200 ml Rum
250 g Weizenmehl
15 g Hefe
3 Eier
30 g Zucker
Salz
100 g Butter
Sirup
500 g Zucker
1 l Wasser
Mark einer Vanilleschote
Schale einer unbehandelten Zitrone
Schale einer unbehandelten Orange
125 ml Rum

Die Rosinen über Nacht im Rum einweichen. Aus einem Drittel des Mehls, der Hefe und etwas lauwarmem Wasser einen Vorteig anrühren und 1 Stunde gehen lassen. Das restliche Mehl, Eier, Zucker und 1 Prise Salz zufügen und zu einem lockeren Teig verkneten. Die warme Butter und die Rosinen einarbeiten. Abdecken und 30 Minuten gehen lassen. Den Backofen auf 200 °C vorheizen. In gefettete portionsgerechte Napfkuchenformen füllen, erneut aufgehen lassen und dann knapp 20 Minuten backen.
In der Zwischenzeit für den Sirup Zucker mit Wasser, Vanille und den Obstschalen aufkochen, vom Feuer nehmen und den Rum zufügen.
Die Babas in den heißen Sirup tauchen, sich damit tränken lassen, herausschöpfen, abtropfen lassen und in tiefen Tellern anrichten. Wiederholt mit dem eigenen Sirup übergießen.
Wie Savarins werden auch Babas gern mit Früchten und Schlagsahne oder Crème anglaise serviert.

Madeleines

4 Eier
200 g Zucker
Schale einer unbehandelten Zitrone
Mark einer Vanilleschote (nach Belieben)
200 g Mehl
10 g Trockenhefe
100 g Butter

Die Eier in eine Schüssel schlagen. Zucker und abgeriebene Zitronenschale zufügen. Im Wasserbad leicht schlagen, bis sich der Zucker aufgelöst hat. Dann weiterrühren, bis die Mischung wieder abgekühlt ist. Nun das gesiebte Mehl und die Trockenhefe unter ständigem Rühren einrieseln lassen und unterrühren. Die Butter zerlassen und zum Schluß zufügen. Den Teig 10 Minuten ruhenlassen. Den Ofen auf 220 °C vorheizen. Eine Madeleine-Form einfetten, den Teig in die Mulden füllen und die Kuchen im Ofen 10 Minuten backen. Danach sofort aus der Form lösen.

CHAMPAGNE, LORRAINE & ALSACE

Kougelhopf
Guglhupf

30 ml	Kirschwasser
150 g	Sultaninen oder Malaga-Rosinen
700 g	Mehl
30 g	Hefe
500 ml	lauwarme Milch
10 g	Salz
150 g	Zucker
5	Eier
180 g	weiche Butter
2 EL	Mandelblättchen

Das Kirschwasser über die Rosinen gießen, umrühren und zugedeckt einige Stunden ziehen lassen.

Für den Vorteig 300 g Mehl in eine Schüssel sieben, in die Mitte eine Mulde drücken, die Hefe hineinbröckeln, die Hälfte der lauwarmen Milch angießen und verrühren. Leicht kneten und 2 Stunden lang gehen lassen.

Dann die restliche Milch, das übrige Mehl, Salz, Zucker und die Eier hinzufügen, alles gut vermischen und wenigstens 10 Minuten lang kräftig schlagen, was für die Struktur des Napfkuchens wichtig ist. Der lockere, halbfeste Teig sollte sich leicht von der Schüssel lösen.

Die Butter unterrühren und mit der Masse verkneten, bis ein glatter, geschmeidiger Teig entsteht. Nun die Rosinen hinzufügen und so lange einarbeiten, bis sie gleichmäßig im Teig verteilt sind.

Zwei Napfkuchenformen sorgfältig mit Butter einfetten und mit Mandelblättchen ausstreuen. Die Formen zur Hälfte mit Teig füllen und 1½–2 Stunden an einem zugfreien Ort gehen lassen.

Den Backofen auf 200 °C vorheizen. Den Guglhupf darin, je nach Größe der Form, 20–30 Minuten backen. Wenn die Oberfläche goldbraun ist, die Kuchen aus dem Ofen nehmen und sofort auf Kuchengitter stürzen.

Die Kougelhopf-Zutaten: Kirschwasser-Rosinen, Mehl, Butter, Hefe, Milch, Zucker, Eier.

Den Vorteig aus Mehl, Milch und Hefe läßt man 2 Stunden aufgehen.

Dann gibt man Milch, Mehl, Eier und Zucker zu und schlägt den Teig etwa 10 Minuten.

Erst zum Schluß werden Butter und Kirschwasser-Rosinen eingearbeitet.

Die eingefettete und mit Mandeln ausgestreute Form füllt man höchstens bis zur Hälfte.

Je nach Größe der Formen backen die Kuchen bei 220 °C 20–30 Minuten.

Elsässer Backwaren

Das Elsaß bewahrt sich seine Eigenheiten. Zwar hat man mit allen anderen Franzosen die Vorliebe für gutes Essen gemein, aber was man darunter versteht, da gibt es durchaus Differenzen. Während sich Paris und mit der Hauptstadt große Teile der Bevölkerung in anderen Regionen überwiegend auf die Baguette stützen, besaß und besitzt das Elsaß einen erfreulichen Reichtum an verschiedenen Broten und Backwaren, den es noch dazu vehement verteidigt. Das ursprünglichste Brot ist gewiß das *pain de méteil*, das Mengkornbrot. Früher teilte der Lehnsherr seinen Untertanen jeweils einen Flecken Erde zu, den sie nach eigenem Gutdünken bearbeiteten. Meistens wurde auf diesem Feld eine Getreidemischung ausgebracht, gewöhnlich Weizen und Roggen. Damit wollte man sich vor den Unbilden der Wetterlage und der Natur schützen und sicherstellen, daß man wenigstens für sich und die eigene Familie etwas zu ernten, zu mahlen und zu backen hatte. Entsprechend war die Zusammensetzung des Brotes variabel, konnte darin mal Weizen-, mal Roggenanteil überwiegen. Wird heute Mengkornbrot hergestellt, verarbeitet man die Getreide zu gleichen Teilen.

Die Bretzel oder Pretzel ist das Wahrzeichen der Elsässer Bäcker- und Müllerzünfte. Mit ihrer Knotenform galt sie als Glücksbringer, und ihre gekreuzten Glieder sollten Schutz gegen böse Geister bieten, die es darauf abgesehen hatten, Getreide, Mehl oder Brot zu verderben. Sie besteht aus einem einfachen Mehl-Wasser-Teig, der in kochendes Wasser getaucht, dann mit geschlagenem Ei bestrichen, mit grobem Meersalz bestreut und im Ofen getrocknet wird. Sind sie frisch gebacken, haben die Bretzel ein krustiges Äußeres über einem zarten Inneren und sind eine beliebte Knabberei.

Das Sousweck oder Sübredle verdankt seinen Namen dem *sou*, dem alten 5-Centimes-Stück. Denn einst kostete es gerade mal eins. Dieses günstige Brötchen, das zum Frühstück gegessen wird, besteht aus zwei zusammengefügten Teig-

Unten: Bretzel aus Mehl, Wasser und Salz, die ihren appetitlichen Glanz dem Ei verdanken, mit dem sie bestrichen werden.

Daniel Helmstetter und seine Frau führen eine der traditionsreichsten und besten Bäckereien des Elsaß.

Baguette
Diese Superbaguette ist mit 500 g Gewicht genau doppelt so schwer wie das allgemein übliche Maß.

Berches – Pain au pavot
Sabbatbrot der Juden mit dem charakteristischen Zopf und dem Manna symbolisierenden Mohn.

Couronne
Ein schöner Kranz Weizenmischbrot, der aus sechs Kugeln besteht, die sich gut voneinander lösen lassen.

Epi
Von diesem einer Kornähre ähnelnden Stangenbrot kann man sich leicht sein Stück abbrechen.

Miche blanche
Ein 500 g schwerer Laib reines Weizenbrot mit seinem schönen Muster aus bemehlten Quadraten.

Pain aux noix
Walnußbrot ist eine elsässische Erfindung und zeigt, schön mit Mehl bestäubt, eindeutig seine Herkunft.

Pain court
Dieses kurze, 500 g schwere Weizenbrot ist die im Elsaß wohl gebräuchlichste Brotform.

Pain de méteil
Ursprüngliches Mengkornbrot mit den Initialen der berühmten Bäckerei Louis Helmstetter in Colmar.

Pain de seigle
Unverkennbar elsässisch ist dieses schöne dunkle Brot, das ausschließlich aus Roggenmehl gebacken wird.

Pain Lemaire
Berühmtestes Biobrot Frankreichs, für das Raoul Lemaire den Weizen züchtete und das Rezept lieferte.

Souswek
Weizenbrötchen mit traditioneller Form; der Name bedeutet, daß es ursprünglich nur 1 *sou* kostete.

bällen. Den zweiten Ball nannte man Zugob, nahm man doch an, der Bäcker habe ihn aus reiner Großzügigkeit hinzugefügt. Sehr beliebt ist das Berches, ein traditionelles jüdisches Brot. Seinen Weizenteig machte man fester und kompakter, denn die jüdischen Familien kauften es am Freitag, um es am Sonnabend, ihrem Sabbattag, zu essen. Der Zopf, der sich über das Brot spannt, symbolisiert die Stämme Israels, während der Mohn himmlisches Manna verkörpert. Darüber hinaus gibt es eine Fülle weiterer Spezialitäten. So sind Speckkiechle mit Speck und Kümmel gewürzte Brötchen. Beim Behrewecka, einem Früchtebrot, geben getrocknete Birnen mit Feigen, Backpflaumen, Wal- und Haselnüssen den Ton an. Und neben dem aromatischen Bierbrot gibt es auch deftiges, aus grobgemahlenem Roggen gebackenes Pumpernickel, wie man es eher jenseits des Rheins erwartet.

Unter den zahlreichen süßen Verlockungen ist es nicht zuletzt das vielfältige Weihnachtsgebäck, das besonders typisch für das Elsaß ist und deshalb längst das ganze Jahr über angeboten wird. Allem voran die Bredle. Diese mit Mandeln, Haselnüssen, Zitrone, vor allem auch Anis und Zimt gebackenen Kekse kommen gern als Sterne, Herzen oder Halbmonde daher und heißen je nach der markantesten Zutat Anis-, Butter- oder Schowerbredle, wobei letzte geriebene Mandeln enthalten. Das haben sie mit den Schenkele gemein, den kleinen Weihnachtskuchen, in die ein Schuß Obstwasser gehört. Und natürlich darf man die Lebkueche nicht vergessen. Deren Urahnen sind Honigbrote, die man schon vor der Epoche der Römer kannte. Als dann die Kreuzritter Gewürze aus dem Orient mitbrachten, mutierten sie zu Gewürzbroten. Zunächst waren sie eine Spezialität christlicher Orden, die sie zum Sankt-Nikolausfest buken. Auf den Christkindelmärik wurden sie Ende des 16. Jahrhunderts zum Schlager. Im 18. Jahrhundert schenkten sich Verliebte gegenseitig Lebkuchenherzen. Das kann auch heute noch passieren, und ein Weihnachtsmarkt ohne Lebkueche würde seinen typischen Geschmack verlieren.

CHAMPAGNE, LORRAINE & ALSACE

Weißkohl liefert den Rohstoff für Sauerkraut, wobei die Köpfe 7 kg schwer werden können.

Der feingehobelte Kohl kann noch mit einem Schuß Weißwein verfeinert werden.

Oben: Für eine üppige Schlachtplatte mit *Choucroute* braucht man Eisbein (1), Straßburger Knackwurst (2), fetten Speck (3), geräuchertes Schulterstück (4), Bratwurst (5), Fleischwurst (6), Kasseler bzw. Schiffala (7), Kartoffeln (8), Räucherwurst (9) und Leberknödel (10).

Choucroute

Es heißt, jedes Dorf im Elsaß habe sein eigenes Rezept für die *Choucroute*, ein üppiges Mahl aus milchsauer vergorenem Weißkohl, auf dem sich ein ansehnlicher Berg von verschiedenen Würsten, Speck, gepökelter Schulter, geräuchertem Schinken und Kartoffeln türmt. Mit einem Krug Bier, einem Glas Riesling oder auch Sylvaner genossen, ist *Choucroute* das gastronomische Aushängeschild des Elsaß.

Die fahlgrünen Weißkohlköpfe sind entschieden größer als alle, die üblicherweise im Handel angeboten werden. Prachtexemplare bringen es auf 7 kg Gewicht und sind als *quintals d'Alsace*, als Elsässer Zentner bekannt. Sie werden vorwiegend im Norden der Region in und um Krautergersheim angebaut und zwischen Juli und November geerntet. Die äußeren Blätter und das Herz werden entfernt. Dann muß man den Kohl so fein wie nur möglich schneiden. Heute geschieht das meist mechanisch in einer *choucrouterie*. Bis vor wenigen Jahren gingen die berufsmäßigen Krütschneider noch von Tür zu Tür, denn jede Familie sorgte selbst für ihren Wintervorrat. Wenn die Saison ihren Höhepunkt erreicht, praktizieren noch immer einige Kohlschneider ihr Handwerk auf Marktplätzen, und der charakteristische Duft des frisch geschnittenen Krauts durchzieht die Luft.

Zur Herstellung von Sauerkraut schichtet man abwechselnd Lagen von Kohl und Salz in hohe irdene Töpfe oder Holzfässer. Wird es in Mengen erzeugt, benutzt man dazu Tanks aus Zement oder Kunststoff. Wacholderbeeren geben oft zusätzlichen Geschmack. Die Lagen werden zusammengepreßt – im Hausgebrauch mit einem Holzdeckel, auf den man einen Stein legt – und die Töpfe oder Fässer luftdicht verschlossen. Das Salz entzieht dem Kohl Feuchtigkeit und bildet eine Lake, die ihn schützt. Je nach Temperatur benötigt die Milchsäuregärung drei bis acht Wochen, dann hat sich der Kohl verwandelt. Zwar hat er nun die Hälfte seines Gewichts eingebüßt, aber er ist nicht nur haltbar geworden, sondern auch bekömmlich und gesund, dank verschiedener Spurenelemente und Vitamine.

Vor dem Zeitalter des Sterilisierens, Tiefgefrierens und der Vakuumverpackung garantierte Sauerkraut der Landbevölkerung im Winter ausreichende Versorgung mit Vitamin C. Deshalb galt es auch als ideale Seefahrerkost, die selbst auf langen Reisen vor Skorbut bewahrte. Ungekocht ist Sauerkraut am besten. Knackig muß es sein, möglichst hell, und seine Säure sollte angenehm in die Nase steigen. Allerdings halten es Traditionalisten mit dem Sprichwort: S'Sürkrut esch erscht gud, wenn's sewemal gewärmt esch (Sauerkraut ist erst gut, wenn es siebenmal aufgewärmt wurde).

Kohl stammt aus China. Vergorener Kohl soll schon jene Arbeiter bei guter Gesundheit gehalten haben, die die Große Mauer errichteten. Mongolen und Tataren haben ihn später in Europa eingeführt, und in den Balkanländern hat gesäuertes Gemüse eine lange Tradition. Die Elsässer lieben Sauerkraut seit dem Mittelalter, und der Verdacht drängt sich auf, sie könnten es deswegen so schätzen, weil sich vieles vom Schwein appetitlich darauf ausbreiten läßt: geräucherter und frischer Speck, Kasseler, Wellfleisch, Eisbein und Leberknödel, Brat-, Blut-, Rauch-, Knack- und Fleischwurst. Ganz zufällig ist das neue Sauerkraut immer gerade dann richtig durchgegoren, wenn die Zeit der Schlachtfeste naht.

Rechte Seite: In der Fabrikproduktion kommt es darauf an, Kraut und Salz gründlich zu vermischen.

CHAMPAGNE, LORRAINE & ALSACE

Choucroute à l'ancienne
Sauerkraut auf traditionelle Art

Für 8 Personen

2 kg frisches rohes Sauerkraut
2 Speckschwarten
2 Möhren
2 Zwiebeln
1/2 TL Pfefferkörner
1/2 TL Kümmel
2 Knoblauchzehen
4 Gewürznelken
12 Wacholderbeeren
2 Lorbeerblätter
1 Zweig Thymian
1 Eisbein
2 fingerdicke Scheiben durchwachsener Speck
1/2 Flasche trockener Riesling
4 Räucherwürstchen aus Montbéliard
600 g Kasseler
4 Paar Straßburger Knackwürste
1 Kochwurst aus Morteau

Das Sauerkraut im Sieb unter fließendem Wasser waschen, auseinanderzupfen und ausdrücken. Den Boden eines großen gußeisernen Topfes mit den Speckschwarten auslegen.
Die Hälfte des Sauerkrauts daraufgeben. Möhren putzen und Zwiebeln schälen, in Stücke schneiden und auf dem Sauerkraut verteilen. Die Pfefferkörner gleichmäßig darüberstreuen. Die übrigen Gewürze mit dem Thymian in ein Mullsäckchen binden und zum Gemüse geben. Eisbein und Speck darauflegen und mit dem restlichen Sauerkraut bedecken. Den Wein und 250 ml Wasser angießen.

Den Topf fest verschließen, in den Backofen stellen und das Gericht bei 180 °C etwa 2 1/2 Stunden schmoren lassen.
Räucherwürstchen und Kasseler in den Topf unter das Kraut geben. Weitere 30 Minuten garen. Straßburger Knackwürste und Kochwurst auf das Kraut legen und nochmals 20 Minuten garen.
Den Gewürzbeutel entfernen. Das Sauerkraut mit Fleisch und Würsten anrichten. Dazu paßt ein gut gekühlter Sylvaner oder Riesling.

Alexandre Dumas' Choucroute

»Man konserviert das Sauerkraut vorzugsweise in Fässern, die Essig, Wein oder eine andere säurehaltige Flüssigkeit enthielten… Man schneidet den Kohlkopf in Scheiben, indem man ihn auf einer Art Rauhbank hobelt… Sie breiten auf dem Faßboden ein Bett von Meersalz aus und darauf eine Schicht von Ihrem in Bänder geschnittenen Kohl. Sie streuen darüber eine Handvoll Wacholderbeeren oder Kümmel, um ihn zu aromatisieren. Dann fahren Sie fort, Schicht auf Schicht auf die gleiche Weise hineinzutun, bis das Faß voll ist … Sie decken das letzte Bett aus Salz mit großen grünen Kohlblättern ab, auf die Sie ein großes feuchtes Tuch und einen ziemlich schweren Faßdeckel legen … Die so zusammengedrückten Köhle sondern ein stinkendes, saures, schmutziges Wasser ab, das man durch einen Hahn, …, abzieht und durch eine neue Salzlauge ersetzt …, bis kein weiterer Gestank entsteht.«

Choucroute maison
Sauerkraut nach Hausmacherart

Für 6–8 Personen

1 gepökeltes Eisbein (demi-sel)
2 fingerdicke Scheiben durchwachsener Speck
1 TL Pfefferkörner
1 Cervelas
3–4 Paar Straßburger Knackwürste
1,5 kg frisches rohes Sauerkraut
3 EL Gänseschmalz
3 Zwiebeln
2 Lorbeerblätter
10 Wacholderbeeren
3 Nelken
1/2 Flasche trockener Elsässer Riesling

Eisbein und Speck abspülen, in kaltem Wasser mit Pfefferkörnern aufsetzen und auf niedriger Temperatur 75 Minuten kochen. Koch- und Knackwürste dazugeben und weitere 20 Minuten köcheln. Rechtzeitig das Sauerkraut im Sieb unter fließendem Wasser waschen, auseinanderzupfen und ausdrücken. Schmalz in einem gußeisernen Topf erhitzen. Zwiebeln schälen, fein hacken und darin leicht andünsten. Sauerkraut, Lorbeerblätter, Wacholderbeeren und Nelken hineingeben. Riesling angießen und so viel Wasser zufügen, daß das Kraut gerade bedeckt ist. Zudecken und auf niedriger Temperatur 40 Minuten garen.
Das Sauerkraut auf einer großen Platte anhäufen. Eisbein und Speck in Stücke, Cervelas in Scheiben schneiden und mit den Würstchen darum und darauf arrangieren. Dazu reicht man Salzkartoffeln. Im Elsaß wird gern Bier dazu getrunken.

Spezielle Sauerkrautgefäße sind aus Steingut hergestellt und besitzen eine Wasserrinne.

Das Stampfen ist wichtig, da der Kohl genügend Flüssigkeit absondern muß, um davon völlig bedeckt zu sein.

Während der Gärung muß man den Kohl beschweren – in diesem Fall mit einem Einmachglas voller Wasser.

Den Deckel setzt man in die mit Wasser gefüllte Rinne. So wird verhindert, daß Luft in den Topf gelangen kann.

Gerste ist wesentliche Grundzutat des Bieres. Im Elsaß stammt die beste aus der Ebene des Ried. Nach dem Keimvorgang wird sie gedarrt, wodurch man das Malz erhält.

Der aus Malz und heißem Wasser gewonnenen zuckerhaltigen Würze wird Hopfen zugefügt. Anschließend wird diese Mischung gekocht und ergibt so die Stammwürze.

Bierbrauen

Gerste für Elsässer Bier wird immer noch in der reichen Flußebene im Herzen des Ried angebaut. Sie wird eingeweicht, was den Keimvorgang auslöst, der etwa sechs Tage in Anspruch nimmt. Dann wird sie in einem Trockenofen gedarrt, wodurch man das Malz erhält. Das Darrmalz wird geschrotet und in einem Kessel mit 50–75 °C heißem Wasser zur Maische vermischt. Wasser ist ein wichtiges Element für die Bierherstellung. Schiltigheim wurde im 19. Jahrhundert zur Kapitale der Brauereien, weil das Wasser dort eine besondere mineralische Ausgewogenheit besitzt. Andere Brauereien ließen sich wegen der ausgezeichneten Quellen in den Vogesen nieder. Oft wird die Maische gut zwei Stunden lang verrührt. Dann gibt man ihr Zeit, bis sich die Trübstoffe abgesetzt haben und die Würze abgezogen werden kann. Sie wird in Sudpfannen gefüllt und mit Hopfen vermischt. Berühmt für den Hopfenanbau sind die fruchtbaren Lößböden um Kochersberg und Ackerland. Man rechnet um 170 g getrocknete Hopfenblüten – nur die weiblichen Dolden werden benutzt – auf 100 l Bier. Hopfen verleiht dem Bier den bitteren Geschmack und verlängert seine Haltbarkeit. Nun läßt der Braumeister die Würze 2–4 Stunden brodeln. Dann muß sie abkühlen, bevor Hefe zugefügt werden kann, die die Gärung in Gang setzt und zusätzliche Aromen entwickelt. Charakteristisch für das Elsaß sind die *Blondes d'Alsace,* die hellen untergärigen, mit dem Pilsner verwandten Biere. Sie werden bei 10–5 °C vergoren. Nach der meist 7–9 Tage dauernden Gärung setzen sich die Hefen auf dem Boden der Gärgefäße ab. Nun filtert man das Bier und füllt es ab.

Hopfenblüten geben den bitteren Geschmack

Elsässer Bier

Bier trinkt man im Elsaß seit den Zeiten der Gallier. Als die Römer den Wein mitbrachten, verfiel es zum Armeleutegetränk, aber selbst die Wohlhabenden akzeptierten einen Krug Bier als erträglichen Ersatz für Wein – zumindest dann, wenn schlechtes Wetter die Trauben verdorben hatte; da eignete es sich zum Durstlöschen doch immer noch besser als Wasser. Im Mittelalter waren die Klöster die einzigen Orte, wo man als erschöpfter Reisender Unterkunft und Nahrung finden konnte. Aber es wurde für die Ordensgemeinschaften zunehmend schwierig, allen Pilgern, die ihre Gastfreundschaft suchten, Wein anzubieten. So begannen die Mönche damit, Bier in größeren Mengen zu brauen. Das beste wurde für den persönlichen Genuß des Bischofs oder Abts reserviert. Das nahrhafteste löschte den Durst der Mönche nach einem harten Gebets- und Arbeitstag. Und der Bodensatz der Fässer war für die Pilger bestimmt.

Bevor der Prozeß der Pasteurisierung entdeckt wurde, bestand die einzige Möglichkeit, das Bier über einen längeren Zeitraum aufzubewahren, darin, es zu kühlen. Dafür schaffte man Eis aus Teichen und von Wiesen heran, die man vorher dafür geflutet hatte. Im Elsaß war es auch Laien erlaubt, Bier zu brauen, jedoch nur während des Winters. Der erste, der dies in den Stadtmauern von Straßburg tat, war ein gewisser Arnoldus, der seine Brauerei 1259 hinter der Kathedrale einrichtete. Die katholische Kirche hielt Bier für grundsätzlich heidnisch. Allmählich wurde das Brauen deshalb von Protestanten übernommen. Martin Luther, der Schwiegersohn eines Brauers, erklärte, daß jene, welche Bier herstellten, Gott und der Wirtschaft dienten, wenn sie ihren Beruf erfolgreich ausübten. Er betonte: »Vinum est donatio Dei, cervesia traditio humana.« (Wein ist ein Geschenk Gottes, Bier menschliche Überlieferung.) Die Französische Revolution setzte den Zwängen, Bier nur zu bestimmten Jahreszeiten brauen zu dürfen, ein Ende, und die Brauer begannen, Gaststätten *(auberges-brasseries)* zu eröffnen und dort ihr Bier auszuschenken. Bereits Ende des 18. Jahrhunderts zählte man in der Region des Haut-Rhin 1774 *auberges* und immerhin 280 im Bas-Rhin.

Um 1850 fand eine weitere Revolution statt, die auf das Bierbrauen entscheidenden Einfluß hatte: die industrielle. Das von Louis Pasteur auf den Punkt gebrachte Haltbarkeitsverfahren, moderne Kühlmethoden und die Eisenbahn hatten viele kleine Familienbrauereien entweder zum reinen Ausschank – daher die Doppelbedeutung des Begriffs ›Brasserie‹ – oder in industrielle Bierunternehmen verwandelt. Die Bierproduktion des gesamten Elsaß vervierfachte sich von 100000 Hektoliter 1850 auf 400000 Hektoliter 1869. Als das Elsaß Ende des 19. Jahrhunderts von Deutschland annektiert wurde, nahm man sich ein Beispiel an den florierenden Brauhäusern Münchens, und in und um Straßburg entstand eine große Anzahl geräumiger Brasserien. Auch dort wurde der Stammtisch zu einer Institution, die regelmäßigen Gästen vorbehalten blieb, denen eigene Bierkrüge reserviert wurden, die man Stamm nannte. Zugleich geht der Ursprung der vielen Brasserien in Paris auf Elsässer zurück, die aus Widerstand gegen die deutsche Besetzung 1871 aus ihrer Heimat flohen. Heute gibt es im Elsaß sieben Brauereien, die 54% des gesamten französischen Biers erzeugen.

Hochburg der Brauer ist der Straßburger Vorort Schiltigheim. Dort ist die 1740 gegründete und damit älteste bestehende Brauerei Schutzenberger ansässig, noch heute ein Familienunternehmen. Aber auch Heineken ist seit 1972 im Elsaß vertreten, ebenso wie die zusammengeschlossenen Fischer und Adelshoffen. Kronenbourg, die Nummer eins unter den französischen Brauhäusern, braut in Straßburg-Cronenbourg sowie in Obernai. Fast in Lothringen nutzt Saverne, die seit 1989 dem Saarländer Unternehmen Karlsberg untersteht, das gute Wasser der Vogesen, während Météor, eine unabhängige Familienfirma, trotz vieler Neuerungen weiterhin traditionell in Hochfelden arbeitet.

Links: In großen kupfernen Sudpfannen findet das Erhitzen der Würze und nach ihrem Abkühlen sowie der Zugabe von Hefe der Gärprozeß statt.

Die 1740 gegründete Brauerei Schutzenberger ließ sich 1866 in Schiltigheim nieder, wo das Wasser zur hohen Bierqualität beiträgt.

77

1 Für optimalen Geschmack und Textur werden Enten- und Gänsestopflebern gemeinsam verarbeitet (letztere sind die zartrosafarbenen).
2 Adern und Nerven müssen gewissenhaft entfernt werden, weil sonst die *foie gras* bitter schmecken und grüne Flecken bekommen könnte.
3 Sind alle Lebern gründlich gereinigt worden, werden sie mit Salz, Pfeffer und etwas Zucker gewürzt und mit Portwein beträufelt.

4 Nachdem sie einige Stunden lang marinierten, häuft man die Stücke auf und formt daraus einen Laib.
5 Man wickelt die *foie gras* fest in Frischhaltefolie ein.
6 Größte Bedeutung kommt der Wassertemperatur zu, die zwischen 70 und 75 °C liegen sollte. Die Garzeit beträgt etwa 30 Minuten.
Natürlich kann man *foie gras* auch wie gewohnt in der Deckelterrine garen.

Straßburger Gänseleberpastete

Die Geschichte der Stopfleber reicht 4500 Jahre und bis zu den alten Ägyptern zurück. Vermutlich beobachteten sie die natürliche Neigung der Gänse, sich zu Beginn der Zugperiode zu überfressen, um die für den Flug erforderlichen Reserven anzulegen. Ihre daraufhin vergrößerten Lebern wurden als kulinarische Köstlichkeit entdeckt und waren bald überaus geschätzt. Dies dürfte schon nach kurzer Zeit dazu geführt haben, daß man die Vögel absichtlich und mit Gewalt mästete, so daß die begehrten Lebern das ganze Jahr über zur Verfügung standen. Diese besondere Mast blieb den Phöniziern und Römern nicht verborgen. Gerade letztere – allen voran der Despot Nero – sollen auf diese Delikatesse geradezu versessen gewesen sein. Sie pflegten die Tiere mit Feigen zu stopfen und die frische Leber in Milch zu baden.

Die Gänsehaltung wurde im Elsaß wahrscheinlich von den Juden aus Osteuropa eingeführt, die Gänsebraten für eine mit ihren religionsbedingten Eßvorschriften vereinbare Alternative zum allgegenwärtigen Schweinefleisch hielten. Straßburg blieb es vorbehalten, als erste Adresse überhaupt auf der gastronomischen Landkarte Frankreichs Gänsestopfleber zu vertreten. Denn sie verdankt ihren kulinarischen Durchbruch Jean-Pierre Clause, seines Zeichens Patissier. Zur damaligen Zeit fabrizierte dieser Berufsstand alle Arten von Speisen, die in Teig gehüllt wurden, und das waren zudem überwiegend herzhafte Backwaren. Oft arbeitete Clause für den Marschall de Contades, den damaligen Militärgouverneur des Elsaß. Als Gourmet bestand der Marschall darauf, daß sich seine Empfänge durch die Qualität und Einzigartigkeit der dargebotenen Speisen auszeichneten. So gestaltete Clause für ein bedeutendes Diner eine Teigpastete in Form eines Fasses, das er mit ganzen Stopflebern füllte, zwischen die er feingeschnittenen Schinken und gehacktes Kalbfleisch gab. Das ganze verschloß er mit einem Teigdeckel. Diese erste *Paté de foie gras de Strasbourg* soll 1780 gebacken worden sein und Begeisterung unter den anwesenden Gästen ausgelöst haben. Daraufhin beschlossen der Marschall und der Pastetenbäcker, ein Exemplar dem König zu offerieren. Ludwig XVI. fand sie köstlich, womit der *foie gras* fortan königliche Ehren gewiß waren.

Heutzutage können die im Elsaß verbliebenen Gänsezüchter bequem an einer Hand abgezählt werden. Die Stopflebern stammen gewöhnlich aus dem Südwesten, doch die weitaus meisten werden inzwischen aus Ungarn importiert. Dennoch assoziiert man weiterhin *foie gras* mit Straßburg und der Region, und kein besseres Restaurant, kein guter Charcutier oder Traiteur würde darauf in seinem Angebot verzichten.
Im Elsaß legt man gesteigerten Wert darauf, daß die Stopflebern von jeglichen Adern und Nervensträngen befreit werden. Nur so ist das ebenmäßige Bild, ist der einheitliche zarte Cremeton des fertigen Erzeugnisses gewährleistet. Da das Elsaß an der bedeutendsten Gewürzroute zum Orient lag, ging man hier auch gewagter mit Würzmitteln um und liebte es, *foie gras* einige Zeit in Madeira mazerieren zu lassen. Heute verwendet man dazu in der Regel eher Portwein, Eau-de-vie oder Cognac und setzt Gewürze grundsätzlich zurückhaltender ein. Außer mit frisch zerstoßenem schwarzem Pfeffer und *fleur du sel* (feinstes Meersalz) wird *foie gras* besonders gern mit dem Aroma der Trüffel kombiniert. Spezialitäten im Elsaß sind *Pain de Colmar* und *Millefeuille de Foie gras*. Bei der ersten handelt es sich um eine hohe runde Form, in die beste Gänsestopflebern, gewürzt mit einem 5-%-Anteil Trüffeln, aufeinandergeschichtet und sehr schonend auf niedriger Temperatur halbgegart werden. Für das *Millefeuille* schichtet man Streifen von Gänse- und Entenstopfleber abwechselnd in einer rechteckigen Form übereinander, wobei sich das feine Aroma der Gänse- mit dem kräftigen Geschmack der Entenleber vorzüglich vereint.

CHAMPAGNE, LORRAINE & ALSACE

Terrine de ris de veau
Kalbsbries-Terrine

1,2 kg Kalbfleisch
22 g Salz
3 g Pfeffer
30 g Pistazien
30 g Schalotten
2 Eier
300 g Kalbsbries
1 EL Butter
330 ml konzentrierter Kalbsfond
4 Blatt Gelatine
1 EL weißer Portwein

Das Fleisch in sehr feine Streifen schneiden, in eine Schüssel geben, salzen und pfeffern. Die Pistazien schälen, hacken, die Schalotten schälen und in feine Würfel schneiden; beide Zutaten zum Fleisch geben. Die Eier verquirlen und unterrühren. Die Mischung über Nacht im Kühlschrank mazerieren lassen.
Am nächsten Tag das Kalbsbries in dünne Scheiben schneiden, in der heißen Butter von beiden Seiten anbraten und leicht bräunen, dann abkühlen lassen.
Den Backofen auf 180 °C vorheizen. In eine Terrinenform eine Schicht Fleischstreifen mit einigen Pistazien- und Zwiebelstücken geben. Darauf das Kalbsbries betten und rundherum mit Fleischstreifen bedecken.
Im vorgeheizten Ofen 45–50 Minuten lang backen, dann herausnehmen und abkühlen lassen.
Die Gelatine in kaltem Wasser einweichen. Den Kalbsfond erhitzen, den Portwein zufügen. Die Gelatine ausdrücken und in dem Fond auflösen. Mit dieser Flüssigkeit die Terrinenform auffüllen und erkalten lassen.

Pâté de volaille en croûte
Geflügelpastete im Teigmantel

1,5 kg Geflügelfleisch
30 g Salz
3 g Pfeffer
3 g Pastetengewürz
50 g Petersilie, fein gehackt
50 g Schalotten, fein gehackt
30 g Knoblauch, fein gehackt
3 Eier
3 Gläser guter Weißwein
ca. 500 g Mürbeteig
ca. 150 g Blätterteig
1 Eigelb
4 Blatt Gelatine
330 ml Geflügelfond
1 EL Madeira

Das Geflügelfleisch in feine Streifen schneiden, mit allen übrigen Zutaten (bis auf den Teig) vermischen und über Nacht zum Marinieren in den Kühlschrank stellen.
Den Mürbeteig 4 mm dünn ausrollen und eine Pastetenform damit bis über den Rand vollständig auskleiden. Mit der Fleischmischung bis zum Rand füllen und die Form mit einem Deckel aus Blätterteig verschließen. Den Deckel mit Eigelb bepinseln und zwei Öffnungen hineinschneiden.
Den Backofen auf 200 °C vorheizen und die Pastete 50 Minuten backen. Nach einiger Zeit die Temperatur eventuell auf 180 °C reduzieren.
Die Gelatine in kaltem Wasser einweichen. Den Geflügelfond erhitzen, den Madeira zufügen und die ausgedrückte Gelatine darin auflösen. Die Flüssigkeit durch die beiden Öffnungen gleichmäßig in die Pastete gießen. Erkalten lassen, aus der Form nehmen und in Scheiben servieren.

Tips zur foie gras

- Frisch sollte *foie gras* sich fest anfühlen, glänzen und möglichst rosa sein. Je feiner die Faserung, desto edler das Produkt.
- Bei Terrinen sollte die cremefarbene Leber ein rosiges Inneres besitzen.
- *Foie gras mi-cuit* (halbgegart) ist die beste Form, das charakteristische Aroma zur Geltung zu bringen, vorausgesetzt, man genießt sie frisch. Auf diese Weise zubereitet gibt es sie frisch in Restaurants oder bei guten Traiteuren. Aber sie wird auch vakuumverpackt, im Glas oder in der Dose angeboten.
- Als Konserve ist *foie gras entier* am edelsten, wobei es sich um ganze Lebern oder um ein einziges großes Stück handelt.
- Steht nur *foie gras* auf dem Etikett, besteht das Produkt aus mehreren Stücken.
- *Bloc de foie gras avec morceaux* (mit Stücken) bezeichnet zusammengepreßte Leber mit mehr oder weniger großen Stücken.
- Das *parfait de foie gras* enthält mindestens 75 % Stopfleber und zusätzlich einen Anteil einfache Geflügelleber.
- Mindestens 50 % *foie gras* sind für Patés, Mousses, Médaillons, Pürees und Galantines vorgeschrieben.

Paté de volaille en croûte
Geflügelpastete im Teigmantel

Terrine de ris de veau
Kalbsbries-Terrine

Winstub

Elsässer sind von Natur aus gesellig. Nicht daß sie zur Sorte schulterklopfender Zeitgenossen zählten, die nach der einen oder anderen Runde in laute Gesänge ausbrechen, sie mögen es statt dessen, sich zu einem guten Schwatz um einen Holztisch zu scharen. Diese Zusammenkünfte fanden früher nicht selten auf Höfen statt, deren Besitzer einige Reben besaßen und bereitwillig Kannen ihres Weißweins auftischten. So bürgerte sich nach und nach der Name Winstub für Räume ein, wo man sich traf und Wein trank.

Verschiedene Faktoren führten dazu, daß die Weinstuben einen öffentlicheren Status gewannen. Früher ließ sich Wein, besonders der einfache, leichte Landwein wie Zwicker oder Edelzwicker, nicht gut transportieren. Schon deshalb schien es den Winzern das beste, möglichst viel von ihrem Wein vor Ort zu verkaufen. Hinzu kam, daß im letzten Drittel des 19. Jahrhunderts das Elsaß unter deutsche Herrschaft geriet. Die Deutschen aber hielten sich lieber an ihre eigenen Mosel- oder Rheinweine, und in Straßburg zogen Horden deutscher Soldaten durch die großen Brasserien, ließen die Bierkrüge klirren und lärmten bis spät in die Nacht. Die Winzer begannen daraufhin, ihre Winstub in ihre Hauptstadt zu verlegen, wo sie den Elsässern einen Ort schufen, unter sich zu sein. Die Winstub war das genaue Gegenteil der Brasserie: ein kleiner, intimer Treffpunkt, wo regionaler Wein aus Rebsorten wie Sylvaner, Pinot, Riesling von Einheimischen getrunken wurde. Und es gab dort weder Deutsche noch Bier. Das Essen war zweitrangig, aber es war einfach, deftig und verriet eine Vorliebe für Schweinefleisch und Schlachtwaren.

Heute sind die Speisekarten zwar länger geworden – viele listen die ganze Palette regionaler Spezialitäten auf – und hier und da hat sich auch Elsässer Bier eingeschlichen, dennoch haben die Winstub ihre Seele nicht an neonhellen Modernismus verloren. Noch immer vermitteln sie den Eindruck einer familiären Gaststätte. Ihr Äußeres verspricht Diskretion. Die kleinen Fenster mit den Scheiben aus Flaschenböden sorgen dafür, daß das Innere des Lokals für Passanten ein Geheimnis bleibt. Selbst wenn man die Tür geöffnet hat, bleibt das Interieur noch verborgen: ein schwerer Vorhang trennt es vom Eingang ab und hält die Kälte draußen. Aber wenn man diese letzte Hürde überwindet, wird man für ein paar Stunden Teil der Familie. Eine Ansammlung von kitschigen Touristensouvenirs ist dagegen kein Indiz einer authentischen Winstub. So wie früher die Bauern weder Zeit noch Geld für überflüssige Dekoration hatten, ist die echte Winstub sparsam geschmückt. Nichts lenkt die Aufmerksamkeit des Gastes davon ab, sich gut zu unterhalten und reichlich dem in Krügen ausgeschenkten Wein zuzusprechen. Soziale Rang- und Hackordnungen haben hier nichts zu suchen. Schulter an Schulter sitzen unterschiedlichste Leute an den Holztischen und tragen ihr Teil zur Unterhaltung bei. Gewöhnlich wird die Winstub vom männlichen Familienoberhaupt geführt, doch bestätigen Ausnahmen auch hier die Regel. Denn in einigen der berühmtesten wacht eine Wirtin fürsorglich über das Wohl der Gäste, aber scheut sich auch nicht davor, ungehörige mit spitzer Zunge zurechtzuweisen.

Eine Winstub sollte eine Atmosphäre der Behaglichkeit verbreiten, wie der Blick in ein typisches Beispiel in Straßburg zeigt.

Flammeküeche
Speck-Zwiebel-Kuchen

Für 8–10 Personen

Teig
20 g Hefe
750 g Mehl
1 EL Salz
500 ml Wasser

Belag
2 Zwiebeln
80 g geräucherter Speck
100 g Quark
100 ml Crème fraîche
2 TL Mehl
1 TL Salz
1 EL Öl

Für den Vorteig die Hefe in eine kleine Schüssel bröckeln, mit 2 EL lauwarmem Wasser und 50 g Mehl verrühren. Zugedeckt an einem zugfreien Ort 1 Stunde aufgehen lassen.
Das restliche Mehl auf die Arbeitsfläche sieben, in die Mitte eine Mulde drücken, den Vorteig und das Salz hineingeben. Das Mehl vom Rand her nach und nach einarbeiten, dabei insgesamt knapp 500 ml Wasser zufügen. Mit den Händen mindestens 10 Minuten kneten. Den Teig zu einer Kugel formen, mit Mehl bestäuben und an einem zugfreien Ort aufgehen lassen.
In der Zwischenzeit die Zwiebeln schälen und hacken sowie den Speck in kleine Würfel schneiden. Für den Belag Quark, Crème fraîche, Mehl, Salz und Öl gut verrühren, bis die Mischung eine cremige Konsistenz annimmt.
Den Backofen auf 200 °C vorheizen. Den Teig auf der Arbeitsfläche dünn ausrollen und zwei Obstkuchenformen damit auslegen. Die Quarkmischung mit einem Holzspatel gleichmäßig darauf verteilen. Dann mit Zwiebeln und Speckwürfeln bestreuen. Den Teig ein drittes Mal gehen lassen. Im vorgeheizten Ofen 15 Minuten backen und noch heiß servieren.

Flammeküeche – Speck-Zwiebel-Kuchen

Fleischschnacka de queue de bœuf
Nudelrouladen mit Ochsenschwanzfüllung

Für 10 Personen

Pasta-Teig
1 kg Mehl
12 Eier
Salz

Füllung
1,5 kg Ochsenschwanz
10 Möhren
1 Stange Staudensellerie
3 l Rotwein
5 Möhren
2 Zwiebeln
2 Stangen Porree
2 Sellerieknollen
glatte Petersilie
Kerbel
6–8 Knoblauchzehen
1 Bouquet garni
2 EL Tomatenmark

Den Pasta-Teig aus Mehl, Eiern und Salz herstellen, in Frischhaltefolie wickeln und 1 Stunde ruhenlassen.

Fleischschnacka de queue de bœuf – Nudelrouladen mit Ochsenschwanzfüllung

Die Ochsenschwanzstücke anbraten. 5 Möhren und den Staudensellerie putzen und würfeln, zum Fleisch geben und mit etwas Rotwein ablöschen. Den restlichen Wein angießen und zugedeckt 4–5 Stunden auf niedriger Temperatur köcheln. Das Fleisch herausnehmen, abtropfen lassen und von den Knochen lösen.
Die restlichen Möhren und das übrige Gemüse putzen und in kleine Würfel schneiden. Die Sauce auf ein Viertel reduzieren. Das Gemüse darin garen, bis es weich ist. Die Kräuter und den Knoblauch fein hacken. Nun das Fleisch, die feingehackten Kräuter und den Knoblauch sowie das Bouquet garni und das Tomatenmark zufügen und 5 Minuten mitgaren. Abkühlen lassen. Das Bouquet garni entfernen.
Den Pasta-Teig dünn ausrollen und in lange Bahnen schneiden. Mit dem Schöpflöffel die Füllung aus dem Topf heben, den Teig damit belegen und zusammenrollen. In Frischhaltefolie einwickeln und in kochendem Wasser 20 Minuten pochieren. Die Sauce kalt stellen.
Im Kühlschrank 24 Stunden ruhenlassen. Auspacken, in breite Ringe schneiden und nochmals kurz pochieren.
Die Sauce aufwärmen, eventuell abschmecken, die heißen Fleischschnacka damit überziehen und mit einem Frisée-Salat anrichten.

Weitere Winstub-Gerichte

Baeckoffa oder Bäckeoffe
Die Originalversion vereint drei verschiedene Sorten Fleisch – meist Schweine-, Schaf- und Rindfleisch – mit Lagen von Kartoffel- und Zwiebelscheiben sowie Riesling. Alles wird in einem mit Salzteig luftdicht verschlossenen Tontopf im Ofen gegart. Ursprünglich war es das Waschtag-Essen, das die Frauen am Abend zuvor vorbereiten und am nächsten Vormittag dann im Backofen des Bäckers stundenlang sich selbst überlassen konnten.

Beindächla
Schweinekotelett auf Winstubweise, nämlich in kochendem Wasser gegart und mit Kartoffelsalat serviert. Edler ist die Winzerversion, in der das Wasser durch Wein ersetzt wird.

Bibeleskäs
Reichlich mit feingehackten Schalotten, Knoblauch und verschiedenen Kräutern gewürzter Quark, den man zu Bratkartoffeln serviert.

Choucroute
Diese auch außerhalb der Winstub beliebte Spezialität gehört vermutlich zu den ursprünglichen Winstub-Gerichten. Wenn es ausgiebig mit verschiedenen Würsten und Fleischstücken belegt ist, wie es eigentlich sein sollte, kann man es kaum noch als einfaches Essen bezeichnen.

Gfillte Säumawe
Mit Kartoffeln, Möhren, Lauch, Zwiebeln, Schweinehack und eventuellen Fleischresten gestopfter Saumagen, der 2½ Stunden gekocht, in Scheiben geschnitten und mit einer Sauce aus dem eigenen Sud serviert wird. Ein beliebtes traditionelles Gericht, das in zahlreichen Regionalküchen anzutreffen ist.

Grumbeerknepfle
Aus einem Kartoffel-Eier-Teig, für den rohe und gekochte Kartoffeln im Verhältnis 1:1 verarbeitet werden, formt man fingerdicke Stäbchen, gart sie kurz in Wasser, bestreut sie zum Servieren mit angerösteten Speckwürfeln und Croûtons und übergießt sie mit Crème fraîche.

Matelotte de poissons
Fisch taucht selten auf den Speisekarten der Winstub auf, am ehesten noch in der Form dieses Süßwasser-Fischtopfes, zu dem man gern Schlei, Hecht, Zander und Aal nimmt, die man zu Sauerkraut serviert.

Presskopf
Ein Klassiker in den Winstub ist die Schweinskopfsülze.

Salade de Cervelas
Die beliebten Cervelaswürste werden abgezogen, meist der Länge nach in Streifen geschnitten, mit einer Vinaigrette gewürzt und mit feingehackter Zwiebel serviert.

Schiffala
Jenseits des Rheins als Kasseler bekannte gepökelte und geräucherte Schweineschulter, die einerseits unverzichtbarer Bestandteil des *Choucroute* ist, aber auch gern allein mit Kartoffelsalat verzehrt wird.

Schwitzerkässalat
Nicht nur gehört Gruyère in diesen Salat, der Salat selbst wurde aus der Schweiz adoptiert, für den man den Käse in feine Stäbe schneidet, mit einer Vinaigrette anrichtet und mit gehackter Zwiebel bestreut.

Sueri nierli
Ursprünglich wurden Schweinenieren dazu sauer in Essig eingelegt, heute nimmt man lieber die vom Kalb.

CHAMPAGNE, LORRAINE & ALSACE

Munster Käse

Viele Nahrungs- und Genußmittel haben ihre eigene Geschichte, und die des Munster oder Munster-Géromé, eines handlichen und aromatischen Käses aus der Familie der Weichkäse mit Rotflora, die man in Frankreich *fromages à croûte lavée* (Käse mit gewaschener Rinde) nennt, beginnt mit dem irischen Benediktinermönch Columbanus, der um 590 mit zwölf Getreuen seine Heimat verließ, sich als Wanderprediger über England und die Bretagne nach Burgund durchschlug, wo er sich niederließ, mehrere Klöster gründete und das Käsen einführte. Etwa 20 Jahre später zog er nicht ganz freiwillig weiter nach Italien. In Bobbio gründete er 612 eins der berühmtesten Benediktinerklöster. Nach seinem Tod im Jahr 615 brachten italienische Mönche die Lehre wieder zurück bis an den Rhein, wo sie im Tal der Fecht 660 ihr Kloster gründeten. Um ihr Monasterium bildete sich schnell ein Dorf, das deshalb einfach Munster genannt wurde. Getreu der Ordensregel des heiligen Benedikt aßen die Mönche kein Fleisch, sondern ernährten sich hauptsächlich von Milchprodukten. Das Käsemachen war ihnen so geläufig wie das Predigen – und die Dorfbewohner profitierten von beidem. Während sie die warmen und niedrigen Hänge zum Weinbau nutzten, suchten sie für die Kühe reichhaltige Weiden, die sie vom späten Frühjahr bis Anfang Herbst auf den Höhen der Vogesen fanden. Mit den Jahrhunderten drangen die Münsteraner immer weiter vor, überschritten die elsässischen Höhenzüge und ließen ihre Tiere auf Weiden in Lothringen grasen. Sie rodeten große Gebiete und schufen neue Ansiedlungen. An einem See gründeten Elsässer und Lothringer 1285 eine neue Stadt namens Sancti Gerardi Mare, was man im Volksmund zu Gérardmer verkürzte. Ihr Zusammenleben blieb nicht lange harmonisch. Die elsässischen Melker, jene Männer, die den Sommer auf den Almen, den *chaumes*, mit den Herden verbrachten und dort Käse machten, beanspruchten weiterhin die besten Weiden. Aber die Lothringer hatten ihnen bald die Kunst des Käsemachens abgeguckt und wollten nun nicht zurückstehen. Noch wollten sie länger akzeptieren, daß ihr Käse, der Géromé, auf ihren Märkten vom Munster verdrängt würde. Die Streitigkeiten zwischen *marcaires* (Almhirten) diesseits und jenseits der Vogesen wurden zunehmend heftiger, während zugleich ihre Käse immer größeren Ruhm und immer weitere Verbreitung fanden. Doch mit dem Dreißigjährigen Krieg kamen die mörderischen Auseinandersetzungen zwischen katholischen und protestantischen Parteien, und an seinem Ende 1648 waren Dörfer

Auf den Vogesenweiden finden Kühe saftiges Gras und viele Kräuter, die im Sommer und Frühherbst würzigste Milch und damit besten Käse ergeben.

Der im Vergleich seltene Munster fermier, auf den Höfen hergestellter Käse, der dort oder von *affineurs* verfeinert wurde, bietet die allerbeste Qualität.

CHAMPAGNE, LORRAINE & ALSACE

und Weiden entvölkert. Es verging fast ein Jahrhundert, bis an die Käserei-Tradition erneut angeknüpft wurde, nicht nur von Einheimischen, auch von Zugereisten aus der Schweiz, aus Tirol, aus Bayern und aus Dänemark. Letztere brachten eine skandinavische Rinderrasse in die Vogesen, deren kaseinreiche Milch hervorragend zum Käsen geeignet ist. Die schwarzweißen, wenig gefleckten Tiere sind äußerst robust und trittsicher. Ihrer Anpassungsfähigkeit verdanken sie ihren Namen: Vosgiennes. Noch immer stammen die besten Käse von ihrer Milch, und zwar im Sommer und Frühherbst, wenn sie auf den Almen der Vogesen grasen, wo ein unverminderter Reichtum an Kräutern und Gräsern wächst, darunter Kerbel, Schwingelgras, Waldgeranie, Ranunkel, Alpenfenchel, Futterhafer, Schafgarbe, Margerite und Bergkornblume. Doch in der Jahresproduktion von ca. 9000 Tonnen (Appellation d'Origine Contrôlée seit 1978) stellen Käse aus den Händen der Almhirten und Bergbauern, die als *fermiers* ausgezeichnet werden dürfen, oft nicht einmal 600 Tonnen. Um die seltenen und zu Recht teuren Munster fermiers zu finden, muß man einen guten Affineur aufsuchen oder sie in den Hohen Vogesen direkt beim Erzeuger kaufen. Der Munster oder Munster Géromé hat eine glatte, leicht feuchte, orange-rötliche Rinde. Jung ist sein Inneres cremig, aber noch etwas bröcklig, doch sein Geschmack frisch, nussig und voll. Gereift hat er ein intensives Bukett gewonnen, die Rinde schimmert rötlicher und feuchter, der Teig ist nun cremig weich, sein Geschmack kräftig und charaktervoll. Scharf und übelriechend sollte er niemals sein. Elsässer genießen Munster übrigens nicht mit Brot, sondern zu Pellkartoffeln, und als Wein empfiehlt sich dazu ein guter, kein großer, blumig-würziger Gewurztraminer.

Geburt eines Munsters

Zwei Wege führen zum Munster: Entweder verarbeitet man die Milch gleich nach dem Melken morgens wie abends oder man läßt die abends gemolkene Milch über Nacht stehen und macht nur morgens Käse. In diesem Fall muß die Milch leicht abgerahmt werden, ansonsten behält der Käse den vollen Fettgehalt und wird cremiger. Die Milch wird in Kesseln mit 100–250 l Fassungsvermögen auf etwa 34 °C erwärmt. Zugesetzte Milchsäurebakterien und Lab lösen die Gerinnung aus. Wenn die Milch nach einer halben Stunde geronnen ist, wird die Gallerte mit der Käseharfe in kleine Würfel zerteilt, damit die Molke sich vom Bruch absondern kann. Ein Teil wird mit einer großen Kupferkelle abgeschöpft, dann füllt man den Käseteig mit einem Schöpflöffel in die üblichen zylindrischen Holzformen, die nur wenige Löcher besitzen. Die nächste Zeit verbringen die Käse in einem leicht geheizten Raum, damit der Säuerungsprozeß weiter fortschreitet. Das Abtropfen der Molke wird durch wiederholtes Wenden der Formen beschleunigt. Nach etwa 20 Stunden ist der Käseteig fest genug, um aus der Form genommen und gesalzen zu werden. Die Reifung vollzieht sich in Kellern mit hoher Luftfeuchtigkeit, einer Temperatur um 13 °C und einer natürlichen Flora von Rotschimmelbakterien. Ein Munster oder Munster Géromé von größerem Format verweilt darin mindestens 21 Tage, ein kleiner 14 Tage. Alle zwei Tage werden die Käse gewendet und von Hand oder mit mechanischen Bürsten mit Salzwasser abgewaschen, um die Entstehung unerwünschter Pilzkulturen zu unterbinden und zugleich die Rotflora zu fördern, die dem Käse seine Farbe und seinen Duft verleiht. Der Teig wird in dieser Zeit cremiger und entfaltet sein charakteristisches Aroma.

1 Nur 30 Minuten braucht die Milch nach der Zugabe von Lab, um zu gerinnen.
2 Dann wird die Gallerte mit der Käseharfe zerteilt, damit die Molke ablaufen kann.
3 Zur Reifung kommen die frischen Käse in einen kühlen Keller mit bestehender Pilzflora.

4 In 2–3 Wochen erobern die Rotschimmelbakterien die Käseoberfläche und färben sie.
5 Um ihre Entwicklung zu fördern, werden die Käse feucht abgebürstet, hier mit elektrischen Bürsten.
6 Die althergebrachte Methode besteht darin, sie mit Salzwasser abzureiben, was hygienisch geschieht.

Die Weine des Elsaß

Obwohl das Elsaß den nordöstlichsten Zipfel Frankreichs bildet, ist das Klima für Weinbau gut geeignet, besonders für sehr aromabetonte Weißweine. Der Gebirgszug der Vogesen schützt die Weinberglagen vor den atlantischen Einflüssen mit ihrem unbeständigen und regnerischen Wetter. Nach kalten und nicht selten schneereichen Wintern zeigen sich die Sommer lang, trocken und sehr sonnenreich, so daß die Trauben langsam reifen und ihre Aromen entwickeln. Der oft sonnige Herbst liefert genügend Feuchtigkeit, um die Edelfäule zu fördern, die in guten Jahrgängen spätgelesene Weinspezialitäten erbringt. Geologisch gesehen ist das Elsaß ein Mosaik, entstanden vor 50 Millionen Jahren, als das frühere Bergmassiv einbrach: westlich blieben die Vogesen, östlich der Schwarzwald. Vom Rheingraben ausgehend, gibt es eine Fülle verschiedenartiger Böden: Sand und Kiesel, Mergel und Löß, Kalk und Ton, Schiefer und Granit. Diesen Lagen suchten die Winzer mit unterschiedlichen Rebsorten gerecht zu werden, was sich zugleich in der Individualität der Weine ausdrückt. Im Gegensatz zu den anderen Weinregionen Frankreichs und in Anlehnung an die Gepflogenheiten in den deutschen Lagen des Rheintals füllt man deshalb im Elsaß die einzelnen Sorten meist rein ab und vermerkt ihren Namen auf dem Etikett. Dies bürgerte sich erst im 20. Jahrhundert ein, zuvor waren auch im Elsaß noch Mischsätze üblich. Heute bieten einige Spitzenwinzer wieder Cuvées an, in denen sich mehrere Rebsorten zu einem komplexen Terroirausdruck vereinen. Der Höchstertrag von 100 Hektoliter pro Hektar wurde inzwischen auf noch immer stattliche 80 Hektoliter pro Hektar gesenkt, zu dem aber meist ein Zuschlag kommt. Der Mindestalkoholgehalt muß 8,5 % betragen. Außerdem unterbindet man, wie auf der anderen Seite des Rheins, den biologischen Säureabbau, was den Weißweinen die Lebendigkeit und aromatische Intensität erhält. Allerdings lassen die meisten Elsässer Winzer ihre Weine völlig durchgären. Dadurch erhalten sie mehr Körper und eine Trockenheit, die erst nach einiger Zeit Flaschenreife verschmelzen kann.

Das Elsaß kennt drei Appellations d'Origine Contrôlée (AOC), wie man die höchste Kategorie der Ursprungsbezeichnungen in Frankreich nennt.

AOC Vin d'Alsace verzeichnet auf dem Etikett eine der verbreiteten Rebsorten: Sylvaner, Riesling, Pinot Blanc, Muscat d'Alsace, Tokay Pinot Gris, Gewurztraminer und als einzige rote Rebsorte Pinot Noir. Ist Edelzwicker vermerkt, handelt es sich um einen Verschnitt. Abgefüllt wird

Die romantischen Dörfer mit stilvollen Winzerhäusern kann der Besucher des Elsaß auf gut ausgeschilderten Weinstraßen kennenlernen.

ausschließlich in der Region, und zwar nur in die typische hohe Schlegelflasche, die *flûte*.

AOC Alsace Grand Cru stellen nur 4 % der erzeugten Elsaßweine. Sie bestehen entweder aus Riesling, Gewurztraminer, Muscat oder Tokay Pinot Gris und müssen aus einer der 50 als Grand Cru klassierten Lagen stammen (Rebe und Lage müssen verzeichnet sein). Diese relativ kleinen Parzellen wurden wegen der seit langem bekannten besonderen Qualität ihrer Weine ausgewählt. Die erlaubten Erträge sind mit zur Zeit 60 Hektoliter pro Hektar niedriger als bei der allgemeinen Appellation. Außerdem müssen sie mehr natürlichen Zucker auf die Mostwaage bringen.

AOC Crémant d'Alsace sind Schaumweine, die im Flaschengärverfahren hauptsächlich aus Riesling, Pinot Blanc, Pinot Gris und manchmal Chardonnay gewonnen werden. Auch Pinot Noir, der den Blanc de Noir liefert, findet Verwendung. Wird eine Sorte auf dem Etikett angegeben, besteht der Crémant nur daraus. Crémant-Trauben werden vor den anderen Weinen gelesen. Nur 10 % des Crémant d'Alsace werden exportiert, der Löwenanteil bleibt in Frankreich, wo er 30 % des Gesamtkonsums an Schaumweinen stellt.

CHAMPAGNE, LORRAINE & ALSACE

Die 50 Grands Crus des Elsaß

Lagenname (Gemeindename)	Geologischer Hauptcharakter	Lagenname (Gemeindename)	Geologischer Hauptcharakter	Lagenname (Gemeindename)	Geologischer Hauptcharakter
Altenberg de Bergbieten	Tonmergel und gipshaltig	Kirchberg de Barr	Kalkmergel	Schoenenbourg (Riquewihr, Zellenberg)	Mergel mit Sand und Gips
Altenberg de Bergheim	Kalkmergel	Kirchberg de Ribeauvillé	Kalkmergel, Sandstein	Sommerberg (Niedermorschwihr, Kathenthal)	Granit
Altenberg de Wolxheim	Kalkmergel	Kitterié (Guebwiller)	Vulkanischer Sandstein	Sonnenglanz (Beblenheim)	Kalkmergel
Brand (Türckheim)	Granit	Mambourg (Sigolsheim)	Kalkmergel	Spiegel (Bergholtz, Guebwiller)	Tonmergel, Sandstein
Brudertal (Molsheim)	Kalkmergel	Mandelberg (Mittelwihr, Beblenheim)		Sporen (Riquewihr)	Tonmergel und steinig
Eichberg (Eguisheim)	Kalkmergel	Marckrain (Bennwihr, Sigolsheim)	Kalkmergel		
Engelberg (Dahlenheim, Scharrachbergheim)	Kalkmergel	Moenchberg (Andlau, Eichhoffen)	Kalkmergel, alluvial	Steinert (Pfaffenheim, Westhalten)	Kalk
Florimont (Ingersheim, Katzenthal)	Kalkmergel	Muenchberg (Nothalten)	Vulkanischer Sandstein und steinig	Steingrubler (Wettolsheim)	Kalkmergel, Sandstein
Frankstein (Dambach-la-Ville)	Granit			Steinklotz (Marienheim)	Kalk
Froehn (Zellenberg)	Tonmergel			Vorbourg (Rouffach, Westhalten)	
Furstentum (Kientzheim, Sigolsheim)	Kalk	Ollwiller (Wuenheim)	Tonhaltiger Sand Mergel		Kalk, Sandstein
Geisberg (Ribeauvillé)	Kalkmergel und sandig	Osterberg (Ribeauvillé)		Wiebelsberg (Andlau)	Quarz, Sandstein
Gloeckelberg (Rodern, Saint-Hippolyte)	Granit mit Ton	Pfersigberg (Egulsheim, Wettolsheim)	Kalkhaltiger Sandstein	Wineck-Schlossberg (Katzenthal, Ammerschwihr)	Granit
Goldert (Gueberschwihr)	Kalkmergel	Pfingstberg (Orschwihr)	Kalkmergel, Sandstein	Winzenberg (Blienschwiller)	Granit
Hatschbourg	Kalkmergel, Löß	Praelatenberg (Kintzheim)	Granit, Gneiss	Zinnkoepflé (Soultzmatt, Westhalten)	
Hengst (Wintzenheim)	Kalkmergel, Sandstein	Rangen (Thann, Vieux-Thann)	Vulkanisch Dolomitenkalk		Kalk, Sandstein
Kanzlerberg (Bergheim)	Tonmergel und gipshaltig	Rosacker (Hunawihr)		Zotzenberg (Mittelbergheim)	Kalkmergel
Kastelberg (Andlau)	Schiefer	Saering (Guebwiller)	Kalkmergel, Sandstein		
Kessler (Guebwiller)	Tonhaltiger Sand	Schlossberg (Kientzheim)	Granit		

Mit reizvoller Landschaft, einladender Gastronomie und großer Weinauswahl zählt das Elsaß zu den attraktivsten Weinregionen Frankreichs.

Riesling · Pinot Gris · Pinot Blanc · Pinot Noir
Gewurztraminer · Muscat d'Alsace · Sylvaner · Vendange tardive

Rebsorten im Elsaß

Riesling

Anerkannt als eine der feinsten Rebsorten der Welt, ergibt Riesling im Elsaß rassige, knochentrockene Weine, die in ihrer Jugend durch florale Aromen charakterisiert sind. Dann können sie sehr herb erscheinen, was manche Winzer dazu verleitet, ihnen aufgesetzt wirkende Restsüße zu lassen. Nach drei oder mehr Jahren Alterung erreicht der Wein seine Ausgewogenheit, bekommt minerale Noten, das Bukett gewinnt an Komplexität. Der Elsässer Riesling ist ein Wein für Kenner. Trockener als sein deutscher Gegenspieler, ist er der perfekte Begleiter von Sauerkraut. Riesling liefert außerdem spätgelesene hochklassige liebliche Weine.

Wie man ein Elsässer Weinetikett liest

1	Klassifikation	ALSACE GRAND CRU
2	Qualitätsstufe der Lese	VENDANGE TARDIVE
3	Wappen des Erzeugers, Gründungsjahr des Guts	DEPUIS 1658
4	Name der Lage	HENGST
5	Gemeinde, in der sich die Lage befindet	WINTZENHEIM
6	Herkunftsbezeichnung und Klassifikation	APPELLATION ALSACE GRAND CRU …
7	Alkoholangabe	14 %
8	Rebsorte	GEWURZTRAMINER
9	Jahrgang	1994
10	Flascheninhalt	750 ml
11	Weingut	DOMAINE ZIND HUMBRECHT
12	Winzer	Léonard et Olivier HUMBRECHT
13	Ort, Departement, Land	TÜRCKHEIM (Haut-Rhin) FRANCE
14	Kontrollnummer der Abfüllung	L 37 H

86 CHAMPAGNE, LORRAINE & ALSACE

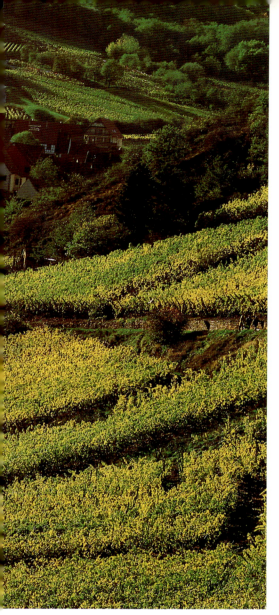

Auf der Sonne zugewandten Hanglagen und auf kargen Böden entwickeln die gebräuchlichen Rebsorten große Reichhaltigkeit und überzeugenden Ausdruck.

Gewurztraminer

Unverkennbar durch die Intensität des Buketts, garantiert diese edle Rebsorte, wenn sie spät gelesen wird, kraftvoll strukturierte Weine, überreich an Aromen. Dann zeigen sie herrliche Fülle und Süße und bieten eine erstaunliche aromatische Palette, aus der Rose, Gewürze und exotische Früchte, darunter Litschi und Mango, besonders hervortreten. So paßt der Wein zu *foie gras*, nimmt es spielend mit Käse auf und begleitet gern fruchtig-würzige Nachspeisen. Als einfachere Version bleibt er nicht selten hinter diesem Versprechen zurück.

Pinot Gris

Was man im Elsaß gern Tokay d'Alsace nannte, wogegen die Ungarn mit Erfolg protestierten, ist nichts anderes als der Grauburgunder, den man in Deutschland als Ruländer kennt. Er zählt zu den vier edlen Sorten und liefert opulente Weine mit großer Struktur, bei denen oft Honig- und Rauchnoten überwiegen. Schnell gewinnt er an natürlichem Zuckergehalt und wird deshalb oft als Spätlese eingebracht. Er altert gut, und man serviert ihn im Elsaß gern zu hellem Fleisch und Wildbret.

Muscat d'Alsace

Die kleinbeerige Variante des Muskatellers wird im Elsaß – im Gegensatz zu den Muscats Südfrankreichs – völlig trocken zu sehr aromatischen Weinen vinifiziert, die das angenehme Gefühl vermitteln, wirklich Muskattrauben zu genießen. In der Praxis ist der Wein inzwischen überwiegend von dem weniger edlen Muskat-Ottonel abgelöst worden, der im Charakter sehr leicht ist und meist als Aperitif getrunken wird.

Pinot Blanc

Der Weißburgunder, den man im Elsaß Clevner nennt und oft mit Auxerrois, Sylvaner und Chasselas zu Edelzwicker verschneidet, ist angenehm und unkompliziert, weshalb er sich recht gut als Zechwein oder als Begleiter zu einfachen Gerichten wie Zwiebel- oder Flammeküeche eignet. Er steht jedoch qualitätsmäßig hinter dem Grauburgunder zurück und liefert höhere Erträge. An die 38 % des gesamten elsässischen Pinot Blanc wandern in den Crémant d'Alsace.

Sylvaner

Diese Sorte, die auf der anderen Seite des Rheins als eine vielverbreitete und produktive auftritt, verliert im Elsaß zunehmend an Boden. Mit wenig Ausdruck und hoher Säure ergibt der Sylvaner erfrischende Weine mit floralem Aroma und leicht fruchtigem, bisweilen saurem Geschmack. Nur selten erreicht er wirklichen Charakter. Im Edelzwicker sorgt er für die Frische.

Pinot Noir

Die einzige dunkle Traube, die im Elsaß kultiviert wird, ergibt oft helle Rot- oder Roséweine mit fruchtigem Geschmack, der an Kirschen erinnern kann. Rotweine werden meist in Eichenfässern ausgebaut, um ihnen mehr Körper und Komplexität zu verleihen. Selten sind kräftigere Weine oder die verblüffenden Spätlesen.

Chasselas, Auxerrois Blanc etc.

Außer den genannten Rebsorten, von denen die ersten vier als edel gelten, werden andere angebaut, die heute weniger Bedeutung haben. Chasselas oder Gutedel spielt für die Assemblage des Edelzwickers eine Rolle, für den auch der inzwischen fast verschwundene Knipperlé, eine rote Sorte, die nur für Weißwein genutzt wurde, Verwendung fand. Außerdem nimmt man dafür oft den recht verbreiteten Auxerrois Blanc, der nicht selten mit Pinot Blanc gleichgesetzt wurde, aber qualitativ darunter anzusiedeln ist. Auf zaghaftem Vormarsch befindet sich dagegen der Chardonnay, den man gern für den Crémant nutzt.

Klevner de Heiligenstein

Dieser alte, weit weniger aromatische Traminer wurde zu Beginn des 18. Jahrhunderts in der Gegend von Heiligenstein bei Barr eingeführt. Von seinen zwei Varianten, Savagnin Blanc und Rosé, hat nur letztere überlebt, die nicht mit dem Savagnin des Jura verwandt ist. Wegen der überzeugenden Struktur und des großen Körpers ist der Traminer in Heiligenstein und in der engen Umgebung erhalten geblieben. Aber erst 1997 wurde ihm der AOC-Status zuerkannt.

Vendange tardive

Wie in Deutschland die Spätlese müssen für diese bewundernswert strikt kontrollierte Qualitätsstufe die Trauben mit voller Reife und demzufolge hohem natürlichem Zuckergehalt gelesen werden, der je nach Sorte zwischen 12,9 und 14,3 % potentiellem Alkohol entsprechen muß. Nicht immer setzt deshalb die Gärung sämtlichen Traubenzucker um, so daß man als Vendange tardive zwar immer besonders körperreiche, aber sowohl trockene als auch liebliche Weine finden kann, was auf dem Etikett nicht angegeben ist. Dafür sind nur die edlen Rebsorten Riesling, Gewurztraminer, Pinot Gris und Muscat zugelassen, wobei letzterer praktisch nie als Vendange tardive eingebracht wird.

Sélection des grains nobles

Diese Edelbeerenauslese kommt nur in herausragenden Jahrgängen zustande, wenn nämlich die Trauben nicht nur durch günstige Witterungsumstände beste Reifegrade erreichen, sondern wenn außerdem Edelfäule verstärkt auftritt und den Saft in den Beeren weiter konzentriert, um ihn je nach Sorte auf 15,1–16,4 % potentiellen Alkohol zu bringen. Gemeinsam mit dem Strohwein des Jura ist dies das unter allen Appellationen Frankreichs höchste verlangte Level. Dieser Gehalt von deutlich über 250 g Zucker pro Liter sorgt dafür, daß die Weine einerseits sehr viel Kraft und Volumen aufweisen, andererseits in der Regel auch wesentlich höhere Restzuckerwerte. Beide Faktoren sind zugleich Garant für ausgezeichnetes Alterungspotential. Insbesondere Gewurztraminer liefert diese herausragende Qualitätsstufe.

Edelzwicker

Diese Weinkategorie, deren etwas dick aufgetragener Name ›nobler Verschnitt‹ bedeutet, erfreute sich in der Vergangenheit großer Popularität, die sie in letzter Zeit mehr und mehr eingebüßt hat. Für Edelzwicker werden Weine aus den Trauben vermischt, die als nicht-edel gelten, vor allem also Pinot Blanc, Auxerrois Blanc und Sylvaner, aber auch Chasselas und früher der Knipperlé. Es kann ein angenehmer, süffiger, leicht fruchtbetonter und frischer Alltagswein sein.

87

Eau-de-vie

Im Elsaß läßt es sich nicht nur gut tafeln, sondern auch gut und vielfältig trinken. So behauptet es sich unter den französischen Provinzen als die Nummer eins, was das Bierbrauen betrifft. Und auch in bezug auf Wein nimmt es eine Ausnahmestellung ein, wird doch hier nicht nur sortenrein ausgebaut, sondern auch die jeweilige Rebsorte auch auf dem Etikett genannt. Zudem ist das Elsaß die einzige Anbauregion lieblicher Weine, die dem Verbraucher präzise Qualitätsstufen wie ›Vendange tardive‹ und ›Sélection de grains nobles‹ anbietet. Aber ebenso wie ein gutes Essen wäre das Profil dieser ›geistigen‹ Provinz nicht vollkommen, wenn der Schnaps fehlte. Wie bereits dieser auch im Elsaß übliche Name ankündigt, handelt es sich um eine weitere Domäne, bei der man seine Eigenart unter Beweis stellt. Selbstverständlich steht auf den Etiketten einheimischer Brände das so viel vornehmere französische *eau-de-vie*, was nichts anderes heißt als das lateinische *aqua vitae*, wie schon Arnaldus von Villanova, Tempelritter, Mediziner, Rektor der Universität von Montpellier und der erste Brennmeister auf dem heutigen französischen Boden, den Alkohol bezeichnete. Kennengelernt hatte er die arabische Entdeckung und die Prinzipien der Destillation auf den Kreuzzügen im Morgenland. Unmittelbar nach seiner Rückkehr gegen Ende des 13. Jahrhunderts begann er mit eigenen Experimenten. Der Begriff ›Lebenswasser‹ trifft die hohe Wertschätzung, die Alkohol in der damaligen Zeit genoß, auf den Punkt. Bereits pur sah man ihn als eine Art neues Wunderelixier an. Dann aber ließ man darin alle möglichen Heilpflanzen mazerieren und setzte ihn erfolgreich als Medikament ein.

Aufgrund seiner immensen medizinischen Bedeutung verbreitete sich auch die Herstellungsmethode schnell. Aber erst ab 1800 begann man allgemein, ihn nicht nur in einem Brenngang zu gewinnen, sondern zwei- und für reinen Alkohol sogar dreimal zu destillieren.

> **Mirabelle de Lorraine**
>
> Mit ihren Elsässer Nachbarn teilen die Lothringer die Vorliebe für Eaux-de-vie und sind Meister der Brennkunst. Dank der langen Tradition im Anbau von Mirabellenbäumen entwickelte sich eine Spezialität, die sogar als einziger klarer Obstbrand Frankreichs eine Appellation Réglementée besitzt, wie sie auch Cognac, Armagnac und Calvados zuteil wurde: La Mirabelle de Lorraine. Die berühmteste Mirabellensorte überhaupt ist die Mirabelle de Nancy, die spät blüht, selbstbefruchtend und ertragreich ist und runde, sehr aromatische Früchte ausbildet, die sich gut zum Einmachen und Destillieren eignen. Noch feinere Brände allerdings ergibt die heute seltene Mirabelle de Metz mit ihren kleineren, ovaleren, gesprenkelten Früchten. Die aufgrund der alten Gebräuche vorgeschriebenen 45 Volumenprozente verlangen durch Alterung besänftigt zu werden. Viele Erzeuger bauen deshalb ihr hochwertigstes Mirabellenwasser in Eschenholzfässern aus. Werden der Mirabelle de Lorraine mehrere Jahre Reife gegönnt, dann verblüfft sie schließlich nicht mit typischem Fruchtaroma, sondern mit einem ausdrucksvollen und vielfältigen Bukett und einer außerordentlichen Geschmacksintensität.

Im Elsaß kamen die Schnapsbrenner von Anfang an auf ihre Kosten. Denn in dem milden Klima, das Wein- und Hopfenanbau ermöglicht, gedeihen auch Obstbäume vorzüglich, ob es nun um Kirschen, Zwetschen, Mirabellen, Pflaumen oder Birnen handelt. Außerdem sind die Vogesen reich an Wildfrüchten. Sind die zuckerreichen Vogelkirschen, die dem berühmtesten Eau-de-vie der Region, dem Kirsch, zu seinem Ruf verhalfen, inzwischen auch höchst selten geworden, so gibt es doch immer noch Himbeeren, Walderdbeeren, wilde Brombeeren, aber auch Holunder, Vogelbeeren, Hagebutten oder die kleinen Beeren der Stechpalme. Sie alle eignen sich vorzüglich, um daraus Schnaps zu destillieren, was man auf zwei verschiedene Arten tun kann.

Die ursprünglichere behauptet sich bei fast allem Stein- und Kernobst. Man maischt die Früchte ein und läßt sie gären. In der Regel befinden sich auf den Schalen ausreichend natürliche Hefen, so daß der Brenner nicht nachhelfen muß. Diese sorgen dafür, daß sich der Fruchtzucker in Alkohol umwandelt und ergeben niedrigprozentige Obstweine. Im Brennkolben werden die Obstweine erhitzt. Denn das Prinzip der Destillation ist simpel. Es fußt auf der unterschiedlichen Verdampfungstemperatur von Wasser und Alkohol. Während ersteres sich bekanntlich bei 100 °C in Dampf verwandelt, verflüchtigt sich Alkohol bereits bei 78,9 °C. Aber nicht allein er. Auch die vielfältigen Aromastoffe steigen alle bei niedrigeren Temperaturen und also mit dem Alkohol auf. Gemeinsam gelangen sie in den Kondensator, in dem sie abkühlen und sich erneut verflüssigen. In einem ersten Durchgang erhält man den 25–30 % starken Rohbrand, der dann ein zweites Mal destilliert wird. Nun wird völlig klares Eau-de-vie aufgefangen, das mehr als 60% mißt. So ist es nicht nur zu stark für den Gaumen, sondern auch zu rauh. Deshalb muß es altern. Und hier kommt nun die Philosophie des Brennmeisters ins Spiel. Manche pochen darauf, daß nur die Jugend die frischen Fruchtaromen bewahre. Andere rümpfen die Nase und sprechen von Komplexität und Finesse. Gute Qualitäten haben aber mindestens drei bis vier Jahre in Tanks oder Ballonflaschen geschlummert. Bessere reiften sieben bis zehn Jahre, und die hervorragenden Ausnahmen werden erst nach zwölf oder mehr Jahren für Nasen und Gaumen der Kenner und Sammler freigegeben.

Um aber auch aus besonders delikaten Früchten, deren Konsistenz zu fragil oder Menge zu gering ist, um sie zu Wein zu vergären, intensiv duftende Obstwässer zu destillieren, kennt man eine zweite Methode. Dafür gibt man die Früchte mit Alkohol zusammen und läßt sie längere Zeit mazerieren, so daß sich alle Aromen lösen. Im Anschluß daran kann destilliert werden. Auf diese Weise verfährt man nicht nur bei Walderdbeeren, Himbeeren oder Heidelbeeren, Holunder oder Vogelbeeren, sondern dieses Verfahren öffnete den neugierigsten und einfallsreichsten Brennmeistern weite Horizonte. Jean-Paul Metté wurde ihr Doyen. Ihn faszinierte die Welt der ätherischen Düfte dermaßen, daß er die erstaunlichsten Destillate aus so unterschiedlichen Ausgangsstoffen wie Waldmeister und Königskerzen, Basilikum und Zitronengras, Pfeffer und Zimt, Orange und Rhabarber, Spargel und Kaffee schuf. Insgesamt kommen – macht man vor den Likören nicht halt – noch weitere sechs Dutzend an verschiedenen Schnäpsen dazu.

Rechte Seite: Um feinste Destillate zu erhalten, müssen Vor- und Nachlauf rechtzeitig ausgesondert werden, weshalb man den Alkoholgrad mißt, so wie es hier Philippe Traber tut, der Nachfolger des legendären Jean-Paul Metté.

Berühmtester Schnaps unter den Elsässer Obstbränden ist der Kirsch, für den zunächst verschiedene Kirschsorten zu Obstwein vergoren werden; als die beste Sorte gelten die seltenen wilden Vogelkirschen.

Diese im Verhältnis kleinen Brennkolben sind besonders gut für die Herstellung seltener Spezialitäten geeignet, für die nur geringe Mengen an Früchten oder an sonstigen erforderlichen Rohstoffen zur Verfügung stehen.

Das Elsaß ist ein Paradies für klare Destillate. Nicht selten präsentieren die besten Brennereien mehr als ein Dutzend verschiedener *eaux-de-vie*.

Nord – Pas de Calais • Picardie Normandie Bretagne

Sharon Sutcliffe & Fabienne Velge

Fischfang
Der Hering
Meeresfische des Nordens
Meeresfrüchte
Genièvre
Berlingots
Camembert
Andouille de Vire
Hummer
Kutteln
Cidre
Calvados
Apfeldesserts
Blumenkohl & Artischocken
Das Meersalz der Guérande
Galettes
Crêpes & Kuchen

Jeder Franzose weiß, daß es in der Bretagne die frischesten und vielfältigsten Meeresfrüchte Frankreichs gibt.

Salzwiesenlämmer sind ein Begriff für Gourmets, insbesondere wenn die Herden zu Füßen des berühmten Mont-St-Michel weiden.

Dünen im Norden, die weiten Strände der Normandie oder die felsige Küste der Bretagne – im Gebiet zwischen Flandern und der Loire-Mündung sind es zunächst die Küstenstriche, auf die sich die Aufmerksamkeit der Feinschmecker richtet. Sie denken an ausladende Tabletts voller Krustentiere, an Wolfsbarsch, Seeteufel oder Hering. Schließlich ist Boulogne unter europäischen Häfen führend für Frischfisch. Die Normandie gilt als Lieferant der besten Jakobsmuscheln und Seezungen. Und die Häfen der Bretagne sind wahre Schlaraffenländer für Liebhaber von Hummer, Langusten und Muscheln.

In der Bretagne erscheinen diese Reichtümer der Nordmeere erst seit kurzem auf den Speisekarten. Früher hielt man sich lieber an die Erzeugnisse aus dem kargen Binnenland. Einst war es von ausgedehnten Wäldern bedeckt, weshalb die Kelten es *argoat* nannten, das Land der Wälder. Nach der Rodung gedieh dort Buchweizen am besten, der zwar zum Brotbakken nicht taugte, der sich aber auf heißen Steinen zu dünnen Pfannkuchen verbacken ließ. Bis etwa vor fünfzig Jahren blieb die Bretagne eine rückständige Region, in der Bauern ein eher armseliges Dasein fristeten. Nur in der nordwestlichen Küstenregion, im Pays de Léon, florierte bereits Gemüseanbau. Dann schien die Rückständigkeit mit einem Mal ein Ende zu haben, und in die Bretagne zog der Fortschritt ein in Gestalt der industriellen Landwirtschaft, die den Gemüseanbau rationalisierte und die Massenhaltung von Legehennen, Schweinen und Milchkühen propagierte. Letztere liefern hier hauptsächlich Rohstoff für Butter, während die angrenzende Normandie die Heimat berühmter Weichkäse ist, allen voran der Camembert. Der Zusatz *à la normande* im Titel eines Gerichts weist gewöhnlich auf üppige Sahnesaucen oder auf einen Schuß Cidre. Während die rauhe Landschaft der Bretagne immer noch mit ihrer Wildheit reizt, fühlt man sich in der Normandie mit ihren neun Millionen Apfelbäumen an einen großen Garten erinnert. Die Äpfel ergeben den Most, der zu kernigem Cidre und zu feurigem Calvados verarbeitet wird. Weiter im Norden, wo die Winter ungemütlich und grau sind, wo auf den endlosen Feldern Weizen, Zuckerrüben und Chicorée wachsen, da wärmt man sich mit *hochepot*, dem deftigen Eintopf, oder den *carbonnades*, einem in Bier gegarten Rinderragout. Mit den feinen Spezialitäten an der Küste können diese Gerichte nicht mithalten, aber was aromatische Käse, gute Biere, Genever und Süßigkeiten angeht, ist man hier bestens aufgehoben.

Fischfang

An der nordfranzösischen Küste zwischen Dünkirchen, Boulogne und Etaples in Nord – Pas de Calais, zwischen Dieppe, Le Havre, Cherbourg und Granville in der Normandie oder zwischen Saint-Malo, Roscoff, Le Guilvinec, Concarneau, Lorient und Quiberon in der Bretagne spielte Fischfang über Jahrhunderte eine außerordentlich wichtige Rolle. Erst in den letzten fünf Jahrzehnten geriet diese Wirtschafts- und Lebensweise unter starken Druck. Moderne Technik kam an Bord. Doch je effektiver die Fangmethoden in Europa und in der Welt wurden, um so zerstörerischer sind ihre Folgen. Für unabhängige Fischer ist die Existenz immer schwieriger geworden, da die Meere von den industriellen Fangschiffen mit ihren riesigen Schleppnetzen geradezu leergefischt werden. Gesunde, unversehrte Fische sind fast schon zu einer Seltenheit geworden. Unterschied die Gastronomie früher zwischen Edelfischen, zu denen sie Seezunge, Steinbutt oder Wolfsbarsch zählte, und Konsumfischen wie Kabeljau, Seelachs oder Dorsch, ist es ein Zeichen der Zeit, daß Köche heute bereitwillig auf die einst preiswerten Arten zurückgreifen.

Als Beispiel mag die Heringsfischerei dienen. Von den Wikingern verbreitet, erlangte sie bereits im 10. Jahrhundert große Bedeutung. Eingesalzene Heringe gehörten zur Verpflegung auf Schiffsreisen, ließen sich problemlos landeinwärts transportieren, galten mancherorts als Zahlungsmittel, stellten aber vor allem eins der Grundnahrungsmittel im nördlichen Europa, insbesondere während der Wintermonate. Über lange Phasen europäischer Geschichte war der Hering daher ein nicht zu unterschätzender Wirtschaftsfaktor und somit auch politisch von Bedeutung. Zwar hatten nördlichere Länder wie Holland, Deutschland, Schottland, Dänemark und speziell Norwegen daran wesentlich größeren Anteil, doch auch in Frankreich – vor allem zwischen Le Havre und Dünkirchen – spielten Heringe eine Rolle. Dort erstreckte sich die Hauptsaison von Ende Oktober bis in den Dezember. Anfang Oktober gingen die Fischer daran, Netze und Boote dafür vorzubereiten. Dazu gehörte es, beides vom Priester segnen zu lassen. Bis in die sechziger Jahre veranstalteten die Fischer zu Beginn der Heringssaison Wallfahrten, um die Messe zu besuchen und zu beten. Heute finden in manchen Häfen im November Heringsfeste statt, um die Erinnerung daran zu beschwören.

Wenn früher Mitte Oktober die erste Kälte einsetzte, stellten sich auch die ersten Heringe vor der Küste ein. Also fuhren die Fischer hinaus, um ihre Netze auszuwerfen. Je tiefer die Temperaturen sanken, desto zahlreicher wurden die Heringe. Den 25. November nannte man *Bouillon de la Sainte-Catherine*. Senkte man an diesem Tag einen Eimer ins Meer, war er voller Heringe, wenn man ihn wieder nach oben zog. Man erzählt sich auch, daß man an diesem Tag eine Hellebarde habe ins Meer stecken können und sie sei kerzengerade darin steckengeblieben, so voller Fische sei das Wasser gewesen. Um 3 Uhr nachmittags wurden die Treibnetze ausgeworfen und drei Stunden später mit Einsetzen der Dämmerung bereits eingezogen, denn abends steigt der Hering auf. Dann brachte man den Fang in den Hafen, um gegen 4 Uhr morgens erneut auszulaufen und nun Grundnetze auszuwerfen. So etwa gegen 9 Uhr, wenn der Tag richtig anbrach, begann man mit dem Einholen, was dann ungefähr eineinhalb Stunden dauerte. In den Häfen arbeiteten Händler und Einsalzer rund um die Uhr und beschäftigten zahlreiche Saisonarbeiter. Die außerordentliche Fruchtbarkeit der Heringe ließ keinerlei Sorge aufkommen, daß die Fischerei eines Tages in ernste Bedrängnis geraten könnte. Doch dann setzte der Fortschritt ein. Ab 1950 benutzten die Fischer Schleppnetze, die über den Meeresboden ›schabten‹, ein Vielfaches an Fischen fingen und zugleich Milliarden von Eiern zerstörten. Der unerschöpflich anmutende Heringsbestand verringerte sich drastisch. Notgedrungen mußten nun Fangquoten eingeführt werden. Auf Hering spezialisierte Wirtschaftszweige wurden dabei zum Teil vernichtet. Um den Bedarf zu decken, wendet man sich heute an Irland oder Norwegen, Island oder Kanada, Länder, vor deren Küsten die Heringsvorkommen noch bedeutend sind.

> **La Criée de Boulogne: Fischversteigerung unter Dach und Fach**
>
> Sie beginnt morgens um 6 oder 7 Uhr, aber der Hafen wird bereits um Mitternacht lebendig, wenn die großen Schleppnetzkutter anfangen, ihre Fänge zu löschen. In den frühen Morgenstunden machen dann die Boote der Küstenfischer fest und entladen. Während in den meisten Häfen Frankreichs die Versteigerung direkt auf den Kais stattfindet, geht sie in Boulogne im Saal vonstatten. Zuvor begutachten die Einkäufer die eingelieferte Ware. Im Saal zeigen große grüne Tafeln Schiffe, Mengen und Qualitäten an, die nach Nummern aufgelistet sind. Den Einstiegspreis setzen die Schiffseigner fest. Fünf Versteigerer leiten die Durchgänge und rufen die Gebote der Käufer aus. Dies sind Fischhändler, *mareyeurs* genannt, die gute und schlechte Kutter und Qualitäten zu unterscheiden wissen und für ihre Kunden, überwiegend Grossisten und große Supermärkte, bieten. Von einem auf den anderen Tag können die Preisfluktuationen enorm sein. Sie stehen in bezug zu Schlechtwetter, Hitze, Importen, Fängen konkurrierender Häfen sowie zu verfügbaren Mengen einzelner Arten. Unglaublich schnell werden die einzelnen Partien zugeschlagen. Nur Eingeweihte verstehen genau, was vor sich geht, denn Ausrufer und Käufer scheinen während des Bietens ein fast unverständliches Echo zu erzeugen. An manchen Tagen werden bis zu 600 t Fisch in der Stunde zugeschlagen. Die wichtigsten unter den rund 60 hier angebotenen Arten sind Seelachs, Wittling, Makrele, Kabeljau, Rotbarsch, Hering und Seezunge.

In dieser Halle wechselt der gesamte – zuvor begutachtete – Fang von Boulogne den Besitzer. Die Tafeln zeigen Schiffe, Mengen und Qualitäten an. Fünf Versteigerer rufen die jeweiligen Nummern und Gebote aus.

94   NORD – PAS DE CALAIS, PICARDIE, NORMANDIE & BRETAGNE

In kleinen Häfen wie Port-en-Bessin ist es still geworden, seit sich die Fischerei auf Boulogne-sur-Mer konzentriert.

Boulogne-sur-Mer

Boulogne ist der größte Fischereihafen Frankreichs und die Nummer eins für Frischfisch in ganz Europa. Boulogne wählte Fang und Weiterverarbeitung als Spezialität. Seine beeindruckende Flotte fängt etwa 64 000 t Fisch im Jahr. Weitere 300 000 t kommen aus anderen Häfen nach Boulogne, um von den rund 150 ansässigen Firmen weiterverarbeitet, verkauft und vertrieben zu werden.

Fischgroßhandel ist die Hauptaktivität. Der Fang wird bereits an Bord in Eiskästen sortiert. Im Hafen gelöscht, stehen für die Ware 11000 m² an Kühlhallen zur Verfügung. Die direkt gekauften oder ersteigerten Fische werden entweder von Arbeiterinnen und Arbeitern von Köpfen und Innereien befreit, in Filets, Scheiben oder Stücke geschnitten – je nachdem, was Einzelhändler, Supermärkte, Restaurants und andere Kunden im voraus bestellt haben – und verpackt oder im Ganzen verladen. 110 Kühllaster können in Boulogne gleichzeitig laden, das ist einzigartig in Europa und macht es möglich, daß frischer Fisch innerhalb von 24 Stunden europaweit geliefert wird.

Bedeutend ist weiterhin die *salaison-fumaison*, das Einsalzen und Räuchern, das hauptsächlich auf den Hering ausgerichtet war. Heute behandelt man auch Lachse, Forellen, Makrelen, Schell- und andere Fische entsprechend, wobei heute zwölf Boulogner Unternehmen 65% der gesamten französischen Produktion liefern.

Was die Tiefkühlung angeht, ist der Hafen von Boulogne auch in diesem Bereich hervorragend ausgerüstet. Man produziert nicht nur herkömmliche Fischstäbchen und -filets, sondern außerdem eine Vielzahl von Fertiggerichten. Auch die Konservenhersteller sind in Boulogne aktiv und verarbeiten jährlich 10000 t an Heringen, Makrelen, Sardinen und anderen Arten von Fisch.

Den größten Teil der Fischfangflotte von Boulogne bilden 80 kleinere, 18–25 m lange Schiffe, die auf herkömmliche Weise Fischfang betreiben und 60 % der Gesamtmenge liefern. Darüber hinaus arbeiten 15 industrielle Schleppnetzkutter, die 10–15 Tage auslaufen und überwiegend nördlich von Schottland auf Fang gehen. Sie sind Hauptlieferanten u. a. für Seelachs und Schellfisch. Ergänzt wird die Flotte inzwischen durch drei Tiefkühlfabrikschiffe.

Die Hochburg der Küstenfischerei ist der kleine Hafen von Etaples südlich von Boulogne, der durch einen Kanal mit der Bucht von Le Touquet verbunden ist. Von dort laufen etwa 70 Boote aus. Schiffseigner und Besatzungen haben sich in einer Genossenschaft zusammengeschlossen und halten am alten Rhythmus fest. Die Boote verlassen den Hafen am Sonntag oder Montag und kehren am Mittwoch oder Donnerstag zurück, vor allem mit Wittlingen, Seezungen, Schollen und anderen Plattfischen. Freitags werden die Schiffe instand gesetzt, Samstag und Sonntag als Ruhetage geheiligt. In der Normandie sind zusätzlich weitere sechs, in der Bretagne zwölf Fischereihäfen in Betrieb.

Makrelen gehören ebenfalls zur Familie der Fettfische, nur werden sie etwas größer als Heringe und eignen sich vorzüglich zum Räuchern.

Kipper ist ein vom Rücken her ausgenommener, aufgeklappter, kaum gesalzener und wenig geräucherter Hering, der sich nur kurz hält und vor dem Genuß gebraten werden muß.

Diese feinen, abgezogenen, dezent gesalzenen und geräucherten Heringsfilets können mit Salat als Hors-d'œuvre serviert werden.

Die Haltbarkeit des *hareng bouffi,* des kaltgeräucherten Vollherings, beträgt kaum mehr als eine Woche. Gegrillt ist er eine von Kennern überaus geschätzte Delikatesse.

Der Hering

Der schlanke, silbrige, den Rücken entlang blaugrün glänzende Fisch kommt im gesamten Nordatlantik vor. Er lebt in großen Schwärmen, die sich bevorzugt in Küstennähe tummeln und Tiefen über 200 m meiden. Hering gehört wie Makrele, Lachs oder Thunfisch zu den Fettfischen, bei denen das – übrigens sehr gesunde – Fett das Fleisch durchzieht. Ausgewachsen erreicht der Fisch eine Länge von bis zu 25 cm, selten darüber. Auf der Suche nach Futter oder zum Laichen folgen die Schwärme gewissen Rhythmen und Strömungen. Dies ist auch der Grund für ihr alljährliches vorhersehbares Erscheinen vor manchen Küsten, zum Beispiel vor den nordfranzösischen von Mitte Oktober an.

Um Heringe zu konservieren, variiert und kombiniert man zwei Methoden: Einsalzen und Räuchern. Zum Räuchern, der *saurissage*, benutzte man früher die *coresses*, aus Backsteinen errichtete Räucherkammern, die heute jedoch von modernen Räucheröfen abgelöst worden sind. Zuerst werden die Fische ausgenommen, gereinigt, gewaschen und dann für genau zwölf Tage – so verlangt es die Tradition in Boulogne – in Salz gelegt, damit sie gut durchziehen, *salé à cœur*. Man braucht 2,5 Tonnen Salz für 8 Tonnen Heringe. Nun werden sie ein, zwei oder mehr Tage gewässert, ehe man sie 12–48 Stunden einem dichten Rauch von Buchen- und Eichenspänen aussetzt. Die Temperatur wird dabei auf 24–28 °C reguliert, denn die Heringe sollen im Rauch nicht garen. Schließlich können sie geschichtet, verpackt und auf die Reise geschickt werden.

Außer dem traditionellen Salzhering, der bereits auf den Schiffen eingesalzen wird, und den Konserven wird Hering in Frankreich heute hauptsächlich in folgenden Verarbeitungsformen angeboten:

Hareng bouffi ist ein ganzer Vollhering, der noch den Laich enthält und meist nur einige Stunden (selten mehr als einen Tag) eingesalzen, dann gewaschen, entsalzen und mehr oder weniger lange geräuchert wird. Er hält sich vier bis acht Tage und ist gegrillt eine von Kennern sehr geschätzte Spezialität.

Hareng fumé doux sollte ebenfalls ein Vollhering sein, den man von Kopf und Schwanzflosse befreit und ausnimmt. Die Filets werden enthäutet und auf Rosten gewaschen. Nach einem kurzen Bad in der Salzlake läßt man sie für drei bis acht Stunden auf 18–20 °C kalträuchern, woher ihre Milde kommt. Man serviert sie zu einem mit Öl angerichteten Kartoffelsalat.

Hareng saur in seiner traditionellen Version war ein ganzer, lange eingesalzener und stark geräucherter Fisch mit einem entsprechend ausgeprägten Geschmack. Heute wird er als deutlich dezenter gewürztes Filet angeboten, das nur wenige Tage eingesalzen und nur leicht geräuchert wurde. Er wird wie *hareng fumé doux* gegessen.

Kipper sind ausgenommene, aufgeschnittene und auseinandergeklappte Heringe, die nur ganz kurz gesalzen und kaltgeräuchert werden. Man brät sie in der Pfanne. In England gehören sie zum typischen Frühstücksmenü, in Frankreich dienen sie als eine milde Alternative zum *hareng bouffi*.

Rollmops oder *filet de hareng mariné au vinaigre* ist ein entgrätetes, dann eingesalzenes Heringsfilet mit Haut, das um ein Stück Gurke und Zwiebel gerollt und mit einem Holzstäbchen zusammengesteckt wird, bevor man es in einer Mischung aus Essig, Salz, Wasser und Gewürzen marinieren läßt. Man ißt ihn roh als Vorspeise oder mit gekochten Kartoffeln.

Oben: Von Hand sortieren die Arbeiterinnen die Filets und bereiten sie zum Räuchern vor

Links: Nur so sorgfältig zugeschnittene Heringsfilets sind für den Räucherofen bestimmt

Meeresfische des Nordens

Carrelet – Scholle
Im Norden viel gefangen und günstig, ist dieser Plattfisch leicht an seinen orangefarbenen Tupfen zu erkennen. Sein Fleisch ist mager, aber etwas weich und sollte nicht zu lange gebraten oder fritiert werden.

Sole – Seezunge
Unverändert zählt sie zu den gastronomisch am höchsten eingestuften Fischen und hat Köche zu Hunderten von Rezepten angeregt. Besonders gut ist die aus der Normandie und zwar am Anfang des Jahres. Bedeutend in Boulogne.

Turbot – Steinbutt
Als einer der besten Speisefische der Welt geschätzt, besitzt der größte der Plattfische auch am meisten Fleisch, das besonders aromatisch, fest und saftig ist und deshalb ausgezeichnete Filets ergibt.

Barbue – Glattbutt
Ein Plattfisch wie der Steinbutt, doch etwas kleiner als dieser. Sein festes, mageres, kalorienarmes Fleisch ist aromatisch und leicht verdaulich. Der vielseitig zuzubereitende Fisch erscheint im Winterhalbjahr auf den Märkten.

Congre – Meeraal
Der fast schwarze Meeraal, der ganzjährig an allen Küsten vorkommt, kann bis zu 3 m lang werden. Wegen seiner Gräten wird er überwiegend für Suppen und Saucen verwendet. Am besten sind die oberen Stücke.

Saint-Pierre – Petersfisch, Heringskönig
Er wird wegen seines aromatischen Fleisches geschätzt, ist jedoch eher selten. Der Legende nach wollte Petrus ihn mit bloßer Hand fangen, und der große dunkle Fleck auf jeder Seite ist der Abdruck von Daumen- bzw. Mittelfinger.

Lotte, baudroie – Seeteufel
Sein häßlicher Kopf hat dem Fisch den Namen Seeteufel eingebracht und dazu geführt, daß er immer ohne ihn als *queue de lotte* angeboten wird. Sein schneeweißes Fleisch ist fein, grätenlos und behält beim Zubereiten die feste Konsistenz.

Raie – Rochen
In Kanal und Nordsee häufiger, in 18 Arten vorkommender Fisch, von dem nur *les ailes*, die Flügel, verzehrt werden. Man gart sie mit der schleimigen Haut, die anschließend abgezogen wird und serviert sie mit einer *beurre noir*.

Thon germon – Weißer Thunfisch
Der bretonische Hafen Lorient ist berühmt für seinen Weißen Thunfisch, dessen Fleisch fest und nahrhaft, reich an Proteinen, aber im Gegensatz zur eingebürgerten Meinung arm an Fett ist. Am besten ist er im Sommer.

Merlan – Wittling
Noch immer günstiger Speisefisch mit weißem, delikatem und zartem Fleisch, das sich für alle Zubereitungsarten eignet. Er liebt kalte Gewässer und ist während der Wintermonate am besten. Bedeutend in Boulogne.

Maquereau – Makrele
Mit ihrem grünblau schimmerndem Rücken ist sie eine Schönheit, sehr schmackhaft, aber etwas fett. Deshalb grillt man sie meist, gart oder mariniert sie mit Zitronensaft, Essig oder Weißwein. Im Frühling heißt sie *lisette*.

Cabillaud, morue fraîche – Kabeljau, Dorsch
Die Vorliebe für Stockfisch hat auch frischem Kabeljau zur Renaissance verholfen. Er lebt im Nordatlantik, und sein festes, blättriges Fleisch läßt sich gut zubereiten. Kabeljaurogen wird zu Tarama verarbeitet.

Hareng – Hering
Durch das Überfischen hat der Hering seine wirtschaftliche Bedeutung eingebüßt. Noch immer ist er aber frisch oder eingelegt, geräuchert oder eingesalzen ein gesuchter Speisefisch. Bedeutend in Boulogne.

Grondin – Knurrhahn
Das feste Fleisch des roten oder grauen Knurrhahns ist sehr aromatisch, wenn auch etwas trocken. Aber stachelige Schuppen und große, knochige Köpfe ergeben viel Abfall, weshalb man ihn meist für Suppen verwendet.

Merlu – Seehecht
Dieses Mitglied der Dorschfamilie, oft auch *colin* genannt, leuchtet silbern und besitzt äußerst schmackhaftes und delikates Fleisch von schöner fester Konsistenz, aber nur wenn es sehr frisch ist. Gegrillt und gebraten ist es besonders gut.

NORD – PAS DE CALAIS, PICARDIE, NORMANDIE, BRETAGNE

Meeresfrüchte

Clam, mye
Sandklaffmuschel
Aus Amerika stammende Quahogmuscheln, die an den Küsten Nord- und Südfrankreichs eingebürgert wurden. In Frankreich ißt man sie gern roh.

Moule – Miesmuschel
Von der Atlantikküste, wo man sie *bouchot* nennt, kommen die feinsten, kleinen Miesmuscheln; am Mittelmeer züchtet man dagegen größere Exemplare; ihre beste Saison ist von Juli bis Februar.

Amande de mer
Samtmuschel
Sie kann etwas enttäuschend sein, denn sie hat keinen ausgeprägten Eigengeschmack und wird schnell zäh; sie kommt meist aus dem Atlantik.

Clovisse, palourde
Venusmuschel
Diese delikateste Venusmuschel wird entweder roh wie Austern oder nur kurz gedünstet verzehrt; sie ist ganzjährig auf dem Markt.

Praire
Rauhe Venusmuschel
An den geriffelten Schalen leicht zu erkennen, kommt sie an fast allen europäischen Küsten vor, ist aber am Mittelmeer besonders beliebt. Man ißt sie roh, gedünstet oder auch gegrillt.

Coque, bucarde – Herzmuschel
Sie hat nur wenig Fleisch und muß gründlich in frischem Salzwasser gereinigt werden; roh kombiniert man sie mit anderen Meeresfrüchten; besser zur Geltung kommt ihr Geschmack kurz gedünstet.

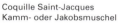

Coquille Saint-Jacques
Kamm- oder Jakobsmuschel
Das mittelalterliche Wahrzeichen der Compostela-Pilger wird bis 15 cm groß. Ihr reichliches Muskelfleisch ist weiß, fest und milde, der dekorative Rogensack *(corail)* ist eßbar. Das Fleisch kann leicht zäh werden. Die besten Rezepte sind überbacken oder mariniert, die Muscheln sind am besten im Winter.

Couteau – Meerscheide
Lang, dünn und messerscharf, schneiden sich diese Muscheln bei Gefahr ein Versteck in den Sand. Ihr recht neutral schmeckendes Fleisch wird roh oder gekocht verzehrt.

Pétoncle, peigne – Kammuschel
Diese kleinere Version der Jakobsmuschel mit ihrer bunten Schale und dem delikateren Fleisch darf seit 1996 gastronomisch unter dem Namen der bekannteren Cousine angeboten werden.

Huître plate et creuse – Auster
Hochwertiger sind flache, europäische Austern, vor allem die Belon-Austern aus der Bretagne. Durch Epidemien dezimiert, stellen sie nur noch ein Zehntel, die weniger feine tiefe Felsenauster *(creuse)* die Mehrheit.

Bulot, buccin
Wellhornschnecke
Sie werden etwa 10 cm groß; man kocht sie meist kurz in Court-bouillon und serviert sie mit Mayonnaise oder Vinaigrette. Am besten ist der Muskelfuß.

Bigorneau
Strand- oder Uferschnecke
Nur etwa 3 cm große, am Strand gesammelte Schnecken; werden gewöhnlich kurz gekocht, aber auch roh als Bestandteil vom Meeresfrüchte-Plateau serviert.

Belon-Austern

Der römische Dichter Ausonius berichtete im 4. Jahrhundert über die verschiedenen Herkunftsorte und Qualitäten von Austern und hob jene aus dem Armoricanischen Meer, dem alten Namen der bretonischen Küstengewässer, ausdrücklich hervor. Von allen in Frankreich gezüchteten Austern sind die Belons wegen ihres delikaten Nußgeschmacks und feinen Fleisches am begehrtesten. Um die Mitte des 19. Jahrhunderts gingen die Bestände der einst so reichlichen Cancale-Austern drastisch zurück. Aus diesem Anlaß rückten die flachen Austern im Mündungsgebiet des Flusses Belon erneut in den Mittelpunkt des Interesses. Das Labor in Concarneau fand heraus, daß die Mischung von Süß- und Salzwasser, verbunden mit den eisenhaltigen Quellen der Belon-Mündung, hervorragende Zuchtbedingungen für Austern lieferte. Die aus dem Périgord stammende Familie Solminihac, die bereits zuvor Austern in Rieuc-sur-Belon gezüchtet hatte, legte 1864 die ersten Zuchtparks im Mündungsbereich an. Fünfzehn Jahre später besiegelte der Sekretär des Collège de France den Erfolg der Belons, als er erklärte, er hätte »selten solche wunderschön geformten und ausgezeichnet schmeckenden, künstlich gezüchteten Austern gesehen«.

Heute dürfen alle flachen Austern aus der Bretagne Belon genannt werden, aber nur diejenigen, die das Label *Huîtres de la rivière du Belon* tragen, stammen tatsächlich aus diesem einzigartigen Wasser. Die Züchter betonen, daß die Austern von dort im März am besten seien. Wie ein feiner Wein erreicht ihr Aroma seinen Höhepunkt, wenn sie eine Stunde vor dem Verzehr geöffnet werden.

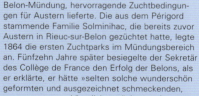

NORD–PAS DE CALAIS, PICARDIE, NORMANDIE & BRETAGNE

Crevette rose, bouquet
Garnele mit rotem Panzer
Sie kommen im Nordatlantik vor und werden bis zu 10 cm lang. Da sie sich aber lebend schwer transportieren lassen, werden sie gekocht oder tiefgefroren angeboten; beliebt als Hors-d'œuvre.

Crevette grise
Nordseegarnele, Krabbe
Diese kleine Garnele, die kaum 5 cm mißt, besitzt frisch zubereitet einen ausgezeichneten und ausgeprägten Geschmack. Lebend fast durchsichtig, wird sie durch Kochen bräunlich. Meist gekocht oder tiefgefroren angeboten.

Araignée de mer – Große Seespinne
Das wegen des sehr schmackhaften Fleisches begehrte Krustentier wird vor der Küste der Bretagne und im Mittelmeer gefangen. Ungekocht besitzt es eine intensiv rote Farbe; die etwas kleineren Weibchen sind delikater.

Grande cigale de mer – Großer Bärenkrebs
Wie Hummer und Languste besitzt er schmackhaftes Schwanzfleisch, kommt im Atlantik und Mittelmeer vor, ist aber selten; kleinere Exemplare werden Fischsuppen beigegeben.

Homard – Hummer
Berühmt, doch inzwischen selten sind bretonische Hummer der tiefblauen europäischen Gattung. Wie alle Arten werden sie beim Garen leuchtend rot. Das Fleisch ist fest, am besten das aus den Scheren. Lebende Hummer müssen aus dem *vivier* kommen, wo sie den Fangstreß abbauen.

Étrille – Schwimmkrabbe
An den Stränden des Atlantiks häufig anzutreffen, sind die dunkelgefärbten kleinen Krebse wegen ihres hervorragenden Aromas beliebt. Da das Fleisch nur schwer auszulösen ist, verwendet man sie vorwiegend für Suppen.

Langoustine – Kaisergranat
Seine Scheren weisen ihn als Mitglied der Hummerfamilie aus, nur daß seine Farbe rötlich ist. Von großen Garnelen unterscheidet ihn der Schwanz durch seinen breiteren, kräftigeren Bau. Am besten sind sie frisch am Mittelmeer.

Langouste – Languste
Mit langen Fühlern, aber ohne Scheren sind sie leicht von Hummern zu unterscheiden. Die besten Langusten sind rot und kommen aus den Gewässern vor der Bretagne und den Britischen Inseln. Lebend gekauft, müssen sie noch agil sein und den Schwanz bewegen, wenn man sie anhebt.

Tourteau – Taschenkrebs
Das aromatische Fleisch des Taschenkrebses (eigentlich *crabe tourteau*) ist in Frankreich sehr geschätzt und gehört zu jedem guten Meeresfrüchte-Plateau. Am besten schmeckt er im Sommer.

101

La Cotriade d'Armor
Fischereintopf der Armor-Küste
(ohne Abbildung)

Für 8 Personen

Suppe
3 l Fischsud
400 g Schwimmkrabben
120 g Tomaten
1 Apfel
1 Knoblauchzehe
70 g Schalotten
50 g Zwiebeln
40 g Möhren
40 g Porree, nur die weißen Teile
30 g Sellerie
15 g rote Paprikaschote
100 ml Olivenöl
Butter
3 EL Cognac
1 EL Tomatenmark (gehäuft; 20 g)

Einlage
3 frische Fischfilets nach Wahl, je 500 g
400 g Herzmuscheln
400 g Miesmuscheln
24 Kammuscheln
32 Brokkoliröschen, je 4–5 g
130 g geräucherter Speck, die Schwarte entfernt
800 g Kartoffeln (Roseval)
1 Bouquet garni

Zuvor 3 l Fischsud mit kleingeschnittenem Gemüse, Fischköpfen, -gräten und -haut zubereiten, dazu unbedingt 1 Stück Meeraal geben und alles in etwas Weißwein, Cidre und Wasser kochen.

Cotriade

Cotriade ist für die Bretagne, was die *bouillabaisse* für Marseille bedeutet, und Rezepte für diese herzhafte Fischsuppe sind so variantenreich wie die bretonische Küste selbst. Das Gericht wurde ursprünglich von Fischern auf See zubereitet. Was in den Topf kam, hing ganz vom Tagesfang ab. Es konnten an einem Tag Makrelen, Sardinen, Petersfisch, Seeteufel, Wittling und Muscheln sein, am nächsten Tag Barsch, Aal, Dorade, Kabeljau, Drachenkopf und Garnelen. Der Kochkessel, der *kaoter*, wurde mit Meerwasser gefüllt, und der Fisch köchelte darin mit einigen Kartoffeln als Beilage und vielen Kräutern, um den Salzgeschmack zu überdecken. Am Ende eines langen Arbeitstages – oder einer Nacht – setzte sich die Mannschaft zum Essen zusammen, jeder schöpfte seinen Teil der dampfenden Suppe in seine Schale, die mit einer Scheibe Brot ausgelegt war. Fisch und Kartoffeln – mit Essig beträufelt, gegen das Salz – wurden gesondert dazu gegessen. In einigen Regionen der Bretagne, vor allem in der Gegend der Cournouaille, servierte man die Suppe zuletzt, um zu vermeiden, daß der Fisch verkocht wurde. Heute feiert die *Cotriade*, wie so viele andere ursprüngliche Regionalgerichte, in den feinsten bretonischen Restaurants ein Comeback. Moderne Versionen enthalten wesentlich mehr verschiedene Gemüse, Muscheln oder Krebstiere. Eine alltägliche *cotriade* mag auf Kabeljau, Schellfisch, Seehecht, Sardinen und Makrelen basieren. Je weniger fette Fische enthalten sind, um so feiner wird der Fischtopf. Bei besonderen Anlässen verleihen Hummer, Garnelen und Krebse einen Hauch von Luxus.

Die Schwimmkrabben halbieren, ausnehmen und die Kiemen entfernen. Die Tomaten abziehen, entkernen und würfeln, den Apfel schälen und blättrig schneiden. Den Knoblauch hacken. Schalotten, Zwiebeln, Möhren, Porree, Sellerie und Paprika putzen und in feine Streifen schneiden.
Olivenöl und Butter in einer Pfanne erhitzen, das Krabbenfleisch darin anbraten und mit Cognac flambieren. Mit etwas Fischsud ablöschen und in einen Suppentopf füllen. Das vorbereitete Gemüse und das Tomatenmark hinzufügen, dann mit Fischsud aufgießen, zum Kochen bringen und 30 Minuten köcheln lassen. Im Mixer pürieren und durch ein feines Sieb passieren.

Die Fischfilets in 50 g schwere Stücke schneiden. Die Muscheln gründlich waschen und öffnen. Die Herzmuscheln aus ihrer Schale lösen, Mies- und Kammuscheln geöffnet beiseite stellen. Die Brokkoliröschen blanchieren. Den Speck in kleine Würfel schneiden, die blanchiert, abgetropft und kurz in wenig Butter angebraten werden. Die Kartoffeln schälen und in dünne Scheiben schneiden.
Den durchpassierten Krabbensud köcheln lassen, Kartoffelscheiben, dann Brokkoliröschen und schließlich Fischfiletstücke, Speckwürfel und Muscheln zugeben.
Auf vorgewärmte Suppenteller füllen und sofort servieren.

NORD–PAS DE CALAIS, PICARDIE, NORMANDIE & BRETAGNE

Rillettes de maquereaux à la Minoise
Makrelen-Rillettes Pays Minier
(ohne Abbildung)

Für 6 Personen

1 kg Makrele
Salz und Pfeffer aus der Mühle
3 Schalotten
100 g Butter
200 ml Weißwein
500 ml Crème fraîche
1 Prise feingerebelter Thymian
1 Messerspitze Knoblauchpulver
1 EL Senf
Saft von 1 Zitrone
½ Bund Schnittlauch, gehackt

Die Makrele ausnehmen, filetieren und in große Würfel schneiden, salzen und pfeffern.
Die Schalotten fein hacken und in 30 g Butter andünsten, den Wein angießen und und so lange kochen lassen, bis die Flüssigkeit fast ganz verdampft ist. Dann Crème fraîche, Makrelenwürfel, Thymian und Knoblauch zugeben. Bei sehr niedriger Temperatur 30 Minuten köcheln, so daß die Zutaten die Konsistenz eines Kompotts bekommen. Vom Herd nehmen und mit der restlichen Butter sowie mit Senf, Zitronensaft und Schnittlauch vermischen. Abkühlen lassen und mit Salz und Pfeffer abschmecken.
Gut gekühlt mit getoastetem Landbrot servieren. Dazu paßt ein Muscadet.

Soupe d'étrilles
Schwimmkrabbensuppe
(Abbildung linke Seite)

30 g Rundkornreis
1 Möhre
1 Stange Porree
1 Stange Staudensellerie
1 Zwiebel
1 EL Olivenöl
1 Zweig Thymian
1 Lorbeerblatt
2 Knoblauchzehen
500 g Schwimmkrabben
1 EL Tomatenmark
250 ml Weißwein
1 l Fischfumet (ersatzweise 1 l Wasser)
Salz und Cayenne-Pfeffer
geröstete Brotwürfel

Den Reis in 250 ml Salzwasser kochen, abspülen, abtropfen lassen und beiseite stellen. Das Gemüse putzen und würfeln. Das Olivenöl in einem Topf erhitzen, Thymian, Lorbeerblatt und Knoblauch hinzugeben und 5 Minuten bei niedriger Temperatur andünsten.
In der Zwischenzeit die Schwimmkrabben unter fließend kaltem Wasser waschen, bürsten und der Breite nach halbieren (nach Belieben einige kleinere Exemplare im ganzen belassen). In einem Topf mit dem Tomatenmark 3 Minuten unter ständigem Rühren bei hoher Temperatur andünsten. Mit Wein und Fischfumet (oder Wasser) ablöschen. Den Reis zugeben und 30 Minuten kochen. Dann die halbierten Krabben mit einem Schaumlöffel herausnehmen, das Fleisch auslösen und im Mixer pürieren. Erneut in die Brühe geben, 5 Minuten köcheln lassen, dann mit Salz und Pfeffer abschmecken. In eine Terrine füllen und mit gerösteten Brotwürfeln reichen.

Ragout de poissons à la bière
Fischragout in Biersauce

2 kg Fische (Kabeljau, Seezunge, Meeraal, Knurrhahn)
2 Möhren
1 Stange Porree
6 Schalotten
1 Bouquet garni
1 l dunkles Bier
Mehl
Butter
Salz und Pfeffer aus der Mühle

Die Fische ausnehmen, filetieren und gegebenenfalls nach restlichen Gräten absuchen.
Die Möhren, den weißen Teil der Porreestange und 3 Schalotten in dünne Scheiben schneiden, mit dem Bouquet garni und den Fischabfällen in einen Topf geben, mit dem Bier aufgießen und 30 Minuten köcheln lassen. Den Sud durch ein Sieb passieren.
Die Fischfilets in Stücke schneiden und in Mehl wenden. Die restlichen Schalotten fein hacken und in einer breiten Kasserolle in Butter andünsten. Die Fischstücke darin anbraten, den Biersud zugeben und 45 Minuten kochen.

103

Genièvre

Dieser Genièvre wird aus verschieden alten Bränden assembliert, um die Kraft der Jugend und den Charme des reifen Alters zusammenzubringen.

Die Geburt des Wacholderschnapses läßt sich in der zweiten Hälfte des 16. Jahrhunderts ausmachen, als die Niederlande ihre Unabhängigkeit ausfochten und allmählich ihre heutige Dimension gewannen. Seine Wiege soll in Schiedam bei Rotterdam gestanden haben. Da man nach der langen burgundischen Herrschaft mit dem Französischen bestens vertraut war, taufte man ihn selbst in Holland zunächst *Genièvre*, Wacholder, woraus jedoch bald *Genever* wurde. Wacholderbeeren bestimmten allerdings nur das besondere Aroma, in Wirklichkeit wurde der Schnaps aus Getreide gebrannt, hauptsächlich aus Gerste und Roggen. Dies sollte ihm in Frankreich, in dessen Norden sich seine Herstellung schnell verbreitet hatte, bald zum Verhängnis geraten, denn gegen Ende des 16. Jahrhunderts wurden dort Destillate auf Getreidebasis verboten. Dieses Gebot währte bis 1796. Aber erst ab 1806, als Napoleon seine Blockade gegen England verkündete, begann die Renaissance des Genièvre. Die Folgejahre erlebten die Gründung einer großen Zahl von Brennereien im Nord – Pas de Calais. Ihre Hauptkundschaft fanden sie später unter den Minenarbeitern des Nordens. Mit der Stillegung der Minen sank der Genièvre-Konsum zwischen 1945 und 1985 um 92%. Nur drei Destillerien überlebten, von denen die seit 1812 bestehende in Houlle aufgrund der hohen Qualität ihres Erzeugnisses die berühmteste ist.

Die Getreidesorten, auf denen Genièvre basiert, sind Roggen, Gerste und Hafer. In Houlle wird nur in der Region angebautes Korn verarbeitet. Es kommen entweder 70% Roggen auf 20% Gerste und 5% Hafer, oder die Sorten werden zu gleichen Teilen gemischt. Nach dem Vermischen schrotet man das Getreide und weicht es in heißem Wasser ein. Dabei wandelt sich die Stärke in Zucker, und die Maische entsteht. Ist sie abgekühlt, wird Hefe zugesetzt, die eine etwa drei Tage dauernde alkoholische Gärung auslöst. Ihr Resultat ist die 3% starke Würze, eine trübe Flüssigkeit mit markanten Getreidearomen. Sie wird nun auf altbewährte und fast ausgestorbene Weise dreimal in einfachen, direkt vom Feuer beheizten Brennkolben, den *alambics à feu nu*, gebrannt. Zuerst erhitzt man 3000 Liter Würze im Brennkolben, wovon man nur ein Sechstel auffängt, das Herz. Diese 500 Liter besitzen 18 Vol% Alkohol. Der Rest wird erneut destilliert, bis auf den uninteressanten *drêche*, den Treber, der noch Verwendung als Dünger findet. Für den zweiten Brennvorgang assembliert man nun sechs Herzen zu wiederum 3000 Liter. Nun behält der Brennmeister 1500 Liter zurück, die 35 Vol% stark sind. Für die dritte Destillation werden zwei zweite Durchgänge gemischt und mit Wacholderbeeren versehen. Nun kann der Brand in der gewünschten Stärke aufgefangen werden.

Nach dem Brennen kommt der Genièvre zur Alterung in Holzfässer, je nach der angestrebten Qualität in jüngere oder ältere. Nach mehreren Jahren der Reifung werden die *Eaux-de-vie* unterschiedlichen Alters assembliert, um die Kraft der jüngeren mit dem Charme der ältesten zu vereinen. So entsteht der trockene, doch weiche Genièvre als feinduftende Essenz seiner Heimat.

Die Distillerie de Houlle erzeugt drei verschiedene Qualitäten: Die *Carte Noire* (49 Vol%) alterte mindestens ein Jahr in neuen Holzfässern. Die *Carte Dorée* (40 Vol%) wurde in großen Fudern ausgebaut, die schon immer Genièvre enthielten und weder Farbe noch speziellen Geschmack liefern. *Spéciale* (43 Vol%) basiert auf einer gleichmäßigen Mischung der Getreide und ist zur Begleitung von Räucherfisch gedacht. Raritäten sind die *Brut de Fût*, bei denen ein ganzes Faß allein auf Flaschen gezogen wird.

Genièvre eignet sich für zahlreiche kulinarische Verwendungen, so zum Parfümieren von Gänsestopfleber, zum Marinieren von Lachs, zum Würzen des berühmten Eintopf *potjevlesh* oder in der Mitte eines Menüs als Sorbet oder *trou flamand*. Man trinkt ihn mit Eiswürfeln oder in Cocktails als Aperitif, zu Aal und Räucherfisch oder als eisgekühlten Digestif. Soll er sein eigenes Aroma optimal entfalten, serviert man ihn am besten nur leicht gekühlt in einem Cognacschwenker.

Rechte Seite: In Houlle brennt man das *Eau-de-vie-de-Genièvre* in diesen alten, direkt befeuerten Brennkolben in drei Durchgängen, was einen besonders feinen Brand ergibt.

Brauereien im Norden

Auch Flanderns französische Seite kann auf eine alte Brautradition zurückblicken. Und wie so oft, wenn es um die Belange des leiblichen Wohls geht, spielten Mönche dabei eine Rolle, ebenso wie in den Gebieten des heutigen Belgien. Das älteste Bier der Region, das Saint-Landelin, wurde vermutlich schon im 11. Jahrhundert im gleichnamigen Kloster in Crespin – zwischen der belgischen Grenze und Valenciennes – gebraut. Aber ab dem 13. Jahrhundert erlebte die Braukunst im Norden eine erste Blüte, und in der Folge wurden mehr und mehr Brauereien gegründet, um auf ihrem historischen Höhepunkt um 1900 an die 2000 auszumachen. Obwohl die meisten davon inzwischen nicht mehr existieren, ist der Norden heute neben dem Elsaß die zweite große Brauregion Frankreichs. Ursprünglich hatte sich das Interesse auf starke obergärige Biere gerichtet. Erst nach dem Zweiten Weltkrieg begann man damit, sich auch intensiver der Erzeugung hochwertiger Pilssorten und der beliebten Bockbiere zuzuwenden. Die Qualität der Biere stand und steht in engem Zusammenhang mit dem Getreide-, vor allem aber dem renommierten Hopfenanbau im Norden.

Der Genièvre basiert auf drei Getreidesorten, auf Roggen, Gerste und Hafer (von rechts nach links), und wird mit Wacholderbeeren aromatisiert.

In diesen neuen Fässern erhält der Wacholderbranntwein im Laufe der mindestens einjährigen Alterung dezente Würze und eine leicht getönte Farbe.

Blumen, die aus Zucker geblasen werden

Bêtises de Cambrai

Dieser berühmte Bonbon wurde in der Confiserie Afchain um 1850 kreiert. Es handelt sich um einen rechteckigen weißen undurchsichtigen Zuckerbonbon, der mit einem klaren bernsteinfarbenen Band Karamel verziert und mit Pfefferminz aromatisiert wird. Seine Bestandteile sind Zucker, Glukose und Mitcham-Pfefferminze, die einen besonders feinen Mentholgeschmack besitzt. Das Besondere aber ist seine sehr leichte, luftige Konsistenz, die sich vorzüglich mit der Frische der Pfefferminze verbindet. Sie wird erzielt, indem man Zucker und Glukose mischt und erhitzt, die Masse dann aber schlägt, so daß Luft eindringt, bevor sie gezogen und zu Bonbons zerteilt wird. Diese ungewöhnliche Prozedur wird einer Dummheit (französisch *bêtise*) des Sohns des Hauses zugeschrieben. Er soll das Verhältnis der Mischung durcheinandergebracht haben und, um seinen Fehler wettzumachen, die Masse geschlagen haben. Eine andere Version stellt nicht das Licht des Confiseurs unter den Scheffel, sondern bringt die Süßigkeit mit dem Viehmarkt in Verbindung, der früher am 24. Tag jedes Monats stattfand. Nachdem die Geschäfte besiegelt waren, begingen manche Züchter Dummheiten und erstanden – vermutlich um gröbere zu vertuschen – Bonbons, die anfangs unter den Augen der Käufer geschnitten und als *bêtises* bekannt wurden. Afchain schuf speziell für den Markttag eine raffiniertere, leichtere und mit Pfefferminz parfümierte Variante, die zur Spezialität Cambrais wurde.

Berlingots

Berlingots sind die Klassiker unter den Zuckerbonbons. Sie treten in verschiedenen Farben und Geschmacksrichtungen auf, sind klar oder opak und sehen immer wie winzige Kissen aus. Diese charakteristische Form kommt auf sehr einfache Weise zustande, indem man kleine Stücke von einem schmalen Streifen gezogener Bonbonmasse abschneidet. Bereits Ende des 18. Jahrhunderts sollen Berlingots zu einer ersten Perfektion gebracht worden sein, als man durchsichtige mit undurchsichtigen Zuckerstreifen verband und dann abschnitt. Zu Ruhm gelangten sie Mitte des 19. Jahrhunderts dank eines sparsamen Confiseur in Carpentras, der zu ihrer Herstellung jenen Zuckersirup weiterverwendete, in dem er zuvor Früchte kandiert hatte, und sie zusätzlich mit provenzalischer Minze aromatisierte.

Die Berlingots aus Berck, einem Küsten- und Badeort an der Mündung des Authie, gehen auf eine lokale Tradition aus dem 19. Jahrhundert zurück. Damals pflegte man noch zu bestimmten Festen und Feierlichkeiten Bonbons selbst zu ziehen und an Familienmitglieder und Gäste zu verteilen. Der Fortschritt brachte industriell gefertigte Süßigkeiten und verdrängte diese Sitte. Aber in der Familie Matifas bewahrte man nicht nur die Erinnerung an diese süßen Zeiten, sondern auch ein Familienrezept. So konnte Madame Michèle an die Tradition anknüpfen. In ihrer kleinen Confiserie ›Le Succès Berckois‹ werden Berlingots noch auf alte handwerkliche Weise hergestellt. Zunächst setzt man Kristallzucker mit gerade genug Wasser, um ihn aufzulösen, an und erhitzt ihn vorsichtig. Hat er sich gelöst, bringt man ihn zum Kochen und steigert die Temperatur, bis er um 160 °C das Stadium des klaren Karamels erreicht. Nun wird er auf eine Marmorplatte gegossen, auf der er sich gleichmäßig verteilt. Jetzt können nach Wunsch Aromen, Geschmacks- und Farbstoffe zugefügt und untergerührt werden. Ist die Masse etwas abgekühlt, schiebt man sie zusammen und hebt sie über einen in der Wand befestigten stabilen Haken. So hat der Confiseur die Möglichkeit, den Zucker zu ziehen und die gewünschten Streifen zu erhalten. Während er sie nun mit der Schere in kleine Stücke schneidet, ist der Zucker bereits erheblich abgekühlt und entsprechend hart geworden. Für plastische Blumen oder andere Kunstwerke erhitzt man den Zucker weniger stark. Bei 145–150 °C (harter Bruch) besitzt die heiße Masse eine Konsistenz, die es erlaubt, sie wie Glas zu blasen.

1 Der Zucker wird erst in Wasser auf niedriger Temperatur gelöst, dann auf 160 °C erhitzt, damit er Farbe bekommt. – **2** Den heißen karamelisierten Zucker gießt man in einer dünnen Schicht auf eine geölte Marmorplatte. – **3** Nun werden Aromastoffe zugesetzt. – **4** Farbstoffe kommen hinzu und werden gleichmäßig verteilt. – **5** Die etwas abgekühlte Masse verhält sich wie zäher Teig. – **6** Nun läßt sie sich zu einem schmalen Band ziehen und kann in kleine Stückchen geschnitten werden.

106 NORD–PAS DE CALAIS, PICARDIE, NORMANDIE & BRETAGNE

Das vielfarbige und vielfältige Angebot

Zucker

Süßigkeiten haben die Menschen schon immer schwach gemacht. Dabei war Zucker in früheren Zeiten außerordentlich rar. Zwar hatten schon die alten Inder ihn aus eingedicktem Zuckerrohr gewonnen, doch es dauerte noch Jahrhunderte, bis er über Persien, wo man seine Gewinnung vervollkommnete, in die arabischen Länder kam. Von dort gelangte er mit den Mauren erstmals nach Europa. Im Mittelalter gründete Venedig seinen Reichtum auf den Handel mit Gewürzen und Zucker. Damals begann man die ersten Bonbons aus gekochtem und mit Gewürzen aromatisiertem Rohrzucker zu fabrizieren. Aber selbst als nach der Eroberung Amerikas aus Westindien größere Mengen Zucker nach Europa exportiert wurden, blieb er ein teures und äußerst profitables Handelsgut. Das änderte sich erst mit der industriellen Zuckergewinnung aus Rüben. Vorreiter wurde der deutsche Chemiker Franz Carl Achard, der 1801 im schlesischen Kunern die erste Fabrik eröffnete, in der Zuckerrüben verarbeitet wurden. In Frankreich, das sich durch die Kontinentalsperre selbst von der Versorgung mit Rohrzucker abgeschnitten hatte, förderte Napoleon die Pflanzung von Zuckerrüben. Benjamin Delessert konzipierte die erste französische Zuckerfabrik, die ab 1812 die Produktion aufnahm. Damit hörte Zucker auf, ein Luxusgut zu sein, und zugleich erlebte das Handwerk des *confiseur* ungeheuren Aufschwung. Hatten sie früher nur für die Oberschicht gearbeitet, konnten sie jetzt die gesamte Bevölkerung verwöhnen. So geht die Kreation der meisten traditionellen Bonbons auf das 19. Jahrhundert zurück. Aber Zucker blieb nicht nur Leckerei. Er wurde zum alltäglichen Nahrungsmittel. Der Anbau der Zuckerrüben hielt mit dem steigenden Bedarf Schritt. Wurde 1900 noch mehr als die Hälfte der Weltproduktion an Zucker aus Rüben gewonnen, liefert heute Zuckerrohr zwei Drittel des Rohstoffs. Im Bereich des Rübenzuckers ist Frankreich führend im Gemeinsamen Markt, steht weltweit an zweiter Stelle, belegt den dritten Platz im Export und nimmt mit über vier Millionen produzierten Tonnen Zucker den siebten Rang ein, wobei die Erträge der überseeischen Departements mitgezählt werden.

Zuckerrüben werden vor allem nördlich der Loire angebaut. Insgesamt handelt es sich um eine Fläche von 455 000 ha. Im Mai werden die Rüben ausgesät und können von Ende September bis Mitte November geerntet werden.

Längst kommt Zucker nicht mehr allein als Kristallzucker in den Haushalt. In reiner Form stellt er nur 30 % des französischen Verbrauchs. Die übrigen 70 % nehmen den Umweg über die Nahrungsmittelindustrie und werden in Bonbons und Schokoladen, Limonaden und Fruchtsaftgetränken, Kompotten und Konfitüren, Desserts und Speiseeis, Broten und Kuchen, Fruchtjoghurts und Milchspeisen, Frühstücksflocken und Knabbereien, Konserven und Würsten, Pillen und diversen anderen Produkten aufgenommen. Insgesamt beläuft sich der Pro-Kopf-Verbrauch in Frankreich auf 33,5 kg Zucker pro Jahr. So ist es keineswegs ungewöhnlich, daß ein Kind sein Körpergewicht oder mehr an Zucker vernascht. Dieser Hang zum Süßen hat aber leider einen bedenklichen Nachteil. Um diese Mengen an reinem Zucker zu verarbeiten, braucht der menschliche Organismus entsprechend viel Vitamin B1. Doch das wird, auch mit anderer Nahrung, nicht ausreichend aufgenommen. Dadurch kommt es zu Stoffwechselstörungen und in der Folge zu ernährungsbedingten Krankheiten wie Übergewicht und Diabetes, Magen- und Darmbeschwerden. Zunehmend warnen Wissenschaftler davor, daß überhöhter Zuckerkonsum die Ursache für andere schwere Erkrankungen wie Krebs, Herzinfarkt und Arteriosklerose sei. Weshalb man vor dem Genuß warnen sollte: *à consommer avec modération* – mit Maß zu verzehren.

Camembert

Der berühmteste Vertreter der Familie der Weißschimmelkäse, der *fromages à croûte fleurie*, entstand weder im Mittelalter noch in einem Kloster. Der Camembert ist noch vergleichsweise jung, es gibt ihn erst seit gut 200 Jahren. Als seine Erfinderin gilt die mitleidige Bäuerin Marie Harel aus dem Dorf Camembert in der Normandie. In der Zeit des Terrors der Französischen Revolution verbarg sie einen verfolgten Priester aus dem Brie-Gebiet auf ihrem Hof. Als Dank half er ihr mit seinen Kenntnissen, die Kunst der Käseherstellung zu vervollkommnen. Aber erst als 1862 die Eisenbahnverbindung zwischen Paris und Alençon fertiggestellt wurde, verbreitete sich der Ruf des Camemberts.

Zehn Jahre später begann die Familie Petit mit der industriellen Produktion. Doch erst ab 1890, seit der Käse unbeschadet in der charakteristischen Holzschachtel reist, wurde er so berühmt, daß kein anderer Weichkäse mehr Nachahmungen erfuhr als er. Der echte Camembert de Normandie erhielt 1983 die Anerkennung der Appellation d'Origine Contrôlée und darf nur in den Departements Calvados, Eure, Manche, Orne und Seine-Maritime hergestellt werden. Mit rund 14500 Tonnen jährlich stellt er allerdings nur ein Zehntel des gesamten in Frankreich produzierten Camembert.

Ein echter und hochwertiger Camembert besteht immer aus nicht-pasteurisierter Milch. Die Form wird gefüllt, indem man mit einer genau dimensionierten Kelle innerhalb einer Stunde fünf Portionen Bruch schöpft, was 2,2 Liter Rohmilch entspricht. Dann darf sich das fertige Produkt später mit dem Etikett *Fabrication traditionelle au lait cru avec moulage à la louche* schmücken. Wenn die Molke abgelaufen ist und der Käse über Nacht geruht hat, kann man ihn aus den Formen nehmen. Die Bildung der charakteristischen flaumigen Außenschicht unterstützt man heute in den Käsereien mit einer Dosis Edelschimmel. Gesalzen wird nur mit feinem trockenem Salz. In den Reifekellern müssen die Laibe dann jeden zweiten Tag gewendet werden. Es dauert 16 Tage, um einen weißrindigen, 250 g schweren Camembert zu erhalten, aber 30–35 Tage, um ihn zu vollendeter Reife zu bringen. Dann birgt er unter dem schneeigen, mit backsteinroten Flecken gesprenkelten Flaum einen weichen, hellgelben Teig, der fast – aber eben nur fast – zu fließen scheint und volle Duftnoten ausstrahlt. Preßt man die Rinde leicht mit den Fingern, sollte der Käse ein wenig nachgeben. Ist sein Inneres noch kalkweiß, ist der Camembert nicht genug, sind die Flecken zu rot, ist er bereits zu lange affiniert worden. Am besten ist er vom Frühsommer bis in den Herbst.

Mit einer Dosis Edelschimmel versehen, braucht Camembert drei Wochen, um den charakteristischen hellen Flaum zu entwickeln.

1 Das Käsen beginnt damit, daß der auf 34 °C erwärmten Milch Milchsäurebakterien und etwas Lab beigegeben werden.
2 Ist die Rohmilch geronnen, wird die sogenannte Gallerte mit der Käseharfe bis auf Getreidekorngröße zerteilt und der Bruch herausgeschöpft.
3 À la louche, mit der Schöpfkelle, wird für die Herstellung von Camembert der Bruch in die kleinen perforierten Käseformen gefüllt.

als *carré* (Quadrat), als *bonde* (Zylinder), als *briquette* (Quader) oder in der Herzform produziert. Angeblich haben junge Mädchen den herzförmigen Käse in der Zeit des Hundertjährigen Krieges englischen Verehrern als Zeichen ihrer Zuneigung zukommen lassen. Fraglos die beste Qualität erlangt er als *fermier* aus handwerklicher Herstellung in den Monaten zwischen August und November.

Gournay

Auch er ist ein Kind des feuchten Pays de Bray. Er wird als 100 g schwerer Taler angeboten und besitzt mindestens 45% Fett i.Tr. Er erfährt nur eine Woche der Affinage, was ihn besonders weiß, mild und cremig macht. So ist er zum Ahn einer Generation von Weißschimmelkäse geworden, die als *double-crème* mit mehr als 60% oder *triple-crème* mit über 75% Fett i.Tr. produziert werden.

Livarot

Dieser Weichkäse mit roter Flora und mindestens 40% Fett i.Tr. wird nur im Pays d'Auge, in der Heimat der besten Camemberts und Calvados, erzeugt. Er wiegt je nach Größe zwischen 350 und 500 g. Man läßt ihn für einen Monat in feuchten Kellern reifen, wobei man ihn mehrere Male wendet und wäscht. Unter der Rinde verbirgt sich ein gelber, elastischer Teig von kräftig-würzigem Aroma, das im Frühjahr etwas weniger überzeugt.

Pont L'Évêque

Schon im Mittelalter als *Augelot* bekannt, doch erst ab dem 17. Jahrhundert unter dem Namen des kleinen Dorfs eingebürgert, wird er heute in der ganzen Normandie hergestellt. Er wiegt bis 400 g und wird meist in Spanschachteln angeboten. Obwohl er ebenfalls eine Rotflora bildet, bleibt er mit einer Reife von zwei Wochen milder als Livarot, besitzt einen helleren und cremigeren Teig, eine orangenfarbene Rinde und einen Haselnußgeschmack. Auch ihn genießt man am besten im Sommer sowie in Herbst- und Wintermonaten.

Petit-Suisse

In der zweiten Hälfte des 19. Jahrhunderts reicherte ein Schweizer Arbeiter die für die Frischkäseproduktion vorgesehene Milch einer Käserei im Pays de Bray mit Sahne an. Das Ergebnis war ein kleiner, ungesalzener, zylindrischer, rindenloser Weißkäse, den man erst sechziggrammweise verpackte und kurz *Suisse* nannte. Als man seine Portion halbierte, machte er als Petit-Suisse Furore.

Maroilles

Er geht auf die Benediktinermönche des Klosters von Marolles in der Thiérache zurück, die ihn vor gut 1000 Jahren nach einem Verfahren herstellten, das bis heute fast unverändert geblieben ist. Nach Ablaufen der Molke wird der weiße Käseteig gesalzen und trocknet 10–14 Tage. In dieser Zeit bildet sich eine Rinde mit feinem blauweißem Schimmel. Nun werden die Käse feucht abgebürstet und fünf Wochen, die großen bis zu vier Monate affiniert. Maroilles gibt es in vier Größen. Da die kleinen Formen weniger lange reifen, sind sie etwas milder, aber immer noch von starkem Geruch und kräftigem Geschmack. Kenner genießen Rinde und Herz getrennt.

Die Käse der Normandie

Neufchâtel

Wie der Camembert ist er ein Weißschimmelkäse. Doch sein Flaum ist weißer, sein Teig heller und sein Geschmack milder, da er nur zwei Wochen affiniert wird. Er stammt aus der gleichnamigen großen Marktstadt im Pays de Bray, am nordöstlichen Rand der Normandie, wo man ihn seit dem 10. Jahrhundert herstellt. Er wird heute

4 Die Schöpfkelle faßt eine genau festgelegte Menge und bestimmt das spätere Gewicht des Käses, das bei Camembert in der Regel 250 g beträgt.
5 Ist die Molke schließlich abgetropft, werden die Käse aus den Formen genommen, gesalzen und in Reifekammern gelagert.
6 Hat der Camembert optimale Reife erlangt, zeigen sich auf dem weißen äußeren Flaum rötliche Flecken. Innen ist er dann gelb und weich.

Andouille de Vire

Von keinerlei Ursprungsbezeichnung geschützt, kann diese Wurstspezialität von jedem Metzger in Frankreich zubereitet und unter dem Namen der normannischen Kleinstadt angeboten werden. Doch der wahre Feinschmecker weiß, daß es sich lohnt, sich auf die echte Gekrösewurst aus ihrer ursprünglichen Heimat zu beschränken, besonders wenn sie auf traditionelle zeitaufwendige Weise von Hand hergestellt wird und ihr starker regionaler Charakter vollständig ausgeprägt ist. Für die echte Andouille de Vire nimmt der Spezialist ausschließlich Schweinedarm und zwar sowohl Dünn-, wie auch Dickdarm und den Magen. Nachdem man sie mit größter Sorgfalt gereinigt und in lange, schmale Streifen geschnitten hat, werden sie gebündelt, aufgerollt und mit Hilfe von Bindfäden, die an die Stelle der früher benutzten Weidenfasern getreten sind, zusammengehalten. Eine Woche lang mazerieren die so vorbereiteten Innereien in Salz und Pfeffer, dann werden sie in einen Darm gefüllt, der ihre äußere Hülle bildet. Die Tradition gebietet, daß auch er von einem Schwein stammt. *Andouilles* im Schweinedarm erkennt man an ihrem typisch faltigen Erscheinungsbild, Rinderdarm ist glatter. Wer der alten, überlieferten Herstellungsweise treu bleiben will, verzichtet auf die zu zarten Därme von Zuchtschweinen, sondern sucht auf den kleinen Höfen der Umgebung nach den stabileren Därmen von Sauen, da sie durch das Ferkeln widerstandsfähiger geworden sind.

Nun folgt das Räuchern, das sich über drei Wochen erstreckt. Es ist die entscheidende Phase der Herstellung, da es nicht nur Geschmack und Färbung der Wurst bestimmt, sondern sie auch trocknet. Da *andouilles* heiß, also über offenem Feuer geräuchert werden, erfordert der Räucherprozeß viel Erfahrung und ungeteilte Aufmerksamkeit. Auch die Wahl des Holzes ist von großer Bedeutung. Das Holz von Apfelbäumen wäre ideal, doch es ist teuer und selten. Verfügbar sind in der Umgebung von Vire Nadel- und Eichenholz. Doch ersteres eignet sich aufgrund seines aufdringlichen Aromas nicht, und Eichenholz müßte mindestens fünf Jahre lagern, damit seine Tannine ausgewaschen würden. Also greift man auf Buche zurück. Buchenspäne ergeben einen hellen Rauch und erzeugen nur wenig Glut, wodurch ein Ansteigen der Temperatur vermieden wird, das zu Fermentation und unangenehm beißendem Geschmack führen würde.

Nach dem Räuchern werden die Würste zum Entsalzen 24 Stunden gewässert. Danach kocht man sie sechs Stunden lang bei 95 °C in gutgewürzter Bouillon. Das Fett, das sie dabei verlieren, fand früher in der Seifenherstellung Verwendung. Sobald die Würste aus dem Wasser und mit Luft in Berührung kommen, wird der Farbton ihrer Haut zunehmend dunkler. Zur geschmacklichen Verfeinerung läßt man sie noch einige Zeit abhängen. So nimmt die traditionelle Herstellung einer *andouille* einen ganzen Monat in Anspruch, wohingegen die industrielle Fertigung nur drei Tage dauert: Die Würste räuchern nur vier Stunden, der dunkle Farbton entsteht in gefärbtem Wasser, und die Kunstdärme halten das Fett, so daß nicht nur die Qualität leidet, sondern auch die Bekömmlichkeit.

Die echte, von Hand hergestellte Andouille de Vire, die ursprünglich und stark im Geschmack ist, zählt zu den wahren regionalen Spezialitäten. Man erkennt sie an ihrer ungleichmäßigen Form und Farbe. Man genießt sie kalt in dünne Scheiben geschnitten oder warm, begleitet von einem cremigen Kartoffelmus, in der Pfanne gebratenen Apfelscheiben und einem guten Cidre.

Mit der Andouille de Vire teilt sich die Andouille de Guémené aus der Bretagne den Ruf der besten *andouille* Frankreichs. Sie stammt aus dem Dorf Guémené-sur-Scorff im Herzen der Bretagne, nicht weit von Pontivy. Man erkennt sie im Anschnitt an dem Muster aus konzentrischen Kreisen. Ihre Rezeptur kommt ohne Magen aus, statt dessen werden an die 25 deftige Schweinsdärme übereinandergezogen, getrocknet und anschließend geräuchert. Meist wird sie kalt und nur mit einer Scheibe Butterbrot serviert.

Rechte Seite: Wichtigste Etappe bei der Herstellung von *andouilles* ist das Räuchern über offenem Feuer, das drei Wochen dauert. Dabei gewinnen sie an Geschmack und trocknen zugleich.

Potjevlesh

Auch im Norden haben die *charcuteries andouilles* und *andouillettes* – allen voran die berühmten aus Cambrai – im Angebot sowie *boudin à la flamande*, eine gesüßte Blutwurst, oder *Lucullus de Valenciennes*, eine Terrine, in der sich Schichten von Rinderzunge und Stopfleber abwechseln. Eine bereits von Alphonse de Lamartine gerühmte Spezialität ist außerdem *potjevlesh*, eine reichhaltige Sülze, von der es so viele Variationen wie Köche, Traiteure oder Charcutiers gibt. Mindestens drei verschiedene Fleischsorten gehören hinein.

4 Hühnerkeulen
4 Kaninchenrücken
8 Stücke Kalbshals, je 100 g
8 Scheiben frischer Speck, je 100 g
500 g Zwiebeln
3 Zweige Thymian
3 Lorbeerblätter
1 EL Wacholderbeeren
8 Gewürznelken
Salz und Pfeffer aus der Mühle
2 l trockener Weißwein
300 ml Rotweinessig
500 ml Fleischbrühe
3 Blätter Gelatine

Die Hühnerkeulen entbeinen und halbieren, die Kaninchenrücken in zwei Teile schneiden. Alle Fleischstücke abwechselnd in eine Terrine schichten. Die Zwiebeln in Ringe schneiden und darüber verteilen. Die Gewürze darauflegen, salzen und pfeffern. Den Weißwein und drei Viertel des Essigs angießen. Den Backofen auf 150 °C vorheizen und die Terrine gut 3 Stunden lang im Ofen garen. Dann mit dem restlichen Essig, Salz und Pfeffer abschmecken. Die Gelatine in der Fleischbrühe auflösen, in die Terrine gießen und für weitere 15 Minuten in den Ofen stellen. Die Terrine auf Zimmertemperatur auskühlen lassen und dann im Kühlschrank kalt stellen. In Scheiben geschnitten als Vorspeise kalt mit eingelegten Gürkchen und Perlzwiebeln sowie mit getoastetem Landbrot servieren, begleitet von einem kräftigen obergärigen Bier.

Die Schweinsdärme und der Magen werden in lange Streifen geschnitten und ausgebreitet.

Die Streifen der Eingeweide werden gebündelt und aufgerollt.

Ein Bindfaden hält die Streifen beim Einsalzen, das eine Woche dauert, zusammen.

Kaum aus der Bouillon herausgehoben, werden die *andouilles* zur Reife aufgehängt. Dabei verfeinert sich ihr Geschmack, und die Farbe nimmt an Intensität zu.

In Frankreich wird der Hummer mit einem Schlagmesser der Länge nach halbiert.

Die Hälften werden mit Butter bepinselt und mit Gewürzen bestreut.

Während sie im Ofen braten, begießt man sie mehrmals mit Sud, zuletzt mit Calvados.

Hummer

Einst wurde der König der Krustentiere in großen Mengen vor der bretonischen und in geringeren vor der normannischen Küste gefangen. Heute stammt er meist aus Gewässern vor Irland oder Kanada. Im 17. Jahrhundert zogen Bretonen mit Haken aus, um Hummer und Krebse zwischen den Felsen zu bergen, wo sie sich während der Ebbe verfangen hatten. Die ersten Fangkörbe sollen die Einwohner der Insel Brehat geflochten haben, um sie mit kleingeschnittenem Krebsfleisch als Köder im Meer auszulegen. Von Saint-Malo im Norden bis zur Belle Île im Süden bot das Hummerködern den Fischern früher ein gutes Auskommen. Die Mehrzahl der in der Bretagne gefangenen Hummer wurde nach Paris oder London versandt, was zuweilen etwas lange dauerte. So riet die Gazetindu Comestible 1767 ihren Pariser Lesern, »dieses Meereskrebstier bereits gekocht zu kaufen«. Heute fängt man Hummer vorwiegend in den kühlen Gewässern um Saint-Brieuc und Brest, in der Zeit von Ende Mai bis Anfang September. Nach sieben Jahren hat ein Hummer eine Körperlänge von etwa 30 cm und ein Gewicht von bis zu 900 g erreicht. Dann besitzt er kräftige Scheren und einen dicken Panzer. Die Weibchen laichen nur alle zwei Jahre, und von den rund 20000 Eiern, die es unter dem Schwanz trägt, werden nur wenige Dutzend zu ausgewachsenen Tieren heranreifen und selbst Geschlechtsreife erlangen. Die Eier sind auch eine hochgeschätzte Zutat für Saucen, denen sie ausgeprägten Geschmack und eine intensive rote Farbe verleihen. Hummer brauchen Zeit, um sich von dem Schock des Einfangens zu erholen. Bereitet man sie sofort zu, ist ihr Fleisch ausgesprochen zäh. Deshalb gönnt man ihnen einige Tage Ruhe in speziellen, von Meerwasser durchfluteten Käfigen (*viviers*). Erst beim Kochen erhält der blauschwarze Panzer die leuchtendrote Farbe, die dem Hummer seinen Spitznamen einbrachte: ›Kardinal der Meere‹.

Hummer und Kutteln – zwei Spezialitäten der Normandie und zwei ausgesprochene Gegensätze: Meer und Land, Luxus und Bodenständigkeit

Es gibt viele Hummerrezepte, doch zum Streitfall wurde er in einer Sauce aus Tomaten, Schalotten, Knoblauch und Cognac. Bretonen nennen das Gericht *Homard à l'armoricaine*, nach Armorica, dem alten Namen der Bretagne. Andere kennen es als *Homard à l'américaine* und bringen es mit Pierre Fraisse, einem in Paris lebenden südfranzösischen Koch, in Verbindung, der es als Erinnerung an seine Lehrzeit in Chicago kreierte.
In der Normandie schätzt man die *Demoiselles de Cherbourg*, junge Hummer, die nur 400 g wiegen.

Homard au Calvados
Hummer in Calvados

4 kleine Hummer von je 400 g
oder 2 große Hummer von je 600–800 g
100 g Butter
Salz und Pfeffer aus der Mühle
100 ml Calvados
1 Prise Zucker

Den Backofen auf Oberhitze einstellen. Die Hummer längs halbieren, die Köpfe säubern und den Darm entfernen. Die Hälften in eine Grillpfanne geben, mit 50 g weicher Butter bepinseln, salzen und pfeffern. 10–15 Minuten im Ofen braten, dabei wiederholt mit dem Sud übergießen. Gegen Ende der Garzeit vorsichtig den Calvados angießen, denn das Hummerfleisch sollte nicht damit in Berührung kommen. Restliche Butter und die Prise Zucker hinzufügen und die Hummerhälften im Ofen weitere 8 Minuten garen. Heiß servieren.

Cassolettes de tripes normandes
Tonpfännchen mit normannischen Kutteln

500 g Kutteln nach Art von Caen
50 g Butter
50 g Mehl
400 ml Kalbsbrühe
4 EL Crème fraîche
Salz und Pfeffer aus der Mühle
1 Möhre
1 EL feingehackte Totentrompeten
2 EL feingehackter Schnittlauch
250 g Blätterteig
2 Eier

Die vorgekochten Kutteln fein würfeln. Butter in einem Topf erhitzen, die Kutteln zufügen, mit Mehl bestreuen, vorsichtig umrühren und leicht bräunen. Die Brühe angießen und 4 Minuten unter Rühren kochen. Die Kutteln herausschöpfen, abtropfen lassen und die Sauce beiseite stellen. Die Crème fraîche mit den Kutteln erhitzen, reduzieren und abschmecken. Die Möhre kochen und fein würfeln. Die Kutteln auf die Pfännchen verteilen, je 2 EL Sauce, Möhren-, und Pilzwürfel sowie Schnittlauch dazugeben.
Den Backofen auf 250 °C vorheizen. Den Blätterteig ausrollen, passende Medaillons ausstechen, mit Ei bepinseln und damit die Pfännchen abdecken. Im Ofen 5 Minuten backen und sofort servieren.

Tripes au goût fumé en écrin de pommes
Kutteln mit Räuchergeschmack im Apfelkästchen

4 schöne Äpfel
(Reinettes oder Canada-Reinettes)
4 dünne Scheiben Räucherspeck
100 ml Cidre
500 g Kutteln nach Art von Caen

Die Äpfel mit einem Löffel aushöhlen und jeden Apfel mit einer Speckscheibe umwickeln, die man mit einem Zahnstocher zusammensteckt.
Den Backofen auf 140 °C vorheizen. Die Äpfel in einer Auflaufform anrichten. Den Cidre in die ausgehöhlten Äpfel gießen, dann mit den vorgegarten Kutteln füllen und mit deren Saft aufgießen. 15–20 Minuten im vorgeheizten Ofen backen. Wenn die Äpfel gar sind, heiß servieren und Cidre dazu reichen.

Tripes à la mode de Caen
Kutteln

Die Gelehrten unter den Gourmets führen die normannische Vorliebe für Kutteln auf Wilhelm den Eroberer zurück, von dem man wissen will, daß er gerade sie überaus geschätzt habe. Die Entstehung des berühmten Rezepts aus Caen wird jedoch im 16. Jahrhundert angesiedelt, und es darf als absolut gesichert gelten, daß dieser aus den Innereien von Wiederkäuern zubereitete Eintopf bei Marktleuten besonders beliebt war. Sie setzten ihn frühmorgens an, wenn sie in einem der zahlreichen Marktflecken der Normandie ihren Stand aufgebaut hatten, und ließen ihn auf wenig Glut den ganzen langen Markttag über simmern. Hatten sie schließlich ihre Ware wieder zusammengepackt, war das inzwischen fertig gegarte Essen eine willkommene, weil nun ohne viel Aufwand verfügbare Stärkung.
Stundenlanges, sehr behutsames Garen ist das eine Geheimnis bei der Zubereitung von *Tripes à la mode de Caen*. Das andere ist die Qualität und die Vielfalt der verarbeiteten Eingeweide. Sie sollten ausschließlich von Wiederkäuern stammen, und zwar am besten vom Rind. Eine gute Mischung von Pansen, Kälber-, Netz- und Blättermagen bildet zusammen mit einem Kalbsfuß die Basis. Die Mägen müssen gründlichst gereinigt worden sein, bevor man sie in 5 cm große Stücke zerteilt. In der Normandie bereitet man dieses Gericht in einem speziellen feuerfesten Topf zu, den man *tripière* nennt. Sein Boden wird mit Vierteln von Reinette-Äpfeln ausgelegt, auf die eine großzügige Schicht feingeschnittener Zwiebeln kommt, gefolgt von einer dünneren Lage in Scheiben geschnittenen weißen Porrees. Wichtigstes Gemüse sind Möhren, sowohl kleingeschnitten als auch am Stück. Darauf wird nun das Fleisch gebettet, das man mit Salz, frisch gemahlenem Pfeffer und mit einer Vier-Gewürze-Mischung würzt, die neben Pfeffer auch Nelken, Zimt und Muskatnuß in einem speziellen Mengenverhältnis enthält. Knoblauch und Bouquet garni kommen hinzu. Nachdem man alles mit einer dünnen Lage Rindernierenfett abgedeckt hat, wird gut ein Liter Cidre angegossen und so viel Wasser zugegeben, daß das Fleisch bedeckt ist. Am besten verschließt man nun den Deckel mit einem Teigrand luftdicht und deponiert den Topf zehn Stunden im Ofen des Bäckers. Wahre Kenner schwören auf eine mindestens zwölfstündige Garzeit. Danach muß man die Brühe noch klären und entfetten, dann kann man die *tripes* in einer Schüssel mit reichlich Cidre servieren.
Wem dies zu aufwendig ist, der kauft *Tripes à la mode de Caen* in einer *charcuterie, triperie, boucherie* oder bestellt sie im Restaurant, wo man zuweilen feststellt, daß sich Kutteln noch auf erstaunliche Art verfeinern lassen.

113

Cidre

Schon lange bevor die Normannen hier Wurzeln schlugen, wuchsen in der Normandie Apfelbäume, und bis heute behaupten sich auf Wiesen und Weiden Hochstämme mit ihren ausladenden Ästen. Von den Hunderten verschiedener Sorten, die Botaniker inzwischen entdeckt und entwickelt haben, sind vier Dutzend als für Cidre und Calvados geeignet klassifiziert worden. Die meisten dieser Sorten tragen nur kleine, hutzelige Früchte, so als wären sie von Natur aus für Most bestimmt.

Wie ein Mosaik aus Steinen setzt sich das Bild des Cidre aus Sorten zusammen, die drei ›Grundfarben‹ sind: süß, bitter und sauer. Man rechnet auf jeweils zwei süße und zwei bittere Äpfel einen sauren Apfel. Letzterer verleiht Frische und Biß, die bitteren Struktur und Gerbstoffe, die süßen Milde und alkoholische Stärke. Gute Cidre-Bauern wissen Vielfalt zu schätzen, sie können sogar wie Winzer auf besondere Lagen schwören. Die Hochebene von Gonneville, nahe der Seine-Mündung, wird gerühmt, wo fast ständiger Wind durch die Äste bläst. Eric Bordelet, Ex-Sommelier und studierter Weinmacher, pocht auf die Überlegenheit des Schieferbodens von Charchigné an der Grenze zwischen Normandie und Bretagne, wo er aus 20 aufeinander abgestimmten Sorten lebendig schäumenden ›Sidre‹ von großer Finesse vergärt. Im September beginnt die Ernte und erstreckt sich über drei Monate. Immer mehr Apfelberge türmen sich. Aber auf qualitätsbewußten Höfen harrt man geduldig auf Frost, der verhindert, daß die Gärung zu frühzeitig eintritt. Nach dem Waschen und Aussortieren wird das Obst zermahlen und in die Kelter geschichtet. Frisch gepreßter Most bleibt in Fudern oder Stahltanks sich selbst überlassen. Die winterliche Kälte verlangsamt den Gärungsprozeß, der auf diese Weise ein bis drei Monate dauert. Während Großerzeuger ihn filtern, pasteurisieren und gegebenenfalls mit Kohlensäure versetzt auf Flaschen ziehen, füllen die Bauern, *fermiers*, ihren Cidre ungefiltert ab. Je nach Zeitpunkt bleibt ihm dann mehr oder weniger Zucker, der sich in der Flasche in Alkohol und Kohlensäure spaltet, die ihm die natürliche Mousse verleiht. Durchgegoren bringt *cidre brut*, trockener Apfelwein, es auf 4,5 Vol%. Mancher Cidre reift über ein Jahr lang einer höheren Bestimmung entgegen, denn er bildet den Grundwein für Calvados. Während sich Großerzeuger mit Cidre aus verschiedenen Regionen und teils mit jungem Apfelbrand versorgen, verläßt man sich in bäuerlichen und handwerklichen Brennereien auf Cidre aus eigenen Äpfeln oder aus solchen der direkten Nachbarschaft.

Mit den gemahlenen Äpfeln wird die von Hand betriebene Kelter gefüllt und hydraulisch gepreßt.

Nach dem ersten Frost beginnt die jährliche Cidre-Produktion mit dem Zermahlen der Früchte.

Kaum wird in der Kelter genügend Druck auf die saftreichen Äpfel ausgeübt, beginnt der Most zu fließen.

Man öffnet die Kelter, um die Preßrückstände entfernen zu können. Der Most wird in Tanks gefüllt.

Der ›Sidre‹ wird ungefiltert und ohne Zusätze abgefüllt. Eine Flaschengärung verleiht ihm den Schaum.

Mit dem Stock werden die für Cidre, die Basis des Calvados, bestimmten Äpfel von den Bäumen geschlagen.

Für guten Calvados werden süße, saure und herbe Apfelsorten in einem bestimmten Verhältnis gemischt.

Als nächstes müssen die Äpfel gemahlen, gepreßt und langsam vergoren und schließlich gebrannt werden.

Nach dem Brennen lagert Calvados bisweilen Jahrzehnte in Holzfässern, bevor man ihn abfüllt und etikettiert.

Hin und wieder lassen Kellermeister ein für Calvados bestimmtes Faß ein Jahr lang mit einer Cidre-Füllung stehen, bevor erneut Calvados darin reift. Dadurch nimmt der Apfelbrand viele zusätzliche Fruchtaromen auf. Inzwischen gönnen einige der besten Erzeuger ihren edelsten Bränden auch eine Passage in ehemaligen Sherry- oder Portfässern und füllen sie mit Jahrgangsangabe ab. In der Regel wird Calvados jedoch aus Bränden verschiedenen Alters und verschiedener Herkunft verschnitten, um möglichst große geschmackliche Harmonie und Beständigkeit bieten zu können.

Gewöhnlich trinkt man Calvados als Digestif. Doch da man in der Normandie nicht nur Äpfel, sondern auch Rahm im Überfluß hat, was dem ungesunden Hang, deftigem Essen zu frönen noch Vorschub leistete, schien es geraten, dem Magen bei vielgängigen Menüs eine kleine Verschnaufpause zu gönnen und ihn zwecks besserer Verdauung zu stimulieren. Was bot sich dazu besser an als ein Calvados? Als *trou normand*, wörtlich übersetzt ›das normannische Loch‹, ist er inzwischen zur Institution geworden.

Pommeau

Ebenso alt wie der Calvados ist eine andere flüssige Spezialität der Normandie, die jedoch bislang kaum über ihre Grenzen hinaus bekannt wurde und erst seit 20 Jahren eine verhaltene Renaissance erfährt: der Pommeau. Er ist für die Normandie, was der Floc für die Gascogne, der Pineau für die Charente, der Ratafia für die Midi ist und beruht auf demselben Prinzip. Frischgepreßter Most wird durch die Zugabe von jungem Destillat, in seinem Fall natürlich Calvados, am Gären gehindert. Auf diese Weise bewahrt er volles Apfelaroma, natürliche Fruchtsüße und angenehme Säure. Um seinem Bukett und seinem Geschmack Vielfalt und Ausgewogenheit zu verleihen, spielen die Erzeuger mit der Palette der heimischen Apfelsorten. Seit auch er 1991 zur Appellation erhoben wurde, müssen sie sich auf 30 empfohlene Sorten beschränken. Damit der Pommeau aber zusätzlich an Harmonie und Gefälligkeit gewinnt, sind mindestens 14 Monate Alterung im Holzfaß vorgeschrieben. Er wird kühl, aber nicht eiskalt, als Aperitif getrunken und eignet sich vorzüglich als Begleitung von Apfeldesserts.

Durch Zugabe von jungem Calvados zu frischem Apfelmost wird die Gärung unterbunden, und es entsteht Pommeau.

117

Apfeldesserts

Zum Rohessen waren die normannischen Äpfel kaum geeignet, dafür um so mehr zum Kochen und Backen, wobei man vielen Rezepten mit etwas Cidre oder Calvados Akzente verlieh. In der Normandie läßt man sich von den andernorts in Frankreich beliebten neumodischen Sorten Golden Delicious, Granny Smith, Starking und Red Delicious nicht beeindrucken und hält an der traditionellen Reine des Reinettes fest, deren Saison von August bis Ende Oktober reicht. Als guten Kochapfel schätzt man auch La Belle de Boskoop, kurz Boskoop genannt. Denn trotz, oder wegen, des Mangels an guten Eßäpfeln, ist die Normandie unübertroffen in ihren Apfeldesserts.

Douillons aux pommes
Apfel im Schlafrock

4 Äpfel
200 g Blätterteig
50 g Puderzucker
50 g Butter
Zimt
1 Eigelb
1 Stück getrocknete Apfelschale
25 g Rohrzucker

Die Äpfel schälen, das Kerngehäuse ausstechen. Den Blätterteig dünn ausrollen und in 4 große Quadrate schneiden. Auf jedes Teigstück einen Apfel setzen. In die Äpfel etwas Puderzucker und eine Butterflocke geben, mit einer Prise Zimt bestäuben. Die Teigränder über dem Obst falten, mit Wasser befeuchten und gut zusammendrücken. Den Backofen auf 180 °C vorheizen. Die Apfeltaschen mit Eigelb bestreichen und 45 Minuten backen. Kurz vor dem Servieren die getrocknete Apfelschale reiben und mit dem Rohrzucker mischen, das Gebäck damit bestreuen und im Grill 30 Sekunden karamelisieren lassen.

Charlotte aux pommes
Apfel-Charlotte

Für 8 Personen

2 kg Boskoop
80 g Butter
160 g Zucker
8 Scheiben Brioche oder Napfkuchenbrot
100 ml Calvados

Den Backofen auf 250 °C vorheizen.
Die Äpfel schälen, entkernen, halbieren und ein gebuttertes Backblech damit belegen. Mit Zucker bestreuen und etwa 30 Minuten backen.
Die Butter in einer Pfanne erhitzen und die Scheiben Brioche darin goldbraun braten. Die gebackenen Äpfel mit Calvados flambieren.
Eine Springform mit Butterbrotpapier auslegen, die Äpfel und die Brioche-Scheiben abwechselnd aufschichten. Ins Wasserbad stellen und 40–50 Minuten bei 220 °C im Backofen backen. Abkühlen lassen und 24 Stunden in den Kühlschrank stellen. Stürzen und nach Belieben mit Englischer Creme servieren.

Aumônières de pommes au Calvados
Apfeltaschen mit Calvados

3 säuerliche Äpfel
(Boskoop oder Reinette)
1 EL Butter
2 TL Rohrzucker
3 grüne Lauchblätter
1 l Zuckerwasser
12 Crêpes, mit Calvados flambiert
(15 cm Durchmesser)
20 g Butter
2 EL Konditorcreme,
mit Calvados aromatisiert
8 EL Apfelsorbet (nach Belieben)

Die Äpfel schälen, entkernen, in kleine Stücke schneiden und in der Butter mit dem Zucker dünsten. Abkühlen lassen.
In der Zwischenzeit die Lauchblätter der Länge nach in 4 etwa 15 cm lange Streifen schneiden, 3 Minuten in kochendem Zuckerwasser glasieren, abtropfen und abkühlen lassen.
Die Crêpes ausbreiten und in die Mitte jedes einzelnen einen Klecks Konditorcreme (aus warmer Milch, Eigelb, Vanille, Zucker und Mehl) und etwa die gleiche Menge gedünstete Äpfel geben. Dann die Crêpes zu kleinen Täschchen zusammenfalten, mit den Lauchstreifen zubinden und mit Zucker bestreuen.
Den Backofen auf 150 °C vorheizen und die Crêpes-Täschchen darin 3–5 Minuten erwärmen. Dann jeweils drei Crêpes-Täschchen auf einen Teller geben und sofort servieren.
Nach Belieben kann man das Dessert mit einer Garnitur aus Apfeleis oder Apfelsorbet anrichten.

Tarte Tatin
Gestürzter Apfelkuchen

Teig

100 g Mehl
70 g Butter
30 g Zucker
1 Ei
1 Prise Salz

Belag

600 g säuerliche Äpfel
100 g Butter
100 g Zucker
1 Päckchen Vanillezucker

Den Mürbeteig aus Mehl, kalter Butter, Zucker, Ei und Salz herstellen, in Frischhaltefolie einschlagen und 1 Stunde in den Kühlschrank legen.
Die Äpfel schälen, entkernen und in Scheiben schneiden. In einer Backform mit hohem Rand die Hälfte der Butter zerlassen, mit der Hälfte des Zuckers und dem Vanillezucker bestreuen. Den Boden gleichmäßig mit Apfelscheiben belegen, dann die restlichen Äpfel einschichten. 15 Minuten schmoren. Vom Herd nehmen.
Den Backofen auf 200 °C vorheizen. Den Mürbeteig dünn zu einer runden Platte ausrollen, auf die Apfelfüllung legen und fest am Formrand andrücken. 30 Minuten im Ofen backen.
Die Tarte vorsichtig aus der Form stürzen. Die restliche Butter in Flöckchen auf die Äpfel geben, mit dem restlichen Zucker bestreuen und im Grill karamelisieren lassen.
Die Tarte Tatin wird warm gegessen. Für ein festliches Diner kann man sie in kleinen Portionsformen backen.

Tarte flambée au Calvados
Flambierte Apfeltorte mit Calvados

Teig

600 g Mehl
180 g Zucker
400 g Butter
5 Eigelb
1 Prise Salz

Belag

1 kg Reinettes
50 g Butter
abgeriebene Schale von 1 unbehandelten Orange
50 g Zucker
Saft von 1 Zitrone
100 ml Calvados (120 ml Pommeau)
50 g Mandelblättchen

118

Den Mürbeteig aus Mehl, Zucker, kalter Butter, Eigelb und Salz herstellen, in Frischhaltefolie einschlagen und 1 Stunde in den Kühlschrank legen.
In der Zwischenzeit die Äpfel schälen, entkernen, in Scheiben schneiden und in 50 g brauner Butter garen.
Den Teig dünn ausrollen, eine gebutterte Obstkuchenform damit auskleiden und ihn mehrmals mit einer Gabel einstechen.
Den Backofen auf 150 °C vorheizen. Die Teigplatte mit den Apfelscheiben gleichmäßig belegen und den Kuchen 25 Minuten im vorgeheizten Ofen backen.
Mit Orangenschale und Zucker bestreuen, mit dem Zitronensaft beträufeln und dann mit Calvados flambieren.
Nochmals 25 Minuten backen. Mit den Mandelblättchen bestreuen und lauwarm servieren.

Tarte aux pommes d'hier
Apfelkuchen wie von früher

Teig
300 g Mehl
200 g Butter
Salz

Belag
8 säuerliche Äpfel
(Reine de Reinettes oder Calville)
1 EL Butter
1 EL Rohrzucker
70 ml Calvados
100 g Zucker
10 ml Crème fraîche
25 g gemahlene Mandeln
3 Eigelb

Den Mürbeteig aus Mehl, Butter und 1 Prise Salz herstellen, in Frischhaltefolie einschlagen und 1 Stunde in den Kühlschrank legen.
Die Hälfte der Äpfel schälen und kleinschneiden und mit 1 EL Butter und Rohrzucker zu Kompott kochen. Die restlichen Äpfel ungeschält blättrig schneiden, mit dem Calvados übergießen und mit 50 g Zucker überstreut ziehen lassen.
Den Backofen auf 200 °C vorheizen.
Den Teig ausrollen und einen Tortenboden auskleiden. Den Teig mehrmals mit einer Gabel einstechen. Das Apfelmus auf den Teigboden streichen und mit den Apfelscheiben belegen. Im vorgeheizten Backofen 30 Minuten backen.
Die Crème fraîche, die gemahlenen Mandeln, den restlichen Zucker und die Eigelb miteinander vermischen und die Torte damit übergießen.
Nochmals 15 Minuten backen. Lauwarm servieren.

Wem nach raffiniertesten Apfeldesserts der Sinn nach Einfachheit steht, der sollte in Butter karamelisierte Apfelstücke in eine Blätterteigpastete füllen – und staunen.

Blumenkohl & Artischocken

Die Bretagne ist die bedeutendste Gemüseregion Frankreichs. Dafür ist der Golfstrom verantwortlich, der an ihrer Küste entlangfließt und das Klima mildert. In seinem warmen Wasser gedeihen auch Algen vorzüglich, die in Küstennähe als Dünger in die Böden eingearbeitet wurden, bevor man der Produktion mit Chemie nachhalf. Bretonische Bauern profitierten aber noch in anderer Hinsicht vom Meer: Ihre seefahrenden Landsleute brachten von ihren Reisen Obst- und Gemüsesorten aller Herren Länder mit, darunter auch Blumenkohl aus Zypern und Italien. Besonders schöne Köpfe schickte man nach Versailles, denn Ludwig XIV. liebte ihn in einer mit Muskatnuß gewürzten Sauce. Heute werden 92% des französischen Blumenkohls in der Bretagne erzeugt. Durch Pflanzung verschiedener Arten gibt es ihn fast das ganze Jahr über, aber Herbst- und Wintersorten gelten als die besten. Blumenkohl ist reich an Vitamin C, an mehreren B-Vitaminen und Mineralstoffen. Er besitzt nur 36 Kalorien auf 100 g und ist leicht verdaulich, falls er nicht zu viel Kunstdünger erhielt und zu sehr gespritzt wurde. Man sollte ihn immer mit Blättern kaufen. Als Frischetest bricht man eines davon ab: Die Bruchstelle sollte glatt und feucht sein.

Artischocken gehören heute zu den Spezialitäten der Bretagne wie Crêpes oder Calvados, obwohl sie aus dem Mittelmeerraum eingeführt wurden. Katharina von Medici brachte sie mit nach Paris, als sie Heinrich II. 1533 heiratete. Lange Zeit wurden sie nur wegen ihrer medizinischen Wirkungen auf Galle, Leber und Magen genutzt, erst im 18. Jahrhundert entdeckte sie der französische Adel als Edelgemüse. Systematisch angebaut werden sie in der Bretagne seit dem Ersten Weltkrieg. Heute wachsen hier 95% aller französischen Artischocken, vorwiegend die großköpfige, an den Blatträndern leicht violette Sorte Camus, die zwischen Mai und Oktober reift. Beim Kauf sollte man darauf achten, daß die Stiele sehr fest, die Köpfe für die Größe schwer und dicht sind und ihre Blätter eng anliegen. Die fleischigen Blattansätze, die Böden und bei jungen Pflanzen die Herzen werden mit Zitrone zubereitet, um ein Verfärben zu verhindern. Die Kochzeit beträgt je nach Größe etwa 35 Minuten (gedämpft bleiben mehr Mineralstoffe erhalten). Frische Artischocken lassen sich einige Tage lang aufbewahren, wenn man sie sie – wie jede andere Schnittblume auch – ins Wasser stellt.

Rechte Seite: Eine Zitronenscheibe auf jeder Artischocke erübrigt die Zugabe von Essig oder Zitronensaft im gesalzenen Kochwasser.

Crème des hortillons aux moules
Miesmuschel- und Gemüsecreme

1,2 kg Miesmuscheln
1 Zwiebel
1/4 Bund Petersilie
300 ml Weißwein
Salz und Pfeffer aus der Mühle
1 Blumenkohl
4 Stangen Porree
1 Kopfsalat
1 Stange Staudensellerie
60 g Butter
20 ml Crème fraîche

Die Muscheln gründlich bürsten und waschen. Zwiebel und Petersilie fein hacken, mit den Miesmuscheln in einen großen Topf geben, Weißwein angießen, mit Salz und Pfeffer würzen und zum Kochen bringen. Sobald sich die Muscheln geöffnet haben, die Schalen und eventuell die Bärte entfernen. Den Sud abseihen und auffangen. Die Muscheln warm stellen.
Die Gemüse putzen: Blumenkohl in Röschen zerteilen, Porree in dicke Ringe schneiden, Kopfsalat kleinzupfen, Sellerie in Stücke schneiden. Die Gemüse in einem großen Topf in Butter andünsten und mit 500 ml Wasser sowie dem Muschelsud ablöschen. Wenn die Gemüse gar sind, die Suppe im Mixer pürieren, Crème fraîche einrühren und die Muscheln hinzufügen. Auf vorgewärmte Teller füllen und sofort servieren.

Chou-fleurs et artichauts aux pétoncles et langoustines
Blumenkohl und Artischocken mit Kaisergranat und Kammuscheln

Für 6 Personen

1 Blumenkohl
Salz
3 frische Artischockenböden
1 EL Zitronensaft
500 g Kaisergranat
500 ml Court-bouillon
500 g Kammuschelnüsse
1 Bund Kerbel

Die Artischocke ist der ungeöffnete Blütenkopf einer mehrjährigen, mit der Distel verwandten Staude. Da sie als Gemüse so geschätzt ist, bekommt man die blaue bis blauviolette Blüte nur selten zu sehen.

Um Herz und Boden einer Artischocke zu enthüllen, muß die Spitze großzügig abgeschnitten werden.

Dann entfernt man mit einem scharfen Messer die harten Blätter, die um den Blütenboden sitzen.

Sauce
250 g Butter
1 Bund Estragon
200 ml Weißwein
1 EL Tomatenmark
2 EL Crème fraîche

Den Blumenkohl einige Zeit in Essigwasser legen, dann unter fließendem Wasser abspülen. In kochendem Salzwasser etwa 20 Minuten garen, abgießen und abschrecken.
Von den Artischocken die Stiele und die Spitze der Knospe abschneiden, in kochendem Salzwasser mit Zitronensaft 30 Minuten kochen und abtropfen lassen.
Kaisergranat in die sprudelnd kochende, gut gesalzene Court-bouillon geben und herausnehmen, sobald die Brühe wieder zu kochen beginnt. Abtropfen lassen, dann die Schwänze abschälen und beiseite stellen.
Für die Sauce die Kaisergranatköpfe in 10 g Butter mit einem Estragonzweig 2 Minuten anbraten. Dann mit Weißwein ablöschen und auf die Hälfte reduzieren. Das Tomatenmark zufügen, knapp mit Wasser bedecken und 30 Minuten köcheln. Durch ein feines Sieb streichen und erneut auf ein Drittel einkochen. Nun mit 200 g Butter montieren. Etwas feingehackten Estragon einrühren und die Crème fraîche hinzufügen. Warm stellen.
Die Artischocken von Blättern und Heu befreien, dann die Böden achteln. Den Blumenkohl in Röschen zerteilen. Nun schnell nacheinander Artischocken, Blumenkohlröschen, Kaisergranat und die Kammuschelnüsse in Butter andünsten, mit Salz und Pfeffer abschmecken. Auf sechs vorgewärmte Terrakotta-Pfännchen verteilen und mit heißer Sauce übergießen. Mit einigen Kerbelblättchen garnieren und sofort servieren.

Les blancs de Saint-Pierre en barigoule bretonne
Petersfischfilets mit einer Garnitur von Artischockenböden

4 große Artischocken
Zitronensaft
4 große Möhren
4 große Zwiebeln
4 EL Olivenöl
Salz und Pfeffer aus der Mühle
250 ml trockener Weißwein
1,5 l weißer Geflügelfond
Korianderkörner
Thymian
Lorbeerblatt
1 kg Petersfisch, filetiert

Die Artischocken waschen, den Stiel abtrennen, die Blätter entfernen und das ›Heu‹ im Innern der Knospe ablösen. Die sauberen Artischockenböden bis zur Weiterverarbeitung in Zitronenwasser legen, damit sie sich nicht verfärben.
Die Möhren putzen, in Scheiben schneiden, die Zwiebeln schälen und in dünne Ringe schneiden. Die Hälfte des Olivenöls in einem Schmortopf erhitzen, Artischockenböden, Möhren und Zwiebeln hineingeben, salzen, pfeffern und 3 Minuten andünsten. Dann den Wein zugießen und reduzieren. Geflügelfond angießen, bis die Zutaten knapp bedeckt sind. Korianderkörner, Thymian und Lorbeerblatt in den Topf geben, zudecken und etwa 35 Minuten schmoren. Eventuell mit Salz und Pfeffer abschmecken.
Das restliche Olivenöl in einer Pfanne erhitzen und die Filets vom Petersfisch darin braten, salzen und pfeffern, dann mit der Artischocken-Garnitur auf Tellern anrichten.

Das ›Heu‹ im Innern muß man bei älteren Exemplaren mit einem Teelöffel herausschaben.

Soufflé de fonds d'artichauts
Soufflé von Artischockenböden

6 Artischocken (Camus Prince de Bretagne)
Saft von 1 Zitrone
70 g Butter
1 EL Mehl
250 ml Milch
Salz, 1 Prise Muskat
4 Eier, getrennt
2 EL geriebener Gruyère

Artischocken 30 Minuten mit Zitronensaft in Salzwasser kochen. Abschrecken; die Böden auslösen. Aus Butter, Mehl und Milch eine Béchamel-Sauce rühren, mit Salz und Muskat würzen und abkühlen lassen. Die Artischockenböden pürieren, mit der Sauce mischen, dann Eigelb und Käse hinzufügen. Den Backofen auf 200 °C stellen und 10 Minuten vorheizen. Das Eiweiß zu Schnee schlagen und behutsam unter die Artischockenmasse heben.
Eine Auflaufform ausbuttern, die Mischung hineingeben und 25 Minuten backen. Heiß servieren.

Das Meersalz der Guérande

Schon vor 2700 Jahren wurde auf der Halbinsel der Guérande, im südlichsten Zipfel der Bretagne, nahe der Loire-Mündung, Salz gewonnen. In den ältesten Zeiten erhitzte man dort Tongefäße voller Salzwasser in Öfen, bis das kostbare Gewürz übrigblieb. Auf diese Weise kamen auch die Römer zu ihrem Salz – wie drei erhaltene Zisternen beweisen –, mit dem sie unter anderem *garum*, ihre begehrte Würzsauce aus in Salz eingelegtem Fisch, herstellten. Spätestens seit dem 9. Jahrhundert setzte sich eine grundlegende Änderung in der Salzgewinnung durch. Man lernte die Verdunstungskraft von Sonne und Wind sowie den Wechsel der Gezeiten zu nutzen. Einem speziellen Muster folgend, wurden Salzgärten angelegt, die über die Jahrhunderte das Bassin de Guérande und das Bassin du Mes auf eine unvergleichlich ökologische Weise gestalteten. Die ältesten Salzgärten, von denen heute noch immer fünf in Betrieb sind, stammen aus der karolingischen Epoche. Sie bestehen aus einer Folge von Kanälen und Becken, die in dem flachen Lehmboden angelegt wurden. Nach einem ausgeklügelten System läßt der Salzbauer, der *paludier*, alle zwei Wochen bei Hochwasser frisches Meerwasser über Kanäle, die *étiers*, in einen großen Auffangteich, die *vasière*, laufen, indem er eine *trappe*, eine Klappe öffnet. Aus diesem 10–40 cm tiefen Teich, in dem sich schon erste Verunreinigungen absetzen können, werden dann mehrere Salzgärten versorgt. Im Sommer beginnt nun die Verdunstung. Enthält ein Liter Meerwasser normalerweise 34 g Kochsalz, steigert sich jetzt die Konzentration auf 40 g. In dem anschließenden unregelmäßig geformten Becken, dem *corbier*, beträgt der Salzgehalt bereits 50 g, während sich das Wasser noch weiter klärt. Von dort gelangt es durch einen Wasserlauf, den *tour d'eau*, in das eigentliche, präzise angelegte System von Verdunstungsbecken, den *fards*, die nur 4–5 cm tief sind. Durch die Kraft der Sonne steigt die Wassertemperatur nun auf 32 °C. Zwar wird das Wasser ständig in Fluß gehalten, doch dieser durch viele kleine Deiche auch gebremst. Das erhöht die Verdunstung. Mit einem Salzgehalt von 200 g pro Liter oder 20 °Baumé fließt das Wasser aus dem letzten *fard* in die *adernes*. Diese Becken enthalten den täglichen Vorrat an Lauge für die *œillets*, in der Mitte nur 5–10 mm tiefe, etwa 70 m² große Rechtecke, in denen das Salz kristallisiert. Während der Erntezeit, die frühestens im Juni beginnt und im September endet, wird es täglich vom *paludier* mit einem langen Rechen, dem *las*, vorsichtig zum Rand geschoben und herausgehoben. Die Haupternte besteht aus gleichmäßig großen grauen Kristallen. Zuvor setzen sich an

Der Salzbauer mit seiner täglichen Ernte

Inhaltsstoffe des groben Meersalzes der Guérande:

Feuchtigkeit	6,75 %
wasserunlösliche Stoffe	0,34 %
Sulfate	1,9 %
Chloride	54,5 %
Kalium	0,2 %
Kalzium	0,12 %
Magnesium	0,71 %
Natrium	35,2 %
Kupfer	2,5 mg/kg
Zink	5 mg/kg
Mangan	6,8 mg/kg
Eisen	85 mg/kg
Jod	in Spuren

Laut Analyse der Station agronomique de Loire-Atlantique

der Oberfläche der nun 250 g bis maximal 300 g Salz pro Liter reichen Lauge erste feine weiße Kristalle ab, die Blume des Salzes, die *fleur du sel*, das Nonplusultra unter den Speisesalzen, das ausschließlich zur Verfeinerung von Speisen nach der Zubereitung eingesetzt wird.

Paludiers haben den Status von Bauern. Etwa 200 von ihnen üben heute noch diesen alten traditionellen Beruf aus. Im Vollerwerb bearbeitet jeder etwa 60 *œillets*, von denen jedes im Durchschnitt etwa 1,3 Tonnen Salz erbringt. Das ganze Jahr hindurch ist der Salzbauer damit beschäftigt, die Becken sauber und eben zu halten, den Wasserlauf zu regulieren oder das Salz zu ernten. Die Ernte ist von den klimatischen Bedingungen des jeweiligen Sommers abhängig – wie die anderer Landwirte auch – und kann sich bei günstigen Witterungsverhältnissen leicht verdoppeln, bei schlechten aber um die Hälfte oder mehr reduzieren. Meer, Sonne und Wind sind die drei unerläßlichen Komponenten für eine reiche Ernte. Bei dem langen luftigen Werdegang bleiben alle Schadstoffe auf natürliche Weise auf der Strecke. Ohne weitere Behandlung, außer vielleicht einem Mahlen der Salzkristalle oder dem Vermischen mit Kräutern oder Algen, wird das Meersalz abgepackt und angeboten. Die Halbinsel der Guérande liefert 83 % des aus dem Atlantik – ausschließlich handwerklich – gewonnenen Meersalzes. Die anderen Salzgärten liegen weiter südlich bei Noirmourtier, der Île de Ré und vor der Île d'Oléron. Die Hauptproduktion an Meersalz stammt aber aus den Salzmarschen bei Aigues Mortes am Mittelmeer, wo das Salz mit gewaltigen Maschinen eingebracht und anschließend raffiniert wird. Steinsalz spielt heute in Frankreich nur eine untergeordnete Rolle.

Außer den Salzbauern haben sich seit Anfang des 20. Jahrhunderts Muschel- und Austernzüchter auf der Presqu'île de Guérande installiert. Seit 1996 stehen die Salzmarschen und die Becken der *conchiculteurs* der Gemeinden von Guérande, La Turballe, Batz-sur-Mer, Le Poliguen und Le Croisic unter Naturschutz. Damit wird einerseits dem besonderen architektonischen Erbe der *marais salants* Rechnung getragen, andererseits dem großen Reichtum seiner Fauna und Flora. Außer den seltenen Pflanzen, die sich an Salzwasser akklimatisieren konnten – wie etwa das Salzkraut, *salicorne*, dessen junge Triebe gekocht oder in Essig eingelegt verzehrt werden –, geht es vor allem um den Schutz der fast 180 Vogelarten, die man dort zählte. Allein 72 davon haben in dem Gebiet ihre Nistplätze. Der zuerst im Rahmen der Konvention von Ramsar für Feuchtgebiete gewährte Schutz dient aber nicht allein der Natur. Auf diese Weise wird auch weiterhin die Erzeugung besten und allerbesten Speisesalzes gewährleistet.

Links: Das Einbringen des groben Salzes
Rechts: Luftansicht der Salinen und Kanäle

Dos de saumon grillé au fleur du sel
Gegrilltes Lachssteak mit Meersalz

Pro Person

1 dickes Lachssteak mit Haut (aus dem Filet)
1 EL Enten- oder Gänseschmalz
1 TL Kalbsfond
1 EL Zitronensaft
1 EL gesalzene Butter
1 EL Sherry-Essig
2 EL Sojasauce
2 TL Rohrzucker
1 TL *fleur du sel*
Pfeffer aus der Mühle
1 Glas Salzkraut
Fenchelgrün

Den Grill auf 200 °C vorheizen. Das Lachssteak kalt abspülen und trockentupfen. In Enten- oder Gänseschmalz in einer Pfanne auf der Hautseite 3 Minuten braten.
Für die Sauce den Kalbsfond in 1 EL Wasser auflösen, Zitronensaft sowie Butter zufügen und vorsichtig erwärmen, so daß sie Sauce nicht kocht. Warm halten.
Aus Essig, Sojasauce und Zucker eine Marinade herstellen. Die Fischhaut damit bepinseln und 1 Minute unter den Grill schieben. Dann herausnehmen und die knusprige Haut sofort mit *fleur du sel* und Pfeffer bestreuen.
Das Salzkraut erwärmen. Das Lachssteak auf einer Platte mit der Kruste nach oben anrichten. Fenchelgrün darüber zupfen, mit dem Salzkraut garnieren und mit der Sauce übergießen. Als Beilage eignen sich frische Tagliatelle.

Galettes

Die *galette*, der Buchweizenpfannkuchen, ist vermutlich eines der ältesten Nahrungsmittel der Menschheit. Als Brotersatz wurde sie auf einem heißen, flachen Stein gebacken, den man in der Bretagne *jalet* nennt, woher ihr Name stammt. Buchweizen ist eigentlich kein Getreide, sondern mit dem Knöterich verwandt. Seine Heimat ist Asien, von wo er einerseits nach Rußland, andererseits in den Orient vordrang. Nach Frankreich kam er im Gepäck der Kreuzritter, und weil er eine so dunkle Farbe besitzt, nannten sie ihn *sarrasin*. Die bretonischen Bauern nahmen ihn begeistert auf, da er in nur vier Monaten reif war und sogar auf den unfruchtbaren Böden im Innern der Bretagne gedieh. Fast noch wichtiger für die Bauern war, daß Buchweizen nicht zu Brot gebacken werden konnte und deshalb keinen Steuern und Abgaben unterlag. Die günstig nur aus Mehl, Salz und Wasser herzustellenden *galettes* bildeten jahrhundertelang die Basis der bretonischen Ernährung. Bretonische Frauen waren stolz auf ihre Fertigkeit im Backen von *galettes*, und die Rezepte wurden an Töchter und Enkelinnen weitergegeben. Es gehörte zum Brauch, daß eine Braut die erste in ihrem neuen Heim gebackene *galette* als Tribut an die früheren Hausbewohner auf den Schrank warf, um sich so deren Schutz für Nachwuchs und häusliches Glück zu sichern.

Als Weißmehl einfacher und preiswerter zu erhalten war, geriet Buchweizen in Vergessenheit. Heute stammt der meiste in der Bretagne gemahlene Buchweizen aus China, wo er billiger ist. Erst in jüngster Zeit hat die Rückbesinnung auf authentische Lebensmittel Bauern dazu ermuntert, erneut einheimische Buchweizensorten zu säen. Sie ergeben ein dunkleres, aromatischeres, aber auch teureres Mehl. Traditionell wurden *galettes* über Holzfeuer gebacken, was ihnen den interessanten rauchigen Geschmack gab, doch heute haben die elektrischen Backplatten Einzug gehalten. Inzwischen behaupten die herzhaften, mit Schinken, Spiegelei, Wurst, Käse, Gemüse oder Fisch gefüllten Crêpes ihren Platz in der Gastronomie weit über die Bretagne hinaus.

Pâte à galettes de blé noir
Grundrezept für Crêpes aus Buchweizenmehl

Für 12 *galettes*

250 g Buchweizenmehl
1 Ei
500 ml Wasser
1 EL grobes Meersalz
2 EL zerlassenes Schmalz
Butter oder Schmalz zum Backen

Das Mehl in eine Schüssel sieben und eine Mulde hineindrücken. Da hinein das Ei schlagen. Salz und nach und nach das Wasser zufügen, während man die Zutaten zu einem dünnflüssigen Teig vermischt. Dann kräftig mit dem Mixer schlagen. Mindestens 2 Stunden, am besten über Nacht ruhenlassen. Erneut schlagen und etwas zerlassenes Schmalz zufügen. Die Pfanne erhitzen und gut ausbuttern. Eine Kelle Teig hineingeben und so schwenken, daß er sich über den gesamten Pfannenboden verteilt. Mit einer Messerspitze die gebräunte Teigkante vom Pfannenrand lösen, die Crêpe wenden und die andere Seite backen.
Bretoninnen fetten die Eisenpfanne mit einer Mischung aus Schmalz und Eigelb ein (1 Eigelb auf 100/150 g Schmalz). Die Galette löst sich leichter, und das Buchweizenaroma entfaltet sich besser.

1. Spiegelei und *galette* beginnen ihre Annäherung auf der großen gußeisernen Pfanne.
2. Während sie sich beide erwärmen, kommt eine Scheibe gekochte Schulter hinzu.
3. Ist das Eiweiß gestockt, hebt der Crêpes-Bäcker das Spiegelei auf die leichte Schweineschulter.
4. Nun schlägt er die *galette* so zusammen, daß ein verheißungsvolles Quadrat entsteht.

Crêpes & Kuchen

Die feinen Crêpes verlangen außer nach Eiern, Butter und Milch nach weißem Weizenmehl und Zucker, beides ursprünglich Luxusartikel, und so überrascht es nicht, daß die ersten Crêpes-Rezepte in Paris aufgezeichnet wurden. Wenn sie dennoch schon bald zur bretonischen Spezialität aufstiegen, liegt es nicht zuletzt an der jahrhundertelangen Übung, die man dort im Backen solcher Fladen hatte. Crêpes avancierten zu einem der beliebtesten Desserts überhaupt. Bretonische Seeleute brachten von ihren Schiffsreisen Rum, Orangenblütenwasser, Vanille und Zimt mit, die Crêpes-Bäckern sehr gelegen kamen. Die Möglichkeiten süßer und herzhafter Füllungen schienen unerschöpflich, dennoch blieb den Crêperien die Bodenständigkeit und Einfachheit eigen, die sich aus einer alten Volkstradition herleitet. Lange bevor Frankreich der Invasion amerikanischer Fast-food-Ketten erlag, hatten die Crêperien landesweit die Gunst der Franzosen erobert und wurden zur wohl populärsten Form französischer Gastronomie. Hier konnte – und kann man bis heute – seinen Hunger schnell, preiswert und schmackhaft bekämpfen.

In der Bretagne versteht man sich darüber hinaus auf eine andere Gattung von Kuchen, die entschieden regionaler geblieben ist. Der Grund dafür liegt in ihrer wesentlichsten Zutat: gesalzener Butter. So erfuhr der als Beilage geschätzte *far* durch Zugabe von Eiern und Backobst eine süße Verwandlung. Dem *Gâteau breton* gibt die Butter seine reiche, feinkrümelige Textur. Wenn er in Keksgröße auftritt, nennt man ihn *traou mad*, was soviel wie ›gute Dinge‹ bedeutet. Aber am berühmtesten ist zweifellos der *Kouign Amann*, was wörtlich übersetzt ›Brot und Butter‹ heißt. Ursprünglich wurde er nur in der Region von Douarnenez gebacken, aber inzwischen bietet ihn jeder bretonische Bäcker an, der auf sich hält.

Crêpes Suzette

Von allen Variationen zum Thema Crêpes wurden sie am berühmtesten. Der spätere britische König Edward VII., ein großer Frankreich-Verehrer, schätzte sie über alles. Wie es im Fin de siècle üblich war, verbrachte er den Winter an der Côte d'Azur. Eines Tages lud er Suzette, eine hübsche Französin, der er den Hof machte, zum Essen ein. Als zum Dessert Crêpes am Tisch zubereitet wurden, entflammte sich der Orangenlikör, der daneben stand, aus Versehen. Geistesgegenwärtig servierte der Koch sie, zweimal gefaltet, als neue Kreation. Der Prince of Wales war begeistert und taufte die flambierten Eierküchlein auf den Namen seiner charmanten Begleiterin.

Pâte à crêpes
Grundrezept für gut 12 Crêpes

250 g Weizenmehl
3 Eier
1 Messerspitze Salz
2 EL Zucker
2 EL zerlassene Butter
500 ml lauwarme Milch
Butter zum Backen

In das gesiebte Mehl eine Mulde drücken. Eier, Salz, Zucker und zerlassene Butter hineingeben. Mit der lauwarmen Milch zu einem dünnflüssigen Teig vermischen. Etwa 30 Minuten ruhenlassen. Zum Backen nur wenig Butter in einer Pfanne erhitzen. Jeweils eine kleine Menge Teig hineingeben und durch Schwenken der Pfanne gleichmäßig verteilen. Backen, bis die Unterseite der Crêpe fest und die Teigkante goldgelb ist, dann wenden und die andere Seite backen.

Kouign Amann
Bretonischer Butterkuchen

Für 6 Personen

25 g Hefe
250 g Zucker
500 g Mehl
250 g gesalzene Butter
250 g Zucker
1 Eigelb

Die Hefe mit 1 Prise Zucker in 200 ml lauwarmem Wasser auflösen, Mehl einstreuen und zu einem glatten Teig verrühren. 60 Minuten gehen lassen. Den Teig auf der Arbeitsfläche ausrollen, als wollte man eine große Crêpe backen. Mit Butterflocken bedecken, mit Zucker bestreuen und zum Viertel übereinanderschlagen. Erneut ausrollen und den Vorgang viermal wiederholen wie bei einem Blätterteig. Dann den Teig in eine gebutterte Form drücken und mit dem Eigelb bepinseln. Den Backofen auf 180 °C vorheizen und den Kuchen in 25 Minuten goldgelb backen. Noch warm servieren.

Gâteau breton
Bretonischer Kuchen
(Abbildung oben)

Für 10 Personen

475 g Mehl
475 g Zucker
500 g gesalzene Butter
8 Eigelb
2 EL Rum
2 EL Milch

In das gesiebte Mehl eine Mulde drücken. Zucker und weiche Butter hineingeben und mit dem Mehl vermengen. 7 Eigelb verrühren, dann mit dem Rum zufügen und zu einem glatten Teig verarbeiten. Eine Springform buttern, mit Mehl bestäuben und den Teig gleichmäßig in die Form drücken. Das restliche Eigelb mit der Milch verrühren, die Teigoberfläche damit bepinseln und mit der Gabel gitterförmig einritzen. Den Backofen auf 200 °C vorheizen und den Kuchen etwa 45 Minuten backen. In der Form abkühlen lassen.

Far aux pruneaux
Eierkuchen mit Backpflaumen
(Abbildung unten)

Für 6 Personen

24 Backpflaumen
2 cl Rum
150 g Mehl
150 g Zucker
1 Prise Salz
6 Eier
1 l Milch
1 EL gesalzene Butter

Die Backpflaumen in Rum einweichen. Das gesiebte Mehl mit Zucker und Salz verrühren, eine Mulde eindrücken, die Eier hineingeben und alles zu einem glatten Teig verarbeiten. Lauwarme Milch und zerlassene Butter langsam zufügen. Eine Backform reichlich buttern, die Backpflaumen auf dem Boden verteilen und mit dem nicht zu dünnen Eierkuchenteig übergießen. 10 Minuten bei 225 °C backen, dann die Temperatur auf 170 °C reduzieren, damit der Kuchen aufgeht. Der *far* muß innen noch feucht bleiben. Man serviert ihn kalt oder gerade lauwarm mit süßem Cidre.

NORD–PAS DE CALAIS, PICARDIE, NORMANDIE & BRETAGNE

Pays de Loire
Centre

Jim Budd & André Dominé

Calvados

El Salvador hieß ein Schiff der Armada, die König Philipp II. von Spanien 1588 gegen das protestantische England entsandte. Ihm war das Glück ebensowenig hold wie der gesamten Flotte. Es erlitt Schiffbruch auf Felsen vor der Küste der Normandie. Sehr zur Freude der Normannen. Vielleicht feierten sie diese leichte Beute sogar mit Apfelbranntwein. Denn den brannten sie damals bereits aus übriggebliebenem Cidre. Jedenfalls verwandelte sich der spanische Schiffsname auf ihren schwerer werdenden Zungen zu Calvados und so nannten sie alsbald ihre Heimat und später auch deren hochprozentige Essenz.

Der Apfelschnaps von damals ließ die Möglichkeiten des Calvados von heute allerdings nur ahnen. In seiner Heimat wärmte man sich daran, so jung und kratzig, wie er aus den Brennkolben rann, oder gab einen Schuß davon in den Morgenkaffee. Erst Anfang des 20. Jahrhunderts führten ihn Normannen und Bretonen in der Hauptstadt ein, wo der Calva neue Freunde gewinnen konnte. Inzwischen sind Brenn- und Reifeverfahren entscheidend verfeinert worden, und seit 1942, als er die Appellation d'Origine Contrôlée erhielt, behauptet Calvados seinen Platz neben den Weinbränden Cognac und Armagnac.

Seine aromatische Ausgewogenheit verdankt der Calvados den 48 verschiedenen Apfelsorten, die für seine Herstellung zugelassen sind. Auch bei einem zum Destillieren bestimmten Cidre sollten 40% süße, 40% bittere und 20% saure Äpfel miteinander vermischt werden. Viele der Obstgärten wurden gleich nach dem Zweiten Weltkrieg gepflanzt, und die meisten dieser Bäume erreichen jetzt ihre Altersgrenze. Nach langen Jahren, in denen die gebrannte Schnapsmenge wichtiger schien als die Qualität, pflanzt man jetzt erneut die alten, traditionellen Sorten, die den Charakter des Destillats bestimmen. Von den in der Normandie geernteten Äpfeln werden nur 30% zu Calvados gebrannt, 50% dienen für Cidre und 20% verarbeitet man zu Saft. Um einen Liter reinen Apfelbrand mit 70 Vol% Alkohol zu erhalten, braucht es 18 kg Äpfel.

Der immer intensiver und fruchtig duftende Calvados wird – meist im kontinuierlichen Brennverfahren – in einem Gebiet erzeugt, das sich von Cherbourg im Norden bis fast nach Le Mans im Süden und bis an die Seine-Mündung erstreckt. Aber man unterscheidet noch zwei weitere, spezifischere Herkunftsregionen. Seit einiger Zeit ist der Calvados Domfrontais anerkannt. Er wird aus einem Grundwein destilliert, der mindestens 30% Birnen enthält, was ihm eine delikatere Frucht und größere Sanftheit verleiht. Am angesehensten ist aber der Calvados du Pays d'Auge. Die dafür verwendeten Äpfel müssen ausschließlich aus dem malerischen Landstrich bei Deauville stammen, in dem auch ein paar der berühmtesten Käse Frankreichs beheimatet sind, wie der Pont-L'Évêque und der Livarot. Mit der hohen Anerkennung ist die Auflage zum zweifachen, fraktionsweisen Brennen verbunden, wie man es beim Cognac praktiziert. Daher fängt man nach dem ersten Durchgang die *petites eaux* auf, bei denen aus Cidre ein dreißigprozentiger Rauhbrand wurde. Die zweite Destillierung erlaubt die Unreinheiten des Vor- und Nachlaufs auszusondern und nur das Herz aufzufangen. Mit 69–72 Vol% läuft der wasserklare Apfelschnaps aus der Kühl-

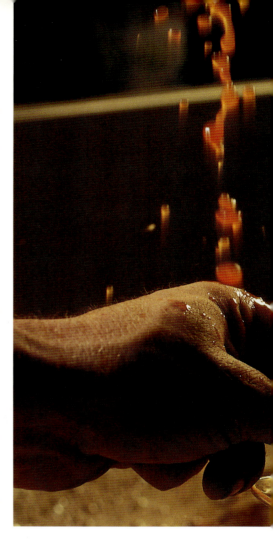

Oben: Kein Calvados-Erzeuger läßt es sich nehmen, den aus der Kelter sprudelnden Most zu probieren und Zucker- wie Säuregehalt zu testen.

schlange. Sein weiterer Werdegang gleicht dem der berühmten Weinbrände. Zuerst in neue Eichenfässer gefüllt, nimmt er eine Dosis von Aromen und Gerbstoffen des ausgewählten Holzes auf. Dann füllt man ihn in immer ältere Gebinde um. Die behutsame Reifung macht ihn von Jahr zu Jahr feiner. Entsprechend der mindestens im Faß verbrachten Jahre wird der Calvados qualitativ eingestuft, denn nach der Abfüllung in Flaschen reift er, so wie auch andere Branntweine, nicht mehr weiter:

- Drei Sterne oder Äpfel: zwei Jahre Faßreife
- Vieux oder Réserve: drei Jahre Faßreife
- V.O. (Very Old) oder Vieille Réserve: vier Jahre Faßreife
- V.S.O.P. (Very Special Old Pale): fünf Jahre Faßreife
- Hors d'Age, Extra oder Napoléon: sechs und mehr Jahre Faßreife

Ein Gläschen Calva in Ehren …

Die edle Ausstattung ist vollkommen berechtigt: Eric Bordelets ›Sidre‹ ist ein reines Naturprodukt. Als Weinkenner weiß er um die Einflüsse des Bodens auf den Geschmack des Getränks.

Frühgemüse
Champignons de Paris
Fische aus der Loire
Schlachtspezialitäten der Touraine
Die Weine der Loire
Essig von Orléans
Die echten Pralinen
Crottin de Chavignol

Noch heute wird in Orléans Essig nach einem Verfahren hergestellt, das seit dem 14. Jahrhundert verbürgt ist.

Das Château de La Preuille ist für seine ausgezeichneten Muscadet-Weine bekannt.

Frankreichs längster Fluß regt noch immer zum Träumen an. Die vielgerühmten Schlösser an seinen Ufern haben bis heute kaum etwas von ihrem Reiz eingebüßt. Was auch damit zusammenhängen mag, daß ihre Bedeutung nicht nur von historischer oder kunstgeschichtlicher Art ist. Sie sind zugleich unübersehbare Denkmäler einer kunstvoll verfeinerten Lebensweise.

Das Herzstück der Loire mit den Provinzen des Anjou und der Touraine wird der Garten Frankreichs genannt. Hier wachsen die Kirschen für den unvergleichlichen Guignolet, einen kernigen Likör, oder die Belle-Angevine-Birnen, die man so gern als Dessert in Rotwein gart, ganz zu schweigen von Erdbeeren, Melonen und anderen hochwertigen Obstsorten. Auch an Gemüsen herrscht hier kein Mangel. Das Bild des Gartens suggeriert zugleich Idylle und Harmonie und bezeichnet damit die Grundpfeiler eines Lebensstils, in dem die Ausgewogenheit von so elementarer Bedeutung war wie die Erlesenheit des Geschmacks, die sich auch in den Bauwerken widerspiegelt. Sie sind aus dem Tuffstein errichtet, der aus Stollen herausgebrochen wurde, die die Hänge oberhalb der Loire kilometerweit durchziehen. Diese alten Steinbrüche bescheren heute nicht nur Champignon-Züchtern geradezu ideale Bedingungen, diese Höhlen von Menschenhand zählen auch zu den besten Weinkellern auf der Welt. In Saumur verstand man es meisterhaft, sie zu der hochwertigen Schaumweinherstellung zu nutzen. In Vouvray reifen dort legendäre edelsüße Weine, und in Bourgueil sind es die Rotweine, die nach Jahrzehnten jene Finesse entfalten, die charakteristisch ist für diese Region. Man kann sie sogar in den deftigsten Spezialitäten wiederfinden, etwa in *rillettes* und *andouillettes*.

Noch immer bietet die Loire den Reichtum an Zutaten, ohne den verfeinerte Küche nicht denkbar ist. Ob ihre zahlreichen Fischarten, ob Feder- oder Niederwild, ob Lämmer oder Kälber, ob Charolais-Rinder, das Nobelhuhn Géline oder die Ziegenkäse, die hier zu den besten Frankreichs zählen. Um Nantes, einst das Tor zu den Kolonien, sprießen delikate Frühgemüse als Basis für einzigartige Suppen und Beilagen. Und wenn man Fisch einfach mit der köstlichen *beurre blanc*, der klassischen Buttersauce, genießt, probiert man dazu vielleicht einen etwas reiferen Muscadet sur lie, der das Aroma seiner Hefen voll entfaltet und dennoch die Frische des Atlantiks in sich zu tragen scheint, in den die vielseitige Loire nach 992 km schließlich mündet.

Frühgemüse

Primeurs heißen die Erstlinge unter den Gemüsen, die es verstehen, ihrer Saison ein Schnippchen zu schlagen, und schon auf dem Markt sind, wenn ihre Artgenossen noch Wachstumsprobleme haben. Diese Frühzeitigkeit ist auch damit erkauft, daß man die *primeurs* erntet, bevor sie völlig ausgewachsen sind. Um ihnen einen guten Start zu geben, braucht es besondere Bedingungen.

Das Pays Nantais, das sich auf dem rechten Loire-Ufer um die Stadt Nantes erstreckt, besitzt sie: sandige, aber fruchtbare Schwemmböden und mildes ozeanisches Klima. Anfang des 19. Jahrhunderts begann man dort mit dem Gemüseanbau, die Nachfrage wuchs, und für die Hafenstadt Nantes lag der Hauptabsatzmarkt jenseits des Kanals. Möhren gediehen in dem sandigen Boden besonders gut. Nachdem man zunächst die kurzen Möhren angebaut hatte, züchtete man eine halblange Sorte, die ab 1864 und bis heute als *carotte nantaise* bekannt ist. In Freilandkultur kann man die sehr jungen und noch nicht fingerlangen Möhren erst ab Mai ernten. Um früher ernten zu können, ließen die Gärtner ihrer Spezialsorte einen besonderen Schutz in mit Glas abgedeckten Beeten angedeihen. Bis zu 400 Mistbeete mit Karotten und weitere 100 mit anderen Gemüsen bestellte ein Gemüsegärtner im Pays Nantais um 1900. So konnte es gelingen, Frühgemüse bereits im März auf den Markt zu bringen, was fürstlich entlohnt wurde, waren die der Wintergemüse überdrüssigen Verbraucher doch gern bereit, für die Frühlingsboten das Siebenfache des angemessenen Preises zu bezahlen.

Die Loire begünstigte die Gartenwirtschaft nicht nur bei Nantes, auch im Departement Maine-et-Loire mit der Hauptstadt Angers und im Umkreis von Orléans konnte der Gemüseanbau neue Dimensionen annehmen. Selbstverständlich gab es Spezialitäten wie Zwiebeln oder Melonen, dicke, rote oder grüne Bohnen, Spargel oder Schwarzwurzeln, aber vor 100 und mehr Jahren lag dort die Stärke noch in der Vielseitigkeit. Bis zu 100 verschiedene Gemüsesorten wurden erzeugt, von denen viele dann irgendwann wieder in Vergessenheit gerieten und erst in jüngster Zeit dank der Ingenieurschule für Gartenbau in Angers eine Renaissance erleben. Inzwischen aber hat sich der Gemüseanbau verändert, er ist industrialisiert und rationalisiert worden, was nahezu zwangsläufig zu einer Konzentration auf wenige Arten führte. An erster Stelle der heute im Pays Nantais angebauten Gemüse steht Feldsalat, der zum gefragten Exportgut wurde. Auch Porree, weiße Rübchen, Erbsen, Tomaten und Melonen rentieren sich, doch die berühmten Möhren gedeihen kostengünstiger in den Landes. Als Wintersalat behauptet sich die Endivie, und nach wie vor sind die Zwiebeln aus Mazé und der Spargel der Sologne ein Begriff.

Tomates – Tomaten
Obwohl man sie zu Recht mit dem Midi in Verbindung bringt, werden sie schon seit langem in der Gegend um Nantes kultiviert, wo man immerhin 18 500 t Tomaten erzeugt.

Oignons – Zwiebeln
Die *oignon de Mazé* hat sich bisher behauptet, und das Loiret ist mit 10 % und 30 000 t jährlich immer noch – nach Burgund und Champagne – eins der wichtigsten Anbaugebiete.

Scarole – Glatte Endivie, Escariol
Als Wintersalat bleibt die *cornette d'Anjou* eine meist nach Gewicht verkaufte Spezialität des Centre, aber die Hauptanbauregionen liegen am Mittelmeer.

Mâche – Feldsalat
Er ist zur Spezialität und zum Exportschlager des Pays Nantais aufgestiegen. Die höchsten Preise erzielt Feldsalat im Januar und Februar, wenn es an anderen Blattsalaten mangelt.

Asperges – Spargel
Im Centre und in den Pays de Loire zusammen werden 23 % des französischen Spargels erzeugt. Hauptanbauregion ist der Gard, auch die Landes sind bedeutend.

Concombre – Gurke
Heute sind die Pays de Loire wichtigste Gurkenproduzenten Frankreichs; mit dem Centre zusammen produzieren sie gut ein Drittel der etwa 135 000 t pro Jahr.

Endives au jambon
Chicorée mit Schinken

4 Chicorée
4 Scheiben gekochter Schinken
60 g Butter
40 g Mehl
500 ml Milch
100 g geriebener Gruyère
Salz, schwarzer Pfeffer aus der Mühle

Eventuell die äußeren Blätter der Chicorée entfernen, das untere Ende abschneiden, das Herz kegelförmig aushöhlen und die Chicorée waschen. 15 Minuten in kochendem Salzwasser blanchieren. Dann abtropfen lassen und jeden Kopf mit einer Scheibe Schinken umwickeln.
Den Backofen auf 200 °C vorheizen.
Eine feuerfeste Form mit 10 g Butter einfetten und die Chicorée hineinlegen.
Für die Sauce das Mehl in der restlichen Butter anschwitzen und unter ständigem Rühren die Milch zufügen; 5 Minuten köcheln lassen. Ein Drittel des geriebenen Käses unterrühren und mit Salz und Pfeffer abschmecken. Die Sauce über die Chicorée geben und den restlichen Käse darüberstreuen. Etwa 10 Minuten lang oder bis der Käse goldbraun geworden ist überbacken. Sofort servieren und einen Sancerre oder Sauvignon der Touraine dazu reichen.

Endive – Chicorée

Ursprünglich eine belgische Entdeckung, hat der Chicorée seit langem seinen festen Platz im französischen Gemüseangebot. Er wird nicht nur als Salat zubereitet, sondern auch wie Gemüse gedünstet und gratiniert. Die meisten der in Frankreich angebauten Chicorée stammen aus dem französischen Teil Flanderns und aus den angrenzenden Regionen. So entfallen auf Nord- und Pas-de-Calais allein 55 % der Produktion, und die Picardie stellt weitere 27% der bei guter Ernte rund 240000 t, die Frankreich zum größten Anbauland überhaupt machen. Exportiert werden davon nur knapp 9 %.
Im Mai und Juni sät man die zweijährige Pflanze auf freiem Feld aus. Sie entwickelt zunächst eine Blattrosette und eine fleischige Wurzel. Bei der Ernte im September/Oktober werden die Blätter entfernt und die Rüben in Kühlkammern kurz unter dem Gefrierpunkt gelagert, bis man sie in Hydrokultur, das heißt in Becken, die keine Erde, sondern Wasser bzw. Nährlösung enthalten, bei konstanten 10–18/22 °C und in völliger Dunkelheit zum Treiben bringt. Nach drei bis vier Wochen haben sich die Sprosse gebildet, die von den Wurzeln abgebrochen werden. Nur selten treibt man Chicorée heute noch in Beeten mit lockerer Erde oder Sand, wo sie besonders fest und süß werden. Chicorée sollte absolut makellos, der Kopf fest und geschlossen sein. Sind die Blattspitzen grün, können sich die unangenehmen Bitterstoffe in der Pflanze bereits ausgebreitet haben.

Navets glacés
Glasierte weiße Rübchen

600 g kleine junge weiße Rübchen
20 g Butter
1/2 TL Zucker
300 ml Hühnerbrühe

Die jungen Rübchen bürsten, abspülen, dann 10 Minuten blanchieren. Die Butter in einem Topf zerlassen, Rübchen und Zucker zufügen und kurz andünsten. Nun die Brühe dazugießen, zudecken und 15 Minuten garen. Dann den Deckel entfernen und die Brühe durch Verdampfen binden. Die Rübchen in der Sauce schwenken und heiß als Beilage zu Braten servieren.

Auf die gleiche Weise werden Karotten oder junge Möhren glasiert.

Poireau – Porree
Der *poireau* und insbesondere *en primeur* bleibt eine Spezialität des Pays Nantais, das mit 17% von 215000 t vor der Manche und dem Loir-et-Cher den Markt anführt.

Potage printanier
Frühlingssuppe

3 junge Möhren
1 kleine weiße Rübe
3 dünne Stangen Porree
1 Stange Staudensellerie
4 Kartoffeln
2 Zweige Petersilie
1,5 l Rindfleischbrühe
Salz, schwarzer Pfeffer aus der Mühle
2 EL Crème fraîche

Die Gemüse putzen und in kleine Würfel schneiden. Die Brühe zum Kochen bringen, die kleingeschnittenen Gemüse hineingeben, die Temperatur reduzieren und die Suppe 1 Stunde lang köcheln lassen.
Die Brühe durch ein Sieb in eine Suppenschüssel passieren. Die Gemüse pürieren, mit Salz und Pfeffer abschmecken und wieder in die Brühe geben. Dann die Crème fraîche einrühren und die Suppe sofort servieren.

Carottes – Möhren
Einst wichtigstes Gemüse des Pays Nantais, spielen sie dort heute fast keine Rolle mehr, während Landes und Girondes 27 % der Jahresproduktion von 644000 t erzeugen.

PAYS DE LOIRE & CENTRE

Austernpilze nehmen in der französischen Beliebtheitsskala erst weit nach den Champignons den zweiten Platz ein. Dieser Baumpilz gedeiht auf einer Mischung aus Kompost und Sägemehl und ist in mehreren Farbtönen erhältlich: Außer in Gelb gibt es ihn noch in Weiß und in Rosa.

Oben: Diese Variante der Champignons de Paris hat braune Hüte, wird aber *blond* genannt und ist aromatischer als gleich große weiße Exemplare.

Champignons de Paris

Obwohl das Loire-Tal die Umgebung von Paris in der Champignonzucht längst überflügelt hat, behielt man den zugkräftigen und historischen Namen bei. Denn es war der Pariser Gärtner Chambry, der die gute Idee gehabt hatte, verlassene unterirdische Steinbrüche zur Kultivierung von Wiesenchampignons zu nutzen. Das kam den natürlichen Wachstumsbedingungen der Pilze entgegen, sie gediehen gut, die Nachfrage auf den Pariser Märkten wuchs, und bald fand Chambry zahlreiche Nachahmer. Dennoch sollte es rund 100 Jahre dauern, bis der Champignonzüchter Monin sich für die Tuffsteinhöhlen an der Loire begeisterte und dort mit dem Anbau begann.

Heute vermehren spezialisierte Züchter nur das Myzel verschiedener Pilzarten auf sterilisierten Roggen- oder Hirsekörnern als Nährboden und verkaufen es in Vier-Liter-Einheiten an die Zuchtpilz-Produzenten. Diese säen das Myzel in Kompost ein. Für Kulturchampignons besteht ein solcher Kompost aus einer Mischung von Stroh und Pferdemist, die zu Haufen geschichtet, regelmäßig mit Wasser berieselt und gewendet werden. Dadurch läßt sich der Zersetzungsprozeß beschleunigen, so daß der Kompost bereits nach einer Woche fertig ist, während die Natur dafür rund acht Monate braucht. Der Nährboden wird durch Wärmeeinwirkung sterilisiert und muß erst abkühlen, bevor man das Myzel einsäen, untermischen und in Plastiksäcke abfüllen kann.

Die Züchter legen die Säcke in den Stollen der einstigen Steinbrüche aus, wo das ganze Jahr hindurch eine Temperatur von 12–16 °C herrscht und die Luftfeuchtigkeit 90 % beträgt. Pilze können ihre Nährstoffe nicht selbst über die Photosynthese erzeugen, da sie kein Chlorophyll, kein Blattgrün besitzen. Sie sind daher nicht auf Sonnenlicht, wohl aber auf verwertbare organische Stoffe angewiesen, die das Myzel dem Nährboden entzieht. Um das Pilzwachstum zu fördern, bestreut der Züchter die Oberfläche der Säcke zusätzlich mit Myzel. Nach einer Inkubationszeit von zehn bis 15 Tagen, in denen das Myzel den Kompost durchdringt, trägt man eine dünne Schicht aus mit Wasser vermischtem Torf und gemahlenem Tuffstein auf die Oberfläche auf, *gobetage*, damit der Kompost nicht austrocknet. Nach zwei weiteren Wochen erscheinen erste Pilzhüte. Alle 24 Stunden verdoppeln sie ihre Größe, und

PAYS DE LOIRE & CENTRE

Champignons de Paris, hier nicht die schneeweißen, sondern die cremefarbenen. Nach ihrer Geburt verdoppeln sie täglich ihre Größe.

Heute weit verbreitet ist die Zucht der Pilze in Plastiksäcken, die mit sterilem Kompost gefüllt werden, in und auf dem man das Pilzmyzel ausbringt.

nach sieben bis zehn Tagen sind sie erntereif. Innerhalb von sechs bis acht Wochen reifen fünf weitere Ernten heran. Sie alle erfolgen nach wie vor von Hand. Ein 30–35 kg schwerer Sack Kompost ergibt 6–10 kg Pilze. Dann ist er ausgelaugt und nicht mehr steril genug, denn eine der Voraussetzungen für die erfolgreiche Zuchtpilz-Erzeugung ist penible Hygiene. In regelmäßigen Abständen werden deshalb die Stollen und sämtliches Arbeitsmaterial desinfiziert. In der Umgebung von Saumur, wo es etwa 1000 Steinbrüche gibt, deren Tuffgestein jahrhundertelang zu teils großartigen Schlössern, Kirchen und Häusern verbaut wurde, dienen heute 800 km Höhlen zur Champignonzucht. Frankreich ist nach den USA und China der drittgrößte Produzent von Kulturchampignons, die roh in Salaten, gedünstet als Beilage oder überbacken wachsende Beliebtheit erfahren, wenngleich 65 % der Jahresproduktion in Dosen in die Küchen gelangen.

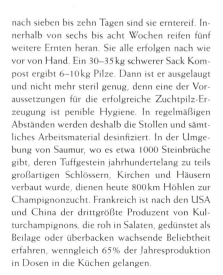

Die älteste, bis 1960 gebräuchliche Methode, Champignons zu züchten, bestand darin, in den Stollen Beete anzulegen, die man nach jeder Fruchtfolge völlig abtragen mußte.

Der nächste Entwicklungsschritt in der Geschichte der Champignonzucht war die Verwendung solcher Holzkästen, die man besser handhaben und reinigen konnte; inzwischen geht man zu Containern über.

Fische aus der Loire

Die Loire, der mit seinen 992 km längste Fluß Frankreichs, ist noch immer ein Paradies für Angler, die in großer Zahl ihre und die Ufer ihrer Nebenflüsse säumen. Aber längst hat der Fortschritt nach dem Fluß gegriffen, Ufer begradigt und zementiert, Staustufen, Schleusen und Kraftwerke errichtet. Roanne und Orléans, Tours, Angers und Nantes schmückt – und verkraftet – sie. Die einst florierende berufsmäßige Fischerei lebt mehr in rosiger Vergangenheit als in aussichtsreicher Gegenwart. Der zu Recht hochgeschätzte Lachs ihrer oft sehr niedrigen Gewässer ist so rar geworden, daß er unter Schutz gestellt wurde. Die intensivst betriebene Landwirtschaft an ihren Ufern verschuldet den häufig überhöhten Nitratgehalt, an den sich delikater Schlei, feiner Flußbarsch und zarte Alse nicht so recht gewöhnen können und den auch die *civelles*, jene von Gourmets so schwärmerisch verehrte Aalbrut, die man nur zwischen Januar und März in der Loire findet, schlecht verträgt. Glücklicherweise fühlen sich andere Arten noch wohl, vor allem Karpfen und ähnlich langmütige Gesellen wie Barbe, Brachse und Gründling, aber auch Zander, Hecht und in geringerem Maß das Neunauge. Selbst die kleine, als *friture* sehr beliebte Ukelei hat sich wieder vermehrt. Und zwischen Nantes und Saint-Nazaire gehen den Fischern darüber hinaus Meerbarben und Lachsforellen ins Netz. Auch Aale und Frösche zählen zur Beute von Profis und Laien an und auf der Loire. Während man in Tours Aale mit Rotwein zur *Matelotte* kocht, läßt man weiter der Mündung entgegen seine Fische gern in einer Court-bouillon, einem mit Suppengemüse, Kräutern, Essig, Pfeffer und Salz gewürzten Sud, garziehen und serviert oft weiße Buttersauce dazu. An Weißweinen zur Begleitung der feinen Fischgerichte mangelt es an der Loire am wenigsten. Bei der Auswahl beweist man gern Lokalpatriotismus und genießt bei Nantes mit Vorliebe mindestens zwei bis drei Jahre alten Muscadet sur lie.

Grenouilles sauce poulette
Froschschenkel in Poulette-Sauce
(Abbildung unten)

2 Schalotten
4 Champignons
100 g Butter
500 g frische Froschschenkel
1 EL Mehl
Salz und Pfeffer aus der Mühle
250 ml Muscadet-Wein
250 ml Crème fraîche
2 Eigelb
Saft von 1/2 Zitrone
2 Zweige Petersilie

Schalotten fein hacken, Champignons putzen und blättrig schneiden. 70 g Butter in einer Pfanne erhitzen, bis sie golden wird. Die Froschschenkel hineingeben und anbraten, dann mit etwas Mehl bestäuben, vermischen, salzen und pfeffern. Schalotten, Pilze und Wein zugeben und 5 Minuten kochen. Die Froschschenkel herausnehmen und warm stellen. Die Sauce auf drei Viertel reduzieren, dann mit Crème fraîche und Eigelb binden. Die restliche Butter hinzufügen, mit Zitronensaft beträufeln. Die Froschschenkel auf Tellern anrichten und mit der Sauce übergießen. Petersilie fein hacken und damit bestreuen. Dazu paßt ein 4–5 Jahre alter Muscadet sur lie.

Anguille de Loire Tartare
Aal mit *sauce Tartare*

1 Loire-Aal, etwa 1,2 kg
Salz und Pfeffer aus der Mühle
1 Bouquet garni
1 EL Rotweinessig
2 EL Mehl
1 Ei
2 EL Öl
Semmelbrösel
1 Zweig Petersilie
4 EL *sauce Tartare*

Den Aal häuten, ausnehmen, waschen, zusammenrollen und mit Küchengarn verschnüren. In einer Court-bouillon mit Salz, Pfeffer, Bouquet garni und Essig 15 Minuten garziehen lassen. Herausnehmen, abtropfen lassen und in Mehl wälzen. Das Ei mit dem Öl verschlagen, salzen und pfeffern. Den Aal darin wenden und im Grill bräunen. Mit Petersilie dekorieren und mit *sauce Tartare* aus Mayonnaise, feingehackter Petersilie, Essiggurken, Kapern und hartgekochtem Ei servieren.

Anguille de Loire Tartare – Aal mit *sauce Tartare*

Brochet beurre blanc
Hecht in Buttersauce

1 Loire-Hecht, etwa 1,5 kg
Salz und Pfeffer aus der Mühle
1 Bouquet garni
1 EL Rotweinessig
2 Schalotten
50 ml Weißweinessig
50 ml Muscadet
200 g gesalzene Butter
3 Zweige Petersilie

Den Hecht schuppen, ausnehmen und säubern. Eine Court-bouillon aus Wasser, Salz, Pfeffer, Bouquet garni und 1 EL Essig erhitzen, den Fisch darin 10 Minuten pro Pfund garziehen lassen. Die Schalotten fein hacken, mit Essig und Wein kochen, bis die Flüssigkeit verdampft ist. Die kalte Butter in Flocken bei schwacher Hitze nach und nach einrühren; nicht kochen. Mit Pfeffer würzen. Den Hecht in einer Schüssel auf einer Serviette anrichten, die obere Seite häuten und mit Petersilie verzieren. Dazu Dampfkartoffeln und Buttersauce reichen.

Brochet beurre blanc – Hecht in Buttersauce

Alose de Loire à l'oseille
Loire-Alse mit Sauerampfer

1 Loire-Alse, 1,5–2 kg
12 kleine Kartoffeln
2 Schalotten
320 g Butter
2 Bund Sauerampfer
100 ml Muscadet
Salz und Pfeffer aus der Mühle
einige Zweige Petersilie

Die küchenfertige Alse bei 180 °C 15 Minuten pro Pfund im Backofen braten. Rechtzeitig die Kartoffeln kochen oder dämpfen sowie die Schalotten fein hacken und in Butter kurz dünsten. Den feingeschnittenen Sauerampfer und den Wein zugeben und unter Rühren kochen lassen, bis die Mischung eine cremige Konsistenz annimmt. Die restliche Butter in Flocken unterrühren, wobei die Sauce nicht kochen darf, dann abschmecken. Die Alse mit den Kartoffeln anrichten und mit Petersilie garnieren. Die Sauce getrennt reichen.

Alose de Loire à l'oseille – Loire-Alse mit Sauerampfer

PAYS DE LOIRE & CENTRE

Schlachtspezialitäten der Touraine

Rillettes und Rillons

Honoré de Balzac, der unersättliche Romancier, huldigte in »Die Lilie im Tale« den deftigen Spezialitäten seiner Geburtsstadt Tours, den *rillettes* und *rillons*. Während damals vornehme Leute davon meist nichts wissen wollten, schwärmte er von »diesen Rückständen des in seinem Schmalz geschmorten Schweins«. Er verglich die *rillons* mit gegarten Trüffeln, während er die *rillettes* zur braunen Konfitüre erhob. Offenbar hatte der Genußmensch Balzac keine Probleme, sich zu den rustikalen Schweinezubereitungen seiner Heimat zu bekennen. Ihr Ursprung reicht Jahrhunderte zurück und verliert sich im Dunkel der Zeiten und Dörfer. Denn es ist naheliegend, daß die Dorfbewohner, wenn sie ein Schwein schlachteten, kleingeschnittene Stücke und Streifen von Bauch, Schlund, Schulter und Schwarte lange in Schmalz schmorten, um sie auf diese Weise haltbar zu machen. Bereits Ende des 15. Jahrhunderts nannte man sie *rille* oder auch *rillée*, ein Ausdruck, der auf das altfranzösische *reille* zurückgeht, das Latte bedeutete und vom lateinischen *regula* herrührt.

An der Zubereitung hat sich seither wenig geändert. Die Qualität wird in erster Linie von der Güte des Schweinefleischs bestimmt, die von der Haltung abhängt. Die Tiere müssen ordentlich Speck angesetzt haben, und man wählt mit Vorliebe junge Sauen.

Gute *rillettes* bestehen zu etwa zwei Dritteln aus Bauch, Schulter und Schlund, zu einem Drittel aus Speck und Schmalz. Den Speck befreit man von der Schwarte und schneidet ihn in feine Würfel. In einem gußeisernen Topf wird das Schmalz erhitzt und darin unter Rühren der Speck ausgelassen. Das in Stücke geschnittene Fleisch – es sollte nicht zu viele Knochen enthalten – kommt hinzu. Unter häufigem Umrühren bringt man das Fett zum Brodeln und läßt das Fleisch etwa eine halbe Stunde anbraten. Dann gießt man etwas Wasser an und deckt den Topf ab. Die Saftigkeit der fertigen *rillettes* hängt davon ab, daß man das Fleisch bei nur niedriger Temperatur schmoren läßt. Nach fünf Stunden fügt man Meersalz, Pfeffer, Zwiebeln, eventuell einige Nelken und Kräuter, hinzu und läßt den Topf für eine weitere Stunde auf dem Herd. Das Fleisch muß so weich sein, daß es zu Fasern zerfällt. Jetzt gibt man den Topfinhalt in ein großes Sieb, damit das Fett abtropft und das Fleisch erkaltet. Dadurch sondert sich der Fleischsaft ab, den man abzieht. Die *rillettes* werden nun auf große Platten geschüttet, so daß man sie von Knochen, Sehnen und Knorpeln befreien kann, was von Hand geschieht. Anschließend kommen sie zurück in den Topf, der Fleischsaft wird nach und nach zugegossen, während man sie erneut unter Rühren erhitzt. Nun gibt man soviel Schmalz zu, wie für eine ausgewogene Mischung erforderlich ist. Ein letztes Mal abschmecken, dann kann man die *rillettes* rasch im kalten Wasserbad abkühlen. Dabei rührt man ununterbrochen weiter, damit sich das noch flüssige Schmalz nicht absetzt. Sobald es dickflüssig zu werden beginnt, füllt man die Rillettes in Gläser, Töpfe oder Formen und stellt sie kalt. Zwar spricht man von Rillettes de Tours, aber der benachbarte Winzerort Vouvray ist für die seine mindestens ebenso berühmt, und mittlerweile mehren sich die Stimmen der Kenner, die ihr den Vorzug geben. Wenn man sie mit leicht geröstetem Landbrot als Vorspeise serviert, sollte man unbedingt einen trockenen Vouvray dazu einschenken, einen charaktervollen Weißwein, dessen gute Säure einen angenehmen Gegenpol zu den doch etwas gehaltvollen *rillettes* schafft.

Rillettes müssen gut streichfähig und cremig sein. Schon aus dem Grund, aber auch wegen des Geschmacks, reicht man sie nicht gekühlt, sondern auf Zimmertemperatur. Außer den Rillettes de Tours sind die aus Mans berühmt, die man anfangs nicht so stark anbrät, damit sie weiß bleiben. Außerdem achtet man darauf, daß sie noch ganze Stücke mageren Fleisches enthalten.

Nicht nur aus Schweinefleisch werden *rillettes* zubereitet. Im Südwesten nimmt man dazu gern die Überreste der fetten Enten und Gänse, und auch Kaninchenfleisch eignet sich gut dafür.

Rillons unterscheiden sich hauptsächlich in ihrer Konsistenz, handelt es sich dabei doch um größere, aber ebenfalls in Schmalz haltbar gemachte Fleischstücke. Ein kräftiger Schuß Vouvray, der in den Topf kommt, verleiht ihnen eine zusätzliche Finesse.

Pasteten und Terrinen

Das Centre gilt als eine Hochburg der Pasteten und Terrinen. Unter ihnen ist die *pâté de Chartres* die berühmteste und wie die großartige gotische Kathedrale der Hauptstadt des Eure-et-Loir ein aufwendiges und kompliziertes Kunstwerk. Wichtigster Bestandteil ist dabei Wildbret, das man zunächst längere Zeit marinieren läßt. Es wird dann mit einer Farce aus Schweine- und Kalbfleisch, verschiedenen Lebersorten, Trüffeln und Cognac vermischt, um in Teig oder in einer Terrine gebacken zu werden. Hohes Ansehen bei früheren Gourmets besaßen Lerchen-Pasteten, unter denen sie die *pâté de mauviettes de Pithiviers* am meisten schätzten, mit der die Familie Provenchère im 16. Jahrhundert ihr Glück gemacht hatte, als sie mit diesem Rezept den Geschmack Karls IX. traf.

Vor allem waren es die wildreichen Wälder der Beauce und der Sologne, die den Pastetenbäckern die Zutaten lieferten. So kreierten sie Pasteten und Terrinen von Wachteln und Schnepfen, Rebhühnern, Wildenten und Fasanen, Kaninchen, Hasen und Rotwild.

Im Prinzip unterscheidet man zwischen den *pâtés*, die eine Teighülle besitzen und in einer Metallform gebacken werden, und den *terrines*, die man in – oft mit fettem Speck ausgelegten – Porzellan- oder Steingutformen gart und anschließend einige Zeit beschweren muß. Heute werden diese Bezeichnungen jedoch mit größerer Freiheit verwendet.

1 Für *rillons*, gerühmte Spezialität der Touraine, werden gut mit Fett durchwachsene Schweineschulter und Schweinebauch in große Stücke geschnitten. – 2 Man gibt das Fleisch in einen großen gußeisernen Topf und schüttet 20–25 g Meersalz pro Kilogramm darüber, das man gut durchziehen läßt. – 3 Nun erhitzt man den Topf, in den man zuvor Schmalz gegeben hatte und brät die Stücke unter Wenden von allen Seiten an. – 4 Sobald sie gut angebraten sind, fügt man, um eine schöne, bräunliche Farbe zu erhalten, etwas Karamel hinzu, den man gut vermischt. – 5 Ein kräftiger Schuß Vouvray gegen Ende der Zubereitung sorgt für die besondere Note. – 6 Fertige *rillons* im Einmachglas.

Andouillettes

Nach dem Motto »Tout est bon dans le cochon« (Alles ist gut am Schwein) verstanden es französische Bauern und Metzger schon im Mittelalter, selbst aus Magen und Gedärmen etwas besonderes zu machen. So ist die Liebe der Franzosen zur *andouillette* über Jahrhunderte gewachsen, während es Mitgliedern anderer Nationalitäten in der Regel übel aufstößt. Denn vor allem die klassische Schweineversion hat oft einen markanten, um nicht zu sagen penetranten Geruch und Geschmack. Dabei gelten diese Gekrösewürste in Frankreich als eine der größten Leistungen ihrer Charcutiers. Seit alters gibt es zwei Fraktionen. Die einen, deren Hochburg Troyes ist, schwören auf Schwein, die anderen – mit der Hauptstadt Lyon – auf Kalb. Und diejenigen, die den goldenen Mittelweg anstreben, erkoren Cambrai im Norden, nicht weit von Calais, zu ihrer Kapitale. Aber ob nun vom Schwein oder vom Kalb – es erfordert gewissenhafte, saubere Arbeit, um aus den unedelsten Zutaten eine Wurst zuzubereiten, die Gourmets in Verzückung bringt. Nach höchst gründlicher Reinigung schneidet man die Innereien in lange, dünne Streifen und mariniert sie gut gekühlt 48 Stunden in Zwiebeln, Karotten, Thymian, Lorbeer, Weißwein und/oder Essig (die Marinade gibt man später zum Bouillon). Bei der handwerklichen Herstellung werden die Innereien nach dem Würzen mittels eines Bindfadens gebündelt und gewickelt, in Därme gestopft und abgebunden. In brodelnder Bouillon kochen die Würste etwa zweieinhalb Stunden. Nun folgt ein Abschöpfen des Fetts, eine teilweise Erneuerung der Brühe – bei ganz traditioneller Herstellung sogar ein Umstülpen und Reinigen der Därme sowie neues Stopfen – und eine zweite, fast ebenso lange Kochzeit. Nachdem sie abgekühlt sind, werden die Würste in 10–15 cm lange Portionen unterteilt. *Andouillettes* sind also bereits gegart, weshalb man sie auch kalt zum Aperitif oder mit Salat servieren kann. Trotzdem sollte man sie nicht länger als eine Woche im Kühlschrank aufbewahren. Bevorzugt ißt man sie heiß als Vorspeise oder Hauptgericht. Dazu werden sie gebraten, gegrillt oder gebacken, bis der äußere Darm goldbraun und knusprig ist. Man gibt kein oder nur wenig Fett hinzu und sticht die Haut mehrmals mit einer Gabel ein. Dann röstet man Zwiebeln oder Schalotten im Bratfett und löscht mit etwas Weißwein ab, der neben Beaujolais idealer Begleiter ist. Übrigens müssen *andouillettes* einer Verordnung von 1912 entsprechen, und die *Association Amicale des Amateurs d'Andouillette Authentique (AAAAA)* verleiht Diplome, auf die sich der Kunde ruhig verlassen kann.

Frankreichs Andouillettes

Andouillette de Cambrai
Bei dieser berühmten Version aus dem Norden zieht man Eingeweide vom Kalb als Hauptzutat vor, würzt dann gut mit Zwiebeln, Schalotten und zuweilen mit etwas Genièvre.

Andouillette de Chablis
Sie bestehen aus Eingeweiden vom Schwein, sind vergleichsweise klein im Durchmesser und markant im Geschmack. Sie werden auch mit frischen Kräutern und Schnecken verfeinert.

Andouillette de Jargeau
Aus dem Dorf im Departement Loiret (Hauptstadt Orléans) stammt eine Wurst, die ihren feineren Charakter der Beigabe von magerem Schweinefleisch verdankt.

Andouillette de Lyon
Die beste stammt von Bobosse, von René Besson, der sie im Beaujolais ausschließlich aus Gekröse vom Kalb mit dem Faden zieht und in gutgewürzter Bouillon gart.

Andouillette du Périgord
Neben all seinen anderen Spezialitäten verzichtet das Feinschmeckerparadies im Südwesten nicht auf eine eigene *andouillette*-Version, für die man Schweinewamme verarbeitet.

Andouillette provençale
Zwar hält man sich in der Provence an Kutteln und Schlund vom Schwein, paniert sie aber, und was das Aroma betrifft, kommen die berühmten Kräuter und auch Knoblauch ins Spiel.

Andouillette de Rouen
Wo man sich gut auf die *andouille* versteht, stopft man auch gute *andouillettes,* wobei man aber zum feingeschnittenen Schweinsgedärm Gekröse vom Kalb gibt.

Andouillette de la Touraine
Kalb und Schwein geben Kuttelfleck und Gekröse, um deren jeweilige Vorzüge zusammenzubringen, was zu einem überzeugend ausgewogenen Geschmack führt.

Andouillette de Troyes
Vielen Gourmets gilt Troyes als die Hochburg der reinen Schweine-Fraktion der *andouillette*-Fabrikanten, die auf den ausgeprägten und rustikalen Charakter schwören.

Animelles – Hoden vom Schafbock

Bonnet – Netzmagen

Caillette – Labmagen

Cœurs de veau, agneau et bœuf
Herz vom Kalb, Lamm und Rind

Joue de bœuf – Rinderbacke

Feuillet – Blättermagen

Fraise de veau – Kuttelfleck

Langues de bœuf, agneau et veau – Zunge von Rind, Lamm und Kalb

Panse – Pansen

Ris de veau et agneau – Kalbs- und Lammbries

Rognons de bœuf, agneau et veau – Nieren von Rind, Lamm und Kalb

Tête de veau – Kalbskopf

Das Saumurois zeigt sich von ganz anderer Seite, hier bestimmt weißer Tuffstein den Charakter der Weine. Obwohl auf der Sorte Chenin Blanc fußend fast soviel Weiß- wie Rotwein erzeugt wird, ist die Appellation Saumur für letzteren bekannt, dessen beste Lagen den gefragten Saumur-Champigny ergeben. Der Kreideboden verleiht dem Cabernet Franc ein Parfüm roter Früchte, große Harmonie und bestechende Eleganz.

Touraine

Die Touraine ist das Dorado des Cabernet Franc. Anders als dem später reifenden Cabernet Sauvignon gefällt es dem Franc an der Loire. Abgesehen von Saumur beginnen seine besten Lagen ein Stück flußaufwärts in Bourgueil, Saint-Nicolas-de-Bourgueil oder in Chinon. Hier erfährt er je nach Boden unterschiedlichen Ausdruck: Auf Schwemmböden wird er zum süffig-leichten Bistrotwein; auf höheren Lagen mit Tonkalk bekommt er kräftigere Struktur mit ausgeprägteren Tanninen; und da, wo er viel Sonne und weniger Erde vorfindet, gewinnt er wirkliche Klasse.

Seine ganze Palette, von trocken über süß bis zu schäumend, zeigt der Chenin Blanc in Montlouis und Vouvray, während er im Gebiet von Jasnières trocken zu großer Form aufläuft.

Bei Rotweinen dominiert mengenmäßig der aus dem Beaujolais bekannte Gamay, der auch hier für Primeurs und süffige, jung zu trinkende Rote benutzt wird. Für anspruchsvollere Cuvées wird er mit Cabernet und Cot (Malbec) verschnitten und *Cuvée Tradition* bzw. in Touraine Amboise *Cuvée François I.* genannt.

Bei den Weißweinen der Touraine führt der Sauvignon vor Chenin und etwas Chardonnay. Dasselbe Spektrum an Rebsorten findet sich auch in der kleinen Appellation Cheverny, wo zusätzlich der säurebetonte Romorantin wächst, und meist in den V.D.Q.S.-Gebieten der Coteaux du Vendômois, des Thouarsais und des Valençay, wo man angenehme, leichte Weine keltert. Das gilt auch für das Haut-Poitou, dessen Renaissance sich auf die Qualität seines Sauvignons gründet.

Sancerre und Pouilly-Fumé

Sancerre und Pouilly-sur-Loire sind Hochburgen des Sauvignons. Als Modesorte hat er sich mittlerweile vielerorts durchgesetzt, doch nirgendwo kann er sortenrein soviel gezähmte Intensität und Finesse erlangen wie in den beiden Gemeinden im zentralen Teil der Loire und im benachbarten Menetou-Salon, Quincy und Reuilly. Sancerre ist der bekannteste Weinort und das größte Anbaugebiet mit fast 2000 ha Reben. Bis zur Reblauskatastrophe Ende des 19. Jahrhunderts überwogen hier Gamay und vor allem Pinot Noir, den man an Champagnerhäuser verkaufte. Danach erhielt der Sauvignon den Vorzug und

V.D.Q.S.

Der *Vin Délimité de Qualité Supérieure* ist eine französische Qualitätsweinstufe, die zwischen den Landweinen, den *Vins de Pays*, und der höchsten Kategorie, den Weinen aus einer Appellation d'Origine Contrôlée (AOC), angesiedelt ist. Oft haben sie sich als Vorstufe zur AOC entpuppt, denn ihre Zahl hat in den letzten Jahren deshalb auf 23 abgenommen, weil sie nach und nach aufgewertet wurden. Wie bei den AOCs sind beim V.D.Q.S. Ursprung, Rebsorten, Erträge, Anbau und Vinifikation strikten Vorschriften unterworfen, die regional üblichen Traditionen folgen. Da es ihnen an Prestige mangelt, bleiben sie preislich günstig und bieten oft echte Schnäppchen.

Châteaugay, im Zentrum Frankreichs, steht für stilvolle Gamay-Weine.

stellt heute zwei Drittel der Appellation, während der Rest auf Pinot entfällt und einen leichten, fruchtbetonten Rotwein ergibt. Die kräftigsten Weine gedeihen auf den *pierres blanches* aus weißem Mergel. Sonst sind Kalk und Feuerstein und auf den hohen Hügeln bei Chavignol und Bué Tonkalk vorherrschend. Meist werden die Terroirs miteinander verschnitten.

Die Weinberge von Pouilly-Fumé liegen am Ostufer der Loire, wenig weiter südlich. Hier sind die Hügel sanfter geschwungen und die Weine im allgemeinen etwas runder und weicher als die von Sancerre – und etwas weniger aromatisch. Auch einige Pouillys wachsen auf Feuerstein, was manchen eine Note verleiht, die an ein eben angezündetes Streichholz erinnert und damit eine mögliche Erklärung für den Beinamen *fumé*, rauchig, liefert. Bis auf wenige, im neuen Holzfaß vergorene Weine sollten die Sauvignons jung getrunken werden. Pouilly versorgte früher, als es noch keine Eisenbahnen gab, Paris mit Eßtrauben, weshalb einst mehr Chasselas als Sauvignon angebaut wurde. Heute besteht davon nur noch wenig und der eher neutrale Pouilly-sur-Loire wird daraus vinifiziert.

Nördlich Sancerres liegen die Coteaux de Giennois, ein *Vin Délimité de Qualité Supérieure*, der ebenfalls auf Sauvignon und Pinot Noir – und etwas Gamay – basiert, aber weniger Konzentration und Intensität aufweist als sein großer Bruder. Auch bei Orléans, einst ein wichtiges Weinzentrum, wachsen wieder etwa 100 ha Reben für die *Vins de l'Orléannais*.

Weitere Weinregionen des Centre

Châteaumeillant V.D.Q.S. (ca. 100 ha): Nordöstlich von Montluçon werden aus Gamay ein nervöser Gris und parfümierte, runde Rotweine gekeltert; Anbau auch von Pinot Noir und Pinot Gris.

Saint-Pourçain V.D.Q.S. (500 ha): Südlich von Moulins reifen Gamay und Pinot Noir zu angenehmen Rotweinen mit komplexer Fruchtigkeit und sind die Weißweine durch Sauvignon, Chardonnay, Aligoté und den alteingesessenen Tressalier vertreten.

Côte Roannaise V.D.Q.S. (150 ha): Gamay beiderseits der Loire auf der Höhe von Roanne; die besten Rotweine liefern Renaison, Saint-André-d'Apchon und Villemontais.

Côtes d'Auvergne V.D.Q.S. (500 ha): Am Rand des Zentralmassivs, nördlich und südlich von Clermont-Ferrand, ergibt der Gamay trockene Rosés und fruchtige, teils sehr würzige Rote, besonders Chanturgue, Chateaugay und Boudès.

Côtes du Forez V.D.Q.S. (200 ha): Nordwestlich von St-Étienne und auf der Höhe Lyons steht der Gamay auf Hängen am Rand des Loire-Tals; in Trelins überzeugen die Vignerons Foréziens mit Rot- und Roséweinen.

Paradiesische Tropfen

Von der Loire kommen einige der großartigsten lieblichen Weißweine der Welt. Obwohl sie seit dem 15. Jahrhundert gerühmt werden, gehörten sie in den vergangenen Jahrzehnten zu den verkanntesten Klassikern überhaupt. Doch inzwischen schlägt das Pendel der Beliebtheit erneut zu ihren Gunsten aus. Dies liegt am zunehmenden Interesse der Weinliebhaber für liebliche Weine generell und an einem wiedererwachten Bewußtsein unter den Winzern, die erneut bereit sind, die großen Risiken auf sich zu nehmen, die mit der Erzeugung von süßen Weinen verbunden sind. Ihr Grundmaterial ist der Chenin Blanc, den sie gern Pineau de la Loire nennen. Mit dem Pinot des Burgunds hat diese Sorte keinerlei Verwandtschaft. Sie stammt von der Loire, und man weiß, daß sie bereits seit dem 9. Jahrhundert im Anjou angebaut wurde. Chenin kann je nach Reifegrad ein breites Spektrum höchst unterschiedlicher Weine liefern. In schlechteren Jahren bringt er es gerade mal auf 170 g Traubenzucker und somit auf 10 Vol% Alkohol. Dann taugt er nur für trockene und für Schaumweine. Bietet das Wetter aber günstigere Bedingungen und 190–260 g Zucker pro Liter, dann verstehen es die Winzer, daraus bereits zum Teil halbsüße und süße Weine zu erzeugen. In außergewöhnlich guten Jahren aber, wenn der Zuckergehalt über 215 g liegt und bis zu 500 g erreichen kann, werden fast ausschließlich halbsüße oder süße Weine vinifiziert. Das bedeutet, daß der potentielle Alkoholgehalt bis 30 Vol% erreichen kann. Dies gilt für die darauf spezialisierten Appellationen Vouvray, Montlouis, Coteaux de l'Aubance und die Coteaux du Layon mit den Crus Bonnezeaux und Quarts de Chaume. Dort sorgen die Mikroklimata, insbesondere an den Hängen der Loire und abzweigender Flußtäler, für geeignete Bedingungen. Denn eine so ungewöhnliche Konzentration erreichen die Trauben entweder durch *passerillage*, Rosinenbildung während der heißen, trockenen Herbsttage, oder durch *Botrytis cinera*, die Edelfäule. Ersteres gibt es an der Loire nur in sehr seltenen herausragenden Jahrgängen wie 1947 oder 1989. Die zweite taucht dagegen häufiger auf. Sie bedarf herbstlicher Morgennebel, die im Laufe des Vormittags von der Sonne vertrieben werden und einem warmen, klaren Tag Platz machen, dem im günstigsten Fall eine kalte Nacht folgt. Die Edelfäule ist ein Pilz und durchdringt die Schale, um der Beere den Wassergehalt zu entziehen, wodurch sie den Zuckerreichtum im Most konzentriert. Winzer, die es auf süße Weine anlegen, schneiden die Reben des wuchskräftigen Chenins stark zurück. Im Juli kontrollieren sie den Traubenbehang jedes einzelnen Stocks und entfernen überschüssige Trauben. Die Lese führen sie in mehreren Durchgängen durch, die man *tri* nennt, wobei sie jeweils nur die reifen Trauben ernten. In manchen Jahren dauert so die Lese, die gewöhnlich Mitte Oktober beginnt, bis Ende November. Je länger sie aber Trauben am Stock lassen, um so höher ist das Risiko, daß sie durch Schlechtwetter verdorben werden. Auf diese Weise erhalten sie in besonders guten Jahrgängen bei der letzten Auslese überaus reichhaltige Weine. Während einige der Winzer diese getrennt vinifizieren und gesondert abfüllen, geht es anderen um eine größtmögliche Harmonie und Ausgewogenheit, für die sie zu verschiedenen Zeiten eingebrachte Weine miteinander vermischen. In der Regel gären die sanft gepreßten Weine bei niedrigen Temperaturen, die bei 14–17 °C liegen. So vollzieht sich die teilweise Umwandlung des Traubenzuckers in Alkohol im Zeitlupentempo und dauert etwa zwei Monate. Die besten Winzer verlassen sich dabei ausschließlich auf die natürlichen Hefen der Trauben und ihrer Keller. Wenn die Weine ein Stadium der Ausgewogenheit erlangen, zum Beispiel bei Vouvrays für halbsüße Tropfen 13 Vol% Alkohol und 10–20 g Zucker, bei süßen 14 Vol% und mehr als 30 g Restzucker, wird der Gärungsprozeß durch Abstechen und Hinzufügen von Schwefel unterbrochen, wobei man heutzutage Minimalmengen verwendet. Charakteristisch für den Chenin Blanc ist die sehr ausgeprägte Säure. Sie verleiht den Moelleux, wie zuckerreich sie auch sein mögen, ein unvergleichliches Rückgrat. In den ersten zwei Jahren zeigen sie intensive, frische Fruchtigkeit. Darauf folgt eine eher unattraktivere Phase, in der sich die Weine entwickeln, um nach frühestens fünf bis acht Jahren reifere Aromen, vor allem von getrockneter Aprikose und anderen Früchten sowie von Honig zu zeigen. Sie werden bereits sechs oder sieben Monate nach der Lese abgefüllt, doch in guten Jahrgängen können sie Jahrzehnte und in den besten Jahrgängen nahezu Ewigkeiten altern, um immer mehr an Vielfalt, Tiefgang und Harmonie zu entfalten. Allerdings wird der Versuchung, sie schon früher zu öffnen, leider nur allzu selten widerstanden.

Le Mont, seit dem 15. Jahrhundert als eine der besten Lagen des Vouvray bekannt, ist ein Weinberg am Rand eines Hügels über die Loire; 1990 ergab er einen herausragenden, für die Ewigkeit bestimmten Wein.

Natur und Spitzenweine

An der Loire haben sich die Winzer vielleicht am nachdrücklichsten zum biologischen und vor allem zum biodynamischen Weinbau bekannt. Ihr Wortführer ist Nicolas Joly, Besitzer der Coulée de Serrant. Diesen 7 ha großen Weinberg, eine steile Hanglage über der Loire, legten Zisterziensermönche im 12. Jahrhundert an. Er wurde im Lauf seiner achthundertjährigen Geschichte von zwei französischen Königen und von Kaiserin Joséphine besucht, die ihn überaus schätzte. Sein Wein zählt mit zu den größten und charaktervollsten trockenen Weißweinen der Welt. Als Nicolas Joly Ende der siebziger Jahre die Verantwortung dafür übernahm, folgte er zunächst den Ratschlägen der regionalen Landwirtschaftskammer. In den bislang auf traditionelle Weise bewirtschafteten Weinberg zog der Fortschritt mit chemischen Düngern und Spritzmitteln ein. Schon nach zwei Jahren fiel Nicolas Joly eine dramatische Verschlechterung von Boden, Pflanzen- und Tierwelt auf. Per Zufall stieß er auf eine Schrift über Biodynamie. Seine ersten Experimente ermutigten ihn, so daß er das gesamte 12 ha große Gut 1984 auf Biodynamie umstellte. Nach und nach erwachte die Natur erneut, und seine Weine gewannen zunehmend an Ausdruck und Kraft. Engagiert tritt er seither öffentlich für biodynamischen Weinbau ein. Mit »Le Vin – du ciel à la terre« legte er 1997 eine auf seinen Erfahrungen basierende und leicht verständliche Anleitung dazu vor.

Die Basis eines gesunden, hochwertigen Weinbaus kann nur ein lebendiger Boden mit all seinen Mikroorganismen sein. Aber der biodynamische Ansatz geht noch weiter. Er bezieht einen Austausch zwischen Kosmos und Erde mit ein und beruht auf Erkenntnissen, die in früheren Jahrhunderten bereits präsent waren, aber von Rudolf Steiner, dem Begründer der Anthroposophie, zusammengefaßt und erläutert wurden. Die Biodynamie unterscheidet zwischen vier Zuständen, die mit Teilen der Pflanze in Beziehung gesetzt werden: Mineral und Wurzel, Flüssigkeit und Blatt, Licht und Blüte, Wärme und Frucht. Dabei findet man im vegetabilen Leben eine Polarität, nämlich Gravität, die nach unten zieht, und Levität, die nach oben strebt. Bei einer Rebe erkennt der Winzer, der die Gesten der Pflanzen richtig zu deuten weiß, eine erstaunliche Gravität, die die Wurzel Dutzende von Metern in die Tiefe zu treiben vermag, und vergebliche Versuche, in die Höhe zu gelangen. Andererseits hält sie sich mit ihrer kurzen Blüte so lange zurück, bis die Sonne sommerlich und effektiv geworden ist, um später ihre ganze Kraft auf die Frucht ausrichten zu können.

Indem er Klima und Lage berücksichtigt, vermag der biodynamische Anbau das Leben der Rebe zu fördern, aber verstärkt auch ihre Eigenheiten. »Ein biodynamischer Wein muß nicht grundsätzlich gut sein, aber er ist immer echt«, sagt

Gaston Huet, Altmeister großartiger Vouvrays aus biodynamischem Anbau.

Der Zahn der Zeit nagt an den Korken, vervollkommnet aber die Weine.

Die weißen Chenin-Weine besitzen ein unglaubliches Alterungspotential.

Biologischer Anbau unterscheidet sich vom herkömmlichen Umgang mit den Reben durch eine sorgsame Bodenbearbeitung, wie man sie beispielhaft an der Erde in diesem Weinberg erkennt.

Joly. Diese Anbauweise entwickelt einen subtilen Umgang mit allen Parametern, die der Rebe und ihrem natürlichen Umfeld dienen. Von daher kann man eine Ansicht der Appellation verstehen, die den wahrhaftigen Umgang mit dem Terroir voraussetzt, während heutzutage die Kriterien immer verwässerter werden – und mit ihnen die Weine auch. Denn bei dem Gebrauch von Kunstdünger und Unkrautvernichtern im Weinberg, bei dem Einsatz künstlicher Hefen und gar bei der Sterilisation im Keller muß das, was eine Appellation ausmacht, auf der Strecke bleiben.

Im Gegensatz dazu setzt der biodynamische Weinbau verschiedene natürliche und in der Regel homöopathisch potenzierte Präparate ein, um die Gesundheit der Reben zu fördern oder zu bewahren und im Weinberg wieder ein natürliches Gleichgewicht zu schaffen. Durch Berücksichtigung der Konstellationen des Mondes und der wichtigsten Planeten, deren Auswirkungen auf Pflanzen Maria Thun in langjährigen Versuchen erforscht hat, lassen sich Arbeiten und Behandlungen vorteilhaft optimieren. Letztlich wird der Wein auf diese Weise zu einer lebendigen Essenz seines Terroirs und damit zu einem vitalstoffreichen und im besten Sinne anregenden Getränk. Die beispielhaften Weine der Coulée de Serrant, die Vouvrays der Domaine Huet, die Poilly-Fumés von Didier Dagueneau, die Burgunder der Domaine Leroy im Burgund oder die der Domaine Kreydenweiß im Elsaß, um hier nur die bekanntesten zu nennen, besitzen eine so ausgeprägte und völlig modeunabhängige Persönlichkeit, daß sich inzwischen immer mehr französische Winzer den Argumenten biodynamischen Anbaus zu öffnen beginnen.

PAYS DE LOIRE & CENTRE

Essig von Orléans

Vom Mittelalter an fuhren Kähne die Loire hinauf, um in Orléans festzumachen und dort ihre Ladung umzuschlagen. Alles, was entlang ihrer Ufer und in deren Hinterland erzeugt wurde, erreichte den alten Bischofssitz. Von hier aus nahmen Waren den Landweg quer durch die Landschaft der Beauce bis nach Paris, oder sie wurden weiterverschifft bis Nantes, das später zum wichtigen Überseehafen aufstieg und exotische Gewürze sowie andere reizvolle Güter der fernen Kolonien die Loire hinauflieferte. Aber vor allem brachten die Kähne Weinfässer aus dem Anjou und der Touraine nach Orléans, die hauptsächlich für Paris bestimmt waren. Doch nicht immer bekam die gemächliche Schiffsreise der flüssigen Fracht, es konnte geschehen, daß sie bereits umgeschlagen war, wenn der damals wichtige Binnenhafen erreicht wurde. Was also lag für Händler und vor allem Faßmacher näher, als sich hier darauf zu spezialisieren, diesen sauren Wein, den *vin aigre*, aufzukaufen, zu durchgegorenem Essig zu entwickeln und zu vermarkten. Im 13. Jahrhundert begannen die Berufe der *vinaigriers, buffetiers* und *moutardiers* zu florieren. Am 8. Oktober 1394 wurde die Zunft der Essigmacher von König Karl VI. anerkannt, während Heinrich III. die *Communauté des Maîtres Vinaigriers d'Orléans* 1580 in ihren Rechten bestätigte. Orléans war zur Kapitale des französischen Essigs geworden. Ende des 18. Jahrhunderts hatten sich dort mehr als dreihundert Essigfabrikanten angesiedelt. Aber bis in unsere Tage überlebt hat davon nur eine einzige Firma, Martin Pouret, die 1797 gegründet wurde. In diesem Familienunternehmen, dem ein direkter Nachkomme des Gründers vorsteht, wird der Essig noch immer nach dem traditionellen Orléans-Verfahren erzeugt.

Die Essigproduktion beginnt mit der Auswahl der Weine. Kein noch so ausgeklügeltes Verfahren wird guten Essig aus schlechtem Wein zaubern können. Es werden hauptsächlich leichte, trockene Weine verwendet. Soll der Essig einen gleichbleibenden Charakter wahren, ist auch der Verschnitt von Bedeutung. Der ausgesuchte Wein wird in *vaisseaux*, Fässer mit einem Fassungsvermögen von 240 Litern, gepumpt, die einen Teil alten Essig und vor allem die ›Essigmutter‹, eine gallertartige Verdichtung von Essigbakterien, enthalten. Sie dürfen nur zu zwei Dritteln oder höchstens drei Vierteln gefüllt werden, damit genügend Luftkontakt garantiert ist. Bei konstanter Temperatur von 28 °C lagern die Fässer in dunklen Kellergewölben. Unter solchen Bedingungen dauert es etwa drei Wochen, bis der im Wein enthaltene Alkohol durch die Bakterien zu Essigsäure umgewandelt wird. Dies geschieht auf natürliche Weise, ohne Beschleunigungsverfahren, die es modernen Industrieanlagen erlauben, 30 000 Liter in 48 Stunden zu erzeugen. Jung ist der Essig noch zu scharf und sehr unharmonisch. So wie guter Wein braucht auch er Zeit, sich zu verbessern. Für die Reifeperiode wird er in große alte Fuder oder Fässer gefüllt, von denen manche schon 80 Jahre in Gebrauch sind. Darin altert er sechs Monate lang, wobei er nicht nur sanfter wird, sondern sich auch die Weinaromen erneut einstellen. Die Lagerung stellt einen Kompromiß dar: Weitere Alterung verleiht dem Essig komplexere Aromen, beeinträchtigt aber seinen frischen Farbton. Verschiedene Rebsorten ergeben Essige unterschiedlichen Charakters, weshalb die Firma auch sortenreine Essige aus Pinot Noir und Cabernet Franc sowie aus Chardonnay und Sauvignon Blanc herstellt. Außerdem aromatisiert sie Essig mit Estragon, Schalotten, Zitronensaft oder auch Kräutern der Provence, mit Minze oder Himbeer. Ein Bordeaux- und ein Cidre-Essig runden das Angebot selbsterzeugter Essige ab.

Beim Blick in das Faß erkennt man die Kahmhaut, einen Schleier, der sich an der Oberfläche des Weins bildet und die Essigbakterien enthält, die den Alkohol zu Essigsäure oxidieren.

In den Fässern, die etwas alten Essig und ›Essigmutter‹ enthalten, verwandelt sich Wein zu dem unverzichtbaren Würz- und Konservierungsmittel.

Auf der Weinoberfläche entwickelt sich die Essigkultur. Auf diesem schmalen Stab, den man in die Fässer einführt, überprüft man ihre Entwicklung.

Essigsorten

Vinaigre de Vin Vieille Réserve
Der traditionelle Essig nach dem Orléans-Verfahren bietet sich als Würzmittel für alle Zwecke an.

Vinaigre de Vin à l'Estragon
Rotweinessig mit Estragon für Salate, saure Saucen und fein dosiert auch zu Hühnergerichten.

Vinaigre de Vin à l'Échalote
Rotweinessig mit Schalotten eignet sich gut zum Deglacieren von Bratensaft, aber auch für Salate.

Vinaigre de Vin au Jus de Citron
Die reizvolle Verbindung von Essig und Zitronensaft, vor allem für Fisch und Sauce Hollandaise.

Vinaigre de Cidre
Apfelweinessig besitzt eine mildere Säure und paßt gut zu Blattsalaten, aber auch zu Fischen und Krustentieren.

Vinaigre de Vin au Jus de Framboise
Feinfruchtiger Essig, der sich besonders für gemischte (Obst-)Salate und kaltes Fleisch eignet.

Cuvée de Bicentenaire
Zum 200. Jubiläum 1997 wurde dieser drei Jahre lang in Holzfässern gealterte, besonders feine Essig abgefüllt.

Vinaigre de Vin Vieille Réserve
Noch einmal die übliche, intensiver gefärbte und jüngere Qualität im Vergleich dazu.

Vinaigre de Cidre au Miel
Honig verleiht diesem Apfelweinessig eine süße Note, so daß er zu Geflügel oder zu süß-sauren Desserts paßt.

Vinaigre de Vin à l'Échalote emincée
Weißweinessig mit feingehackten Schalotten eignet sich zum Marinieren und Einlegen von Fisch.

Vinaigre de Vin à l'Estragon frais
Ein feinaromatischer Essig zum Würzen von Kräutersaucen und zum Deglacieren bei Fischgerichten.

Vom Umgang mit Essig

Essig gehört in die Hand eines Weisen, betont eine alte Küchenregel. Denn das wissend dosierte Maß kann den erlesenen Geschmack eines Gerichts erhöhen, ein Zuviel kann alles verderben. Bei aromatisierten Essigen sollte man genau abschätzen, ob ihr Parfüm den Eigengeschmack der Zutaten nicht überlagert. Bei reinen, naturvergorenen, nicht aromatisierten Essigen ist anzuraten, sich zunächst durch Probieren mit ihrem Aroma, dessen Stärke und derjenigen der Säure vertraut zu machen, um sie optimal einsetzen zu können. Essige sind als Geschmacksverstärker und subtiles Gewürz unerläßlich für eine feine Küche.

Ihrer Anwendung sind kaum Grenzen gesetzt:
- als Vinaigrette mit kaltgepreßtem Öl zu Salaten und Rohkost
- zum Deglacieren von Bratensäften
- tropfenweise in Saucen und Suppen
- zu Gerichten aus Hülsenfrüchten
- um Gemüse wie Pilze oder Artischocken vor der Oxidation zu bewahren
- in kaltgerührten Marinaden mit Öl und Gewürzen für Gemüse, Fleisch oder Fisch
- mit Öl zum Anmachen von Ziegen- und anderen Frischkäsen
- tropfenweise zu frischen Obstsalaten
- in Säften oder Wasser als erfrischendes Getränk
- zum Konservieren

PAYS DE LOIRE & CENTRE

Die echten Pralinen

Wie es sich für seinen Stand gehörte, hatte César Herzog von Choiseul, Graf von Plessis-Praslin, Marschall und Minister unter Ludwig XIII. und Ludwig XIV. seinen *officier de bouche*, Clément Jaluzot. Der sorgte nicht nur täglich für das leibliche Wohl des Herzogs, sondern trug außerdem die Verantwortung für die häufigen fürstlichen Bankette. Zu einem dieser Festessen ließ er sich eine besondere Überraschung einfallen. Er vermischte zwei im 17. Jahrhundert äußerst seltene und entsprechend kostbare Leckereien, nämlich Mandeln und Zucker, miteinander und röstete sie in einer Pfanne über dem Feuer. Dabei karamelisierte der Zucker und umgab die Mandeln mit einer harten, bräunlichen und zuckersüßen Hülle. Diese gebrannten Mandeln wurden begeistert aufgenommen, nicht nur an der herzoglichen Tafel, sondern auch bei Hof, wo der Herzog sie herumreichte und man sie bald schlicht *praslines* nannte. Clément Jaluzot nahm 1630 seinen Abschied aus den Diensten seines Herrn und ließ sich in Montargis, einem Städtchen 100 km südlich von Paris, nieder. An der zentralen Place Mirabeau eröffnete er einen eleganten Laden, in dem er seine verführerischen Pralinen verkaufte und sich damit seinen Ruhestand versüßte. Doch der rasche Ruhm verstaubte in den beiden folgenden Jahrhunderten zusehends, und die echte Praline sank in einen tiefen Dornröschenschlaf.

Seit 1630 werden in diesem Laden in Montargis echte Pralinen verkauft. Seit 1902 gehört er der Familie von Benoît Digeon.

Zum Glück kam in der Gestalt von Léon Mazet, einem Confiseur und Großvater des heutigen Besitzers, genau der Prinz, der sie wieder zum Leben erweckte. 1902 erwarb er das Haus samt Geschäft. Bei der Renovierung des angestaubten Ladens entdeckte er das Originalrezept der Praline und stellte danach erneut gebrannte Mandeln her, so wie sie einst den Duc de Plessis-Praslin und dessen Zeitgenossen begeistert hatten. Obwohl gut 300 Jahre dazwischen lagen, gelang es ihr noch einmal, die Schleckermäuler zu überzeugen. Denn inzwischen lag Montargis an der berühmten Route Bleu, die – vor dem Zeitalter der Autobahn – Paris mit den blauen Gestaden des Mittelmeers verband. Vielen war die originale Praline eine Reiseunterbrechung wert, was ihren einstigen Ruhm glänzend aufpolierte. Seither verstand es ›Au Duc de Praslin‹, ihn dank moderner Boutique in Paris und Engagement im Export frisch zu halten und noch auszuweiten. Am Rezept hat sich seit den Tagen des Erfinders wenig geändert. Man braucht vor allem schöne und wohlgeformte Mandeln, die geröstet und mit Zucker bzw. Zuckersirup vermischt werden, den man karamelisieren läßt. Mehrere zarte Schichten Karamel umhüllen die Mandel vollständig, und der letzten fügt Mazet de Montargis ein wenig Vanille zu. Ein Hauch von Gummi arabicum, das von einer afrikanischen Akazienart stammt, sorgt schließlich für den appetitlichen Glanz, der die Pralinen so verführerisch macht.

Unten: Ein breitgefächertes Schokoladenangebot (von links nach rechts):
1. Reine, mit schwarzer Schokolade überzogene Ganache
2. Mandel-Haselnußpraliné mit Nougatkern in Milchschokolade
3. Ganache mit Kaffee-Extrakt in Bitterschokolade
4. Mit Walnuß verzierte und mit weicher Kuvertüre überzogene Kaffee-Mandel-Paste
5. Mandelpraliné in Bitterschokolade
6. In Kirschwasser mazerierte und mit Bitterschokolade überzogene Kirschen
7. Maronenpaste mit Kirschwasser und Bitterschokoladenüberzug
8. Mandel- und Pistazienpaste in weicher Kuvertüre
9. Reine Ganache in Bitterschokolade
10. Haselnuß-Praliné mit Reisstückchen in Milchschokolade
11. Ganache mit Grand-Marnier in schwarzer Schokolade

PAYS DE LOIRE & CENTRE

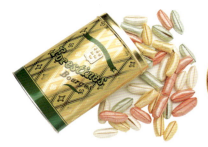  

Forestines
Georges Forest, Feinbäcker in Bourges, erfand 1879 den gefüllten Bonbon, eine dünne knusprige satinartige Zuckerhülle, die er mit einem delikaten cremigen Schokoladen-Praliné füllte. Seine *Forestines*, die seit 1884 in einem prachtvollen Bau in Haussmannschem Stil residieren, werden auch heute noch in unveränderter Qualität hergestellt.

Le Cotignac
Diese klare bernsteinfarbene Quittenpaste ist eine Spezialität der Stadt Orléans. Sie wurde dort bereits im 15. Jahrhundert hergestellt und allen hochgestellten Persönlichkeiten, die zu Gast waren, als Geschenk überreicht. Ihre traditionelle Verpackung sind kleine Holzschächtelchen mit 25 g Paste, die man einfach aus ihnen herausschleckt.

Le Négus
Zu Ehren des Negus, des Kaisers von Äthiopien, der 1901 Frankreich besuchte, schuf der Confiseur Grelier einen weichen Schokoladenkaramel, umhüllt von klarem, hartem Karamel. Der an Bernstein und die Hautfarbe Meneliks erinnernde Bonbon wird im gleichen Geschäft noch nach altem Rezept – seit 1909 von der Familie Lyron – hergestellt.

Nougatines
In den 1850er Jahren schuf Louis-Jules Bourumeau in Nevers die berühmte *Nougatine*, einen bunten Bonbon mit weicher Zuckerhülle und einer Füllung aus gehackten Mandeln und Zucker, der Kaiserin Eugénie bei einem Besuch der Stadt 1862 ausgezeichnet mundete. *Nougatines* werden nach wie vor an der gleichen Adresse in Nevers erzeugt.

Praliné und Ganache
Schokoladenbonbons, die man in vielen Ländern Pralinen nennt, lassen sich im wesentlichen in zwei Kategorien unterteilen: *praliné* und *ganache*. Der Praliné oder *pralin* ist eine Paste, die aus einer Mischung von Zucker und Mandeln oder Haselnüssen besteht, die karamelisiert und zermahlen wurden. Die Ganache ist eine Trüffelpaste, die man aus Crème fraîche und Schokolade zubereitet. Zusätzlich kann die Rezeptur Kaffeeauszüge, Aromen oder verschiedene Alkoholika beinhalten. Sowohl Praliné wie Ganache finden nicht nur bei der Herstellung von Schokoladen Verwendung, sondern werden auch für Kuchen, Torten, Nachspeisen oder Eis eingesetzt.

Crottin de Chavignol

Ziegen sind genügsame Tiere, die sich in unwegsamen, bergigen und trockenen Regionen wohl fühlen, in einer Natur, in der die Nahrung nicht gleich vor den eigenen Hufen wächst. Selbst die domestizierte Hausziege hat sich Kletterlust und Geschmack ihrer Ahnen bewahrt. Viele Regionen Frankreichs bieten Ziegen günstige Bedingungen. Meist entwickelte sich ihre Haltung dort, wo den Menschen nur wenig und nur karges Land zur Verfügung stand. Chavignol in der Nähe des berühmten Weinorts Sancerre gibt ein beredtes Beispiel dafür. Wein wird bekanntlich dort besonders gut, wo Rebstöcke leiden müssen, also auf steinigen Böden, wo nicht viel anderes wachsen würde. Wie früher in vielen Weinregionen hielten daher auch die Winzerfamilien im Berry zusätzlich Ziegen. Abgesehen davon, daß sie die eigene Küche mit Milch und Fleisch bereicherten, lieferten die Ziegen Käse, der die damals gar nicht üppigen und großen Risiken ausgesetzten Erträge aus dem Weinbau aufbessern konnte. Als um 1870 die Reblausplage in den Weinbergen des Berry wütete, begannen die Bauern in Chavignol und anderen Gemeinden der Region statt dessen die Ziegenhaltung auszuweiten. Ihre Käse wurden nach Auxerre, Orléans und Paris verkauft und fanden dort treue Liebhaber. *Crottin de Chavignol* wurde zum Begriff. Zwar eroberte sich der Wein die besten Lagen zurück und einen nie gekannten Ruhm, aber auch der Ziegenkäse wurde zur Appellation erhoben und blieb bis heute eine gefragte Spezialität. Übrigens passen sowohl der aromatische Sauvignon wie der leichte fruchtige Pinot Noir des Sancerre ausgezeichnet zum Crottin, vorausgesetzt seine Konsistenz ist halbhart und sein Aroma zwar charakteristisch, doch noch milde.

Die Zubereitung

Nachdem die Ziege geworfen hat, erzeugt sie in den ersten fünf Tagen die Kolostrum genannte Erstmilch, die Immunstoffe für den Nachwuchs enthält und sich nicht für menschlichen Genuß eignet. Danach steigt die Milchproduktion steil an, um nach einem Monat ihren Höhepunkt zu erreichen. Von nun an nimmt die Milchmenge kontinuierlich ab. Nach neun Monaten, bevor die Ziege erneut gedeckt wird, endet die Melkperiode. Im Durchschnitt gibt eine Ziege vier Liter Milch am Tag und bis zu 800 Liter im Jahr. Der Fettgehalt der Ziegenmilch ist während der neun Monate relativ konstant. Im Frühjahr, von April bis Anfang Juli, wenn Gräser und Blätter besonders reichhaltig sind, erhöht er sich leicht. Nur im letzten Monat steigt er deutlich an. Ziegenmilch enthält 3,5–4,5 % Fett. Somit ist ihr Fettgehalt etwas höher als der von Kuh-, aber niedriger als der von Schafmilch, der mehr als 6 % erreicht. Wichtigste Voraussetzung für hohen Milchfettgehalt ist gesundes Futter, wie Ziegen es auf Wiesen, Weiden, Berghängen oder in der Wildheide finden. Zugleich überträgt sich das Aroma der Pflanzen auf die Milch und verleiht auch dem Käse ausgeprägten Geschmack. Im Durchschnitt ergeben 100 Liter Milch 11 kg Ziegenkäse. Hochwertige Käse werden nur aus frisch gemolkener, weder pasteurisierter noch anderweitig manipulierter oder länger gelagerter Rohmilch gewonnen. Die typisch französische Herstellungsweise von Ziegenkäse beginnt mit dem Filtrieren der Milch durch ein Musselintuch. Um sie zum Gerinnen zu bringen, vertraut man weitgehend auf die natürlichen Bakterien, die sich in der Luft befinden.

Die Milch wird im Kessel auf etwa 33 °C erhitzt. Um den Gerinnungsprozeß zu beschleunigen, gibt man Lab zu (10–30 ml pro 100 l). Nach einer guten halben Stunde gerinnt die Milch, und das Kasein verwandelt sich in die puddingähnliche Gallerte, die nun vorsichtig mit einem Stahlrahmen, der Käseharfe, zerteilt wird. Der sogenannte Bruch setzt sich unten ab, so daß ein Teil der Molke, die darüber steht, abgesogen werden kann. Nun wird der Bruch mit einer Kelle in Formen mit durchlöcherten Böden gefüllt, damit die Molke völlig abtropfen kann. Bei handwerklich hergestellten Ziegenkäsen ist das Kleinformat am beliebtesten, das von einem Liter Milch ausgeht. Ist die Molke abgelaufen, wird der Käse aus der Form genommen, gesalzen und für ein bis drei Tage an der Luft getrocknet. Frisch aus der Form ist er weich, weiß, sehr cremig und besitzt wenig Geschmack. Deshalb folgt die *affinage*, die Reifung des Käses in einem kühlen, feuchten Keller. Nach einer Woche, wenn er durch die Trocknung bereits deutlich an Volumen eingebüßt hat, entwickelt er allmählich sein typisches Aroma. Nach zwei Wochen ist sein Teig schon fester geworden. Er hat eine weiche gelbliche, bisweilen leicht bläuliche Kruste gebildet und entfaltet deutliches, aber mildes Aroma. Das ist das Stadium, in dem Crottin de Chavignol angeboten wird. Nach 20–30 Tagen ist er bereits wesentlich trockener geworden. Nun zeigt seine Kruste Risse und oft bräunliche Flecken von pikantem Schimmel. Je länger er altert, desto härter, trockener und schärfer wird er. Sein eigentlicher Geschmack hängt von der Umgebung ab, in der die Ziegen leben. Je unberührter die Natur, desto parfümierter der Käse. Deshalb reicht ihre Saison von Frühjahr bis Herbst, aber im Mai und Juni sind sie am besten.

Während der *affinage*, der Reifung im feuchten Keller, bildet sich eine halbfeste Kruste, auf der sich oft erste Flecken von Blauschimmel zeigen.

PAYS DE LOIRE & CENTRE

In Frankreich ist diese bunte Bergziegenrasse am häufigsten anzutreffen, denn ihre Tiere sind gesund und widerstandsfähig.

Bourgogne
Franche-Comté

André Dominé & Fabienne Velge

Cervelle de veau – Kalbshirn

Foies de veau, bœuf et agneau – Leber von Kalb, Rind und Lamm

Pieds de veau, bœuf et agneau – Füße vom Kalb, Rind und Lamm

Tête de veau roulée – Gerollter Kalbskopf

Gras double – Fett-Teil des Rindermagens

Tétine – Gekochter Kuheuter

Innereien

Seit dem Mittelalter behaupteten die *tripiers* unter den *métiers de bouche* – den Berufen, die sich der Ernährung widmeten – ihre Sonderstellung. Sie waren auf die Innereien spezialisiert, bei denen man zwei Arten unterschied: die weißen und die roten. Zu ersteren zählten die verschiedenen Mägen und Gedärme sowie Ohren, Füße und Köpfe. Unter die zweiten fielen die Organe von Herz über Leber und Nieren bis zu den Hoden, aber auch Hirn, Zunge, Wangen und Schwänze wurden darunter eingereiht. Manche dieser verwendbaren Stücke wurden in prähistorischer Zeit rituell verzehrt, um sich die damit verbundenen bewunderten Eigenschaften des entsprechenden Tiers anzueignen. Römische Genießer schätzten dagegen Geschmack und Konsistenz dieser äußerst unterschiedlichen Spezialitäten. In vergangenen Jahrhunderten wurden die meisten Innereien von bessergestellten Zeitgenossen verachtet und fanden deshalb als preiswerte Stücke Eingang in viele regionale Spezialitäten. Längst hat man insbesondere in Frankreich ihren gastronomischen Wert wiederentdeckt. Inzwischen weiß man, daß Innereien vergleichsweise arm an Kalorien, aber reich an Vitaminen (vor allem denen der B-Gruppe) und an Mineralien sind.

Innereien sind nicht jedermanns Sache, obwohl sie früher das Fleisch für Jedermann waren und noch früher jeder Mann zumindest gewisse Teile davon schätzte.

Die Weine der Loire

Die Einmaligkeit dieser Weinregion beruht vor allem auf den idealen Bedingungen, die sie drei Rebsorten schenkt. Da ist zunächst der vielseitige Chenin Blanc, aus dem jede erdenkliche Art von Wein hergestellt wird, für man weiße Trauben verwendet und der nirgendwo sonst so legendäre Qualität erreicht. Seine Süßweine sind praktisch unsterblich. Vouvrays oder Coteaux du Layons der Jahre 1874 oder 1893 sind zum Beispiel noch heute begeisternde Jahrgänge, vorausgesetzt man findet eine Flasche. Der Cabernet Franc liefert sortenrein nur hier an der Loire so elegante, Jahrzehnte haltbare Rotweine. Und was weißer Sauvignon sein kann, weiß nur, wer die besten Sancerres und Pouilly-Fumés probiert hat.

Die Loire ist zugleich eines der Hauptgebiete französischer Schaumweinherstellung. Daß sie sich schwerpunktmäßig in Saumur, Vouvray und Montlouis entwickelte, liegt an den Tuffsteinhöhlen, die dafür ideale Keller stellen. Außerdem bieten Schaumweine die gute Möglichkeit, durch schlechtes Klima nicht reif gewordene Trauben aufzuwerten. Saumur, wo Jean Ackerman 1811 die erste Kellerei gründete, wurde das Zentrum. Weitere große Häuser sind Gratien & Meyer, Veuve Amiot, Bouvet-Ladubay, Langlois-Château sowie die Caves de Grenelle. Jährlich werden mehr als 14 Millionen Flaschen abgefüllt. Mengenmäßig weniger bedeutend ist die Appellation Crémant de Loire, die seit 1975 besteht, sich in ihren Bestimmungen an die des Champagners anlehnt und außer Saumur die gesamte Touraine umfaßt.

Muscadet

Muscadet ist als leichter, fruchtiger und spritziger Weißwein bekannt. Das 15 000 ha große Gebiet erstreckt sich, abgesehen von einem Zipfel der Coteaux de la Loire, südlich des Flusses und zieht sich bei Pornic bis fast bis zum Atlantik. Das nur sanft gewellte Land ist ständig dem Einfluß des Ozeans ausgesetzt, weshalb die Winter mild, die Sommer meist feucht sind. Muscadet wird aus der gleichnamigen Rebsorte gewonnen (Melon de Bourgogne). Ihr Vorzug besteht darin, relativ frostfest zu sein und früh zu reifen. Um der wenig ausdrucksvollen Sorte mehr Komplexität zu verleihen, sticht man bessere Muscadets nach der alkoholischen Gärung nicht ab, sondern beläßt sie bis zur Abfüllung auf den Heferückständen. Das verleiht ihnen auch die Spritzigkeit. Sie müssen im Muscadet-Gebiet abgefüllt worden sein und tragen die Bezeichnung *sur lie*. 1995 wurde das Gebiet neu in eine allgemeine Appellation und drei höher eingestufte Anbauzonen strukturiert. Muscadet ist die umfassende Basis-Appellation und darf nicht die Bezeichnung *sur lie* tragen. Eine Ausnahme wird nur auf Hefe ausgebauten Weinen zugestanden, die außerhalb der folgenden Appellationen erzeugt werden:
- Muscadet des Coteaux de la Loire, östliches Pays Nantais, um Ancenis, beiderseits des Flusses
- Muscadet de Sèvre-et-Maine, südlich wie östlich von Nantes, bei den Flüssen Maine und Sèvre
- Muscadet Côtes de Grandlieu für die niedrigen Hänge um den Lac de Grandlieu.

Weitere Appellationen des Pays Nantais sind der weiße Gros Plant, im Südwesten als guter Destillierwein bekannt, sowie die Coteaux d'Ancenis und die Fiefs Vendéens, wo überwiegend aus Gamay und Cabernet gegorene Rotweine entstehen.

Anjou und Saumur

Die Loire flußaufwärts schließt sich das Anjou an, ein 14 500 ha großes Weingebiet. Bekannt wurde es einem breiten Publikum durch seinen halbtrockenen Rosé, der zum Glück stark an Boden verliert. Denn hier gibt es Appellationen, in denen interessante Rotweine, aber auch herausragende Weiße erzeugt werden. Beim Anjou-Villages, der Appellation, die 1987 der besten Rotweinzone südöstlich von Angers zugesprochen wurde, erreicht der Cabernet Franc bemerkenswerte Kraft und Struktur. Doch die eigentliche Spezialität sind die aus Chenin Blanc gewonnenen Weißweine. So gibt es am nördlichen Ufer der Loire, fast vor den Toren von Angers, der Sonne zugewandte Schieferhänge, wo der Savennières und seine beiden, zu eigenen Appellationen erhobenen Spitzencrus Coulée de Serrant und La Roche-aux-Moines reifen, wunderbar dichte, komplexe und ausdauernde Kreszenzen, die zu den größten trockenen Weißweinen der Welt zählen. Doch der Chenin Blanc oder Pineau de la Loire, wie man ihn hier nennt, eignet sich vorzüglich zu lieblichen Weinen.

Ihnen sind im Anjou vier Appellationen vorbehalten. Wo der Villages gedeiht, wird Coteaux de l'Aubance als süßer oder halbsüßer Wein gekeltert. Das größte Gebiet sind die Coteaux du Layon, die sich von Rochefort-sur-Loire 50 km südöstlich erstrecken, zum größten Teil auf den Hängen zu seiten des Flusses Layon. In den letzten Jahren wurden dort Spitzenweine kreiert, die mit den beiden Grands Crus Quarts de Chaume und Bonnezeaux problemlos mithalten können. Dabei wird die Süße, mag sie noch so stark sein, durch die charakteristische Säure des Chenins ausgeglichen.

Anis de Flavigny
Kir & Crème de Cassis
Traditionelle Rezepte des Burgund
Charolais
Moutarde de Dijon
Exquisite Speiseöle
Innovative burgundische Küche
Mönchskäse
Die Weine des Burgund
Chablis
Pinot Noir
Grands Crus der Côte de Nuits
Grands Crus der Côte de Beaune
Marc de Bourgogne
Geräuchertes aus dem Jura
Le Comté
Absinth
Die Weine des Jura

Geschichte, Kultur, Wein, Käse – ohne die Zisterzienser wäre Burgund nicht, was es ist.

Der Clos de Vougeot gilt als die Wiege der Weinkultur des Burgund. Heute ist er ausschließlich mit Pinot Noir bestockt.

Burgund ist für den Gourmet ein wahres Schlaraffenland. Tatsächlich verfügt das einstige Reich der berühmten Herzöge, das heute die Departements Yonne, Nièvre, Côte d'Or sowie Saône-et-Loire umfaßt, über eine Fülle von besonderen Erzeugnissen und eine lange Küchentradition, die man hier vorzüglich zu nutzen weiß. Bester Botschafter Burgunds und sein edelstes Gut ist der Wein. Keine andere Weinregion auf der Welt besitzt ein so ausgeklügeltes System, das selbst den feinsten Unterschieden noch Rechnung trägt, die Boden, Klima, Ausrichtung und die Könnerschaft der Winzer, kurz das Terroir, den Trauben und damit auch den edlen Tropfen vermitteln. Von den Zisterziensermönchen initiiert, beweist es noch heute seine Gültigkeit und bringt damit einen Wesenszug der Burgunder zum Ausdruck, der von Generation zu Generation neue Adepten findet: den Anspruch der Verfeinerung. Darunter darf man sich kein elitäres, realitätsfernes Qualitätsbewußtsein vorstellen, sondern eine ehrliche Suche nach der besten aller Möglichkeiten, die fest in der Region und ihren Landschaften, in einem weitausgedehnten, vielseitigen und oft herben Bauernland, verankert bleibt. Das bekannte Hôtel-Dieu der Hospizien in Beaune mag als ein Beispiel für diese Besonderheit der burgundischen Kultur und Lebensart dienen: Nach außen präsentiert sich der bodenständige Korpus des Gebäudes schlicht und kraftvoll, doch das Innere und die Dächer offenbaren die Verfeinerung. Sie ist gepaart mit einer Vorstellung von Wohlbehagen, in der eine üppige Tafel und gediegenes Mobiliar ihren festen Platz haben. Das schafft eine Stimmigkeit, die den Genuß von Käsewindbeutel oder Schinkensülze, Zander oder Flußkrebsen, Schnecken oder Bresse-Geflügel, Charolais oder Wild, Johannisbeeren oder Honigkuchen, Chaource oder Epoisses noch zu steigern vermag.

Im Osten grenzt Burgund an die Franche-Comté mit ihren vier Regionen Haute-Saône, Jura, Doubs und Territoire de Belfort. Bei aller Verschiedenartigkeit der Landschaften ist ihnen die Ausstrahlung großer Ruhe gemein. Mehr als die Hälfte des Gebiets ist von Wald bedeckt. Doch unzählige Flüsse und Seen reflektieren das Licht. Aus gastronomischer Sicht haben die Berge und Hochebenen des Jura einzigartige Traditionen bewahrt. Auf den Höfen und in kleinen Bauerngenossenschaften werden heute wie vor Jahrhunderten großartige Räucherwaren, Bergkäse oder der mysteriöse Vin Jaune erzeugt, Symbol unverfälschten Charakters.

Anis de Flavigny

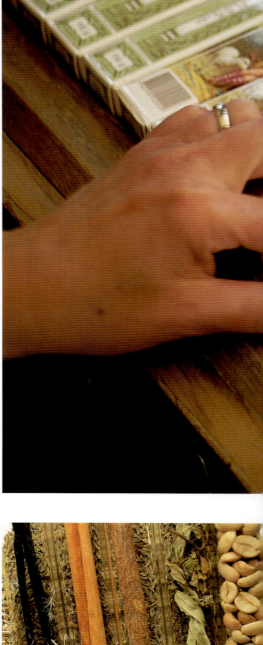

Rechts: So berühmt wie der kleine Anisbonbon selbst ist das Motiv auf seiner Verpackung, der Schäfer mit seiner Liebsten.

Zu den anerkanntesten Botschaftern der französischen *gourmandise* zählt ein winziger, eiförmiger, makellos weißer Bonbon, der Anis de Flavigny. Wie bekannt er ist, zeigt wohl am deutlichsten, daß er Eingang in die französische Version des Trivial Pursuit fand. Nachweislich gibt es ihn seit 1591, als die nahe Stadt Semur ihn hohen Gästen als Geschenk offerierte. Damit wird diesem zuckersüßen Winzling die Ehre zuteil, Frankreichs ältestes kommerzielles Produkt überhaupt zu sein. Der zeitlich nächste Anwärter auf diese Auszeichnung ist der Chicorée Leroux, mit dem Geburtsjahr 1828 im Vergleich dazu ein Jüngling. Tatsächlich aber reicht die Geschichte des Ortes Flavigny bis zu Julius Cäsar zurück, der dort sein Quartier aufschlug, bevor er 52 v. Chr. nur 4 km weiter Vercingetorix in Alesia belagerte und besiegte. Flavinius, einer seiner Gefolgsmänner, blieb zurück und errichtete eine *villa* (von der ein Mosaik Zeugnis ablegt). So kam Flavigny zu seinem Namen.

Widerad, Fürst der Burgonden und Christ, gründete 719 ein von Benediktinern geführtes Kloster. Als Papst Johannes VIII. 878 nach Flavigny kam und dort die Abteikirche weihte, übergaben ihm die Mönche drei Pfund Anis.

Schon die alten Römer hatten Mandeln in Honig getunkt und damit die Urform der Dragées kreiert. Im Mittelalter erzeugten dann französische Apotheker wohlschmeckende Medikamente, indem sie Anis und andere heilkräftige Samen mit Honig umgaben. Gewiß dachten auch die Mönche beim Anis eher an Medizin als an Näscherei. Die Ursulinen dagegen, deren Orden sich 1632 in Flavigny niederließ, zeigten dafür mehr Sinn.

Sie umgaben den grünen Anis mit einer Zuckerhülle, die sie zusätzlich mit Rosen- oder Orangenblütenwasser parfümierten. Darauf basiert die Fabrikation noch heute. Nur die Besitzer haben gewechselt, denn in der Zeit der Französischen Revolution wurde das Kloster aufgelöst und die Klosterkirche zerstört. Doch die Dorfbewohner fuhren fort, in den alten Gemäuern Anisbonbons herzustellen. Seit 1923 hat die Familie Troubat die Nachfolge übernommen.

Früher war die Herstellung der winzigen Anisdragées eine langwierige Prozedur. Denn das Samenkorn wurde in Zuckersirup geschwenkt, bis es davon gänzlich umhüllt war. Dann mußte der Sirup zunächst völlig trocknen, bevor die nächste Zuckerschicht aufgetragen werden konnte. So dauerte es sechs Monate, bis der Bonbon die gewünschte Größe angenommen hatte, was ihn rar und kostspielig machte. Mitte des 19. Jahrhunderts verbilligte nicht nur der Rübenzucker die Produktion, die Entwicklung einer Dragée-Maschine beschleunigte auch die Herstellung. Es sind noch immer die schönen alten Kessel, in denen die Anissamen – unter ohrenbetäubendem Lärm – rotieren, nur daß inzwischen die Dampfkraft durch Elektromotoren ersetzt wurde. Die Aniskörner werden darin in Zuckersirup hin- und hergerollt, wobei das Wasser verdunstet und der Zucker an den Körnern haftenbleibt. Wie bei einem Schneeball, der durch Rollen im Schnee an Umfang gewinnt, wächst der Bonbon, bis er die übliche Erbsengröße angenommen hat. Selbst mit Hilfe der Turbinen nimmt der Wachstumsprozeß eines Anisbonbons noch zwei Wochen in Anspruch. Pro Jahr werden in Flavigny 250 Tonnen Anisbonbons produziert, wobei jeder einzelne genau ein Gramm wiegt. Knapp eine Million Anisdragées rollen ständig in den Turbinen hin und her. Ganz genau sind es 958904. Die durchschnittliche Produktionsmenge liegt bei einer Tonne pro Tag. Diesem seit Generationen unveränderten Verfahren verdankt der Anis de Flavigny seine gleichbleibend hohe Qualität. Familie Troubat denkt nicht daran, rationeller vorzugehen (und die Arbeitsplätze von 20 Dorfbewohnern zu gefährden). Daß Anis de Flavigny zu einer Institution wurde, verdankt er jedoch einer revolutionären Idee Großvater Troubats. Er ersetzte die üblichen Pappschachteln durch kleine stabile Metalldosen und ließ als einer der ersten Automaten in den Pariser Metrostationen installieren. Heute gibt es den Anis de Flavigny mit vierzehn köstlichen Aromen: Anis, Veilchen, Minze, Lakritz, Kaffee, Zimt, Vanille, Jasmin, Rose, Orangenblüte, Zitrone, Orange, Mandarine und Himbeer.

Am Anfang ist der Anissamen, der langsam an zuckrigem Umfang zunimmt.

Außer mit Anis gibt es die Bonbons mit Vanille, Zimt, Lakritz, Minze, Kaffee und acht anderen Aromen.

BOURGOGNE & FRANCHE-COMTÉ

In Flavigny verzichtet man bewußt auf Modernisierung, um möglichst viele Arbeitsplätze zu erhalten.

Makellos leuchten die kleinen Bonbons in ihren Schachteln und Dosen, die man überall in Frankreich finden kann.

In diesen ehrwürdigen Dragée-Maschinen nehmen die Anissamen rollend ihren Zuckermantel an.

Erst nach zwei Wochen in der Turbine beträgt der Durchmesser des Bonbons 1 cm.

Pain d'épice de Dijon

Die Hauptstadt des Burgund ist für drei Spezialitäten bekannt: Senf, Likör von schwarzen Johannisbeeren und Honigkuchen. In der Antike war Honig das verfügbarste Süßmittel. Schon Griechen und Römer tunkten Kekse oder Trockenfrüchte hinein. Sie schätzten seine belebende Wirkung ebenso wie später die Reiterheere Dschingis Khans, bei denen Honigbrot zur eisernen Ration zählte. Vom Orient kommend eroberte die stärkende Süßigkeit zunächst Südosteuropa, um immer weiter nach Norden vorzudringen, bis sie Flandern erreicht hatte. Als Philipp der Kühne, Herzog von Burgund, 1369 Marguérite von Flandern heiratete, machte er zwangsläufig Bekanntschaft mit dem *boichet*, einem aus Weizenmehl und Honig gebackenen Kuchen, den die Herzogin über alles schätzte. Doch es sollte noch lange dauern, bis Dijon zur Kapitale des Honigkuchens wurde. Zunächst bildete sich in Reims eine Zunft der *pain d'épiciers*, die im 16. Jahrhundert anerkannt wurde. In Dijon begann Honigbrot ab dem 18. Jahrhundert Fuß zu fassen. Vor allem zur Weihnachtszeit lernte man es schätzen. Brottier, ein *pain d'épicier* aus der Champagne, der sich 1796 in Dijon niederließ, erlangte Ansehen mit der großen Vielfalt an Formen und Aromen, mit denen er Honigbrote und Lebkuchen anbot. 1838 übernahm die Familie Mulot sein Unternehmen, die sich später mit den Petitjeans durch Heirat zusammentat und heute als einzige Honigkuchenfabrik in Dijon überlebt hat. Als mit der Eisenbahn seit 1852 verderbliche Waren transportabel wurden, mauserten sich die Dijoner Honigkuchenbäcker zu richtigen Fabrikanten. Um 1900, als in rund einem Dutzend Betriebe täglich insgesamt 3 t davon gebacken wurden, hatte Dijon Reims als Kapitale der Honigkuchen entthront.

Im Unterschied zu vielen Regionen, in denen Roggenmehl zu Honig- oder Lebkuchen verarbeitet wird, die man dann *couque* nennt, blieb man in Dijon dem Weizen treu. Der Grundteig wird aus Weißmehl, Zucker und Honig hergestellt und nur zwölf Minuten geknetet. Entweder wird er pur weiterverarbeitet oder mit Teig vermischt, der ein oder zwei Wochen kühl ruhte. Früher konnte die Ruhezeit sogar Jahre dauern. Der Teig wird erneut geknetet, um ihn luftiger zu machen, was man als *braquage* bezeichnet. Dabei werden Triebmittel, Eier, Milch, Gewürze sowie kandierte Früchte eingearbeitet. In Dijon kommt als traditionelles Gewürz noch Anis in die Mischung, aber auch Zitronen- bzw. Orangenschale oder Ingwer und Zimt sind gerngegessene Zutaten.

Félix Kir, Bürgermeister von Dijon, wurde so populär, daß ein Getränk nach ihm benannt wurde.

Dickflüssig rinnt Crème de Cassis, eine weitere burgundische Spezialität, in die Flaschen.

Kir & Crème de Cassis

Crème de Cassis, ein Likör aus schwarzen Johannisbeeren, wäre uns kaum so geläufig, hätte es nicht den Domherrn Félix Kir gegeben. Der 1878 geborene Pfarrer wurde als Nazi-Gegner berühmt, der Tausenden von Widerstandskämpfern die Flucht ermöglichte. Er war bereits über Sechzig, als man ihn zum Bürgermeister von Dijon wählte. Und da die ortsansässigen Likörfabriken nach dem Krieg ums Überleben kämpften, schenkte er werbewirksam jedem offiziellen Besucher der burgundischen Hauptstadt Blanc-Cassis ein: einen trockenen Weißwein mit frischer Säure und Crème de Cassis.
Als während der vierjährigen Besatzungszeit die Cafés, einst zweite Wohnstube der Franzosen, verödeten, einfach weil unbefangenes Geplauder nun ein Risiko darstellte, war mancher berühmte Aperitif, darunter auch der Blanc-Cassis, in Vergessenheit geraten. Bürgermeister Kirs erfolgreiche Wiederbelebungsversuche brachten ihm die in Frankreich höchst seltene Ehre ein, daß dieses Getränk seitdem seinen Namen trägt.

Einst hatten zwei Kaufleute Blanc-Cassis nach Dijon gebracht. Sie waren in Neuilly auf den Geschmack gekommen und starteten 1841 in ihrer Heimatstadt die Produktion. Es gab nur ein Problem: Kaum jemand pflanzte schwarze Johannisbeeren. Das änderte sich jedoch mit dem großen Anklang, den der Fruchtlikör fand. Bis 1914 wurden 80 Likörhäuser gegründet, deren Nachfrage Winzergattinnen verlockte, Johannisbeerbüsche an die Ränder der Weinberge zu setzen, um ihr Haushaltsgeld aufzubessern.
Noch immer liefert Burgund – neben Teilen des Loire- und des Rhône-Tals – Cassis, doch längst haben sich Bauern auf seinen Anbau spezialisiert. Cassis verlangt im Winter zehnwöchige Minustemperaturen, um reichlich Knospen anzusetzen. Optimales Aroma besitzen die reifen Beeren nur einen Tag lang, weshalb schnell und maschinell geerntet wird. Der hohe Vitamin-C-Gehalt erschwert die Verarbeitung, denn die Beeren oxidieren rasch. Die modernste Methode, Aromen und schwarzviolette Farbe zu erhalten, besteht im Schockgefrieren auf -30 °C. So können die Früchte außerdem nach Bedarf verarbeitet werden. Dazu erwärmt man sie wieder auf eine Temperatur von -5 °C und bespritzt sie mit Alkohol. Er dient als Lösungsmittel für Farbe und Aromen und verhindert gleichzeitig die Gärung. Fünf Wochen lang mazerieren die Früchte in Rotati-

In bester Reife schockgefrorener Cassis behält seine geschmacklichen Qualitäten wie auch seine frische Farbe und den hohen Vitamin-C-Gehalt.

onstanks in einem Alkohol-Wasser-Gemisch, bei handwerklichen Erzeugern bis zu drei Monate in reinem Weingeist. Dann wird zunächst der erste Saft abgezogen, der der Spitzenqualität vorbehalten bleibt, danach gepreßt und anschließend Zucker zugefügt. Fruchtliköre mit der Bezeichnung ›Crème‹ werden allein durch Mazeration gewonnen. Damit der Säuregehalt der Beeren im Likör harmonisch wirkt, muß er mit Zucker und Alkohol optimal ausgewogen sein. Bei 20 Vol% hat der Likör maximalen Fruchtanteil aufgenommen und mit 520 g Zucker bis zur Saturation. So ist die Alkoholangabe ein Indiz für Qualität, denn eine Crème mit 16 Vol% enthält nur halb so viele Früchte, aber lediglich 60 g Zucker weniger. Früher stand Crème de Cassis in den Cafés als eine kostenlose Würze auf dem Tisch. Und in Frankreich würde niemand auf den Gedanken kommen, sie pur zu trinken. Aber sie aromatisiert nicht nur Wein, Champagner, Wermut oder Mineralwasser, auch zu Kuchen oder Eis ist sie ein Genuß oder in der Küche, besonders zu Enten- oder Schweinegerichten. Einmal geöffnet, sollte man eine Flasche im Kühlschrank aufbewahren und innerhalb von drei Monaten verbrauchen.

Kir Royal

1–2 cl Crème de Cassis in eine Champagnerflöte geben und entweder mit gut gekühltem Champagner Brut bzw. Brut Nature auffüllen oder mit einem entsprechenden Crémant de Bourgogne.

Communard

2 cl Crème de Cassis in ein bauchiges Weinglas geben und mit gut gekühltem Bourgogne Passe Tout Grain oder einem anderen trockenen und fruchtigen Rotwein auffüllen.

In den guten Likören aus schwarzen Johannisbeeren sind mehr als 500 g Beeren enthalten.

Kir

2 cl Crème de Cassis in ein bauchiges Weinglas geben und mit gut gekühltem Bourgogne Aligoté oder einem anderen trockenen, herben Weißwein auffüllen.

> Eine Crème de Cassis mit 20 Vol% enthält doppelt so viele Früchte wie eine Crème mit 16 Vol%, aber nur ein Achtel mehr an Zucker. Sie ist daher wesentlich fruchtiger, ergiebiger, und sie kann sparsamer verwendet werden.

Traditionelle Rezepte des Burgund

Tarte à l'Epoisses et aux pommes
Tarte mit Epoisses und Äpfeln

Für 6–8 Personen

Teig
250 g Mehl
5 g Salz
1 Eigelb
125 g Butter
50 ml Wasser

Garnitur
3 Eier
500 ml Crème fraîche
1 affinierter Epoisses (250 g)
2–3 Äpfel (Reinettes)
100 g gekochter Schinken
Salz, Pfeffer, geriebene Muskatnuß

In das gesiebte Mehl eine Mulde drücken. Salz, Eigelb, Butter in Flocken und Wasser hineingeben und mit dem Mehl zu einem Teig verarbeiten. Im Kühlschrank ruhen lassen.
Für die Füllung die Eier verquirlen, dabei die Crème fraîche einrühren. Käse, Äpfel und Schinken würfeln und mit der Eiermischung vermengen. Mit Salz, Pfeffer und Muskat würzen.
Den Backofen auf 200 °C vorheizen. Den Teig dünn ausrollen. Eine Springform (26 cm Durchmesser) buttern und mit Teig auskleiden. Mit der Käsemasse füllen und 5 Minuten bei 200 °C, dann etwa 30 Minuten bei 180 °C backen. Heiß servieren.

Les escargots de Bourgogne en coquille
Weinbergschnecken in Kräuterbutter

Für 8 Personen

8 Dutzend lebende Weinbergschnecken
500 g grobes Speisesalz
500 ml Essig
1 Flasche weißer Burgunder
1 Zwiebel, mit 1 Nelke gespickt
2 Möhren
1 Bouquet garni mit Thymian, Lorbeer, Petersilie, 1 Stange Staudensellerie
4 Knoblauchzehen
Salz und Pfeffer aus der Mühle

Tarte à l'Epoisses et aux pommes – Tarte mit Epoisses und Äpfeln

Schneckenbutter
750 g Butter
80 g Petersilie
40 g Schalotten
20 g Knoblauch
Salz und Pfeffer aus der Mühle
20 g Semmelbrösel (nach Belieben)

Im Burgund werden die Schnecken wie folgt zubereitet: Zunächst läßt man sie 24 Stunden fasten, dann reinigt man sie unter fließendem Wasser und entfernt den kalkhaltigen Verschluß. Man legt sie 10 Stunden in Salz und Essig ein, um den Schleim zu lösen und reinigt sie ein zweites Mal, bevor man sie 30 Minuten in siedendes Wasser gibt. Danach kann man sie aus den Häusern lösen, den schwarzen Darm entfernen und ein drittes Mal waschen. In Deutschland läßt man die Schnecken ebenfalls fasten, tötet sie dann aber erst in kochendem Wasser, bevor man die aufwendige Reinigung fortsetzt. Die Schnecken mit dreimal soviel Wasser, dem Wein, der Zwiebel, den Möhren, dem Bouquet garni und den Knoblauchzehen aufsetzen, salzen und pfeffern und 3 Stunden zugedeckt kochen.
In der Zwischenzeit die Schneckenhäuser in reichlich Wasser 30 Minuten kochen. Abkühlen lassen und alle Unsauberkeiten entfernen.

Für die Schneckenbutter die Butter auf Zimmertemperatur bringen. Die Petersilie, die Schalotten und den Knoblauch fein hacken und mit der weichen Butter vermengen. Salzen, pfeffern und nach Belieben Semmelbrösel beimengen.
Die Schneckenhäuser jeweils mit einem Butterflöckchen belegen, dann eine Schnecke leicht hineindrücken und mit Kräuterbutter abschließen.
In einer feuerfesten Schüssel im Backofen erhitzen, bis die Butter geschmolzen ist und zu braten beginnt.

Quenelles de brochet à la crème d'oseille
Hechtklößchen in Sauerampfersauce

Für 6–8 Personen

Panade
150 ml Milch
40 g Butter
3 g Salz
weißer Pfeffer aus der Mühle
1 Prise geriebene Muskatnuß
80 g Mehl

Von links: Les escargots de Bourgogne en coquille (Weinbergschnecken in Kräuterbutter) – *Quenelles de brochet à la crème d'oseille* (Hechtklößchen in Sauerampfersauce) – *Pain d'épice, poires au vin et sorbet au cassis* (Honigkuchen, Birnen in Wein, Cassis-Sorbet)

Farce
500 g Hechtfleisch oder 1 Hecht (1 kg)
150 ml Crème fraîche
100 g weiche Butter
20 g Dijon-Senf
60 g gehackte Schalotten
10 g gehackte Petersilie
Salz, weißer und Cayenne-Pfeffer
4 Eier

Sauce
20 g Butter
50 g gehackte Schalotten
200 g Sauerampfer
300 ml Weißwein (Aligoté)
400 ml Sahne
Salz und weißer Pfeffer aus der Mühle
100 g geriebener Gruyère oder Comté

Für die Panade Milch mit Butter, Salz, Pfeffer und Muskat aufkochen, das Mehl einstreuen und bei schwacher Hitze mit dem Holzlöffel 2–3 Minuten rühren, bis der Teig sich vom Topf löst. Kalt stellen. Für die Farce den Hecht filetieren, entgräten und enthäuten, dann hacken und pürieren. Die Panade aus dem Kühlschrank nehmen und mit dem Fischfleisch zu einer glatten Masse verarbeiten. Dann mit Crème fraîche, weicher Butter, Senf, den Schalotten und der Petersilie vermengen. Mit Salz und Pfeffer würzen. Nun die Eier einzeln untermischen. Beiseite stellen.
Für die Sauce erst Schalotten, dann feingeschnittenen Sauerampfer in Butter dünsten. Mit Wein ablöschen und einkochen. Die Sahne zugeben und die Sauce im Mixer aufschlagen. Abschmecken. Mit einem Eßlöffel die Hechtfarce zu Klößchen formen, in siedendem Wasser 10 Minuten pochieren, abgießen und abtropfen. Hechtklößchen in eine feuerfeste Schüssel legen, mit Sauce begießen, mit Käse bestreuen und überbacken.

Pain d'épice, poires au vin et sorbet au cassis
Honigkuchen, Birnen in Wein, Cassis-Sorbet

Honigkuchen
1/2 TL Anis
30 g Zimt
20 g Muskatnuß
4 Gewürznelken
6 Wacholderbeeren
100 g Orangenschale
200 g Honig
200 g Zucker
190 g Butter
300 ml Wasser
220 g Maismehl
220 g Weizenmehl
14 g Trockenhefe
80 g Rohrzucker

Birnen in Wein
6 Williams-Birnen
1 Flasche roter Burgunder
1 Zimtstange
1 Orange
1 Zitrone
400 g Zucker
500 ml Wasser

Sorbet
500 g schwarze Johannisbeeren
250 ml Wasser
200 g Zucker
200 ml Crème de Cassis (Johannisbeerlikör)

Gougères
Käsewindbeutel

Für 6–8 Personen

250 ml Milch
100 g Butter
5 g Salz
150 g Mehl
4 Eier
50 g Gruyère oder Comté

Die Milch mit Butter und Salz in einem Topf zum Kochen bringen (1). Das Mehl zugeben (2) und die Mischung 4–5 Minuten bei niedriger Temperatur rühren, bis sie sich vom Topf löst.
Abkühlen lassen, dann die Eier mit einem Holzspatel (3) einzeln untermischen.
Käse in etwa 5 mm kleine Würfel schneiden (4) und gleichmäßig in den Teig einarbeiten (5). Mit einem Eßlöffel Bällchen formen und auf ein gefettetes Backblech setzen (6).
Den Backofen auf 170 °C vorheizen. Die Bällchen mit Eigelb bepinseln, mit geriebenem Käse bestreuen und 20–25 Minuten backen.
Diese kleinen Gougères werden zum Aperitif, (Kir, Crémant, Weißwein) gereicht.

Für den Honigkuchen Anis, Zimt, Muskat, Gewürznelken und Wacholderbeeren sehr fein reiben. Die Orangenschale sehr fein hacken. Alles mit Honig, Zucker, Wasser und mit 150 g Butter in einen Topf geben und zum Kochen bringen. Etwas abkühlen lassen, dann das Mehl und die Hefe einrühren. 4 Stunden kalt stellen.
Den Backofen auf 170 °C vorheizen. Die restliche Butter zerlassen, eine Kastenform (10 x 10 x 20 cm) damit einfetten und mit Rohrzucker bestreuen (damit der Kuchen leicht knusprig wird). Die Teigmasse hineinfüllen und 45 Minuten backen.

Die Birnen schälen, dabei die Stiele belassen. Den Wein mit Zimtstange, Orange, Zitrone und Zucker in einen Topf geben und zum Kochen bringen. Wasser und Birnen hinzufügen und kochen, bis die Birnen gar sind. Dann beiseite stellen.
Unterdessen die schwarzen Johannisbeeren mit Zucker im Wasser 5 Minuten kochen. Durch ein Sieb streichen, mit Johannisbeerlikör mischen, in die Eismaschine geben und gefrieren lassen.
Die Birnen auf eine Platte oder auf Dessertteller setzen, mit einer Scheibe Honigkuchen und einem Bällchen Cassis-Sorbet reichen.

Charolais

Die berühmtesten Fleischrinder Frankreichs stammen aus dem Burgund, wo sie im Saône-et-Loire saftigste Wiesen vorfinden.

Das Charolais ist der Star unter Frankreichs Rindern. Seine Vorfahren stammen aus dem Jura und grasten an Sâone und Loire. Sie labten sich an fetten Weiden und waren als schnellwüchsige, schwere, zuverlässige Zugochsen bekannt. Ganz in Weiß kommt das Charolais daher oder bisweilen auch in einem eleganten Cremeton. Seine Stirn ist hoch, die Hörner sind weiß und rund, die Backen ausgeprägt, das Maul ist breit, und der Hals ist kurz. Die rundliche Brust reicht tief hinunter. Der muskulöse Rücken streckt sich schnurgerade. Lenden und Hüften sind wuchtig, die Glieder kräftig. Ein ausgewachsener Bulle bringt es auf rund 1200 kg Lebendgewicht. Zur reinen Fleischrasse entwickelte sich das Charolais von dem Augenblick an, als die Technik in die Landwirtschaft Einzug hielt und Rinder als Zugtiere überflüssig machte. Das geschah in den zwanziger Jahren. Für Mutterkuhhaltung ist das Charolais bestens geeignet. Im Südwesten des Burgund, dort wo die Hügel des Brionnais zum klassischen Charolais-Gebiet avancierten, leben Muttertiere und Kälber von Anfang April an auf den Weiden. Bis in den Sommer hinein sorgt üppiges Gras für erstaunliche Gewichtszunahmen.

Donnerstags herrscht in dem 700-Seelen-Dorf Saint-Christophe-en-Brionnais geradezu Hochbetrieb. Schon 1488 erhielt Jean de Tenay von König Karl VIII. das verbriefte Recht, drei Jahresmärkte abzuhalten. Sein Nachfahr Laurent de Tenay erwirkte von Ludwig XIII. 1627 die Genehmigung für einen Wochen- sowie für einen vierten Jahresmarkt. In früheren Jahrhunderten banden die Viehzüchter aus der Umgebung ihre Tiere einfach auf der 14 m breiten Hauptstraße an, die mitten durch das Dorf führt, und der Handel spielte sich unter freiem Himmel ab. Aber seit 1866 findet der Viehmarkt auf dem ausgedehnten Gelände neben dem Rathaus statt. Wurden die Viehmärkte zunächst nur einige Male im Jahr abgehalten, führte das steigende Renommee der Charolais-Rinder zu immer kürzeren Intervallen, bis man sich 1961 zum wöchentlichen Rhythmus entschloß.

Jährlich werden hier 100 000 Rinder verkauft und treten von hier aus die Reise nicht nur in jeden Winkel Frankreichs, sondern längst auch in alle Länder Europas an. Für den Markt stehen 3 ha Fläche zur Verfügung, auf der bis zu 4000 Rinder gleichzeitig feilgeboten werden können. Es gibt 120 Wartepferche und eine Laderampe, groß genug für 50 Lkws. Heute ist Saint-Christophe noch einer der wenigen bedeutenden Märkte, auf denen die Kaufsumme weiterhin direkt – meist per Scheck – beglichen wird. Doch die *mur d'argent*, die Geldmauer, die den Markt säumt und über die bzw. auf der früher alle Geschäfte abgewickelt werden mußten, ist mittlerweile durch eine moderne Halle ersetzt worden, in der Käufer und Verkäufer nun bequem an langen Tischen Platz nehmen.

Vor allem im Herbst, wenn die für die Mast bestimmten Jungtiere die Besitzer wechseln, ist der Andrang sehr groß. Die ganze Nacht hindurch brummen Viehtransporter jeder Größe über die schmalen Landstraßen, die das Dorf mit der Außenwelt verbinden, zum Marktgelände. Die stattlichen Tiere werden ausgeladen und zu den festgelegten Arealen geführt, die ihrer Kategorie vorbehalten sind. Bereits gegen 5 Uhr früh wird es in den vier Gaststätten des Ortes lebendig. Züchter und Händler schlürfen einen *café au lait* oder nehmen ein erstes Frühstück zu sich. Unter den seit nunmehr 20 Jahren überdachten Marktflächen beginnen die Aufkäufer die Rinder zu begutachten, striegeln die Bauern ihre Tiere noch einmal. Man begrüßt sich, aber noch darf nicht gehandelt werden, worüber streng gewacht wird. Um 6 Uhr 15 werden durch die Lautsprecher zuerst die Stiere zum Verkauf freigegeben, Jungbullen von mindestens einem Jahr, die zur Mast bestimmt sind, denn sie werden bis zum Alter von 15 bis 17 Monaten gemästet. Nun wird hier gefeilscht, diskutiert und sich geeinigt. Schon beginnen Händler, mit der Schere ihr Zeichen ins Fell der Hinterbacken zu schnippeln, während andere sie mit farbiger Fettkreide markieren. Eine dreiviertel Stunde später sind die *broutards* an der Reihe, bei denen es sich um Kälber und Fresser handelt, die früher im Jahr geboren und

Auf dem Markt in Saint-Christophe wird auf dieser Tafel verzeichnet, wie viele Tiere welcher Gattung zum Verkauf stehen.

Die Fleischhändler, *chevillards* genannt, begutachten die Rinder genauestens, bevor der Markt eröffnet wird.

in Mutterkuhhaltung auf Weiden großgezogen wurden. Sie sind zu weiterer Aufzucht und späterer Mast bestimmt. Um 8 Uhr schlägt die Stunde für die großen Fleischrinder, die zum Schlachten bestimmt sind, wobei man Kühe, Färsen und Ochsen handelt. Letztere sind in der Regel zwischen 24 und 36 Monate alt. Die erworbenen Tiere werden von den Züchtern in Pferche getrieben, die sich der Käufer reserviert hat. Nun bleibt nur noch der Gang in die Zahlhalle, um den Kaufpreis zu begleichen. In der Zwischenzeit herrscht in den Kneipen des Orts großer Andrang. Mehr und mehr Bauern und Händler haben ihre Geschäfte getätigt. Nun setzt man sich zu einem kräftigen Essen zusammen. Selbstverständlich verzehrt man nun tellergroße *entrecôtes* und dicke Filets, die von erstklassigen Charolais-Rindern stammen.

Charolais Terroir

Das Charolais ist mit rund 1,4 Millionen Stück die bedeutendste Fleischrasse Frankreichs und heute in der ganzen Welt verbreitet. Sein Fleisch ist sehr schmackhaft und fettarm. Doch seine Qualität und sein Aroma hängt entschieden von den Umständen seiner Aufzucht und dem Umgang mit dem Fleisch ab. Seit 1983 wurde den Charolais-Rindern, die aus der ursprünglichen Heimat der Rasse stammen, ein ›Label Rouge‹ zuerkannt. Unter dem Signum ›Charolais Terroir‹ garantiert dieses Siegel eine hohe Qualität, die auf verschiedenen streng kontrollierten Voraussetzungen beruht:

- Die Rinder müssen aus dem festumrissenen Charolais-Gebiet im Burgund stammen.
- Sie grasen auf den natürlichen großen Weiden der Charolais-Region.
- Als Zusatzfutter ist ausschließlich traditionelles Futter wie Gras, Heu, Getreide, Ölkuchen usw. erlaubt.
- Transport und Schlachtung erfolgen nach besonders schonenden Kriterien.
- Von der Herkunft bis zum Verkauf ist das Fleisch jederzeit eindeutig identifizierbar.
- Die Qualität des Schlachtfleisches wird gewissenhaft überprüft.
- Alle Räume und Transportflächen, durch die das Rind auf seinem Weg zum Konsumenten kommt, unterliegen besonders strengen hygienischen und sanitären Kontrollen.
- *Charolais Terroir Label Rouge* darf nur mit eindeutiger Kennzeichnung und nicht gemischt mit Fleisch anderer Herkunftsorte angeboten werden.

Die besten Fleischrassen

Aubrac
Südliches Zentralmassiv; sehr widerstandsfähige und genügsame Tiere, die ganzjährig draußen leben; weitgeschwungene Hörner. Stiergewicht: 850–1100 kg. Oft mit Charolais-Bullen gekreuzt. Gute Fleischqualität.

Bazardaise
Nördliche Landes und Hügel des Bazardais; rustikale, anpassungsfähige Rasse mit schönem grauem Haarkleid. Stiergewicht: 900–1100 kg. Sehr aromatisches Kalbfleisch.

Blonde d'Aquitaine
Hügel des Südwestens; Verschmelzung der Rassen Garonnais, Quercy, Blond des Pyrénées 1962; langgestreckte, muskulöse, schnell zunehmende Tiere; besonders auf Kalbfleisch ausgerichtet. Stiergewicht: 1000–1300 kg.

Charolais
Saône-et-Loire und Nevers; sehr robust und anpassungsfähig (in über 70 Ländern verbreitet), schnell zunehmend; mageres schmackhaftes Fleisch. Stiergewicht: 1000–1400 kg. Bedeutendstes Herdbuch mit 100 000 Kühen.

Gasconne
Zentrale Pyrenäen; an rauhes, schwieriges Terrain und Höhen angepaßt, extrem widerstandsfähige, für Almenhaltung prädestinierte Tiere mit aufragenden Hörnern. Würziges Fleisch. Stiergewicht: 800–950 kg.

Limousin
Westliches Zentralmassiv; mittelgroße, genügsame Tiere mit rötlichem Fell; ideale Mutterkühe (in 53 Ländern verbreitet); sehr zartes, feines, wohlschmeckendes Fleisch. Stiergewicht: 1000 bis 1300 kg.

Maine-Anjou
Maine-Anjou; Kreuzung zur Zeit der Wende vom 19. zum 20. Jahrhundert von einheimischer Mancelle mit der Fleischrasse Shorthorn; rotweiße Rinder, die schnell zunehmen. Dunkles, marmoriertes Fleisch. Stiergewicht: 1100–1450 kg.

Normande
Normandie; weiß und schwarz gesprenkelte Mischrasse, gut in extensiver Haltung; fette Milch und bemerkenswerter Fleischertrag; Stiergewicht: 1000–1200 kg.

Parthenaise
Bretagne bis Charente; lieferte ursprünglich die Milch für die berühmte Butter; überwiegend mittelbraune Tiere; fruchtbare Kühe; hohe Fleischqualität; Stiergewicht: 950–1200 kg.

Salers
Auvergne; hohe rotbraune, sehr robuste Tiere mit weitgeschwungenen Hörnern; gute Milch (Käseproduktion) und dunkles, marmoriertes, wohlschmeckendes Fleisch. Stiergewicht: 1000 bis 1200 kg.

Der französische Fleischschnitt beim Rind

1	*Collier*	– Hals oder Nacken
2	*Gras bout de poitrine*	– fettes Bruststück
3	*Basses côtes*	– Hohe Rippe
4	*Macreuse à pot-au-feu*	– Schaufelstück, Schulterspitz
5	*Jumeau à pot-au-feu*	– unterer vorderer Schulterteil
6	*Paleron*	– Schaufeldeckel
7	*Jumeau à bifteck*	– zentraler unterer Schulterteil
8	*Macreuse-à-bifteck*	– mageres hinteres Bugstück
9	*Côte*	– Hohe Rippe, Rindskotelett
10	*Entrecôte*	– Zwischenrippenstück
11	*Plat-de-côtes*	– Schmor- oder Spannrippe
12	*Tendron*	– Brustschnitte
13	*Faux-filet*	– schmackhaftes Lendenstück, Roastbeef
14	*Bavette de flanchet*	– Seitenstück aus dem oberen Lappen
15	*Flanchet*	– Bauch oder unterer Lappen
16	*Rumsteck*	– Rumpsteak, Hüftsteak
17	*Filet*	– Filet
18	*Hampe*	– Wamme, Zwerchfellstück
19	*Onglet*	– inneres Zwerchfellstück unter dem Filet
20	*Bavette d'aloyau*	– Lendenstück, hinterstes Lappenstück
21	*Aiguillette Baronne*	– oberster Zipfel der Nuß
22	*Merlan*	– Stück aus der vorderen Oberschale
23	*Poire*	– birnenförmiges Stück, Mitte der Oberschale
24	*Rond de tranche*	– Kluftscheibe
25	*Mouvant*	– unterstes vorderes Stück der Unterschale
26	*Araignée*	– Maus, zentrales Keulenstück
27	*Gîte à la noix*	– Nuß
28	*Gîte et jarret*	– Hesse, Beinscheibe
29	*Rond de gîte*	– hinterstes Stück der Oberschale
30	*Queue*	– Schwanz

Der Umgang mit hochwertigem Rindfleisch

- Das Fleisch nicht in Frischhalte- oder Alufolie aufbewahren.
- Eine Stunde vor der Zubereitung aus dem Kühlschrank nehmen, sonst wird es zäh.
- Keinen im Netz gebundenen Rollbraten kaufen, der meist aus mehreren und oft nicht aus den besten Stücken besteht und mit Speck umwickelt ist.
- Stets einen *rôti nature*, einen Braten am Stück, verlangen.
- Das Fleisch immer bei großer Hitze auf allen Seiten anbraten, damit es saftig bleibt.
- Erst unmittelbar vor oder während des Bratens salzen.
- Bratendes Fleisch niemals mit einer Gabel anstechen.
- Vor dem Servieren das Fleisch einen Moment ruhenlassen.
- Bratenscheiben nicht in der Sauce servieren, da sie sich dadurch verfärben; die Sauce immer separat reichen.
- Steaks in sehr heißem Öl anbraten.
- Steaks nur einmal wenden.
- Wenn Blut an der Oberfläche austritt, ist das Steak *à point* (engl.: medium); für *saignant* (engl.: rare) das Fleisch maximal zwei Minuten von jeder Seite braten.
- Hochwertiges Rindfleisch niemals völlig durchbraten.
- Auf fertiggebratene Steaks ein Stück frische Butter geben.

Côte de bœuf

Côte de bœuf, das Kotelett vom Rind, das durchschnittlich 800 g wiegen sollte, ist ein beliebtes Gericht für zwei Personen und steht häufig in Bistrots und Brasserien auf der Karte.

Am besten brät man es in einer Mischung aus einem Eßlöffel Butter und einem Eßlöffel Öl, die man sehr heiß werden läßt, zunächst von jeder Seite eine Minute an. Beim Wenden streut man *fleur du sel*, das feinste Meersalz, das die Guérande zu bieten hat, auf die Oberseite. Dann brät man das Fleischstück auf jeder Seite weitere sieben Minuten, so daß es durch und durch warm ist, aber im Kern noch *saignant* (engl.: rare) bleibt. Erst dann wird es gepfeffert, und wer möchte, kann ein Stückchen Butter oder auch Kräuterbutter darauf zerlassen. Das Kotelett aus der Pfanne nehmen, diagonal in Scheiben schneiden und auf vorgewärmten Tellern anrichten. Als eine passende Beilage empfiehlt sich ein Kartoffelgratin. So ein edles Stück Fleisch verdient außerdem einen guten Rotwein. Bleibt man regional, dann wählt man am besten einen Moulin-à-Vent.

Moutarde de Dijon

Gelbe Körner geben feine Aromen, rotbraune verleihen Schärfe. Leicht vorgequetscht und eingeweicht, entfalten sich ihre Eigenschaften beim Mahlgang.

Einige Stunden Reife in Holzfässern braucht der Senf, um nach dem Mahlen seine anfängliche Bitterkeit zu verlieren und seine wahre Schärfe zu gewinnen.

Die cremige *moutarde de Dijon* und die körnige *moutarde à l'ancienne* sind die beiden beliebtesten Senfsorten

Als hätte es Rabelais, dieser ruhelose Spötter des 16. Jahrhunderts, geahnt: Läßt er nicht seinem Riesen Gargantua zwischen den Dutzenden von Schinken, Ochsenzungen, Blut- und Leberwürsten, die sich der Vielfraß einverleibt, Schaufeln voller Senf verabreichen? Denn Senf wirkt anregend auf Magen- und Verdauungssäfte. Bereits im antiken Alexandria schätzte man das würzige Brennen der Senfkörner und zerstieß sie wie Gewürznelken oder Koriander. Columella, ein römischer Landwirt und Agrarautor, der in zwölf Büchern mit dem Titel »De re rustica« um 60 n. Chr. Ackerbau und Viehzucht seiner Zeit beschrieb, notierte im Jahr 42 das erste überlieferte Rezept für Speisesenf – man nannte ihn *mustum ardens*, brennenden Saft. Seit Karl der Große im »Capitulare de villis« seinen Bauern nahegelegt hatte, Senf anzubauen, sproß er überall im einstigen Frankenreich. In Paris wirkten um 1300 zehn *moutardiers*, 1650 waren es bereits 600. Die in Dijon residierenden Herzöge von Burgund hielten es Ende des 14. Jahrhunderts für geboten, die Qualität des Senfs ihrer Stadt mittels einer Verordnung zu gewährleisten. Sie schrieb »gutes Samenkorn, in kompetenten Essig getunkt« vor. Trotz solider Reputation überflügelte der Dijon-Senf die Erzeugnisse anderer Regionen erst, als Jean Naigeon um 1752 den Essig durch den Most unreifer Trauben, den *verjus*, ersetzte. Das verlieh ihm zusätzliche Säure. Nun wurde *moutarde de Dijon* zum Inbegriff bester Senfqualität. Seit 1937 garantiert die Bezeichnung die Art der Herstellung, bei welcher Senf mindestens 28 % Trockenextrakt aufweisen muß und nicht mehr als 2 % Schalen enthalten darf. Ein Hinweis auf den Fabrikationsort ist sie jedoch nicht, auch wenn neun Zehntel des französischen Senfs in oder bei Dijon produziert werden.

Biologisch zählt Senf zur Familie der Kreuzblütler wie Radieschen, Rettich oder Kresse. Zwei

---

Senfsorten

Moutarde de Champagne Champagnesenf
Grobkörniger Senf, dem der Wein der Champagne besondere Milde verleiht. Zu Braten oder Gegrilltem oder für Salatsaucen.

Moutarde à l'ancienne – Senf auf traditionelle Art
Grobkörniger Senf, aus dem die Schalen nicht entfernt wurden. Zum Marinieren oder für Vinaigrette. Wird zu kaltem oder warmem Fleisch gereicht.

Moutarde à l'estragon – Estragonsenf
Beliebt für Fischsaucen und Vinaigrette.

Moutarde au poivre vert – Senf mit grünem Pfeffer
Der grüne Pfeffer eignet sich am besten zum Würzen von Grillgerichten.

Moutarde de Dijon – Dijon-Senf
Klassischer feiner Senf, insbesondere zum Kochen geeignet. Für Saucen aller Art, zum Einreiben von Braten und Kurzgebratenem.

Senf sollte immer gut verschlossen im Kühlschrank aufbewahrt werden, denn er verträgt weder Wärme noch Licht, noch Luftkontakt. Um Schärfe und Charakter des Senfs beim Kochen zu erhalten, darf man ihn erst am Ende der Garzeit hinzufügen.

BOURGOGNE & FRANCHE-COMTÉ

Dijon, die Hauptstadt des Burgund, ist reich an architektonischen Sehenswürdigkeiten, hier ein Blick auf Saint-Michel.

Dijon-Senf gibt vielen Saucen das gewisse Etwas und wird zu diversen Fleischgerichten gereicht, Restaurants beziehen ihn daher en gros.

Arten haben es in sich, die bei der Herstellung je nach gewünschter Schärfe vermischt werden. Die sanftere gelbliche *Sinapis alba* gibt feine Aromen, die rotbraune *Brassica nigra* Schärfe. Heute liefert Kanada, größter Senferzeuger der Welt, fast den gesamten französischen Bedarf. Oft leicht angequetscht, um die Schale zu spalten, werden die Körner mit Branntweinessig, Wasser und Salz für mehrere Stunden angesetzt, dann gewogen, mit Gewürzen vermischt und gemahlen. Erst das eiweißartige Ferment Myrosin und Wasser bringen ätherisches Allyl-Senföl hervor, die Schärfe entsteht – und vergeht größtenteils, wenn industrielle Mühlen es mit 3000 hitzigen Umdrehungen pro Minute vertreiben. Denn Hitze verträgt Senf nicht, sein Aroma ist hochflüchtig. Dann muß der Meerrettich die entwichene Schärfe ersetzen. Frankreichs angesehenster Senfmüller mahlt in Beaune. Die Firma Edmond Fallot beliefert die meisten französischen Drei-Sterne-Köche. Stolz zeigt der junge Senfmacher Marc Desarmeniens die alten Steinmühlen. Die Trennung von Schalen und Paste erfolgt in der Zentrifuge. Nur bei der *moutarde à l'ancienne* bleiben die Schalen erhalten. Zum Schluß kommen Kurkuma zum Gelbfärben, Zitronensäure und Antioxidant hinzu. Zwar wird Senf in Frankreich mit warmem oder kaltem Fleisch serviert, aber sein eigentliches Reich bleibt die Küche, wo er eher im Verborgenen wirkt. Senf intensiviert den Geschmack zwar generell, aber besonders den von Salat-, Fleisch- und Fischsaucen. Ein guter Koch benutzt ihn immer mit Fingerspitzengefühl.

Exquisite Speiseöle

Erst mit der Sensibilisierung für die Qualitätsunterschiede, die es bei den Rohstoffen gibt, erfahren hochwertige Speiseöle jene Beachtung, die sie verdienen. Wie schon im Altertum richtete sich die Aufmerksamkeit zunächst auf das Olivenöl, machte es doch deutlich, welche Vorteile die Kaltpressung mit sich bringt und welch ausgeprägten Charakter ein Öl besitzen kann. So begann es seinen Siegeszug, der noch längst nicht abgeschlossen ist und der auch das Interesse für andere Öle entfachte.

In Frankreich gewann man bereits im Mittelalter Öl aus Walnüssen. In vielen Departements Südfrankreichs sind die bis zu 30 m hohen Bäume heimisch. Besonders bekannt für ihre Anpflanzungen sind Drôme und Isère im Osten und die Dordogne im Westen. Doch auch im südlichen Burgund gedeihen sie. Dort pflegte man zusätzlich noch Raps als Ölfrucht zu kultivieren. Fast in allen größeren Gemeinden gab es Ölmühlen, in denen die Bauern ihre Walnuß- und Rapsernte zu Öl für den eigenen Bedarf pressen ließen. Man benutzte es zum Kochen wie auch für Lampen. Mit zunehmendem Fortschritt wurde die Selbstversorgung immer unrentabler, und die kleinen handwerklichen Ölmühlen stellten ihren Betrieb ein. Nur wenige blieben erhalten.

Eine davon ist die Huilerie Leblanc in Iguérande, einem Dorf an der westlichen Grenze des Departements Saône-et-Loire. Sie wurde 1878 vom Großvater des jetzigen Besitzers gegründet und wird von dessen Sohn in der vierten Generation betrieben. Sie überstand die Unbilden der Zeit und arbeitet seit ihrer Eröffnung mit den gleichen Gerätschaften und nach der gleichen handwerklichen Methode.

Die ohne Schalen angelieferten Nüsse werden unter schweren Granitsteinen zehn Minuten lang zu einer kompakten Paste zerquetscht. So kommen die Nüsse auf eine ausladende gußeiserne Pfanne, in der sie auf dem Ofen leicht angeröstet werden. Dabei überprüft der Ölmüller mit Sorgfalt Farbe und Geruch. Denn schon wenige Minuten zuwenig oder zuviel verändern das Aroma entscheidend. Die Röstnote verleiht den Nüssen einen feinen Pralinengeschmack. Dann wird die Paste unter die hydraulische Presse gegeben und bei einem Druck von 220 bar in einer einzigen Kaltpressung extrahiert. Das Pressen dauert zehn Minuten, so daß in gleichmäßigem Rhythmus gearbeitet wird: eine Ladung wird zerquetscht, eine geröstet, eine gepreßt.

Je nach Frucht beläuft sich der Ertrag an Öl auf 30–50% des ursprünglichen Gewichts. Bei Walnüssen und Haselnüssen sind es 50%, bei Pistazien und Mandeln 30%. Nach dem Pressen wird das Öl in Tanks gefüllt, in denen es eine Woche lang ruht, das heißt, die in ihm enthaltenen Partikel setzen sich auf dem Tankboden ab. Durch einen einfachen Papierfilter wird das Öl dann auf Flaschen gezogen. So bewahrt es die ganze

Damit die aromatische Kraft des Öls nicht leidet, gibt man ihm Zeit, sich natürlich zu klären, und läßt es beim Abfüllen nur durch einen Papierfilter laufen.

Der Ölmüller breitet die Nüsse gleichmäßig aus, bevor sie zwischen Granitsteinen in nur zehn Minuten zu einer homogenen Paste zerquetscht werden.

Das erlesene Angebot umfaßt Öle aus Walnüssen, Haselnüssen und Erdnüssen, aus Mandeln, Pinienkernen und Pistazien sowie aus Oliven und Raps.

Kraft seines Aromas. Die Preßrückstände finden übrigens noch als Fischköder oder Tiernahrung Verwendung.

Die auf diese sanfte und handwerkliche Weise gewonnenen reinen Öle zeichnen sich nicht nur durch die Intensität ihrer Aromen aus. Sie sind äußert hochwertige und gesunde Lebensmittel, denn sie besitzen einen außerordentlich hohen Gehalt an ungesättigten Fettsäuren, Enzymen, Hormonen und Vitalstoffen. Nicht von ungefähr zählen Köche vieler erstklassiger Restaurants zu ihren Kunden. Die Huilerie Leblanc stellt acht verschiedene Öle her. Außer Erdnuß- und Olivenöl, die sich gut zum Erhitzen eignen, taugt auch Rapsöl zum Garen, aber nur bei niedrigeren Temperaturen. Die weiteren Öle, wie Walnuß-, Haselnuß-, Mandel-, Pistazien- und Pinienkernöl, sind nur für kalte Speisen zu verwenden: für Saucen und Vinaigretten, zum Würzen von Gemüsen, Fisch- oder Fleischgerichten sowie von Käse.

Gewöhnliche Speiseöle

In der Küche benutzen die Franzosen ebensoviel Öl wie Butter und Margarine zusammen, nämlich rund 11 kg bzw. Liter pro Kopf und Jahr. Man hat sich an die neutralen und billigen Öle industrieller Produktion gewöhnt. Dabei durchlaufen Ölsaaten und -früchte eine Vielzahl von chemischen und physikalischen Prozessen, zu denen vor der Filtrierung auch eine Geschmacksneutralisierung durch Dampfbehandlung zählt. Der Vergleich wird besonders deutlich in der Gegenüberstellung eines raffinierten Sonnenblumenöls mit einem kaltgepreßten Sonnenblumenöl aus biologischem Anbau. Das erste hat praktisch keine Aromen mehr, das zweite duftet und schmeckt äußerst intensiv und besitzt eine ausgeprägte Nußnote, weshalb sein Einsatzbereich auch begrenzter ist. Die verbreitetsten Speiseöle in der Reihenfolge ihrer Verwendung sind:

1. Sonnenblumenkernöl
Es ist nicht nur mit großem Abstand die Nummer eins unter den in Frankreich verwendeten Ölen, es ist auch der Tausendsassa, denn von Salatsaucen bis zu Fritiertem mit 170 °C ist es für alles zu gebrauchen.

2. Erdnußöl
Die Nummer zwei unter den Ölen läßt sich sehr gut erhitzen, und man kann damit bis 210 °C ausgezeichnet fritieren.

3. Olivenöl
Obwohl man es im Zuge der Ausbreitung mediterraner Kochweise immer mehr schätzt, erreicht sein Verbrauch nur ein Zehntel der Menge von Sonnenblumenkernöl. Es ist sehr aromatisch und wird vor allem für Salatsaucen und bis 190 °C benutzt.

4. Maiskeimöl
Es ist sehr neutral und die richtige Wahl für Salate und alle Speisen bis zu einer Temperatur von 170 °C, wenn man den Eigengeschmack der Zutaten nicht beeinflussen will.

5. Rapsöl
Ein leichtes, neutrales Öl, für Salate oder zum Garen bei bis zu 160 °C.

6. Sojaöl
Es wird in Frankreich wenig benutzt, ist aber weltweit stark verbreitet. Es findet vor allem für Salatsaucen Verwendung.

Alle anderen Öle, auch das vor allem in Südfrankreich bekannte Traubenkernöl, stellen nur kleinere Mengen. Alle Nußöle eignen sich ausschließlich zum Würzen.

BOURGOGNE & FRANCHE-COMTÉ

Innovative burgundische Küche

Ob Weine oder Küche, das Burgund ist gastronomisch eine Elite-Region. Wo man über große Schnecken und Flußkrebse, feinstes Geflügel und saftiges Rindfleisch und viele andere hochwertige Zutaten verfügt, muß sich einfach eine gediegene Kochkunst entfalten. Zahlreiche Köche pflegen die traditionellen Rezepte und führen jahrein, jahraus die gleichen Klassiker auf ihren Menükarten. Aber die Kochkunst einer Provinz ist nur dann lebendig, wenn sie immer wieder Interpreten hervorbringt, die zwar tief in der regionalen Tradition verwurzelt sind, doch den Mut und den Esprit besitzen, ihr einen überraschend ungewohnten Ausdruck zu verleihen. In Beaune, der Weinkapitale des Burgund, wirkt seit Jahren einer dieser revolutionären Erneuerer. In der Hostellerie de l'Ecusson erfindet Jean-Pierre Senelet unentwegt neue Allianzen burgundischer Zutaten. Oftmals verblüffen seine Kreationen auf köstlichste Weise, und zugleich liefern sie den Beweis für die ungebrochene Vitalität einer großen Küchentradition.

Escargots en os à moelle aux pétales d'ail et sel gros
Weinbergschnecken in Markknochen mit Knoblauch und grobem Salz
(im Bild links)

12 Markknochen, je 6 cm hoch
500 g Schalotten
1 Knoblauchknolle
1 Flasche roter Burgunder
Salz und Pfeffer aus der Mühle
40 g Butter
4 Dutzend Weinbergschnecken
grobes Meersalz
glatte Petersilie

Die Markknochen in kaltem Wasser 3 Stunden wässern, um die blutigen Teile zu entfernen. Das Mark mit den Fingern herausdrücken und in etwas Wasser mit einem Schuß Essig beiseite stellen. Die Schalotten und den Knoblauch in feine Scheiben schneiden, mit Rotwein in einen Topf geben, salzen und pfeffern und 1 1/2 Stunden köcheln lassen. Dann die Zutaten pürieren, die Butter untermischen und abschmecken.
Den Backofen auf 240 °C vorheizen.
Jeweils 3 Knochen auf einen feuerfesten Teller geben. Jeden Knochen zunächst mit Weinschalottenpüree füllen, dann 4 Weinbergschnecken daraufsetzen und mit einer dicken Scheibe Mark bedecken. Mit grobem Meersalz bestreuen und mit Pfeffer aus der Mühle würzen. Etwa 10 Minuten in den heißen Ofen stellen. Mit Petersilienblättchen garnieren und sofort servieren.

Coq au vin de Bourgogne, macaronis et truffes d'ici
Huhn in Wein mit Makkaroni und hiesigen Trüffeln
(im Bild oben)

Für 8 Personen

1 Huhn, 3,5 kg
500 g Möhren
5 Zwiebeln
1 Knoblauchknolle
Thymian
Lorbeerblatt
Gewürznelken
100 ml Marc de Bourgogne
2 Flaschen kräftiger roter Burgunder
Salz und Pfeffer aus der Mühle
200 ml Olivenöl
75 g Mehl
1 EL Kakaopulver
300 g Makkaroni
2 graue burgundische Trüffeln

Das Huhn zerteilen, so daß jede Person 2 Stücke erhält. Die Möhren putzen, Zwiebeln und Knoblauch schälen. Die Möhren in Stücke schneiden, die Zwiebeln halbieren und beide mit dem Knoblauch und den Hühnerteilen in eine große Schüssel geben. Die Kräuter zufügen, Marc und Wein angießen, schwach salzen und pfeffern und mindestens 48 Stunden marinieren lassen.
Die Hühnerteile aus der Marinade nehmen und abtropfen lassen. Jedes Stück in Mehl wälzen und in einem großen feuerfesten Topf in heißem Olivenöl mindestens 12 Minuten bräunen. Das Fleisch herausnehmen und abtropfen lassen.
Das Gemüse aus der Marinade schöpfen und ebenfalls abtropfen lassen. Die Marinade zum Kochen bringen und durch ein feines Sieb passieren. Das Gemüse in den Brattopf geben und im verbliebenen Fett anbräunen, mit dem Kakaopulver bestäuben und gut vermischen. Die Fleischstücke darauf legen, mit der Marinade aufgießen. Zum Kochen bringen und im vorgeheizten Backofen bei 160 °C 2–3 Stunden garen. Danach die Stücke herausnehmen und warm halten. Die Sauce durch ein feines Sieb gießen und abschmecken.
Die Makkaroni in Salzwasser *al dente* kochen. Die Trüffeln fein würfeln. Makkaroni und Hühnerteile auf den Tellern anrichten, mit den Trüffelwürfeln bestreuen und mit der Sauce übergießen.

Galette de bœuf bourguignon à la chapelure d'oignons
Galette von burgundischem Rindsragout mit Zwiebelbröseln
(im Bild rechts)

Für 8 Personen

1,5 kg Schulterstück vom Rind
Olivenöl
100 g Mehl
3 Möhren
3 Zwiebeln
1 l roter Burgunder (Pinot Noir)
1 l Geflügelbrühe
6 Knoblauchzehen
Thymian, Lorbeerblatt
Salz und Pfeffer aus der Mühle
2 Eier
100 g Zwiebelpulver
150 g Semmelbrösel

Das Fleisch in Stücke schneiden, in einen Topf mit heißem Öl geben, mit etwas Mehl bestäuben, anbraten, herausschöpfen und abtropfen lassen. Möhren und Zwiebeln putzen, in Stücke schneiden bzw. vierteln. Im verbliebenen Fett anbräunen, herausschöpfen und in einem Sieb abtropfen lassen. Den Topf stark erhitzen, dann Wein und Brühe hineingießen und zum Kochen bringen. Das Gemüse, das Fleisch, die Knoblauchzehen, Thymian und Lorbeerblatt hinzufügen, schwach salzen und pfeffern und zugedeckt im vorgeheizten Backofen bei 200 °C mindestens 4 Stunden kochen.
Das Fleisch ist gar, wenn man es mit der Gabel leicht zerdrücken kann. Alle Zutaten zerdrücken und abschmecken.
Die Mischung in Ringe von 12 cm Durchmesser und 15 mm Höhe füllen und im Kühlschrank fest werden lassen.
Den Ofen auf 200 °C vorheizen.
Die Galetten aus den Ringen stürzen, im restlichen Mehl wälzen, dann durch die verquirlten Eier ziehen und in der Mischung aus Zwiebelpulver und Semmelbröseln wenden. Auf eine feuerfeste Platte in Olivenöl legen und von beiden Seiten jeweils 5 Minuten im Ofen goldgelb rösten.
Als Beilagen passen ein Sprossensalat und ein mit Senf gewürzter Karottensaft, den man in einer Sauciere separat reicht.

Ris de veau à la poudre de cassis
Kalbsbries mit Johannisbeerpulver
(im Bild unten)

750 g Kalbsbries
2 Schalotten
50 ml weißer Burgunder
150 ml brauner Fleischfond
25 g Butter
Salz und Pfeffer aus der Mühle
50 ml Olivenöl
1 EL schwarzes Johannisbeerpulver

Nerven und Haut vom Bries entfernen und es in 2 cm große Stücke schneiden. Die feingehackten Schalotten mit dem Wein dünsten, bis die Flüssigkeit verdampft ist. Mit Fond ablöschen und auf ein Drittel reduzieren. Die Butter unter Schwenken zerlassen, abschmecken und warm halten.
Das Bries in heißem Olivenöl kräftig anbraten, dann bei niedriger Hitze 3 Minuten garen. Das Fleisch in ein Sieb geben und abtropfen lassen, dann zurück in die Pfanne legen. Salzen, pfeffern und mit Johannisbeerpulver bestäuben, das nicht zu heiß werden darf. Gut mischen und sofort servieren.
Dazu ein – mit der Gabel zerdrücktes – Kartoffelpüree der Sorte Charlotte reichen, das mit ein wenig heißer Sauce übergossen wird.

Sandre en meunière de gaude, gros gnocchis au lard paysan
Zander nach Müllerinart, große Gnocchi mit Bauernspeck
(ohne Abbildung)

1 Zander, etwa 1,5 kg
150 ml roter Burgunder
300 ml Gemüsebrühe
40 ml Olivenöl
100 g geröstetes Maismehl
Salz und Pfeffer aus der Mühle
50 g Butter
Liebstöckel zum Garnieren
Speck-Gnocchi
120 g geräucherter Speck
250 ml Milch
40 g Butter
Salz und Pfeffer aus der Mühle
70 g Mehl
2 Eier
75 g gehackte glatte Petersilie
1 EL geriebener Parmesan

Für die Gnocchi den Speck in kochendem Wasser blanchieren, abkühlen lassen, dann fein würfeln. Die Milch mit der Butter und einer Prise Salz und Pfeffer zum Kochen bringen. Vom Herd nehmen, das Mehl einstreuen, kräftig einarbeiten und weitere 3 Minuten kochen. In eine Schüssel geben und abkühlen lassen. Danach die Eier einzeln zu der Mehlmischung geben und unterrühren, dann die gehackte Petersilie, den gewürfelten Speck und den geriebenen Parmesan damit vermischen. Von der Masse mit zwei Eßlöffeln große Klöße abstechen und in sehr heißem, aber nicht kochendem Wasser 25 Minuten pochieren. Mit einem Schaumlöffel aus dem Wasser nehmen und auf einer Serviette abtropfen lassen.
Den Zander schuppen, längs halbieren und jedes Filet in 2 Portionsstücke teilen und kühl stellen. Den Wein gut einkochen, die Brühe zufügen und auf ein Fünftel reduzieren.
Den Backofen auf 225 °C vorheizen. Öl in einer schweren Pfanne erhitzen. Die Zanderfilets in geröstetem Maismehl (eine burgundische Spezialität) wälzen und mit den Gnocchi in die Pfanne geben. Salzen, pfeffern und im Ofen 5 Minuten garen. Die Sauce unter Einrühren der Butter binden. Die Fischfilets wenden und weitere 2 Minuten im Ofen garen lassen. Zander und Gnocchi auf Küchenpapier abtropfen lassen, dann auf vorgewärmten Tellern anrichten. Jeweils mit einem großen Löffel Sauce übergießen und mit Liebstöckelblättchen verzieren.

Mönchskäse

Dort, wo Robert de Molesme 1098 das erste Kloster des berühmten und einst so mächtigen Ordens der Zisterzienser schuf, wurde es genau 800 Jahre später erneut gegründet. Seither arbeiten und beten in der Saône-Ebene, nicht weit von Nuits Saint-Georges, wieder Mönche. Zu der Abtei von Cîteaux gehören 200 ha Land, von denen 150 ha bewirtschaftet werden. Außer etwas Getreide- betreibt man heute nur noch Futterbau für die 60 Kühe, denen außerdem ausgedehnte Weiden zur Verfügung stehen. In den zwanziger Jahren begannen die Mönche mit der Herstellung von Käse, zunächst nur für den Eigenbedarf. Aber um 1935 war die Produktion bereits deutlich angewachsen und steigerte sich weiter. In den fünfziger Jahren führten die Mönche dann in ihrer Montbéliarde-Herde eine Selektion durch. Obwohl sich die Anzahl der Kühe in den letzten vierzig Jahren nicht veränderte, produzieren die Mönche heute über 50 % mehr Käse. Die Kühe, deren fettreiche Milch außerordentlich gut zum Käsen geeignet ist, grasen oft bereits ab Anfang April draußen auf den Weiden, werden zum Melken aber in den Stall geführt. In vielen Jahren ist es im Burgund ab Juli schon zu trocken für gutes Gras, so daß sie zugefüttert werden müssen. Von Ende Oktober an bleiben die Tiere dann ständig im artgerechten Freilaufstall. »Unser Ziel ist es nicht, das Maximum zu produzieren«, sagt Bruder Cyrille, Käsemeister des Klosters, »sondern gerade soviel wie wir brauchen, um davon leben zu können.« Mit »wir« meint der Bruder heute 40 Mönche, die aus der Käserei 70 % ihres Einkommens bestreiten. Die Produktion beläuft sich auf 60 Tonnen Käse im Jahr. Die Mönche haben die Käseherstellung optimal organisiert, um einerseits den Käsen die beste Pflege zukommen zu lassen, aber andererseits so viel Zeit wie möglich für ihre Andacht zu bewahren. So zögerten sie nicht, moderne Technik einzuführen, um den Anteil an reiner Handarbeit möglichst gering zu halten.

Zweimal in der Woche, dienstags und freitags, machen sie Käse. Unmittelbar nach dem Melken wird die Milch auf 4 °C heruntergekühlt. Während sie die ältere Milch bei 60 °C pasteurisieren, verarbeiten sie jeweils die zuletzt gemolkene Milch roh. Die Milch wird auf gut 32 °C erhitzt. Dann geben sie genügend Lab hinzu, das sie innerhalb von 40 Minuten zum Gerinnen bringt. Der Käsebruch wird mechanisch zerteilt, worauf er 20 Minuten lang gerührt wird, damit der größte Teil der Molke abfließt. Dabei achten sie darauf, daß das Korn des Käseteigs ausreichende Festigkeit erhält. Über ein kleines Fließband fällt der Teig in einen Trichter und von dort in vier Röhren, in denen er durch sein Eigengewicht voranrutscht. Nun werden Portionen davon abgeteilt, die die Mönche von Hand in die Formen füllen. Jeweils vier, sechs oder neun Formen stehen auf durchlässigem Tuch auf Edelstahlblechen, die man unter die Pressen schiebt. Dort bleiben die Käse 20 Stunden lang. Anschließend werden sie aus der Form genommen und für 90 Minuten in ein Salzbad gegeben, während die Mönche das gesamte Material gründlichst reinigen.

Das Kloster verfügt über vier Reifekeller, in denen die Käse zwischen 15 und 21 Tagen verbringen. Im Sommer ist die Affinage wegen der starken Nachfrage kürzer. Jeden zweiten Tag werden die Käse mit Salzlauge gewaschen. Die Kellertemperatur liegt üblicherweise bei 13 °C. Aber um den Reifeprozeß zu verlangsamen oder zu beschleunigen, variieren die Mönche sie bei Bedarf zwischen 10 °C und 15 °C. Die Luftfeuchtigkeit beträgt 95 %. Nach zwei Wochen werden die Käse eingewickelt und erhalten dann noch eine weitere Woche Nachreife.

Am besten ist der mit dem Reblochon verwandte Käse der Abbaye de Cîteaux im Sommer, wenn er einen Monat lang gereift ist. Dann besitzt er eine nachgiebige, gelblich-rötliche Rinde, einen weichen, geschmeidigen Teig und ein ganz besonders feines Aroma. Leider wird er oftmals zu jung angeschnitten. Der Mönchskäse ist im Burgund so stark gefragt, daß man ihn außerhalb der Grenzen seiner Heimatregion nur selten findet.

1 Hier wird geprüft, ob die Milch bereits geronnen ist.
2 Ist das der Fall, wird das Gerät in Betrieb gesetzt, das die Gallerte mechanisch zum Bruch zerkleinert.

3 Der Teig fällt in einen Trichter, durch den er in die Formen gelangt.
4 Die gepreßten Käse werden aus der Form genommen und kommen ins Salzbad.
Nebenstehend: Der frische Cîteaux in seiner Form

Käse des Burgund

Époisses
Der bekannteste Käse des Burgund, der 1991 eine Appellation erhielt, stammt aus dem Auxois, aber sein Gebiet erstreckt sich bis nach Dijon und über die Côte d'Or. Er wird zunächst mit Salzlauge, später mit Marc de Bourgogne gewaschen und muß mindestens vier Wochen affiniert werden. Er besitzt ein intensives Bukett, feuchte, rotbraune Rinde, aber einen weichen, fast weißen Teig. Er mißt 10 cm im Durchmesser, 4–6 cm in der Höhe.

Ami du Chambertin
Dieser Cousin des Epoisses wurde erst nach dem Zweiten Weltkrieg lanciert. Er ist milder, da er kürzer affiniert wird, aber man reibt auch ihn mit Marc ab. Unter den weiteren Variationen von burgundischen Rotschmierkäsen findet man den sehr milden Petit Bourgogne und den kleinen Trou du Cru.

Aisy Cendré
Ein Nachbar des Epoisses und ihm verwandter Rotschmierkäse, den es in Talern von 10–12 cm Durchmesser mit einem Gewicht von 250–600 g gibt. Auch er wird mit Marc gewaschen, aber in Rebasche konserviert und acht Wochen lang affiniert.

Pierre-qui-vire
Ein milderer und nur 200 g schwerer, als flacher Taler geformter Rotschmierkäse, nur mit Salzwasser gewaschen und auf Stroh präsentiert. Erzeugt wird er von den Mönchen der Abbey de Pierre-qui-vire im Morvan. Die Mönche formen auch runde Käse, die sie mit aromatischen Kräutern würzen und die unter dem Namen Boulette de la Pierre-qui-vire in den Handel kommen.

Saint-Florentin
Im Auxerrois, wo man auch einen Chaource wie in der nahen Champagne herstellt, bietet man diesen Käse in Talern von 12–13 cm Durchmesser und mit einem Gewicht von 450–500 g an. Er wird bis zu acht Wochen affiniert und zeichnet sich dann durch einen markanten Geschmack aus.

Soumaintrain
Dieser sehr milde, nur einmal mit Salzwasser gewaschene, fast weiße Kuhmilchkäse schmeckt angenehm säuerlich und wird von zehn Höfen und einer Molkerei im Umkreis des gleichnamigen Dorfes der Yonne, dem nördlichsten Departement des Burgund, produziert. Er reift nur sechs bis acht Wochen.

Bouton de culotte
Auch Chèvreton de Mâcon oder nur Mâconnais genannt und aus dem Südburgund stammend, ist oft ein reiner, kleiner, kegelförmiger Ziegenkäse von etwa 60 g Gewicht. Es gibt aber auch Käse, die zur Hälfte oder gänzlich aus Kuhmilch bestehen. Er wird gern mit leichtem Blauschimmel auf der Rinde angeboten.

Charolais
Rein aus Ziegen- oder zu 50 % aus Kuhmilch bestehender Käse mit natürlicher blauer oder weißer Schimmelrinde, der zu Zylindern von 8 cm Höhe geformt und in verschiedenen Stadien seiner zwei- bis sechswöchigen Reife angeboten wird. Er ist vom Teig her weiß und fest, oft auch trocken und entwickelt einen ausgeprägten Geschmack.

Montrachet
Beispiel eines reinen Ziegenkäses, die auch in verschiedenen anderen Gemeinden Burgunds erzeugt werden. Der hohe, an die 100 g schwere Zylinder reift nur eine Woche und wird oft in Weinblätter gewickelt. Er ist cremig und betont mild im Geschmack.

Die Weine des Burgund

Wenn im Burgund einige der edelsten Weine der Welt gedeihen, so liegt das zunächst am Klima, am Boden und an den Rebsorten, aber auch an der jahrtausendelangen Erfahrung in Anbau und Kellerei.

Im Burgund herrscht mitteleuropäisches Kontinentalklima mit oft kalten Wintern, aber heißen, trockenen Sommern. Die Veränderlichkeit des Wetters bewirkt die ausgeprägten Unterschiede zwischen den einzelnen Jahrgängen. Die Weinberge, zumindest die der hochwertigen Appellationen, liegen auf gut drainierten Hängen, die dem vorherrschenden, Regen bringenden Westwind den Rücken kehren und der Sonne zugewandt sind, wodurch die Reben genügend Licht und Wärme erhalten.

Die Böden sind für Weinbau hervorragend geeignet, denn sie sind karg und steinig, wodurch sie die Rebwurzeln in die Tiefe zwingen. Sie bestehen überwiegend aus Kalk, Ton und Kieselerde, und deren Zusammensetzung prägt Charakter und aromatischen Ausdruck der Weine. Kalk fördert Aromen, Finesse und Volumen, Ton dunkle Farbe, ausgeprägte Struktur und Tannine, Kieselerde Leichtig- und Süffigkeit. Diverse Mineralien unterstützen Bukett und Abgang.

Klima und Böden finden ihren Ausdruck in zwei überragenden Rebsorten, die im Burgund heimisch sind, dem weißen Chardonnay und dem dunklen Pinot Noir. Chardonnay treibt früh aus, was ihn frostanfällig macht, aber er reift auch früh und liefert besonders zuckerreiche Trauben. Er ist keine sehr aromatische Sorte, aber spiegelt seine jeweilige Lage im Verhältnis von Extrakt, Säure und Stärke wider. Am besten wird er in kleinen Eichenfässern vinifiziert, darin altert er gut und entwickelt dabei oft elegante Röst- und Honignoten. Pinot Noir, der Spät- oder Blauburgunder, ist empfindlich und launisch. Nur wenn seine Erträge niedrig gehalten werden und die kleinen Trauben ausreifen konnten, besitzt er jung bereits einen köstlichen Beerencharakter. Durch Alterung erreicht er dann ein sehr komplexes Bukett und am Gaumen eine unvergleichliche Finesse. Jede Veränderung der Bodenzusammensetzung kann das aromatische Spektrum des Weins beeinflussen, sofern der Winzer seine Kunst versteht.

Diese Kunst ist alt. Im Burgund, wo seit dem Altertum Reben kultiviert wurden und wo seit dem frühen Mittelalter ununterbrochen Weinbau betrieben wird, haben erst die Römer, dann Mönche und Winzer die besten Lagen urbar gemacht. Über Jahrhunderte hinweg widmete man ihnen eine natürliche Pflege, durch die sich das Bodenleben ausbilden konnte, das die Mineralien den Rebwurzeln zugänglich machte. Von Generation zu Generation weitergereichte Methoden der Vinifikation verbinden sich heute mit modernen Erkenntnissen und mit moderner Technik, um die Qualität der Trauben bei der Weinbereitung auf bestmögliche Weise zu nutzen.

Das Burgund bietet eine Fülle von Appellationen, pyramidenartig angeordnet. Die Basis bilden die regionalen Appellationen. Sie stellen mehr als die Hälfte aller Burgunderweine. Ein Drittel entfällt auf die kommunalen Appellationen, die *Villages*. Ein gutes Zehntel ist als *Premier Cru* klassifiziert, aber nur 1,7 % entfallen auf *Grands Crus*.

Die regionalen Appellationen des Burgund

Das Anbaugebiet des Burgund schließt nicht nur Teile der drei burgundischen Departements der Yonne, der Côte d'Or und der Saône-et-Loire in 299 Gemeinden ein, sondern auch das Beaujolais mit 85 Gemeinden, das zu Rhône-Alpes zählt. Die regionalen Appellationen können unter bestimmten Bedingungen im gesamten Gebiet erzeugt werden. Die Hektarzahl (ha) bezieht sich auf die in Ertrag stehenden Flächen.

AOC Bourgogne: Rund 3000 ha; für Rotweine aus Pinot Noir oder Gamay, sofern dieser aus den Crus des Beaujolais (bis auf Régnié) stammt, sowie aus seltenen Pinot-Varianten und César; für Weißweine nur aus Chardonnay. Rote Sorten werden auch als Rosé vinifiziert und als Bourgogne Rosé oder Bourgogne Clairet angeboten.

AOC Bourgogne Passe-Tout-Grains: 1200 ha; nur Rote und Rosés zu mindestens einem Drittel aus Pinot, maximal aus zwei Dritteln Gamay.

AOC Bourgogne (Grand) Ordinaire: 192 ha; überwiegend Rot-, etwas Rosé-, aber auch Weißwein; für ihn sind sämtliche roten und weißen Sorten zugelassen.

AOC Bourgogne Aligoté: Etwa 1400 ha; sortenreine Weißweine aus Aligoté, der an der Côte Chalonnaise und im Mâconnais verbreitet ist und im Beaujolais praktisch nicht vorkommt.

AOC Hautes-Côtes de Nuits: 570 ha; 19 Gemeinden im Hügelland oberhalb der Côtes de Nuits; nur Pinot Noir und Chardonnay (ein Sechstel der Fläche); auch Rosé bzw. Clairet.

AOC Hautes-Côtes de Beaune: Rund 640 ha; 22 Gemeinden der Côte d'Or und sieben in Saône-et-Loire; auch hier ein Sechstel Weißweine, sonst Rot- und Roséweine aus Pinot Noir.

AOC Bourgogne Côte Chalonnaise: 428 ha in Saône-et-Loire; davon gut 100 ha Chardonnay, sonst nur Pinot Noir.

AOC Bourgogne Côtes d'Auxerre: Rund 600 ha vorwiegend südöstlich von Auxerre; nur Chardonnay und Pinot Noir.

AOC Bourgogne Irancy: Rund 367 ha; auf Pinot und César, selten Tressot basierender Rotwein des Auxerrois. Auch die Gemeinden Chitry, Coulanges-la-Vineuse, Epineuil dürfen als Burgunder firmieren sowohl bei Rot-, Rosé- wie Weißweinen. Tonnerre und Vezelay werden folgen.

AOC Bourgogne Côte Saint-Jacques: Auch in Joigny, nördlich von Auxerre, haben einige Lagen das Recht erhalten, als Burgunder aufzutreten. Dazu gehören Montrecul in Dijon, Le Châpitre in Chenôve und La Chapelle Notre-Dame in Ladoix-Serrigny.

AOC Crémant de Bourgogne: Etwa 600 ha, die über das Anbaugebiet des Burgund verstreut sind; zugelassen sind in 1. Kategorie Pinot und Chardonnay, die in 2. Kategorie von Aligoté – kaum noch Melon und Sacy – und bis zu 20 % Gamay ergänzt werden können; Zentren der Crémant-Produktion sind Bailly bei Auxerre, Nuits-Saint-Georges, Rully sowie im Mâconnais Lugny, Viré oder Igé. Selten ist heute der ausschließlich aus roten Trauben gekelterte Bourgogne Mousseux zu finden.

AOC Mâcon, Mâcon Supérieur: Rund 880 ha Rotwein aus Pinot und Gamay im gesamten Anbaugebiet (43 Gemeinden); 200 ha Weißwein aus Chardonnay; Mindest- und Maximalalkoholgrad 1% unter Mâcon-Villages. Weißweine könnten als Pinot-Chardonnay-Mâcon deklariert werden.

Mâcon-Villages: Rund 3048 ha in den 43 Gemeinden der Region; ausschließlich Weißwein aus der Chardonnay-Traube.

Rechte Seite: Clos de Vougeot im Herbst

Die kommunalen Appellationen

In der Hierarchie des Burgund steht die große Gruppe der Villages über den Regionalappellationen. Für sie wurden sehr genau erfaßte Parzellen anerkannt, die einen eigenen Namen besitzen. Generell spricht man von ihnen als *climats*. Die seit alters angesehensten wurden als Premier Cru klassiert, wobei meist ihr Name angegeben ist. Es steht dem Erzeuger frei, das climat, in dem sein Wein wuchs, auf dem Etikett zu nennen, auch wenn es kein Premier Cru ist, nur muß er dann den gleichen natürlichen Mindestalkoholgehalt aufweisen. Insgesamt gibt es 562 Premiers Crus im Burgund. Die gesamte Hektarzahl bezieht sich auf die bestockten Flächen; bei Premiers Crus wird die klassierte Fläche genannt.

In den kommunalen Appellationen Burgunds
- sind ausschließlich Pinot Noir und/oder Chardonnay als Rebsorten zugelassen;
- beträgt der Höchstertrag bei Villages und Premiers Crus bei Rotweinen 40 hl/ha, bei Weißweinen 45 hl/ha;
- muß Pinot für Villages wenigstens 10,5 Vol%, Chardonnay mindestens 11 Vol% ergeben; für Premiers Crus jeweils 0,5% mehr;
- ist der maximale Alkoholgehalt roter Villages auf 13,5 Vol% festgesetzt, bei weißen auf 14 Vol%; Premiers Crus dürfen 0,5% mehr aufweisen.

Wenn nicht anders erwähnt, befinden sich alle Weinberge innerhalb der genannten Gemeindeappellation. Hier werden die kommunalen Appellationen des Departements Saône-et-Loire vorgestellt. Die kommunalen Appellationen anderer Regionen Burgunds sowie die Grands Crus folgen auf den nächsten Seiten.

Côte Chalonnaise

Rully: 450 ha, davon 105,2 ha Pinot und gut 205,1 ha Chardonnay; insgesamt sind 110 ha als Premier Cru mit 23 climats klassiert; 35 ha mit 13 ha Premier Cru in der Gemeinde Chagny.
Mercurey: Rund 739 ha, davon 583,8 ha Rot-, und knapp 64,9 ha Weißwein; 142 ha sind als Premier Cru mit 30 climats in Mercurey klassiert. In Saint-Martin-sous-Montaigou besitzen 108 ha die AOC, davon 16 ha Premier Cru.
Givry: Gut 219 ha mit 186,2 ha Pinot Noir und 33 ha Chardonnay; als Premier Cru sind 78 ha mit 16 climats klassiert; 15 ha Weinberge gehören zur Gemeinde Jambles und 6 ha zu Dracy-le-Fort, dort als Premier Cru.
Montagny: 437 ha, davon 276 ha Premier Cru mit 53 climats; die Parzellen verteilen sich auf Montagny, Buxy, Saint-Vallerin und Jully-lès-Buxy; nur Chardonnay.
Bouzeron: etwa 61 ha, 1997 klassiert; die große Ausnahme unter den Appellationen, denn es handelt sich um sortenreinen Weißwein aus Aligoté.

Mâconnais

Pouilly-Fuissé: 850 ha in den Gemeinden Fuissé, Solutré-Pouilly, Vergisson und Chaintré; kein Premier Cru, aber anerkannte climats; nur Chardonnay.
Pouilly-Vinzelles: 50 ha in Vinzelles u. Loché.
Pouilly-Loché: 29 ha in Loché.
Saint-Véran: 558 ha in den Gemeinden Prissé, Davayé, Chasselas, Leynes, Chânes, Saint-Vérand, Solutré-Pouilly; nur Chardonnay.

Der Eingang des mittelalterlichen Kellers von Château de Clos de Vougeot

Chablis

Chablis, der berühmteste und meist imitierte Weißwein der Welt, hat eine lange Geschichte. Dennoch mußte er diverse Hürden nehmen, bevor er an den einstigen Ruhm anknüpfen konnte. Im frühen Mittelalter förderten Zisterzienser den Weinbau in Chablis und Umgebung. Sie erbauten 1128 das Gut Petit Pontigny, dessen Keller 2000 Hektoliter Wein Platz bot und das heute Sitz des Weinverbandes ist. Dank der Mönche gewann der aus Chardonnay gekelterte Wein erstes Ansehen. Die Nähe von Paris, das vom benachbarten Auxerre über die Flüsse Yonne und Seine zu erreichen war, sorgte sehr bald für Aufschwung und Anerkennung. Anfang des 16. Jahrhunderts standen in Chablis fast 1000 ha Reben in Ertrag. Gut 100 Jahre später begannen sich die Engländer für den trockenen Weißwein zu interessieren. Als erster weißer Burgunder wurde 1770 ein Posten Chablis vom Auktionshaus Christie's versteigert. Mit dem 19. Jahrhundert setzte dann der Erfolg ein, auf dem der heutige Ruhm basiert. Denn Chablis-Weine wurden nicht nur in nordeuropäische Länder, sondern auch nach Rußland und in die Vereinigten Staaten exportiert. Damals erzeugten 70 Gemeinden Chablis. Zugleich weitete sich das Anbaugebiet des Departements Yonne unverhältnismäßig aus, bis es schließlich 43 000 ha bedeckte. Dieser ausufernden Massenproduktion bereitete allerdings ab 1893 die Reblauskatastrophe ein drastisches Ende. Kriege, Wirtschaftskrisen und Landflucht taten ein übriges. 1945 lieferten in Chablis nur noch knapp 500 ha Wein.

Der Neubeginn war schwierig. Oft wurden die Reben im April oder Mai von Frösten betroffen und ganze Ernten dadurch vernichtet, was die Winzer entmutigte. Erst Ende der fünfziger Jahre ergriff man Schutzmaßnahmen. Zuerst setzte man *chauffrettes* ein, anfangs mit Petroleum, heute mit Erdöl beheizte Öfen, die man in den Weinbergen aufstellte. Als ökologischere Alternative wurde später die *aspersion*, die Berieselung, eingeführt. Dabei werden Sprüher in Gang gesetzt, sobald das Thermometer auf Null Grad absinkt. Der feine künstliche Regen gefriert und bildet um die Knospen eine Schutzschicht aus Eis, die sie vor ernstzunehmenden Schäden bewahrt. Je mehr sich Frostschutz und moderne mechanisierte Arbeitsmethoden verbesserten, um so stärker wuchs das wieder erwachte Interesse der Anwohner am Weinbau. Die insgesamt 750 ha, die 1970 bestockt waren, verdoppelten sich im folgenden Jahrzehnt. In den achtziger und während der neunziger Jahre wuchsen die Anpflanzungen kontinuierlich weiter und erreichten 1998 rund 4000 ha.

Chablis erhielt 1938 die Appellation d'Origine Contrôlée, die Lagen in 20 Gemeinden erfaßte, wobei man zur Voraussetzung machte, daß die

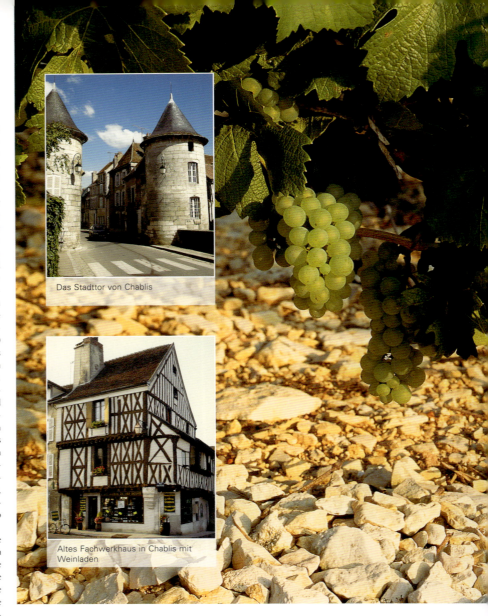

Das Stadttor von Chablis

Altes Fachwerkhaus in Chablis mit Weinladen

Böden aus Kimmeridge, dem für Chablis typischen Muschelkalk, bestanden, der seinen Namen der südenglischen Bucht verdankt, wo man diese Formation erstmals entdeckte. Petit Chablis erfaßte 1943 Lagen mit anders beschaffenen Böden. Die fortschreitende Weinbautechnik leistete einen wichtigen Beitrag zur Entwicklung des modernen Chablis. Sie räumte mit alten hölzernen Gärbottichen auf. Statt dessen wurden die Keller mit hygienischen Stahltanks ausgerüstet. Kontrollierte Gärtemperaturen und reduktiver Ausbau, bei dem jede Oxidation vermieden wird, führten zu Weinen von verläßlicher Qualität und betonten den frischen, fruchtigen und mineralischen Charakter. So wurde der Stil geprägt, dem der Chablis seinen weltweiten Erfolg verdankt, da er ihn sowohl zum eleganten Aperitif wie zum idealen Begleiter von Meeresfrüchten und Fischgerichten prädestiniert. Dennoch werden auch in Chablis, wie an der Côte de Beaune, Weine in kleinen Eichenfässern, den *pièces*, vinifiziert, insbesondere Premiers Crus oder die *climats* des Grand Cru, die längere Reife brauchen, um ihre komplexen Aromen zu entfalten.

Es gibt in Chablis nur einen Grand Cru, der aber in sieben verschiedene *climats* unterteilt ist, die auf dem Etikett erscheinen dürfen. Diese Lage erstreckt sich auf der rechten Seite des kleinen Flüsses Serein über den Hang, der dem Ort Chablis gegenüberliegt. Ihre Ausrichtung ist Südsüdwest, was den Chardonnay-Trauben ein Maximum an Sonnenschein und damit immer bessere Reife und höheren Zuckergehalt garantiert als jedem anderen Weinberg in der Region. Der aus winzigsten Austernschalen bestehende Muschelkalk verleiht den Weinen zudem ihre charakteri-

BOURGOGNE & FRANCHE-COMTÉ

Das Städtchen Chablis

Die Weinberge des Premier Cru Fourchaume

Domaine Sainte-Anne in Préhy mit der alten Kirche und dem futuristischen Weingut

Oben: Chardonnay-Trauben am Stock und der typische Kalksteinboden

stische Mineralnote. In der Jugend zeigt sich ein Chablis Grand Cru meist verschlossen. Er benötigt unbedingt mehrere Jahre der Flaschenreife, um seine eigentliche Güte und seinen Charakter zu offenbaren. Im Alter tritt neben der häufig zu beobachtenden und überaus reizvollen Honignote eine einmalige Palette weiterer Aromen hervor, die sich je nach Jahrgang mehr in Richtung Champignons, Unterholz und Röstbrot oder Trockenfrüchte und Wachs bewegt, wobei sich der mineralische Akzent sehr lange erhalten kann. Grands Crus aus Chablis sind Weine für besondere Anlässe und Begleiter edler Gerichte, die ihrer Intensität und Kraft gewachsen sind.

Lagen und Gemeinden

Chablis Grand Cru: 98 ha; nur 1 Grand Cru, aber unterteilt in 7 climats; von West nach Ost sind es Bougros, Preuses, Vaudésir, Grenouilles, Valmur, Les Clos und Blanchot.

Chablis Premier Cru: Rund 749 ha mit 17 Hauptlagen.
Auf dem rechten Serein-Ufer: Fourchaume, Montée de Tonnerre, Mont de Milieu, Vaucoupin, Les Fourneaux, Côte de Vaubarousse, Berdiot.
Auf dem linken Serein-Ufer: Beauroy, Vau-Ligneau, Vau de Vey, Côte de Lechet, Vaillons, Montmains, Chaume de Talvat, Côte de Jouan, Beauregards und Vosgros.

Chablis: Rund 3300 ha in 20 Gemeinden (Beine, Béru, Chablis-Fyé, Milly, Poinchy, La Chapelle-Vaupelteigne, Chemilly-sur-Serein, Chichée, Collan, Courgis, Fleys, Fontenay, Lignorelles, Ligny-le-Châtel, Maligny, Poilly-sur-Serein, Préhy, Villy, Viviers).

Petit Chablis: 475 ha in 9 Gemeinden (Beine, Béru, Chablis, La Chapelle-Vaupelteigne, Lignorelles, Maligny, Poilly-sur-Serein, Préhy, Villy).

Einzige weitere kommunale Appellation der Yonne:
Sauvignon de Saint-Bris: 100 ha in 7 Gemeinden (Saint-Bris-le-Vineux, Chitry, Cravant, Irancy, Quenne, Saint-Cy-les-Colons und Vincelottes. Ausschließlich Sauvignon als Vin Délimité de Qualité Supérieure [V.D.Q.S.]).

Pinot Noir

Mehr als zwei Drittel aller Weinberge der berühmten Côte d'Or sind mit Pinot Noir bestockt, einer ebenso heiklen wie hochwertigen Sorte. Sie gilt als eine der ältesten Kulturreben überhaupt. Schon als die Römer im 1. Jahrhundert v. Chr. die Rhône hinaufzogen, stießen sie vermutlich auf einen Pinotabkömmling. Hinweise auf Weinbau im Burgund 400 Jahre später lassen erneut auf den Pinot schließen. Weitere 500 Jahre danach hatte er den Bodensee erreicht. Die erste namentliche Erwähnung verdankt er Burgunds Herzog Philipp dem Kühnen, der sich 1375 Wein aus »pinot vermeil« nach Brügge vorausschicken ließ und 20 Jahre später im Burgund den Anbau des »infamen Gamay« verbot, der höhere Erträge und deshalb weniger überzeugende Weine lieferte als der Spätburgunder.

Doch Pinot neigt zu einer Unsitte: Er mutiert leicht. So gibt es Hunderte von mehr oder weniger verschiedenen Pinots. Klonselektion sollte in jüngerer Vergangenheit Abhilfe und Widerstand gegen Viruserkrankungen bringen. Die Forscher und Züchter ließen sich jedoch von praktischen Gesichtspunkten mehr bewegen als von der Qualitätssuche. Erst seit kurzem ist ein neuer, stärker auf Güte ausgerichteter Ansatz zu beobachten.

Die Pinot-Traube ist klein und zapfenförmig. Die tiefblauen, leicht ovalen, dickschaligen Beeren sitzen sehr dicht, was die hohe Fäulnisanfälligkeit erklärt. Der Saft ist farblos, weshalb der Pinot in der Champagne, wo er auf den Kreideböden ausgezeichnet gedeiht, zur vorherrschenden Sorte wurde. Um große Rotweine zu ergeben, muß sein Ertrag stark reduziert werden.

Alle Erzeuger hochwertiger Burgunder haben in den letzten Jahren die Traubenselektion eingeführt, wobei alle faulen oder unreifen Trauben von Hand ausgesondert werden. In der Regel werden die Beeren dann ganz oder teilweise angequetscht und entrappt. Anschließend kommen sie in Gärtanks oder -bottiche. Um den Schalen möglichst viel Farbstoffe und Aromen zu entziehen, läßt man sie meist mehrere Tage im kalten Most maischen. Die Gärung setzt entweder auf natürliche Weise ein oder wird durch Temperaturanstieg und die eventuelle Zugabe von Reinzuchthefen künstlich ausgelöst. Um eine gleichmäßige Gärung und fortgesetzte Extraktion der Farb-, Aroma- und Gerbstoffe zu gewährleisten, bedient man sich der *remontage*, bei der der Most unten im Tank abgezogen und oben über den Tresterhut gepumpt wird, oder der *pigeage*, bei der der Tresterhut mit den Füßen, mit einem speziellen Stampfer oder mechanisch zerstoßen und in den gärenden Most eingetunkt wird. Dies geschieht hauptsächlich zu Beginn des Gärprozesses, bei dem natürlicher Traubenzucker – und der für die oft praktizierte Anreicherung zugefügte Zucker bzw. das Mostkonzentrat – in Alkohol

Ansicht von Vosne-Romanée

Pinot Noir bei der *veraison*, der Verfärbung der Beeren

In den nicht selten mit bis zu 10 000 Stöcken bepflanzten Weinbergen der Côte d'Or werden die Trauben von Hand gelesen. Haben die Schneider ihre Eimer gefüllt, werden sie den Trägern in die *hotte* geschüttet.

176 BOURGOGNE & FRANCHE-COMTÉ

umgewandelt wird. Nach dieser Phase, der stürmischen Gärung, läßt man den Wein für zusätzliche Extraktion weitere Tage auf der Maische. Dann wird er abgestochen, wobei der Trester im Tank zurückbleibt und gepreßt wird. Dieser *vin de presse* wird teilweise oder ganz dem *vin de goutte* zugefügt. Entweder läßt der Erzeuger den Wein nun im Tank, bis die malolaktische Gärung stattfand, oder er füllt ihn sofort in kleine, gewöhnlich 228 Liter fassende Eichenfässer. Je nach Struktur des Weins geschieht der Ausbau in neuen Fässern oder in solchen, die schon ein-, zwei- oder – bei den weniger edlen Tropfen – mehrere Male Wein enthielten. Große rote Burgunder läßt man eineinhalb bis zwei Jahre im Faß, bevor sie auf Flaschen gezogen werden. Je nach der Güte des Jahrgangs und der Lage können die Pinot-Weine über Jahre oder sogar über Jahrzehnte reifen und gewinnen dabei von Jahr zu Jahr an Komplexität, Ausdruck und Finesse.

Kommunale Appellationen der Côte d'Or

Côte de Nuits

Marsannay: 188 ha, davon ein Sechstel Weißwein, in Marsannay, Couchey, Chenôve; kein Premier Cru, aber einzige AOC der Côte d'Or für Roséwein: Marsannay Rosé.
Fixin: 97 ha, davon 16,5 ha Premier Cru, 0,5 ha Chardonnay (Gemeinden Fixin und Brochon).
Gevrey-Chambertin: 388 ha, davon 74,6 ha Premier Cru mit 25 climats; 51 ha in Brochon klassiert; nur Rotwein.
Morey-Saint-Denis: 90 ha, davon 40 ha Premier Cru mit 18 climats; 1,2 ha Chardonnay.
Chambolle-Musigny: 153 ha, davon 61 ha Premier Cru mit 23 climats; nur Pinot.
Vougeot: 18 ha, davon 11,7 ha Premier Cru mit 4 climats; gut 3 ha Chardonnay.
Vosne-Romanée: 149 ha, davon 57,5 ha Premier Cru mit 15 climats; 25 ha in Flagey-Echezeaux klassiert; nur Pinot.
Nuits Saint-Georges, Nuits: 293 ha, davon auf 143 ha Premier Cru mit 41 climats; 3,4 ha Chardonnay; in der Gemeinde Premeaux 54 ha klassiert, davon 42 ha Premier Cru.
Côte de Nuits-Villages: 161 ha, davon gut 3 ha Chardonnay (Gemeinden Fixin, Brochon, Premeaux, Comblanchien, Corgolin).

Côte de Beaune

Ladoix: 89 ha, davon 14 ha Premier Cru mit 7 climats; 12,4 ha Chardonnay; nur in der Gemeinde Ladoix-Serrigny: Ladoix Côtes de Beaune (22,7 ha).
Pernand-Vergelesses: 103 ha, davon 42 ha Premier Cru mit 6 climats; 35 ha für Weißwein. Pernand Côtes de Beaune: 13 ha.
Aloxe-Corton: 127 ha, davon 37 ha Premier Cru mit 12 climats; 8,5 ha Premier Cru auf dem Gebiet Ladoix-Serrigny; 0,5 ha Chardonnay.

Savigny-lès-Beaune, Savigny: Knapp 350 ha, davon 144 ha Premier Cru mit 22 climats; 32 ha Chardonnay. Savigny Côtes de Beaune: 0,17 ha.
Chorey-lès-Beaune oder **Chorey:** Rund 60 ha, kein Premier Cru; 3,3 ha Chardonnay. Chorey Côtes de Beaune: 73 ha.
Beaune: 414 ha, davon 322 ha Premier Cru mit 42 climats; knapp 28 ha für Weißwein.
Côte de Beaune: Etwa 25 ha; kein Premier Cru; 10,5 ha Chardonnay.
Pommard: Rund 313 ha, davon 125 ha Premier Cru mit 32 climats; nur Rotwein.
Volnay: Gut 226 ha, davon 144 ha Premier Cru mit 35 climats, darunter 29 ha Volnay-Santenots, in der Gemeinde Meursault; nur Pinot.
Monthélie: 120 ha, davon 31 ha Premier Cru mit 9 climats; knapp 7,5 ha Chardonnay. Monthelie Côtes de Beaune: 3,2 ha.
Saint-Romain: Rund 83 ha, davon 41 ha Chardonnay; kein Premier Cru. Saint-Romain Côtes de Beaune: 26 ha.
Auxey-Duresses: 135 ha, davon 32 ha Premier Cru mit 10 climats; etwa 35 ha Chardonnay. Auxey-Duresses Côtes de Beaune: 42,6 ha.
Meursault: 364 ha, davon 100 ha Premier Cru mit 17 climats; gut 16 ha für Rotwein. Meursault Côtes-de-Beaune: 2,5 ha.
Blagny: 7,4 ha; nur Rotwein; insgesamt umfaßt das klassierte Gebiet, das zu Meursault und Puligny-Montrachet zählt, 54 ha, davon 44 ha Premier Cru mit 7 climats; als Weißweine können sie unter den Namen der bekannteren Gemeinden angeboten werden.
Puligny-Montrachet: 208 ha, davon 100 ha Premier Cru mit 18 climats; 1,7 ha Pinot. Puligny Côtes de Beaune: 0,5 ha.
Chassagne-Montrachet: 305 ha, davon 159 ha Premier Cru mit 29 climats; 7 ha gehören zur Gemeinde Remigny; 111 ha sind mit Pinot bestockt. Chassagne Côtes de Beaune: 31 ha.
Saint-Aubin: Rund 145 ha; davon 97,5 ha Premier Cru mit 16 climats; rund 75 ha Chardonnay. Saint-Aubin Côtes de Beaune: 16,5 ha.
Santenay: Etwa 325 ha, davon rund 124 ha Premier Cru mit 13 climats; 13 ha liegen auf dem Gebiet von Remigny, gut 28 ha Weißwein. Santenay Côtes de Beaune: 1,6 ha.
Maranges: Knapp 180 ha; 100 ha Premier Cru mit 9 climats; die Parzellen verteilen sich auf die Gemeinden Cheilly, Dezize und Sampigny des Departements Saône-et-Loire; sie führen den Beinamen ›lès-Maranges‹; 4 ha Chardonnay. Die Rotweine können auch als ›Maranges Côtes de Beaune‹ etikettiert werden.
Côte-de-Beaune-Villages: Nur Pinot; diese AOC kann 14 Appellationen der Côtes de Beaune ersetzen, was zunehmend genutzt wird.

Die genannten Hektarzahlen beziehen sich auf die in Ertrag stehenden Weinberge und liegen immer – und oft deutlich – unter den klassierten Flächen.

Um dem Pinot Noir Farbe und Tannine zu entziehen, wird die *pigeage* eingesetzt. Darunter versteht man das Aufbrechen des sich oben absetzenden Tresterhuts und das erneute Eintauchen der Schalen in den Most.

Côte de Beaune

Corton: 99,5 ha; der größte Grand Cru des Burgund umfaßt die Gemeinden Aloxe-Corton, Ladoix-Serrigny, Pernand-Vergelesses; seine 25 *climats* können auf dem Etikett genannt werden; die berühmtesten sind Le Clos du Roi (6,72 ha), Le Corton (3,76 ha), Les Perrières (8,27 ha), Les Bressandes (13,98 ha), Clos des Cortons Faiveley (2,98 ha); knapp 2 ha sind mit Chardonnay bestockt; einige Parzellen können Pinot oder Chardonnay tragen und erhalten als Weißwein die Appellation Corton-Charlemagne.

Corton-Charlemagne: Gut 49 ha in den Gemeinden Aloxe-Corton, Ladoix-Serrigny, Pernand-Vergelesses. Von klassierten 72 ha entfallen 63 ha auf die unüblich gewordene Appellation Charlemagne, von denen nur noch 0,26 ha als Le Charlemagne deklariert werden. Nur Chardonnay; einige Parzellen auch mit Pinot für Rotwein mit der Appellation Corton.

Montrachet: 7,96 ha, die sich gleichmäßig auf die Gemeinden Puligny-Montrachet und Chassagne-Montrachet verteilen.

Chevalier-Montrachet: 7,15 ha; ganz auf dem Gebiet von Puligny.

Bâtard-Montrachet: 11,98 ha; auch er ist zu fast gleichen Teilen auf beide Gemeinden verteilt.

Bienvenues-Bâtard-Montrachet: 3,49 ha; ganz auf dem Gebiet von Puligny.

Criots-Bâtard-Montrachet: 1,55 ha; ganz auf dem Gebiet von Chassagne.

Bei diesen Grands Crus handelt es sich bis auf den Corton um Weißweine, die aus Chardonnay gewonnen werden. Die Hektarzahlen beziehen sich auf die in Ertrag stehenden, nicht auf die klassierten Flächen, die bei Corton und Corton-Charlemagne deutlich höher liegen.

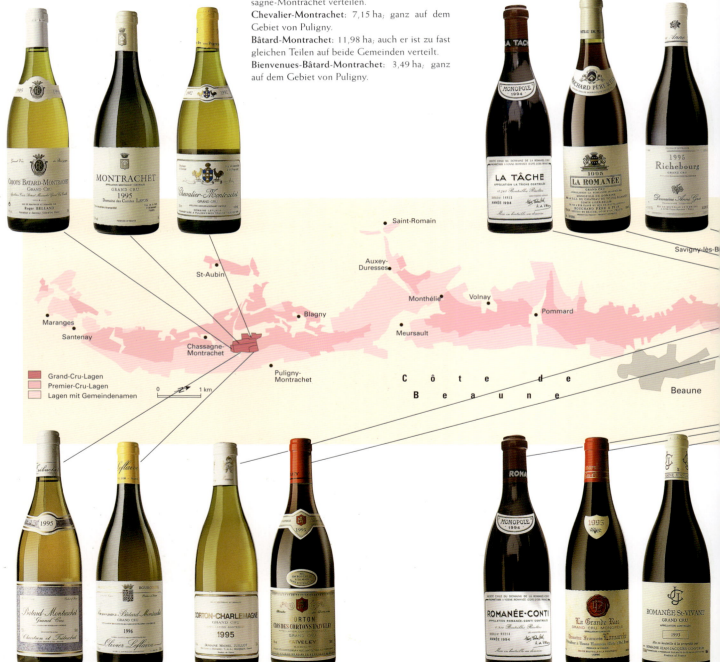

Côte de Nuits

Alle Grands Crus der Côte de Nuits sind Rotweine, die ausschließlich aus Pinot-Trauben gekeltert werden, mit Ausnahme einer kleinen Fläche im Musigny.

Chambertin: 13,29 ha
Chambertin-Clos de Bèze: 14,54 ha
Chapelle-Chambertin: 5,26 ha
Charmes-Chambertin: 30,17 ha
Mazoyères Chambertin: 0,28 ha
Griottes-Chambertin: 2,7 ha

Latricières-Chambertin: 7,15 ha
Mazis-Chambertin: 8,42 ha
Ruchottes-Chambertin: 3,3 ha

Clos Saint-Denis: 6,17 ha
Clos de la Roche: 15,98 ha
Clos des Lambrays: 8,2 ha
Clos de Tart: 7,53 ha

Musigny: 8,93 ha Pinot und 0,63 ha Chardonnay
Bonnes Mares: 14,83 ha

Clos de Vougeot: 49,23 ha

Échézeaux: 33,13 ha
Grand Échézeaux: 8,63 ha

La Romanée: 0,75 ha
Romanée-Conti: 1,62 ha
Romanée-Saint-Vivant: 9,26 ha
Richebourg: 7,17 ha
La Grande Rue: 1,65 ha
La Tâche: 5,68 ha

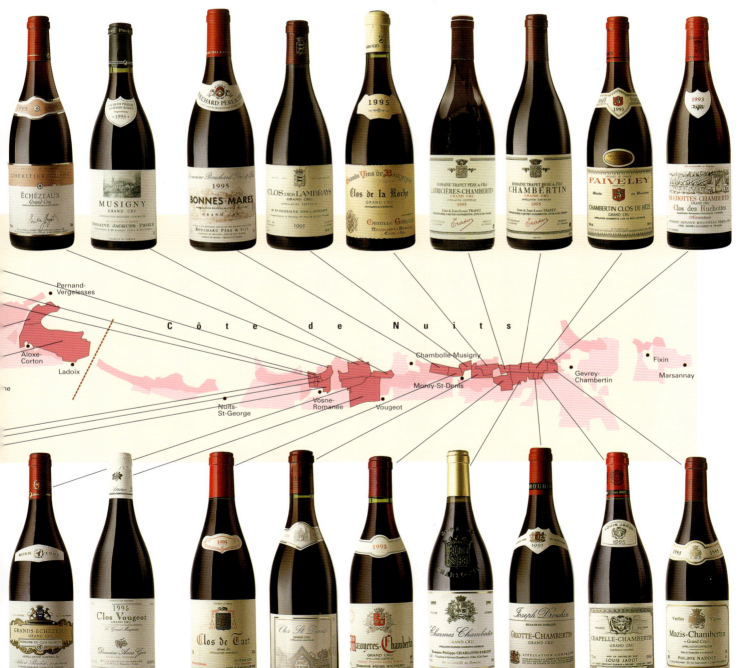

Beim Dorf Vosne wächst der teuerste Rotwein Frankreichs

Die Nachbarparzelle liefert den wohl reichsten Grand Cru

Grands Crus der Côte de Nuits

An der Côte d'Or gibt es Lagen, die aufgrund ihrer Ausrichtung und ihrer Bodenzusammensetzung herausragende Bedingungen liefern. Bereits die Römer und nach ihnen die Mönche des Mittelalters wußten diese Lagen zu erkennen und zu schätzen. Entlang der Côte erstrecken sich die 32 klassierten Grands Crus immer oberhalb der Dörfer und der kommunalen Appellationen, also höher am Hang, wo die Böden karger und besser drainiert sind und die Neigung zur Sonne einen idealeren Winkel aufweist.

Jahr für Jahr zeigten und zeigen die aus den Trauben der dortigen Rebgärten gekelterten Weine eine deutlich höhere Qualität als die aller anderen Lagen, jedenfalls solange der Weinbau – wie auch die gesamte übrige Landwirtschaft – auf die althergebrachte, naturbezogene Weise ausgeübt wurde. Deshalb baute sich das Renommee der Grands Crus über Jahrhunderte kontinuierlich auf, bis sich die Dörfer schließlich in der zweiten Hälfte des 19. Jahrhunderts stolz mit den Namen ihrer besten Weine zu schmücken begannen. Gevrey wurde zu Gevrey-Chambertin, Aloxe zu Aloxe-Corton und Puligny zu Puligny-Montrachet, um nur drei Beispiele zu nennen. Aber aufgepaßt: ein Montrachet blieb der Grand Cru, der er war, während ein Puligny-Montrachet hinsichtlich seiner Qualität eher auf dem Niveau der kommunalen Appellation angesiedelt ist. Mit dem Fortschritt im Weinbau und in seiner Technik wurden dem Winzer weitreichendere Möglichkeiten in die Hand gegeben. Deshalb muß ausdrücklich betont werden, daß die Ausnahmebedingungen der Grands Crus nur dann auch wirklich zu Ausnahmeweinen führen, wenn dem Weinberg ebenso wie den Reben eine äußerst gewissenhafte Pflege zuteil wird. Wo dies der Fall ist, stellen die Grands Crus des Burgund geradezu legendäre und außerordentlich komplexe Weine mit einem ungewöhnlich großen Reifepotential dar. Der Gesetzgeber hat das erkannt und durch die Begrenzung des Höchstertrags auf 35 oder 37 Hektoliter pro Hektar eine solide Basis dafür geschaffen. Die Rotweine müssen mindestens 11,5 Vol% und dürfen höchstens 14,5 Vol% besitzen.

Die Rotweine der Côte de Nuits im allgemeinen und ihre 24 Grands Crus im besonderen sind für den großartigen und differenzierten Ausdruck berühmt, den der Pinot aus ihren Parzellen aufweist. Diese sind auf einem schmalen Band aufgereiht, das in Gevrey-Chambertin südlich der Combe Lavaux beginnt und mit La Tâche endet. Clos Saint-Jacques, Cazetiers, Champeaux sind berühmte Premiers-Crus-Lagen von Gevrey-Chambertin, die sich oberhalb des Dorfes erstrecken.

Jung zeigen die hier gekelterten Weine ein dunkles leuchtendes Rot. Ihr Duft wird von intensiven fruchtigen Aromen geprägt, die an schwarze und bisweilen rote Beeren erinnern. Am Gaumen fasziniert bei den Grands Crus eine seidige Fülle, die ihre eher robuste Struktur geschickt verbirgt. Diese beruht einerseits auf feinen Tanninen, andererseits in der Regel auf einer sehr ausgewogenen Portion angenehmer Säure. Gemeinsam garantieren sie für das hohe Alterungspotential der Weine. Ihre jugendliche Frucht, verbunden mit einem feinabgestimmten Faßausbau, ist oftmals ausgesprochen köstlich und überraschend stabil, hält sie doch mindestens bis vier Jahre nach der Lese an. Nach einer verschlossenen und unattraktiven Zwischenphase beginnen sie ihren eigentlichen Charakter und ihre wahre Größe über lange Jahre der Flaschenreife zu enthüllen. Zunehmend gewinnt das Bukett eine unvergleichliche Komplexität, in der sich Noten überreifer Beeren mit Aromen von Wild, Fell, Trüffeln und unterschiedlichen Gewürzen mischen. Sie bestimmen auch den verschmolzenen, samtigen Eindruck am Gaumen, der durch Finesse und Ausdauer überzeugt.

Grands Crus der Côte de Beaune

Die Grands Crus der Côte de Beaune präsentieren sich auf eine völlig andere Weise als die der Côte de Nuits. Zum einen handelt es sich dabei um zwei deutlich unterschiedliche Zonen, Corton und Montrachet, die recht weit auseinanderliegen, zum anderen ausschließlich um Weißweine (mit einer Ausnahme). Auf den Hängen der knapp 400 m hohen und von Wald gekrönten Montagne de Corton nördlich von Beaune erstrecken sich sowohl der flächenmäßig größte rote wie auch der größte weiße Grand Cru des Burgund, Corton und Corton-Charlemagne. Die Lage des letzteren war einst im Besitz Karls des Großen, der eine besondere Vorliebe für Weißwein hegte. Auf den höheren Hanglagen dominiert ein hoher Kalkanteil den Boden, auf dem Chardonnay einen überaus kraftvollen Ausdruck erreicht. Den größten Teil dieser Weingärten vermachte Karl der Große 775 der Abtei von Saulieu, doch einige der besten Parzellen behielt er für seinen eigenen Bedarf. Corton-Charlemagne gibt sich nicht schnell preis. Erst nach frühestens fünf Jahren beginnt er zu öffnen, und seine Langlebigkeit ist legendär.

Der auf Spätburgunder basierende rote Corton gedeiht auf östlich und südöstlich ausgerichteten Hängen und auf eisenhaltigen und tonreichen Böden. Dadurch gewinnt er Kraft, Fülle und ausgeprägte Tannine und braucht – wie Grands Crus der Côte de Nuits – Jahre, um sich zu entfalten.

Aufgrund seiner Ausdehnung und der variierenden Bodenzusammensetzung ist es üblich, daß die Erzeuger auf dem Etikett die Parzelle ihres Corton nennen, jedenfalls wenn es sich um eine der berühmteren handelt wie Clos du Roi, Perrières, Vergennes, Bressandes, Maréchaudes oder Renardes und Le Corton. Ein kleiner Teil ist mit Chardonnay bestockt für Corton Blanc und den noch selteneren Corton Les Vergennes Blanc.

Dennoch ist der Montrachet der unerreichte Gipfel trockener Weißweine. Die nach Süden und Südosten ausgerichteten Hanglagen oberhalb des unter römischer Besatzung Galliens gegründeten Dorfs Puligny erhalten wegen des geringen Gefälles optimale Sonnenbestrahlung. Sie sorgt für natürliche hohe Reife- und entsprechende Zuckergrade in den Trauben. Le Montrachet, das sich auf gut 250 m Höhe erstreckende zentrale Stück, besteht aus bräunlichem Kalkstein. Hier erreicht der Chardonnay eine einzigartige Güte. Acht bis zehn Jahre Geduld verlangt er seinen Verehrern mindestens ab, bevor er sich offenbart. In den ganz großen Jahrgängen gewinnt er über 30 Jahre und länger an Finesse und Komplexität. Der höhere und etwas steilere Chevalier-Montrachet, dessen Boden besonders karg und magnesiumhaltig ist, übertrifft ihn an Eleganz, bleibt aber an Kraft hinter ihm zurück. Die anderen drei weißen Grands Crus des Berges liegen auf flacherem Terrain mit etwas tieferen Böden. Sie besitzen oft eine große Fülle in Geschmack und Körper und sind früher zugänglich.

Manche Premiers Crus der Côte de Beaune verfügen über besonders hohes Ansehen, so Meursault Les Perrières und Pommard Les Rugiens, und übertreffen regelmäßig andere Premiers Crus in Nachfrage und Preisniveau.

Montrachet, die Parzelle von Bouchard Père et Fils, ist für Liebhaber trockener Weißweine der Ort ihrer Träume. Hier findet Chardonnay optimale Bedingungen.

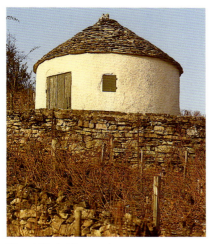

Winzerhütte bei Pommard

Hospices de Beaune: Die berühmteste Weinversteigerung der Welt

Das mittelalterliche Krankenhaus der burgundischen Weinhauptstadt Beaune ist eines der schönsten Baudenkmäler der französischen Kunstgeschichte. In dem 1443 begonnenen, von Nicolas Rolin, dem Kanzler Philipps des Guten, in Auftrag gegebenen Bau konnten ab 1452 die Armen und Kranken der Stadt versorgt werden. Ab 1471 wurden dem Hôtel-Dieu Weinberge an der Côte d'Or gestiftet. Diese Weine fanden als Stärkungs- und Arzneimittel Verwendung, waren aber auch so geschätzt, daß man sie wichtigen Persönlichkeiten und Gönnern schenkte, um sich deren Gunst zu erhalten.

Über die Jahrhunderte wuchs der Weinbergsbesitz der Hospizien von Beaune durch Stiftungen und Überschreibungen zu einem bedeutenden Gut an. Heute umfaßt es 61 ha – vor allem Premiers und Grands Crus – und wird inzwischen in naturnahem Anbau bearbeitet. Alle Weine beginnen ihren Ausbau in neuen kleinen Eichenfässern. Und am dritten Sonntag im November kommen sie, zu Partien aus mehreren Fässern einer Appellation zusammengefaßt, in der Markthalle von Beaune unter den Hammer. Seit 1859 findet diese bedeutendste Wohltätigkeitsauktion der Welt statt, deren Erlös der Finanzierung des Krankenhauses dient, das erst seit 1971 in einem modernen Gebäude untergebracht ist. Gebote können allein die in Beaune akkreditierten Weinhändler machen. Sie vertreten einerseits die zahlreichen, auch ausländischen Interessenten und sind andererseits für den weiteren Ausbau und die Abfüllung der Weine verantwortlich. Die Hospizien selbst verkaufen keine Flaschenweine. Noch immer gilt die Versteigerung als wichtiges Indiz für die Preisentwicklung an der Côte d'Or.

Seit 1872 findet am selben Wochenende in Beaune die allgemeine Ausstellung der Burgunderweine statt. Gegen Eintritt bietet sie eine ausgezeichnete Gelegenheit, rund 3000 verschiedene Weine aus allen Appellationen des Burgund zu verkosten.

Rechts: Die Weine werden traditionell *à la bougie* versteigert, wofür der Auktionator eine Art überdimensionales Feuerzeug verwendet. Wenn die dreimal angesteckte Flamme erlischt, erhält das letzte Gebot den Zuschlag.

Marc de Bourgogne

Jedes Jahr im Spätherbst und Winter tauchen in den Dörfern des Burgund seltsame, Rauch und Dampf speiende Ungetüme auf: die ambulanten Brennereien. Gewöhnlich lassen sich die Brennmeister mit ihren oft jahrzehntealten, auf Anhänger montierten Geräten für Wochen oder gar Monate am Rand der Dörfer nieder. Die Saison der *bouilleurs du cru*, wie sie offiziell heißen, beginnt genau dann, wenn die Winzer die Weinbereitung abschließen. Denn ihr Grundmaterial ist der Trester, auf französisch *marc*, der Rückstand, der von den Trauben übrigbleibt, wenn sie gepreßt wurden. Diese festen Traubenüberbleibsel, überwiegend Schalen und Kerne, nennt man *gène*. Bei Weißweinen, die man direkt preßt, fallen sie vor der Gärung an, und der in ihnen enthaltene und an ihnen haftende Most muß zunächst vergären, bevor sie gebrannt werden können. Doch das geschieht von allein, vorausgesetzt man schützt den Trester gegen Regen und zuviel Luftkontakt. Handelt es sich um Trester von Rotweinen, die in Maischegärung vinifiziert werden, dann enthalten die *gènes* von vornherein einen gewissen Teil an Wein und damit an Alkohol.

Am liebsten sind sie den Brennern, wenn sie eine gute Feuchtigkeit besitzen – also die Pressung nicht zu stark war – und sie sorgfältig verwahrt wurden. Ein Winzer, der den Trester eines nur durchschnittlichen Tafelweins zum Brennmeister bringt, kann auch keinen guten Marc erwarten, denn dessen Qualität steht immer in bezug zu der des Weins, von dem der Trester stammt. Dabei ist auch der Traubenertrag von Bedeutung. Dann kommt es auf die Vinifikation an. Denn nur, wenn die Trauben entrappt wurden, wird auch der Marc von der Adstringenz, der Säure und dem herben Geschmack der Rappen befreit. Deshalb hat sich als höhere Qualität der *Marc égrappé*, der entrappte Tresterschnaps durchgesetzt. Ein anderer Faktor, auf den es entscheidend ankommt, ist die gute Konservierung des Tresters. Sie mag zu Anfang der Saison noch problemlos gewährleistet sein, wenn er jedoch erst Monate nach dem Pressen gebrannt wird, ist sie nicht immer garantiert. Leicht kann der Trester faulen und liefert dann auch destilliert Fehltöne. Selbst ein Grand Crü ergibt einen enttäuschenden Marc, wenn der Trester nicht unter optimalen Bedingungen gelagert wurde.

Die üblichen Destillieranlagen, *alambics*, besitzen mindestens drei Brennkolben. Dies erlaubt dem *bouilleur du cru* kontinuierliches Arbeiten. Während ein Kolben entleert und erneut gefüllt wird, sind die beiden anderen in Betrieb. Der eingefüllte Trester wird mit Dampf erhitzt, wobei der Dampf zwischen den festen Traubenteilen auf-

Oben: Jeder einzelne dieser hervorragenden Marcs steht zugleich als Beispiel für eine Weinregion, deren Brände sich ein besonderes Renommee erworben haben. Es sind Jura, Provence, Elsaß, Châteauneuf, Burgund, Champagne, Irouléguy und Cahors.
Rechts: Der Brennkolben wird mit Trester gefüllt.

steigt, den Alkohol davon trennt und aufnimmt. Der verdampfte Alkohol wird dann in zwei Kühlgefäße geleitet. Zunächst aber muß er einen Rektifikator passieren, der es dem Brennmeister erlaubt, Vor- und Nachlauf zu eliminieren. Sie lassen sich nur trennen, weil gute und schlechte Ester unterschiedlich schnell kondensieren. Die schlechten, vor allem der Methylalkohol, kondensieren zuerst. Es ist Sache des Brennmeisters, die Abkühltemperatur so zu regulieren, daß sich dieser Prozeß problemlos vollzieht. Die guten Dämpfe gelangen weiter in die Kühlrohre und kondensieren dort. Sie sind das 50–75% starke Herz der Destillation. Auch beim Nachlauf, wenn der Alkoholgehalt absinkt, sind die Aromen unangenehm und werden eliminiert.

Die Winzer bringen ihren Trester, um den Marc selbst zu altern und selbst zu vermarkten oder um ihn an ein Likör- und Branntweinhaus oder an die Industrie zu verkaufen. Der versierte Brennmeister bestimmt bereits aufgrund der Qualität der Rohstoffe den weiteren Werdegang des Alkohols und läßt es nicht zu, daß aus schlechten *gènes* ein Marc de Bourgogne gebrannt wird. Die sogenannte *Fine*, die in allen Weinregionen bekannt ist, wird wie Cognac oder Armagnac aus Wein oder aus Wein und Heferückständen gebrannt.

Die Alterung des Marc obliegt dem Winzer oder dem *liquoriste*, dem Likörfabrikanten. Der eine wie der andere wird den Marc für mehrere Jahre in Fässern ruhenlassen, um dessen Geschmack abzurunden und ihn zu verfeinern. Während manche Erzeuger heute zunehmend neue Fässer dafür einsetzen, schwören Traditionalisten eher auf alte Fässer und Fuder, die schon vielen Marcs als Wiege dienten. Ein guter Marc wird immer ein kräftiges Traubenaroma besitzen und trotz Würze, Rundheit und Finesse des langjährigen Ausbaus seinen bodenständigeren Charakter nicht verleugnen.

 Ein hölzernes Förderband transportiert den Trester auf die Rutsche, von der er in den Kolben gelangt.

 Mehrere Brennkolben erlauben es dem Brennmeister, ohne Unterbrechung und Zeitverlust zu arbeten.

 Mit dem Aräometer wird der Alkoholgehalt des herausfließenden Tresterbrands kontrolliert.

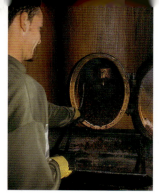 Nach Abschluß des Brennvorgangs entleert der Brennmeister den ausgelaugten Trester aus dem Kolben.

Wenn im Winter die wunderschön gelegenen Höfe des Jura durch Schnee von der Umwelt abgeschnitten sind, bilden die durch Räuchern konservierten Würste und Schinken die Basis der Ernährung.

Geräuchertes aus dem Jura

Aus der breiten Ebene der Saône, deren östlicher Teil zum Burgund zählt, steigt der Jura auf. Er hat den Wurst- und Schinkenspezialitäten der Franche-Comté seinen Stempel aufgedrückt. Denn in seinen Bergen, in denen die Höfe während des bis zu sechs Monate dauernden Winters von der Welt abgeschnitten waren, mußten die Bauern ausreichende Vorräte anlegen. In der Mitte der riesigen Bauernhäuser, die unter ihren ausladenden Dächern Mensch und Tier Schutz boten, befindet sich daher ein *tuyé* (oder *tué*), ein großer Kamin mit bis zu 6 m² Grundfläche, über dem sich ein hölzerner Rauchfang erhebt. Ein ausgeklügeltes System von Stangen hält Würste, Speck und Schinken im Rauch. Der *tuyé* selbst beherbergt Herd und Brotofen und dient als Heizung und Waschkammer. Auch der Käse wurde früher hier gemacht. Diese *fermes à tuyé* sind vor allem in der Region des Haut-Doubs nahe der Schweizer Grenze anzutreffen. Ihr Zentrum ist die Stadt Morteau, die der bekanntesten Wurstspezialität der Region ihren Namen gab. Seit der Mitte des 19. Jahrhunderts wird sie nach unveränderter Rezeptur hergestellt. Sie besteht ausschließlich aus dem Fleisch von Schweinen der Franche-Comté. Auf 80–85 % magere Stücke aus Schinken oder Schulter kommen 10–15 % fetter Speck. Beides wird grob gehackt, mit Salz vermischt und bis zu 24 Stunden mariniert. Als weitere Zusätze sind nur Zucker, Salpeter und nach Belieben Pfeffer erlaubt. Die Wurst kommt in Schweinedarm und räuchert mindestens 48 Stunden über Fichten-, Tannen- und Wacholderspänen. Stammt sie aus der Gegend von Morteau, wird nach überliefertem Rezept hergestellt und im *tuyé* von Höfen über 600 m geräuchert, dann darf sie an einem Ende einen kleinen hölzernen Zapfen und das seit 1977 anerkannte Morteau-Zeichen tragen. Wie ihre kleine Schwester, die *Saucisse de Montbéliard*, muß die Wurst aus Morteau gegart werden. Dafür setzt man sie, ohne sie anzustechen, in kaltem Wasser auf und läßt sie 30–45 Minuten in nur siedendem Wasser ziehen. Unverzichtbar ist sie für die *Potée Comtoise*, den typischen Eintopf der Region, wo sie mit Gemüsen und weiterem Rauchfleisch erwärmt wird. Gern gart man sie auch in weißem Jurawein. Geeignete Beilagen sind außer Sauerkraut und Grünkohl weiße Bohnen, Linsen, Bratkartoffeln, Raclette (gebratene Käsescheiben), grüner Salat, oder man backt sie in Brioche-Teig.

Im enormen Rauchfang der typischen Bauernhäuser des Jura werden Schinken, Speck und Würste über Nadelholzspänen geräuchert.

Räucherspezialitäten der Franche-Comté

Saucisse de Morteau
Kochwurst aus Morteau
Sie ist der Star unter den geräucherten Wurstwaren der Franche-Comté, nur echt mit hölzernem Zapfen und Siegel.

Jésus de Morteau
Große Kochwurst
Mit 500–1000 g wesentlich gewichtiger und immer ungleichmäßig geformt, war sie früher für Weihnachten bestimmt.

Petite Saucisse – Kleine Kochwurst
Das Morteau-Siegel bürgt für die Herkunft dieser Miniaturausgabe der berühmten Kochwurst.

Palette fumée – Geräucherte Schweineschulter
Viele Teile des Schweins wurden auf den Höfen durch Einsalzen und Räuchern haltbar gemacht, gern auch die Schultern.

Saucisse de Montbéliard
Kochwurst aus Montbéliard
Kleinere mit Knoblauch und einer regionalen Kümmelart gewürzte und geräucherte Wurst, die man 20 Minuten gart.

Brési
Geräuchertes Rindfleisch
Für die lange getrocknete französische Variante des Bündnerfleisches darf das Fleisch nicht zu mager sein.

Jambon fumé à l'os
Geräucherter Knochenschinken
Als Jambon fumé du Haut-Doubs kommen mindestens neun Monate alte Räucherschinken mit Siegel auf den Markt.

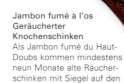

Langue de bœuf fumée
Geräucherte Rinderzunge
Alte Milchkühe der Montbéliarde-Rasse schenken dem Jura die feinsten Räucherspezialitäten wie die seltene Zunge.

Noix de porc fumée
Geräucherte Schweinsnuß
Das feinste Stück der Keule wird auch für sich eingesalzen und geräuchert, wenn der Rest in die Wurst geht.

Jambon cuit à l'os – Gekochter Knochenschinken
Eine seltene, feinaromatische Köstlichkeit ist dieser am Knochen gekochte und dann geräucherte Bauernschinken.

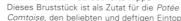

Poitrine fumée – Geräucherte Rippe
Dieses Bruststück ist als Zutat für die *Potée Comtoise*, den beliebten und deftigen Eintopf des Jura, geschätzt.

Schinken von Luxeuil-les-Bains

Seit der Antike ist Luxeuil wegen der wohltuenden Wirkung seiner heißen Quellen bekannt. Aber nicht nur die Gesundheit, auch Gaumenfreuden wurden in der malerischen Stadt gepflegt. Seit Beginn des 19. Jahrhunderts machte sich ihr Schinken einen Namen, der heute in ihrem Bezirk aus 22 Gemeinden hergestellt werden darf. Der echte Jambon de Luxeuil stammt ausschließlich von einheimischen Schweinen. Seine Besonderheit besteht darin, daß er zunächst vier Wochen lang gemeinsam mit einer Mischung aus Kräutern und Gewürzen in rotem Jurawein mazeriert. Erst dann wird er von Hand mit Salz eingerieben und kommt für weitere vier Wochen in eine Kühlkammer. Nachdem er dann gewaschen wurde, räuchert man ihn über Nadelhölzern, manchmal auch über Wildkirschenholz. Anschließend reift er fünf bis acht Monate in Trockenkammern, denn die Region der Haute-Saône ist für ihr kaltes und trockenes Mikroklima bekannt. Er muß mindestens neun Monate alt sein, um als echter Luxeuil-Schinken ausgezeichnet zu werden. Dann besitzt er eine hellbraune Schwarte, ein zartes Fleisch und einen dezenten räucherig-würzigen, aber nur wenig salzigen Geschmack.

Einige der Zutaten für eine Schinkensülze, bei der eine Schulter die Keule ersetzt, um die Menge überschaubar zu halten.

Nachdem die gepökelte Schulter ausreichend entsalzen wurde, blanchiert man sie mit den Schweinsfüßen.

Das blanchierte Fleisch wird abgeschreckt und unter fließendem Wasser abgespült, bevor der eigentliche Kochvorgang beginnt.

Schweineschulter und Schweinsfüße, Gemüse und Gewürze gibt man zusammen in einen großen Kochtopf.

Zu Fleisch, Gemüsen und Gewürzen wird eine Flasche weißer Burgunder gegossen und mit kaltem Wasser ergänzt.

Mindestens drei Stunden muß das Fleisch auf niedriger Hitze köcheln, um zart zu werden und saftig zu bleiben.

Dann wird das Fleisch herausgenommen, entbeint und kleingeschnitten und die Brühe durch ein Sieb passiert.

Für den Fond läßt man feingehackte Schalotten und Knoblauch in etwas ausgelassenem Schmalz glasig dünsten.

Die angedünsteten Schalotten und Knoblauchzehen werden mit einem guten Schuß weißem Burgunder abgelöscht.

Die Gelatineblätter zunächst in kaltem Wasser einweichen, ausdrücken, dann zum Fond geben und gut verrühren.

Nun fügt man die Crème fraîche hinzu, gießt außerdem 750 ml der abgeseihten Fleischbrühe an und verrührt gründlich.

Die Sülze beginnt man mit einer Schicht Fond, die man mit einer Kelle auf den Boden der Glasschale gibt.

Jambon persillé tradition bourguignonne
Schinkensülze mit Petersilie nach Burgunder Art

1 gepökelte Schweineschulter
2 Schweinsfüße
3 Möhren
1 Stange Porree
2 Zwiebeln
1 Staudensellerie
Thymian
Lorbeerblatt
Gewürznelken
grobes Meersalz, Pfefferkörner
1 Flasche Bourgogne Aligoté
350 g glatte Petersilie
Fond
5 Schalotten
5 Knoblauchzehen
1 EL Schmalz
1 Glas Bourgogne Aligoté
2 Blätter Gelatine
125 ml Crème fraîche
750 ml Fleischbrühe
Salz und Pfeffer aus der Mühle

Die Schulter 36 Stunden in kaltem, mehrfach zu wechselndem Wasser entsalzen. Die Füße säubern, mit der Schulter blanchieren und abschrecken. Gemüse putzen. Schulter, Füße, Gemüse und Gewürze in einem Topf mit Wein und kaltem Wasser aufgießen, bis das Fleisch eben bedeckt ist. Leicht salzen und ca. 3 Stunden gar köcheln. Abgießen, die Brühe auffangen und etwas reduzieren. Das Fleisch von den Knochen lösen und fein schneiden. Für den Fond Schalotten und Knoblauchzehen fein hacken und in Schmalz andünsten. Mit dem Weißwein ablöschen und die Flüssigkeit verdampfen lassen. Die Gelatine in kaltem Wasser 10 Minuten einweichen, dann zum Fond geben, unterrühren, die Crème fraîche zufügen sowie 750 ml Brühe angießen. Gut verrühren und abschmecken.
Die Petersilie fein hacken. Eine Kelle Fond in eine Terrine oder Glasschüssel geben und mit Petersilie bestreuen. Kleine Fleischstücke gleichmäßig darauf schichten, eine weitere Kelle Fond aufgießen und mit Petersilie bestreuen. Diesen Vorgang wiederholen, bis die Zutaten aufgebraucht sind. Abkühlen lassen und mindestens 12 Stunden im Kühlschrank erstarren lassen. Vor dem Servieren die Sülze aus der Form stürzen und in knapp fingerdicke Scheiben schneiden.

Die fertige Schinkensülze gehört im Burgund zu den beliebtesten Vorspeisen

BOURGOGNE & FRANCHE-COMTÉ

Eine der über 200 *fruitières* des Jura, jener kleinen Genossenschaften, die Comté handwerklich herstellen.

König der Bergkäse
Le Comté

Nicht anders als bei den hervorragenden Räucherschinken und -würsten zwangen die langen Winter, in denen der Schnee die Höfe von der Außenwelt völlig abschnitt, die Bergbauern des Jura eine Methode zu ersinnen, wie sie die Milch ihrer Kühe besonders haltbar machen konnten. So entwickelten sie einen Hartkäse, den sie zu großen Rädern preßten. Er konnte nicht nur einen Winter lang gelagert werden, sondern sogar noch den folgenden überdauern, ohne etwas von seiner angenehmen Textur oder seinem fruchtigen Geschmack einzubüßen, im Gegenteil, er verbesserte sich sogar. Da aber für einen einzigen Käse in der Regel an die 500 Liter Milch erforderlich waren, schlossen sich die Bauern bereits im Mittelalter zu kleinen Genossenschaften zusammen. Jeder brachte die Milch seiner Kühe zur *fructerie*, um sie dort Früchte bringen zu lassen (*fructifier*). Diese – heute *fruitières* genannten – Gemeinschaftskäsereien haben die Zeiten überdauert. Über 200 davon sorgen im Jura für die Herstellung des Comté. Er ist eng verwandt mit dem Schweizer Greyerzer und heißt auch Gruyère de Comté. Dieser Name geht auf die früheren Forstverwalter zurück, die *agents gruyèrs*. Da nämlich große Mengen Brennholz nötig waren, um die Milch zu erhitzen, mußten die Bauern dafür Käse als Entgelt liefern. Die in der Regel im Käseteig auftretenden haselnußgroßen Löcher erinnerten sie an diese Abgaben, weshalb man sie bald *gruyères* nannte, was schließlich zum Namen des gesamten Käses wurde.

Die lange, bis vor unsere Zeitrechnung zurückreichende Tradition des Comté führte dazu, daß er als einer der ersten Käse überhaupt 1952 die Appellation d'Origine Contrôlée erhielt. Seine Qualität verdankt er verschiedenen Faktoren. Von besonderer Bedeutung dafür ist die Rinderrasse, die Montbéliarde. Sie liefert – wie die weniger verbreitete Pis Rouge de l'Est – eine Milch, die besonders reich an Fett und Kasein ist und sich hervorragend zum Käsen eignet. Das Aroma des Käses wird aber vor allem durch die Gräser und Kräuter bestimmt, die die Kühe fressen. Die spezielle Flora des Jura ist verantwortlich für den feinen Geschmack des Comté. Es gibt sogar spürbare Unterschiede je nach Lage der Almen, vor allem aber im Parfüm zwischen dem Käse der Gräser und dem des Heus. Der Comté hat verschiedensten Bestimmungen zu gehorchen. Dazu zählt das Verbot von Silofutter wie von Farbstoffen oder anderen Zusätzen. Außerdem dürfen nur natürliches Kälberlab und Fermente der Almflora benutzt werden.

Linke Seite: Mit diesem Spezialmesser kann der gewöhnlich 35 kg schwere Gruyère de Comté in maßvolle Ecken zerteilt werden.

Der Comté basiert ausschließlich auf Rohmilch. Täglich liefern die Bauern die Milch an die *fruitière*, wo sie in große Kupferkessel gefüllt wird. Man erhitzt sie auf 32 °C und gibt dann Fermente und Lab zu. Nach etwa einer halben Stunde ist sie zu einer gallertigen Masse geronnen, die in Stücke von der Größe eines Weizenkorns zerteilt wird. Man erhitzt den Bruch auf eine Temperatur von 55 °C, wobei er zugleich gerührt wird, um das Abfließen der Molke zu fördern. Der Käsemeister hebt nun mit Hilfe eines Leinentuchs den Bruch aus dem Kessel und gibt ihn zunächst zum Absondern der Molke in perforierte Gefäße. Dann kommt er in die eigentliche Form, einen Reifen aus Buchenholz auf einem Untergrund aus Fichte, und wird für 24 Stunden unter die Presse gestellt. Nach kurzer Zeit in einem kühlen Keller, wo die Form sich festigt und Bakterienbefall verhindert wird, befördert man den Comté zur Affinage in einen etwas wärmeren Keller. Dort wird er regelmäßig mit der *morge*, einer gesättigten Salzlake, abgerieben, wodurch sich seine natürliche Rinde bildet. Die Reifezeit dauert mindestens 90 Tage, doch sie kann sich bis 18 oder 24 Monate erstrecken. Je länger er reift, um so feiner und ausgeprägter wird sein fruchtiges, an Haselnuß erinnerndes Aroma.

Der Comté beeindruckt bereits durch sein Maß. Sein Durchmesser beträgt zwischen 50 cm und 70 cm, sein Gewicht liegt zwischen 30 kg und 55 kg. Er kommt erst auf den Markt, nachdem er eine Kontrollkommission passiert hat, die jeden Käse testet und ihn bewertet. Nur wenn er dem hohen Anspruch gerecht wird und die Prüfungen mit Auszeichnung besteht, wird ihm das grüne Band verliehen, das ihn umgürtet und das Comté-Logo mit den grünen Glöckchen trägt. Stuft man ihn nur als durchschnittlich bis gut ein, muß er sich mit einem braunen Band zufriedengeben. Wird er noch schlechter bewertet, verliert er das Anrecht auf die Appellation Comté. Sie geht ihm auch verloren, wenn er als geriebener Käse vermarktet werden soll.

Ein Comté kommt am vorteilhaftesten zur Geltung, wenn man ihn pur genießt, insbesondere wenn es sich um eine lange gereifte Qualität handelt. Am besten trinkt man dazu ein Glas Vin Jaune aus dem Jura, was eine der erlesensten Verbindungen zwischen Käse und Wein überhaupt darstellt. Jüngere Comtés bewähren sich jedoch auch in der Küche. Berühmt ist die *Ballotine de Volaille au Comté*, ein dünne Scheibe Hühnerbrust, die man mit Comté und Räucherschinken umwickelt, dann im Ofen gart und mit einer Sahnesauce *au vin blanc du Jura* serviert. Aber wo immer es ums Überbacken geht, speziell bei den *quiches*, eignet er sich ausgezeichnet. Außerdem wird er in kleine Würfel geschnitten zum Aperitif gereicht und paßt gut in Salate.

Käsespezialitäten aus dem Jura

Vacherin Mont d'Or
Weichkäse der Franche-Comté aus Rohmilch, der in Schachteln aus Fichtenholz im Durchmesser von 12–30 cm mindestens drei Wochen affiniert wird. Der sehr cremige, nur von September bis März angebotene Käse wird auch als Fondue genossen: Dazu hebt man in der Mitte des Käses mit einem Löffel ein Loch aus, das man mit weißem Jurawein füllt. Nach 20 Minuten im heißen Backofen serviert man den zerfließenden und stark parfümierten Käse zu Kartoffeln und Schlachtwaren aus dem Jura. Achtung: In Plastik eingeschlagen, entwickelt er oft unangenehmen Schimmel.

La Cancoillotte
Aus der entrahmten Milch, die nach dem Buttermachen übrigbleibt, erzeugen die Bergbauern diese auch *fromagère* genannte Spezialität. Man läßt die Milch gerinnen, die Molke abtropfen und erhält den *metton*, einen Block, der zerbröselt wird und den man fermentieren läßt, bis seine haselnußgroßen Körner gelblich werden und stark duften. Nun wird er mit Salzwasser und Butter vermischt und ergibt die Cancoillotte, eine mit Weißwein, manchmal mit Knoblauch und Kümmel gewürzte, angenehm fruchtige Paste. Sie wird wie Käse oder warm mit Kartoffeln oder im Rührei gegessen.

Bleu de Gex
Schon im Mittelalter bekannter Käse aus dem Pays de Gex im Haut-Jura; einziger Blauschimmelkäse des Jura, aus Rohmilch, mit ausgeprägtem, leicht pikantem, etwas bitterem Geschmack. Er wird als Zylinder mit etwa 9 cm Höhe, 30 cm Durchmesser und gut 5 kg Gewicht nach 2–3 Monaten Reife angeboten. Am besten im Sommer.

Morbier
Nach einem Juradorf benannt, wird dieser milde Schnittkäse aus Rohmilch nur gepreßt, aber nicht gekocht. Charakteristisch ist der schwarze horizontale Streifen, der den Käse in halber Höhe durchzieht. Ursprünglich handelte es sich dabei um Asche, mit der die Bauern den mit der Morgenmilch gemachten Käse abdeckten, um sie am Abend abzuwischen, wenn sie dann mit der Abendmilch die Form ganz ausfüllten.

Emmental Grand Cru
Nur aus Milch der Franche-Comté, den Vogesen und Savoyens hergestellt; im Gegensatz zum Emmental français, der überall und aus sterilisierter Milch erzeugt werden kann, besteht der Grand Cru aus Rohmilch und altert mit mindestens 10 Wochen deutlich länger.

1 In großen Kupferkesseln wird die Milch erhitzt, zur Gerinnung mit Lab geimpft, die Gallerte zerkleinert und der Bruch gerührt.
2 Mit Hilfe eines Leinentuchs, das unter den Bruch gezogen wird, bündelt man den Käseteig und preßt die Molke heraus.
3 Das Tuch wird zusammengebunden, so daß man den Käseteig aus dem Kessel herausheben kann.

4 Zunächst kommt der Teig in mit Tüchern ausgeschlagene Gefäße, damit noch verbliebene Molke ablaufen kann.
5 In feuchten Kellern muß der Comté mindestens 90 Tage lang reifen, oft wird er jedoch wesentlich länger affiniert.
6 Zur Pflege des Käses gehört, daß er regelmäßig gewendet und mit Salzlake abgerieben wird, wodurch sich die Rinde bildet.

Der Jura war die Heimat des berüchtigten Absinth und Pontarlier dessen Kapitale. Heute erinnert ihr Anisschnaps an die Vergangenheit. So klar und grünlich ist er, bevor man ihn mit Wasser verdünnt.

Unten: Der Echte Wermut (*Artemesia absinthium*) lieferte den Grundstoff für den heute verbotenen Absinth.

Die grüne Fee und der Anis von Pontarlier

Absinth

Seit der Antike ist Wermut als Heilkraut bekannt, das bei Magen- und Darmerkrankungen sowie bei Appetitlosigkeit Anwendung fand. Ende des 18. Jahrhunderts kam der aus der Franche-Comté stammende Arzt Pierre Ordinaire im heutigen Schweizer Kanton Neuenburg zu Ruhm, da er ein Elixier aus Absinth braute, das seine positive Wirkung nicht verfehlte. Nach dem Tod Ordinaires erwarben die Schwestern Henriod im Städtchen Couvet das Rezept. Die beiden unverheirateten Damen entwickelten es weiter und begannen Absinth und andere selbstgezogene Kräuter zu destillieren und daraus einen *liqueur d'absinthe* herzustellen, den sie mit bescheidenem Erfolg als Hausmittel vertrieben. Anscheinend fanden die Jurabewohner nicht nur aus medizinischen Gründen Gefallen daran. Jedenfalls versprach sich Major Dubied größere geschäftliche Erfolge, als er sich das Rezept sicherte und 1798 in dem Städtchen eine Brennerei eröffnete. Seinen *Extrait d'absinthe* bot er als Spirituose an. Ihren Verkauf jenseits der Grenze, im französischen Jura, übernahm sein Schwiegersohn Henri-Louis Pernod. Bald setzte er dort mehr Flaschen von dem alkoholstarken und intensiven Kräuterbrand ab als in der Schweiz. Nur begannen die von Napoleon erhobenen Zölle, seinen Schnaps so zu verteuern, daß Pernod sich praktisch gezwungen sah, die Herstellung nach Frankreich zu verlagern. In Pontarlier, nahe der Grenze, eröffnete er 1805 seine eigene Absinthfabrik – mit einer Tagesleistung von 16 Litern. Hundert Jahre später erreichte die Produktion 20000 Liter am Tag.

Doch zunächst verlief die Entwicklung zögernd. Zwei Jahrzehnte lang hatte Pernod Fils schon das Monopol besessen, ehe Absinth sich langsam durchzusetzen begann, wenn auch sein Erfolg noch immer auf der Wirkung des Heilkrauts basierte. Um 1826 führte dies zur Gründung von drei weiteren Brennereien in Pontarlier.

Ein Vierteljahrhundert später war es in Paris und in anderen großen Städten Frankreichs Sitte geworden, sich am späten Nachmittag und frühen Abend in den Cafés zu treffen und Absinth zu trinken. Noch immer prangte auf den Etiketten ein Schweizer Kreuz, das Gediegenheit verhieß. Man trank den aus *Artemesia absinthium*, Echtem Wermut, Anis und Fenchel destillierten Schnaps nicht pur. Ungesüßt und mit einem Alkoholgehalt von 65–72 Vol%, verlangte er den Zusatz von Wasser und Zucker. Schon bald sollte sich daraus ein regelrechtes Ritual entwickeln: Zunächst schenkte man eine Portion Absinth ins Glas. Dann legte man einen speziellen perforierten Löffel für die Zuckerstücke über den Rand. Kaltes Quellwasser in feinem Strahl darübergegossen, löste etwas Zucker, süßte und verdünnte den Absinth, der eine milchig-grüne Tönung annahm. Wegen seiner Farbe sprach man bald von der ›grünen Stunde‹ oder nannte ihn die ›grüne Fee‹. Ihr huldigten nicht nur Dichter wie Apollinaire und Baudelaire, Rimbaud und Verlaine, sondern weite Kreise des Bürgertums und nicht zuletzt Offiziere. Absinth zu trinken galt als chic und war ein relativ kostspieliges Vergnügen.

Doch die Exklusivität verflüchtigte sich, und im letzten Viertel des 19. Jahrhunderts wurde Absinth zum Massengetränk. In der Epoche des Fin de siècle galt es als Ideal, Muße zu haben, zu flanieren. Es gab ein Heer von Frührentnern, einstigen Beamten, Offizieren und Kaufleuten, die sich in Cafés ihre viele Zeit vertrieben und Absinth zu ihrem Standardgetränk erkoren. Zugleich bot man ihn immer billiger und in immer schlechterer Qualität an. Bald wurde es auch Arbeitern und Angestellten zur lieben Gewohnheit, nach der Arbeit einzukehren und sich vor dem Heimweg meist mehrere Absinthe zu gönnen.

Doch der Genuß sollte nicht ohne Reue bleiben. Viele Absinthtrinker begann ein körperlicher wie geistiger Verfall zu zeichnen, und das im Absinth enthaltene Thuyon, welches mit Sauerstoff zum giftigen Thuyol oxidiert, wurde dafür verantwortlich gemacht (wenn auch vermutlich die minderwertige Qualität des Alkohols die eigentliche Ursache war). Dabei florierte das Geschäft – in Pontarlier zählte man auf dem Höhepunkt des Absinthkonsums 22 Brennereien –, und der Staat hielt sich schadlos, füllte der hochgeschätzte und hochbesteuerte Schnaps doch nicht unwillkommen seine Kassen. Warnungen von Medizinern stießen da auf taube Ohren. Erst als der Ausbruch des Ersten Weltkriegs die Konfiszierung des Alkohols ohnehin unumgänglich machte, wurde der Absinthverkauf in Frankreich untersagt und in einem 1915 erlassenen Gesetz verboten.

Für die größte Zahl der Destillerien in Pontarlier bedeutete dies das Todesurteil. Einige überlebten die Durststrecke jedoch und sannen auf Ersatz. Man konzentrierte sich auf jene Kräuter, die zuvor schon Bestandteil des Absinths gewesen waren, und entdeckte, daß Anis, dessen Harmlosigkeit 1922 sogar ein staatliches Dekret bestätigte, besonders geeignet war. Detaillierte Auflagen schrieben jedoch einen hohen Zuckeranteil vor, so daß dieses likörähnliche Getränk den herberen Absinth als Aperitif nicht ersetzen konnte. Eine taugliche Rezeptur genehmigte der französische Staat erst 1932. In Pontarlier atmete man auf. Der einstige Marktführer Pernod konnte sofort an frühere Erfolge anknüpfen und blieb dem Herstellungsprinzip der Kräuterdestillierung treu. Der neue Aperitif basierte auf grünem Anis und war bereits gesüßt, mußte aber wie der Absinth noch mit Wasser verdünnt werden. Im Streit konkurrierender Brennereien um den Markt trug Ricards provenzalischer Pastis den Sieg davon. Von dem ›Anis de Pontarlier‹ sprach man nur im Jura, wo man noch heute einen ›Pon‹ bestellt.

Nur aus grünem Anis wird dieser Aperitif destilliert, der durch Zugabe von Wasser seine typisch milchige Tönung annimmt.

Hier wird am Pontarlier-Anis das Absinth-Ritual nachvollzogen. Er wurde gesüßt, indem man einen perforierten Löffel mit Zuckerwürfeln über das Glas legte und darüber vorsichtig Quellwasser rinnen ließ.

Der Kirsch der Franche-Comté

Die Haut-Saône im Norden der Franche-Comté, an die Côte d'Or des Burgund, die Vogesen Lothringens und den Haut-Rhin des Elsaß grenzend, gilt als Wiege des Kirschwassers. In Fougerolles, wo man seit langem eine höchst aromatische süße Kirsche kultivierte, kam im 18. Jahrhundert ein Mönch auf den Gedanken, daraus einen Schnaps zu brennen. Er ließ die zerdrückten Früchte vergären und destillierte aus dem Kirschwein ein *Eau-de-vie-de-cerise*. Sein Beispiel fand viele bereitwillige Nachahmer. Die Bauern pflegten und pflückten ihr Steinobst, destillierten es eigenhändig oder schlossen sich zu mehreren zusammen. Um das Brennen herum entstand ein ganzer Wirtschaftszweig, der Körbe, Fässer und Flaschen lieferte. Nach der Ernte wurden die Kirschen eingemaischt und gärten mehrere Wochen lang. Das Destillieren zog sich von September bis März hin. Die wertvollsten Qualitäten blieben drei bis fünf Jahre zur Reife auf den Dachböden der Höfe, bevor sie In den Handel kamen. Im 20. Jahrhundert hatten es die kleinen handwerklichen Brennereien nicht leicht, sich gegen die Industrie durchzusetzen. Aber einige gute Betriebe, die heute auch andere Früchte destillieren, haben in Fougerolles und im nahen Mouthier-Haute-Pierre überlebt und bieten weiterhin ihr köstlich duftendes Kirschwasser an.

191

Die Weine des Jura

Sie verdienen mehr Beachtung als ihnen zuteil wird. Die große Palette verschiedenartiger Weine reicht vom hochkonzentrierten Süßen bis zum extrem trockenen Weißen, vom Schaum- bis zum Likörwein, vom süffigen Rosé bis zum lange alternden Roten. Darunter sind einfache, preiswerte Alltagsweine, aber auch einige der originellsten und seltensten Gewächse Frankreichs.

Wein wird seit dem Altertum im Jura angepflanzt, aber besonderes Augenmerk fiel auf die Region und ihren Wein, als Louis Pasteur, der Vater der modernen Önologie, das Phänomen der Gärung 1860 wissenschaftlich erklärte. Damals erreichte der Weinbau im Jura seinen Höhepunkt und umfaßte mehr als 20000 ha. Bis zur Reblauskatastrophe der Wende vom 19. zum 20. Jahrhundert.

Heute addieren sich die bestockten Flächen auf etwa 1850 ha. Sie erstrecken sich auf einem Band über fast 100 km zwischen Salins-les-Bains und dem Saint-Amour der Franche-Comté. Im Osten begrenzt das bis auf über 1700 m aufsteigende Juramassiv das Anbaugebiet, im Westen die Ebene der Bresse. Seine Höhe beginnt auf 250 m und reicht bis zu 480 m hinauf. Die Lagen sind nach Westen, Südwesten und teilweise nach Süden ausgerichtet. Die Böden bestehen überwiegend aus blauem und schwarzem Mergel, im Norden teilweise auch aus Kalkgeröll oder Schiefer, der den weißen Sorten sehr zusagt, während die roten gut auf rotem Mergel gedeihen. Das Klima bringt harte Winter und heiße Sommer, gefolgt von meist sehr sonnigen Herbsten. So gut diese Voraussetzungen für Trauben sind – die Winzer zittern vor den Frühjahrsfrösten.

Der gelbe Wein

Vin de Paille, Strohwein, oder Vin Jaune sind wohl die ungewöhnlichsten Weine des Jura.
Vin Jaune wird nur hier und nur aus der Sorte Savagnin erzeugt, und seine Hochburg ist der Château-Chalon, eine Appellation, die ausschließlich ihm vorbehalten ist. Er bevorzugt blaue und schwarze Mergel- oder Schieferböden, auf denen sich Lagen von Kalkgeröll oder Kiesel abgesetzt haben. Seine Lagen sind steil, um ihm optimale Sonnenbestrahlung zu sichern. Nicht vor Oktober gelesen, wird er wie jeder andere trockene Weißwein vergoren, so daß keinerlei Restzucker erhalten bleibt. Dann füllt man ihn so in 228-Liter-Holzfässer, daß sie nicht gänzlich voll sind. Nach der sechsjährigen Reife sind von jedem

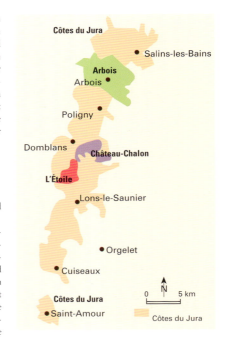

Unten: Arbois ist das Zentrum des größten Anbaugebiets und nicht nur für grandiosen Vin Jaune bekannt, sondern auch für feine würzige Rotweine.

Louis Pasteur, der berühmte französische Chemiker, kam in seiner Heimatregion, dem Jura, den Geheimnissen der Gärung auf die Spur. Noch immer werden die Trauben seines Weinbergs gesondert vergoren.

Liter Wein durch die Verdunstung nur 63 Centiliter übriggeblieben, was genau dem Fassungsvermögen des Clavelin, der speziellen Flasche des Vin Jaune, entspricht. Im Keller führt der Luftkontakt zur Entwicklung einer speziell im Jura vorkommenden Hefe (Saccharomyces oviformis), die auf der Oberfläche des Weins einen Schleier bildet. Sie schützt dadurch den Wein, der sonst durch die Berührung mit der Luft zu Essig werden würde und verlangsamt die Oxidation, die dem Wein den goût de jaune verleiht, den typischen Geschmack, der an trockene Sherrys erinnert und je nach Terroir und Erzeuger an Walnuß, Haselnuß, Unterholz, Gewürze und zahlreiche andere Düfte denken läßt. Noch am nächsten Tag ist er ungebrochen intensiv, doch die Duftnoten haben sich gewandelt. Man trinkt Vin Jaune mit Kellertemperatur, besser jedoch etwas temperiert, statt zu kalt. Damit er sich voll entfalten kann, sollte man ihn dekantieren.

Bei dem überaus seltenen Vin de Paille handelt es sich um am Stock geschrumpfte Trauben der Sorten Savagnin, Chardonnay und Poulsard, die einzeln gepflückt und zum Trocknen auf Stroh gebettet – daher der Name –, in Holzgestellen aufgehängt oder in durchlöcherten Kisten verwahrt werden. Die ersten zehn Tage sind am heikelsten. Zwei Monate später werden die Rosinen gepreßt. Der Zuckergehalt des Mostes ist enorm und seine Konsistenz gleicht Sirup. Die Gärung auf niedriger Temperatur dauert Monate. Ist sie beendet, kommt der Wein in Eichenfässer. Das Resultat ist ein äußerst reicher, kraftvoller und süßer Nektar, dessen Aromen sich an der Luft ständig verwandeln. Man trinkt ihn leicht gekühlt zu Desserts oder zu Stopfleber.

Der Clavelin, die Flasche des Vin Jaune, faßt mit 0,63 Litern genau die Menge, die nach sechsjähriger Reife übrigbleibt.

Von der Decke der Küche hängen die grünen und blauen Trauben, um für Strohwein zu trocknen.

Die Rebsorten

Chardonnay: Bisweilen auch Melon d'Arbois genannt, ist diese weitverbreitete weiße Burgundersorte seit langer Zeit im Jura heimisch und stellt die Hälfte der Rebfläche. Chardonnay gefällt durch Fruchtigkeit und Rundheit. Im Mischsatz mit Savagnin sorgt er für den zugänglicheren Akzent im subtilen, aber zuerst doch irritierenden Geschmack der Jura-Weine. Dennoch gewinnt er auch für sich allein den unverkennbaren Jura-Charakter.

Savagnin: Der König unter den jurassischen Rebsorten und die Grundlage für Vin Jaune und Vin de Paille, aber auch für frische Weißweine regiert ein Fünftel der Anbaufläche. Über die Herkunft dieser weißen, spätgelesenen Sorte wird noch gerätselt, zumal sich die lange angenommene Verwandtschaft mit dem Traminer nicht bestätigte. Typisch sind seine Nußnote und die große Komplexität seiner Aromen, die er durch Alterung entwickelt.

Pinot Noir: Wie der Chardonnay kam der Spätburgunder im 14. Jahrhundert in den Jura, wo er ein Zehntel der Weinberge bedeckt. Selten erlangt er hier allein ausreichende Qualität und wird wegen seiner schönen Frucht den anderen beiden roten Sorten zugefügt.

Poulsard: Ursprünglich eigentlich Plousard, ist er ein echtes Kind des Jura, vor allem des nördlichen Teils der Region, und stellt ein Fünftel der Reben. Er ergibt einen feinfruchtigen und süffigen Rotwein, der nicht selten eher roséfarben ist und deshalb auch vin gris (grauer Wein) genannt wird. Er wächst vor allem in Pupillin und Arbois und kann bisweilen gut altern. In L'Étoile wird er als Weißwein vinifiziert.

Trousseau: In Portugal als Bastardo bekannt und wenig geschätzt, gelangte diese Sorte auf unbekannten Wegen in den Jura. In dessen hartem Klima zeigt sie ungeahnten Charakter, vorausgesetzt ihr Ertrag bleibt niedrig. Dann schenkt sie kraftvolle, gut strukturierte und lange alternde Weine. Zum Teil wird der nur fünf Prozent des Rebbestandes ausmachende Trousseau mit Poulsard zu sehr eigenständigem Rotwein assembliert.

Die Appellationen

Arbois: Knapp 850 ha Reben verteilen sich auf 12 Gemeinden, von denen nur Pupillin, das vor allem für seinen guten Poulsard bekannt ist, ›Arbois‹ im Etikett führen darf. Die Appellation bietet heute zu gleichen Teilen Rot- und Weißweine.

Château-Chalon: Rund 50 ha in 4 Gemeinden, die nur dem Vin Jaune vorbehalten sind. Die Erzeuger haben sich zu einer Kommission zusammengetan, die vor der Lese die Trauben auf Reife und Gesundheit prüft und den zulässigen Ertrag bestimmt. In schlechten Jahren wird die Appellation nicht vergeben.

L' Étoile: 80 ha in 3 Gemeinden nur für Weißwein, aber in jeder Form: als trockener Weißer, Crémant, Vin Jaune, Vin de Paille oder Macvin. Die Mergelböden sind von winzigen, sternenförmigen Fossilien durchsetzt, die Dorf und Appellation den Namen gaben.

Côtes du Jura: 620 ha in 60 Gemeinden, die bekanntesten sind Poligny, Voiteur, Arlay, Le Vernois, Gevingey, Rotarlier und Beaufort. Als Côtes du Jura ist jeder Weintyp anerkannt, ob weiß, rot, rosé oder gelb, Stroh- und Schaumwein, sowie Macvin und auch Marc du Jura.

Crémant du Jura: Auch der Schaumwein besitzt im Jura eine mehr als zweihundertjährige Tradition. Wie beim Champagner findet die zweite Gärung in der Flasche statt.

Macvin: Er ist seit mindestens 200 Jahren bekannt. Aus frischgepreßtem Most und Marc hergestellt, der die Gärung unterbindet, bewahrt er viel Traubenzucker und wird zum Aperitif oder Dessert getrunken.

BOURGOGNE & FRANCHE-COMTÉ

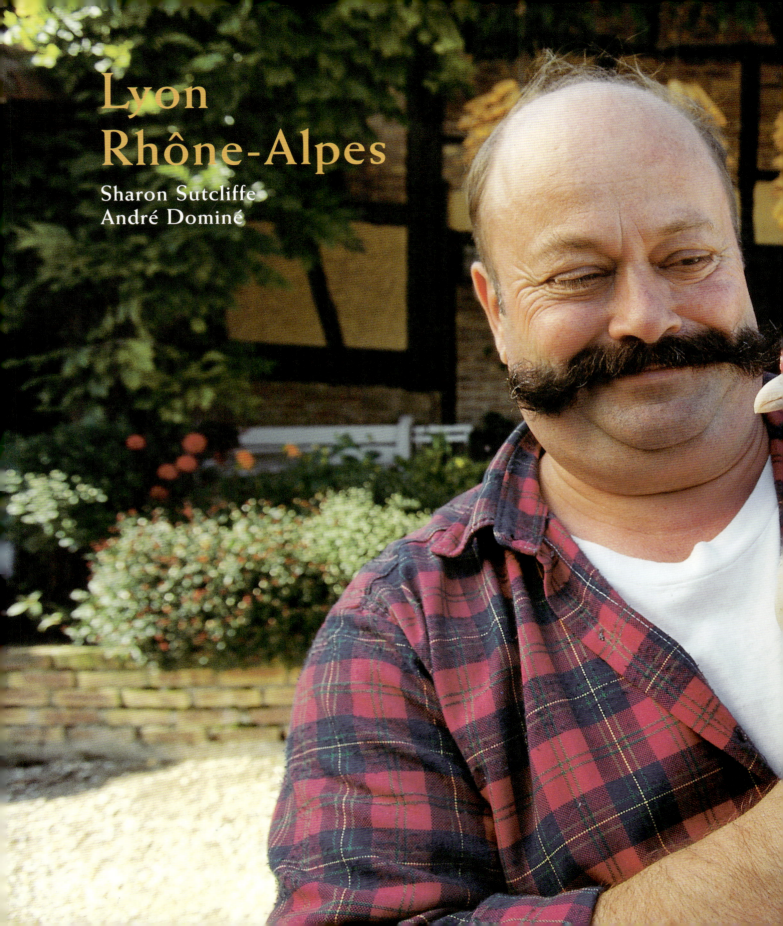

Lyon
Rhône-Alpes

Sharon Sutcliffe
André Dominé

Lyon: Bistrot & Bouchon
Lyoner Bistrot-Küche
Wurstspezialitäten aus Lyon
Lyoner Schokolade
Coulis-Kunst
Beaujolais
Die Weine des Beaujolais
Karpfen und Hechte der Dombes
Volaille de Bresse
Feines Federvieh & Co
Rezepte mit Bresse-Geflügel
Saint-Marcellin
Ein Menü an der Drôme
Früchte aus dem Rhône-Tal
Große Weine der nördlichen Rhône
Chartreuse
Liköre

Geflügelzüchter mit einem Bresse-Huhn

Das spezifische Mikroklima der nördlichen Rhône begünstigt wie in der Appellation St-Joseph den Ausbau seltener Weine

Die Region Rhône-Alpes mit ihrer Hauptstadt Lyon ist etwa so groß wie die Schweiz und bietet nicht weniger Kontraste als das angrenzende Nachbarland. Zwischen Alpengipfeln und Forez, zwischen dem satten Bauernland des Ain und den Schluchten der Ardèche findet sich alles, was Feinschmeckerherzen höher schlagen läßt. Die Märkte von Lyon oder Saint-Étienne, Grenoble oder Valence quellen beinah über von der Vielfalt der Früchte und Frühgemüse aus dem Rhône-Tal, vom einmaligen Geflügel der Bresse oder den Perlhühnern der Drôme, von den schmackhaften Fischen der Dombes-Seen oder der Gebirgsbäche.

Lyon und Savoyen sind für ihre Wurstwaren berühmt, aber die Alpenregionen liefern zugleich hervorragende Käse wie den beeindruckenden Abondance, cremigen Reblochon, kernige Tommes, und die feinen Vacherins, mit denen man gern Weihnachtsmenüs ausklingen läßt. Diesen gutsortierten Käseteller ergänzen die beliebten Ziegenkäse der Hügellandschaft um Lyon, das als Kapitale des feinen Essens gilt. Als Knotenpunkt wichtiger, seit Urzeiten benutzter Handelsrouten trafen dort schon zu den Zeiten der Römer Zivilisationen, Lebensmittel und Kochrezepte zusammen. Seidenhändler brachten ab dem 16. Jahrhundert von ihren weiten Reisen fremdartige Gewürze und Küchenpraktiken ferner Länder an die Rhône. Später war es dann das wohlhabende Bürgertum, das neue, ausgefallene Gerichte förderte. Als das 19. Jahrhundert zu Ende ging, sahen sich viele Köchinnen dieser Klientel um Lohn und Brot gebracht und prägten als die *mères lyonnaise* fortan die Gastronomie der Stadt. Je nach Gästen kochten sie aufwendig oder einfach und preiswert, immer aber überaus schmack- und herzhaft. Sich zudem auf die Künste der Metzger stützend, schufen sie die charakteristische Lyoner Küche: gut und auch preiswert. Der wissende Umgang mit den ausgezeichneten Frischwaren der Region förderte das Genie einiger der größten und einflußreichsten Köche Frankreichs: Fernand Point, Paul Bocuse, die Brüder Troisgros und Alain Chapel. Und was Wein betrifft, kam man ohnehin nie zu kurz. Schließlich fließt durch die Stadt, laut einer alten Redensart, außer Saône und Rhône auch ein dritter Strom, der Beaujolais. Erprobte Gaumen genießen jedoch die Auswahl zwischen den spritzigen Weinen Savoyens, den nahen Burgunderweinen und natürlich den ebenso grandiosen wie seltenen Weinen von der nördlichen Rhône, deren Güte ihnen seit langem vertraut ist.

Lyon: Bistrot & Bouchon

Nicht von ungefähr betrachtete Maurice Edmond Saillard, genannt Curnonsky (1872–1956), der berühmte Gastronomiekritiker, Lyon als die Hauptstadt der Gastronomie. Die Voraussetzung dafür bildet ihre aus kulinarischer Sicht optimale strategische Lage. In greifbarer Nähe gibt es das berühmte Geflügel der Bresse, das exquisite Fleisch der Charolais-Rinder, die vorzüglichen Fische der Dombes, Wild und Pilze aus den nahen Wäldern, feine Käse aus den Bergen des Lyonnais und des Beaujolais sowie die köstlichen Früchte und jungen Gemüse des Rhône-Tals. Vor den nördlichen Toren wächst süffiger Beaujolais, im Süden befinden sich die großartigen Lagen der nördlichen Rhône wie Côte-Rôtie und Hermitage.

Im Lauf seiner Geschichte lebten in Lyon viele wohlhabende Genießer, ob Römer, mittelalterliche Kirchenfürsten, Bankiers, Kaufleute oder Seidenfabrikanten, deren Köche aus dem so reichen Angebot an Zutaten erlesene Gerichte schufen. Nach der Französischen Revolution und während des Zweiten Kaiserreichs wurde in den Häusern der Bourgeoisie und des Textiladels mit Vergnügen getafelt, und man begann seinen Geschmack zu bilden. Oft verfügten betuchte Familien über Landsitze, von denen sie nicht nur beste Zutaten mitbrachten, sondern auch gleich die Köchinnen. Doch dann kamen der Krieg von 1870/71 mit dem Zusammenbruch des Kaiserreichs und schließlich der Erste Weltkrieg. In diesen Krisenzeiten verloren viele Köchinnen in Lyon ihre Stellung. Einige hatten den Mut, eigene Restaurants zu eröffnen und dort genau die Gerichte zu kochen, die sie früher ihren Herrschaften vorgesetzt hatten. Dabei hielten sich *les mères*, die Mütter, wie sie überall genannt wurden, an bewährte Zutaten und an oft nicht mehr als eine Handvoll erprobter Rezepte.

Den ungleich größeren und hungrigeren Kundenkreis stellten die Arbeiter, *les canuts*, die in der Textilherstellung und als Packer im Handel ihr Brot verdienten. Auch sie fanden ihre ›Mütter‹, die für sie mit gleicher Hingabe, aber mit günstigeren Zutaten und für weniger Geld kochten. Sie nahmen Stücke, die die feinen Herrschaften verschmähten, wie die Innereien und die zäheren unteren Teile vom Rind und Kalb, vor allem aber viel Schwein, Fische wie Karpfen oder Aal und dazu Zwiebeln, Butter, Sahne und viel Wein. So entstand die *cuisine des bistrots, bouchons* und *porte-pots*, die typisch für Lyon wurde. Ihre Hauptöffnungszeit war zunächst zwischen sechs und neun Uhr morgens, wenn die Arbeiter der Nacht- und Frühschichten der Industrie, der Rhône-Schifffahrt und der Markthallen sich stärken wollten. Dann gab es heiße Koch- und Innereienwürste,

Le pot du Beaujolais, eine als Karaffe genutzte Flasche mit schwerem Boden, faßt 46 Zentiliter, die Menge für den Durst eines gestandenen Mannes – so sagt man.

Räucherspeck und den berühmten fetten Rindermagen – als *gras-double* oder paniert als *tablier de sapeur* (Feuermannsschürze) –, geschmorte Kalbs- oder gefüllte Schweinsfüße. Den Schlußpunkt setzte Saint-Marcellin oder *Cervelle de canut* (wörtlich Arbeiterhirn), ein mit Knoblauch und Kräutern angerichteter Magerquark. Dazu trank man Beaujolais oder Côtes-du-Rhône, die man im *pot*, einer schweren, 46 Zentiliter fassenden Karaffe ausschenkte. Nicht nur die Arbeiter, auch deren Vorgesetzte und Direktoren konnten diesen einfachen Lokalen und ihrer Küche nicht widerstehen, alle saßen hier Schulter an Schulter vor den gleichen deftigen Speisen. Das *mâchon* genannte Frühstück ist weitgehend ein Opfer veränderter Lebens- und Arbeitsumstände geworden.

Geblieben ist den Lyonern die Freude am Essen. Ob es sich um feine oder deftigere Küche handelt, sie erwarten – und sie erkennen – hochwertige Grundprodukte. Noch immer gehört ihre

LYON & RHÔNE-ALPES

Das ›Bistrot de Lyon‹ wurde das erste Eßlokal, das die Renaissance der alten Rue Mercière, die zwischen Rhône und Saône verläuft, einleitete.

Stoffservietten, gutes Besteck, ordentliche Weingläser: man weiß, was man treuer Kundschaft schuldig ist.

In Lyon liebt man die ungezwungene Atmosphäre der Bistrots und Bouchons, in denen eine herzhafte, bodenständige Küche von guter Qualität zu günstigen Preisen serviert wird.

Liebe den bodenständigen Gerichten und der ungezwungenen Atmosphäre der Bistrots und Bouchons, die man in großer Zahl in der Stadt findet. Eines der berühmtesten wurde das ›Bistrot de Lyon‹, das Jean-Paul Lacombe 1974, zwei Jahre, nachdem er im ›Léon de Lyon‹ die Nachfolge seines Vaters angetreten hatte, in der Rue Mercière eröffnete. Als erster leitete er mit seinem Lokal die Renaissance dieser in Verruf geratenen alten Geschäftsstraße ein, indem er dem Muster der traditionellen Bouchons folgte. Zugleich gab er als Spitzengastronom ein Beispiel, das Schule machen sollte. Inzwischen haben viele große französische Köche ihren teuren Gourmet-Tempeln ein preiswertes Bistrot zugesellt.

Die Kundschaft ist kritisch und zunächst zurückhaltend, ist sie aber überzeugt, bleibt sie treu. Die Lyoner lieben es, essen zu gehen, und viele Gäste kommen regelmäßig.

Lyoner Bistrot-Küche

Le Grand Dessert de la ›Vogue‹ de la Croix Rousse
›La Vogue‹ ist der Name eines Volksfests im Stadtteil Croix Rousse, und diese Nachspeise umfaßt die aus diesem Anlaß angebotenen typischen Süßigkeiten: den Liebesapfel, Marshmallow-Streifen und eine aus St-Genix stammende Tarte mit gebrannten Mandeln.

Rouget barbet aux épices
Eine ganze Rotbarbe wird mit verschiedenen Gewürzen eingerieben und in der Pfanne gebraten. Man serviert sie mit einer Safran- und Gemüsebutter und einer kleinen in Blätter gewickelten Mangoldpastete.

Saint-Cochon au Bistrot
Sankt Schwein wird im Bistrot mit einer *sabodet*, einer Wurst aus Speck und Kopf, mit Senf bestrichenem gegrilltem Schweinskopf und mit einer Blutwurst zu Apfel und Zwiebelsauce gedacht.

Choux farci au lapin de garenne, braisé au serpolet
Kohl, gefüllt mit Wildkaninchen, Brot, Apfelwürfeln, Gewürzen, Walnüssen und Sellerie, wird im Ofen mit Feldthymian bzw. Quendel (französisch: *serpolet*) geschmort.

Paleron de bœuf lardé
Gespickte Rinderschulter, die lange und langsam geschmort wird. Dazu kommen Waldpilze je nach Saison, in Würfel geschnittener Kalbsfuß und Kartoffeln. Schulter, noch dazu mit Speck gespickt, ist für diese langsamen Schmorgerichte ideal.

Andouillette en rouelles
Scheiben von Gekrösewurst, die in Lyon aus Kalbsdarm und Kräutern zubereitet wird, serviert mit Lyoner Kartoffeln und in Gänseschmalz gebratenen Zwiebeln, in einer reichhaltigen Sahnesauce mit grobkörnigem Senf.

Œufs à la neige
Eier im Schnee sind eine klassische Nachspeise, die aus mit Zucker aufgeschlagenem Eischnee besteht, der pochiert und mit gebrannten Mandeln und einer Vanillesauce, der *sauce anglaise*, dekoriert wird.

Salade lyonnaise
Lyoner Salat aus Frisée und anderen Sorten, die man mit frischen Kräutern mischt und mit einer Vinaigrette aus Olivenöl und Senf würzt, mit Knoblauch-Croûtons bestreut und mit einem pochierten Ei garniert.

Remoulade de pieds de mouton
Schafsfüße in Remoulade nach einem traditionellen Rezept von Jean Vignard. Sie sind entbeint und werden mit hartgekochten Eiern, Kartoffelscheiben und einer feinen Kräutermayonnaise serviert.

Saucissonaille
Lyoner Wurstteller, der auf den beiden wichtigsten getrockneten Wurstsorten der Stadt basiert, der großen, grobkörnigen Rosette und der feiner gehackten Saucisson de Lyon. Dazu werden Brot, Butter, Cornichons und eingelegte Zwiebeln gereicht.

Fondant de foies de volaille aux avocats et concassée de tomates
Geflügelleber-Mousse mit Avocados und Tomaten ist ein erfrischendes, mit südlichen Kräutern gewürztes Sommerrezept. Man streicht sie auf kleine Scheiben frisch gebackenen Olivenbrots.

Médaillons de tartare de truite et saumon fumé
Taler aus Forellentatar und Räucherlachs, die aus roher, gehackter, mit Zitrone, Olivenöl und frischen Kräutern gewürzter Forelle bestehen, die man in dünne Scheiben selbstgeräucherten Lachs hüllt und mit Zitronencremesauce und Toast serviert.

Soupe blanche de poisson et flan de choux fleur
Weiße Fischsuppe mit Blumenkohl-Flan erscheint zu Beginn des Winters auf der Karte. Sie wird aus Meeresfischen zubereitet und ergibt mit mildem Blumenkohl eine harmonische Vorspeise, der die Croûtons das Bistrot-Flair verleihen.

Quenelle de brochet ›Nandron‹
Hechtkloß nach dem Rezept von Gérard Nandron, der seinem Restaurant ›Johannès‹ zwei Sterne erkochte und der diesen Lyoner Klassiker mit einer *sauce américaine* auf Krustentierbasis und Flußkrebsbutter präsentiert.

Wurstspezialitäten aus Lyon

Lyon ist eine Hochburg des Metzgerhandwerks. Gerade die Achtung, die man den weniger edlen Fleischteilen wie Kopf, Füßen, Kutteln und Gekröse widmet, schuf die Basis für die preiswerte Lyoner Küche. Ihr entstammen zum Beispiel die regionale Version der *andouillettes* und der *sabodet* aus Schweinskopf und Schwarte. Wer schon Innereien zu schmackhaften Wurstwaren verarbeiten kann, dem müssen aus den edlen Zutaten Meisterwerke gelingen. Und so gelten Saucisson de Lyon, Rosette und Cervelas als gastronomische Wahrzeichen der Stadt. Saucisson und Rosette gehören zur Kategorie der trockenen, salamiähnlichen Würste, die einst in den Bergen des Lyonnais luftgetrocknet wurden. Die Cervelas ist eine exquisit gewürzte Kochwurst.

Saucisson de Lyon

Voraussetzung für eine hochwertige *saucisson sec* ist das richtige Fleisch von älteren Schweinen, das wenig Wasser enthält, fest und rot ist und sehr frisch zu sein hat. Für Spitzenqualität wählt man Schinken- und Schulterstücke. Sie werden entbeint, von Adern, Sehnen, Nerven, Häuten usw. befreit und in größere Würfel geschnitten. Für Rosette und Saucisson de Lyon ist ein Höchstfettanteil von 25 % festgesetzt. Die Speckwürfel in ihrem Fleisch werden aus frischem Speck geschnitten, der zwei Tage lang kühl lagerte. Das Fleisch wird gemeinsam mit dem Speck maschinell hachiert. Dies geschieht bewußt langsam, damit sich die Masse nicht erhitzt. Die Gewürze, vor allem Meersalz und Pfeffer, werden zugefügt und mit dem Teig gründlich vermischt. Bei der handwerklichen Herstellung wird die Fleischmasse nun auf einem Edelstahltisch ausgebreitet und per Hand mit aller Kraft geschlagen, um die Luft zu entfernen und dem Teig die gewünschte Homogenität zu geben. Zu großen Kugeln geformt, läßt ihn der Metzger über Nacht im Kühlraum ruhen. Am Tag darauf wird die Masse in Naturdärme gefüllt. Nun kommen die Würste in die Trockenkammer, in der sie zunächst bei einer Temperatur von etwa 24 °C vorgetrocknet werden, bis sie an die 10 % ihrer Feuchtigkeit eingebüßt haben. Jetzt umwickelt man sie mit Garn, um ihnen eine gleichmäßige Form zu geben oder umhüllt die schwereren mit einem Netz, damit man sie hängen kann, ohne daß der Darm Schaden nimmt. Die Trocknung, die heute meist in temperaturkontrollierten und ventilierten Kammern stattfindet, dauert für Saucisson de Lyon bei etwa 12 °C gut eineinhalb Monate, wobei sie ein Drittel ihres Ursprungsgewichts verliert. Der Unterschied zwischen Saucisson de Lyon, Rosette und Jésus liegt nur in der Größe des verwendeten Darms, die Füllung ist identisch. Vom Durchmesser der Wurst hängt aber ihre Trockenzeit ab, sie ist es, die den Geschmack beeinflußt. Ein Jésus trocknet daher länger und entwickelt einen markanteren Geschmack.

Cervelas de Lyon

Als im 16. Jahrhundert italienische Seidenhändler und Bankiers in Lyon den Ton angaben, gelangten auch Geheimnisse italienischer Kochkunst an Rhône und Saône. Darunter soll sich das Rezept für Cervelas befunden haben, als dessen Heimat Florenz angesehen wird. Zu ihren Zutaten gehörte Hirn (*cervelle*), was ihr den Namen einbrachte. Heute besteht sie aus magerer Schulter, mit Bauchfleisch und Speck im Verhältnis 3 : 1 gemischt. Das Fleisch wird mit Salz, Pfeffer, Muskat und Zucker gewürzt und zwei Tage gekühlt, bevor man es durch den Wolf dreht. Als Aromastoffe setzt man der Masse Portwein, Madeira oder Cognac, vor allem aber feingehackte Trüffeln und/oder Pistazien, manchmal auch Morcheln zu. Dann füllt man sie unverzüglich in Därme, bindet sie in der gewünschten Länge ab und läßt sie über Nacht bei 30 °C trocknen, was ihr eine schöne Farbe verleiht. Sie besteht aus Frischfleisch und muß kühl gelagert werden.
Trüffeln – Cervelas truffé muß mindestens 3 % davon enthalten – verleihen ihr ein unvergleichliches Aroma, verteuern sie aber auch, weshalb man sie sich eher an Festtagen leistet. Nur mit Pistazien ist sie ein beliebtes und oft gegessenes Gericht, und will man sparsamer kochen, nimmt man eine einfache *saucisson à cuire*. Die Kochwürste läßt man 30–40 Minuten pro 500 g in 90 °C heißem Wasser garen, ohne sie anzustechen, und hält sie in ihrer Bouillon neben dem Herd warm, bis man sie abtropfen läßt und heiß serviert.

Die Brüder Reynon sind für ihre erstklassigen *cervelas* und *saucissons* berühmt, und die nächste Generation läßt das Beste hoffen.

1 Saucisson sec
2 Jésus
3 Saucisson à cuire
4 Rosette
5 Saucisson de Lyon
6 Cervelas aux pistaches
7 Cervelas truffé et pistaché
8 Saucisson à cuire
9 Cervelas aux morilles et aux pistaches
10 Saucisson à cuire

Lyoner Schokolade

Um 1900 hatte sich das ohnehin schon für seine Küche berühmte Lyon auch als Kapitale der *chocolatiers*, der Schokoladenmacher, etabliert. Wer sich dieser Kunst gewissenhaft widmen wollte, wählte und mischte, röstete und mahlte seine Kakaobohnen selbst, um diese Masse dann weiter zu verfeinern und so zu seiner ganz eigenen Kuvertüre zu gelangen, die der Stolz eines jeden Meisters seiner Zunft und Ausgangspunkt all seiner köstlichen Kreationen war. Das ist inzwischen Vergangenheit. In Lyon gibt es nur noch ein einziges Haus, das seine Schokolade selbst herstellt: Bernachon. »Was die großen Liebhaber der Schokolade suchen, ist der Geschmack des Kakao«, sagt Maurice Bernachon.

Dieser Geschmack hat einen langen Weg zurückgelegt. Kakaobäume wurden zuerst von den Mayas, später von den Azteken kultiviert, denen sie heilig und teuer waren, denn die Bohnen dienten nicht nur der Zubereitung eines Stärkungstranks, sondern auch als Zahlungsmittel. Kolumbus, der 1502 an der Insel Guanaja landete, kostete als erster Europäer Kakao, und Hernán Cortés brachte ihn nach Spanien. Ab dem 17. Jahrhundert eroberte der Kakao Frankreich, und 1776 eröffnete in Bayonne die erste Schokoladenmanufaktur, die Chocolaterie Royale. Mit dem 19. Jahrhundert beginnt die Geschichte der Schokolade als Massenprodukt: Van Houten in Holland, Meunier in Frankreich, Suchard, Nestlé und Lindt in der Schweiz, Fry, Rowntree und Cadbury in England schrieben daran mit. Rotterdam wurde zum Umschlagplatz für Kakaobohnen, doch Bordeaux zum Sitz der Experten.

Wie Wein kennt auch Kakao hoch- und minderwertige Sorten, Spitzenlagen und mittelmäßige Anbaugebiete. Man unterscheidet die robusten Forasteros von den empfindlichen Criollos und den Trinitarios, die aus einer Kreuzung der beiden ersten hervorgegangen sind, viel Kakaobutter liefern und heute etwa 20% der Welternte ausmachen. Die feinen, aromatischen Criollos bringen es kaum auf 10%, während die Forasteros mit ihrem bitteren, leicht sauren Geschmack mit 70% marktführend sind.

Kakaobäume sind anspruchsvolle Gewächse, sie lieben es heiß, feucht und schattig, Bedingungen, die sie nur im tropischen Klimagürtel, zwischen dem 20. Grad nördlicher und südlicher Breite finden. Und sie fordern Geduld: Es dauert zehn Jahre, bis sie erstmals richtig tragen, und obwohl sie dann bis zu 100000 Blüten pro Baum und Jahr öffnen, werden nur etwa 200 davon befruchtet. In jeder der gurkenähnlichen Früchte, die heranreifen, wachsen 20–50 Samenkörner, die Kakaobohnen. Man löst sie mit Resten des Fruchtfleisches heraus und schüttet sie zum Fermentieren in belüftete Holzkisten, wo sie in der Wärme des Gärprozesses Bitterstoffe ab- und Aromastoffe aufbauen. Anschließend werden sie getrocknet und gehen auf die Reise. Im Verbraucherland wird der Rohstoff für Schokolade geröstet, um die Aromen freizusetzen. Nach Sorten getrennt geschieht dies bei 180–200 °C in etwa 20 Minuten.

Die *chocolatiers* bei Bernachon stellen nun nach Sorten abgewogene Mischungen zusammen, die gemahlen werden. Um eine Paste zu erhalten, fügen sie Kakaobutter hinzu. Im nächsten Schritt werden Zucker und Vanillestangen untergewalzt. Um Bitterkeit und Säure auszumerzen und der Schokolade Geschmeidigkeit zu verleihen, muß sie zwischen einem und drei Tagen in einem Drehwerk gerührt werden, was zum Teil im Vakuum geschieht. Dann ist die Kuvertüre fertig und wird zu großen Tafeln gegossen, deren Kakaoanteil 63–70% beträgt. Was noch in die Schokolade kommt, ob Zimt, Tee oder Kaffee, Ingwer, Lakritze oder Pfeffer, Nüsse oder Trockenfrüchte, das bleibt der Kreativität des Meisters überlassen, der Kunstwerke schafft, die ihren Preis wert sind und sorgfältige Behandlung verdienen: Man sollte sie bei 20 °C und nicht länger als drei Wochen aufheben. Doch wer kann das schon.

Für erstklassige Kuvertüre werden Kakaobohnen unterschiedlichster Herkunft gemischt.

Bei Bernachon gehört ein untrüglicher Sinn für Gerüche und Aromen zum unverzichtbaren Handwerkszeug.

Über die Qualität der Kuvertüre entscheiden die Zutaten, Farbe und Konsistenz werden auch von der Temperatur beeinflußt.

Haselnußschokolade vom Feinsten: Nüsse bester Qualität in hausgemachter Kuvertüre.

Hat jede Nuß ihren Platz, wird eine abschließende Lage Kuvertüre darüber verstrichen.

Hérison, der Schokoladenigel, ist ein Lyoner Klassiker und gehört zum Repertoire jedes Patissiers.

Der Spritzbeutel mit seinen vielen Tüllen ist in der Patisserie und Confiserie ein unerläßliches Werkzeug. Hier werden Pralinenformen gefüllt.

Coulis-Kunst

Seit eh und je ißt das Auge mit. Das hat schon in früheren Zeiten Köche und Zuckerbäcker zu künstlerischen Leistungen angetrieben. Am berühmtesten sind die aus heutiger Sicht unvorstellbar aufwendigen Kreationen von Antonin Carême, dem König der Köche, der Anfang des 19. Jahrhunderts dem Hang der feinen Gesellschaft nach schönen Äußerlichkeiten mit Genialität entsprach. Er glänzte mit exquisiten Rezepten ebenso wie mit seiner ausgefeilten Patisserie, die ihren Höhepunkt in den Nachbildungen von berühmten Gebäuden oder in allegorischen Darstellungen fand, die aus Biskuit und allen erdenklichen Confiserien konstruiert waren.

In dieser großen Tradition verlangen Desserts heute natürlich nach einem mindestens ebenso ansprechenden, aber nicht ganz so kostenträchtigen Dekor. Dazu eignen sich Coulis geradezu ideal. Die aus rohen oder nur ganz kurz gekochten Früchten und Zucker zubereiteten Saucen, deren bunte Farben auf das verarbeitete Obst zurückgehen, oder die auf Nüssen oder Kuvertüren basieren, lassen sich mit Hilfe einer simplen Messerklinge, aber viel Geschick und künstlerischer Begabung in verblüffende Muster, ja sogar in ganze Gemälde verwandeln, die nur den einen Nachteil haben, sehr vergänglich zu sein, aber den unleugbaren Vorzug besitzen, nicht nur dem Auge zu schmecken.

Wenn man den Schöpfern dieser fruchtigen Bilder über die Schulter schaut, wird deutlich, daß sie sich bei diesem Ineinanderziehen verschiede-

Am Tisch nur mit einem Messer als Werkzeug gezaubert, gibt das Coulis-Dekor den Sorbets einen edlen Rahmen.

Klassisch sind ornamentale Garnierungen wie diese, bei denen unter keinen Umständen die Farben verschmelzen dürfen.

Je nach Inspiration des Stegreif-Künstlers entstehen auch Coulis-Landschaften: schön, bunt und überaus vergänglich.

206 LYON & RHÔNE-ALPES

ner Saucenfarben im Prinzip einer alten handwerklichen Technik bedienen, mit der spezielle Buntpapiere in erster Linie für Bucheinbände hergestellt wurden. Hier wie dort ist die Konsistenz der Flüssigkeiten entscheidend, muß sie doch so beschaffen sein, daß ein frühzeitiges und unkontrolliertes Verlaufen der Farben verhindert wird. In dem Moment, wo sie sich vermischen oder sonstwie gegenseitig beeinträchtigen, ist diese Art von Bild zerstört. So ist zum Beispiel von einem Versuch mit Kiwi-Coulis und Sahnesauce abzusehen: Die Sahne gerinnt unweigerlich.

Links: Jean-Philippe Monnot erlernte von einem älteren Maître d'hôtel die Kunst, aus verschiedenfarbenen Coulis ein außergewöhnliches Dekor für Desserts zu kreieren.

Mousse au chocolat
Schokoladencreme

300 g beste Bitterschokolade
4 Eigelb
130 g Zucker
50 ml Sahne
250 g Eiweiß

Die Schokolade im Wasserbad schmelzen.
Die Eigelb mit 2 EL Zucker schaumig schlagen (1).
Dann die Sahne unterrühren (2). Die Schokolade unter die Eigelb-Zucker-Masse ziehen (3).
Das Eiweiß mit dem restlichen Zucker zu Schnee schlagen (4) und unter die Schokoladenmasse heben (5/6).
Die Mousse in Gläser oder Förmchen füllen und kalt stellen.

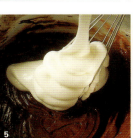

Beaujolais

Um es gleich vorwegzunehmen: Das Beaujolais gehörte nie zum Burgund, auch wenn es zur *Bourgogne viticole* zählt, dem weinmäßigen Großburgund, und sein nördlichster Zipfel dem burgundischen Departement Saône-et-Loire angehört. Die Saône bildet die östliche Begrenzung des Beaujolais. Auf den ihr zugewandten Hängen erstrecken sich die Weinlagen, darüber und dahinter schließen sich die waldreichen Monts du Beaujolais an. Im Norden reichen die Hügel des Beaujolais fast bis zum berühmten Felsen von Solutré, im Süden gehen sie nahtlos in die Monts du Lyonnais über, und gen Westen verschmelzen die sich senkenden Hänge mit dem angrenzenden Departement Loire.

Kein anderer Rotwein Frankreichs ist so weltbekannt wie der Beaujolais. Hier regiert der Gamay, eine produktive rote Rebsorte. Im 14. Jahrhundert hatte sie sogar die besten Lagen der Côte d'Or erobert, was den Zorn Philipps des Kühnen, Herzog von Burgund und Liebhaber großer Pinots, erweckte. Kurzerhand befahl er 1395, den »infamen« Gamay herauszureißen. Gehalten hat sich der Gamay im Mâconnais, wo er aber im Charakter völlig andere, verschlossene und härtere Rotweine ergibt. Seinen feinsten Ausdruck erreicht er auf den kristallinen Böden des nördlichen Beaujolais, den Crus. Neun der zehn Crus, die Ausnahme bildet der zuletzt gekürte Régnié, haben dann auch das Recht erhalten, ihren Gamay als Bourgogne zu etikettieren. Überall sonst im Beaujolais kann nur den kaum gepflanzten Sorten Chardonnay und Pinot Noir die Appellation Bourgogne zuerkannt werden, was äußerst selten geschieht.

Im Beaujolais findet man, bis auf seltene Ausnahmen, keine große, aber eine gute Gastronomie, wo man mit Vergnügen und Genuß Eier in Rotweinsauce, Zander mit Sauerampfer, *Coq au vin* oder *Bœuf bourguignon* verzehrt. Besondere Erwähnung verdienen die *cochonailles*, die Würste und Terrinen. Unter den hervorragenden Metzgern des Beaujolais ist René Besson, Bobosse genannt, der berühmteste, was er insbesondere seiner feinen *andouillette* zu verdanken hat. Die *cochonailles* spielen beim *mâchon* eine wichtige Rolle. Stärkten sich in Lyon die Arbeiter zeitig am Morgen mit diesem deftigen Frühstück, so entwickelte sich im Weinland Beaujolais ein eigenes *mâchon* der Winzer und Weinbergarbeiter, das es früher und vor allem zur Lese mit der Lyoner Version aufnehmen konnte. Inzwischen ist es weniger umfangreich und dient den Winzern als Imbiß, die vor Tau und Tag in den Weinbergen ihre Arbeit beginnen. Dann liegen getrocknete Würste und geräucherter Speck im Korb, gutes Bauernbrot, eine Flasche Beaujolais und nicht zuletzt einige Käse aus den Monts du Beaujolais.

Diese auf den Höfen von den Bauern hergestellten kleinen Käse aus Ziegen- und/oder Kuhmilch sind im Beaujolais und in Lyon so geschätzte Spezialitäten, daß man sie kaum außerhalb der Region findet. Sollten ein *pur chèvre*, ein *mi-chèvre* (mehr als 50 % Ziegenmilch), ein *fermier* (nicht präzisierte Zusammensetzung) oder ein *vache*, ein reiner Kuhmilchkäse übrigbleiben, dann wird er zum *fromage fort* verarbeitet. Man reibt ihn mit Gruyère, gibt etwas sauren Käseteig dazu, gießt Bouillon von Porree und etwas trockenen Weißwein unter ständigem Rühren zu, bis man eine weiche, aber nicht flüssige Paste erhält. Die wird nun auf Brot gestrichen, am besten kurz geröstet und mit einem jungen, fruchtigen und gut strukturierten Beaujolais serviert.

Bei einem typischen Winzerhof im Süden des Beaujolais erinnert das Mauerwerk farblich an frischgebackenes Brot, obwohl die Region ›Pays des Pierres Dorées‹, das Land der goldenen Steine, genannt wird.

Arbeit im Weinberg macht hungrig, weshalb die Winzer gern im Laufe des Vormittags ein zünftiges Frühstück einnehmen, wobei natürlich ein fruchtiger Beaujolais nicht fehlen darf.

Links: Im Beaujolais ist das *mâchon* ein zünftiges Frühstück, das die Winzer im Weinberg zu sich nehmen, die seit oder vor Tagesanbruch dort bereits gearbeitet haben.
Es besteht vor allem aus *cochonailles,* verschiedenen Würsten, Speck und Terrinen, den typischen kleinen Käsen aus den Bergen des Beaujolais, gutem, deftigem Bauernbrot und natürlich rotem und bisweilen auch weißem Beaujolais.

Le Beaujolais nouveau est arrivé

»Der neue Beaujolais ist angekommen«, schrieben die Wirte der Lyoner Bistrots und Bouchons schon in früheren Zeiten mit Kreide auf die Fensterscheiben. Er wurde von ihrer stets durstigen Kundschaft mit großer Begeisterung begrüßt, mußte sie doch jeden Tag aufs neue den feinen Staub aus den Seiden- und Textilfabriken herunterspülen. Dazu muß man wissen, daß sich die Bistrotiers früher selbst im Beaujolais mit ihrem Jahresbedarf an Weinfässern eindeckten und den Wein offen ausschenkten. In einer Epoche, in der moderne Weinwissenschaft und Kellertechnik noch unbekannt waren, litt die Qualität des Hausweins im Verlauf des Jahres jedoch ganz erheblich, und die so köstlichen fruchtig-frischen Aromen gehörten bereits längst der Vergangenheit an, wenn der neue Wein eintraf. Das erklärt auch, warum man ihn dann bei seinem Erscheinen geradezu enthusiastisch feierte.
Seinen großen Durchbruch erfuhr der Primeur 1968 in Paris. Von dort begann er dann nach und nach die ganze Welt zu erobern. Über Jahre lieferten sich Weinhändler und Gastwirte erbitterte Wettläufe, um als erste ihren Kunden den neuen Beaujolais anbieten zu können. Doch dann wurde gesetzlich festgelegt, daß er überall erst am dritten Donnerstag im November erstmals ausgeschenkt werden darf. Das gilt auch für seine Konkurrenten aus den anderen französischen Appellationen, wohingegen die Landwein-Primeurs genau einen Monat früher ausgeliefert werden dürfen.
Der Erfolg des Beaujolais Nouveau war einerseits einer Handvoll Winzer und Weinkenner zu verdanken, die sich mit Kopf und Herz dafür engagierten, zum anderen aber den großen Fortschritten in Vinifikation und Kellerausstattung. Auf kontrollierter Temperatur vergoren und mit durchgeführtem biologischem Säureabbau bewahrt er seine sauberen Fruchtnoten und ist bekömmlich, was er anno dazumal nicht immer gewesen sein soll.
Obwohl die Winzer des Beaujolais und Beaujolais-Villages dank des Primeur – er stellt heute zwei Fünftel aller 173 Millionen Flaschen des Beaujolais – auf schnelle Weise zu ihrem Geld gelangen, hat dieser an sich begrüßenswerte Erfolg auch seine Schattenseiten. Inzwischen hat sich bei vielen Verbrauchern festgesetzt, daß Beaujolais generell schnell und zum Jahresende getrunken werden sollte. Sie scheinen dabei vollkommen vergessen zu haben, daß die eigentlichen Beaujolais-Weine, vor allem aber die Crus, ein oder mehrere Jahre Flaschenreife verdienen und dann eine größere Weinqualität bieten, für die höhere Preise gerechtfertigt sind.

Die Weine des Beaujolais

Mit gut 22 000 ha ist das Beaujolais bedeutendstes Gamay-Gebiet Frankreichs und der Welt. Das Anbaugebiet erstreckt sich zwischen Lyon und Mâcon über eine Länge von rund 55 km und 12–15 km Breite. Die Rebflächen bedecken die ersten, aus der Ebene der Saône aufsteigenden Hänge der Monts de Beaujolais, reichen aber nur bis zu einer Höhe von 450 m hinauf. Im Süden bestehen die Böden größtenteils aus Mergel und kalkhaltigen Böden des Mesozoikums. Zur Saône hin besitzen die östlichsten Lagen Schwemmböden aus jüngeren Erdzeitaltern. Die besten Böden, nördlich von Villefranche, sind kristallinen Charakters, gehen auf das Paläozoikum zurück und bestehen aus Granit und Schiefer, wobei letzterer, wenn er sich zersetzt, Mineralien freigibt, die das Aroma der Weine beeinflussen.

Anbau und Vinifikation

Der Gamay ist eine frühreifende und produktive Sorte, die man zu nehmen wissen muß. Das beginnt mit einer hohen Pflanzdichte, die im Beaujolais bei 9000 bis 13 000 Rebstöcken pro Hektar liegt und eine der höchsten der Welt ist. Außerdem sollte der Ertrag durch den Schnitt reduziert werden. Bei den Villages und den Crus ist der *gobelet* vorgeschrieben, der der Rebe die Form eines Trinkbechers gibt. Drei bis fünf Triebe läßt man sich ausbilden, an denen maximal je 12 Augen gelassen werden dürfen. In der Appellation Beaujolais ist auch der Fächerschnitt, *guyot*, erlaubt. Jede einzelne Rebe wird dann an einem Pfahl befestigt und kann zusätzlich an einem Drahtrahmen erzogen werden.

Schnitt und Vinifikation setzen Handlese voraus, die meist Mitte September beginnt und sich über drei Wochen erstreckt. Damit die Beeren unbeschädigt in den Keller gelangen, benutzt man für ihren Transport Kästen, die nicht mehr als 80 kg Trauben fassen. Denn im Beaujolais wendet man die traditionelle Vergärung in ganzen Beeren an. Die Trauben werden in Tanks oder alte Holzbottiche geschüttet, wobei ein Teil der Beeren zerplatzt, so daß sich auf dem Boden der Most sammelt, der zu gären beginnt und Kohlendioxid entwickelt, das die Atmosphäre sättigt. Ohne Sauerstoff sind die übrigen Beeren zu einer intrazellularen Gärung gezwungen, wobei der Most den Schalen besonders viele Aromen entzieht.

Je nach angestrebtem Weincharakter wird der Most nach vier bis zehn Tagen abgezogen, der Rest gepreßt und – nachdem *jus de coule* und *jus de presse* vermischt wurden – zu Ende vergoren. Je kürzer die Maischezeit, um so weniger Tannine nimmt der Wein auf. Er kann dann zwar früher getrunken werden, ist aber von leichterer Struktur, und sein Alterungspotential ist kürzer. Beim gesamten Gärprozeß ist die Temperatur von Bedeutung. Fruchtigkeit und Frische des *vin nouveau* stellen sich besser um 20 °C ein, Struktur und Fülle eines Cru eher bei 30 °C. Aber wie jeder Rotwein muß auch der Beaujolais den biologischen Säureabbau durchlaufen, was den Säuregehalt mindert und den Wein stabilisiert.

Obwohl das Klima im Beaujolais im Sommer oft heiß und trocken ist, liegt es in einer Zone, in der die Anreicherung des Mostes mit Zucker oder Konzentrat um maximal zwei Alkoholgrade erlaubt ist. Zudem zählt Gamay zu den Sorten, die wenig natürlichen Traubenzucker bilden, der sich bei hohen Erträgen noch reduziert. So sind Beaujolais fast immer angereichert, nur wenige Winzer, die biologisch arbeiten oder alte, wenig tragende Rebstöcke besitzen, verzichten darauf.

Appellationsstufen des Beaujolais

AOC Beaujolais und Beaujolais Supérieur: Die südliche Hälfte des Anbaugebiets sowie die niedrigeren östlichen Lagen. In 72 Gemeinden stehen ca. 10 400 ha in Ertrag, bei einem erlaubten Höchstertrag von 66 hl pro Hektar und einem Mindestalkoholgehalt von 9,5 % bzw. für Supérieur 10 %. Jährlich werden 670 000 hl erzeugt. Für Weißwein ist Chardonnay zugelassen.

AOC Beaujolais-Villages: Ihr Gebiet liegt nordwestlich von Villefranche, um Beaujeu und an der nordwestlichen Grenze des Beaujolais. Die 38 Gemeinden besitzen das Recht, den Begriff Villages durch den eigenen Namen zu ersetzen. Auf knapp 6100 ha werden bei einem Höchstertrag von 60 hl und mindestens 10 % Alkohol pro Jahr etwa 350 000 hl vinifiziert. Auch hier liefert Chardonnay den raren Weißwein.

AOC Cru du Beaujolais: Auf dem Streifen zwischen Mont-Brouilly und dem Mâconnais liegen die aus Granit und Schiefer bestehenden Hänge der Topweine, deren Höchstertrag auf 58 hl begrenzt ist und die 10–10,5 % Mindestalkohol aufweisen müssen. Von Süden nach Norden: Brouilly (1320 ha), Côte de Brouilly (300 ha), Régnié (480 ha), Morgon (1140 ha), Chiroubles (380 ha), Moulin-à-Vent (680 ha), Fleurie (880 ha), Chénas (280 ha), Juliénas (600 ha) und St-Amour (310 ha), insgesamt 6400 ha, die im Schnitt 360 000 hl erbringen.

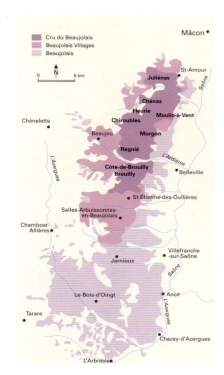

Der berühmteste und am besten alternde der zehn Crus des Beaujolais, der Moulin-à-Vent, verdankt seinen Namen dieser alten Windmühle, die heute von Rebstöcken umgeben ist.

Beaujolais wächst auf den der Saône-Ebene zugewandten Hängen, nördlich von Lyon. Jeder Rebstock wird an einem eigenen Pfahl angebunden. Im Frühjahr bringen die Winzer im Weinberg Dünger aus.

Der besondere Charme des Beaujolais sind seine intensiven reizvollen Aromen. Sie umfassen ein ganzes Spektrum von Blüten wie Veilchen, Rose (berühmt ist der Duft des Moulin-à-Vent), Malve und Maiglöckchen sowie von Früchten, darunter Kirsche, Himbeere, rote Johannisbeere, Erd- und Heidelbeere, aber auch von Aprikose, Kirschwasser und Kirschkern.

Obwohl sich diese frischen Aromen am reinsten in den jungen Weinen ausdrücken, besitzen viele Weine der Region, nicht nur die zehn Crus, ausreichend Struktur, um einige Jahre altern zu können. Berühmt für ihr langjähriges Potential sind vor allem Morgon, Chénas und Moulin-à-Vent, wobei gerade die letzten beiden Crus mit den Jahren in Bukett und Geschmack den Burgundern immer ähnlicher werden.

Je jünger und fruchtiger ein Beaujolais ist, um so kühler (bis 13 °C) sollte er getrunken werden, und um so unkomplizierter sollte man ihn genießen, denn er begleitet alle einfachen kalten und warmen Mahlzeiten auf erfrischende und angenehme Weise, und das nicht nur zur winterlichen Primeur-Zeit, sondern auch und besonders im Sommer. Kann man aber auf delikate und verschmolzenere Crus zurückgreifen wie einen außergewöhnlichen Chiroubles oder einen Saint-Amour, sollte man feinere Gerichte wählen wie ein Bresse-Huhn oder einen gegrillten Fisch. Die gutstrukturierten Crus, aber auch die besonders kräftigen Villages oder die Ausnahme-Cuvées unter den Beaujolais verdienen je nach Alter entweder ein schönes Stück vom Charolais oder ein aromatisches Wildgericht.

Oben: Die Kirschblüte kündigt in den Weinbergen des Beaujolais das Frühjahr an. In Kürze werden an den Gamay-Stöcken die Blattknospen aufbrechen.

Coteaux du Lyonnais

Ab dem 16. Jahrhundert florierte der Weinbau in den Hügeln, die sich ans Beaujolais anschließen und sich westlich um Lyon bis zum Beginn der nördlichen Rhône-Lagen ziehen. Doch nach der Reblauskrise und aufgrund der zunehmenden Ausdehnung Lyons blieb die Renaissance bescheiden. Nur gut 350 ha sind bestockt und liefern fast ausschließlich auf Gamay basierenden, fruchtbetonten Rotwein. Er wird von einem Dutzend unabhängiger Winzer und der Genossenschaftskellerei von Sain-Bel abgefüllt.

Karpfen und Hechte der Dombes

Das nicht weit nördlich von Lyon liegende Plateau der Dombes verdankt seine Entstehung der letzten Eiszeit. Es trägt Fischzuchtteiche, die auf das 12. Jahrhundert zurückgehen und heute eine Fläche von etwa 10000 ha umfassen. Durch Deiche abgegrenzt, reihen sich die Teiche meist in einer Kette aneinander, wobei sie durch kleine Schleusen, *thou*, verbunden sind. Das Gefälle ist minimal, doch ausreichend, um höher gelegene Teiche in niedrigere zu entleeren. Man bewirtschaftet die von Regen- und Sickerwasser gespeicherten Teiche in einem bewährten Zyklus: Drei Jahre lang zieht man Fische, dann legt man den Teich trocken und sät für ein Jahr Getreide oder Mais an. Ein Teil bleibt mit Fischbrut belegt, die in anderen Gewässern Frankreichs oder seiner Nachbarländer ausgesetzt werden. Bedeutender ist der Fischfang: Von Oktober bis Februar werden 60–65 % Karpfen, 15–20 % Schleie, 10–20 % Plötzen und Rotaugen sowie 3–5 % Hechte gefangen. Mit 2000 Tonnen Fangertrag pro Jahr nehmen die Dombes unter französischen Süßwasser-Fischzuchten die Spitzenposition ein.

Es ist ein Erlebnis, wenn ein Teich in den Dombes entleert wird. Schon gut zwei Wochen, bevor es soweit ist, wird damit begonnen, das Wasser ablaufen zu lassen, bis es sich am Ende des Teichs vor der Schleuse gesammelt hat, aber noch etwa 100 m weit in die Teichfläche hineinreicht. Trotz des niedrigen Wasserstands ist noch kein Fisch zu sehen, doch am Rand warten bereits Lastwagen mit Frischwassertanks, um den lebenden Fang aufzunehmen.

Die Fischer haben ein langes Netz gespannt und die beiden Enden an je einem Traktor angekettet, die das Netz nun langsam Richtung Teichende ziehen, während einige der Fischer seine Kante an der Oberfläche halten. Dann aber geht es nur mit Muskelkraft weiter, und mit aller Kraft ziehen die Männer das Netz zu einem Kreis zusammen. Dort, wo das Wasser am tiefsten ist, sitzt einer der Fischer in einem Kahn und hält das Netz hoch. Mehr zum Rand hin stehen die Männer in ihrer Gummikleidung bis zu den Oberschenkeln im Wasser und ziehen und drücken das Netz immer weiter dem Ufer entgegen. Drei von ihnen befinden sich inmitten des Kreises. Immer tiefer müssen sie ins Wasser hinein, das ihnen bald bis über den Bauch reicht. Jetzt kann man die zappelnden Fische an der Oberfläche erkennen. Die Männer rammen nun Stangen in den Teichboden und spannen das Netz über die zu Gabeln geformten oberen Enden. Nun rücken sie eine Wanne ins Wasser, um die gefangenen Fische zu sortieren: Hechte und Karpfen kommen in getrennte Tragnetze, die *filochons*, kleinere Fische zurück ins Wasser. Jedes Tragnetz wird dann gewogen. Den Anfang machen die Hechte und bringen 12–21 kg an die Waage. Sie werden von den Spiegelkarpfen übertrumpft, von denen jeder einzelne drei Pfund oder sogar mehr wiegt. Schnell füllen sich die Tanks der Lkws mit Fischen von herausragender Qualität, die sofort ihren Weg zum Verbraucher antreten, ob in Lyon, Paris, Genf oder Frankfurt. Ein Teil jedoch wird in den Dombes selbst verarbeitet. Man bietet die von Gräten und Haut befreiten Filets frisch oder geräuchert an.

Bei Morgengrauen ziehen zwei Traktoren im schon fast trockengelegten Teich das breite Netz auf das untere Ufer zu.

Die Männer packen mit aller Kraft zu, um das Netz näher ans Ufer zu ziehen und stehen inzwischen bis zum Bauch im Wasser.

Der Kreis ist klein geworden, doch nun befinden sich im Netz mehr Fische als Wasser, und der Fang ist beträchtlich.

Die gefangenen Spiegelkarpfen haben eine stattliche Größe, wiegen immer über drei Pfund und sind in Bestform.

Links: Ein solches Prachtexemplar von Hecht löst selbst bei einem erfahrenen Fischer ein zufriedenes Lachen aus.

Die Tragenetze werden an eine einfache Waage angehängt. Das ermittelte Gewicht wird vom Teicheigner und vom Vertreter der Fischer-Genossenschaft genau aufgezeichnet.

Volaille de Bresse

Frankreichs edelstes Geflügel (*volaille*) tritt in den Nationalfarben auf: Die Hühner der Bresse kommen auf blauen Füßen daher, haben ein strahlend weißes Gefieder und tragen einen feuerroten Kamm. Und sie lassen es sich gut gehen. Sie stolzieren über saftige grüne Wiesen und picken nach Herzenslust. Im Alter von einem Tag ziehen die Küken auf einen der 600 Höfe ein, die sich um ihre Aufzucht kümmern. Nach spätestens 35 Tagen öffnen sich ihnen die Stalltüren, und es geht hinaus ins grüne Gras. Laut Gesetz hat jedes der Tiere Anspruch auf 10 m² davon. Jedes Gehege muß überdies mindestens 5000 m² groß sein, worin sich natürlich nicht mehr als 500 Artgenossen tummeln dürfen.

Wer die Bresse, die von den ersten Hängen des Jura im Osten bis zur Saône im Westen reicht, zur warmen Jahreszeit durchstreift, fühlt sich an eine Bilderbuchidylle erinnert. Da stehen noch alte Bäume auf Wiesen, wuchern Hecken und Gebüsche, blühen herrliche Stauden, ranken Blumen an Brunnen und an malerischen alten, oft etwas gebrechlichen Fachwerkhäusern. Und die Bresse-Hühner scheinen ein Teil dieser ländlichen Idylle zu sein. Immerhin beschloß das französische Parlament 1957, sie als einziges Federvieh mit einer Appellation d'Origine Contrôlée zu adeln, die sonst Weinen, Käsen und wenigen anderen Köstlichkeiten vorbehalten ist. Erst seit kurzem müssen sie diese Ehre mit dem seltenen Houdan-Huhn aus der Île-de-France teilen. Die Verordnung regelt ihr Wohl vom ersten bis zum letzten Tag, damit die Haltung althergebrachten Gepflogenheiten entspricht.

Bresse-Hühner stellen eine eigene Rasse dar, die man mit wissenschaftlicher Akribie bewahrt. Die Aufzucht liegt oft in Frauenhänden, denn die Höfe betreiben in erster Linie Milchwirtschaft. Milch wiederum kommt dem Geflügel zugute, da sein Futter zum größten Teil aus in Milch eingeweichtem Mais besteht. Zwar bevölkern auch Tauben, Enten und Truthähne die Bresse, aber höchste Auszeichnung wird nur dem Huhn gewährt. Als *poulet* darf es neun Wochen Freiheit genießen. Der *poularde* stehen elf, dem kastrierten *chapon*, Kapaun, sogar 23 Wochen zu.

Unten: Jedes Bresse-Huhn genießt den Vorzug, 10 m² Wiese beanspruchen zu können.

An den französischen Nationalfarben Rot, Weiß und Blau erkennt man diesen stolzen Bresse-Hahn.

Das edle Geflügel wird nicht ohne weitere Vorbereitung auf die exquisitesten Tafeln der Welt entlassen. Es erhält eine Schlußmast in kleinen Käfigen. Dort labt es sich weiterhin nur an bester Nahrung, ohne jedoch viel laufen oder scharren zu können. So setzt es noch eine zusätzliche Fettschicht an, die man insbesondere von Kapaunen und Poularden erwartet, die zum Jahresende die großen Festmenüs krönen. Der Kapaun erfährt eine königliche Behandlung, bei der Fingerspitzengefühl angesagt ist. Nach behutsamem Rupfen und einem Bad in Milch näht man ihn in Leinen. Was einst konservierte, dient heute der Schönheit. Wenn nach zwei Tagen das Gewand fällt, ist der nun ebenmäßig geformte Körper bereit für den großen Auftritt.

Kurz vor Weihnachten ruft die Bresse zu den ›Ruhmreichen‹. In Bourg-en-Bresse, Montrevel, Veaux-le-Pont und Louhans reihen sich Hunderte von feinen Vögeln auf Ausstellungstischen. Zuerst geht es allein um die Ehre. Seit 1862 beäugen strenge Richter die wächsernen Körper und küren die besten mit leidenschaftlich begehrten Auszeichnungen. Dann schlägt die Stunde der Köche und Händler. Für Züchter geht es nun um den baren Lohn für ihre Mühe: 80 Euro und mehr werden für Spitzenexemplare geboten.

Wer einen Bresse-Vogel nach Hause trägt, sollte ihm die angemessene Achtung erweisen. Sein Ruhm gründet auf dem zarten, schmackhaften Fleisch. Das ausgezeichnete Aroma stammt vom Fett, das es durchzieht. Am besten kommt es zur Geltung, wenn man den Vogel einfach im Ofen brät, wobei man ihn häufig mit seinem eigenen Saft begießt, damit er unter keinen Umständen austrocknet. Berühmt ist die *Volaille à la crème*. Dabei wird das in Stücke zerteilte Huhn in Butter angebraten und in Sahne gegart.

Die Bresse ist nicht nur für Geflügel, sondern auch für ihre schönen alten Bauernhäuser bekannt.

Das Geflügel wird mit Milch und Mais gefüttert und ist daher kerngesund.

Sorgfältigste Pflege wird dem Geflügel zuteil auf seinem Weg zum Verbraucher: Wie Konfekt werden die kostbaren Hühner dargeboten.

Feines Federvieh & Co

Der gallische Hahn verpflichtet. Frankreich ist der bedeutendste Hähnchenexporteur der Welt. Mehr als eine halbe Million Tonnen Hähnchenfleisch geht frisch oder gefroren an ausländische Abnehmer, und noch einmal die gleiche Menge wird im Inland verzehrt. Während Schwein und Rind in der Gunst abnehmen, zeigt der Genuß von Geflügel steigende Tendenz. Auf Platz zwei verbucht die Pute im Massenkonsum und -export erheblichen Zuwachs, wobei es sich hauptsächlich um tiefgefrorene Teilstücke handelt. Neben dieser rein industriellen Produktion, in der die Lebensbedingungen der Tiere wenig artgerecht sind, gibt es seit 1965 ein Qualitätssiegel, das Label Rouge. Es garantiert nicht nur dem Vogel ein angenehmeres Dasein, sondern auch dem Verbraucher ein Fleisch von entschieden höherer Qualität. Alle Geflügelarten, die nach den strikten und detaillierten Bestimmungen aufgezogen werden, haben Anspruch auf dieses Gütezeichen, also auch Puten oder Perlhühner. Auch in dieser hochwertigen Handelsklasse sind die Hähnchen führend. Um ein Label Rouge zu erhalten, müssen sie auf Bauernhöfen großgezogen werden, was ihnen die Bezeichnung *poulet fermier* einträgt, und fünf Kriterien erfüllen:

1. Abstammung: Ein ausgewählter, wissenschaftlich auf Fleischqualität und langsames Wachstum geprüfter Zuchtstamm, der oft regionalen Rassen Rechnung trägt.
2. Aufzucht: Der Stall darf die Größe von 400 m² nicht überschreiten. Er muß von Tageslicht erhellt sein und Zugang zu einem natürlichen Auslauf bieten. Die Bezeichnung *élevé en plein air* garantiert dem Hähnchen einen Freiraum von mindestens 2 m², während *élevé en liberté* ihm unbegrenzten Auslauf gewährt.
3. Futter: Es muß zu mindestens 75% aus Getreide bestehen und darf weder Zusätze von tierischen Fetten noch von Mehlen enthalten.
4. Alter: Ihnen wird ein Minimum von 81 Tagen zugesichert, während die maximale Lebensdauer für Hähnchen auf 110 Tage begrenzt wurde.
5. Endprodukt: Sie fallen unter die Qualitätskategorie *classe A* und müssen kochfertig 1,2–1,7 kg wiegen. Die Verpackung trägt den Hinweis, daß sie innerhalb von neun Tagen nach dem angegebenen Schlachtdatum verzehrt werden sollten.

Fast 100 Regionen ist für ihre Hähnchen ein Label Rouge zuerkannt worden. Ihre Etiketten geben Auskunft über Herkunftsgebiet, Aufzucht, Futter und Lebensdauer und machen Angaben, mit denen jedes Tier bis zum Erzeuger zurückverfolgt werden kann. Dem Label Rouge verdankt Frankreich sein hohes Qualitätsniveau in der Geflügelaufzucht.

Canard – Ente
Dieses Prachtexemplar aus der Gegend von Rouen ist eine Kreuzung zwischen Wild- und Hausente von der Ferme du Canardier, die auch dem berühmten ›Tour d'Argent‹ in Paris seine numerierten Luxusvögel liefert. Zubereitete Ententeile wie *magret* und *confit* sind hochgeschätzt, von der Stopfleber ganz zu schweigen.

Poularde de Houdan
Einst das berühmteste Masthuhn in Paris, vor dessen Toren es gezüchtet wird, erlebt das von einer üppigen Halskrause geschmückte Huhn mit dem dunklen, intensiv schmeckenden Fleisch seit kurzem eine Renaissance.

Dinde – Pute
Truthahn bzw. Puter, der gastronomische Supervogel aus Amerika, eroberte seinen Platz als günstiges, mageres, problemloses Portionsfleisch. Als Festtagsbraten ist er seit kurzem auf dem Vormarsch.

Coq – Hahn
Hähnchen erscheint auf vielen Speisekarten, natürlich vor allem als *Coq au vin*. Selten handelt es sich dabei um echten Hahn, sondern genausogut um ein Huhn. Der gerade geschlechtsreife Jüngling des Hühnerhofs bringt mehr Biß, Geschmack und mit 2–3 kg mehr Fleisch auf den Teller.

Poularde – Masthuhn
Ein junges Masthuhn, nur wenige Wochen älter als ein *poulet*, Hähnchen, aber bevorzugt behandelt, bringt an die 2,5 kg auf die Waage. Sein sehr zartes und delikates Fleisch rechtfertigt die Verarbeitung als Festtagsbraten.

Poulet Bio – Biohuhn
Die artgerecht gehaltenen Hähnchen und Hühnchen verfügen über mehr Auslauf und werden ausschließlich mit biologisch angebautem Getreide und Zufutter ernährt, was sich unverkennbar in ihrem aromatischen Fleisch niederschlägt.

Poulet – Hähnchen
Hähnchen liefern das billigste und das meiste Fleisch beim Geflügel, aber als Freilandgeflügel mit dem Label Rouge wird dem Verbraucher dank strikter Bestimmungen und Kontrollen hohe Qualität garantiert.
Beste Qualität: Bresse, Houdan, Challans.
Gute Qualität: Gers, Janzé, Landes, Loué u. a.

Pintade – Perlhuhn
Schon seit Jahrhunderten wird das ursprünglich aus Afrika stammende Perlhuhn in Frankreich gehalten und wegen seines Wildcharakters gern genossen. Meist mit Speck gespickt oder umwickelt zubereitet, da das Fleisch etwas trocken ist.

Caille – Wachtel
Wachteln mit ihrem weißen, sehr schmackhaften Fleisch erfreuen sich großer Beliebtheit und werden, seit man sie züchtet, relativ günstig und küchenfertig angeboten. Traditionell werden sie zum Braten in ein Weinblatt gewickelt. Oft gefüllt beim Traiteur.

Pigeon – Taube
Tauben bzw. Täubchen sind die gastronomischen Aufsteiger Frankreichs. Gezüchtet in den Landes und dem Gers, der Bresse und der Bretagne. Da sie so delikat zuzubereiten sind, wie sie schmecken, ißt man sie fast ausschließlich in Restaurants.

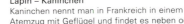

Lapin – Kaninchen
Kaninchen nennt man in Frankreich in einem Atemzug mit Geflügel und findet es neben oder zwischen diesem in den Theken angeboten. Seltener wird es ganz und gefüllt zubereitet, meistens kommt es als Ragout mit Speck und Weißwein geschmort oder in Senfsauce auf den Tisch.

Suprême de poulet de Bresse farci à la julienne de légumes sauce au Gamay du Bugey
Brust vom Bresse-Huhn, mit Gemüse-Julienne gefüllt und in Rotwein-Sauce

Für 2 Personen

½ Stange Porree
1 Möhre
1 Stange Staudensellerie
60 g Butter
Salz und Pfeffer aus der Mühle
2 Hühnerflügel mit Bruststück
300 ml Gamay-Wein (vorzugsweise aus Bugey)

Porree, Möhre und Staudensellerie putzen, in schmale Streifen schneiden und in 20 g Butter in einem Schmortopf in 5 Minuten glasig dünsten. Salzen und pfeffern.
Die Hühnerbrüste mit einem scharfen Messer der Länge nach einschneiden und die entstandene Tasche mit 1 EL Gemüse füllen. Dann die Flügelstücke in einem Schmortopf in 20 g Butter rundum kräftig anbraten. Mit dem Wein ablöschen und 10 Minuten auf niedriger Temperatur garen. Das Fleisch herausnehmen und warm stellen. Die Sauce reduzieren, die restliche Butter zufügen und aufschlagen.
Jeweils einen Hühnerflügel auf einem Teller anrichten und mit der Rotweinsauce übergießen. Als Beilage passen frische Tagliatelle.

Fricassée de poulet de Bresse à la crème
Fricassée vom Bresse-Huhn in Rahmsauce

1 Bresse-Masthähnchen, küchenfertig (etwa 1,8 kg)
60 g Butter
Salz und Pfeffer aus der Mühle
250 ml Chardonnay-Weißwein
100 g kleine Zwiebeln
250 g Champignons
10 g Zucker
500 ml Crème fraîche

Das Hähnchen in acht Teile zerlegen und in 30 g Butter rundum hell anbraten. Salzen, pfeffern, den Wein angießen und einen halben Liter Wasser zufügen, dann 20 Minuten zugedeckt schmoren.
In der Zwischenzeit die kleinen Zwiebeln schälen, die Champignons putzen, die Stiele abschneiden und anderweitig verwenden. Zwiebeln und Pilze in einem Schmortopf in der restlichen Butter bei schwacher Hitze schwenken, 5 Minuten vor dem Servieren mit dem Zucker bestreuen, glasieren und mit Salz abschmecken.
Die Hähnchenteile aus dem Topf nehmen und beiseite stellen. Die Bratensauce um die Hälfte reduzieren, Crème fraîche angießen und erneut reduzieren, dann die Sauce über das Fleisch geben. Mit den glasierten Zwiebeln und Champignons garnieren. Als Beilage werden Spinat und Basmati-Reis gereicht.

Suprême de poulet de Bresse farci à la julienne de légumes sauce au Gamay du Bugey – Brust vom Bresse-Huhn, mit Gemüse-Julienne gefüllt und in Rotwein-Sauce

Ein edles Huhn perfekt zerlegen

Das im Ofen gebratene Bresse-Huhn kommt mit einem *gratin dauphinois* und Brokkoliröschen auf den Tisch. Um das erste Stück des Huhns vom Rumpf schneiden zu können, wird es vorsichtig auf die Seite gelegt (1).– Das Messer trennt die Keule im ganzen ab und wendet sie vom Rumpf ab (2).– Die Keule wird auf dem Teller angerichtet, mit etwas Sauce übergossen und mit Brokkoli und Gratin serviert (3). Jetzt wendet man das Huhn erneut mit Gabel und Löffel, so daß die zweite Keule nach oben zeigt (4).

Die Keule wird sorgfältig abgetrennt und dann ebenso mit Sauce, Brokkoli und Gratin gereicht (5).– Jetzt dreht man den Rumpf so, daß er auf dem Rücken zu liegen kommt, und sticht mit der Gabel in ein Bruststück (6).– Das Messer fährt genau an einer Seite des Brustbeins entlang und löst damit vorsichtig das Filet ab (7).– Dann drückt man das Bruststück mit dem Flügel so herunter, daß man den unteren Ansatz abtrennen kann (8).

Das Flügelstück wird mit dem Brustfilet auf dem Teller plaziert und die Beilagen hinzugefügt (9).– Während die Gabel das zweite Bruststück hält, folgt das Messer wiederum dem Brustbein (10).– Dann setzt man die Gabel innen an, um die Karkasse vom Flügelansatz vollständig zu lösen (11).– Das vorbildlich portionierte Flügelstück wird mit etwas Bratensaft übergossen und dann mit Gratin und Brokkoli serviert (12).

Fricassée de poulet de Bresse à la crème – Fricassée vom Bresse-Huhn in Rahmsauce

Gratin dauphinois
Kartoffelgratin

Für 4 Personen

1 kg Kartoffeln, am besten Bintje
1 Knoblauchzehe
3 Eier
250 ml Crème fraîche
250 ml Milch
Salz und Pfeffer aus der Mühle
1 Prise Muskat

Die Kartoffeln schälen, waschen und mit dem Gurkenhobel in dünne Scheiben hobeln. Den Knoblauch schälen, halbieren und eine feuerfeste Form damit ausreiben.
Die Kartoffelscheiben dachziegelartig darin schichten. Die Eier schlagen, mit Crème fraîche und Milch verrühren und mit Salz, Pfeffer und Muskat würzen; über die Kartoffelscheiben gießen und 1 1/4 Stunde im vorgeheizten Ofen backen.
Das *gratin dauphinois* ist eine sehr beliebte Beilage, insbesondere zu Geflügel und Lamm.

Bintje, die für das *gratin dauphinois* empfohlene Kartoffelsorte, gehört zu den ältesten holländischen Züchtungen. Sie ist hellgelb, oval geformt, von neutralem Geschmack und normalerweise frei von tiefen Augen. Das Besondere an ihr ist ihr Kochtyp: Sie ist mehlig-festkochend und damit für Gratins hervorragend geeignet.

Saint-Marcellin

Links: Ein Lyoner Käseteller, auf dem sich vorn ein kleiner Ziegenkäse aus dem Mâconnais, darüber links ein Schafskäse aus den Dombes und ein weicher, aus Kuhmilch erzeugter Saint-Marcellin vereinen.
Rechts: In den Restaurants der Rhône gibt man dem Gast immer die Wahl zwischen dem Käse-Plateau und dem *fromage blanc à la crème*, dem frischen, mit viel Sahne servierten Quark von ausgezeichneter Qualität.

Seit dem 15. Jahrhundert ist dieser kleine Käse bekannt, der nur 80 g wiegt, 7 cm im Durchmesser mißt und 2 cm hoch ist. Das Städtchen, das ihm seinen Namen lieh, liegt im Dauphiné, einer Region im Isère, in der einst der Dauphin, der Thronfolger, residierte, während er mehr oder weniger geduldig darauf wartete, daß sein Platz am Hofe frei würde. Seit 1445 lebte der zukünftige Ludwig XI. in der Provinz und vertrieb sich oft die Zeit mit Jagen.

Eines Tages verirrte er sich dabei im dichten Unterholz. Plötzlich richtete sich ein gewaltiger Bär vor ihm auf, und der Prinz glaubte, seine letzte Stunde hätte geschlagen. In seiner Not rief er die Jungfrau Maria um Hilfe an und schwor, falls er überleben sollte, im nächsten Dorf einen Orden zu stiften. Seine Hilfeschreie riefen zwei Holzfäller herbei, die mutig den Bären vertrieben und den zu Tode erschrockenen Prinzen anschließend mit in ihre Hütte nahmen, wo sie ihm Käse aus dem nahen Saint-Marcellin und ein deftiges Landbrot zur Stärkung vorsetzten. Zurückgekehrt in den Schutz seines Schlosses, erklärte Ludwig, daß der ausgezeichnete Käse aus Saint-Marcellin, den er nicht vergessen konnte, fortan im Louvre serviert werden sollte. In der Buchführung des Hofes taucht er 1461 zum ersten Mal auf. Ludwigs heldenhafte Lebensretter Richau und Bouillane wurden in den Ritterstand erhoben, aber von der versprochenen Belohnung sahen sie keinen Sou.

Ursprünglich wurde der Saint-Marcellin, den man früher schlicht *tomme* nannte, auf den Bauernhöfen der Isère ausschließlich aus Ziegenmilch hergestellt und auf den Höfen selbst verzehrt. Um 1870 beschloß eine Gruppe von Bauern, die Käse zu sammeln und sie mit dem Esel zu den Märkten von Grenoble, Avignon, Saint-Étienne und Lyon zu bringen, wo bis heute die meisten Saint-Marcellins verkauft werden. Damals wurden die Käse in Weinblätter gewickelt und in drei Lagen in Weidenkörbe verstaut. Mit der Eisenbahn gelangte der Käse dann bald auch in den Norden Frankreichs. Die Nachfrage führte dazu, daß man den Käse ab 1876 aus einer Mischung von Kuh- und Ziegenmilch erzeugte, und die Bauern wurden von den Käse-Einsammlern mit *faisselles* versorgt, kleinen durchlöcherten Tontöpfen, in denen die Molke optimal abtropfte. Ein Jahrhundert später ging man dann dazu über, den Saint-Marcellin ausschließlich aus Kuhmilch zu produzieren.

Heute sind in den Departements Isère, Drôme und Rhône 580 Milchhöfe bewirtschaftet, die im Jahr 120 Millionen Liter Milch erzeugen. Davon geht die Hälfte an die Käseindustrie. Zehn kleine industrielle Molkereien und 15 Hofkäsereien machen Saint-Marcellin, wofür sie 25 Millionen Liter Milch verwenden. Sie fügen der nicht oder

Anfangs zeigt der cremefarbene Saint-Marcellin einen leichten bläulichen Schimmer, mit zunehmender Reife nimmt er einen rötlichen Ton an und wird immer weicher in der Konsistenz, bis er schließlich mit dem Löffel serviert werden muß.

220 LYON & RHÔNE-ALPES

La Mère Richard – inzwischen ist es die Tochter – trug und trägt mit ihrem Stand in der Lyoner Markthalle des Part-Dieu entscheidend zum Ruhm des Saint-Marcellin bei, den sie in den Kellern unter der Abtei von Collonges zur Perfektion reifen läßt.

teilweise entrahmten, angesäuerten Milch etwas Lab zu, das mithilft, sie zum Dicklegen zu bringen. Am nächsten Tag wird die Gallerte in perforierte Formen geschöpft und die abtropfende Molke aufgefangen. Drei Stunden später kann man den frischen Käse salzen und wenden. Nach zwei Tagen nimmt man die Käse aus der Form und salzt sie von der anderen Seite. Nun legt man die Käse auf Strohmatten und deponiert sie bis zu zehn Tage in Trockenkammern bei 15 bis 20 °C, wobei sie täglich gewendet werden. Zum Reifen gelangen Saint-Marcellins dann in kühle und feuchte Keller, wo sie wenigstens weitere zehn Tage zubringen. In dieser Zeit nimmt ihre weiche helle Rinde einen bläulichen Schimmer an. Damit sie sich rötlich färbt und der Teig jene fließende Konsistenz annimmt, die man in Lyon so liebt (daß man den Käse in Plastikschälchen verkauft und mit dem Löffel ißt), braucht es fünf bis sechs Wochen Affinage. Übrigens passen als Wein eine fruchtige Mondeuse aus Savoyen oder der kraftvolle weiße Condrieu am besten dazu.

Cervelle de canut, Spezialität Lyoner Bouchons, besteht aus Quark, Schalotten, Knoblauch, frischen Kräutern, einem Hauch Essig und ein paar Tropfen Olivenöl, die zusammen gut aufgeschlagen werden.

221

Ein Menü an der Drôme

Das Departement Drôme ist ein seltsames Gebilde, das im Süden eigentlich zur Provence gehört, im Norden und Osten aber ans einstige Dauphiné stößt und bereits die Vorberge der Alpen einschließt. So besitzt es heiße, rein mediterrane Zonen und schwer zugängliche, im Winter bitterkalte Bergregionen. Die Rhône bildet seine westliche Grenze und schenkt ihm nicht nur fruchtbare Obst- und Gemüsegärten, sondern mit dem Hermitage einen der charaktervollsten Weine Frankreichs überhaupt. In kulinarischer Sicht fällt es schwer, die den Köpfen von Bürokraten und Politikern entsprungenen Grenzen der Drôme zu respektieren. Deshalb finden sich ihre Oliven, die in Nyons gedeihen, und die vollen, sonnenverwöhnten Tropfen, die in ihrem südlichen Teil, den südlichen Lagen der Côtes-du-Rhône reifen, im Provence-Kapitel.

Das hier zusammengestellte Menü spiegelt diese verblüffende Vielseitigkeit und den Kontrast wider, der aus der Drôme eine der gastronomisch reichsten Provinzen macht. Beim Entrée repräsentiert der Kaninchenrücken, der sein Aroma dem Olivenöl und der berühmten Olivenpaste *tapenade* verdankt, ganz ihren heißen und trockenen Süden. Das Hauptgericht aber ist ebenso entschieden ihrem Norden verpflichtet. Dafür sprechen jedenfalls Butter und Crème fraîche, aber nicht weniger die berühmten Ravioli, die seit 1989 als Appellation d'Origine Contrôlée anerkannt sind und den Namen Ravioles du Dauphiné tragen. Ihre Hochburgen sind Romans, die Hauptstadt der Schuhe, und die Dörfer des Royans, vor allem Saint-Jean-en-Royans. Tatsächlich gehören einige Gemeinden diesseits und jenseits der Grenze zwischen Drôme und Isère, das heißt zu beiden Seiten des Flusses Isère, zu ihrer Heimat und außerdem ein Teil des Vercors. Dies trägt ihrer Geschichte Rechnung, denn die Kunst der Raviolifertigung wurde von Männern aus dem Piemont eingeführt. Vor fast 500 Jahren verdingten sich Piemonteser Holzfäller im Vercors und beförderten die Stämme die Isère hinab. Unterkunft fanden sie auf Höfen, wo sie ihre geliebte Pasta fabrizierten. Da sie sich nur selten Fleisch leisten konnten, bereiteten sie anfangs aus dem verfügbaren Ziegenkäse und den Kräutern der Umgebung eine Füllung zu. An den winzigen Ravioli, von denen immer 48 eine Platte bilden, fanden die Einheimischen bald Geschmack und machten sie zum Bestandteil jedes Festessens. Es dauerte bis 1873, bis eine Romanser Köchin auf den Gedanken kam, Ravioli zu verkaufen. Als Mère Maury machte sie damit Küchen- und Familiengeschichte. Heute werden die Ravioli aus Weizenmehl hergestellt, und ihre Füllung besteht aus geriebenem Emmentaler oder Comté, Quark, Eiern, Butter, Petersilie und Salz. Eine Platte wiegt nicht mehr als ungefähr 60 g und gelingt besonders lecker, wenn man sie in Hühnerbrühe gart. Ob das Perlhuhn wirklich im Gefolge Hannibals in die Drôme gelangte, wie manche Züchter betonen, sei dahingestellt. Aber dieser Fasanenvogel, der wild in den afrikanischen Savannen vorkommt, den Ägyptern heilig war und bei den Römern als eine begehrte Delikatesse galt, fand an der südlichen Rhône ideale Lebensbedingungen vor. Die besten Geflügelhöfe folgen den Bestimmungen des Label Rouge und ziehen die schöngefiederten Schreihälse in Freilandhaltung und mit Körnerfutter auf. Werden Perlhühner aus der Massenhaltung – Frankreich ist weltweit führender Perlhuhnlieferant – bereits mit acht Wochen geschlachtet und heißen dann *pintadeau*, erhalten hochwertige Tiere eine Lebensspanne von 14 Wochen. Ihr feines Fleisch erinnert geschmacklich an Wildgeflügel. Das Dessert des Menüs verbindet schließlich Süden und Norden des reizvollen Departements, weil die mediterranen Feigen, die in Begleitung bernsteinfarbenen Karamels erscheinen, dem Nüsse geschmackvolle Akzente verleihen, hier auf die Muskattrauben aus Die treffen, das zu Recht berühmt ist für einen unverwechselbaren Schaumwein, den man dort daraus zu keltern versteht.

Râble de lapereau en gelée d'olive et quenelle de tapenade
Kaninchenrücken in Olivengelee und Klößchen aus *tapenade*

125 ml Olivenöl aus Nyons
2 Kaninchenrücken, ausgelöst
100 g *tapenade*
Salz und Pfeffer aus der Mühle
4 Quadrate Alufolie (20 x 20 cm)
1 l Geflügelbrühe
4 Zweige Rosmarin

Das Olivenöl in den Kühlschrank stellen. Die Kaninchenrücken längs halbieren, die Teile auf eine Arbeitsfläche legen und die Innenseiten mit etwas *tapenade* bestreichen, mit Salz und Pfeffer würzen und dann jeweils zwei Streifen zusammenlegen und in Alufolie einpacken. 20 Minuten in der köchelnden Geflügelbrühe pochieren lassen.
In der Zwischenzeit aus der restlichen *tapenade* mit 2 EL 4 kleine Klößchen formen und beiseite stellen.
Das Fleisch aus der Brühe nehmen, gut abkühlen lassen und auspacken. In feine Scheiben schneiden, mit dem kühlen Olivenöl bepinseln und auf 4 Tellern anrichten. Mit den *tapenade*-Klößchen, Rosmarinzweigen und eventuell mit gemischtem Salat garnieren.
Als Beilage paßt ein Tian aus Auberginen, Zucchini, Tomaten und *tapenade*.

Suprême de pintade et ravioles aux poireaux
Perlhuhnbrüstchen mit Ravioli und Porree

500 g frische Ravioli aus Romans
1 Stange Porree
4 Perlhuhnbrustfilets
50 g Butter
Salz und Pfeffer aus der Mühle
250 ml Crème fraîche
1 l Hühnerbrühe

Ravioli in den Kühlschrank geben, dann lösen sich nach dem Kochen die Platten besser voneinander. Die Porreestange putzen, nur das Weiße davon verwenden, in feine Streifen schneiden und blanchieren, eiskalt abschrecken und gut abtropfen lassen. Die Perlhuhnbrustfilets in 20 g Butter goldbraun braten, salzen und pfeffern, dann aus der Pfanne nehmen und warm stellen. Den Bratensatz mit etwas Geflügelbrühe ablöschen, unter Rühren zunächst die Crème fraîche, dann 20 g Butter zugeben und gut verrühren.
Die Ravioli in schwach köchelnde Brühe geben und nach 1–2 Minuten mit einem Schaumlöffel herausheben und abtropfen lassen. Dann zu der Sauce geben.
Das Porreegemüse in der restlichen Butter kurz andünsten und auf 4 vorgewärmten Tellern anrichten. Die Perlhuhnbrüstchen in feine Scheiben schneiden, auf das Porreegemüse legen, die Ravioli hinzugeben und mit der Sauce übergießen.

Figues rôties aux mendiants et au caramel épicé
Feigen in gewürzter Karamelsauce

Für 2 Personen

3 Feigen
100 g Zucker
1 Messerspitze Safranpulver
½ TL Zimt
½ TL 4-Gewürze-Mischung
100 g gemischte Rosinen, Haselnüsse, Mandeln, Walnüsse
10 weiße Muskatellerbeeren

Die Feigen waschen und vierteln, in einer Pfanne anrösten, dann herausnehmen und warm halten. Den Zucker mit wenig Wasser in die Pfanne geben und ihn karamelisieren, dann die Gewürze zufügen und verrühren und anschließend die Nuß-Rosinen-Mischung zufügen und unterheben. Jeweils sechs Feigenviertel in der Mitte der 2 Teller anrichten. Mit der gewürzten Karamelsauce übergießen. Die Weinbeeren in die Pfanne geben und nur kurz erwärmen, dann jeweils fünf Weinbeeren dekorativ im Kreis um die Feigen verteilen und sofort servieren.

Früchte aus dem Rhône-Tal

Das Rhône-Tal ist ein reichhaltiger Obstgarten, der sich von Lyon im Norden nach Süden bis zum Mittelmeer erstreckt. Steht statistisch in der Obsterzeugung auch die Provence vor Rhône-Alpes und allen anderen französischen Regionen, so sind es in Wirklichkeit die Gebiete, die sich zu beiden Seiten des mächtigen Stroms reihen, in denen sich der Obstbau auf intensivste Weise konzentriert. Dort bilden Wärme und lange Sonnenstunden sowie reiche Schwemmböden und ausreichende Bewässerungsmöglichkeiten günstigste Voraussetzungen. So sind die Rhône-Anrainer Vaucluse und Bouche-du-Rhône die größten Lieferanten für Äpfel und Birnen, was aber Aprikosen und Pfirsiche angeht, führt die Drôme vor allen anderen Departements. In höheren und kühleren Lagen, insbesondere in den Vorbergen der Alpen, gedeihen Spezialitäten wie die Walnüsse bei Grenoble im Isère, die Eßkastanien in der Ardèche, besonders gute Äpfel, Birnen und Kirschen in Savoyen oder die besten Himbeeren auf den Alpenhängen der Haute-Savoie. Aber damit ist die Obstschale noch lange nicht gefüllt, wie auf der nächsten Doppelseite deutlich wird. Aus der ›Hitliste‹ der im Land angebauten Obstarten geht hervor, daß man in französischen Haushalten am liebsten Äpfel ißt, denen mit geringem Abstand Pfirsiche folgen. Zu den Pfirsichen zählt man auch die Nektarinen, die mengenmäßig gelbe und erst recht weiße Pfirsiche überrundet haben. Platz drei teilen sich Birnen und Eßtrauben, während sich Erdbeeren und Melonen den folgenden Rang streitig machen. Schließlich finden noch Aprikose, Kiwi und auch Kirschen viele und häufige Liebhaber, während alle anderen Arten nur in geringerem Maß gekauft werden. Beispielsweise verzehrt jeder Franzose pro Jahr mehr als sieben Pfund Pfirsiche, und sein jährlicher Pro-Kopf-Verbrauch an Kiwis beträgt immerhin noch fast drei Pfund. Lust auf Obst ist nebenbei eine Altersfrage: Die Studie ergab, daß sie bei Verbrauchern ab 35 größer ist.

Rechts: Reife Früchte, die besonders empfindlich gegen Druckstellen sind, werden direkt in ihre Versandkästen gepflückt.

Die in Kästen eingebrachten Aprikosen werden von Hand verlesen, um sicherzustellen, daß nur unbeschädigte Früchte zum Frischverzehr versendet werden.

LYON & RHÔNE-ALPES

Diese im nördlichen Rhône-Tal kultivierten Pfirsiche sind aus biologischem Anbau und bieten höchste und gesündeste Qualität.

Aus dem Obstgarten des Rhône-Tals

Steinobst

Apricot – Aprikose
Angebaut wird meist die Sorte Bergeron. Sie ist empfindlich im Transport, wird daher oft zu früh gepflückt und enttäuscht. Ausgereift sind die Früchte saftig mit angenehmer Süße und Säure. Frisch, auch in Salaten, für Eis und Kuchen, Coulis und gern für Konfitüre verwandt.

Cérise – Kirsche
Sie kommen vor allem aus den Departements Vaucluse, Ardèche, Drôme und Rhône. Saison ist von Mai bis Anfang Juli. Gern wird die Sorte Bigarreau (Burlat), mit frühen, großen, dunklen, süß-saftigen Kirschen gezüchtet. Saint-Hilaire-du-Rosier im Isère verarbeitet Ratafia-Kirschen zu Obstwasser und Likör.

Pêche – Pfirsich
Saison von Mai bis Ende September, frühe Sorten sind weiß, saftig und empfindlich mit fest-verankerten Steinen. Gelbfleischige Pfirsiche stellen das Gros. Sie werden roh gegessen, in Sirup oder Wein gekocht für Desserts oder gebacken zu Geflügel. Gut einzukochen.

Nectarine und Brugnon – Nektarine und Brugnole
Sie entstanden vermutlich aus Zufallskreuzungen von Pfirsichen und Pflaumen, die dann gezielt verbessert wurden. Ihr oft intensives Pfirsich-aroma und festes, saftiges Fruchtfleisch kommen gut an, und sie stellen 44% aller pfirsichartigen Bäume in Frankreich. Bei den Brugnolen löst sich der Kern nur sehr schwer.

Prune – Pflaume
Unter den zahlreichen Pflaumensorte nimmt die in Südwestfrankreich kultivierte *prune d'ente* eine Sonderstellung ein, den sie ist ausschließlich zum Trocknen bestimmt. Andere Sorten wie die Zwetschge und die Mirabelle, die vor allem im Elsaß und in Lothringen gedeihen, dienen überwiegend der Destillation. Dagegen wachsen entlang der Rhône und insbesondere in der Drôme Pflaumen, die bestens zum Frischverzehr geeignet sind. Darunter ist die Reine-Claude sicher die verbreitetste.

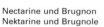

Beerenobst

Fraise – Erdbeere
Frankreich ist weltweit drittgrößter Erdbeerproduzent (nach Spanien und Italien). Hier werden sie vor allem im Südwesten angebaut, gefolgt vom Rhône-Tal, wo man die Sorten Valeta und Elsanta mit ihrer scharlachroten Farbe und der konischen Form vorzieht. Erdbeeren sollten beim Pflücken rundum in vollem Rot erstrahlen, denn sie reifen nicht nach, wenn sie von der Pflanze getrennt sind. Zu kalt sollte man sie weder aufbewahren noch servieren, da sie dann zuviel von ihrem Geschmack einbüßen.

Framboise – Himbeere
Wilde Waldhimbeeren besitzen ein besonders intensives Aroma, aber auch die in Höhenlagen in der Isère, in Savoyen und Haut-Savoie gezüchteten Halbsträucher liefern beste Qualität. Sie werden von Hand direkt in ihre Verpackungen gepflückt. Wenn sie reif sind und sich leicht von den zapfenförmigen Fruchtböden lösen, sollte man sie schnell verzehren und besser nicht waschen, wenn man ihr Aroma nicht verwässern will. Sehr beliebt sind sie auch als Coulis, und sie lassen sich gut einfrieren.

Myrtille – Heidelbeere
In den Wäldern und auf den Almen Savoyens, des Haut-Savoie und der Isère finden die wilden Heidelbeeren auf dem sauren Boden, der ihnen zusagt. Die kleinen bereiften blauen Beeren sind aufwendig zu pflücken und werden von professionellen Sammlern mit Kämmen geerntet. Inzwischen werden auch Zuchtsträucher gepflanzt, die größere, aber weniger aromatische Beeren liefern. Beliebt sind sie als Belag von flachen Obstkuchen, als Sorbet, als Saft, Sirup oder Likör, vor allem aber als Konfitüre oder Gelee.

Cassis – Schwarze Johannisbeere
Das Haut-Savoie mit seinen alten Alpen bietet dem sonst vor allem in Burgund angepflanzten Busch günstige Bedingungen, denn er liefert nur dann reichlich Früchte, wenn es im Winter gut fror. Die schwarzen, würzigen Beeren, die sehr reich an Vitamin C sind, verwendet man nur selten frisch. Gern nutzt man sie in der Konditorei, für Desserts und Sorbets, für Gelees, Saft und Sirup, aber vor allem für die vielgeliebte Crème de Cassis, einen Fruchtlikör, der mit Weißwein zu dem Aperitif Kir gemischt wird.

Groseille – Rote Johannisbeere
Wie ihre schwarzen Verwandten bevorzugen auch die roten Johannisbeeren kühlere Lagen. Wegen ihres hohen Säuregehalts werden sie nur selten roh gegessen. Beliebt sind sie jedoch als Belag auf Torten oder in Kuchen. Sie werden zu Säften und Sirupen, vor allem aber zu Gelees verarbeitet. Letzteres spielt in der Patisserie eine wichtige Rolle, wo es in zahlreichen Keks-, Kuchen- und Tortenrezepten als Unterlage, Zwischenschicht oder Überzug eingesetzt wird.

Raisin de table – Tafeltraube
Das Vaucluse führt eindeutig die Tafeltraubenregionen an, gefolgt von Tarn-et-Garonne, wo man sich auf Chasselas-Trauben spezialisiert hat. Generell sind weiße Traubensorten beliebter als rote. Unter ihnen überflügelt die sehr aromatische Alexandriner Muskat noch den Chasselas, während bei den dunklen Sorten Alphonse Lavallée den ersten Rang einnimmt. Die Importe übersteigen die eigene Produktion an Eßtrauben, aber seit Jahren ist der Verbrauch rückläufig.

Kernobst

Poire – Birne
Sommerbirnen wie Williamsbirne und Jules Guyot sind am beliebtesten. Die Provence führt vor Rhône-Alpes bezüglich ihrer Produktion. Sie wird gern frisch, aber auch als Dessert verarbeitet gegessen, sei es als Kompott, Kuchen, Cremes, Soufflés oder Eis, gegart in Sirup oder Wein und als *Poire Hélène* mit Vanille-Eis und Schokoladensauce. Außerdem exzellente Obstbrände.

Pomme – Apfel Golden Delicious
25 % des französischen Obstbedarfs entfallen auf Äpfel. Sie führen Produktions- und Exportzahlen an und erwirtschaften in guten Jahren große Gewinne. Ungeschlagen an der Spitze der Gunst liegt mit knapp 48 % der Golden Delicious. Äpfel werden zu *beignets*, *chaussons*, *tartes aux pommes* oder *tartes Tatin* verarbeitet, man macht daraus Kompott, Saft, Sirup, Cidre und Calvados oder dörrt sie.

Coing – Quitte
Quitten finden im Rhône-Tal gute Bedingungen, doch werden die hartschaligen Früchte des *cognassiers*, der zu den Rosenholzgewächsen zählt und bis zu 6 m hoch wird, selten gewerbsmäßig angebaut. Dennoch findet man sie im Herbst auf den Wochenmärkten. Sie ergeben köstliches Gelee und werden gern zu Pasten verarbeitet, die eine typische Süßigkeit zur Weihnachtszeit sind.

Exoten

Kiwi
Wie sehr die von Neuseeland aus die Welt erobernde Kiwi oder Chinesische Stachelbeere in Europa inzwischen heimisch geworden ist, beweist auch die französische Produktion, die mit etwa 74000 Tonnen 20% der europäischen Kiwi-Ernte ausmacht. Die mittelbraunen und behaarten Früchte mit dem grünen Fruchtfleisch, das viel Vitamin C enthält, werden geschält oder halbiert und ausgelöffelt, aber auch zu Kuchen und Konfitüren verarbeitet.

Figue – Feige
An der südlichen Rhône und in der Provence ist der aus dem Orient stammende Feigenbaum seit langem heimisch. Im Frühjahr produzieren die Bäume eine erste Generation von Embryos, die nicht ausreift. Die nächste Generation ergibt die Haupternte. Von Gelb über Grün und von Rot bis Violett reicht die Farbskala der weichen Scheinfrüchte. In Südfrankreich, wo sie im Spätsommer und Herbst reifen, erzeugt man Feigen vorwiegend zum frischen Genuß, für saisonale Desserts und für Konfitüre.

Kaki
Ursprünglich im Fernen Osten zu Hause, gedeihen Kakibäume, *plaqueminier* genannt, gut in mediterranem Klima. Ihre glatten, an Tomaten erinnernden Früchte reifen spät und wirken mit ihrem leuchtenden Orange in Gärten besonders dekorativ. Nur vollreif entfalten sie ihr dezentes Aroma und den angenehmen, süßen Geschmack. Übrigens enthalten sie außerordentlich viel Carotin. Sie bereichern das Obstangebot im Winter. Man löffelt sie aus, benutzt sie in Obstsalaten oder für Konfitüren.

Nüsse

Amande douce – Süßmandel
Mandelbäume wurden im 16. Jahrhundert von dem berühmten Agronomen Olivier de Serres an die Rhône gebracht. Die mit dem Pfirsich verwandte Steinfrucht, deren im Reifestadium aufplatzende Außenschale pelzig-rauh ist, liefert die wohl wichtigste Grundzutat für traditionelle Süßigkeiten wie Pralinen, Nougat oder Marzipan und ist auch in der Konditorei von vorrangiger Bedeutung. Sie wird überall im Süden Frankreichs kultiviert, aber die Produktion bleibt weit hinter dem Bedarf zurück.

Noisette – Haselnuß
In ganz Europa verbreitet, gehört die von harter Schale geschützte Frucht des Haselnußstrauches zu den ältesten Nahrungsmitteln überhaupt. Zwar ist der Bedarf deutlich höher als die eigene Produktion, aber französische Haselnüsse, vor allem der Sorten Segorbe und Fertile de Contard sind auch im Export gefragt. Sie werden vor allem im Südwesten, aber auch in Isère und Drôme angepflanzt. Abgesehen von Süßigkeiten, Schokolade, Kuchen und Keksen ist ihr kaltgepreßtes Öl bemerkenswert.

Melon – Melone
Sie gehören als Kürbisgewächse eigentlich zu den Gemüsen, doch mit ihrer Süße und Saftigkeit behaupten sie einen Platz unter den Früchten. Der französische Pro-Kopf-Verbrauch liegt bei mehr als sieben Pfund im Jahr. Sie benötigen fruchtbare Böden, ein mildes Klima und sehr viel Wasser. Tarn-et-Garonne ist hier Hauptgebiet, aber das Vaucluse folgt dicht auf dem Fuß. Dort züchtet man die Charentais, eine aromatische Kantalup-Melone, die nach ihrem Hauptumschlagplatz auch Cavaillon-Melone heißt. Melonen sind die idealen Früchte für heiße Tage, denn ihr Geschmack und Aroma kommen gekühlt besonders vorteilhaft zur Geltung. Man kann sie halbieren, die Kerne entfernen (etwa 20% des Fruchtgewichts sind Abfall) und das weiche Fruchtfleisch aus der Schale löffeln oder mit anderen Früchten, etwa Himbeeren, mischen. Zu den Klassikern unter den Vorspeisen gehören jedoch auch Rezepte, die die Süße der Melone mit dem herzhaften Geschmack von Schinken oder Krebstieren kombinieren.

Châtaigne – Eßkastanie
Die Ardèche besitzt die ausgedehntesten Eßkastanienwälder mit Bäumen im Alter von 50 bis 150 Jahren. Unter den zahlreichen alten Sorten wird die Comballe am höchsten geschätzt. Die kleinsten Eßkastanien ergeben getrocknet und gemahlen Mehl, aus dem man Brot und Kuchen backt. Die mittleren sind für *crème de marrons vanillée*, Kastaniencreme, ein beliebter süßer Brotaufstrich, bestimmt. Die größten gelangen zum Rösten frisch in den Handel oder werden als Beilage gekocht. Maronen für die *marrons glacés,* kandierte Maronen, kommen aus Italien.

Noix – Walnuß
Die Isère besitzt die ausgedehntesten Walnußbaumhaine Frankreichs. Von dort kommen sie als Noix de Grenoble auf den Markt. Ab Mitte September sind frische Nüsse erhältlich, die man schnell verzehren sollte. Einen Monat später folgt die neue Ernte der getrockneten Walnüsse, die als Zutat oder Garnierung in Patisserie und Confiserie sehr gefragt sind. Sie gehören aber auch in Salate und Saucen oder werden zu Fleisch oder Geflügel gereicht. Ihr kaltgepreßtes Öl verfeinert insbesondere Salate.

Große Weine der nördlichen Rhône

Côte-Rôtie, Condrieu, Hermitage & Co

Zwischen Valence im Süden und dem von den Römern gegründeten Städtchen Vienne im Norden liegt eins der ältesten Weinbaugebiete Frankreichs. Vermutlich wurden dort schon im 4. Jahrhundert v. Chr. Rebstöcke gepflanzt, um 100 v. Chr. hatten aber auf jeden Fall die Römer das Potential der Gegend erkannt. Die Weingärten ziehen sich auf den oft extrem steilen, nach Süden oder Südosten ausgerichteten, gut geschützten Hängen am rechten Rhône-Ufer entlang. Das Klima ist kontinental. Granit bildet das dominierende geologische Element, auf dem nur dünne Bodenschichten den Reben Nahrung bieten. Die überwiegend in Terrassen angelegten Parzellen sind sehr schwer zu bearbeiten und erbringen nur niedrige Erträge, was sich deutlich in der hohen Qualität der Weine widerspiegelt.

Die einzige rote Sorte ist die hier heimische Syrah, die tiefdunkle, langlebige, sehr würzige und häufig nach Beeren oder Wildkräutern duftende, tanninreiche Weine ergibt. Für den Côte-Rôtie pflegte man ihr in der Vergangenheit oft bis zu 20 % vom weißen Viognier zuzusetzen, der die Eleganz dieses Rotweins unterstrich. Für sich allein verleiht der Viognier den Weißweinen Condrieu und Château-Grillet einen eigenständigen Charakter, der Kenner fasziniert und die Preise in die Höhe treibt. Er braucht volle Reife, die bei ihm mit hohen Alkoholgraden einhergeht, um sein florales und fruchtiges Bukett zu entfalten. Die anderen beiden weißen Sorten der nördlichen Rhône sind Marsanne und Roussanne. Die erste ist wuchs- und ertragsstark und ergibt kräftige, schwere Weine. Bis vor kurzem hatte die im Anbau sehr anfällige Roussanne das Nachsehen. Sie ist jedoch die optimale Ergänzung, fein, rassig, mit guter Säure. Sie findet bei den besten weißen Hermitage immer bereitwilliger Zugang. Größeren Ruhm erlangte der aus Syrah und eventuell einem geringen Anteil Marsanne vinifizierte dunkelrote, sehr gut alternde Hermitage. Bis weit ins 19. Jahrhundert war es üblich, hochwertige Bordeaux mit Hermitage zu stärken, ein Vorgang, der als *hermitagé* bekannt war. Inzwischen haben die großen Rebsorten der nördlichen Rhône einen Siegeszug um die Welt angetreten. Die Syrah erlaubt es heute den Winzern Südfrankreichs, Rotweine einer nie gekannten Qualität zu erzeugen. Die weißen Sorten sind dagegen schwerer zu handhaben.

Die Syrah ist eine frühe Sorte, die zeitig Knospen treibt. Deshalb ist die bald darauf einsetzende Blüte eine sehr heikle Phase, denn oft kann das Wetter umschlagen, und die Syrah neigt zum Verrieseln. Andererseits kann auch früh geerntet werden, was gerade an der nördlichen Rhône ein entscheidender Vorteil sein kann.

Côte-Rôtie
Nördlichster Cru der Rhône auf 200 ha mit mindestens 80 %, heute meist 95–100 % Syrah, ergänzt durch weißen Viognier. Rund 1 Million Flaschen pro Jahr. Wächst auf Granituntergrund, an der Côte de Blonde mit kiesigem Lehm, an der Côte de Brune mit eisenoxidhaltigem Tonboden. Seit den siebziger Jahren sehr gesucht, ist er ein edler Rotwein mit intensivem Duft nach Himbeeren, Veilchen sowie Vanille vom für den Ausbau benutzten neuen Eichenbarrique. Er kann ausgezeichnet altern und entfaltet neben Fruchtnoten dann auch Rauch- und Trüffelaromen.

Condrieu
Einst ein gesuchter Süß-, heute meist trockener Weißwein. 97 ha, durchschnittlich 380 000 Flaschen. Ausschließlich aus Viognier, der auf den steilen, nur von Hand zu bearbeitenden Granitterrassen über dem einstigen Binnenhafen seinen klassischen Ausdruck erfährt. Blaßgoldene Farbe mit einem intensiven Bukett, in dem außer Blütennoten vor allem Aprikose und Birne vorherrscht, mit einer seidigen, bisweilen etwas öligen Struktur. Am besten auf 12 °C zum Aperitif und in den ersten drei Jahren nach der Abfüllung.

Château Grillet
Diese nur 3,5 ha große Appellation, die dem gleichnamigen Gut gehört, geht in ihrem Kern-

228   LYON & RHÔNE-ALPES

Marsanne-Trauben | Roussanne-Trauben
Syrah-Trauben | Viognier-Trauben

teil auf die Zeit vor den Römern zurück und besteht dort aus steinigen, steilen Terrassen mit grobem Granitsand. Die sehr sorgfältig bearbeiteten Terrassen wurden Mitte der achtziger Jahre durch niedrigere erweitert, was viel Kritik hervorrief. Die häufig eher frühgelesenen Viognier-Trauben werden zwei Jahre lang in Eichenfässern ausgebaut. Jährlich rund 13 500 Flaschen.

St-Joseph

Über 50 km erstreckt sich dieser fast 900 ha umfassende Streifen entlang des rechten Rhône-Ufers zwischen den Gebieten von Condrieu und Cornas. Seine historische Wiege waren die Granithänge unmittelbar bei Tournon. Obwohl sich verschiedene Bodenstrukturen abwechseln, bilden Granit und Gneiss den gemeinsamen Nenner. Engagierte Winzer haben die Qualität der Weine in letzter Zeit sehr zu steigern vermocht. Die auf Syrah basierenden Roten sind beerenbetont, harmonisch, mit feiner Würze und mittlerer Struktur. Die aus Marsanne und Roussanne gekelterten Weißen bieten florale Aromen und Eleganz. 3,8 Millionen Flaschen.

Cornas

Hinter ersten Terrassen mit altem Schwemmland bildet eine bis 450 m aufsteigende, der Morgen- und Mittagssonne zugewandte Lage aus sandigem Granit das Herz dieser Rotweinappellation, die 92 ha umfaßt und ausschließlich Syrah vorbehalten ist. Cornas ist seit dem 10. Jahrhundert für robuste, tiefdunkle Weine bekannt. Mittlerweile meist vollreif gelesen und entrappt, entfaltet er nach fünf Jahren seine größte Komplexität, die überreife schwarze Beeren und Kirschen mit Lakritz-, Gewürz-, Kakao- und Trüffelnoten verbindet. 415 000 Flaschen im Durchschnitt.

St-Péray

Die südlichste Appellation der nördlichen Rhône ist zugleich die kühlste, aber auch die von den Böden her uneinheitlichste. Gegenüber von Valence und unterhalb der Burg von Crussol gelegen, breitet sich der größte Teil der 60 ha auf steilen Hängen und in einem schmalen Tal aus. Nur den weißen Sorten Marsanne und Roussanne vorbehalten, werden hier seit 1829 überwiegend Schaumweine in traditioneller Flaschengärung erzeugt, deren Charakteristikum ein intensives florales Bukett ist. Die stillen, trockenen Weine gewinnen dank Roussanne Frische und Stil. Insgesamt 300 000 Flaschen.

Crozes-Hermitage

Die mit 1200 ha größte Appellation der nördlichen Rhône umgibt den berühmten Hermitage, setzt dessen granitene Hänge im Norden fort, besteht im Süden aber überwiegend aus Terrassen mit Gletscher- und Flußablagerungen sowie Löß. Der Mistral kühlt die Trauben, und die Syrah-Weine zeichnen sich häufig durch köstlich-frische Fruchtaromen, Harmonie und feine Tannine aus und bereiten oft schon nach zwei, drei Jahren Genuß. Die aus Marsanne und einem Teil Roussanne gewonnenen Weißen sind zunächst floral, entfalten aber schnell Noten von Honig und Trockenfrüchten. Gut 6 Millionen Flaschen.

Hermitage

Wie der Crozes am linken Ufer, aber auf 134 ha nach Süden ausgerichteten geschützten Hängen oberhalb des Städtchens Tain-l'Hermitage gelegen. Während die höchsten Terrassen aus mit Mica-Schiefer und Gneiss bedecktem Granit bestehen, wurden die niedrigeren Lagen durch Ablagerungen gebildet. Die Rotweine aus Syrah-Trauben und bis zu 15 % weißen Trauben sind für langes Altern von 20 und mehr Jahren bestimmt, um dann Noten von Rauch, Leder und kandierten Beeren aufzuweisen. Die vollen, nach Haselnuß und Mandel schmeckenden Weißweine aus Marsanne und Roussanne altern fast ebenso gut. 560 000 Flaschen.

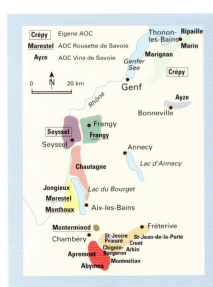

Die Weine Savoyens

Fruchtig und brillant, trocken und erfrischend sind die Weißweine Savoyens, die in dieser faszinierenden, von ewigen Gletschern überragten Region gedeihen. Sie begleiten vorzüglich Fische aus den sauberen Seen und Bächen. Reben wurzeln in den sonnenzugewandten, niedrigen Geröllhängen seiner Berge. An die 20 weiße Sorten sind in seinen vier Appellationen, die sich über die Departements Savoie, Haut-Savoie, Isère und Ain erstrecken, verbreitet, wo zwischen dem Genfer See und Albertville 1500 ha bestockt sind. Die wichtigsten sind Jacquère, Roussette, Chardonnay und Chasselas. Einer der feinsten, nach Pfirsich duftenden Weißen basiert auf der hier Bergeron genannten Roussanne und ist der Chignin-Bergeron. Bei der AOC Savoie sind 16 Crus anerkannt, die ihren Namen dazusetzen dürfen. Vier Gemeinden sind für die – auch als Altesse bekannte, vielleicht von einer Prinzessin aus Zypern eingeführten – Roussette berühmt, einen vollaromatischen Weißwein: Frangy, Marestel, Monterminod und Monthoux. Aber auch Rot- und Roséwein gedeiht in den Terroirs von Arbin, Chautagne, Chignin, Cruet, Jongieux, Montmélian und St-Jean de la Porte. Hier gibt die eingesessene Mondeuse mit ihren feinbitteren, eleganten Weinen vor dem Gamay den Ton an.
Die fruchtbetonten Weine Savoyens passen ausgezeichnet zu den einheimischen Wurst- und Käsespezialitäten.

Chartreuse

Jedes Kloster besaß dazumal sein eigenes Elixier, aber Chartreuse ist der einzige französische Likör, dessen Herstellung bis heute in der Hand der Mönche liegt. Nur drei der Kartäusermönche kennen das Rezept, wissen, wie die insgesamt 130 Pflanzen heißen und in welchem Verhältnis sie zu benutzen sind. Noch immer dient das Elixier, auf dem die Liköre basieren, als Medizin und wird in kleinen Flaschen vertrieben, die in Holzschatullen vor Lichteinwirkung geschützt sind. Die Liköre selbst, von Kräutern natürlich grün oder gelb gefärbt, sind ein Begriff in der ganzen Welt und behaupten ihren Platz auf den besten Digestif-Wagen.

Die faszinierende Geschichte der Grande Chartreuse begann mit dem heiligen Bruno, der um 1030 in Köln zur Welt kam, später Scholastikus an der Universität von Reims wurde, dem aber die Suche nach dem Ewigen mehr am Herzen lag als vergänglicher Erfolg. So machte er sich 1084 auf, seinen Freund, den heiligen Hugo, bei Grenoble zu besuchen. In einem Traum war Hugo ein als Chartreuse-Wüste bekannter unwirtlicher Ort offenbart worden, wie sie gemeinsam mit ersten Mönchen eine Kapelle und hölzerne Zellen errichteten. Bruno, der sechs Jahre später nach Rom berufen wurde, gründete danach in Kalabrien ein neues Kloster, wo er 1101 starb. Als 1132 eine Lawine die ersten Bauten zerstörte, errichteten die Kartäuser in der Nähe, am heutigen Ort, ein neues Kloster, das zur Grande Chartreuse und zum Hauptsitz des Ordens aufstieg. Auch von weiteren Katastrophen blieb es nicht verschont, und der jetzige imposante Klosterbau stammt aus dem 17. Jahrhundert.

Der Marschall d'Estrées übergab den Kartäusern 1605 ein Manuskript mit dem Rezept für das Kräuter-Elixier, dessen Erfinder unbekannt ist. Mehrmals in seiner Geschichte zerstört, ist das Hauptkloster des Kartäuserordens jedesmal prächtiger wieder aufgebaut worden.

Doch damals waren die Brüder so sehr damit beschäftigt, Erz aus den Bergen zu gewinnen und Eisen zu verarbeiten, daß es bis zum Jahr 1735 dauerte, bis sich ein Bruder namens Jerôme Maubec ernsthaft damit befaßte. Sich darauf stützend, entwickelte dieser Bruder Pharmazeut eine praktische Herstellungsweise. Sein Nachfolger, Bruder Antoine, vervollkommnete sie 1764. Seither wird das Kräuter-Elixier der Grande Chartreuse auf unverändert gleiche Weise erzeugt. Sein Ruf als Anregungsmittel stützt sich auf seine medizinischen Eigenschaften. Weithin wurde es eingenommen, und die Mönche verteilten es kostenlos an die Armen der Region. Bald nutzten sie es, um daraus einen Gesundheitslikör mit einem Alkoholgehalt von 55 Vol% zu brauen.

In Voiron, im Tal, weit unterhalb der Grande Chartreuse, destillieren die Mönche heute das Elixier, das die Seele ihres Likörs ist.

Die Französische Revolution vertrieb und zerstreute die Mönche. Aus Vorsicht wurde 1793 eine Kopie des kostbaren Manuskripts angefertigt, die der einzige Mönch, dem es gestattet wurde, im Kloster zu bleiben, verwahrte. Das Original trug ein Vater, ein zum Priester geweihter Mönch, ständig in seiner Kutte. Als er festgenommen wurde, gelang es ihm, das Manuskript einem Mönch zuzustecken, der in der Nähe der Grande Chartreuse Unterschlupf gefunden hatte. Doch dieser hatte seinen Glauben an die Wiedererstehung des Ordens verloren und übergab es dem Apotheker Liotard aus Grenoble. Mittels eines Erlasses ordnete Kaiser Napoleon 1810 an, daß alle geheimen Heilmittel dem Innenministerium zur Untersuchung zugestellt werden müßten. Pflichtgetreu übersandte Liotard das Rezept, um es mit dem Vermerk »abgelehnt« zurückzuerhalten. Nach seinem Tod wurde das Dokument der Grande Chartreuse zurückerstattet und die Destillierung wieder aufgenommen.

Bruder Bruno Jacquet nutzte ab 1838 das Ur-Elixier zusätzlich dazu, einen süßeren und sanfteren Likör mit 40 Vol% herzustellen, den er mit Pflanzen gelb färbte und der bei den Damen besonderen Zuspruch fand. Bis 1869 wurden Elixier, Grüne und Gelbe Chartreuse in der Klosterapotheke gefertigt, doch dann verlagerte man die Produktion in eine Brennerei im tiefer gelegenen Fourvoirie. 1935 wurde sie bei einem Erdrutsch zerstört.

Als die Kartäuser 1903 aus Frankreich vertrieben wurden, ließen sich die drei im Besitz des Geheimrezepts befindlichen Brüder im spanischen Tarragona nieder und gründeten eine eigene Destillerie. Zwar nahm man später die Erzeugung auch in Frankreich wieder auf, aber erst in den neuen Gebäuden in Voiron und erst nachdem die Kartäuser 1940 ihr Stammkloster zurückerhielten, ging es wieder aufwärts.

Die von den Kartäusern hergestellten Liköre sind völlig natürlich und frei von chemischen Zusätzen. Die gesammelten Kräuter werden getrocknet und im Kloster in Holzkisten verwahrt, wohin auch die zugekauften Zutaten geliefert werden. Dort mahlen und mischen die eingeweihten Väter die 130 Bestandteile, füllen sie in Säcke, die nach Voiron, zur weltlichen Chartreuse-Gesellschaft gebracht werden, die für Produktion und Vertrieb sorgt. Nachdem die Kräuter in ausgesuchtem Alkohol mazerierten, wird destilliert, um das Elixier zu erhalten. Für die Liköre muß es unter anderem noch mit Honig gemischt werden und altert vor der Abfüllung in großen Fudern. Nachdem sie in den mit 164 m Länge größten Likörkellern der Welt acht Jahre Reife abgewartet haben, werden sie mit dem Vermerk V.E.P. abgefüllt: Vieillissement Exceptionellement Prolongé. Man trinkt die Liköre als Digestif, mit Eiswürfeln pur oder als Longdrink zu Säften oder Tonic auf ganz weltliche Weise. Aber weiterhin hüten nur drei Brüder das Rezept, das längst ein wertvolles Betriebsgeheimnis ist.

Liköre

Blüten, Beeren, Früchte, Kräuter und je nach Pflanze Blätter, Stengel, Wurzeln, Schalen, Rinden oder Samen eignen sich für die Herstellung von Likören. Ihr Pionier war niemand anderer als Arnaldus von Villanova, Rektor der medizinischen Fakultät der Universität des damals katalanischen Montpellier, der auch als Vater der natursüßen Weine und der Aperitifs gilt. Er hatte die Geheimnisse der Destillation von einem Kreuzzug in den Orient mitgebracht und benutzte Alkohol im letzten Viertel des 13. Jahrhunderts zu medizinischen Zwecken. Er mazerierte darin die verschiedensten Heilpflanzen und rundete den Geschmack dieser Elixiere mit Honig ab, um sie genießbar zu machen. Noch immer ist die Mazeration eine der beiden grundlegenden Techniken der Likörherstellung. Entsprechend der Pflanze verwendet man einen reinen und geschmacksneutralen Alkohol, den man mit destilliertem Wasser auf geeignete Stärke herabsetzt und darin dann Pflanzen oder Früchte einzeln oder gemischt ansetzt. Diese Mazeration dauert von ein paar Stunden bis zu Wochen. Wasser quillt den Pflanzenteil auf, dadurch kann Alkohol eindringen, der Aromen löst. In den meisten Fällen wird anschließend destilliert. Dabei steigen Alkoholdämpfe und essentielle Öle auf und kondensieren. Ein zweiter Brennvorgang, die Rektifikation, verfeinert die Aromen. Vor oder nach der Destillierung stellt der Brennmeister die Komponenten des Likörs zusammen. So erhält er das Alkoholat, das aromatische Prinzip. Mit Zucker, Alkohol und Wasser vermischt und gefiltert, ergibt es den Likör. Manche Rezepte sind aufwendiger und verlangen natürliche Zutaten, bei denen Brennen nicht zu den angestrebten sauberen und angenehmen Aromen führt. Daher darf man gewisse Früchte oder zum Beispiel Nußschalen nur mazerieren und assembliert diese aromatischen Lösungen danach mit dem Alkoholat.

Über lange Zeit blieben diese Elixiere, die vorrangig als Heil- und Stärkungsmittel dienten, die Domäne der Klöster und Apotheken. Es blieb nicht aus, daß Herrschaften, die es sich leisten konnten, daran aus Vergnügen Geschmack fanden, und bereits im 14. Jahrhundert kamen Rezepte auf, die die Genußseite höher schätzten, was dann zur Entstehung der eigentlichen Liköre führte. Die Verfügbarkeit des Rohrzuckers und der Gewürze ferner Länder erlaubte ihre Verfeinerung. Doch erst nach der Französischen Revolution gewann die ganze Nation Geschmack an süßen Sorgentröstern. Jedes Städtchen hatte alsbald seinen eigenen Liquoristen. Oder mehrere. Die mazerierten, brannten und mischten, komponierten Aromen, jonglierten mit Essenzen und brauten Dutzende verschiedener Tropfen und Wässerchen. Ihre Abnehmer lebten in der Nachbarschaft, allenfalls im Umkreis. Landesweit verbreitete Marken existierten hier noch nicht. Erst gegen Ende des 19. Jahrhunderts boten sich Likörmachern endlich bessere Chancen, denn Orientalisches war damals große Mode – von Romanen bis zu Möbeln, von Feierlichkeiten bis zum Geschmack. Als dessen Inkarnation galten Orangen und unter Likören holländischer Curaçao aus Pomeranzen, den nußgroßen Ur-Apfelsinen. Nur war der dunkel, schwer und mit Aromen überladen. Da ersann Edouard Cointreau, ein Likörfabrikant in Angers, eine schlichte, wasserklare und weniger süße Alternative. Damit gelang ein entscheidender Durchbruch. In der Folge konnten sich die großen Marken etablieren und wurden weltweit anerkannt. Obwohl sie sich längst als Zutat zu Longdrinks oder Cocktails modernes Flair zulegten, zeigen sie ihre wahre Güte immer noch am besten als Digestif.

Bénédictine

Das 1510 von Dom Bernardo Vincelli, einem Benediktinermönch der Abtei von Fécamp, kreierte Rezept fiel um 1860 einem Spirituosenhändler in die Hände. Er schuf damit die Marke ›Bénédictine‹, dessen Originalrezeptur 27 Pflanzen und Gewürze beinhaltet, von denen die meisten aus Übersee kommen. Seine Farbe erhält der würzige Digestif von einer Safran-Infusion.

Chartreuse V.E.P.

Durch den achtjährigen Ausbau im Holzfaß gewinnt der berühmte grüne oder gelbe Likör der Kartäusermönche aus der Dauphiné an Komplexität und an Sanftheit. Er wird heute in Voiron destil-

Bénédictine

Grande Chartreuse Élixir Végétal

Chartreuse V.E.P.

Cointreau

Génépy des Alpes

liert und altert dort im größten Likörkeller der Welt, während ununterbrochen drei schweigsame Brüder das 130 verschiedene Pflanzen verlangende Rezept hüten.

Cointreau
Der wasserklare, intensiv nach Orangen duftende, von Edouard Cointreau ausgetüftelte Likör gewann bereits 1893 eine Goldmedaille in Chicago. Sein ausgezeichnetes, bestens zum Mixen geeignetes Aroma basiert auf einer Mischung der Schalen von bitteren und süßen Orangen, deren Essenz in einer acht Stunden dauernden Destillation gewonnen wird.

Génépy des Alpes
Der Génépy de Barcelonnette Le Grand Rubren basiert auf einer speziellen Beifußart, die in den provenzalischen Alpen gesammelt wird. Nach überliefertem Rezept des Ubaye-Tals und nach der alten handwerklichen Methode der Mazeration hergestellt, wurde ihm als erstem Likör das Label Provenance Montagne zuerkannt. Man genießt den feinaromatischen Likör auch mit Eiswürfeln.

Grand Marnier
Während der Belagerung von Paris 1870 floh der Brennereibesitzer Lapostolle in die Charente, wo er erstklassige Cognacs aufkaufte. Wieder in Paris, gelang dem Schwiegersohn Marnier die Destillation einer Bitterorangenessenz, die er mit Cognac zu edlem Likör verschnitt. Seit 1920 gehört der Familie ein eigenes Cognac-Haus.

Izarra
Der Stern, wie sein baskischer Name besagt, geht auf ein recht aufwendiges Rezept von 1835 zurück, das Apotheker Joseph Grattau für seinen würzigen Likör nutzte. Die Essenz aus 30 destillierten Kräutern und Gewürzen wird mit drei Mazerationen aus Mandeln, Walnußschalen und Backpflaumen sowie mit Armagnac und Zuckersirup vermischt. Nach sechs Monaten Faßreife kann man den Likör abfüllen.

Marie Brizard
Die Krankenschwester aus einer armen Bordelaiser Familie rettete um 1730 einem westindischen Matrosen das Leben. Als Dank vermachte er ihr das Rezept eines Anislikörs, der so erfolgreich war, daß Marie Brizard mit ihrem Neffen 1755 eine Firma gründete. Sie besteht heute noch. Außer grünem Anis bestimmen zwölf weitere Pflanzen den frischen Geschmack des Likörs.

Prunelle
Eine Rarität ist dieser burgundische Schlehenlikör, für den die Wildfrüchte nach dem Frost gepflückt und ganz von Fruchtfleisch befreit werden. Lediglich die gereinigten Kerne mazerieren für mindestens sechs Monate in reinem Alkohol, der ihr eigenwilliges Aroma aufnimmt und der dann destilliert wird. Er ist nicht nur ein origineller Digestif, sondern auch angenehme Zutat des *Café bourguignon*, eines Kaffees, der eigentlich mit Marc de Bourgogne getrunken wird.

Suprême Denoix
Für diesen exquisiten Nußlikör aus Brive altert mit Alkohol vermischter Saft grüner, zu Johannis gepflückter und dann zermahlener Walnüsse der Corrèze fünf Jahre lang in Eichenfässern. Dann hat er seine Herbheit verloren, besitzt eine feine Holznote und wird mit Bas-Armagnac, Cognac und über Holzfeuer gekochtem Sirup zur Spezialität, die man am besten gekühlt oder mit Eiswürfeln genießt.

Verveine du Velay
Der Kräuterhändler Rumillet Charretier bot ab 1859 einen Likör an, in dem zitroniges Eisenkraut dominiert. Die im Herbst gesammelten und getrockneten Blätter mazerieren dafür bis zu neun Monate in Alkohol, außerdem, aber getrennt, Wacholderbeeren. Beides mischte er mit 30 weiteren Pflanzen, destillierte und rundete den raffinierten Geschmack mit Honig, Zucker sowie mit Cognac ab.

Grand Marnier   Izarra   Marie Brizard   Prunelle   Suprême Denoix   Verveine du Velay

Poitou-Charentes
Limousin

André Dominé

Austern
Feines von der Küste
Frankreichs beste Butter: Échiré
Himmlische Verführung: Angélique de Niort
Limousin-Rinder
König der Kaninchen
Küche der Autarkie
Cognac
Eichenfässer

Stolz zeigt der Molkereigeselle vor dem Butterfaß sein Produkt: die Butter von Échiré im typischen Holzkörbchen.

In La Tremblade, auf der westlichen Seite der 800 m breiten Seudre-Mündung gelegen, ist wie in seinem Gegenüber Marennes alles auf die Bewirtschaftung der sich weit ins Landesinnere ziehenden Austernparks ausgerichtet.

Allmorgendlich, wenn die kleinen Kutter im befestigten Vieux Port ihren Fang ausladen, stellt La Rochelle wieder unter Beweis, daß es kulinarisch nicht nur die reichste Stadt der Küsten der Vendée und der Charente-Maritime ist, sondern auch über Rivalen im Poitou und in der Charente triumphiert. Die vorgelagerte Île de Ré, deren Salz einst zum Reichtum der malerischen Hafenstadt beitrug, liefert heute wie das nahe Oléron-Marennes ausgezeichnete Austern und die benachbarte Bucht von Aiguillon köstliche *moules de bouchot*. La Rochelle bezieht frische Güter aber auch aus seinem Hinterland, mit dem es über die nur wenig südlich mündende Charente und über die Sèvre niortaise verbunden ist.

Letztere führt ins Marais poitevin, den verlandeten ehemaligen Golf von Poitou. Im Mittelalter begannen Mönche dort Wasserläufe zu ziehen und Deiche aufzuschütten, um die von Schlamm angereicherten fruchtbaren Böden nutzbar zu machen. Heute unterteilt sich das Marais in den trockengelegten intensiv bewirtschafteten Teil und in das romantische, von ungezählten Wasserstraßen durchzogene Marais mit den auf Barken zu erreichenden Gärten. Weiter im Inland bietet das Poitou karge Ebenen, deren bedeutendstes Produkt der Ziegenkäse ist, während die Vendée um Parthenay saftige Weiden besitzt, auf denen die Parthenaise-Kühe grasen. Näher zur Küste, vor allem um Challans, züchtet man erstklassiges Geflügel. Die saftigsten Weiden des Poitou und beider Charentes liefern Frankreichs beste Butter und Crème fraîche, die man regionalen Gerichten so gern reichlich zufügt. Aber das berühmteste Handelsgut der gesamten Region bleibt der Cognac. Seine riesigen Kellerhallen stehen entlang der gemächlichen Charente im gleichnamigen Städtchen und in dem verträumten Jarnac.

Nach Osten zu über Angoulême hinaus erstrecken sich sanft gewellte Wiesen und Felder, aufgelockert von den vielen kleinen Wäldchen, die ins Limousin führen. Dort wird das weite Weideland zunehmend hügeliger und erreicht das auf 800 m ansteigende Plateau de Millevaches. Hier ist die Heimat der großen Schafherden wie der genügsamen Limousin-Rinder, deren Fleisch von vielen Kennern geschätzt wird. Die ausgedehnten Wälder sind sehr wildreich und ein wahres Paradies für Pilzsucher. Im Süden, um Brive, zeigt sich die Natur lieblicher. Die Küche ist hier gekennzeichnet vom Austausch mit Périgord und Auvergne und von einer ursprünglichen Deftigkeit.

Austern

Austernzüchter verstehen sich als die Bauern des Meeres, und ihre Arbeit trägt tatsächlich landwirtschaftliche Züge, auch wenn sie von den Gezeiten abhängig sind und immer erst auf Ebbe warten müssen, ehe sie ihre Felder, die man in der Austernzucht Parks nennt, ›bestellen‹ können. Die französischen Austernparks liegen an der bretonischen Küste, bei Marennes und Arcachon, sowie am Mittelmeer bei Bouzigues im Lagunensee von Thau. Die Parks im Marennes-Gebiet umfassen 3500 ha. Sie erstrecken sich auf den Sandbänken zwischen den Mündungen der Flüsse Seudre und Charente und an der Ostseite der vorgelagerten Insel von Oléron. Dort finden Austern die geeignete Mischung von Meer- und Flußwasser und die sommerliche Wassertemperatur von mehr als 22 °C, die sie zum Gedeihen benötigen. Die einheimische flache europäische Austernart wurde 1922 von einer Seuche radikal dezimiert. Zum Glück stand ein geeigneter Ersatz zur Verfügung, denn 1868 hatte ein in Seenot geratenes Schiff seine Ladung mit portugiesischen Austern über Bord werfen müssen. Denen gefiel es an der Küste von Marennes prächtig, bis auch sie Opfer einer Epidemie wurden. Abhilfe schuf die tiefe japanische Felsenauster *Crassostrea gigas*, die seither in französischen Küstengebieten und Restaurants dominiert.

Im Juli vermehren sich die Austern auf natürlichen, aber streng geschützten Bänken. Die zu den Muscheln zählenden wirbellosen Weichtiere pflanzen sich durch Millionen von Larven fort, die zunächst frei im Wasser schwimmen, dann aber festen Halt suchen. Das ist die Chance des *ostréiculteur*, des Austernzüchters. An strategisch günstigen Punkten installiert er Ziegel, Schindeln oder die jetzt vorwiegend eingesetzten geriffelten Plastikrohre. Die Larven klammern sich

Ostrea edulis, huître plate, Europäische Auster
Nach ihren Zuchtgebieten als Belons, Marennes oder Gravettes d'Arcachon bezeichnet. Die wenig verbreitete Auster besitzt einen delikat mineralischen Geschmack.

Crassostrea angulata, huître creuse, Portugiesische oder Felsenauster
Gewölbte Auster, insbesondere in Marennes-Oléron gezüchtet, wo ihr Geschmack in *claires*, Aufzuchtbecken, verfeinert wird; sie verliert an Bedeutung.

Crassostrea gigas, huître creuse du Pacifique, Pazifische Felsenauster oder Japanische Auster
In Frankreich *gigas* oder *japonaise* genannt. Sie ist die größte und widerstandsfähigste Sorte und gewinnt in den letzten Jahren an Bedeutung.

Mit Motorbarken holen die Austernzüchter die Ernte von den Bänken und bringen sie mit LKWs zu den Klärbecken (*claire*).

Frisch den *claires* entnommenen Austern schadet ein drei- bis viertägiger Transport nicht, im Gegenteil, ihr Meerwassergeschmack ist dann zurückhaltender.

POITOU-CHARENTES & LIMOUSIN

Die Auster fest mit der linken Hand greifen, so daß die flachere Seite nach oben zeigt.

Mit einem kurzen stabilen Messer in den Schließmuskel, das sogenannte Scharnier, stechen.

Der Schließmuskel wird durch waagerechte Bewegungen durchtrennt. Dann setzt man das Messer zum Hebeln an.

Durch Drehen des Messers werden die Schalen aufgehebelt.

Nach dem Entfernen der oberen Schale schlürft man die Auster oder serviert sie auf Eis.

Austernsorten

Belons
Flachauster aus der Bretagne mit sehr delikatem, nussigem Geschmack.

Bouzigues
Aus dem großen Binnensee von Thau an der Mittelmeerküste zwischen Sète und Agde.

Gravette d'Arcachon
Meist nur ›Arcachons‹ genannt; Flachaustern von der Atlantikküste bei Bordeaux.

Marennes
Felsenaustern aus dem Gebiet zwischen der Charente-Küste und der Insel Oléron, werden in natürlichen Becken, den *claires*, gemästet und affiniert (verfeinert).
- *Claires* wurden kurze Zeit in Aufzuchtbecken affiniert.
- *Fines de claires* verbrachten zu 20 Stück pro Quadratmeter vier Wochen im Zuchtbecken und weisen nicht weniger als 6 % Fleisch auf.
- *Spéciales de claires* blieben acht Wochen zu zehn Stück pro Quadratmeter in den *claires* und besitzen mindestens 9 % Fleisch.

Austerngrößen

Ostrea edulis
huître plate
Flache oder Europäische Auster

Nr. 4	40 g
Nr. 3	50 g
Nr. 2	60 g
Nr. 1	75 g
Nr. 0	90 g
Nr. 00	100 g
Nr. 000	110 g
Nr. 0000	120 g
Nr. 00000	150 g

Crassostrea gigas und *Crassostrea angulata*
huître creuse
Pazifische Felsenauster und Portugiesische Auster

Très Grand (TG)	sehr groß	=	100 g und mehr
Grand (G)	groß	=	75–99 g
Moyen (M)	mittel	=	50–74 g
Petit (P)	klein	=	weniger als 50 g

daran fest und beginnen umgehend, ihre Schale zu entwickeln. Nach zwei Monaten ist sie bereits erbsengroß. Nur ein Dutzend Nachkommen pro Auster schaffen das Hindernisrennen ihrer ersten Lebensphase.

Kommt das Frühjahr, siedeln die Züchter beispielsweise von La Tremblade die Rohrkolonien mit den Baby-Gigas um, die von jetzt an für ein beschleunigtes Wachstum die gehaltvollere Nahrung benötigen, die ihnen nur das Meerwasser bietet. Daher plaziert man sie auf eisernen Gestellen in der Bucht von Ronce-les-Bains. Auch in ihrem zweiten Lebensjahr sind die Gefahren, denen sie ausgesetzt sind, nicht vorbei, die jungen Austern werden von Fischen, Schnecken, Seesternen oder Muscheln bedroht, sogar Stürme können ihnen – und ihren Züchtern – zum Verhängnis werden. Haben sie diese Gefahren überlebt, streift der Züchter sie von den Rohren, sortiert sie nach der Größe, die sie erreicht haben, und bestimmt ihren weiteren Werdegang. Einige setzen ihr Wachstum in *poches* fort, in schwarzen Plastiknetzen auf im Meer verankerten Eisengestellen. Andere bestimmt er zur Bodenhaltung und sät sie aus. Zu kleine Austern erhalten ein Jahr Schonzeit.

Jeder Züchter hat verschiedene Parzellen vom Staat gepachtet. Einige davon bieten viel, andere weniger Nahrung. In der einen wachsen die Austern rasch, wohingegen ihr Wachstum in einer anderen eher stagniert. Diese natürlichen Bedingungen macht sich der Züchter zunutze, um die Entwicklung seiner Austern zu dirigieren.

Nach drei Jahren könnte man sie eigentlich abfischen und verzehren. Doch nicht in Marennes-Oléron. In den Sümpfen an der Küste und 20 km weit das Seudre-Tal hinauf erstrecken sich flache Becken, die in der Vergangenheit der Salzgewinnung dienten. Schon die Römer, die selbst begeisterte Austerngenießer waren, entdeckten deren einzigartigen Vorzug: Die bei jeder Flut durch ein ausgeklügeltes Kanalsystem mit frischem Meerwasser versorgten *claires* sind ideal zur Austernzwischenstation geeignet, da sie dort nicht mehr weiter wachsen, wohl aber ihre Schale verhärten, was sie haltbarer macht. Ihre Ernährung besteht aus einzelligen Algen, den blauen Navicula, wodurch sie nicht nur an Gewicht und Geschmack zunehmen, sondern zugleich eine überraschend grüne Farbe gewinnen. Außerdem entwickeln sie viel Glykogen, ein Kohlenhydrat, und sind reich an Mineralsalzen und Vitaminen.

In ihrer Originalverpackung, der *bourriche*, und mit 5–15 °C temperiert, bleiben *fines de claires* und *spéciales de claires* acht bis zehn Tage frisch, selbst im Sommer. Dann schmecken die kleineren und festeren Exemplare am besten. Wahre Kenner essen niemals Austern, die direkt aus dem Wasser kommen, sondern geben ihnen mindestens vier Tage Zeit, sich zu setzen. Und in der Charente schüttet der Gourmet den in der Schale enthaltenen Saft fort und käme nie auf den Gedanken, ihn zu trinken. Im übrigen wählt der weise Genießer Austern nach der Größe seines Mundes, und den soll man bekanntlich nicht zu voll nehmen, schon gar nicht beim Schlürfen.

Linke Seite: Ob Verschläge oder schmucke Häuschen, jede Auster hat eine Heimatadresse, wo sie in *bourriches*, den Originalpackungen, frisch gehalten werden.

Am wichtigsten für den Fischeintopf der Atlantikküste (hier in einer Grundversion) sind tadellos frische Zutaten aus dem Meer.

Aus Gemüsen, Bouquet garni, Butter und Weißwein eine Brühe herstellen und darin Rotbarbe, Rochen, Kaisergranat und Aal garen.

Zu den anderen Zutaten kommen die 45 Minuten lang vorgegarten Tintenfischstücke, um sie erneut zu erhitzen.

Die in 5–10 Minuten, je nach ihrer Textur, gegarten Fische werden auf vorgewärmten Tellern angerichtet.

Die Brühe wird durch ein Sieb gegossen, mit der restlichen Butter aufgeschlagen und abgeschmeckt.

Die heiße Sauce wird dann vorsichtig über die Fische gegeben und jeder Teller mit frischen Kräutern garniert.

Feines von der Küste

Entlang der Küste der Vendée und der Charente-Maritime sind Fische und Schalentiere von hoher Qualität. Schließlich laufen *chalutiers* und *sardiniers*, Schleppnetzkutter und Sardinenfänger, sowie andere Fischerboote von den Häfen Royan, La Cotinière, La Rochelle, Les Sables-d'Olonne und der Croix-de-Vie aus. Die in der Vendée beheimateten Kutter fahren bis in irländische Gewässer, aber für die Schiffe aus der Charente sind Küstengewässer und der Golfe de Gascogne die wichtigsten Fanggründe. Die reizvollste – wenn auch nicht die bedeutendste – Fischversteigerung ist die von La Rochelle. Bieten die Fänge auch Steinbutt, Seeteufel, Seezunge, Rotbarbe, Rochen, Wolfsbarsch oder weißen Thunfisch und kommen frische Hummer, Taschenkrebse, Herz- und Venusmuscheln auf Marktstände und in Fischläden, legt die einheimische Kundschaft besonderen Wert auf drei Kategorien regionaler Spezialitäten. Zur ersten gehören *céteau*, *casseron*, Garnelen und Kaisergranat. Sie mögen die sandigen Küsten- oder küstennahen Gewässer so gern, daß man sie dort in größeren Mengen fängt. Die zweite Kategorie bilden die Austern und Muscheln, für deren Zucht die Mündungsbereiche der Flüsse ideale Bedingungen schaffen, da sich dort Süß- und Salzwasser mischen. Eine Sonderstellung nehmen Glasaal und Aal ein. Letzterer wird gleichermaßen in Salz- wie in Süßwasser gefangen, während die Glasaale in den Flußmündungen erbeutet werden.

Sehr geschätzt ist der *céteau*, ein Plattfisch, der leicht mit jungen Seezungen, den *soles*, verwechselt und oft auch *solette* genannt wird. Ihn zieht es in Frühling und Sommer in die Nähe der Küste, wo er den Fischern zur Beute wird. Meist nur 15–20 cm lang und sehr zart, wird er mit Vorliebe gebraten oder auch für die *chaudrée*, den typischen Eintopf der Fischer, benutzt. Darin findet sich auch der *casseron* wieder, wie der junge Tintenfisch hier am Atlantik heißt. Er kommt in den Küstengewässern zur Welt und wird am liebsten im Alter von etwa sechs Monaten zubereitet. Die sehr geschätzte *crevette rose*, die an die 10 cm lang wird und beim Kochen einen appetitlich leuchtenden Rosaton annimmt, kommt vor der Westküste der Île d'Oléron vor. Ihre Saison reicht von September bis März. Die kleinere *crevette grise* hat gekocht nur ein dezentes Rosa zu bieten, ist aber das ganze Jahr über verfügbar. Beide werden mit

der Mündung der Sèvre, ihr Vergnügen suchen. Sie werden jedoch auch von Kuttern entlang der Küste und vor allem in den Mündungsgebieten der Flüsse gefischt. Dort und ein Stück die Flüsse hinauf, in die sie von der Flut getrieben werden, findet auch die Jagd auf die *piballes* oder *civelles*, die gut 6 cm langen und durchsichtigen Glasaale, statt. Sie werden entweder von Booten aus oder im flachen Wasser am Uferrand stehend mit Körben oder Keschern gefangen. Die Hauptsaison beginnt Mitte Oktober, wenn die im Saragossa-Meer geborenen Glasaale mit dem Golfstrom die französische Atlantikküste erreichen. Obwohl die mildschmeckende Aalbrut auch in der Charente, im Libournais und in Bordeaux als große Delikatesse angesehen wird, können viele Fischer den Höchstpreisen nicht widerstehen, die Spanier und insbesondere Japaner dafür zu zahlen bereit sind. Die Austern aus Marennes-Oléron und Muscheln sind da preiswerter und reichlicher.

Moules de bouchot

Seit dem Mittelalter werden in der Bucht von Aiguillon Muscheln gezüchtet. Zum einen ist sie von der vorgelagerten Île de Ré geschützt, zum anderen senkt die Sèvre niortaise, die in sie mündet, den Salzgehalt, was natürliche Bedingungen schafft, die für Muscheln ideal sind. Wie man anderswo an der Küste der Vendée und Charente, wo Wasserläufe mündeten, versuchte, mit festen Sperren die Fische zurückzuhalten und ihrer auf diese vergleichsweise einfache Weise habhaft zu werden, so tat man es beim Dorf Charron wegen des weichen, schlickhaltigen Untergrunds mit Pfählen. Wie sich bald herausstellte, setzten sich Miesmuscheln daran fest und wuchsen rasch heran: Das Prinzip der Muschelzucht war erfunden. Noch immer pflanzt man in den Boden der Bucht dicht an dicht Reihen meterlanger Eichenpfähle. Immer 84 davon bilden einen *bouchot*. Inzwischen aber hilft man mit Tauen und Netzen nach, damit die Muscheln sich leichter festsetzen können. Geerntet wird nicht mehr per Hand wie früher, inzwischen werden sie mechanisch von den Pfählen gestreift.

Die Muschelzucht, die im 18. und 19. Jahrhundert einen ungeahnten Aufschwung erlebte, verbreitete sich nicht nur bei der Île de Ré, sondern auch zwischen der Île d'Oléron und Brouage, der einstigen befestigten Salzkapitale, dort, wo die Austernparks enden. Die vergleichsweise kleinen *moules de bouchot* sind saftig und fleischig und haben einen ausgezeichneten Geschmack. Sie werden in der Charente gewöhnlich als *mouclade* in einer Sahnesauce zubereitet. Ein Sommervergnügen mit langer Tradition ist die *éclade*. Dazu verteilt man die Muscheln auf einem Brett und bedeckt sie mit einer dicken Schicht Pinienadeln. Diese werden angezündet, so daß die Muscheln eben grillieren und einen feinen Hauch rauchiger Würze annehmen.

Reusen gefangen. Um *langoustines* zu erbeuten, müssen die Kutter weiter in den Golfe de Gascogne hinausfahren. Dieser kleine Verwandte des Hummers (eine Verwandtschaft, die man an den Scheren erkennt), auch Kaisergranat oder *scampi* genannt, liebt schlammige Meeresböden, die er nachts auf Beutefang verläßt. Dann kann man ihn mit besonders engmaschigen Schleppnetzen, die über den Meeresboden schleifen (und ökologische Schäden anrichten) einfangen. Aale sind zum größeren Teil beliebte Beute der Freizeitfischer, die auf den zahlreichen Wasserarmen der Poitevinischen Sümpfe, dieses beeindruckenden Wassergartens zwischen Niort und

Die an der ganzen Atlantikküste verbreitete *chaudrée*, ein Fischeintopf, wurde einst aus den nicht verkauften Fischen hergestellt, heute ist sie das Gegenstück zur provenzalischen Bouillabaisse.

Eine Julienne von feingeschnittenem Gartengemüse in Sahne, die man im Poitou-Charentes so häufig verwendet, garniert die kurz im Backofen erwärmten Austern.

Die an der Küste gezüchteten Miesmuscheln ißt man in der Charente am liebsten als *mouclade* mit einer cremigen Sauce aus dem Weinsud der Muscheln, Eigelb und Crème fraîche.

Kartoffeln der Île de Ré und Austern der Île d'Oléron gehen in dieser Galette eine regional geprägte und sehr schmackhafte Verbindung ein.

Von Hand geformt, in goldenes Metallpapier und die typische *bourriche*, den Spankorb, verpackt, erreicht Beurre Échiré die Kunden.

Frankreichs beste Butter
Échiré

Butter nimmt heute so selbstverständlich einen Platz auf unseren Tischen ein, daß man glauben möchte, er gebühre ihr seit Jahrhunderten, doch in Wirklichkeit begann ›die gute Butter‹ erst seit kaum hundert Jahren von sich reden zu machen, zumindest in den Familienküchen. In die Schloßküchen hatte sie bereits im 16. Jahrhundert Einzug gehalten. Gegeben hat es sie wohl schon seit Jahrtausenden, aber sie war ein seltenes, da zu schnell verdorbenes Produkt.

In den beiden Charentes bereitete ein Insekt der Butter den Boden: die Reblaus. Sie vernichtete die Weinstöcke und ließ manchem ruinierten Winzer keine andere Wahl als die Milchwirtschaft. 1888 wurde die erste Genossenschaft gegründet, und mit der Einführung der Pasteurisierung sowie gezielter Zucht von Milchkühen florierte das Geschäft, zumal das feucht-temperierte Atlantikklima auf den Böden saftiges Gras gedeihen ließ.

In Échiré, einem Dorf nordöstlich von Niort, dessen Weiden von der Sèvre niortaise umgürtet werden, hat man die Vorteile der Natur optimal zu nutzen gewußt, und die 1894 gegründete Genossenschaft wacht über das Wohlergehen ihrer Mitglieder und deren Kühe. Mit eigenen Lastwagen wird jeden Tag die Milch eingesammelt, um sie so frisch wie möglich zu verarbeiten.

Nach der Entrahmung in der Zentrifuge werden der Sahne 1–2 % Milchferment zugesetzt und sie bekommt 16–18 Stunden Zeit, bei 14 °C biologisch zu reifen. Noch immer wird sie dann in dem großen, unverwüstlichen Teakholz-Butterfaß geschlagen. Das ständige Schlagen bricht die Hüllen der Fettkügelchen auf, das Butterfett wird frei und ballt sich zu immer größeren Klümpchen, den Butterkörnern, zusammen. Haben sie die Größe von Erbsen erreicht, wird die fast fettfreie Buttermilch abgelassen, anschließend spült man die Buttermilchreste mit Quellwasser aus, damit sie keinen käsigen Geschmack verursachen. Nun folgt das Kneten, bei dem die Körner mit 16 % Feuchtigkeit schließlich eine homogene Masse bilden. Die fertige frische Beurre Échiré, goldumhüllt in ihrem kleinen Spankorb, hat eine vollkommene Konsistenz, und ihr feines Nußaroma erhebt sie über die zahlreichen Konkurrenten aus Poitou-Charentes, aus der Normandie und von anderswo im nördlichen Frankreich.

Links: Durch das schnelle Schlagen der Sahne zerplatzen die Hüllen der Fettkügelchen, das Butterfett wird frei und beginnt das Butterkorn zu bilden.

Crème fraîche

Sie kann süß oder sauer sein, doch versteht man in der Regel unter diesem Begriff die *crème fraîche épaisse*. Auch sie wird durch Entrahmung der Milch gewonnen, erfährt dann aber den Zusatz von Milchfermenten, die zu einer leichten Säuerung führen. Mit 35–40 % Fettgehalt ist sie von sehr cremiger Struktur und eignet sich vorzüglich für die Bindung von Saucen. Am berühmtesten ist der im Calvados erzeugte Sauerrahm von Isigny Ste Mère, der eine eigene Appellation d'Origine Contrôlée besitzt, aber nahezu alle Großmolkereien stellen ein ähnliches Produkt her, auch Échiré.

Hat die Butter die richtige Konsistenz erreicht, entleeren die Arbeiter die stabile Teakholztrommel.

Himmlische Verführung
Angélique de Niort

Der doppelte Burgfried, das Wahrzeichen Niorts, ist das behäbige Relikt einer von Richard Löwenherz vollendeten Burg. Im 15. Jahrhundert wurde der verbindende Wohntrakt eingefügt.

Engelwurz ist seit Jahrhunderten die Spezialität der gemütlichen Stadt am Rande des Marais, und all ihre Confiseure verstehen sie zu kandieren, doch nur Bernard Albert modelliert sie.

Erzengel Gabriel höchstpersönlich soll im Mittelalter einem frommen Mönch das Geheimnis dieses Doldengewächses enthüllt haben, das als Engelwurz und unter dem lateinischen Namen *Angelica archangelica* eine steile Karriere als Heilpflanze antrat. Nicht nur soll sie gegen allerlei Brustleiden – daher im Volksmund auch Brustwurz genannt –, Magen- und Darmbeschwerden, Bißwunden und Rheuma Wunder gewirkt haben, sie galt vor allem als himmlische Waffe gegen die Pest und andere Seuchen. Zwar meinen moderne Wissenschaftler, daß eher Scharlatane als Engel den Ruhm der Angelica verbreiteten, denn sie finden außer ätherischen Ölen keinerlei medizinisch förderlichen Substanzen, weder in Wurzel noch in Stengel oder Samen. Das ändert nichts daran, daß Engelwurz im Jahr 1603 Einzug in Niort hielt, als die Pest in der Stadt am Rande der Poitevinischen Sümpfe verheerend wütete. Weiß man auch nichts über die Heilerfolge der Engelwurz, eins scheint sicher, die Niortais fanden Gefallen an ihrem Geschmack. Jedenfalls besteht in der sich über zwei Hügel an der Sèvre niortaise erstreckenden, gemütlichen und dem Umland eng verbundenen Stadt eine alte Tradition unter den *confiseurs*, die Stengel des Engelwurz zu kandieren. Bereits Ende des 18. Jahrhunderts wurden die leuchtendgrünen Stangen als Leckerei gerühmt, die man *confiture d'angélique* nannte, weil man sie mit Zucker eingemacht hatte (französisch: *confire*).

Vermutlich pflanzte man Engelwurz bereits zu Beginn des 17. Jahrhunderts im Umkreis von Niort, wo sie, nahe der Sèvre, äußerst geeignete Bedingungen vorfand. Denn diese bis zu zweieinhalb Meter hohe Pflanze liebt feuchte, möglichst lehmhaltige Böden, aber dennoch Sonne und ein mildes Klima. Erst im 19. Jahrhundert weitete sich der Anbau aus. Einen symbolischen Anfang setzte ein Notar der Stadt. Als die Burg 1826 abgerissen wurde, von der nur der doppeltürmige Burgfried überlebte, säte er im Burggraben Angelica aus, was die alte Liebe der Niortais zu ihr erneut anfachte. Heute werden in den Deux-Sèvres im Jahr 50 Tonnen Angelica geerntet.

Engelwurz ist eine zweijährige Pflanze, die im ersten Jahr nur Blätter entwickelt. Erst im zweiten

Die begehrten kandierten Angelicastangen werden aus den jungen Stengeln der bis zu zweieinhalb Meter hoch wachsenden Heilpflanze aus dem Sumpf hergestellt.

Jahr treibt sie ihren dicken, geriffelten und hohlen Stengel, von dem die Blütendolden abzweigen. Obwohl man auch Blätter und Samen benutzt, sind die Stengel der wertvollste Teil. Man schneidet sie dicht über dem Boden ab. Entweder verwendet man sie sofort in frischem Zustand oder man konserviert sie auf traditionelle Weise in Salzlauge, in der sie sich bis zu einem Jahr lang halten, ohne ihre natürliche grüne Farbe einzubüßen. Vor Gebrauch müssen sie dann in fließendem Wasser einen halben Tag lang entsalzt werden. Als Vorbereitung zum Kandieren kocht der Confiseur die Stengel zunächst kurz in Wasser auf, läßt sie abkühlen und schält sie. Dann werden sie wiederholt in einem Zeitraum von sechs bis zehn Tagen in immer stärker konzentrierten heißen Sirup getaucht. Schließlich läßt man sie abtropfen, um sie mit Zucker bestreut als Stücke zu verkaufen oder in Formen zu pressen. Confiseur Bernard Albert schneidet aus der grünen Masse mit künstlerischem Sinn und Geschick eine Vielzahl amüsanter Formen. Pierre Thonnard dagegen baut Engelwurz selbst an und dekliniert sie in allen Variationen durch: vom Likör bis zum Coulis. Als kandierte Frucht mit vordergründiger Süße, aber deutlich frisch-herbem Akzent findet sie sich auf oder in mancherlei Kuchen und Torten wieder, immer leicht an ihrem transparenten Grün zu erkennen.

Angelica und der Frosch: Was Süßigkeit gewordene Märchenerinnerung sein könnte, wurzelt im Marais selbst, wo eins ohne das andere nicht sein kann und ihr Grün ihn besser kleidet als sein eigenes.

Diese buchstäblich süße Kuh ist eine engelwurzmäßige Huldigung an jene Kreatur, die Poitou-Charentes eins seiner berühmtesten Produkte schenkt: die Butter.

Diese individuelle Auffassung einer Sumpfdotterblume besitzt den unleugbaren Vorteil, daß man sie mit Stumpf und Stiel genießen kann, auch wenn es im Grunde schade ist.

Weitaus mehr der grünhalsigen Wildenten, *colverts*, sind im Marais anzutreffen als Exemplare dieses artgeschützten Angelicageflügels, das zwei der Spezialitäten Niorts verkörpert.

POITOU-CHARENTES & LIMOUSIN

Limousin-Rinder

In Lascaux haben prähistorische Künstler wunderschöne rostrote Kühe an den Höhlenwänden verewigt: die Urahnen der Limousin-Rinder. Und noch heute, wo Abertausende dieser Tiere die so grünen Regionen der Haute-Vienne, der Creuse und der Corrèze bevölkern, fällt ihr leuchtendes, gleichmäßig gefärbtes Fell auf. Aber seit den etwa 17000 Jahre alten Malereien in den Grotten von Lascaux haben diese Rinder einen weiten Weg zurücklegen müssen.

Die Auerochsen, die zu der Zeit wild diesen Teil Frankreichs bevölkerten, begannen ihre langsame Verwandlung, als es den Menschen in der Jungsteinzeit gelang, sie zu domestizieren. Prägend für die Rasse wurden die natürlichen Bedingungen. Auf den Hochebenen, die bis zu einer Höhe von 800 m reichen, bestehen die Böden aus Granit, sind sauer und arm und enthalten wenig Mineralien. Die natürlichen Weideflächen, die sich, unterbrochen von Wäldern und großen Farnflächen, dort erstrecken, bieten für Rinder kein reichhaltiges Gras, sondern eine eher unausgewogene Nahrung. Diese Ernährung hat zweifellos Einfluß auf ein typisches Merkmal der Limousin-Rasse genommen: ihren feingliedrigen Knochenbau. Die große Widerstandskraft und Anpassungsfähigkeit verdankt sie dagegen dem Klima ihrer Heimat, das von Extremen gekennzeichnet ist. Harten und oft langen Wintern, in denen die Temperatur bis auf 15 °C absinken kann, stehen Sommer mit sengender Hitze und heftigen Gewittern gegenüber. Überhaupt regnet es reichlich.

Die Rinder – heute berühmt wegen ihres ausgezeichneten mageren Fleisches – dienten den Bauern in früheren Jahrhunderten in erster Linie als Zugtiere. Sie spannten sie vor die Pflüge, um die kargen Felder zu bearbeiten. Sie konnten es sich gar nicht leisten, mehrere Kühe zu halten. Bauern und Rinder teilten ein hartes Los. Allein Angehörige des Adels und des Klerus verfügten bisweilen über ansehnliche Herden, über Milch, Käse und gutgefüllte Fleischtöpfe. Nur die Mitglieder der allmählich im 17. und 18. Jahrhundert in den größeren Städten heranwachsenden Bourgeoisie konnten sich überhaupt Gedanken über Fleischqualität machen. Die Landbevölkerung wurde durch Abgaben dermaßen geschröpft, daß all ihre Kraft im täglichen Kampf ums Überleben aufgezehrt wurde. Erst nach der Revolution begannen sich die Lebensumstände zu bessern. Zugleich entwickelten sich Industrie und Handel, im Limousin Porzellan- und Textilhandel. Die Städte prosperierten. Eisenbahn und ein erweitertes Straßennetz führten zu verstärktem Austausch. Die Nachfrage nach Fleisch stieg steil an und damit auch die Preise. So waren die Voraussetzungen für die Entwicklung der Limousin-Zucht zusammengekommen. Außerdem hatte sich die Landwirtschaft gewandelt. Es wurden nun größere Flächen bewirtschaftet, auf denen sich der Futteranbau ausweitete. Man züchtete nun Rinder, weil man eine Perspektive besaß: Es galt ihre Fleischqualität zu verbessern. So entstand 1886 das Herd-Book der Limousins, und im ersten Drittel des 20. Jahrhunderts wurde Limousin als reine Rinderrasse etabliert.

Mit ihrer Anpassungs- und Widerstandsfähigkeit, ihrer hohen Trächtigkeitsrate und dem problemlosen Kalben, mit dem an Edelstücken reichen Schlachtkörper und geschmacklicher Qualität hat die Limousin-Rasse in mehr als 60 Ländern Verbreitung gefunden, womit sie die meistexportierte europäische Fleischrasse ist. Sie wird in verschiedenen Sorten angeboten:

Veau de lait fermier du Limousin: Das Milchkalb stammt von kleinen und mittleren Höfen. Es ernährt sich nur durch Säugen. Geschlachtet im Alter von vier Monaten, wiegt es 170–200 kg. Sein Fleisch ist elfenbeinfarben mit leicht rosa Schimmer, besonders zart und wohlschmeckend.

Veau de Saint-Étienne: Die jüngsten Rinder, bei denen es sich meist um Färsen handelt; sie sind als Milchkälber aufgewachsen, erhalten dann Grün- und Kraftfutter und werden mit 8–10 Monaten und 350–450 kg Lebendgewicht angeboten. Das junge, zarte Fleisch ist hell.

Veau de Lyon: Früher wurden sie mit 10–15 Monaten und 400–500 kg Gewicht von den Metzgern verlangt. Heute läßt man diese jungen Rinder meist fünf Monate länger mästen, was ihr Gewicht um 20–30 % erhöht, und bietet sie als reiferes Rindfleisch an.

La vache de réforme: Jungkühe im Alter von mehr als zwei Jahren mit 300–360 kg Schlachtgewicht (oder mehr) schenken das schmackhafteste Fleisch, feinfaserig, zart und saftig. Gut gepflegte Kühe liefern diese Qualität bis zum Alter von zehn Jahren, weshalb es vorwiegend von ausgemusterten Tieren stammt.

Ein stattlicher Limousin-Bulle, genügsam und robust

Paupiettes de bœuf
Rindsrouladen
(im Bild vorn)

200 g gesalzener Bauchspeck
4 Rinderrouladen, je etwa 180 g (aus der Schulter)
Salz und Pfeffer aus der Mühle
1 EL Gänse-, Enten- oder Schweineschmalz
1 Möhre
1 Zwiebel
300 ml Rindfleischbrühe
1 Knoblauchzehe, zerdrückt
1 Bouquet garni
4 Scheiben getrockneter Steinpilz
150 g eingelegte Kapern

Den Speck von der Schwarte befreien und in 4 schmale Stäbchen schneiden, die der Breite der Rouladen entsprechen. Speck und Schwarte in einem Topf mit kaltem Wasser aufsetzen, zum Kochen bringen, 10 Minuten köcheln lassen, abgießen und abtropfen lassen. Die Rouladen mit Pfeffer würzen, jeweils um ein Speckstäbchen rollen. Mit Küchenzwirn umwickeln, leicht salzen und pfeffern.

Das Fett in einem Schmortopf erhitzen, die Rouladen darin von allen Seiten kräftig anbraten. Möhre und Zwiebel putzen, schälen und vierteln. Zum Fleisch geben und dünsten, dann mit der Rindfleischbrühe aufgießen. Knoblauch, Bouquet

POITOU-CHARENTES & LIMOUSIN

Das Milchkalb von Brive

Seinen gastronomischen Ruf hat Brive-la-Gaillarde im Laufe der Jahrhunderte aufgebaut. Frühgemüse und Früchte seiner Ebene, Stopfgeflügel und Trüffeln der Wintermärkte, Steinpilze mit schwarzen Köpfen und orangefarbene Pfifferlinge helfen mit, glaubhaft zu machen, daß wir uns im Schlaraffenland befinden. Seit grauer Vorzeit ist auf den Höfen des Nieder-Limousin außerdem die Zucht der Limousin-Rinder als Arbeits-, Milch- und Fleischrasse eine festverankerte Tradition. Die Kuh mit dem rostroten Fell gibt ihr Bestes bei der Erzeugung von Muttermilchkälbern. Kaum mehr als zwei verhätschelte und verwöhnte Kälber gibt es pro Stall: keine Berührung mit Gras, ausschließlich das Euter der Mutter und das einer ›Tante‹, falls das Kalb zu gefräßig ist, und bisweilen einige frische Eier, um die Diät aufzubessern. Das Ergebnis ist ein elfenbeinfarbenes, leicht rosagetöntes Fleisch mit ausgeprägtem Haselnußgeschmack, einem außergewöhnlichen Garverhalten, einem Saft von extremer Finesse und schmackhaften Consommés, die den guten Ruf dieses Resultats althergebrachten *savoir faire* vollkommen rechtfertigen.

garni und Steinpilz hinzufügen. Leicht salzen, pfeffern und zugedeckt 1 Stunde köcheln lassen. Dabei darauf achten, daß genügend Bratensaft bleibt (mindestens 2 cm hoch im Topf). Gegebenenfalls mit Rindfleischbrühe aufgießen.
Die Speckschwarte fein hacken und mit den Kapern zu dem Fleisch geben. Weitere 20 Minuten köcheln, dann sofort heiß servieren.
Als Beilage ist ein Selleriepüree besonders gut geeignet.

Fraise de veau poulette
Kalbsgekröse in *sauce poulette*
(im Bild hinten rechts)

Für 6 Personen

4 Knoblauchzehen
1 Möhre
1 Stange Staudensellerie
1 Zwiebel
1 Bouquet garni
500 ml trockener Weißwein
1 Gewürznelke
10 schwarze Pfefferkörner
1 EL Mehl
grobes Meersalz
1,2 kg Kalbsgekröse, in Stücke von je 4 cm Größe geschnitten
1 Bund glatte Petersilie, fein gehackt

Sauce
1 EL Gänse- oder Entenfett
1 EL Mehl
4 l Kuttelbrühe
150 ml Crème fraîche
2 Eigelb
Saft von 1/2 Zitrone
1 Prise geriebene Muskatnuß

Die Knoblauchzehen schälen und zerdrücken, das Gemüse putzen, Möhre und Staudensellerie in Scheiben, die Zwiebel in Ringe schneiden. Zusammen mit den Kräutern und Gewürzen in einem großen Topf mit Wein und 4 l Wasser aufsetzen. Das Mehl dazusieben und mit dem Schneebesen unterrühren. Aufkochen und salzen. Das Kalbsgekröse hineingeben und 1 Stunde bei mittlerer Temperatur darin kochen lassen. Den Topfdeckel dabei nur zu drei Vierteln aufsetzen.
Eine Mehlschwitze leicht bräunen und etwas abkühlen lassen. Wieder auf den Herd stellen und nach und nach unter ständigem Rühren 3–4 l Kuttelbrühe hinzufügen. Zum Kochen bringen und 20 Minuten bei niedriger Temperatur brodelnd kochen, dabei hin und wieder mit dem Schneebesen umrühren. Crème fraîche, Eigelb, Zitronensaft und Muskat in einer kleinen Schüssel vermengen. Die Brühe vom Herd nehmen und mit der Sahnemischung sofort binden. Das Fleisch in ein Sieb gießen, in die Sauce geben und mit Petersilie bestreuen. Sofort heiß servieren.

Rôti de veau de lait fermier en croûte de sel
Milch-Kalbsbraten in Salzkruste
(im Bild hinten links)

Für 4–5 Personen

1,2 kg Kalbsbraten (aus Schulter oder Nuß)
2 EL Gänse- oder Entenfett
Pfeffer aus der Mühle
1 Möhre, in Scheiben
1 Zwiebel, in Ringen
4 EL Mehl
6 EL grobes Meersalz
4 Eiweiß

Den Braten pfeffern. Das Fett in einer Pfanne erhitzen, das Fleisch darin rundum kräftig anbraten und herausnehmen. Möhre und Zwiebel in einen Bräter geben, das Fleisch darauflegen und im vorgeheizten Backofen bei 240 °C 10 Minuten garen. Das restliche Fett mit Mehl, Meersalz und Eiweiß im verbliebenen Bratfett in der abgekühlten Pfanne zu einer glatten Mischung vermengen. Diese als Kruste auf dem Braten verteilen und weitere 25 Minuten im Backofen braten. Herausnehmen und 30 Minuten ruhenlassen. Dann die Salzkruste aufschlagen, das Fleisch aufschneiden und auf einer Platte mit dem Gemüse anrichten. Als Beilage bieten sich in weißem Fond gekochte Schwarzwurzeln oder in Butter sautierte Pfifferlinge an.

247

Bildatlas zum französischen Fleischschnitt beim Rind

Die Numerierung der einzelnen Stücke erfolgt von oben nach unten, beim Vorderteil des Rindes beginnend. Sie ist abgestimmt auf die Skizze von Seite 162.

1. **Collier** – Hals oder Nacken, günstiges und festes Fleisch, das bei langem Garen viel Geschmack entwickelt.
2. **Gras bout de poitrine** – Fettes Bruststück, das sich an den Nacken anschließt; es eignet sich ebensogut als Kochfleisch wie zum Schmoren.
3. **Basses côtes** – Hohe Rippe, gut mit Fett durchzogen, ergibt sie einen ausgezeichneten Rinderbraten.
4. **Macreuse à pot-au-feu** – Schaufelstück oder Schulterspitz, das viel Gelatine enthält und am besten geschmort wird.
5. **Jumeau à pot-au-feu** – Unterer vorderer Schulterteil, der einen ausgezeichneten Rindfleischeintopf ergibt.
6. **Paleron** – Schaufeldeckel, das oberste mittlere Schulterstück, das besonders gern für Ragouts verwendet wird.
7. **Jumeau à bifteck** – Zentraler unterer Schulterteil, dessen Fleisch recht zart ist und als Beefsteak zubereitet wird.
8. **Macreuse-à-bifteck** – Hinteres Bugstück, das zarter als das vordere und zum Kurzbraten geeignet ist.
9. **Côte** – Hohe Rippe, das Rindskotelett, genießt in Frankreich höchstes Ansehen, ob gegrillt oder gebraten.
10. **Entrecôte** – Vorderes Zwischenrippenstück, das von etwas Fett durchzogen ist, zum Grillen oder Braten.
11. **Plat-de-côtes** – Schmor- oder Spannrippe, die über der Brust sitzt, läßt man lange Zeit bei niedriger Temperatur schmoren.
12. **Tendron** – Brustschnitte, Scheibe zwischen den Vorderbeinen und dem Bauch, die lange geschmort viel Saftigkeit verleiht.
13. **Faux-filet** – Schmackhaftes Lendenstück, das zwischen Rumpsteak und Entrecôte und zum Teil über dem Filet liegt, kurzgebraten oder als Roastbeef.
14. **Bavette de flanchet** – Aus dem oberen Lappen werden dünne Scheiben geschnitten, hervorragend für saftige Rouladen.
15. **Flanchet** – Bauch oder unterer Lappen, ein gut durchzogenes Stück, das insbesondere als Suppenfleisch empfohlen wird.
16. **Rumsteck** – Rumpsteak stammt aus der Hüfte, dem hinteren, oberen Teil des Rinderrückens, und gilt als das beste Steak.
17. **Filet** – Filet, das feinste Stück des Rinds, aus dessen Spitze man die kleinen dicken Tournedos schneidet.
18. **Hampe** – Die Wamme, das Zwerchfellstück, ein Muskel an der Keule, der als besonders aromatisches Beefsteak geschätzt wird.
19. **Onglet** – Inneres Zwerchfellstück, unter dem Filet sitzend, mit langfaserigem Fleisch und viel Geschmack, kurzgebraten gern mit Schalotten serviert.
20. **Bavette d'aloyau** – Lendenstück, hinterstes Lappenstück, bietet recht zartes und aromatisches Fleisch zum Grillen oder kurzen Braten.
21. **Aiguillette Baronne** – Schmaler Streifen vom obersten Zipfel der Nuß, den man gut im ganzen braten kann.
22. **Merlan** – Mageres Stück aus der vorderen Oberschale der Keule, das besonders gut gegrillt schmeckt.
23. **Poire** – Birnenförmiges, besonders edles und zartes Stück aus der Mitte der Oberschale, roh, für Fondue und geschmort.
24. **Rond de tranche** – Kluftscheibe, auch *tranche grasse* genannt, zartes Fleisch für Medaillons und Steaks von der Keule.
25. **Mouvant** – Unterstes und vorderstes Stück der Unterschale; es ist so mager, daß man es spickt und als Roastbeef brät.
26. **Araignée** – (Wörtlich: Spinne) Die Maus, gut durchzogenes zentrales Keulenstück, das der Metzger gern für sich selbst zurückhält.
27. **Gîte à la noix** – Nuß, das zentrale und beste Stück aus der Keule, das man als Braten oder Schmorfleisch zubereitet.
28. **Gîte et jarret** – Hesse, Fleisch, oder besser eine Scheibe vom Bein (Vorder- wie Hinterbein) mit Markknochen, dient vor allem zu Rindfleischbrühe und Eintopf.
29. **Rond de gîte** – Hinterstes schieres Stück der Oberschale, das sich zum Beispiel ausgezeichnet roh als Carpaccio genießen läßt.
30. **Queue** – Ochsenschwanz, der oft an den Gelenkstücken zerteilt und dann zur Scheibe zusammengebunden wird, ist lange geschmort äußerst schmackhaft.

1 *Collier*

6 *Paleron*

2 *Gras bout de poitrine*

7 *Jumeau à bifteck*

3 *Basses côtes*

8 *Macreuse-à-bifteck*

4 *Macreuse à pot-au-feu*

9 *Côte*

5 *Jumeau à pot-au-feu*

10 *Entrecôte*

König der Kaninchen

Aufgrund ihrer reichen Ernährung genießen die Kaninchen aus der Umgebung von Angers einen sehr guten Ruf. Im Burgund, in der Provence, im Périgord und im Limousin versteht man sich ausgezeichnet auf ihre Zubereitung. Seit langer Zeit werden auch in der Gegend um La Rochelle, im Pays d'Aunis, Kaninchen gezüchtet, so daß sich dort eine lokale Rasse entwickelte, die Experten als ›Rex du Magneraud‹ bekannt ist. Diese Rasse ist unter Beachtung des Geschmacks gezielt weiterentwickelt worden, und 1993 schloß sich ein gutes Dutzend Züchter im Poitou-Charentes zusammen, um unter der Bezeichnung ›Rex de Poitou‹ hochwertige Kaninchen mit garantierter Herkunft anzubieten. Die Größe der Herden ist auf die vergleichsweise niedrige Zahl von nicht mehr als 150 Muttertieren beschränkt, so können die Tiere viel artgerechter gehalten werden als in industrieller Aufzucht. Sie bekommen Luzerne und anderes Grünfutter und werden mit Getreide zugefüttert. Sie wachsen langsamer und leben länger als sonst üblich. Mit 18 Wochen, wenn sie knapp fünf Pfund wiegen, ereilt sie ihre Bestimmung. Dann bieten sie ein feinstrukturiertes, saftiges, doch gut zusammenhaltendes, reifes und aromatisches Fleisch. Es eignet sich für sämtliche Zubereitungsarten, ob geschmort, gebraten oder mariniert als Ragout.

Küche der Autarkie

In Brive-la-Gaillarde, der Kapitale des Nieder-Limousin, verteidigt Charlou Reynal, wortgewandter Küchenchef, den kulinarischen Reichtum dieses Knotenpunkts. Dabei streitet er nicht nur für Gerichte vom Limousin-Rind, nicht nur für Kaninchen und violetten Senf, sondern setzt sich kochend und konferierend für authentische Gerichte und Zutaten ein. Er propagiert die Küche der Autarkie, die traditionelle Zubereitungen aus der Alltags- und Festtagskost der Landbevölkerung des Limousin und seiner Nachbarregionen bewahrt. Für ihre Gerichte konnten sie nur Zutaten verwenden, die sie auf dem Hof hatten. Der gefüllte Kohl, der kein frisches Fleisch enthält, ist für Reynal zum Symbol der autarken Küche geworden. Speck kam aus dem Pökelfaß, Schmalz aus dem Tontopf, Gemüse aus dem Garten, Brot aus dem eigenen Ofen, Milch aus dem Stall, Eier von den Hühnern. Und weil man nicht nach Rezept einkaufen ging, sondern Rezepte auf vorhandene Zutaten abstimmte, entstanden die verschiedenen Varianten dieser Gerichte.

Auch die *mique* oder *farce dure* zählt zu diesen authentischen Gerichten, die man in keinem alten Kochbuch findet, weil solche ländliche Brotresteverwertung der Bourgeoisie nicht fein genug war. Dabei gehörten viele Eier und am besten ein Stück Butter hinein, wiederum alles Zutaten aus eigener Erzeugung. Und während die eine Variante im eingefetteten Topf stockte, garte eine andere in einer Brühe aus Karotten, Porree, Kohl, gelben oder weißen Rüben und Kartoffeln, aromatisiert mit einer nelkengespickten Zwiebel, einem Bouquet garni mit Lorbeer, Thymian und Selleriezweig. Als Fleischbeilage kam gepökelte Schweinerippe und Gekrösewurst dazu.

Choux farcis
Gefüllter Kohl

1 Grünkohl, 1,2–1,5 kg
1 Möhre, dünn geschnitten
1 Zwiebel, dünn geschnitten
½ Lorbeerblatt
1 Zweig Thymian
Füllung
200 g Bauernbrotkrumen
200 ml Milch
6 Schalotten
2 Knoblauchzehen
1 EL Gänse-, Enten- oder Schweineschmalz
300 g fetter Speck
1 Handvoll Sauerampfer
1 Bund glatte Petersilie
2 Mangoldblätter
1 Ei
Salz und Pfeffer aus der Mühle

Den Grünkohl putzen, mit kaltem Wasser aufsetzen, salzen, zum Kochen bringen und 10 Minuten kochen. Unter fließendem kaltem Wasser abschrecken, abtropfen lassen. Die Blattrippen entfernen. Die Brotkrumen in Milch einweichen. Schalotten und Knoblauch halbieren und beides im Fett andünsten. Herausnehmen und mit Speck, Brot, Sauerampfer, Petersilie und Mangoldblättern grob hacken, salzen, pfeffern und mit dem Ei verrühren. Die grünen Kohlblätter ausbreiten, mit je einem weißen Blatt bedecken und etwas Farce daraufgeben. Die Blätter über der Füllung zusammenlegen und mit Küchengarn verschnüren.
Den Backofen auf 200 °C vorheizen. Möhre und Zwiebel im verbliebenen Fett dünsten, mit 1 l Wasser aufgießen, Gewürze zugeben, salzen, leicht pfeffern. Die Kohlrouladen hineingeben und 45 Minuten zugedeckt im Ofen schmoren.

Die Zutaten der Füllung lassen sich zur *farce dure* verarbeiten: je 100 g zusätzliche Brotkrumen und Speck, 2 Mangoldblätter und 3 Eier mehr verwenden und die Masse in einer Pastetenform bei 220 °C im Backofen 20 Minuten mit und 20 Minuten ohne Deckel garen. Stürzen und lauwarm oder kalt servieren.

Lapereau à la moutarde violette
Kaninchen in Senfsauce
(Abbildung rechts)

Für 2 Personen

1 Kaninchenrücken (mit den ersten 2 Rippen) oder 2 Kaninchenkeulen (zusammengebunden)
Salz und Pfeffer aus der Mühle
2 EL Butter aus Echiré
1 Zwiebel
200 g violetter Senf aus Brive-la-Gaillarde
2 Streifen Bauchspeck, je 40 g
200 ml Rotwein ›Mille et une pierre‹ der Corrèze
1 Zweig Thymian

Das Fleisch salzen und pfeffern, im heißen Fett in einem Schmortopf leicht anbraten, herausnehmen und beiseite stellen. Die Zwiebel in Ringe schneiden, im Bratfett dünsten, salzen und pfeffern. Das Fleisch mit Senf bestreichen (2 EL zurückbehalten), wieder in den Schmortopf legen, mit dem Speck bedecken und ohne Deckel im vorgeheizten Backofen bei 220 °C 30 Minuten garen. Fleisch und Zwiebel separat herausnehmen. Das Bratfett abgießen, den Topf auf den Herd stellen, Rotwein und Thymian zugeben, aufkochen und auf die Hälfte reduzieren. Den restlichen Senf unterrühren. Zwiebel, Kaninchen und Speckstreifen auf eine Platte schichten, im Ofen 30 Sekunden wärmen und sofort mit der Sauce servieren.

Bas rond de lapin à la gaillarde
Geschmortes Kaninchen nach Art von Brive

Für 3–4 Personen

1 EL Gänse-, Enten- oder Schweineschmalz
Keulen und Rücken (zusammenhängend) von 1 großen Kaninchen
Salz und Pfeffer aus der Mühle
4 große Tomaten aus Marmande
10 Schalotten
2 Knoblauchzehen
1 Zweig Thymian
500 g Steinpilze, geputzt

Fett in einem gußeisernen Topf erhitzen. Das Kaninchen salzen und pfeffern und rundum in Schmalz anbraten. Die Tomaten häuten, entkernen und achteln. Mit den restlichen Zutaten zum Fleisch geben. Abschmecken und 30–40 Minuten sanft schmoren lassen. Dazu paßt ein Makkaroni-Gratin.

Choux farcis – Gefüllter Kohl

Bas rond de lapin à la gaillarde – Geschmortes Kaninchen nach Art von Brive

Violetter Senf

Er vereint Süße und Schärfe, besitzt eine dunkelviolette Farbe und gibt gebratener Entenbrust, Kurzgebratenem von Limousin-Rindern oder Kälbern, Blutwürsten und anderem Schweinernem einen kecken, würzigen Akzent. Der aus der Corrèze stammende Papst Klemens VI., der im 14. Jahrhundert in Avignon residierte, hielt es dort ohne violetten Senf anscheinend nicht aus. Aus seiner Heimatregion ließ er deshalb Messire Jaubertie kommen, der ihm die geliebte Würze eigens zubereitete. Sie gelang so vortrefflich, daß der Heilige Vater ihn zum Grand Moutardier du Pape ernannte. Im 19. Jahrhundert stieg der violette Senf dann zur weithin bekannten Spezialität Brives auf. Sie drohte völlig in Vergessenheit zu geraten, als ihre Herstellung Ende der fünfziger Jahre eingestellt wurde. Doch 1986 nahm der letzte Fabrikant, das seit 1839 bestehende Likörhaus Denoix, die Erzeugung erneut auf. Der Senf basiert auf ausgesuchten roten Trauben, die entkernt, dann gekocht und anschließend noch durch ein Sieb gestrichen werden. Allein der natürliche Traubengehalt verleiht dem Most eine intensive Süße. Ihm werden gemahlene Senfkörner, Essig und Gewürze untergemischt. Der cremige Senf eignet sich auch ausgezeichnet, um Fleisch vor der Zubereitung zu würzen oder Saucen damit zu verfeinern.

Star unter den Weinbränden

Cognac

Am Ufer der Charente drängen sich die langgestreckten Lagerhäuser. Würziger Geruch steigt in die Nase. Auf Wänden haftet schwarzer Pilz, watteähnlich: *Torula cognaciensis*. Er gedeiht, wo Alkohol verdunstet. Denn im Dunkel der hohen, luftigen *chais*, der Lagerkeller, schlummern Tausende gefüllter Fässer. Vom Fluß kriecht spürbar Feuchtigkeit herauf. Seine Nähe fördert natürliche Reduzierung und sanftes Altern. Ganz allmählich wandelt sich anfangs siebzigprozentiger Branntwein in den feinsten Weinbrand der Welt.

Früh schon zog das Gebiet um La Rochelle und die Gironde-Mündung Händler an, insbesondere die Hanse schickte ihre Schiffe, und zwar wegen des Salzes, das an der Küste gewonnen wurde. Aber die Koggen segelten auch die Charente hinauf und luden im Städtchen Cognac zusätzlich Wein. Der überstand bei weitem nicht jede Reise. Deshalb kamen Holländer auf den Gedanken, ihn zu brennen. Das stabilisierte den Rebensaft nicht nur, es verringerte auch sein Volumen. Am Bestimmungsort angekommen, konnte das Destillat von den Abnehmern nach eigenem Geschmack wieder verdünnt und aromatisiert werden. Doch das 17. Jahrhundert brachte dem Gebiet diverse Unruhen und somit Absatzkrisen. In Cognac stapelten sich die Fässer. Das Destillat begann zu altern und verfeinerte sich zu dem, was dann unter dem Namen der Stadt berühmt werden sollte.

Heute hat sich das Cognac-Gebiet ausgeweitet. Es nimmt große Teile der Departements Charente und Charente-Maritime ein und wird im Westen vom Atlantik begrenzt. Selbst die Inseln Ré und Oléron sind klassiert. Aber von seinen sechs Anbauzonen erzeugen nur vier bemerkenswerte Qualitäten. Die Borderies liefern weiche, bukettreiche Brände, die Fins Bois schneller alternde Destillate. Am angesehensten sind die Petite und insbesondere die Grande Champagne zwischen Cognac, Jarnac und Segonzac. Ursache für die Qualität ist der kreidehaltige Boden, nichts anderes besagt das Wort Champagne. Er verleiht dem Cognac letztlich die Finesse. Übrigens ist in einem Fine Champagne mehr als die Hälfte Grande und der Rest Petite Champagne. Der Grundwein wird überwiegend aus der Sorte Ugni Blanc, die man hier Saint-Émilion nennt, gekeltert. Es ist ein schwacher, saurer, neutraler Weißwein. Das Destillieren geschieht mit dem Charentaiser Alambic in zwei Fraktionen. Zunächst fängt der Brennmeister oder *bouilleur de cru*, wie die unabhängigen Winzer und Selbstdestillierer heißen, den Rauhbrand, *brouillis*, auf, der etwa 28 Alkoholgrad besitzt. Damit füllt er die Brennblase erneut für die *bonne chauffe*. Indem er Unreinheiten des Vor- und Nachlaufs absondert, erlaubt sie ihm, nur das sogenannte Herz zu gewinnen, das entsprechend feine, um 70 % starke und wasserklare Destillat. Unverzüglich setzt der so wichtige Alterungsprozeß ein. In neue Fässer aus Tronçais- oder Limousineiche gefüllt, beginnt der Cognac im *chai*, aus dem Holz Tannine und Aromastoffe aufzunehmen und sich durch verhaltene Oxidation und Verdunstung immer mehr zu harmonisieren und aromatisch zu entwickeln. Durch Umlagerung in ältere Fässer vermag der Kellermeister diesen Vorgang zu regulieren. Bis zu 50 Jahre schreitet die Verfeinerung des Weinbrands voran. Dann hat er seinen Höhepunkt erreicht. Da er bei noch längerem Holzlager abbauen würde, füllt man ihn in Glasbonbonnen, etwa 50 Liter fassende Glasflaschen im Korbgeflecht, falls er nicht gleich in Flaschen kommt. Das Cognac-Gebiet ist deshalb so hervorragend für die Alterung von Weinbränden geeignet, weil es eine hohe Luftfeuchtigkeit besitzt. Sie sorgt dafür, daß die Verdunstung verhalten, gewissermaßen im Zeitlupentempo, stattfindet, und das garantiert dem Cognac seine Finesse.

Während kleinere Erzeuger bisweilen unreduzierte und unverschnittene Cognacs anbieten, sind die weltbekannten großen Häuser stolz auf die Beständigkeit ihrer Cuvées. Es erfordert große Erfahrung, um Brände verschiedenen Alters und unterschiedlicher Herkunft miteinander zu assemblieren und sie in der Stärke zu reduzieren, um immer wieder den typischen Geschmacksstil des Hauses herauszuarbeiten. Dies gilt für jedes Altersniveau. In Wirklichkeit werden alle Qualitätsstufen mit zum Teil wesentlich älteren Cognacs aufgebessert. Außerdem gibt es Luxus-Abfüllungen aus den Schatzkammern der Erzeuger. Erst nach Jahrzehnten der Reife entwickeln Cognacs neben Röst- und Würznoten, floralen oder fruchtigen Aromen Vielfalt und Länge – und jenen unvergleichlichen Hauch von Rancio, den an junge Walnüsse erinnernden Alterston, der ihre Klasse beweist.

Cognac-Kategorien
- Drei-Sterne: mehr als zwei Jahre Holzreife
- V.S.O.P. (Very Old Special Pale), V.O., Réserve: mehr als vier Jahre Holzausbau
- Napoléon, Extra, XO oder Vieille Réserve: über sechs Jahre im Faß

Dieser typische Charentaiser Alambic ist ein für fraktionsweises Brennen geschaffener Kolben, der in zwei Durchgängen feinen Weinbrand liefert.

Das Geheimnis der Cognacs beruht auf ihrer Reifung in Eichenfässern. Anfangs farblos, nehmen sie über Jahre und Jahrzehnte einen immer dunkleren Farbton und immer komplexere Aromen an.

Eine solche Auswahl an teils sehr alten und grandiosen Cognacs, die in luxuriöse Flaschen gefüllt wurden, findet man im Anbaugebiet nur in dessen Hauptstadt und dort in der berühmten Cognathèque, die eine der größten Cognacsammlungen der Welt besitzt.

Nur jahrzehntelange Alterung verleiht einem Cognac diese hinreißende und vielversprechende Farbe. Der Connaisseur vermag sie richtig einzuschätzen, und das verlängert seine Vorfreude: Er weiß, daß ihm ein vollkommener Genuß bevorsteht. Und ein optimaler alter Cognac hat eine Flasche aus edlem Kristall verdient.

Pineau des Charentes

Ein schusseliger Cognac-Brenner soll aus Versehen frisch gepreßten Most in ein Faß gefüllt haben, das noch zu einem Viertel voll mit Cognac war. Wütend über sein Mißgeschick rollte er es in eine Ecke des Kellers. Als er nach Jahren davon zapfte, fand er einen golden schimmernden Nektar vor, dessen Fruchtigkeit und feine Süße ihn begeisterten. So will es die Legende. Mag sie auch frei erfunden sein, sie überliefert das Grundrezept des Pineau. Ein Jahr alter, mindestens 60% starker Cognac wird mit Traubenmost aus seiner Anbauregion in den beiden Charentes gemischt und mindestens ein Jahr in Fässern ausgebaut. Wurden weiße Sorten, vor allem Ugni Blanc, benutzt, hat er eine goldene Farbe, deren Tiefe von seinem Alter abhängig ist. Für den Pineau Rosé werden statt dessen rote Trauben genommen. Cabernet, Merlot oder Malbec geben ihm das Aroma roter Beeren. Gut gekühlt getrunken, ist Pineau ein angenehmer Aperitif oder auch ein leichter Digestif. Bei Tisch kredenzt man ihn zur Gänsestopfleber, mit Vorliebe auch zu fruchtigen Desserts. Herkunft und Herstellung des Pineau folgen einer alten Tradition und sind gesetzlich festgelegt, denn er besitzt eine Appellation d'Origine Contrôlée.

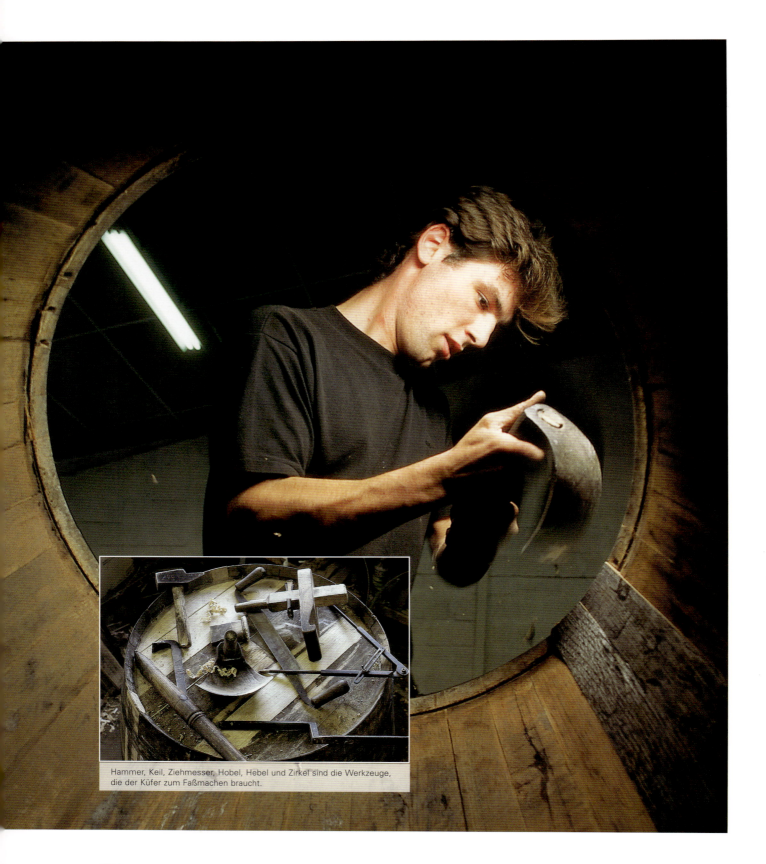

Hammer, Keil, Ziehmesser, Hobel, Hebel und Zirkel sind die Werkzeuge, die der Küfer zum Faßmachen braucht.

Barrique & fût

Eichenfässer

Seit kalifornische Winzer sich in den siebziger Jahren für neue Fässer zum Ausbau ihrer Weine zu interessieren begannen, hat das Handwerk des Küfers, das fast schon verloren war, eine Renaissance erlebt. Letzte Bastionen der Faßmacherkunst hatten sich im Umfeld von Cognac und Armagnac halten können, da gute Weinbrände ohne neue Eichenfässer undenkbar sind. Deshalb haben sich mehrere *tonnelleries* in den Charentes etabliert und beschäftigen große Cognac-Häuser eigene Küfer für ihren Bedarf. Eine Sonderstellung unter den Fässern (*fût*) nehmen mit nur 225 Litern Fassungsvermögen die kleineren *barriques* ein.

Streiten sich Winzer gern darüber, welche Eiche am besten zu ihren Weinen paßt, ist für Cognac die Wahl längst gefallen: In Frage kommen nur Eichen aus den nahen Forsten des Limousin oder des Tronçais im Allier, nördlich von Clermont-Ferrand. In der Gascogne schwört man noch auf die eigenen schwarzen Eichen von Monlezun. Nur die Bäume aus Hochwäldern sind geeignet, wo gerade Stämme nach Möglichkeit 250 Jahre lang heranwuchsen, um dann 40–60 cm Durchmesser aufzuweisen, wenn sie gefällt werden. *Merrain* nennt man solches Holz, aus dem astlochfreie Blöcke von 1,10 m Länge geschnitten werden können, die sich gut spalten lassen. Entscheidend ist die Porosität, das Korn, der Eiche und die Güte ihrer Gerbsäure. Das Korn hängt von der Wuchsgeschwindigkeit des Baums und von deren Regelmäßigkeit ab. Je langsamer und gleichmäßiger das Wachstum, desto enger die Jahresringe und desto feiner das Korn. Allier-Eichen sind für Feinheit und besonders elegante Tannine bekannt, Limousin-Eichen sind poröser und geben mehr und kräftigere Gerbstoffe ab.

Erst wenn das Holz unter freiem Himmel genügend abgelagert ist, kann es verarbeitet werden. Dauben für Weinfässer lagern mindestens zwei, für Cognacfässer drei oder mehr Jahre. In dieser Zeit beseitigen Regen und Hitze saure Säfte und Bitterstoffe. Um die Dauben biegen zu können, stülpt der Küfer das Faß über ein Feuer. Es röstet die nach innen gewandten Seiten der Dauben, die von außen ständig befeuchtet werden, was das Aroma, das das Faß abgibt, entscheidend bestimmt. So führt eine starke *chauffe* zu einer ausgeprägten Kaffeenote. Die Qualität der Eiche, die Länge ihrer Lagerung, die Präzision des Röstens und die Perfektion des Handwerks machen die Güte eines Fasses aus und damit die des Cognacs, der vielleicht Jahrzehnte darin verbringt.

Linke Seite: Gewissenhaft glättet der Küfer den gesamten Faßrand, damit später in gefülltem Zustand hier keine Leckstellen auftreten.

1 Den Rohstoff für die Fässer liefern Eichen aus den Wäldern des Tronçais und des Limousin, die in der Regel etwa 200 Jahre alt sind.
2 Zunächst wird der in Blöcke zugeschnittene Stamm gespalten, wobei heute zum Glück moderne Technik die Kraft liefert.
3 Das Spaltholz wird durch die Bandsäge geschoben, um den Dauben von vornherein eine gleichmäßige Breite und Länge zu geben.

4 Für Weinbrände muß das Spaltholz mindestens drei Jahre lang unter freiem Himmel ablagern, damit es jeden grünen und bitteren Geschmack verliert.
5 Die konisch zugeschnittenen Dauben beginnt der Küfer mit Hilfe eines Metallrings, der für den Halt sorgt, aneinanderzufügen.
6 Ist der Kreis des Fasses geschlossen, schlägt der Küfer einen zweiten und dann einen dritten Reifen darüber, um ihn zu sichern.

7 Noch spreizen sich die Dauben am anderen Ende des Fasses ab und müssen durch die Hitze des Feuers biegsam gemacht werden.
8 Wie stark das Faß aber erhitzt wird, nimmt einen entscheidenden Einfluß auf die Aromen, die es später an Weinbrand oder Wein abgibt.
9 Eine Metallschlinge wird um das Faß gelegt, und mit Hebelwirkung zieht der Küfer sie nach und nach so stark an, daß sich die Dauben zusammenfügen, während er gleichzeitig von außen weiter befeuchtet.

10 Schließlich bilden die Dauben auch am zweiten Ende einen vollkommen geschlossenen Kreis, so daß man ihn mit einem Reifen einfassen kann.
11 Noch besitzt das Faß keine seitliche Öffnung, und der Küfer bohrt ein Spundloch ins Eichenholz, das er zur vorgeschriebenen Größe ausfräst.
12 Boden und Deckel müssen zwar noch eingesetzt werden, dennoch erhält das Faß bereits einen letzten äußeren Schliff.

255

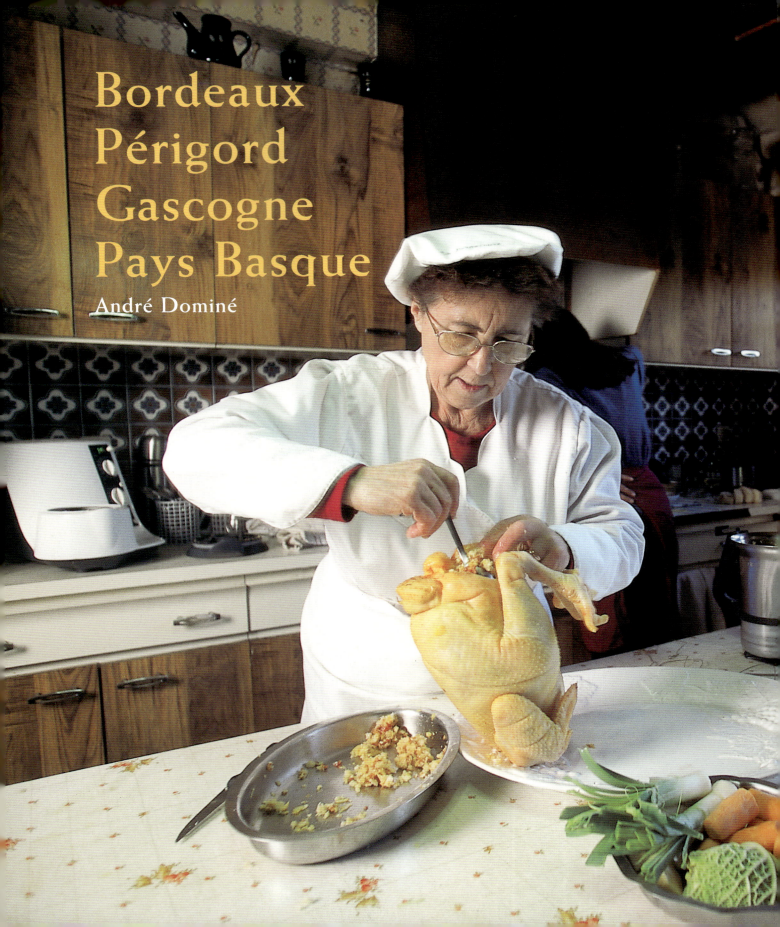

Bordeaux
Périgord
Gascogne
Pays Basque

André Dominé

Bordeaux und seine
 Appellationen
Fischen auf der Gironde
Das Lamm von Pauillac
Fischfang der Basken
Ganz und gar baskisch
Schafskäse aus den
 Pyrenäen: Brebis
Birnenwasser aus der
 Pilgerstadt: Branas
Baskischer Wein: Irouléguy
Fast ein Schlaraffenland:
 Jurançon
Madiran
Poule au pot
Gänse-Ehre
Marché au gras
Ente im Kurs
Pruneaux d'Agen
Armagnac
Chariot de desserts
Wo der Tabak wächst
Der blaue Dunst

Poule au pot, Huhn im Topf, ist seit Heinrich IV. ein Klassiker der französischen Küche.

Am Fuß der Pyrenäen hat sich eine ganz besonders reichhaltige Gastronomie entwickelt und bis heute ungeschmälert erhalten.

Bordeaux ist überall auf der Welt für seinen Wein berühmt. Wie dessen Geschichte mit dem geschützten Hafen und der politischen Bindung an England verflochten ist, so waren Aufstieg und Fall mancher Erzeugnisse des Hinterlandes von Bordeaux' strategischer Position als Ausfuhrhafen abhängig. Dordogne und Garonne sowie deren Nebenfluß Lot waren bis zum Bau der Bahnlinien bedeutendste Handels- und Verkehrswege des Südwestens. Bordeaux, das Tor zur Welt, erwies sich für manche Produkte als Nadelöhr. So besaßen die Bordelesen das immer wieder neu verbriefte Recht, zuerst die eigenen Weine exportieren zu dürfen, bevor man die Tropfen aus dem Hinterland expedierte. Wein aber spielt im Südwesten nicht nur in Bordeaux eine Rolle. Eine Anzahl kleinerer Regionen bietet, oft dank heimischer Rebsorten, bemerkenswerte Spezialitäten.

Den Handel zu fördern ist nicht der einzige Nutzen, den Atlantikküste und Flüsse bis heute bieten, denn natürlich liegt ihre Bedeutung für die Region auch und vor allem im Fischfang, der hier viele Gesichter zeigt, sei es die Hochseefischerei der Basken, die dem Kabeljau bis ins Nordmeer folgten, das Fischen mit Keschern und Reusen in der Garonne oder der Sport der zahlreichen Angler, deren Reviere die kristallklaren Bergbäche der Pyrenäen sind.

Von den Pyrenäenalmen stammt der beste schnittfeste Schafskäse Frankreichs, stammen erstklassige Lämmer, während ›Agneau de Pauillac‹ das Gütezeichen für die Milchlämmer in der übrigen Gascogne wurde. Ob nun wertvolle regionale Rinderrassen, wie etwa *Blonde d'Aquitaine*, *Bœuf de Chalosse*, *Bazardaise* und *Garonnaise*, oder außerordentliches Geflügel, darunter Freilandhühner, Puten, Tauben und Kapaune, in erster Linie jedoch Gänse und Enten: der gesamte Südwesten wird zum Eldorado für alle, die gutes Fleisch und Geflügel schätzen. Und die Gascogne ist für ihre Pasteten, Terrinen, *confits* oder *magrets* so berühmt wie das Périgord. Aber nicht nur die Spezialitäten setzen sich über Departementsgrenzen hinweg, auch die Alltagsküche ist in allen Provinzen des großzügigen Südwestens tief in einer gleichen bäuerlichen Tradition verankert. Auf den Höfen wurde eine Fülle verschiedenartigster Nahrungsmittel erzeugt, wobei Anbau und Zubereitung Hand in Hand gingen und bis heute gehen. Daß dabei nicht selten eine ungenierte Deftigkeit hervortritt, stört niemanden in einem kulinarischen Reich, in dem man mit Armagnacs und Trockenpflaumen aus Agen umzugehen weiß.

259

Bordeaux und seine Appellationen

Bordeaux' Stellung als Weingebiet ist nicht von seiner Lage an der Gironde-Mündung zu trennen. Im Schutz der sich entwickelnden Stadt am Fluß konnten Schiffe beladen werden, um Waren über den Atlantik nach England, Holland oder noch weiter gen Norden zu expedieren. Wein war ein gefragtes Handelsgut, was lag also näher, als in unmittelbarer Nähe des Hafens Rebstöcke anzupflanzen, zumal die vorherrschenden Kiesböden für andere Kulturen denkbar schlecht geeignet waren? Im Mittelalter gewann die Beziehung zu England durch die Heirat Aliénors von Aquitanien mit dem späteren englischen König Heinrich II. Plantagenet größere Bedeutung. Aber erst als La Rochelle sich 1224 leichtherzig den Franzosen ergab, stieg Bordeaux zum Hauptweinlieferanten der britischen Insel auf, was seinem eigenen, über Jahrhunderte vernachlässigten Weinbau neue Impulse gab. Der nächste große Anstoß kam von den Holländern, der führenden Handelsmacht im 17. Jahrhundert. Statt der hellen Roten, der *clarets*, die die Engländer schätzten, zogen die Holländer dunkle Rotweine und schwere süße Weißweine vor, nahmen aber auch große Mengen schlichter weißer Brennweine ab. Nicht nur die Nachfrage wuchs, plötzlich war auch ein größeres Spektrum an Weinen verlangt, die je nach ihrer Qualität honoriert wurden. So entwickelte sich nach und nach eine Einstufung, die schließlich zur Klassierung der Güter führen sollte. Die Holländer orderten aber nicht nur Wein. Um sicherzustellen, daß die Ware, die sie erhielten, auch genau ihren Vorstellungen entsprach, nahmen sie beratend Einfluß auf die Produktion. Ihre große Erfahrung auf dem Gebiet des Trockenlegens von Erdreich führte den Bordelaiser Weinbau ebenso voran, wie ihre Kenntnisse im Bereich der Schwefelung des Weins zur Erhöhung der Haltbarkeit. Nachdem Arnaud de Pontac mit Haut-Brion das erste Beispiel eines hochklassigen Rotweins geliefert hatte, folgten andere Güter nach, und der Qualitätsweinbau begann sich zu entwickeln, der schließlich zum heutigen Appellationssystem führte.

Mit seinen rund 110 000 ha an Weinbergen ist Bordeaux weltweit führend in der Erzeugung von Qualitätsweinen. Das sich genau in der Mitte zwischen Nordpol und Äquator befindende Gebiet besitzt ein besonders gemäßigtes Klima. Die Nähe zum Atlantik mit seinem Golfstrom und die großen Flußläufe sorgen für Milde und verhindern Temperaturextreme. Die ausgedehnten Nadelholzwälder der aquitanischen Küste schüt-

zen es gegen Stürme vom Meer. Oft bringt der Herbst sonnige Tage, die den Trauben zur optimalen Reife verhelfen, die Voraussetzung jedes guten Jahrgangs ist. Die Flüsse Dordogne und Garonne, die sich nördlich der Stadt zur breiten Gironde vereinen, teilen es in drei Zonen, die im Charakter sehr unterschiedliche Weine liefern.

• Am linken Garonne-Ufer verläuft ein 5–20 km breiter Streifen Rebland um Bordeaux und am linken Ufer der Gironde entlang bis zur Mündung. Dies sind zunächst die berühmten Graves, die sich nördlich der Stadt Haut-Médoc und Médoc anschließen. Gut filternder Kies, teils mit tiefen Kalkschichten, teils mit Sand und Flußkieseln prägt ihre Böden. Süße, goldene Weißweine, allen voran Sauternes, erlangen hier äußerst komplexe Aromen. Graves stellt die besten trockenen Weißen des Bordeaux. Die von Cabernet Sauvignon geprägten Rotweine, ob Graves, Margaux, Saint-Julien oder Pauillac mit elegantem, zunächst oft verschlossenem, später distinguiertem, vielschichtigem Charakter, sind Legende.

• Zwischen Garonne und Dordogne liegt das Gebiet der Entre-Deux-Mers, am rechten Garonne-Ufer von den Premières Côtes de Bordeaux gesäumt. Hier überwiegen lehmhaltige Böden auf kalkreichem Grund. Entre-Deux-Mers ist eine Appellation für trockene Weißweine, in der Sauvignon dominiert und für fruchtbetonte Aromen sorgt. Die Premières Côtes bringen statt dessen überwiegend kraftvolle Rotweine hervor.

• Auf der rechten Seite der Dordogne, wo die Weine in Libourne umgeschlagen werden, finden sich erneut herausragende Lagen mit Kies über kalkigem Untergrund, so in Pomerol und teilweise in Saint-Émilion. Dieses Gebiet beherrscht die Rebsorte Merlot im Mischsatz, die besonders samtige, harmonische Rotweine ergibt. In den umgebenden Appellationen und auch in den Satelliten überwiegen schwerere, tonkalkige Böden, auf denen gewöhnlich gute, kernige Rotweine entstehen. Bourg und Blaye, nordwestlich von Libourne, erzeugen auf heterogenen Böden sowohl fruchtbetonte Rot- wie auch trockene, oft florale Weißweine.

Die Weine des Bordeaux werden von annähernd 7000 ›Château‹ genannten Gütern – nur die wenigsten davon sind tatsächlich Schlösser –, von 60 Genossenschaften und von rund 400 Handelshäusern angeboten. Dabei überwiegen eindeutig die Rotweine, die auf vier Fünfteln der Weinberge erzeugt werden. Vom letzten Fünftel stellen die trockenen Weißweine den größten Anteil. Die lieblichen und edelsüßen Gewächse bleiben im Vergleich eine recht rare Spezialität. Außerdem werden Clairet – ein heller, leichter, der Tradition verpflichteter Rotwein –, Rosé sowie die Schaumweine Mousseux und Crémant erzeugt. Insgesamt umfaßt dieses generell als Bordeaux oder – bei mehr als 12 Vol% – als Bordeaux Supérieur klassierte Gebiet noch 57 Appellations d'Origine Contrôlée, die man in sechs Wein-Familien gliedert.

Die sechs Wein-Familien

1 Das Médoc

AOC: Médoc, Haut-Médoc, Saint-Estèphe, Pauillac, Saint-Julien, Moulis-en-Médoc, Listrac-Médoc, Margaux. Ausschließlich Rotweine, die hauptsächlich auf den berühmten *croupes* wachsen, unmerklichen, aus Sand, Kies und Kieseln bestehenden Erhebungen. Auf diesen kargen, gut drainierten Böden – in Listrac und Moulis enthalten sie auch Tonkalk – wachsen die 60 Crus Classés, die 23 % des Volumens liefern, aber auch die rund 400 Crus Bourgeois, von denen fast jede zweite Flasche Médoc-Wein kommt, sowie 300 Crus Artisans und Crus Paysans, die 11 % der Produktion stellen, während die restlichen 17 % aus den 13 Genossenschaften stammen.

2 Die Graves

AOC: Graves, Pessac-Léognan, Graves Supérieures. Das hochwertigste, im Westen und Süden an die Stadt grenzende, von Flußkieseln geprägte Gebiet erhielt 1986 eine eigene Appellation: Pessac-Léognan, zu der alle 15 (außer Haut-Brion) erst 1959 klassierten Güter zählen. Hier und in den Graves wachsen nicht nur aromatische, feingliedrige Rote, sondern die besten trockenen, überwiegend auf Sémillon basierenden Weißweine Bordeaux' sowie die Supérieures, liebliche und edelsüße Weine, die an Cérons, Barsac und Sauternes grenzen.

3 Blayais und Bourgeais

AOC: Premières Côtes de Blaye, Côtes de Blaye, Côtes de Bourg. Auf dem rechten Ufer der Dordogne und der Gironde erstrecken sich die sanft geschwungenen Weinberge der Côtes de Bourg, wo tonkalkige Böden vorherrschen, die fruchtigen Roten gute Struktur und Haltbarkeit verleihen. Die weißen sind, wie die Côtes de Blaye, angenehm und trocken. Die Premières Côtes de Blaye, wo zusätzlich Sand und Kies die Böden bilden, bieten geschmeidige, oft recht kraftvolle Rote, für die gern die Sorte Malbec mitverwendet wird, sowie nervöse parfümierte Weißweine.

4 Das Libournais

AOC: Fronsac, Canon-Fronsac, Lalande-de-Pomerol, Pomerol, Saint-Émilion, Montagne-Saint-Émilion, Lussac-Saint-Émilion, Saint-Georges-Saint-Émilion, Puisseguin-Saint-Émilion, Côtes de Castillon, Côtes de Francs. Um Libourne am rechten Ufer erstreckt sich ein weites, heterogenes Rotweingebiet, geprägt von Merlot und Cabernet Franc. Auf den Kiesböden von Pomerol entstehen wuchtige, aber geschmeidige Tropfen. Nordwestlich im Fronsadais dominiert Tonkalk auf gutausgerichteten Hängen. Saint-Émilion ist boden- wie qualitätsmäßig extrem uneinheitlich. Dort wurden seit 1955 69 Güter als Grand Cru, zehn als Premier Grand Cru und zwei als Premier Grand Cru A klassiert. Bei seinen schneller alternden, höher liegenden Satelliten steht der

Wichtigste Rebsorten im Bordeaux

Bordeaux bietet eine ganze Palette von Weinen. Außer den dominierenden Rotweinen auch trockene, liebliche und sehr süße Weißweine sowie Rosé- und sogar Schaumweine. Das Angebot reicht von simpelsten Tropfen bis zu weltberühmten Châteaux, die zu den edelsten Kreszenzen der Weinwelt gehören. Aber immer sind Bordeaux Weine, die auf einer Assemblage basieren, auf einer Komposition mehrerer Rebsorten, die entschieden zur Ausgewogenheit der Weine beiträgt.

Rote Sorten

Cabernet Sauvignon
Einheimischer Star, der den großen Weinen des Médocs seinen Stempel aufdrückt und weltweite Verbreitung fand. Der Wein ist dunkel, nach Cassis und Zeder duftend, kraftvoll. Die ausgeprägten Tannine erfordern die Alterung. Bei Unreife oder zu hohen Erträgen oft wenig angenehmer Geruch nach grünen Paprika.

Cabernet Franc oder Bouchet
Enger Verwandter, früher austreibend, gehört zum traditionellen Mischsatz der Bordeaux; in Saint-Émilion und an der Loire stark präsent, sonst insbesondere in Italien. den Wein kennzeichnet komplexe Beerenfrucht, viel Würze, schlankerer Körper, dezentere Tannine, langsame Entwicklung.

Merlot
Frühreifend, oft große Erträge; wichtiger Bordeaux-Bestandteil, besonders im Pomerol und Saint-Émilion; sonst vor allem im Midi, im Tessin, in Italien, in Osteuropa, auch in den USA. Der Wein ist fruchtig, samtig, besitzt Körper; durch sanfte Tannine schneller reifend.

Petit Verdot
Sehr spätreifend, daher problematisch und unregelmäßig. Sehr selten, doch vor allem im Médoc verbreitet. Als Wein sehr dunkel, würzig, mit großem Volumen und ausgeprägten Tanninen. Hervorragend im Mischsatz.

Malbec, Auxerrois, Cot, Pressac
Frostgefährdet; Hauptsorte des Cahors; selten im Médoc und Saint-Émilion-Gebiet, mehr in Bourg und Blaye, sonst im Südwesten, Ungarn und Argentinien. Der Wein ist dunkel bis schwarz, hat sehr kräftige Tannine, gutes Alterungspotential, Charakter.

Weiße Sorten

Sémillon
Neigt zum Befall mit Edelfäule, dann Basis des Sauternes und anderer lieblicher Weißweine; zusätzlich zum Sauvignon in trockenen Bordeaux; im Südwesten, bedeutend in Australien. Der Wein entwickelt erst mit Überreife oder Alterung faszinierend komplexe Aromen von Honig, kandierten Früchten und Pralinen.

Sauvignon
Grundlage der trockenen weißen Bordeaux; sehr produktiv; Hochburg an der Loire, weltweit gepflanzt. Als Wein höchst-, teils überaromatisch nach schwarzen Johannisbeeren; sehr fruchtig, präsente Säure.

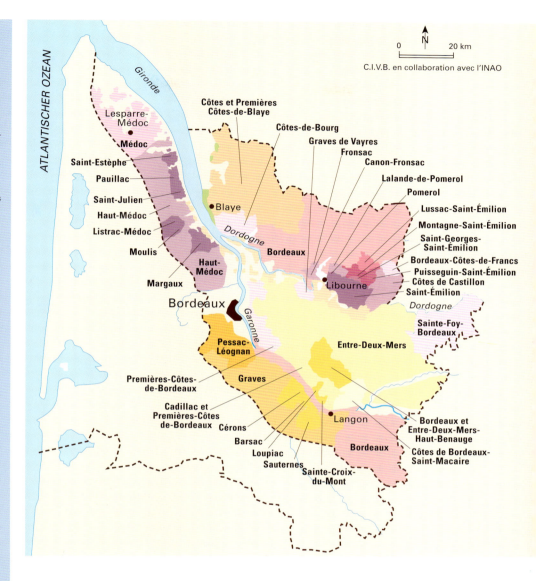

Merlot oft im Vordergrund. Ihnen ähnlich sind die Weine der sich anschließenden Hanglagen der Côtes de Castillon und Côtes de Franc.

5 Entre-Deux-Mers
AOC: Entre-Deux-Mers, Graves de Vayres, Premières Côtes de Bordeaux, Entre-Deux-Mers-Haut-Benauge, Sainte-Foy-Bordeaux, Côtes de Bordeaux-Saint-Macaire. Mit seiner Spitze auf die Gironde weisend, liegt dieses größte Anbaugebiet des Bordeaux zwischen Garonne und Dordogne. Hier werden auch die größten Mengen von Bordeaux und Bordeaux Supérieur (somit von Rosé und Crémant) erzeugt. Je nach Bodenvariationen und Ausrichtungen reicht das Spektrum von aromatischen, lebendigen Weißen (auch in Sainte-Foy, Haut-Benauge, Graves de Vayres) über liebliche (so in Graves de Vayres, Premières Côtes de Bordeaux) bis zu teils vollmundigen Rotweinen, in denen meist Merlot den Ton angibt.

6 Die edelsüßen Weine
AOC: Cérons, Barsac und Sauternes, Premières Côtes de Bordeaux, Cadillac, Loupiac, Sainte-Croix-du-Mont und Côtes de Bordeaux-Saint-Macaire. Wo der Ciron in die Garonne mündet, steigen im Herbst Nebel auf, die die Bildung der Edelfäule *Botrytis cinerea* begünstigen. Sie führt zur Konzentration von Traubenzucker. Am vornehmsten geraten dabei Sauternes und Barsac, die sehr lange altern können. 1855 wurden dort 21 Güter klassiert. Auf dem rechten Ufer können die edelsüßen Weine von Saint-Croix-du-Mont, Loupiac und Cadillac bemerkenswerte Höhen erreichen. Grundlage ist die Sorte Sémillon, die mit Sauvignon und seltenerer Muscadelle ergänzt wird.

Crus Classés

Zur Pariser Weltausstellung 1855 forderte Kaiser Napoleon III. die Handelskammer in Bordeaux auf, eine Einstufung der berühmtesten Weingüter vorzunehmen. Die Handelskammer delegierte die Aufgabe an das Syndikat der Weinmakler, denn diese arbeiteten bereits seit längerer Zeit mit einer, wenn auch inoffiziellen, Klassierung in drei bis fünf Kategorien auf der Grundlage des Preises, der mit dem entsprechenden Wein zu erzielen war. Diese Wertungen bezogen sich jedoch, abgesehen vom in den Graves liegenden Haut-Brion, nur auf das Médoc, das sich als Gebiet großer Rotweine einen Namen gemacht hatte, und auf die überragenden Süßweine aus Sauternes und Barsac. Weine vom rechten Ufer, wie etwa Pomerol und Saint-Émilion, wurden nicht berücksichtigt, denn ihr Umschlagplatz war Libourne und unterstand nicht den Händlern des Quai des Chartrons. Längst hatten sich vier Châteaux an der Spitze jeglicher Klassierung roter Médoc-Weine herauskristallisiert, genauer: sie hatten von Anfang an die Spitze inne und haben diese Position bis heute behauptet. Der wichtigste Absatzmarkt für Bordeaux-Weine, vor allem für die besten und teuersten, war von jeher England, eine Entwicklung, die Haut-Brion in der zweiten Hälfte des 17. Jahrhunderts einleitete. Es gehörte dem Parlamentspräsidenten Arnaud de Pontac. Unzufrieden mit den Preisen, die holländische Kaufleute für Weine zu zahlen bereit waren, brachte er als erster den Wein seines Guts Haut-Brion auf den Londoner Markt. Haut-Brion wurde der gesuchteste und teuerste Wein in seiner Epoche.

Für Bordelaiser Adelsfamilien hatte Wein schon zuvor als Handelsgut Bedeutung besessen, ihnen war auch bekannt, daß die besten Tropfen auf magersten Kiesböden gediehen. Folglich richtete sich ihr Interesse auf entsprechende Lagen, als holländische Spezialisten das Médoc trockenzulegen begannen. Dabei fiel ihr Augenmerk auf die flachen Erhebungen bei Margaux, Latour, Lafite und anderswo. So hatten sich die de Lestonnac eine Domäne in Margaux geschaffen, die durch Erbschaft mit Haut-Brion vereint wurde und seit 1705 als zweites Bordeaux-Gut in London Furore machte, 1707 gefolgt von Lafite und Latour. Letzteres war bereits über 100 Jahre zuvor von der Familie de Mullet gegründet worden. Im Verlauf des 18. Jahrhunderts formierten sich dann die anderen Wein-Châteaux. Bereits 1740 gab es eine detaillierte, dreistufige Klassierung, allerdings nach Gemeinden. Jeder Makler und Händler hatte sich eine Hierarchie zurechtgelegt und entwickelte sie weiter. Gut informiert, stellte auch der spätere amerikanische Präsident Thomas Jefferson, der als Botschafter in Frankreich 1797 Bordeaux besuchte, seine persönliche Wertung auf. Weitere Listen folgten, immer auf dem

Château Haut-Brion, Pessac-Léognan

Château Lafite-Rothschild, Pauillac

BORDEAUX, PERIGORD, GASCOGNE & PAY BASQUE

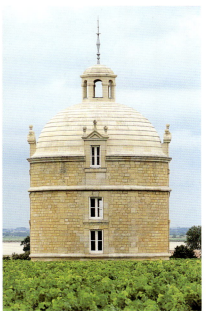

Oben: Château Latour, Pauillac
Links: Château Margaux wurde mit den drei ebenfalls abgebildeten Gütern 1855 zum Premier Cru erhoben.

Marktwert der Weine basierend, aber erst jene von 1855 erhielt offiziellen Status.

Als Premiers Crus wurden Lafite, Margaux, Latour und Haut-Brion eingestuft. Mouton führte die 12 Seconds Crus an, Kirwan die 14 Troisièmes Crus. Außerdem wurden 11 Quatrièmes und 17 Cinquièmes Crus anerkannt. Daraus wurden durch Aufsplitterung und Zusammenlegung die heutigen 61 Crus Classés. Die einzige Veränderung der Klassierung erfolgte 1973, als es Baron Philippe de Rothschild gelang, Mouton aus dem zweiten in den ersten Rang erheben zu lassen.

Was diese Klassierung etwa von der des Burgund, wo man festumrissene Lagen wertete, wesentlich unterscheidet, ist die Anerkennung der Güter, die sich auf dem damaligen Markt einen Rang erworben hatten, und nicht deren Rebparzellen. Seitdem hat es Veränderungen gegeben. Viele Güter besitzen heute mehr oder andere Weinberge als 1855, was keinen Einfluß auf die Klassierung hat. Auch der jeweilige Besitzer prägt die Qualität des Guts. So verzeichneten alle Crus Classés Schwankungen in ihrer Geschichte. Zur Zeit verdienen einige darunter einen höheren, andere einen niedrigeren Rang sowie eine Anzahl von Crus Bourgeois die Aufnahme. Wieder kursieren – wie schon vor 1855 – nicht-offizielle Wertungen, die auf der Qualität, aber auch auf den Preisen basieren. Doch eine offizielle Neubewertung scheint außer Frage, und somit bleibt die Klassierung von 1855 weiterhin gültig, zumindest als *monument historique*.

Premiers Crus

Deuxièmes Crus

  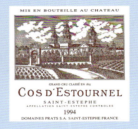 

Deuxième Cru Léoville-Las Cases ist mit Einverständnis der Besitzer hier nicht mit einem Etikett aufgeführt.

BORDEAUX, PERIGORD, GASCOGNE & PAY BASQUE

Troisièmes Crus

Baron Philippe erreichte dank der überragenden Qualität seiner Weine 1973 den Aufstieg von Château Mouton-Rothschild in die Premiers Crus und damit die einzige jemals erfolgte Modifizierung des Klassements.

Quatrièmes Crus

Cinquièmes Crus

Château Lafite-Rothschild war der erste Premier Cru der Bankiersfamilie

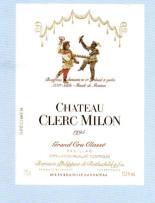

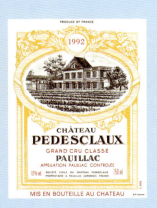
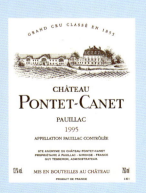

Médoc, Graves und Cabernet Sauvignon

Der Ruhm des Bordeaux nahm direkt vor den Toren der Stadt seinen Ursprung. Von seinem westlichen Rand nach Süden im Bogen bis an das Ufer der Garonne und von dort den Fluß entlang bis Langon und Saint-Loubert erstreckt sich ein Gebiet, das unter dem Namen seiner herausragendsten Bodenbeschaffenheit bekannt wurde: les Graves. Genaugenommen handelt es sich um Schutt, angefallen bei der Erhebung der Pyrenäen, der mit den Flüssen erstaunliche Entfernungen vom Gebirge fort befördert wurde. In der Bewegung schliff das Wasser die vorwiegend aus Quartz bestehenden Steinchen ab, mischte sie mit Sand und mehr oder weniger kalkreichen Tonerden und lagerte sie am Rand der Ufer als Terrassen und flache, dünenähnliche Hügel ab, wobei sich die größten Flußkiesel über die Oberfläche verteilten. Diese außerordentlich gut drainierten Böden sind zugleich so mager, daß darauf eigentlich nichts vernünftig gedeihen kann – bis auf Wein.

Als die Römer auf den Kiesböden beim damaligen Burdigala mit dem Weinbau begannen, importierten sie die ersten Stöcke. Dabei handelte es sich vermutlich um eine ursprünglich aus dem heutigen Albanien stammende Sorte, die von den einheimischen Biturigern umgetauft wurde. Aus ›Biturica‹ soll dann schließlich ›Vidure‹ geworden sein, was nichts anderes als *vigne dure* bedeutet, harte Rebe, und noch heute ein in den Graves benutzter Name für hartholzigen Cabernet Sauvignon ist. Die Graves blieben das bevorzugte Anbaugebiet, als der Bordelaiser Weinbau im 13. Jahrhundert einen neuen Aufschwung erlebte, und mußten ihre privilegierte Stellung erst 400 Jahre später zunehmend an das Médoc abtreten, das nach und nach immer besser drainiert wurde.

Durch die breite Gironde wird das Médoc praktisch zu einer Halbinsel. In früheren Zeiten ein morastiges und nur mit dem Boot über den Fluß zu erreichendes Gebiet, machte sich der Bordelaiser Adel vom 17. Jahrhundert an dessen flache, kiesige Lagen immer mehr zunutze. Schnell kristallisierte sich dabei das am nächsten zur Stadt Bordeaux liegende Haut-Médoc zwischen Margaux und Saint-Estèphe als das eigentliche Kerngebiet heraus. Die dort im Lauf des 18. und 19. Jahrhunderts errichteten Schlösser und Herrenhäuser bezeugen nicht nur den Reichtum ihrer Inhaber, sondern auch das Ansehen, das diese Weine vor allem in England, Holland und Norddeutschland besaßen. Bis heute hat es sich ungeschmälert erhalten, und inzwischen erfaßt es die ganze Welt. Es stellte die Güter der Graves in den Schatten – mit Ausnahme von Haut-Brion und den 1959 klassierten Châteaux der jetzigen Appellation Pessac-Léognan. Dort und im Haut-Médoc erreicht die Rebsorte Cabernet Sauvignon ihren raffiniertesten Ausdruck. Dieser Bereich der linken Seite kann als ihre eigentliche Heimat angesehen werden, und es ist der Ausdruck des Cabernet Sauvignon in den großen Weinen dieser beiden Anbauzonen, der zu seiner weltweiten Verbreitung führte.

Der spätreifende Cabernet Sauvignon, der sich leicht an fast alle Böden und Klimata anpaßt, erreicht auf den Kiesböden, in die er seine Wurzeln äußerst tief bohrt, in guten Jahren rassige Aromen, die schwarze Johannisbeere, Veilchen und Zeder umfassen. Bleibt er unreif, charakterisiert ihn ein ausgeprägter und ordinärer Ton von grüner Paprikaschote, erhält er zu viel Sonne, wird er schnell plump, schwer und simpel. Die abgesehen vom Echten Mehltau recht unanfällige Sorte besitzt zylindrische Trauben mit kleinen, dickschaligen, tiefdunklen Beeren, in denen die Kerne im Verhältnis einen hohen Anteil ausmachen. Diese Konstitution führt zu sehr tanninreichen Weinen, die ohnehin ein spezielles Ausbalancieren verlangen, insbesondere dann, wenn sich der Jahrgang als schwierig erweist. Deshalb ist es in Bordeaux Tradition, daß man die Weine nicht sortenrein ausbaut, sondern sie aus drei oder vier Rebsorten komponiert. Dafür stehen Merlot, Cabernet Franc, Malbec sowie Petit Verdot zur Verfügung. Diese alte Sorte des Médoc, die sehr spät reift und sehr geringe Erträge bringt, ist stark rückläufig, obwohl ihre Rasse und Würze beinah legendär sind. Flächenmäßig ist sie am stärksten auf den Châteaux Palmer, Léoville-Barton und Lascombes vertreten. Eine Anzahl der besten Erzeuger fügen ihrer Assemblage 2–5 % hinzu. Die Präsenz des Cabernet Sauvignon ist im allgemeinen in Pauillac-Weinen am stärksten, wo sie 70–80 oder noch mehr Prozent ausmacht. Es folgen die Saint-Estèphes vor den Saint-Juliens mit 60–75 %. In den übrigen Appellationen auf der linken Seite variieren die Mischsätze stärker von Gut zu Gut, aber der Anteil bleibt in der Regel über 50 oder 60 %. In den Graves fällt er jedoch zugunsten des Merlot und damit einer größeren Gefälligkeit oft deutlich darunter. Je stärker der Cabernet Sauvignon bei hochwertigen Gütern des Haut-Médoc und des Pessac-Léognan, die mit reduzierten Erträgen arbeiten, dominiert, um so länger sollte man den Weinen – in Relation zum Jahrgang – Zeit geben, sich im Keller zu entwickeln, denn nur den Geduldigen erwartet das größte Plaisir.

Pichon-Longueville-Baron, Deuxième Cru, hat seinen herausragenden Rang seit 1986 erneut bestätigt.

Ducru Beaucaillou, Deuxième Cru Classé Saint-Julien, von der dem Fluß zugewandten Seite

Château Palmer, Troisième Cru, erreicht in seiner Weinqualität nicht selten allerhöchstes Niveau.

Links: Der neue Vinifikationskeller von Château Palmer – Rechts: Der Eingang zum Vinifikationskeller von Pichon Baron

Die trockenen Weine des Médoc und der Graves

Médoc
37 Millionen Flaschen, 62 Crus Bourgeois, 113 Crus Artisans, 5 Caves Coopératives
Ein breites Spektrum von Rotweinen, von denen manche im Charakter leichter und damit zugänglicher sind, während andere runder und zu mehr Flaschenreife bestimmt sind; oftmals sorgt der Merlot für eine gewisse Weichheit und gute Harmonie.

Haut-Médoc
30 Millionen Flaschen, 5 Crus Classés, 82 Crus Bourgeois, 116 Crus Artisans und andere Crus, 5 Caves Coopératives
Umschließt die berühmten Crus, und seine Weine zeigen oft Kraft und Solidität mit deutlicher hervortretendem Cabernet Sauvignon, meist intensiven Aromen und nach einigen Jahren der Alterung komplexem Bukett und Ausgewogenheit.

Saint-Estèphe
8,1 Millionen Flaschen, 5 Crus Classés, 36 Crus Bourgeois, 25 Crus Artisans und andere, 1 Cave Coopérative
Sie sind für ihre ausgeprägten, doch rassigen Tannine bekannt, die im Zusammenspiel mit der oft präsenteren Säure den Weinen eine lange Alterung garantieren. Dann zeigen sie eine charaktervolle, oft erdige Note.

Pauillac
8,1 Millionen Flaschen, 18 Crus Classés, 16 Crus Bourgeois, 7 Crus Artisans und andere, 1 Cave Coopérative
Besonders reichhaltige und komplexe Weine mit großen Tanninen, die sehr lange zu altern vermögen und dabei erstaunliche Rasse entwickeln können; jung sind ihnen die Aromen schwarzer Beeren eigen, vereinzelt auch florale Akzente.

Saint-Julien
6 Millionen Flaschen, 11 Crus Classés, 6 Crus Bourgeois, 11 Crus Artisans und andere
Viel Harmonie und Finesse, sowohl im Bukett wie auch am Gaumen, dabei feste Tannine und eine gute Struktur, die oftmals hohes Potential verleihen.

Listrac-Médoc
4,8 Millionen Flaschen, 20 Crus Bourgeois, 12 Crus Artisans und andere, 1 Cave Coopérative
Diese in der Jugend oft noch recht verschlossenen Weine sind solide und tanninreich, doch ihr gewöhnlich relativ hoher Merlot-Anteil verleiht ihnen in der Reife einen vollen und samtigen Charakter.

Moulis-en-Médoc
4 Millionen Flaschen, 14 Crus Bourgeois, 13 Crus Artisans und andere
So verschiedenartig wie die Böden, auf denen sie gedeihen, sind auch die Weine von Moulis, wobei das breite Spektrum von weichen bis zu vollen und tanninbetonteren Gewächsen führt, die etwa nach einem Jahrzehnt ihren Höhepunkt erreichen.

Margaux
9 Millionen Flaschen, 21 Crus Classés, 20 Crus Bourgeois, 38 Crus Artisans und andere
Eleganz ist der Kernbegriff für Margaux, verbunden mit reizvoller Frucht in der Jugend, halten die feinen Tannine langer Alterung stand, um bei den größten zu hinreißender Verfeinerung zu führen.

Pessac-Léognan
9 Millionen Flaschen, 15 Crus Classés: 6 für Rot- und Weißwein, 7 nur für Rot-, 2 nur für Weißwein; weitere 41 Châteaux
Vier Fünftel Rotweine mit elegantem Charakter, intensiven, teils floralen Aromen sowie oft einer charakteristischen Rauchnote, fleischig, gut strukturiert und lange haltbar. Ein Fünftel entfällt auf trockene, sehr aromatische Weißweine mit erstaunlicher Lebensdauer, deren Kennzeichen vor allem eine bemerkenswerte Rundheit und Länge ist.

Graves
Etwa 24 Millionen Flaschen, 400 Erzeuger
Die Rotweine besitzen angenehme Aromen nach reifen roten Beeren, gute Fülle und Saftigkeit und erreichen durch Alterung Finesse und Harmonie. Etwa ein Achtel der Produktion machen die intensiv duftenden Weißweine aus. Sie kennzeichnet gute Nervosität und zugleich die typische Rundheit. Sie gewinnen durch Flaschenreife.

Die großen Süßen von der Gironde

Sauvignon-Trauben

Sémillon-Trauben

Im 18. und 19. Jahrhundert waren die edelsüßen Weine die eigentlichen Stars des Bordeaux. In dem Gebiet von Sauternes, das 40 km südlich der Stadt liegt, sorgen im Spätherbst die Frühnebel am Zusammenfluß des Cirons mit der Garonne und die sonnigen Nachmittage für die Entwicklung der *Botrytis cinerea*. Dieser mikroskopisch kleine Pilz konsumiert Wasser und rund 40 % des natürlichen Zuckers, aber er ›röstet‹ (*rôtir*) die Trauben auch, denn er erhöht ihre Konzentration. So erreichen die verschrumpelten Beeren abenteuerliche Zuckerwerte von 350 g pro Liter, Tendenz steigend, die das inzwischen gesetzlich vorgeschriebene Minimum ganz erheblich überschreiten. Wenn die Natur ein Einsehen hat, entstehen daraus starke goldfarbene Weine mit hoher Restsüße, die für die Ewigkeit bestimmt sind. Sie waren schon zu einer Zeit unverwüstlich, als selbst die besten Rotweine noch oft genug vom Essigteufel weggerafft wurden und deshalb rasch getrunken werden mußten. Schon die holländischen Weinhändler am Quai des Chartrons hatten dafür eine ausgeprägte Vorliebe und eine solvente Kundschaft in allen nordeuropäischen Hansestädten. Von Anfang an galt das Château d'Yquem, eine mittelalterliche Burg im Herzen des Sauternes, als der renommierteste Erzeuger, für dessen Weine sich auch Thomas Jefferson begeisterte. Als im Jahr 1855 die Klassierung der Bordeaux-Weine vollzogen wurde, stuften die Weinmakler die süßen Sauternes und Barsac im Grunde höher ein als die Rotweine des Médoc, denn sie erhoben Yquem als Premier Cru Supérieur über alle anderen Güter, klassierten neun zu Premiers Crus im Gegensatz zu vier im Médoc und elf weitere zu Deuxièmes Crus. Sauternes und Barsac wurden die Elixiere der Kaiser und Könige, des Blut- und des Finanzadels, die einen unvorstellbar verschwenderischen Lebensstil pflegten.

Als die Geschichte mit Weltkriegen und Oktoberrevolution und der daraus resultierenden Demokratisierung des Genusses andere Seiten aufschlug, gerieten diese großen Süßweine in eine Jahrzehnte anhaltende Krise. Erst das Aufkommen einer neuen und breiteren Schicht von Weinliebhabern, verbunden mit moderner wirtschaftlicher Entwicklung, und nicht zuletzt die Reihe der großen Jahrgänge 86, 88, 89 und 90 haben das Interesse an diesen grandiosen Gewächsen wieder entfacht. Zählt man die Weine aus den anderen Bordelaiser Appellationen hinzu, in denen liebliche und edelsüße Tropfen erzeugt werden, beläuft sich die Produktion heute bereits auf 18 Millionen Flaschen, von denen ein Drittel auf Sauternes und Barsac entfällt. Dort, auf 2000 ha, findet die Rebsorte Sémillon die besten Voraussetzungen, einerseits durch die kiesigen Böden, die auf Tonkalkschichten liegen, andererseits durch das die Edelfäule begünstigende feucht-warme Mikroklima. Sie verleiht den Weinen ihr außerordentliches Volumen und ihren Reichtum, während der höchst aromatische Sauvignon und die heikle Muscadelle für zusätzliche Komplexität sorgen.

Um wirklich große Süßweine zu ernten, sind die Erzeuger jedoch gezwungen, in ihren Weinbergen größte Disziplin walten zu lassen, vor allem was die Erträge betrifft. Nur ein bis maximal zwei Gläser Wein pro Rebstock sichern die Überreife, ohne die gar keine Edelfäule entstehen könnte. Trotzdem muß das Wetter bei der Lese, bei der in mehreren Durchgängen im Oktober und November gepflückt wird, mitspielen, sonst war alle Mühe umsonst. Château d'Yquem, das auf dem mit 86 m höchsten Punkt der Appellation liegt, führt seit 1968 unter Graf Alexandre de Lur Sa-

Sauternes und Barsac
Klassierung von 1855

Premier Cru Supérieur
Yquem

Premiers Crus
La Tour Blanche
Peyraguey   heute Château Lafaurie-
                    Peyraguey und
                    Clos Haut-Peyraguey
Vigneau   heute Château
                    Rayne-Vigneau
Suduiraut
Coutet
Climens
Bayle   heute Château Guiraud
Rieussec
Rabeaud   heute Château Rabaud-
                    Promis und
                    Château Sigalas Rabaud

Deuxièmes Crus
Mirat   heute Château Myrat
Doisy   heute Château Doisy-
                    Daëne und Château Doisy-
                    Dubroca und Château
                    Doisy-Védrines
Peixotto   besteht nicht mehr
Arche
Filhot
Broustet-Nérac   heute Château Broustet
                    und Château Nairac
Caillou
Suau
Malle
Romer   heute Château Romer
                    du Hayot
Lamothe   heute Château Lamothe-
                    Despujols und Château
                    Lamothe-Guignard

luce unbeirrt vor, was notwendig ist, um die legendäre Qualität zu erreichen und zu garantieren. Fünfzig Leute arbeiten dort in den 105 ha Weinbergen, wo man niemals Unkrautvernichter und bestenfalls alle drei bis vier Jahre Pferdemist als Dünger verwendet. Statt dessen wird gepflügt und angehäufelt, extrem kurz geschnitten, und ab Ende August werden die Blätter von den Trauben entfernt. Zur Lese treten 120 Personen für 20–25 Tage an, die in bis zu zehn Durchgängen nur die edelfaulen Beeren einbringen. Das macht einen Ertrag von acht Hektoliter pro Hektar. Der in drei Durchgängen und fünf Stunden gepreßte Most kommt in neue Eichenfässer. Darin wird der alle drei Monate abgestochene Wein maximal dreieinhalb Jahre ausgebaut, bevor er unfiltriert zur Abfüllung kommt. Pro Jahr werden 95 000 Flaschen über zehn Handelshäuser auf den Markt gebracht. In schlechten Jahren, in denen man die angestrebte Qualität nicht erreichen kann, wie es zuletzt 1992 geschah, gibt es keinen Yquem. Dafür ergeben die höchst aufwendigen und kostspieligen Mühen einen wirklich legendären Nektar von unglaublich intensiven und

Der Sauternes des Château d'Yquem genoß bereits bei der Klassierung 1855 einen Sonderstatus

vielschichtigen Aromen, in denen Honig, Nuß, Rosinen, Aprikose, kandierte Orange, Zeder und eine Reihe anderer Töne mitschwingen, und der große Fülle, Süße und Würze besitzt, verbunden mit einer eleganten Säure sowie enormer Kraft und Ausdauer. Und bei diesem hinreißenden Zusammenspiel gibt er sein Mysterium nicht preis, das für die Zukunft, sofern man sie ihm gönnt, noch ungeahnte Überraschungen birgt.

Saint-Émilion, Pomerol und der Merlot

Für Weinliebhaber gibt es keinen heiligeren Pilgerort als Saint-Émilion. Vierzig Kilometer östlich von Bordeaux schmiegt sich das Städtchen an einen Hang über dem Dordogne-Tal. Zwischen den alten Natursteinhäusern winden sich die engen Gassen steil hinauf zum Plateau, auf dem die imposante Kirche den Ort überragt. Von hier reicht der Blick über die Dächer hinweg auf die umgebenden berühmten Lagen und über die sich weit in die Ebene erstreckenden Rebparzellen. Der Weinbau begann hier im 3. Jahrhundert mit der Rodung von Wäldern der Hochebenen von Saint-Émilion und dem benachbarten Pomerol durch römische Legionäre. Am Rand des heutigen Orts ließ sich der berühmte, 310 in Bordeaux geborene Dichter und Konsul Ausonius seine Villa errichten, genau dort, wo sich heute die Weinberge des Château Ausone erstrecken. Im 8. Jahrhundert richtete sich der bretonische Einsiedler Émilion in der Nähe in einer Höhle ein. Durch sein Beispiel und durch die Wunder, die er vollbrachte, zog der Heilige auch über seinen Tod hinaus zahlreiche Menschen an. Vom 9. bis 11. Jahrhundert erweiterten die Gläubigen die bestehenden Höhlen zu einer monolithischen Kirche, die noch heute durch ihre Ausmaße und ihre Atmosphäre beeindruckt. Dem Heiligen zu Ehren erhielt das Dorf seinen Namen. Das Kalkgestein des Hanges verwendeten die Bewohner zum Bau ihrer Häuser und hoben auf diese Weise aus dem leicht zu bearbeitenden Fels großartige Keller aus, die dem Wein ideale Lagerbedingungen gewähren. Wie Pomerol lag Saint-Émilion auf einem der Wege nach Santiago de Compostela, und dem im Mittelalter stetig fließenden Pilgerstrom bot sich mit den Weinen eine willkommene Stärkung. 1199 erhielten die Bürger Saint-Émilions von Johann ohne Land das verbriefte Recht zugestanden, über sich selbst zu bestimmen und ihre eigenen Räte zu wählen, die *Jurade*. 1289 erweiterte der englische König Edward I. dieses Recht auf neun Gemeinden, deren Gebiet heute die Appellationen Saint-Émilion und Saint-Émilion Grand Cru umfaßt. Die *Jurade* übte hinsichtlich des Weins eine Kontrollfunktion aus, denn sie versah die Fässer, deren Inhalt sie für ausreichend edel hielt, mit einem Brandzeichen, der *marque du vinetier*. Weine, denen sie dieses Gütesiegel nicht zuerkannte, mußten vernichtet werden. Bis zur Revolution erteilte die *Jurade* auch Weinen, die umgelagert oder verkauft wurden, ein Zertifikat, das ihren Transport genehmigte. Der Erfolg dieser Maßnahmen läßt sich an dem Ruhm ablesen, der dem Wein aus Saint-Émilion zuteil wurde. Man trank ihn am englischen und am französischen Königshof, wo Ludwig XIV. höchstselbst ihn als »Nektar der Götter« pries.

Bereits 1884 wurde ein Weinsyndikat gegründet, und 1936 erhielt Saint-Émilion die Appellation d'Origine Contrôlée. Gleich nach dem Zweiten Weltkrieg formierte sich die *Jurade* erneut, nun als Weinbruderschaft, die ab 1951 eine Qualitätskontrolle einsetzte. Dies führte 1954 – mit einem Jahrhundert Verspätung – zu einer eigenen Klassierung, die alle zehn Jahre überprüft und revidiert wird. Zum letzten Mal geschah dies 1996. An der Spitze dieser Klassifikation stehen die beiden Premiers Grands Crus Classés A (Château Ausone und Château Cheval Blanc) sowie mit Angélus, Beauséjour, Beau-Séjour-Bécot, Belair, Canon, Clos Fourtet, Figeac, La Gaffelière, Magdelaine, Pavie und Trotteveille elf weitere Premiers Grands Crus. Darüber hinaus sind zur Zeit 55 weitere Châteaux als Grand Cru Classé anerkannt.

Saint-Émilion kann zwar auf eine lange historische Kontinuität zurückblicken, aber die Böden der insgesamt gut 5400 ha, die Jahr für Jahr rund 38,5 Millionen Flaschen ergeben, weisen erhebliche Unterschiede auf. Zwei Terroirs haben sich qualitätsmäßig herauskristallisiert. Das eine besteht aus dem Kalkplateau, an dessen Rand das Städtchen selbst steht und auf dem sich die meisten der Premiers Crus Classés befinden, an der Spitze Château Ausone. Hier ist die häufig sehr dünne Bodenschicht tonkalkig. Das andere Terroir grenzt an Pomerol, und dessen Kern weist die gleichen kiesigen Erhöhungen mit lehmigem Untergrund auf wie Pomerol selbst. Dort liegen die 36 ha Anbaufläche von Château Cheval Blanc und Château Figeac mit seinen 40 ha Weinbergen. Zur Dordogne hin treten vermehrt sandige Schwemmböden auf, die weniger charaktervolle Weine ergeben.

Der Unterschied zwischen den einzelnen Châteaux basiert aber nicht nur auf der großen geologischen Verschiedenartigkeit, sondern auch auf der Komposition der Rebsorten. Der in der Regel im Médoc dominierende Cabernet Sauvignon verlangt in Saint-Émilion und in Pomerol

Eingang zum Weinkeller von Château Ausone, Grand Cru Classé A

Château Ausone 1993

Château Cheval Blanc, Grand Cru Classé A

Château Cheval Blanc 1994

BORDEAUX, PÉRIGORD, GASCOGNE & PAYS BASQUE

Château Pétrus: Das weltberühmte Gut besteht aus einem bescheidenen Gutsgebäude, aber aus Weinbergen auf der besten und höchsten Lage von Pomerol.

Merlot-Rebstock und die vorbildlich bearbeiteten Weinberge von Château Pétrus

die wärmsten Lagen, denn nur dort reift er problemlos. Deshalb haben sich beim ersten Merlot mit 55–60 % und Cabernet Franc mit meist 30–35 % durchgesetzt, während beim zweiten der Merlot-Anteil noch höher liegt. Die Kunst der späteren Assemblage beginnt aber bereits im Weinberg, wenn der Winzer die bestgeeignete Sorte für Boden und Ausrichtung pflanzt. Das berühmteste Beispiel liefert Cheval Blanc, dessen grandioser Wein zu zwei Dritteln aus Cabernet Franc, der ausgezeichnete Resultate auf Kies und Sand erbringt, und einem Drittel aus Merlot besteht. Generell gibt aber der Merlot den Ton an, denn er findet vorwiegend lehmhaltige Böden vor, die ihm liegen. Er verleiht den Weinen von Saint-Émilion ihren bekannten Charme mit dem weichen, runden, sehr fruchtbetonten Charakter. Aber in den *chais*, den Kellerhallen der Châteaux, werden alle Sorten und alle Parzellen getrennt vinifiziert. Denn im Bordelais spielt das Klima eine große Rolle, und die Unterschiede von Jahrgang zu Jahrgang können erheblich sein. Da gibt die Assemblage dem Kellermeister eine Möglichkeit, auf die Launen der Natur zu reagieren, wenn er den Hauptwein des Guts komponiert. So kann er in schwierigeren Jahren den Anteil des früh eingebrachten Merlot, nach sehr heißen Herbsten den der später reifenden Cabernets erhöhen. Wie er auch vorgeht, im allgemeinen öffnen sich Saint-Émilions und Pomerols schneller als Médoc-Weine, besitzen aber – jedenfalls in den großen Jahrgängen – eine verblüffende Lebensdauer, die zwei, drei oder noch mehr Jahrzehnte betragen kann.

In Pomerol trumpft der Merlot noch mehr auf. Das berühmte Château Pétrus zum Beispiel hat auf seinen 11,5 ha nur 5000 m² Cabernet Franc, den man auch Bouchet nennt, stehen, und der nur selten integriert wird. Die meisten der anderen hervorragenden Güter besitzen 80 und mehr Prozent Merlot. Pomerol ist der eigentliche Aufsteiger unter den berühmten Rotweinen des Bordeaux. Trotz einer Weinbaugeschichte, die bis zu den Römern zurückreicht, geschah der eigentliche Durchbruch erst in den letzten Jahrzehnten. So gibt es auch keine offizielle Klassierung, obwohl Château Pétrus es an Ruhm mit den ganz Großen aufnehmen kann und sie preislich noch in den Schatten stellt. Dabei ist das Gut wie die meisten der 170 Betriebe, die sich die 785 ha der Appellation teilen, weder besonders groß noch stattlich. Aber seine Weinberge liegen im nordöstlichen Winkel des Gebiets, das an Saint-Émilion grenzt (Cheval Blanc ist nicht weit) und auf dessen höchstem Hügel, wo Lehmerde die Oberfläche bildet. Ansonsten herrschen auf dem Plateau von Pomerol Kies und Sand vor, und im Unterboden sind Tonkalk und Eisenoxide enthalten, die den Wein aromatisch prägen. Die gut drainierten Böden sind kühl, so daß der frühe Merlot in seiner Voreiligkeit gemäßigt wird, was ihm spürbare Finesse beschert. Pomerols sind tiefdunkle, samtige, voluminöse, fleischige Weine. In ihrer Jugend von dichter schwarzer Beerenfrucht und viel Würze bestimmt, sind sie schnell zugänglich, entwickeln aber im Alter große Harmonie und Komplexität und eine charakteristische hinreißende Trüffelnote.

Merlot in Blüte

Beginnende Beerenbildung beim Merlot

Château de Monbazillac, eine um 1550 errichtete Burg, erhebt sich am Rand des Kalkplateaus seiner Weinregion und dominiert das Tal der Dordogne mit der Stadt Bergerac.

Château Bélingard steht an einst den Druiden heiliger Stelle, die schon vor den Römern aus wilden Weinbeeren Zaubertränke herzustellen wußten.

Die Weine des Südwestens

Jene Weinregionen, die sich an das Bordeaux-Gebiet im Westen anschließen und weiter flußaufwärts an den Flüssen Dordogne und Garonne liegen, haben mit der Gironde zunächst einmal die starken klimatischen Einflüsse des Atlantiks gemeinsam. Darüber hinaus spielen in vielen Appellationen der Departements Dordogne, Lot-et-Garonne und Tarn-et-Garonne die Bordelaiser Rebsorten Sémillon, Sauvignon und Muscadelle für Weißweine, Cabernet Sauvignon und Franc sowie Merlot für Rot- und Roséweine oft die Haupt-, immer aber eine bedeutende Rolle. Und noch eine weitere innige, doch keineswegs herzliche Beziehung gibt es zu Bordeaux, die sich bis in unsere Tage hinein auswirkt. Seit römischer Zeit kam Bordeaux die Rolle des Umschlagplatzes für alle diese Weinregionen zu. Sie konnten ihre Fässer nur über die beiden genannten Flüsse an die Küste bringen, von wo aus die durchaus interessierten Abnehmer nördlicherer Länder zu erreichen waren. Nur erwies sich Bordeaux häufiger als Hindernis denn als ein Tor zur Welt, verstanden es doch die Bürger der Stadt, sich von diversen Königen das Recht zu sichern, zuerst alle ihre eigenen Weine zu verschiffen, bevor die Erzeugnisse anderer Regionen darauf Anspruch hatten. Bis das – vielleicht erst im Frühjahr – endlich der Fall war, hatten sich manche Tropfen aus dem Haut-Pays, wie man das Hinterland nannte, schon zu Essig verwandelt.

Dennoch hatten alle diese Crus einen gewissen Ruf erlangt. Viele davon gingen auf die Römer zurück, von denen sie überaus geschätzt worden waren. Im Mittelalter förderten dann die Klöster den Weinbau. Die umtriebigen Holländer, die im 17. Jahrhundert den Markt bestimmten, verlangten vor allem zwei Arten von Wein: dünne Destillierweine und möglichst konzentrierte Süßweine. Im Bergeracois stellte man sich darauf ein und begann damit die Basis für den Monbazillac

Die Weinberge des Château Bélingard liegen oberhalb des Dordogne-Tals und ergeben je nach Ertrag und Vinifikation angenehme oder anspruchsvolle Weiß- und Rotweine.

und den großen Ruf zu schaffen, den er ein Jahrhundert später genießen sollte. In unseren Zeiten gab es zwar keine Handelsrestriktionen mehr, dafür hatte Bordeaux weltweit so großes Prestige gewonnen, daß alle anderen, vor allem die in der Nähe liegenden Regionen, zwangsläufig dem untergeordnet wurden. Zwar gab es erfolgreiche Pioniere, die bereits Ende der vierziger Jahre begannen, ihre Weinberge erneut auszuweiten und sich einen eigenen Namen zu machen, wie zum Beispiel die Vignerons de Buzet, aber erst in jüngster Vergangenheit gelingen einzelnen Winzern in bordeauxnahen Appellationen so überragende Gewächse, daß sie die Aufmerksamkeit der internationalen Weinkenner auf sich ziehen. Gegenwärtig sind die Appellationen des Südwestens aber noch eine Fundgrube für gute Weine zu günstigen Preisen.

Weine von der Dordogne

Bergerac
Regionale Appellation, die sämtliche der insgesamt 13 000 ha Weinberge einschließt, die sich in 93 Gemeinden befinden. Sie gilt allgemein für die auf den gleichen Sorten wie in der Gironde fußenden Weiß-, Rosé- und Rotweine, auch wenn sie aus den enger begrenzten spezielleren Appellationen stammen. Das Spektrum der Weine ist entsprechend breit. Größtenteils bezieht es sich auf angenehme, leicht zu trinkende, oft sehr aromatische Weine, aber auch einige der konzentriertesten, vielversprechendsten Rot- und eine Reihe vorzüglicher, im Barrique vergorener Weißweine fallen darunter.

Côtes de Bergerac
Ebenfalls eine regionale Appellation, die jedoch bei Rotweinen mindestens 11 statt 10 % verlangt und als Weißwein dem lieblichen, dem *moelleux*, vorbehalten ist. Letztere sind im Idealfall im Charakter elegante, ausgewogene Weine, die eine intensive Frucht und gute Nervosität besitzen und am besten als Aperitif genossen werden.

Pécharmant
Der Grand Cru der roten Dordogne-Weine liegt nordöstlich der Stadt Bergerac auf 300 ha der Sonne zugeneigten Hängen, deren kiesige und tonkalkige Böden viel Eisen enthalten, was den Weinen ihren festen Charakter verleiht. Die besten Cuvées werden in Barriques ausgebaut und brauchen mehrere Jahre Flaschenreife, bevor ihre markanten Tannine hinreichend verschmolzen sind und sich ein komplexes und elegantes Bukett entwickelt hat.

Rosette
Nachbarn des Pécharmant – doch ausschließlich lieblichem Weißwein vorbehalten –, erheben sich die aus lehmigem Kies bestehenden Weinberge dieser winzigen Appellation im Norden der Stadt Bergerac. Erst in den letzten Jahren tritt sie überhaupt wieder in Erscheinung.

Monbazillac
Nach einer langen Krise ist einer der ältesten und angesehensten Süßweine Frankreichs dabei, an das einstige Renommee anzuschließen. Denn heute muß er wieder – wie sein Cousin, der Sauternes – von Hand und in mehreren Durchgängen gelesen werden. Auch auf seinen Lagen, südlich von Bergerac über dem Dordogne-Tal, sorgen Frühnebel im Herbst für die erforderliche Edelfäule. Oft sind die heutigen Weine, die auf 2500 ha deklariert werden, etwas weniger schwer, dafür aber um so eleganter.

Saussignac
Einst unter einem Hut mit dem Monbazillac und jetzt sein nächster Rivale, werden auf diesem westlich angrenzenden Gebiet oft dezent liebliche Weine erzeugt, die als *moelleux* unter der Regionalappellation Côtes de Bergerac abgefüllt werden. Die Winzer in den zugelassenen fünf Gemeinden reservieren aber ihre edelsüßen Spezialitäten für den eigenen, noch unbekannten, aber aufsteigenden Cru.

Montravel
Im Süden von der Dordogne begrenzt, zieht sich diese 1300 ha Wein umfassende Zone zwischen Sainte-Foy-la-Grande und Castillon-la-Bataille hin, wo das Bordeaux-Gebiet beginnt, und erstreckt sich weiter nach Norden über die ansteigenden Hänge. Hier ist für die Appellation, unter der trockene, frische, sehr aromatische Weißweine abgefüllt werden, der Sauvignon tonangebend.

Côtes de Montravel
Im gleichen Anbaugebiet bezeichnet diese Appellation liebliche Weine, für die der Sémillon eine bedeutende Rolle spielt.

Haut-Montravel
Gesondert wird der östliche Teil des Montravel-Gebiets klassiert, wo auf kalkreichen Böden die Sémillon-Traube höhere Konzentration erreicht, aber die Weine zugleich immer durch eine elegante Säure eine bemerkenswerte Ausgewogenheit erhalten.

Weine von der Garonne

Côtes de Duras
In den geographischen Gegebenheiten dem Nachbarn Entre-Deux-Mers eng verwandt, dominierten früher weiße Sorten, und es wurden vor allem liebliche, auf Sémillon basierende Weine gekeltert. Inzwischen hat sich der aromatische Sauvignon als trockener Weißwein durchgesetzt, während die Rotweine auf den beiden Cabernets, Merlot und etwas Cot basieren. Oft sortenrein ausgebaut, reicht das Spektrum von leichten, angenehmen Tropfen bis zu kräftigen, tanninbetonten, im Barrique gereiften Weinen.

Côtes du Marmandais
Ans Entre-Deux-Mers und die Côtes de Duras grenzend, dehnen sich die Rebflächen über rund 1800 ha auf beiden Seiten der Garonne aus. Für die angenehmen, oft exotischen Weißweine nehmen die Winzer und die beiden führenden Genossenschaften Bordelaiser Sorten, aber bei den Rot- und Roséweinen kommen zusätzlich Gamay, Syrah, Cot, Fer und der einheimische Abouriou ins Spiel. Die Roten sind in der Regel ausgewogen und besitzen viel Würze.

Buzet
Vom linken Ufer der Garonne, zwischen Agen und Marmande, erstrecken sich die 1800 ha Wein der 1973 zuerkannten Appellation auf Hängen und alten Terrassen bis zum Rand des Waldgebiets der Landes. Auf lehmreichen, teils kiesigen Böden wachsen die beiden Cabernets, Merlot und etwas Cot, aus denen die Genossenschaft der Vignerons de Buzet eine breite Palette von Rotweinen vinifiziert und in Barriques ausbaut, deren beste Cuvées viel Struktur, Rundheit und Länge besitzen. Außerdem geringe Mengen an Rosé- und Weißweinen.

Côtes du Brulhois
Um 1930 in einen Dornröschenschlaf gefallenes Anbaugebiet westlich von Agen, das 1965 von einer Genossenschaft wiederbelebt wurde. Inzwischen 200 ha mit Tannat, den Cabernets, Merlot, aber auch Cot und Fer Servadou bestockte Terrassen und tonkalkige Hänge. Die Rosés sind fruchtig, die entrappten Roten besitzen oft Aromen schwarzer Beeren und sind früh trinkreif.

Lavilledieu
Historische Weinregion am Zusammenfluß von Tarn und Garonne, wo heute 140 ha Reben auf mageren kieshaltigen Schwemmböden stehen. Davon stellen Cabernet Franc, Gamay und Syrah je ein Viertel, ergänzt von Negrette und Tannat. Die daraus assemblierten Weine suchen eine frühe, fruchtbetonte Harmonie und sollten leicht gekühlt mit 12–14 °C genossen werden. Seit 1947 V.D.Q.S.

Côtes du Frontonnais
Zwischen Toulouse und Montauban stehen auf 2000 ha rote Bordelaiser und andere Rebsorten auf drei alten Terrassen des Tarn mit sehr armen Böden. Die einheimische Negrette prägt Rosé- und insbesondere die delikaten, aromatischen Rotweine mit ihrem ungewöhnlichen, oft an Veilchen, Lakritze und schwarze Johannisbeeren erinnernden Parfüm. Daneben finden sich zunehmend komplexe, würzige, gut lagerfähige Cuvées.

Die Weinberge des süßen Monbazillac erstrecken sich über dem Tal der Dordogne, von der im Herbst Morgennebel aufsteigen, die für die nötige Edelfäule Sorge tragen.

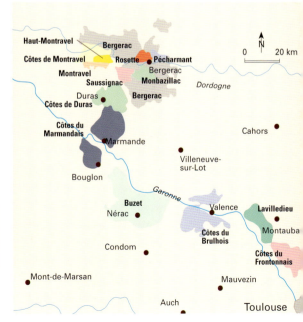

275

Lamproie à la bordelaise
Neunaugen-Ragout mit Rotwein
(am Vortag vorbereiten)

Für 8 Personen

1 großes Neunauge
3 Flaschen sehr guter Rotwein
Salz und Pfeffer aus der Mühle
1 Messerspitze geriebene Muskatnuß
500 g Möhren
250 g Zwiebeln
1 kg Porree
300 g Kalbsknochen
250 g Bayonne-Schinken
150 g Butter oder Gänseschmalz
2 EL Mehl

Das lebende Neunauge 1–2 Minuten in kochendes Wasser tauchen, sofort herausnehmen, in kaltes Wasser geben und mit einem Messerrücken den Schleim entfernen. Am Kopf anbinden, so daß man den Fisch durch den Schwanz ausbluten lassen kann, dann ausnehmen. Das Blut in ein Gefäß füllen und mit etwas Rotwein verrühren, damit es nicht gerinnt, und beiseite stellen.
Das Neunauge vorsichtig in 3–4 cm dicke Stücke schneiden, den Fisch in einen großen Topf geben, salzen, pfeffern und eine Prise Muskat hinzufügen. Dann Rotwein angießen, so daß die Fischstücke bedeckt sind. Zum Kochen bringen, eben aufkochen, dann vom Herd nehmen, abkühlen lassen und abgießen. Den Rotwein auffangen.

Möhren und Zwiebeln putzen und fein würfeln. Den Porree säubern, nur das Weiße verwenden und in große Stücke schneiden. Mit den Kalbsknochen und dem Schinken in einem Schmortopf im Fett dünsten. Leicht mit Mehl bestäuben und den Rotwein angießen. 60 Minuten bei niedriger Temperatur köcheln lassen. Dann die Fischstücke hineingeben und auf sehr niedriger Flamme weitere 40 Minuten garen.
Zum Servieren Fisch und Lauch mit der Schöpfkelle herausheben und in eine vorgewärmte Schüssel geben. Die Knochen entfernen. Das beiseite gestellte Blut an die Sauce geben und gut verrühren, ohne erneut aufzukochen. Fisch und Lauch mit der heißen Sauce übergießen und sofort servieren.

Fischen auf der Gironde

Die Gironde ist die größte Flußmündung Europas, in der die Gezeiten das Geschehen bestimmen. Den Schutz, den dieser Trichter vor Unbilden des Atlantiks bietet, wissen nicht nur Fischer und Seefahrer seit der Antike zu schätzen, auch auf Fische wirkt er anziehend, vor allem auf Arten, die in Süßwasser laichen. Lachse und Störe schwammen die Gironde und dann die Dordogne oder Garonne hinauf, bis der unersättliche Appetit des Menschen sie so dezimierte, daß sie Anfang der 1980er Jahre unter Schutz gestellt werden mußten. Doch Alse und Neunauge blieben der Gironde treu, zur Freude der Fischer, und gelten als typische Spezialitäten der regionalen Küche. Erstere grillt man am liebsten über Weinruten und serviert sie mit Sauerampfer, während man letztere in rotem Bordeaux gart. Wird auch vorwiegend von Booten aus gefangen, so tragen die zahllosen Fischerhütten an den Ufern zum Reiz der Gironde bei. Auf hohen Stelzen wagen sie sich in den Fluß vor. An einer langen Stange schwebt ihr ausladendes, flügelähnliches Netz, *carrelet*, über dem Wasser, das bei Flut ausgeworfen wird. Auch Garnelen, Aale, die man mit Reusen fängt, und im Spätherbst die Aalbrut, die *pibales*, zählen zu den regionalen Genüssen.

Die Fischerhütten am Rande der Gironde schwingen ihre *carrelet* genannten Netze aus, wenn Flut und Fische in die Flußmündung strömen.

Caviar de Gironde

Früher wurden in der Mündung der Gironde, aber auch in Dordogne und Garonne große Mengen an Stören gefangen. Mit dem Rogen wußten die Fischer aber nichts anzufangen. Erst Anfang der zwanziger Jahre gründete der Pariser Restaurantbesitzer Émile Prunier im kleinen Hafen von Saint-Seurin d'Uzet am rechten Ufer der Gironde eine Kaviarfabrik und entsandte einen russischen Emigranten dorthin, um die Herstellung anzuleiten. Bis zu 3 t *Caviar de Gironde* erzeugte der Betrieb im Jahr. Doch dann blieben die Störe aus, und die Firma mußte 1963 schließen. Inzwischen verbuchen zwei Züchter im Bassin d'Arcachon Erfolge mit ihren Stören. Obwohl eine andere Art der Störfamilie, gibt sie hervorragenden Kaviar, der mit seinen russischen und iranischen Konkurrenten mithalten kann.

Le pressé d'anguilles de Gironde aux girolles
Aal-Terrine mit Pfifferlingen

Für 20 Personen

5 kg Aal
5 Lorbeerblätter
Essig
1 kg frische Pfifferlinge
Öl
Salz und Pfeffer aus der Mühle
Kerbel
geröstete Sesamsamen
Vinaigrette
250 ml Haselnußöl
500 ml Soja-Öl
250 ml Sherry-Essig
Salz und Pfeffer aus der Mühle

Die Aale enthäuten, ausnehmen und entgräten. (Zum Enthäuten schneidet man hinter Kopf und Brustflossen rundum ein, verknotet in der Schnittstelle eine dünne Schnur, an der man den Aal aufhängt. Nun kann man mit der einen Hand mit einem Tuch die Haut fassen und herunterziehen, während man mit der anderen am Aal straff zieht.) In reichlich Wasser, dem man Lorbeerblätter und Essig hinzufügt, etwa 10 Minuten kochen. Herausnehmen und abgießen.
Pfifferlinge putzen, kurz waschen und trockentupfen. Öl in einer Pfanne erhitzen und die Pilze darin 5 Minuten garen. Mit Salz und Pfeffer würzen.
Eine Terrine mit den Aalen auskleiden, die Pfifferlinge in die Mitte füllen. Die Oberfläche mit Aalen bedecken. Ein passendes Brett auflegen, mit einem Gewicht beschweren und über Nacht in den Kühlschrank stellen.
Aus Haselnußöl, Soja-Öl und Sherry-Essig eine Vinaigrette rühren; salzen und pfeffern. Zu der Terrine reichen. Kerbel und gerösteter Sesam passen ausgezeichnet als Garnierung dazu.

Flan d'huîtres battu au cresson
Austerntörtchen mit Kressebutter

Für 6 Personen

12 Austern
1 Knoblauchzehe
1 EL Butter
1 EL Mehl
100 g Entenstopfleber
250 g weißes Fischfilet
4 Eier
1 Schalotte
90 g Stärkemehl
500 ml Crème fraîche
Salz und Pfeffer aus der Mühle
1 kleines Bund Kerbel, gehackt
Sauce
1 EL Crème fraîche
½ Schachtel Kresse
2 EL Butter

Die Austern öffnen und das Austernwasser auffangen. Die Knoblauchzehe schälen und in Wasser vorkochen. Mit Butter, Mehl und der Hälfte des Austernwassers eine gebundene Suppe herstellen. 6 Austern grob würfeln und die Entenstopfleber in kleine Stücke schneiden.
In einem Mixer das Fischfilet hacken, die Eier untermischen, dann Suppe, Knoblauch und Schalotte hineingeben und schlagen. Alles in eine Schüssel füllen, mit Stärkemehl überpudern, Austernwürfel, Stopfleber, Crème fraîche hinzufügen, vermischen, würzen und in 6 gebutterte Auflaufformen füllen. Den Backofen auf 180 °C vorheizen und die Aufläufe 40 Minuten darin garen.
Für die Sauce den restlichen Austernsaft mit Crème fraîche und Kresse aufschlagen. Erwärmen und die 6 übrigen Austern darin pochieren. Die Austern auf die Törtchen verteilen, die Butter als Flöckchen unter die Sauce schlagen und zu den Törtchen geben. Mit Kerbel garnieren.

Le dos de brochet à l'échalote
Hechtrücken mit Schalotten

1 Hecht (etwa 2 kg), küchenfertig
120 g Schalotten
60 g Knoblauch
80 g Butter
4 Zweige frischer Thymian
100 ml Weißwein
100 ml Hühnerbrühe
glatte Petersilie, gehackt

Den Backofen auf 220 °C vorheizen. Den Hecht in große Stücke schneiden. Schalotten und Knoblauch hacken und in Butter in einer feuerfesten Form dünsten. Hechtstücke und Thymian mitdünsten, dann in den Ofen stellen. Nach 10 Minuten Wein und Brühe angießen und weitere 10 Minuten backen. Die Hechtstücke auf einem Bett aus Kartoffelpüree anrichten, mit der Sauce überziehen und mit Petersilie bestreuen.

Flan d'huîtres battu au cresson – Austerntörtchen mit Kressebutter

BORDEAUX, PÉRIGORD, GASCOGNE & PAYS BASQUE

Das Lamm von Pauillac

Das Médoc mit seinen kargen Böden, die sich so gut für Weinbau eignen, bot traditioneller Landwirtschaft keine günstigen Bedingungen. Doch in seinen Weinbergen und auf seinen Wiesen wuchsen wegen der Nähe des Meeres auf der einen und der Gironde auf der anderen Seite, die für milde Temperaturen sorgten, im Winter saftige, wenn auch wenig reichhaltige Gräser und Kräuter. Dies war ein ideales Winterquartier für die großen Schafherden früherer Epochen, die den ganzen Sommer im Hinterland und in den Bergen verbrachten. Nach der Lese waren sie auf den Châteaux willkommen, denn sie düngten die Weinberge und beglichen das Weiderecht in Naturalien. Dank des Atlantiks war das Gras salz- und jodhaltig, was der Milch der Mutterschafe und dadurch dem Fleisch der Lämmer eine delikate Würze verlieh. Da die Schafe zwischen Dezember und März im Médoc lammten, verkauften die Hirten die Lämmer zu Ostern. Pauillac, das sich zum Marktplatz dieser köstlichen Festtagsbraten entwickelt hatte, zählte vor 200 Jahren gut ein Dutzend Metzger. Die Qualität des Fleisches sprach sich rasch herum, und wie in anderen Küstenregionen wurde *pré-salé* Inbegriff für feinstes Lamm. Da es aber aus der Gemeinde mit drei berühmten Premiers Crus Classés kam, bürgerte sich die Bezeichnung *agneau de Pauillac* ein. In den erlesenen Rebpflanzungen des Médoc haben die Schafe längst aufgehört gerngesehene Winterpensionäre zu sein, das Gütesiegel sicherte sich jedoch eine Genossenschaft und ließ es 1985 als Marke eintragen. Noch immer ist das *agneau de Pauillac* ein Milchlamm, doch inzwischen wird es von Züchtern aus allen Teilen der Gironde, dem Lot-et-Garonne und dem Gers geliefert, und nur in Ausnahmefällen ist es ein *pré-salé*. Seine Saison reicht von Dezember bis Anfang April. Es wird mit einem Gewicht von bis zu 10 kg angeboten und zählt nach wie vor zu den ›Grands Crus‹. Von gereiften großen Médoc-Weinen wird es am besten begleitet.

Agneau de Pauillac cuit de trois façons, petite farce d'abats au thym
Auf dreifache Weise zubereitetes Lamm, kleine Innereien-Farce mit Thymian

Für 8 Personen

300 g Lammleber
250 g Lammnieren
600 g Lammrücken
375 g Schalotten
125 g frischer Knoblauch
60 g Butter
100 ml Weißwein
1 Lorbeerblatt
Salz und Pfeffer aus der Mühle
1 Lammschulter ohne Knochen, 1,25 kg
Salz und Pfeffer aus der Mühle
Öl
20 Zweige Rosmarin
1 Lammkeule
2 Knoblauchzehen
5 Schalotten
Rosmarin, Thymian, Lorbeerblatt
1 Lammkarree (8 Koteletts)
200 ml guter Rotwein

Agneau de Pauillac cuit de trois façons, petite farce d'abats au thym
Auf dreifache Weise zubereitetes Lamm

La pintade fermière rôtie au foie chaud et salsifis – Gebratenes Perlhuhn mit Leber und Schwarzwurzeln

Für die Farce Leber, Nieren und das ausgelöste Fleisch vom Rücken grob hacken. Schalotten und Knoblauch abziehen und fein würfeln. 250 g Schalotten in 40 g Butter glasig dünsten, den Wein, dann Knoblauch und Lorbeerblatt hinzufügen. Mit Salz und Pfeffer würzen. Zu dem Haschee geben und alles gut vermischen.
Die Lammschulter mit der Farce füllen und mit Küchengarn umwickeln. Die übrige Farce wird in einer feuerfesten Terrine im Backofen bei 175 °C 60–90 Minuten gegart. Die Schulter salzen und pfeffern und in einem Bräter in Öl rundum leicht anbraten. Herausnehmen und mit 20 Zweigen Rosmarin ca. 20 Minuten über Dampf garen.
Die Lammkeule gut mit Salz und Pfeffer einreiben. Knoblauchzehen und Schalotten schälen, halbieren und mit den Kräutern in den Bräter legen. Das Fleisch hinzugeben und bei 220 °C etwa 35 Minuten im Backofen garen.
Das Lammkarree auf dem Grill zubereiten.
Die restlichen Schalotten (siehe Zutaten für die Farce) mit 4–5 Thymianzweigen in der übrigen Butter andünsten, mit Wein ablöschen und reduzieren. Den Bratensatz der Lammkeule mit etwas Wasser ablöschen und mit Weinsauce verrühren.
Grobgeraspelte Bratkartoffeln sowie diverse Gemüse werden als Beilage serviert.

L'épaule d'agneau de Pauillac, rôtie boulangère
Lammschulter auf Bäckerart
(ohne Abbildung)

1 kg Kartoffeln
1/2 Zwiebel
40 g Butter
40 g Räucherspeck
1 Lorbeerblatt
200 ml Hühnerbrühe
2 kleine Lammschultern
1 Knoblauchknolle
3 Zweige frischer Thymian
grobes Meersalz (aus Guérande)

Den Backofen auf 200 °C vorheizen. Kartoffeln schälen, waschen, trockentupfen und in 2–3 mm dünne Scheiben schneiden. Die halbe Zwiebel in Ringe schneiden, den Räucherspeck würfeln.
Die Zwiebelringe in der Butter goldgelb andünsten. Kartoffeln, Speckwürfel und Lorbeerblatt hinzufügen, mit der Hühnerbrühe aufgießen. Im Ofen etwa 30 Minuten vorgaren, herausnehmen und beiseite stellen.
Den Backofen auf 240 °C vorheizen. Die Lammschultern bei Umluft etwa 45 Minuten backen, den Knoblauch nach 20 Minuten dazugeben. Die Kartoffeln nach weiteren 10 Minuten in den Ofen schieben. Den Thymian 5 Minuten vor Ende der Garzeit zum Fleisch geben.
Das Lamm mit den Kartoffeln anrichten, mit Bratensaft übergießen und mit Salz bestreuen.

La pintade fermière rôtie au foie chaud et salsifis
Gebratenes Perlhuhn mit Leber und Schwarzwurzeln

1 kg Schwarzwurzeln
40 g Butter
Salz und Pfeffer aus der Mühle
1 Perlhuhn, etwa 2 kg
1 EL Öl
100 ml Hühnerbrühe
1 Stopfleber, 350 g

Die Schwarzwurzeln schälen, waschen und der Länge nach in schmale Streifen schneiden, mit der Butter bei milder Hitze in einem Schmortopf zugedeckt garen. Abschmecken. Das Perlhuhn im auf 180 °C vorgeheizten Backofen mit dem Öl in etwa 45 Minuten braten, danach herausnehmen und warm stellen. Den Bratensatz mit der Hühnerbrühe ablöschen und reduzieren. Dann das Perlhuhn zerlegen.
Die Stopfleber in 8 kleine Scheiben schneiden, salzen, pfeffern und in einer beschichteten Pfanne von jeder Seite 1 Minute braten. Warm stellen. Die Schwarzwurzeln auf einer vorgewärmten Platte anrichten, das Perlhuhn darauf geben, mit den Leberscheiben belegen und mit der Sauce übergießen.

Les œufs meurette aux pieds de veau
Rotwein-Eier auf Kalbsfüßen
(ohne Abbildung)

300 g Zwiebeln
100 g Möhren
100 g Porree
80 g Butter
1 Bouquet garni
1/2 Knoblauchknolle
2 Kalbsfüße, halbiert
250 ml Kalbsfond
Salz und Pfeffer aus der Mühle
3 l Bordeaux-Wein
3 EL Essig
8 Eier

Zwiebeln schälen, Möhren und Porree putzen und kleinschneiden. Die Zwiebel in Butter andünsten, dann das Gemüse, Bouquet garni, den Knoblauch und die Kalbsfüße hinzufügen. Mit dem Kalbsfond ablöschen, würzen. Den Wein zum Kochen bringen und flambieren. Zu den Kalbsfüßen geben und 3 Stunden bei niedriger Temperatur kochen. Die Kalbsfüße herausnehmen, jeweils einen halben auf einen vorgewärmten Teller geben und warm halten. Die Sauce reduzieren.
Am Ende der Garzeit Salzwasser mit dem Essig zum Kochen bringen. Die Eier hineingleiten lassen und etwa 2 Minuten pochieren. Mit einem Schaumlöffel herausnehmen, auf die Kalbsfüße geben, dann die Sauce aufgießen.

Linke Seite: Für Kenner bleibt die Keule das schmackhafteste Stück vom Lamm.

BORDEAUX, PÉRIGORD, GASCOGNE & PAYS BASQUE

Thunfisch ist eine Spezialität der baskischen Hafenstadt, hier ein weißer, der bis zu 10 kg wiegt.

Fischfang der Basken

Der Ruf der Basken als Seefahrer ist legendär. Mit den schwierigen Lebensbedingungen in ihrer bergigen Heimat konfrontiert, wandten sie sich schon früh dem Meer als Nahrungsquelle zu. Bereits um 700 stellten sie sich der großen Herausforderung des Walfangs. Damals kamen die Wale regelmäßig und in beachtlichen Zahlen im Winter in die warmen Gewässer des Golfs der Gascogne, der unter Seeleuten und Fischern als die Biskaya bekannt ist. Die riesigen Tiere versprachen eine reiche Beute, und die Basken spezialisierten sich auf ihren Fang. In Saint-Jean-de-Luz und in Ciboure auf der anderen Seite der Mündung der Nivelle, dem besten Hafen des Pays Basque, wurde ab dem 11. Jahrhundert Walfang betrieben, der soliden Wohlstand bescherte. Bis ins 15. Jahrhundert hinein blieben die Wale der Biskaya treu. Doch dann kamen immer weniger, bis sie schließlich ganz ausblieben. Nun waren die Basken gezwungen, sie dort zu suchen, wo sie sich aufhielten – vor Kanada und Grönland und in den arktischen Gewässern. Dort begegneten sie aber immer stärkerer holländischer und englischer Konkurrenz. Die verbot den Basken, die zunächst das Fett der erlegten Wale an den Küsten des Nordmeers zum dreimal konzentrierteren Walöl geschmolzen hatten, dort anzulanden. Die Not inspirierte Sopite, einen Kapitän aus Saint-Jean-de-Luz, und er erfand einen Schmelzofen, mit dem das Öl an Bord hergestellt werden konnte. Als England 1713 das vormals französische Neufundland zugesprochen wurde, wirkte sich der Verlust der guten natürlichen Häfen und der reichen Fischgründe für die Basken aus Saint-Jean-de-Luz und Hendaye verheerend aus. Denn sie hatten dort nicht nur Wale, sondern seit ebenso langer Zeit auch Kabeljau gefangen, der als Stockfisch eines ihrer Nationalgerichte geworden war. Viele Seeleute sahen sich damals zur Emigration gezwungen. Wer blieb, hielt sich zeitweise – und durchaus lukrativ – als Pirat über Wasser oder gab sich mit den Fischen der Biskaya zufrieden, wo vor allem Schwärme von Anchovis sowie Seehechte ins Netz gingen. Einen neuen Höhepunkt erlebte Saint-Jean-de-Luz Mitte des 20. Jahrhunderts, als es zum größten Sardinenhafen avancierte und sich bald darauf die gleiche Stellung in bezug auf Thunfisch er-

Der Hafen von Saint-Jean-de-Luz: Netze, Fischkutter und die Ausläufer der Pyrenäen

oberte, den seine Spezialfangschiffe in westafrikanischen Gewässern fingen. Aber die Krise der europäischen Fischerei hat auch die charmante Hafenstadt am Fuße der Pyrenäen nicht unberührt gelassen und ihre stolze Flotte arg dezimiert. Dennoch ist der Hafen aktiv geblieben, und Feinschmecker finden hier Fische von hervorragender Qualität. Mengenmäßig stehen Anchovis mit etwa 2300 Tonnen an erster Stelle, während die einst so wichtigen Sardinen heute bedeutungslos sind. Sonst werden vor allem *chipirones* (kleine Tintenfische), Seehecht, Seewolf (Wolfsbarsch), Doraden und bisweilen Steinbutt angeboten – und natürlich Thunfisch. Vor allem der rote, der Gigant unter den Thunfischarten, der mehr als 250 kg schwer werden kann, ist eine Spezialität Saint-Jeans geblieben, auch wenn der Fang kaum mehr als 300 Tonnen jährlich beträgt. Er wird von Mai bis September mit Ködern an der Angelleine gefangen und am besten frisch gegessen, entweder mariniert, gegrillt oder als Ragout mit Paprika, Kartoffeln, Knoblauch und einer guten Prise einheimischem rotem Pfeffer.

Pavé de turbot à l'Auberge Kaïku
Steinbuttsteaks wie im Kaïku

1 Steinbutt, 2,2–2,5 kg
2 Auberginen
Olivenöl
1 Zwiebel
1 grüne Paprikaschote
1 Tomate
Salz und Pfeffer aus der Mühle
5 Knoblauchzehen
Kabeljauköpfe und -gräten

Den Steinbutt küchenfertig vorbereiten, kalt abspülen, trockentupfen und filetieren.

Die ganzen Auberginen im Backofen backen, bis die Haut braun wird und Blasen wirft. Die Früchte halbieren und mit einem Holzlöffel auskratzen. Die Zwiebel schälen und in dünne Ringe, den Paprika putzen und in schmale Streifen schneiden, die Tomate enthäuten, entkernen und zerdrücken. Die Gemüse in Olivenöl andünsten. Das Auberginenfleisch dazugeben und bei schwacher Hitze 5 Minuten unter Rühren mit schmoren. Salzen und pfeffern. Die Knoblauchzehen putzen und in Olivenöl zugedeckt langsam schmoren. Herausnehmen und das Öl aufheben.
Für die Herstellung der Kabeljau-Glace die Fischabfälle mit kaltem Wasser bedecken, aufkochen und so stark reduzieren, bis das Wasser sämig wird. Die Fischfilets kurz von beiden Seiten auf dem Grill rösten, so daß sie außen knusprig sind und im Kern noch zart bleiben. Salzen und pfeffern.
Auf 4 Teller je 1 EL Auberginengemüse in die Mitte geben und die Fischfilets darauf betten. Das Knoblauchöl mit der Kabeljau-Glace schlagen und um die Filets herum träufeln.
Mit fritierten Porreestücken dekorieren und mit einem rot-grünen Paprikasalpikon (sauer eingelegten kleinen Paprikawürfeln) garnieren.

Das Kaïku ist ein bekanntes Fischrestaurant in einem alten Steinhaus aus dem 16. Jahrhundert, der Blütezeit des Hafens.

Ganz und gar baskisch

Es gibt diverse Hypothesen, woher die Basken stammen. Dazu erzählen Basken gern folgende Anekdote. Ein Baron, auf Besuch in der südwestlichsten Provinz Frankreichs, kehrte vor seinen Gastgebern stolz die eigene Herkunft hervor. »Ich gehöre zu einer Familie, die aus dem 8. Jahrhundert herrührt«, prahlte er. »Wir, die Basken«, entgegnete sein Gegenüber ungerührt, »rühren gar nicht her.« Denn während sich alle anderen Europäer verschwisterten und verschwägerten, brachten es allein die Basken fertig, unter sich zu bleiben. Und das seit rund 15 000 Jahren. Das zeugt von Charakter. Sie sprechen Euskara, was niemand sonst versteht. Sie musizieren, tanzen und feiern auf ganz eigene Weise. Als Nationalsport spielen sie Pelote, als hätten sie es von den Inkas gelernt. Und sie haben ihren Geschmack für sich. Der drückt sich am markantesten in dem Potpourri aus, das als *à la basquaise* bekannt wurde: unablässige Variationen mit meist grünen, mehr oder weniger scharfen Pfefferschoten, Tomaten, Zwiebeln, Knoblauch, luftgetrocknetem Bayonne-Schinken oder Speck, reichlich mit Piment d'Espelette gewürzt, einem mittelscharfen Paprikapulver. So schmoren sie Hühnerstücke als *Poulet basquaise*, reichen das Gemüse zur Beilage oder mit geschlagenen Eiern, *piperade* genannt, schmoren es mit kleingeschnittenem Kalb- und Rindfleisch, das sie *hachua* nennen, und würzen damit ihre Version der Fischersuppe, den *Ttoro*, zu dem sie gern Muscheln und Kaisergranat geben. Die Liebe zu Pfefferschoten manifestiert sich in den milden, aber sehr aromatischen, aus Navarra stammenden, zugespitzten *pimientos del piquillo*, die sie mit Stockfisch, Krebsfleisch, kleinen Tintenfischen oder einfach mit Reis füllen. Im küstennahen Labourd genießt man ausgiebig den Reichtum des Meers. Die Hirten und Bergbewohner der Soule und Nieder-Navarras schätzen Kalb- und Schaffleisch, geschnetzelt, aber auch gebraten oder gegrillt, und mögen *loukinkos*, kleine Würstchen. *Tripotxa*, die gutgewürzte Blutwurst aus Innereien vom Schaf, zuweilen auch von Lamm und Kalb, wird immer in kräftiger Gemüsesuppe serviert. In dem abgelegenen Pyrenäen-Tal der Aldudes erlebt seit 1988 das baskische Schwein eine Renaissance. Die widerstandsfähigen schwarz- und rosafarbenen Tiere werden in Hütten geboren, aber bald auf weitläufigen bewaldeten Terrains sich selbst überlassen, wo sie Kastanien, Eicheln, Wurzeln und anderes Futter finden. Nach 15–18 Monaten im Freien und einer kurzen letzten Getreidemast haben die Tiere mit rund 150 kg ihr Schlachtgewicht erreicht. Sie schenken Spezialitäten wie *lomo*, getrocknetes Schweinefilet mit Paprika, *jésus*, eine Salamiart, und Blutwürste, aber das edelste Produkt ist der 14–18 Monate getrocknete, mit Piment d'Espelette eingeriebene Schinken.

Piment d'Espelette

Wer im Herbst das Baskenland besucht und durch das Dorf Espelette – auf halbem Weg zwischen Saint-Jean-de-Luz und Saint-Jean-Pied-de-Port – fährt, wird von einem ungewohnten Anblick überrascht. Lange Schnüre mit feuerroten, kleinen und spitzen Pfefferschoten hängen auf den Südseiten der Häuser zum Trocknen. Diese dekorative Zier wird nach zwei Monaten eingezogen, im Ofen nachgetrocknet und gemahlen. So entsteht besagter Piment, der einzige einheimische Pfeffer Frankreichs. Milder als Cayenne, aber sehr parfümiert, würzt er eine ganze Reihe baskischer Spezialitäten, wird aber vor allem gern an Fisch gegeben, um dessen Geschmack hervorzuheben. Botanisch gehört er zu der großen Familie des *Capsicum annuum*, stellt aber eine ganz eigene Sorte dar. Wie alle Paprikasorten braucht er guten Boden und viel Wärme, um die zunächst grünen, dann sich aber rötenden schmalen Schoten zu bilden, die etwa 9 cm lang werden. Zwar finden sich ab dem 17. Jahrhundert Hinweise, daß man auch im Pays Basque diese ursprünglich mittel- und südamerikanische Pflanze kennt, anbaut und nutzt, aber ihre eigentliche Geschichte ist unbekannt. Fest steht jedoch, daß die Einwohner von Espelette und seinen Nachbardörfern sie kultivieren und ihre Gerichte mit rotem Pfeffer angenehm pikant machen, solange sie zurückdenken können. Inzwischen möchten die Bauern der Region eine eigene Appellation d'Origine Contrôlée für ihre mildscharfe Würze, von der jährlich immerhin an die 175 t geerntet werden.

Carré d'agneau au four, ris d'agneau sur rosace de pomme de terre et étuvée de pochas
Rippenstück vom Lamm im Ofen, Lammbries auf Kartoffelrosette mit Bohnentopf

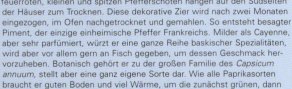

200 g Möhren
100 g Zwiebeln
1 EL Olivenöl
100 g geräucherter Speck, gewürfelt
200 g weiße Bohnen
1,5 l Hühnerbrühe
1 Zweig Thymian
1 Schinkenknochen
3 Kartoffeln (Rosevalt)
50 g geklärte Butter
500 g Champignons
500 ml Milch
100 g Schalotten
250 ml Crème fraîche
100 ml Portwein
Salz und Pfeffer aus der Mühle
4 Rippenstücke vom Lamm
4 Knoblauchzehen
4 Zweige Thymian
200 g Lammbries
1 EL Öl

Die Möhren putzen und würfeln, die Zwiebeln schälen und in Ringe schneiden. Letztere in einem Schmortopf 5 Minuten in Öl dünsten, dann die Möhren, den Speck und die Bohnen zufügen. Mit Hühnerbrühe aufgießen, Thymian und Schinkenknochen zugeben und kochen lassen. Die rosaroten Kartoffeln schälen, in feine, gleichmäßige Lamellen schneiden, aber nicht abspülen. Auf eine Platte legen, salzen, pfeffern, mit geklärter Butter einpinseln. In einer feuerfesten Pfanne als Rosette anrichten und in den Grill schieben.
Die Champignons putzen, die Milch mit der gleichen Menge Wasser mischen und die Pilze darin kochen. Abgießen und abtropfen lassen. Schalotten fein hacken, glasig dünsten, mit Crème fraîche und Portwein ablöschen. Die Champignons untermischen, salzen und pfeffern und warm stellen.
Den Backofen auf 225 °C vorheizen. Die Rippenstücke in eine feuerfeste Form geben, Knoblauchzehen und Thymian zufügen und 6 Minuten im Ofen backen. Salzen und pfeffern.
Kurz vor dem Servieren das Lammbries in einer Pfanne mit 1 EL Öl braten, leicht salzen.
Je 1 Rippenstück mit Bohnen und Lammbries anrichten. Die Pilze getrennt servieren.

Merlu braisé aux coquillages, sauce verte
Geschmorter Seehecht mit Muscheln in grüner Sauce

1 Knoblauchzehe
100 ml Olivenöl
1 EL Mehl
500 ml Fischfond
4 Seehechtfilets
12 Venusmuscheln
½ EL gehackte Petersilie

Die Knoblauchzehe abziehen, fein hacken und in Olivenöl in einem Schmortopf goldgelb dünsten. Das Mehl einstreuen, gut vermengen und den Fischfond angießen. 1 Minute kochen lassen.

Die Fischfilets mit der enthäuteten Seite nach unten in den Sud legen, die Venusmuscheln ebenfalls hinzufügen. 3 Minuten köcheln lassen, dann die Fischfilets wenden und weitere 5 Minuten garen. Die gehackte Petersilie zufügen und umrühren. Auf 4 vorgewärmten Tellern anrichten und sofort servieren.

Chipirons entiers poêlés et marmelade de crabe
Kleine ganze Kalmare mit Krebsragout

350 g kleine Zwiebeln
1 EL Olivenöl
250 g Tintenfischfleisch
1 Messerspitze Chili
2 Knoblauchzehen
4 Stiele Petersilie
300 g Steinpilze
400 g Krebsfleisch
16 kleine Kalmare
4 Spinatblätter, Tintenfischtinte
Vinaigrette
1½ EL Apfelweinessig
3 EL Olivenöl
½ Knoblauchzehe, zerdrückt
Saft ½ Zitrone

Zwiebeln schälen, hobeln und in Olivenöl andünsten. Tintenfischfleisch in kleine Würfel schneiden, mit dem Chili zu den Zwiebeln geben und 20 Minuten braten. Den Knoblauch abziehen und mit der Petersilie fein hacken. Die Steinpilze fein würfeln, alles in die Pfanne geben und mit den Tintenfischwürfeln und dem Krebsfleisch vermischen. Salzen und pfeffern.

Aus Apfelweinessig, Olivenöl, Knoblauch, Zitronensaft, Salz und Pfeffer eine Vinaigrette rühren.

Die 16 kleinen Kalmare in Olivenöl rundum goldgelb rösten, dann den Bratensatz mit der Vinaigrette ablöschen. Das Krebsragout in gleichen Portionen auf vorgewärmten Tellern anrichten, jeweils 4 gebratene kleine Tintenfische darauf betten, mit der Sauce übergießen und mit einem Spinatblatt und einem dünnen Strahl Tintenfischtinte verzieren.

Unten: Basken züchten eine eigene Schweinerasse.

Gâteau basque

Pastiza, der kreisrunde Kuchen, ist eine Institution im Baskenland, der man überall begegnet, in Konditoreien oder in Restaurants, auf Märkten oder an Ständen in den Dörfern. Seine ursprüngliche Version, bei der er mit einer Konfitüre aus den Kirschen von Itxassou, wo man verschiedene einheimische Sorten, darunter vor allem die gelbfleischige Xapata, kultiviert, gefüllt wird, findet man allerdings heute nur noch selten. Inzwischen füllt man ihn meist mit einer Vanillecreme, die man in Frankreich *crème pâtissière* nennt, so oft und gern wird sie von den Konditoren verwendet. Nicht selten fügt man ihr für den baskischen Kuchen einen Schuß Rum hinzu oder etwas geriebene Zitronenschale.

500 g Mehl
3 Eier
300 g Zucker
1 Eigelb
1 Päckchen Hefe
300 g Butter
Konditorcreme
4 Eigelb
120 g Zucker
60 g Mehl
Mark 1 Vanilleschote
500 ml Schlagsahne

Das Mehl in eine Schüssel sieben und in die Mitte eine Mulde drücken. 2 Eier hineinschlagen, Zucker, Eigelb und Hefe dazugeben, Butterflöckchen auf dem Mehl verteilen. Alle Zutaten zu einem Teig verarbeiten, zu einer Kugel formen und zugedeckt im Kühlschrank 1 Stunde ruhenlassen.

Für die Konditorcreme das Eigelb mit dem Zucker in einem Topf gut verrühren, dann das Mehl unterheben und das Vanillemark hinzufügen. Die Sahne langsam bei niedriger Temperatur unterrühren, sanft köcheln bis die Creme dick ist, dann abkühlen lassen.

Den Backofen auf 180 °C vorheizen. Den Teig in 2 ungleiche Teile schneiden (²⁄₃ für die Form, ¹⁄₃ Teig für den Deckel). Eine Form einfetten, die größere Teigportion dünn ausrollen, die Form damit auskleiden und dabei einen 3 cm hohen Rand formen. Mit der Konditorcreme bestreichen. Den restlichen Teig ausrollen und die Torte damit bedecken. Die Ränder zusammendrücken. Das restliche Ei verquirlen und den Kuchen damit einpinseln. 30 Minuten im Ofen backen. Wenn der Kuchen lauwarm ist, aus der Form stürzen.

Almkäse in Gefahr

Mit einer Herde von mehreren 100 Mutterschafen und manchmal einigen Kühen für gut vier Monate ins Hochgebirge zu ziehen, sie mindestens die Hälfte der Zeit jeden Morgen und Abend von Hand zu melken (was jeweils bis drei Stunden dauern kann), dann aus der Milch den Käse zuzubereiten, kranke Tiere zu behandeln, sich selbst zu versorgen, in einer zugigen Hütte zu hausen und selten andere Menschen zu Gesicht zu bekommen – das ist nicht gerade ein Lebensstil, der in unserer Zeit viele Menschen anspricht.

Dennoch gibt es sie noch, die Hirten, die auf den Almen der Pyrenäen, der Alpen und anderer europäischer Gebirge diese alte Tradition aufrechterhalten, eine Tradition, die schon bestand, als die sogenannte moderne Zivilisation noch nicht einmal erdacht worden war. Denn auf den Almen in der reinen Luft der Berge wächst eine Vielzahl von Gräsern und Kräutern, die den Tieren Gesundheit, der Milch und dem Käse unvergleichliches Aroma bescheren. Obwohl die Käse in den Berghütten mit den einfachsten Mitteln hergestellt werden, sind sich alle Hirten, Bauern, Käsemeister und -händler, Köche und Kenner darin einig, daß deren Qualität und Geschmack unerreicht sind. Und wäre unsauber gearbeitet worden, dann hätte der Käseteig offensichtliche Fehler, die ins Auge und in die Nase stechen würden. Seit Jahrhunderten gelten diese reinen Almkäse als der Gipfel der Käsekunst.

Die Hirten haben lokale und nationale Streitigkeiten, Kriege und andere Unwetter jeglicher Art überstanden, doch jetzt wird ihr Berufsstand auf eine heimtückische, schleichende und tödliche Weise bedroht: durch die EU-Bürokratie. Denn Bürokraten scheint es wohl ein Greuel, sich vorzustellen, daß Käse irgendwo und irgendwie anders hergestellt werden könnte als in sterilen, gekachelten, klimatisierten, möglichst vollautomatisierten Einheiten, in denen die Arbeiter nur plastiküberzogene Hand anlegen dürfen. Und genau das wollen sie deshalb auf den Almen eingeführt sehen. Daß damit eine weitere tief in unserer Kultur verankerte Lebensweise, die ohnehin stark gefährdet ist, und eines unserer hochwertigsten Lebensmittel weitgehend vernichtet würden, scheint Bürokraten kein zu hoher Preis für übertriebene Hygiene.

284 BORDEAUX, PÉRIGORD, GASCOGNE & PAYS BASQUE

Schafskäse aus den Pyrenäen

Brebis

Ossau-Iraty heißt der schnittfeste Schafskäse aus den westlichen Pyrenäen, der auf jahrhundertealter Hirtentradition fußt, aber erst seit einigen Jahren den Weg zu Käseliebhabern fern seiner Heimat gefunden hat. Ossau und Iraty bezeichnen die beiden Grenzen seines Reiches. Es erstreckt sich vom Ossau-Tal und seinem imposanten, 2884 m hohen Pic du Midi d'Ossau, südlich von Pau, bis zum Wald von Iraty und den Bergen bei Saint-Jean-Pied-des-Port im Nieder-Navarra, der mittleren Provinz des Pays Basque. In diesem Gebiet mit den ausgedehnten Almen, *estives*, und den wasserreichen Tälern sind zwei Schafrassen zu Hause: die Basco-béarnaise und die verbreitetere Manech, beides ausgezeichnete Milchrassen. Seit alters nutzen die Hirten die Almen, und jeder hat dort seinen festen Bereich, an den er sich halten muß.

Je nach Höhenlage beginnt der Auftrieb bereits im April oder, wenn die Almen auf 1600 m und höher liegen, erst im Juni. Die Schäfer des Nieder-Navarra, die ihre Tiere zum Iraty hinauftreiben, führen ein vergleichsweise angenehmes Dasein. Seit dem Ausbau der Zufahrtswege gelangen sie bequem auf die um 1000 m hohen Weiden hinauf und wieder hinunter. Gerade die zahlreichen jüngeren Schäfer und Schäferinnen organisieren sich gut. Anders sieht es in der Soule, dem Pyrenäengebiet des Béarn und in den Haut-Pyrénées aus. Auch wenn Funktelefon, Strom über Sonnenkollektoren und Geländewagen das Leben moderner gestalten und die Verbindung zur tiefer liegenden Außenwelt nicht abreißen lassen, leben dort die Hirten weiterhin an die vier Monate im Jahr isoliert.

Der Auftakt in den Bergen ist am härtesten. Noch geben die Schafe relativ viel Milch, und die Jungtiere müssen ans Handmelken gewöhnt werden. Anfangs reicht die Menge, um morgens und abends einen Sechs-Kilo-Käse zu machen. Mitte Juli sind es noch drei an zwei Tagen. Im August folgt die angenehmste Zeit. Dann stellen die Hirten das Melken ein, denn längst sind die Schafe gedeckt, und man darf die Muttertiere vor dem Lammen nicht erschöpfen. Nur so erhält man Jahr für Jahr gesunde Lämmer und eine regelmäßige Käseproduktion. Die Kunst liegt eben, wie so oft, in der Beschränkung.

Im Juni und Juli beginnt der Tag eines Hirten um 6 Uhr morgens mit dem Melken. Bei 400 Tieren dauert das gut drei Stunden. Der Schäfer bringt die Milch in seine Hütte (*cayolar*, *cuyala* oder baskisch *etxola*), wo er sie in den Kessel schüttet und die Flamme entfacht: das Käsemachen beginnt. Bei etwa 30 °C gibt er Lab hinzu, 10 Minuten später gerinnt die Milch schlagartig, aber er läßt ihr eine dreiviertel oder eine Stunde Zeit, während der er nach den Tieren schaut. Dann zerschneidet er mit einem Drahtrahmen – der Käseharfe – die Masse wieder und wieder. Nicht kleiner als Weizen-, nicht größer als Maiskörner dürfen die Klümpchen des Bruchs sein. Nach erneutem, halbstündigem Erhitzen unter ständigem Umrühren auf 40 °C läßt er die Molke abtropfen. Dann modelliert er eine Kugel, schlägt sie in Gaze ein, drückt sie in die runde, 6 kg fassende perforierte Form und beschwert sie. Jetzt ist es Zeit, die Tiere zum Rand des Weidegebiets zu führen, dann kehrt er zurück zu seiner Hütte, oft eineinhalb Stunden hin und diegleiche Zeit zurück. Später wendet er den Käse und läßt ihn bis zum Abend unter dem Gewicht, bevor er das Tuch entfernt und den Käse einen weiteren Tag in der Form ruhen läßt. Bei handwerklicher Herstellung wird der neue Käse dann vier Tage lang mit grobem Salz eingerieben. Im Keller, der kälter als 12 °C sein muß, läßt man ihn mindestens drei, oft vier Monate lang reifen. Dann ist sein Teig elfenbeinfarben und fest, doch noch saftig und nussig im Geschmack. Basken lieben ihn aber nach einer neun Monate langen Affinage, wenn er hart und trocken und sein Geschmack markant geworden ist. Gegen Abend finden sich die Schafe von allein vor der Hütte ein. Dann beginnt die Arbeit des Melkens und Käsemachens erneut.

Die meisten Hirten treiben um den 20. September die Herde zurück ins Tal, diejenigen, die wenig oder kein Land in tieferen Lagen haben, bleiben bis in den Oktober. Mit 400 Schafen bringt ein Hirte nach guter Saison 200 Käse heim, Ossau-Iraty Brebis-Pyrénées in Spitzenqualität.

Links: Die besten Schafskäse stammen von Hirten, deren Tiere im Iraty weiden, und werden von Hand aus nicht-pasteurisierter Rohmilch gemacht.

Unten: Zum gutgereiften Schafskäse gehört im Baskenland ein Schälchen mit Kirschkonfitüre.

Birnenwasser aus der Pilgerstadt

Branas

Das Baskenland war nicht für Schnaps bekannt, sondern nur für Cidre und für seinen Wein. Daß man heutzutage bei *eau-de-vie* auch an Saint-Jean-Pied-de-Port denkt, ist Étienne Brana zu verdanken. Denn seit sein Birnenwasser 1980 für Gault Millau zum besten des Landes gekürt wurde, hat es sich einen festen Platz auf den Digestifwagen der erlesensten Restaurants erobert.

Im Jahr 1897 eröffnete die Familie Brana in der ehemaligen Hauptstadt Nieder-Navarras einen Weinhandel. Mit feiner Nase und gutem Gespür brachten Étienne und seine Frau Adrienne das Geschäft in Schwung, doch am liebsten hätte er selbst Wein angepflanzt. Nur waren die Kinder Jean und Martine noch zu klein, um mitzuhelfen. Deshalb kam er auf die Idee, Birnenbäume zu pflanzen und Schnaps aus den Früchten zu brennen, als er den Hof seiner Großmutter mitten im ländlichen Nieder-Navarra erbte. Auf einem Südhang vor Haxaharria – im Baskenland hat jedes Haus einen Namen – legte er einen prächtigen Obstgarten mit am Spalier gezogenen Birnenbäumen an, ausschließlich der Sorte Williams Christ. Mit einem Brennapparat aus der Charente und dem unerschütterlichen Willen, Qualität zu erzeugen, ging er ans Werk.

Gering gehaltene Erträge im Obstgarten und ein exakt ausgetüftelter Pflücktermin, die den Früchten größtes aromatisches Potential bescheren, eine optimale Nachreife, bei der sich Stärke in Zucker verwandelt, ohne daß die Birnen mehlig werden, dann eine Vergärung bei gewissenhafter Temperaturüberwachung – so wird der dickflüssige, 5–7 % starke Grundwein gewonnen, der eigentliche Rohstoff. Étienne, der 1992 verstarb, übertrug sein Wissen und die kleinen *trucs*, die den großen Unterschied machen, seiner Tochter Martine, die seither über den kupfernen Brennkolben regiert. Im Kessel wird die dickflüssige Birnenmaische durch Dampf auf 100 °C erhitzt. Sieben Stunden dauert diese erste *chauffe*, die den 25–30 % starken *brouillis* ergibt. Dieser wird erneut neun bis zehn Stunden destilliert, was man *bonne chauffe* nennt. Jetzt muß die junge Brennmeisterin ihr ganzes Können beweisen. Zuerst heißt es, den Kopf abzusondern, der zu hochprozentig und im Aroma zu aggressiv ist. Dann läuft mit allmählich sinkender Stärke von 69 bis 60 % das Herz aus dem *alambic*, das sie auffängt. Schließlich folgt der Schwanz mit zu schweren Aromen, den sie abschneidet. Allein durch Erfahrung versteht man, schlechte Ester auszuschalten. In der Regel braucht Martine Brana von Mitte September bis Mitte Januar, um die Birnenernte zu brennen. Das Eau-de-vie lagert sie in Edelstahltanks und setzt es in mehreren Durchgängen behutsam auf 44 Vol% herab. Dann assembliert sie ein und zwei Jahre alte Brände, um sowohl intensive Aromen als auch Sanftheit zu erreichen, was mit hinreißender Finesse gelingt. Am besten trinkt man das Eau-de-vie-de-Poire-Williams jung nach einem guten Essen, auf 5 °C gekühlt, als Digestif. Oder man nimmt die nicht weniger exzellente Vieille Prune aus Pflaumen, die hocharomatische Framboise aus Himbeeren oder den Marc d'Irouléguy, einen Tresterbrand. Und man sollte keinesfalls versäumen, die Weine zu probieren, denn Étienne Branas großer Traum ist inzwischen Wirklichkeit geworden. Auf atemberaubenden Steilhängen beim Dorf Ispoure erstreckt sich das schönste Weingut des Irouléguy, wo Jean Brana ausgezeichnete Tropfen erzeugt.

In der Flasche gefangene Williamsbirne im Birnen-Destillat und mit besonderer Finesse ausgebauter nicht-reduzierter Pflaumenbrand zum hundertsten Jubiläum.

> ### Cidre basque
>
> Die Scharen von Pilgern, die auf dem Jakobsweg das nördliche Baskenland durchzogen, schwärmten von dem erfrischenden Apfelwein der Region. Während die Tradition der *sagarnoa* – so das baskische Wort – auf der spanischen Seite lebendig blieb, wo man die dafür notwendigen alten Apfelsorten pflegte, sind die ausgedehnten Obstgärten von einst aus dem Labourd und dem Nieder-Navarra verschwunden. Dennoch serviert man in ländlichen Gasthäusern gern den prickelnden Apfelwein, den die Wirte gekonnt mit ausgestrecktem Arm in die Gläser gießen, so daß er verheißungsvoll aufschäumt. Seit einigen Jahren aber gibt es auch diesseits der Pyrenäen vielversprechende Anzeichen für eine Wiedergeburt des leicht alkoholischen Getränks. Jedenfalls wurden erneut einige 1000 Bäume an Cidre-Sorten gepflanzt und die Cave Coopérative in Saint-Étienne-de-Baigorri, bedeutendster Erzeuger des Irouléguy, hat Vergärung und Abfüllung übernommen.

Baskischer Wein

Irouléguy

Auf den Steillagen am Hang des Pic d'Arradoy, die bis zu 80% Gefälle erreichen, erhält der Pyrenäenwein optimale Sonne und gewinnt bemerkenswerte Konzentration.

Cabernet Franc, der in Bordeaux, im Loire-Tal und im gesamten Südwesten eine wichtige Rolle spielt, gibt im bergigen Mikroklima des Irouléguy feinere Tannine als Tannat oder sein Cousin Sauvignon.

Der Irouléguy verdankt seine Entstehung dem berühmten Kloster Roncesvalles, das in der Nähe des Orts gegründet wurde, an dem Held Roland im Jahr 788 sein Leben ließ. Unmittelbar bei dem Kloster in fast 1000 m Höhe, das von Wald umgeben ist, aber an einer der wichtigsten alten Routen über die Pyrenäen liegt, wollte kein Wein gedeihen. So gründeten die Mönche in Irouléguy und Anhaux, in geschützter Lage vor dem Anstieg, zwei Niederlassungen und zogen dort den Wein für ihre Messen, ihr eigenes Wohlbefinden wie das der Pilger, für die sie in Saint-Jean-Pied-de-Port eine Herberge einrichteten. Jahrhundertelang konnten sie sich an ihrem Wein erfreuen, bis ihnen der Pyrenäenvertrag 1659 den weiteren Zutritt zu ihren Gütern verwehrte. Von da an übernahmen die baskischen Bauern die klerikalen Weinberge. Im 19. Jahrhundert betrug die Rebfläche etwa 500 ha. Doch dann kamen Reblaus, Kriege und Landflucht, und fast wäre der Wein in Vergessenheit geraten. Aber 1945 gründeten die Bauern, die noch einen Rebgarten besaßen, einen Verein zum Schutz des Irouléguy, der 1952 als V.D.Q.S. (Vin Délimité de Qualité Supérieure) anerkannt wurde. 1954 schlossen sich die Bauern zu einer Winzergenossenschaft zusammen und erbauten die Kellerei in Baigorri, die 36 Jahre lang einziger Erzeuger blieb. Der Irouléguy wird als Rotwein aus Cabernet Franc, Cabernet Sauvignon und Tannat assembliert, von denen man auch einen überzeugenden Rosé vinifiziert. 1970 wurde die Appellation d'Origine Contrôlée erteilt. Eine neue Epoche brach an, als Étienne Brana 1986 daranging, seinen Winzertraum zu erfüllen und auf einem steilen roten Sandsteinhang des Arradoy oberhalb von Ispoure nach Schweizer Modell schmale Terrassen in den Berg schieben ließ. Das Gefälle ist eins der Kriterien der Appellation und muß mindestens 15%, kann aber bis 70% betragen. Zudem müssen die Weinberge mindestens 30 m über der Talsohle liegen und dürfen eine Höhe von 430 m nicht überschreiten. Nordhänge sind ausgeschlossen. Inzwischen wird wieder mehr Weißwein gepflanzt, für den Gros, Petit Courbu und Petit Manseng zugelassen sind, mit denen fruchtige, runde und nervöse Weine gelingen. Ausgewogenheit, feine Frucht und dezente Würze sind Kennzeichen der Rotweine.

Petit Corbu heißt diese in den Pyrenäen heimische Sorte, die insbesondere im Irouléguy und beim Pacherenc du Vic-Bilh den Madirannais-Weißweinen kernigen Charakter und eine Note von Feuerstein gibt.

Fast ein Schlaraffenland

Jurançon

Anders als in den meisten anderen Weingebieten Frankreichs sind die Winzer am Fuß der westlichen Pyrenäen zumeist auch Bauern. Denn nur die nach Süden gewandten Hänge erhalten genügend Sonnenschein und Wärme, um Trauben reifen zu lassen. Da es in den Tälern oft noch im Frühling friert, erscheinen die ersten Rebreihen in respektvollem Abstand zur Talsohle. Selbst dort also, wo der Weinbau seit Jahrhunderten Bestandteil der Landwirtschaft ist, besitzt ein Winzer nur in Ausnahmefällen ausschließlich dafür geeignetes Land, im Gegenteil, die Flächen, die er nur anderweitig nutzen kann und muß, sind meist entschieden größer.

Es ist noch nicht lange her, daß die Weine dieser kleinen Regionen an ihren einstigen Ruf haben anknüpfen können. Oft fanden die alten Winzerfamilien nach der Reblauskatastrophe, nach den anschließenden harten Kriegs- und Krisenjahren nicht Kraft und Mittel, ihn erneut zu beleben. Opfer wurden Dutzende eigenständiger Rebsorten, die in und nahe den Pyrenäen ihre Heimat hatten und heute verschwunden sind. Nur für den privaten Bedarf setzten einige Winzer meist minderwertige Hybridstöcke und fuhren fort, Wein zu keltern. Als sich aber nach dem Zweiten Weltkrieg immer deutlicher abzeichnete, daß der Wein am Fuß der Pyrenäen völlig untergehen könnte, erwachte ein neuer Elan, der in den fünfziger Jahren zu neuen Pflanzungen führte. Dabei war es ein Vorteil für die neuen Winzer, daß sie hauptberuflich Maisbauern oder Viehzüchter waren. So hing ihre Existenz nicht vom Wein ab, und sie konnten mit Bedacht Rebpflanzungen anlegen und ihre Keller einrichten, falls sie sich nicht der Mehrzahl und damit den neugegründeten *caves coopératives* anschlossen.

Auf den Höfen bewahrte man trotz einsetzender Industrialisierung eine enge Verbindung zur althergebrachten Auffassung von Landwirtschaft, bei der immer auch die Selbstversorgung im Mittelpunkt stand. Nicht von ungefähr zierte ein großer Gemüsegarten die Zufahrt zur berühmten Madiran-Domaine Bouscassé – schon lange bevor sie ihren reizvollen Park erhielt –, und auf den niedrigsten Ländereien wuchs Mais, dessen Anbau sich seit seiner Einführung im 16. Jahrhundert im Südwesten schnell verbreitet hatte. Maiskörner eignen sich bestens für die Geflügelmast, weshalb der Südwesten auch für Gänsestopfleber berühmt wurde. Je bergiger das Land, desto kleiner sind die Höfe, aber desto vielfältiger die eigenen Produkte. Am ausgeprägtesten war diese Lebensweise wohl im Jurançon. Wo man auf den schattigeren Hängen hauptsächlich Viehhaltung treibt, war es keine Seltenheit, daß eine Bauernfamilie von Milch und Butter über Schinken und Wurst, Stopfleber, Pasteten und eingelegte Enten- und Gänseteile, Schweine- und Kalbfleisch, Gemüse und Obst bis zu trockenem und edelsüßem Wein alles selbst erzeugte. Ist man heute auch nicht länger zur Autarkie gezwungen, so bewahrt ein neues Bewußtsein für Lebens- und Lebensmittelqualität eine genußreiche Tradition oder führt sie wieder ein.

Der Königswein

Henri, dem zukünftigen König Frankreichs, benetzte sein Großvater Henri d'Albret, Herrscher von Navarra, am Tag seiner Geburt, dem 13. Dezember 1553, die Lippen mit Jurançon-Wein, bevor er sie mit Knoblauch einrieb, was als bester Schutz gegen jegliche Infektion galt. Betrachtet man allerdings das genußfreudige Leben Heinrichs IV., könnte es auch als eine Art Einweihung in die gastronomischen Reichtümer seiner Heimat, des Béarn, angesehen werden. Gleichzeitig wurde der Wein, der auf den Vorbergen der Pyrenäen, vor den Toren der Stadt Pau, wuchs, damit ausdrücklich geadelt, eine Auszeichnung, die er im Lauf seiner Geschichte nicht immer verdient haben dürfte, obwohl die natürlichen Bedingungen ihn auf eine besondere Weise bevorzugen.

In seiner hügeligen Heimat wachsen die Rebstöcke in 300–400 m Höhe ausschließlich auf gen Süden gerichteten Hängen. Ist es im Frühling auch oft kalt und regnerisch, so genießt die Region doch meist lange, sonnige Herbste, in denen der Südwind heiße Luft über die Pyrenäen bringt. Unter derartigen Bedingungen brauchen

Petit Manseng heißt die hochwertige einheimische Traube, die im November oder Dezember Trockenbeerenauslesen ergibt, die Jahrzehnte altern können, wenn man ihnen so lange zu widerstehen vermag.

sich die Winzer nicht zu beeilen, um die Trauben zu lesen. Sie können es sich im Gegenteil erlauben, damit bis Ende November, manchmal sogar bis in den Dezember hinein zu warten. Dann zeigt ihr Petit Manseng seine ganze Grandezza. An den kleinen, luftigen Trauben beginnen die Beeren eine immer dunklere Farbe anzunehmen, ihre dicken Schalen immer weiter zu schrumpfen. Unter dem Einfluß von heißen Tagen und kalten Nächten stellt sich die *passerillage* ein, eine extreme Überreife, die Entwicklung zur Trokkenbeere. Edelfäule wie beim Sauternes tritt nur selten auf, zur Genugtuung der Winzer, die auf dieses Phänomen nicht erpicht sind. Aus dem stark konzentrierten Most solcher Trauben lassen sich großartige edelsüße Weine erzeugen. Sie bieten nicht nur eine Fülle an Aromen und Volumen, ihnen ist auch immer eine feine Säure eigen, die ihnen eine sonst selten anzutreffende Ausgewogenheit und Rasse verleiht. Dem lieblichen und historischen Jurançon wurde bereits 1936 die Appellation erteilt.

Allerdings garantieren nur niedrige Erträge solche Qualität, von denen Winzer in wirtschaftlich schlechteren Zeiten jedoch nicht leben konnten. Deshalb pflanzten sie lieber den Gros Manseng, den Bruder des kleinen, der etwas größere Beeren, vor allem aber höhere Erträge hat, und in geringerem Maß den runderen Courbu. Wenn aber das Wetter eines Jahrgangs den Erwartungen nicht entsprach, dann gerieten sie in Schwierigkeiten. Die Trauben konnten die natürlichen Zuckerwerte, die man für die lieblichen Weine brauchte, nicht aufbringen, wodurch die Qualität des Jurançons erheblich litt. Zum Glück fand man einen überzeugenden Ausweg und erstritt

Clos Lapeyre, die schönste Lage des Jurançon, besteht aus halbkreisförmigen Weinterrassen, auf denen die Manseng-Stöcke zum Schutz gegen Frost bis 2 m hochgezogen werden.

1975 die Appellation Jurançon Sec. Als trockener Wein vinifiziert, bietet der Gros Manseng sehr intensive, exotische Fruchtaromen wie etwa Guave oder Litchi und zugleich eine kräftige, runde Struktur mit guter Frische. Er fand erfreulich schnell Zuspruch bei Sommeliers und Weinfreunden. In der Folge haben sich alte und vor allem junge Winzer des phantastischen Potentials ihres Petit Manseng besonnen und nutzen günstige Jahrgänge, um überragende Weine zu erzeugen, die es zweifellos mit den berühmtesten edelsüßen Kreszenzen aufzunehmen vermögen. Heinrich IV. wäre begeistert.

Madiran

Wer nicht achtgibt, fährt durch das Gebiet des Madiran und sieht nicht einen einzigen Weinberg. Denn die sanft geschwungene Bauernlandschaft bietet ein Mosaik von Maisfeldern, Wiesen, Getreideäckern und kleinen Wäldchen. Nur hier und da, wo sich ein Hang günstig der Sonne zukehrt, stehen Reben. Dabei hatten auch hier schon die Römer den Weinbau initiiert. Ab dem 12. Jahrhundert, als Aquitanien zur englischen Krone zählte, erfuhr er einen Aufschwung, und die hiesigen Weine wurden über Adour und Bayonne nach Nordeuropa verschifft. Im 19. Jahrhundert erreichten die Rebflächen in dem kleinen Gebiet nördlich von Pau und Tarbes eine Ausdehnung von 1400 ha, und seine Gewächse genossen großes Ansehen. Bei einem Gala-Diner in Versailles am 23. Dezember 1891 wurden zum Beispiel Château Montus 1865 und 1870 neben einem Corton 1874 und Champagner von Roederer kredenzt. 1950 aber war der Rebbestand auf 50 ha minimiert, obwohl Madiran 1948 die AOC erhalten hatte. Damals setzte eine Rückbesinnung ein, und Mais- und Getreidebauern, die über aussichtsreiche Lagen verfügten, entschlossen sich, wieder Wein zu pflanzen. Neue Domänen wuchsen heran, deren Weine überzeugten. Pioniere wagten in den sechziger Jahren, sie in Flaschen zu füllen, so daß sich die Kundschaft in den Restaurants überzeugen konnte, wie gut diese Weine mit den regionalen Enten- und Gänsegerichten harmonieren. Eine Handvoll Weingüter und die Cave de Crouseilles bauten einen soliden Ruf auf. Als jedoch die staatlichen Experten den Anteil der robusten einheimischen und lange Alterung verlangenden Rotweinsorte Tannat auf 40–60 % begrenzten und statt dessen die gefälligeren Cabernets und den fruchtigeren Fer Servadou empfahlen, schien die Individualität des Madiran ernstlich gefährdet. Doch einige Winzer setzten sich zur Wehr.

Der Aufstand kündigte sich an, als das heruntergekommene Château Montus von dem jungen Winzersohn Alain Brumont übernommen wurde, der die exzellenten, sehr kieshaltigen Hänge neu bepflanzte, und zwar zu vier Fünfteln mit Tannat. Brumont wußte, was er wollte und wie er es erreichen konnte. Mit reduzierten Erträgen, dreiwöchiger Maischegärung, langem Ausbau in neuen Barriques und häufigem Abstich begegnete er der Sorte Tannat mit Respekt, Hingabe und Vertrauen. Und als Brumont gegen alle Verordnungen den 1985er zum ersten Mal sortenrein ausbaute und knapp zwei Jahre später der Fachwelt präsentierte, ging ein neuer Stern am Weinhimmel auf. Château Montus Prestige schlug in Blindverkostungen die größten Bordeaux und öffnete den Madiran-Weinen eine neue Dimension. Seither erfreut die neue Winzergeneration Weinfreunde mit superben Rotweinen

Links: Mit dem imposanten Turm des Château Bouscassé hat der Winzer Alain Brumont dem Aufschwung des Madiran ein Wahrzeichen errichtet, das sowohl traditionell wie modern ist.
Rechts: Der Barriquekeller von Bouscassé, aus rekonstituiertem lokalem Stein konstruiert, nimmt es von der architektonischen Konzeption mit den besten Bordeaux-Châteaux auf.

Die erste und in gewisser Weise wichtigste Arbeit im Weinberg ist das Schneiden der Reben, denn es entscheidet für Konzentration oder für Ertrag.

ganz eigenen Charakters, und immer mehr Güter reihen sich unter die Spitzenerzeuger.
Von dieser Dynamik mußte auch das Dornröschen des Madirannais profitieren: der Weiße Pacherenc du Vic-Bilh. Er verfügt über ein breites Spektrum an Rebsorten, das die beiden Mansengs und den Courbu, Sauvignon und Sémillon und als I-Tüpfelchen den urigen Arrufiac umfaßt. Damit lassen sich aromatische trockene Weiße komponieren, aber die Tannatgrößen unter den Winzern zögern mit viel Mut zum Risiko den Lesetermin hinaus, um zwischen Oktober und Silvester edelsüße Tropfen einzubringen, die vor der Konkurrenz aus dem Jurançon oder Sauternais nicht verblassen, im Gegenteil – sie leuchten in wundervollem Goldton.

Pyrenäenweine

Madiran
Sanfte Hügel bei Pau, auf denen inzwischen fast wieder die 1400 ha von einst in Ertrag stehen und auf denen der Tannat seine Größe bewiesen hat. Aber noch immer wird er mit den Cabernets und Fer Servadou etwas besänftigt. Sehr alterungsfähige und charaktervolle Rotweine.

Pacherenc du Vic-Bilh
Auf der gleichen Zone wie der Madiran ist dieser zwiefältige, aber seltene Weißwein auf dem Vormarsch. Einerseits mit kernigen, sehr aromatischen trockenen Cuvées, andererseits mit grandiosen Edelsüßen, von denen die außergewöhnlichsten erst zu oder sogar nach Silvester eingebracht werden.

Côtes de Saint-Mont
Die Verlängerung des Madiran-Gebiets bei Saint-Mont, Riscle und auf der nördlichen Seite des Adour erhielt dank der auf Qualität ausgerichteten Winzergenossenschaften der beiden Gemeinden 1981 die Anerkennung zum V.D.Q.S. Aus den gleichen roten und weißen Rebsorten wie im Madirannais werden angenehme Rosés, interessante Weiße, vor allem aber runde, kraftvolle und sehr würzige Rotweine erzeugt.

Tursan
Hügelige Region, südlich von Mont-de-Marsan und dem Adour, wo auf gut 1000 ha eine alte Weinbautradition aufrecht erhalten wird. Seit der Reblauskatastrophe basiert sie auf dem widerstandsfähigen Baroque, einer weißen, alkoholstarken und herben Sorte, die heute mit den Mansengs sowie mit Sauvignon Frische und Komplexität gewinnt. Daneben Rosés und Rotweine aus den Cabernets, wobei letztere dank des Tannats bemerkenswerte Struktur und Dichte erhalten.

Jurançon
Nur an Südhängen und auf etwa 700 ha in 28 Gemeinden südwestlich von Pau wachsend, gibt es ihn in zwei Versionen: Der sehr aromatische trockene und lebendige Jurançon Sec basiert auf Gros Manseng und Courbu, während der liebliche Jurançon *moelleux* überreif gelesen wird, aus einer Assemblage mit Petit Manseng oder in den höchsten Qualitäten sortenrein daraus besteht.

Béarn und Béarn-Bellocq
Die 160 ha der 1990 zuerkannten AOC liegen zu neun Zehnteln auf geschützten Hängen und Hügeln der Gemeinde Bellocq. Der kräftige Tannat prägt die Rosé- und Rotweine des Béarn, Cabernet Franc die leichteren Béarn-Bellocq. Den fruchtigen Weißweinen aus Manseng verleiht der einheimische Raffiat de Moncade ihre Originalität.

Irouléguy
Kleines, nur eben über 200 ha umfassendes Anbaugebiet im Pays Basque, vor allem an der Sonne zugewandten Hängen des Cize-Tals und des Arradoy bei Saint-Jean-Pied-de-Port. Mittelkräftige, oft elegante Rotweine aus Cabernet Franc und Sauvignon sowie Tannat, Daneben fruchtbetonte, nervöse Rosés und seltene Weißweine.

Alle drei Monate werden die roten Madirans abgestochen, um den Weinen Luft zu geben, was ihre Entwicklung fördert und die ausgeprägten Tannine zu besänftigen hilft.

Regelmäßig entnimmt die Önologin mit Hilfe einer Pipette Proben aus den Barriques, um zu überprüfen, ob sich der Wein in der gewünschten Weise entwickelt.

Das Probierglas ist das wichtigste Instrument für eine(n) Weinmacher(in) und die Nase das unerläßliche Prüforgan, denn der Geruch gibt Hinweise für das weitere Vorgehen.

Jedem sein Sonntagshuhn
Poule au pot

Heinrich IV., König von Navarra und Frankreich, wünschte jedem seiner Untertanen am Sonntag ein fettes Huhn im Topf, ein Gericht, das seine Majestät selbst mit großem Vergnügen genoß und das gewissermaßen von allein zu einer vollständigen Mahlzeit führt, ißt man doch die gehaltvolle Brühe, in der der gutgestopfte Vogel gemessen garte, als Vorspeise, bevor man sich über Fleisch und Gemüse hermacht, unter dem das Herzstück eines Kohls, den man im Béarn verehrt, nicht fehlen sollte. Bei den Schwärmen gegrillter oder gebratener Hähnchen, deren Invasion wir heutzutage standzuhalten haben, ist die *poule au pot* eine saftige Reminiszenz an vergangene deftigere Zeiten. Nach folgendem Rezept wurde das Freilandhuhn nach allen Regeln der Kunst auf einem Weingut des Madirannais zubereitet und vom Winzerpaar und den Weinberg- und Kellerarbeitern mit Genuß verzehrt und gut begossen, obwohl kein Sonntag war.

Poule au pot

2 Scheiben Schinken
1 Zwiebel
2 Knoblauchzehen
1 Hühnerleber
Enten-*rillettes* (nach Belieben)
200 g Weißbrotkrumen
1 Ei
1 großes Suppenhuhn aus Freilandhaltung
4 Möhren
1 Zwiebel
4 Stangen Porree
4 Kartoffeln
1 Wirsing

Sauce

Cornichons
1 Schalotte
1 hartgekochtes Ei
Öl und Essig
Meersalz
Pfeffer aus der Mühle

Schinken, Zwiebel, Knoblauch, Hühnerleber fein würfeln und mit *rillettes* (nach Belieben), Brotkrumen und Ei gut vermischen. Das küchenfertige Huhn damit füllen und mit Küchengarn zunähen. Das Gemüse putzen und in etwa gleich große Stücke schneiden. Das Huhn in einen Topf mit kochendem Wasser legen, das Gemüse hinzufügen, und alles etwa 3 Stunden (je nach Alter des Huhns) köcheln lassen.
Inzwischen die Sauce vorbereiten: Cornichons, Schalotte und Ei sehr klein schneiden, Öl und Essig unter Rühren vermengen, mit grobem Meersalz und Pfeffer würzen.
Das Huhn zerlegen und auf einer Platte anrichten. Mit dem Gemüse und der Sauce reichen.

Rechts: Das Huhn aus dem Topf ist ein aufwendiges, doch sehr geschmacksintensives Gericht.

Die Zutaten der kalten Sauce, mit der man das Huhn würzt.

Zu den Hauptzutaten zählen Huhn, Gemüse und Füllung.

Die Füllung besteht aus Leber, Brotkrumen, Schinken und Ei.

Diese Zutaten werden gut verrührt und kräftig abgeschmeckt.

Mit dieser Farce wird das ausgenommene Huhn gestopft.

Dann näht man es nach allen Regeln der Kunst zu.

Nicht genug damit, wird es auch noch gut verschnürt.

Das fertige Gericht erinnert an die Üppigkeit vergangener Tage.

Wo fette Vögel friedlich watscheln

Gänse-Ehre

Wollte man ein Wappentier für den gesamten Südwesten wählen, gäbe es keinen Zweifel, wem dieser Platz gebührte: der Gans. Mögen Enten heute wirtschaftlich auch bedeutender sein, da sie die breite Masse des edlen Mastgeflügels stellen, uneingeschränkte Königin auf Hof und Teller bleibt die Gans. Dabei sind es weder luxuriöse Stopflebern noch opulente Festbraten, der sie diese Stellung verdankt, sondern im Grunde ihrer natürlich dicken Fettschicht. Zerteilt und ein bis zwei Tage eingesalzen, dann im eigenen ausgelassenen Schmalz behutsam gegart, schließlich damit übergossen in Steinguttöpfe gefüllt, hielt sich ihr Fleisch bis zu einem Jahr. In Zeiten ohne Tiefkühltruhen war das eine unschätzbar positive Eigenschaft. Daß darüber hinaus die eingelegten Keulen, Flügel, Brüste, Mägen und anderes auch noch ausgezeichnet mundeten und die in dem Schmalz angebratenen Beilagen an Köstlichkeit gewannen, ließ *confit d'oie* unweigerlich zum Leibgericht aller Gascogner und ihrer Nachbarn werden und wesentlich zu Geschmack und Gehalt von Gerichten beitragen, die wie die stärkende Gemüsesuppe *Garbure* fast täglich oder der Eintopf *Cassoulet* häufig verspeist wurden. Im gesamten Südwesten verbreiteten sich die graugefiederten Gänse, die je nach Region, wenn nicht gar je nach Marktplatz oder größerer Gemeinde einen anderen Namen erhielten und heute selbst von Experten nicht auseinandergehalten und daher meist Gans von Toulouse genannt werden. Jeder Bauer züchtete sich seine Herde nach seinem Gusto, und einige halten es bis heute so. Gewiß wußte man schon früh die feinen Lebern zu schätzen – und besonders, wenn sie fett geraten waren –, aber man überließ dies der gänsrigen Gefräßigkeit, die man mit reichlich Getreide und Feigen herausforderte. Es dauerte seine Zeit, bis die Kunde der aristokratischen Straßburger Gänseleberpastete – und der Stopftrichter – die Gascogne erreicht hatte. Sicher beglückte manche Bäuerin schon im 18. Jahrhundert ihre Familie zum Weihnachtsfest mit ersten Stopfleberpasteten, aber erst als sich im 19. Jahrhundert in Paris und in anderen Großstädten ein Markt für dieses Luxusprodukt entwickelte, nahm deren Herstellung zu. Wenn auch in der Folge von der Dordogne bis zum Gers kleinere Betriebe entstanden, die sich auf Ankauf und Verarbeitung von Stopflebern spezialisierten, blieb die Erzeugung bis um 1960 ein auf den Höfen als willkommenes Zubrot ausgeführtes Handwerk. Erst

Nur Beginn und Ausklang des Gänsedaseins spielen sich im Stall ab, anfangs zum Schutz der Küken, schließlich während der letzten Mast und gut dreiwöchigen Stopfzeit.

Links: Schon die alten Ägypter stopften Gänse, nur geschieht dies heute nicht mehr von Hand, sondern ein elektrisches Gerät befördert die Überdosis Mais in den Schlund.

BORDEAUX, PÉRIGORD, GASCOGNE & PAYS BASQUE

So sieht das ideale Gänseleben im Gers und im übrigen Südwesten aus, denn Gänse brauchen Weidegang.

als mit dem wirtschaftlichen Aufschwung die Klientel für die edlen Leckerbissen wuchs, nahm die Produktion industrielle Züge an. Der aber widersetzten sich die Gänse – und das mit Erfolg. Denn im Gegensatz zu den Enten verteidigten die halsstarrigen Vögel ihren Anspruch auf Weidegang, den sie in kopfstarker Gemeinschaft genießen, wenn sie gemeinsam über Wiesen wogen. Schon als wenige Tage altes, im Frühling geborenes Küken steht ihnen der Sinn nach frischer Luft und freiem Himmel, jedenfalls tagsüber. Bald schon leben Gänse ganz draußen und genießen den Sommer, bis die Stopfzeit heranrückt. Die Vögel, deren Leber auf dem rechten Fleck sitzt – was ein erfahrener Gänsebauer mit einem Griff erfühlt –, werden nun auf das aufwendige Finale mit zwei täglichen Riesenmahlzeiten vorbereitet, wobei ihr Kropf beträchtlich anschwillt. Das eigentliche Stopfen dauert knapp drei bis selten vier Wochen, in denen die Gänse notgedrungen bis zu 25 kg Futter verschlingen. Die forcierte Völlerei bewirkt überdimensionales Wachstum der Lebern. Eine behutsame Steigerung und Abstimmung der täglichen Dosis entscheidet über die spätere Qualität und Größe der Stopfleber. Schließlich werden sie so groß (bis 600–900 g bei Gänsen, 300–500 g bei Enten), daß sich die Vögel kaum noch bewegen können. So erreichen Gänse immerhin 6–8 kg Gewicht, Ganter sogar 8–10 kg. Wenn ihre letzte Stunde dann fast geschlagen hat, verordnen ihnen die besten Züchter wieder einige Tage Diät, was die Galle reinigt.

Diese unangenehme Prozedur ist bei den ohnehin schwieriger zu haltenden Gänsen entschieden aufwendiger und langwieriger als bei Enten, weshalb ihr Marktanteil zunehmend geringer wird und heute schon wenigstens 25 Enten auf eine Gans kommen. Es sind hauptsächlich die traditionell geführten Bauernbetriebe, die den Gän-

sen unbeirrt die Treue halten. Sie verkaufen fast ein Drittel ihrer Produktion während der Wintermonate auf den *marchés au gras*, den speziellen Märkten für Stopfgeflügel, oder direkt ab Hof, frisch oder eingemacht, aber jede achte Gans verzehren die Landleute selbst. Wenn das keine Empfehlung ist …

Überall trifft man die Gans von Toulouse, jene großen, majestätischen Vögel mit graumeliertem Gefieder, denen die Bauern seit Jahrhunderten die Treue halten.

Marché au gras

Fette Gänse und Enten sowie ihre Stopflebern waren noch bis vor wenigen Jahren ein reines Saisongeschäft. Zu Weihnachten und zu Neujahr mußten sie parat sein, was man auch auf den Höfen genauestens einzurichten wußte. Gewiß melden sich die Händler und Konservenhersteller rechtzeitig bei ihren angestammten Lieferanten, aber in den Hochburgen der Gänse- und Entenmast verwandelten sich die letzten Markttage vor den Festen zum Jahresende zu regelrechten Messen für das hochedle Geflügel. Einige konnten einen Ruf erlangen, der weit über die Provinzgrenzen hinausdrang, wie Samatan, Gimont, Aire-sur-Adour, Périgueux oder Brive zum Beispiel. Auch heute noch, wo foie gras das ganze Jahr hindurch zu haben ist, behaupten diese *marchés au gras* ihre Bedeutung.

In der Gascogne wird fast ein Viertel des gesamten Gänse- und ein Achtel des Entenhandels über die Märkte abgewickelt. Dabei handelt es sich

Besitzt ein Vogel noch die Leber, schneidet der Züchter ein Fenster in die Haut, das es dem Käufer ermöglicht, die Güte des edelsten Stücks zu überprüfen.

Auf dem Markt werden die Vögel auf Wunsch zerlegt. Zum Schluß behält man nur die Rümpfe übrig, die gegrillt als Delikatesse gelten und die man *demoiselles*, Fräulein, nennt.

Kriterien der Klassifizierung

Qualitätsklasse	Gewicht	Erscheinung	Textur
Gänsestopfleber			
Extra	400–900 g	helle Farbe ohne Fehler wie grüne Flecken von Darm oder Galle	fest, aber nachgiebig bei Berührung
1. Klasse	500–1150 g	Erfüllt nicht die Kriterien der Qualität Extra. Kann einige Blutflecken enthalten, muß aber frei von grünen Flecken sein; ein Teil des Leberflügels kann entfernt sein.	fest, aber nachgiebig bei Berührung
große Leber	mehr als 1150 g	Kann einige Blutflecken aufweisen, muß aber frei von grünen Flecken sein, ein Teil kann entfernt sein.	alle Texturen
2. Klasse	mehr als 400 g	Erfüllt nicht die Kriterien der 1. Qualität, kann blutige Spuren, Flecken und rote Punkte enthalten, soweit sie die Verwendung nicht beeinträchtigen.	alle Texturen
3. Klasse (Püree)	mehr als 400 g	Alle anderen Stopflebern, die zum Verzehr geeignet sind. Rote Lebern, faseriger oder körniger Schnitt.	alle Texturen
Entenstopfleber			
Extra R (Restaurants)	400–700 g	helle Farbe ohne Fehler wie Blut- oder grüne Flecken von Darm und Galle	
Extra F (Fabrikation)	300–450 g	helle Farbe ohne Fehler wie Blut- oder grüne Flecken von Darm und Galle	nachgiebig
2. Wahl	mehr als 300 g	Erfüllt nicht die Kriterien Extra R oder F. Kann rötliche Flecken, Blutspuren oder leichte Flecken an der Stelle der Gallenblase aufweisen, ausgenommen grüne Flecken des Darms.	
Püree	mehr als 300 g	Alle anderen Entenstopflebern, die zum Verzehr geeignet sind.	

keineswegs nur um eine lokale Klientel. Mancher Hausfrau, manchem Genießer ist kaum eine Anfahrt zu lang, wenn es darum geht, sich mit wirklich guter Qualität einzudecken. Spendiert sich mancher auch nur einen Vogel für die Festtage oder für ein besonderes Ereignis – wer beschlossen hat, sich und seiner Familie einen Vorrat für den Winter anzulegen, der braucht auf jeden Fall mehrere Exemplare, soll sich der doch nicht geringe Aufwand auch lohnen. So bleibt zwar der Dezember das Hauptgeschäft, aber diese Spezialmärkte finden von Anfang November bis in den April hinein statt. Säuberlich aufgebahrt har-

Links: Enten und Gänse zu kaufen, ist Vertrauenssache. Der Markt gibt Gelegenheit, den Bauern oder die Bäuerin kennenzulernen, der oder die sie aufgezogen und gemästet hat.

Oben: In der Markthalle von Gimont haben die Geflügelbauern ihre edlen Exemplare in Reih und Glied ausgelegt und warten auf den Ansturm.

ren in den großen Hallen Enten und Gänse der weiteren Verwendung. Man kann sie komplett mit der Stopfleber, ohne die Stopfleber oder die Stopfleber separat erstehen. Wem es an Erfahrung mangelt, um den erworbenen Vogel selbst zu zerlegen, findet heute in der Regel Beistand an Ort und Stelle. Einige Experten stehen dafür mit scharfen Messern bereit und zerteilen Enten und Gänse im Handumdrehen. Zu Hause bleibt dann noch genügend Arbeit, aber deren Ergebnis bereichert schließlich das ganze Jahr mit Genüssen und der Erinnerung an die einmalige Atmosphäre des *marché au gras*.

Enten-Entente

Die Enten erlebten ihren Aufschwung in den sechziger Jahren. Daran hatten die Köche generell und vor allem die der Gascogne großen Anteil. Sie kredenzten mit Vorliebe *foie gras* als Vorspeise, bald nicht nur als Pastete und *mi-cuit*, sondern auch frisch aus der Pfanne, und *magret de canard*, Entenbrust, die André Daguin in Auch, der Kapitale des Gers, als kurzgebratene Delikatesse ›entdeckte‹. Außerdem meinte bald jede französische Familie, Weihnachten ohne *foie gras* sei schlimmer als ohne Tannenbaum, was die Nachfrage sprunghaft in die Höhe trieb.
Da schlug die Stunde der Ente, ganz besonders der Mulard. Sie entstammt der Kreuzung zwischen einem Barbarie-Erpel (einer amerikanischen Rasse) und einer ganz gewöhnlichen Hausente. Mulards sind sehr widerstandsfähige Vögel, aber steril, und die Weibchen haben stark von Adern durchzogene Lebern, die sich deshalb nicht zum Stopfen eignen. Das aber machen die makellosen Lebern der Männchen wett, die sich bestens verfetten. Dieser schon seit Jahrhunderten bekannten Kreuzung gelang es allerdings erst, die gastronomisch auftrumpfenden Gänse zu überflügeln, als die Nachfrage nach Stopfleber sich an deren allzu widerspenstigem Charakter stieß. Inzwischen haben die Mulards Toulouse- und andere Gänse weit hinter sich gelassen. Denn zwar werden sie und ihre Lebern nicht so groß wie die der halsstarrigen Konkurrenten, aber dafür schlucken Enten schneller. Das hat sie zum Liebling der Züchter gemacht und nicht zuletzt der Betriebe, die auf Massenproduktion ausgerichtet sind. Mittlerweile teilt man das Entenleben in zwei Phasen auf, und entsprechend haben sich Landwirte spezialisiert. Die einen kümmern sich um die Aufzucht der Küken, die drei bis dreieinhalb Monate dauert und in denen sie ein enges, doch eher unbeschwertes, bereits kräftig genährtes Leben genießen. Die anderen sorgen für das Stopfen. Den Tieren wird in heißem Wasser eingeweichter oder gekochter gelber Mais eingetrichtert, heute meist maschinell mit elektronisch abgewogenen Mengen. Enten schlucken in der immer kürzer werdenden Spanne, die jetzt oft schon unter zwei Wochen liegt, mehr als 15 kg Mais. Viel Raum wird den Vögeln bei der beschleunigten Produktion nicht gegeben. Außerdem führt das Wettrennen um höhere Produktion und günstigere Preise zu immer weicheren, immer minderwertigeren Lebern. Verbraucher sollten sich genau nach der offiziellen Qualitätskategorie (siehe nebenstehende Seite) informieren, am besten aber bei Erzeugern kaufen, die sie kennen.

Die Ententeile im Uhrzeigersinn von den beiden *magrets*, den Bruststücken, von denen das vordere die Fettschicht nach oben kehrt: zwei Flügelspitzen, Innereien, die Haut des Halses, der Hals, zwei Flügel, darunter die Leber, und die beiden Keulen schließen den Kreis.

Ente im Kurs

Foie gras und Vorratswirtschaft üben große Anziehungskraft aus. Gibt es auch überall in Frankreich Kochkurse, die im Südwesten verzeichnen einen besonderen Andrang. Immerhin lernt man dabei nicht nur einen – mehr oder weniger großen – Koch aus der Nähe, einige – mehr oder weniger nette – Gleichgesinnte und ein paar Rezepte kennen, man hat außer Erinnerungen und Notizen etwas wesentlich Handfesteres mit nach Hause zu nehmen: diverse Gläser mit eingelegten Ententeilen, mit denen man dann an Festtagen vor Verwandten und Freunden feinschmeckermäßig auftrumpfen kann.

Foie gras genießt dabei einen legendären Ruf. Immerhin wird sie teuer gehandelt, vor allem wenn sie fertig zubereitet und von bester Qualität ist. Wer ihrem Genuß nicht zu widerstehen vermag, hat durchaus ein pekuniäres Interesse daran, ihr Geheimnis zu ergründen. Denn mit ein bißchen Geschick lassen sich die Kosten für die luxuriöse Vorspeise ohne weiteres halbieren, ganz abgesehen davon, daß man dann die Beruhigung genießt, sehr viel genauer zu wissen, was man hat. Dennoch folgt *confit* als Motiv gleich auf dem Fuße. Vor allem eingelegte Keulen, *magrets* und die oberen Flügelteile stellen, hat man das Prinzip einmal verstanden, leicht herzustellende, problemlos haltbare und äußerst wohlschmeckende Vorräte dar. Was die Qualität angeht, kommt es zunächst darauf an, daß das Geflügel auf eine möglichst artgerechte Weise gehalten und mit hochwertigem Getreide und Mais gefüttert und gestopft wurde. Bei der Zubereitung ist Geduld

mit Küchentüchern ab, gibt sie in einen großen, breiten, offenen Topf und läßt auf sanfter Hitze ihr Schmalz aus. Sie garen weiter auf kleiner Flamme, bis kein Blut mehr austritt, wenn man ins Fleisch sticht, und die Fettschicht auf Schenkeln oder *magrets* auf etwa 5 mm geschmolzen ist. Je sanfter man vorgeht, desto saftiger bleibt das Fleisch. Anschließend gibt man die Stücke entweder in Steingutgefäße, die man kühl lagern kann, oder man schichtet sie in Einmachgläser. In beiden Fällen füllt man mit dem Schmalz der Tiere auf, bis sie völlig bedeckt sind (eventuell muß man etwas Enten- oder Gänseschmalz zusätzlich kaufen). Die Gläser werden nun 20 Minuten auf 90 °C sterilisiert. Im ersten Fall hält sich das *confit* bis zu einem Jahr, im zweiten kann man es jahrelang aufbewahren.

Wer einen Vogel nach allen Regeln der Kunst zu *confit* verarbeitet, wird mit Vergnügen den Hals stopfen. Für den *cou farci* entfernt man behutsam und ohne sie zu verletzen die Haut vom Hals, die man wendet. Innereien und Fleischreste vom Gerippe hackt man klein, würzt mit Salz und Pfeffer, vermischt sie mit gehackter Zwiebel, Ei und in Milch eingeweichtem Brot, gibt etwas kleingeschnittene Stopfleber und, wenn man will und hat, eine kleine Trüffel dazu, füllt die gutvermischte Farce in die Haut und näht zu. Nach langsamem Garen in heißem Gänse- oder Entenschmalz kann man diese originelle Spezialität kalt und aufgeschnitten als Vorspeise oder warm als Hauptgericht servieren. Mit Schweinefleisch gestreckte Farcen sind für Puristen indiskutabel. Natürlich gehört zu einem Kochkurs bei einem Chef nicht nur lernen und einwecken. Wenn man hinter die Kulissen geschaut hat, dann gustiert man das obligatorische große Abschiedsmenü auf ganz neue Weise.

Zuerst schneidet man Flügel und Hals ab, bevor man mit einem scharfen Messer am Brustbein entlangfährt.

Dann geht man mit dem Messer tiefer am Knochen entlang und löst sowohl das linke Bruststück wie auch die Keule vom Rumpf.

Jetzt wendet man sich der anderen Seite zu, nun aber erst einmal der Keule, die man direkt abschneidet.

Als nächstes geht es darum, das zweite *magret* vom Rumpf abzutrennen, mit dem man das letzte Fleischteil abschneidet.

Aufmerksam schauen die Hobbyköchinnen und -köche zunächst nur zu, wie man mit einer Ente fachgerecht verfährt, dann zücken sie selbst das Messer.

die wichtigste Voraussetzung. Zunächst müssen Enten- oder Gänsestücke mit einer Mischung aus Salz und Pfeffer eingerieben werden, wobei man in der Regel auf 1 kg Fleisch 15 g Meersalz und 2 g schwarzen Pfeffer rechnet. An einem kalten Ort oder im Kühlschrank ziehen sie ein bis zwei Tage, dann läßt man sie abtropfen, reibt das Salz

Dadurch sind die Innereien freigelegt, von denen man als erstes die Leber, dann Magen und Herz herausnimmt.

Nun bleibt das Parieren, die Feinarbeiten, um den *magrets* und Keulen eine ansprechende und sauber geschnittene Form zu geben.

299

Pruneaux d'Agen

Zwei von drei in Frankreich produzierte Backpflaumen gehören in zwei von drei französischen Haushalten zur ständigen Vorratshaltung, wo zwei von drei dieser Backpflaumen einfach aus der Tüte genascht werden. Mit der dritten lassen sich Bauern und Händler, Bäcker und Konditoren, Köche und Köchinnen allerhand einfallen. So werden sie zu Cremes, Pürees und Konfitüren, zu Säften, Sirupen und Likören, werden in Armagnac oder in anderes Hochprozentiges eingelegt, gefüllt oder dienen als Füllung, begleiten Ente, Kaninchen, Schwein und Lamm und eignen sich für zahlreiche Desserts.

Aus ihrer vorderasiatischen Heimat waren Pflaumenbäume ursprünglich im Gepäck der Kreuzritter an die Garonne gelangt. Mönche sorgten dann für ihre weitere Verbreitung. In Agen, der Hauptstadt der Trockenpflaumen, wurden die gesunden Konserven auf Kähne verladen, um sie die Garonne hinunter nach Bordeaux zu verschiffen. Von dort erreichten sie Paris, London, Rotterdam und die Neue Welt. Wichtigstes Anbaugebiet ist Lot-et-Garonne, und es erstreckt sich bis nach Bergerac. Die rund 2,9 Millionen Pflaumenbäume, die heute im Südwesten stehen, erbringen in guten Jahren an die 70000 Tonnen Früchte. Das macht Frankreich nach Kalifornien zum zweitgrößten Trockenpflaumenproduzenten der Welt.

Nur eine einzige Sorte wird heute angepflanzt, die sich hervorragend zum Trocknen eignet und deshalb im Laufe der Jahrhunderte alle anderen Sorten verdrängte. Die violette, teils rötlich, teils rosé getönte Prune d'Ente zeigt ihre besonderen Qualitäten erst in getrocknetem Zustand. Dann ist sie außen fast schwarz und glänzend, innen sattgelb bis bernsteinfarben, weich und sehr aromatisch. Als Kind des Südens liebt sie sonnige Hänge, verträgt keine späten Fröste und ist empfindlich gegen Wind. Sie bevorzugt tiefe, ton- und kalkhaltige Böden, keine zu feuchten oder sandigen. So übersteht sie lange Regenperioden ebenso schlecht wie zu große Trockenheit. Man setzt die Bäume, die ausgewachsen 4–5 m Höhe erreichen würden, in gut vorbereitete Böden in der Regel mit 7 m Abstand. Von großer Bedeutung ist die Erziehung der Bäume, die ihnen einen Stamm von etwa 1,10 m Höhe beläßt. Bis zum sechsten Jahr, wenn die Bäume zu tragen beginnen, gibt der Pflaumenbauer ihren Kronen durch sorgfältiges Schneiden eine pyramidale Form. Der Schnitt sorgt für eine gute Belüftung und hat wesentlichen Einfluß auf die Gesundheit der Bäume und die Makellosigkeit der Früchte, denn die Prune d'Ente ist anfällig für Schädlinge und Krankheiten. Dennoch sollte, wer die mit vielen Mineralien, Vitaminen und Ballaststoffen so gesunden Trockenfrüchte unbeschwert verspeisen möchte, solche aus biologischem Anbau vorziehen.

Für die Verarbeitung zu Trockenpflaumen spielt die optimale Reife der Früchte die Hauptrolle. Dafür ist es notwendig, daß das Blattwerk gesund und reichlich ist und der Ertrag durch rechtzeitiges Auslichten gemindert wurde. Die Reife läßt sich an verschiedenen Anzeichen erkennen: an der Anreicherung von Zucker im Fruchtfleisch, der Abnahme des Säuregehalts, der tieferen Färbung der Haut, am Weichwerden des Fruchtfleisches und am Herabfallen der Früchte ohne Stiel. Die Erntezeit beginnt in der zweiten Hälfte des August und erstreckt sich bis Anfang Oktober. Während Großbetriebe die Bäume mit Spezialmaschinen rütteln lassen, arbeiten kleinere und biologische Betriebe überwiegend manuell. Doch auch in diesem Fall werden die Früchte nicht gepflückt, sondern von erfahrenen Erntehelfern ganz traditionell mit Stöcken von den einzelnen Zweigen geschlagen. Da die reifen Pflaumen leicht und ohne Stiel herabfallen, beeinträchtigt diese Prozedur die Bäume nicht. Außerdem bleiben unreife Früchte am Baum hängen, was der Qualität zugute kommt. Auf dem Boden breitet man statt des einstigen Strohs heute Netze aus und liest die heruntergefallenen Früchte auf.

Die frischen Pflaumen werden gewaschen und in einer einzigen Lage auf Rahmen ausgebreitet, zwischen denen Luft zirkulieren kann. Während man sie früher in der Sonne oder in Brotbacköfen trocknete, schiebt man heute die auf Karren gestapelten Rahmen in große Trockenkammern oder -tunnel. Dort wird heiße Luft hineingeblasen und feuchte Luft abgezogen. Zwischen der Vortrocknung bei 60 °C und der bei 75 °C stattfindenden *finition* vergehen 18–24 Stunden. Ziel ist es, den Feuchtigkeitsgehalt der Pflaumen auf 21–23% zu senken, dabei aber ihr Aroma zu erhalten und möglichst durch ein Anfangsstadium von Garung zu verstärken. Dagegen gilt es eine Karamelisierung zu vermeiden, die zu Lasten des Geschmacks ginge und den Pflaumen eine unschöne braune Farbe verliehe. Deshalb darf die Temperatur im Innern der Früchte 75 °C nicht überschreiten. Je nach Reifegrad und Größe sind 2,5–3,5 kg frische Früchte für 1 kg Trockenpflaumen erforderlich. Einmal getrocknet, was unmittelbar nach der Ernte zu geschehen hat, werden die Trockenpflaumen in Holzkisten in dunklen, kühlen Räumen zwischengelagert. Bevor sie auf den Markt kommen, steht den Pruneaux d'Agen ein kurzes heißes Wasserbad bevor, damit ihr Feuchtigkeitsgehalt auf etwa 30 % ansteigt. Das verleiht ihnen den appetitlichen Glanz und die weiche Konsistenz und hat für den Verbraucher den Vorteil, daß er sie sofort genießen kann.

Rechts: Die klassischen Körbe, auf denen die Pflaumen zum Trocknen in die Öfen geschoben werden, lassen die heiße Luft optimal zirkulieren.

Kreuzritter sollen aus Syrien die ersten Pflaumenbäume nach Agen gebracht haben. Heute wachsen im Südwesten 2,9 Millionen Pflaumenbäume.

Diese glasierten Pflaumen werden in Handarbeit mit einer feinen Pflaumencreme gefüllt, die mit Vanille und Armagnac aromatisiert wurde.

Von allen möglichen Verwendungen, die man für Trockenpflaumen ersinnen kann, ist diese vielleicht die erlesenste.

Armagnac

Nicht zu Unrecht steht Armagnac im Ruf, so individuell zu sein wie die Menschen in der Gascogne, denn seine Erzeugung liegt überwiegend in Händen einzelner Winzer, Brenner und *éleveurs*, die die Brände altern, assemblieren und anbieten. Restauranteigner oder Sommeliers pochen nicht auf eine Marke, sondern auf einzelne Flaschen einzelner Jahrgänge, die sie bei den Erzeugern persönlich auswählten und die sie nun – fast verschwörerisch – ihren Gästen präsentieren.

So ist Armagnac keineswegs immer gewesen. Zwar pflanzte man in der Gascogne in gewissem Ausmaß ab dem Mittelalter Reben und brannte schon im 15. Jahrhundert Wein, doch das war buchstäblich Lebenswasser, da zu medizinischen Zwecken bestimmt. Wie beim Cognac erfuhr der Weinbau seinen Aufschwung im 17. Jahrhundert dank geschäftstüchtiger Niederländer. Sie fanden zwischen Garonne und Adour ein Gebiet, in dem die Sorte Picpoul, auch Folle Blanche genannt, gedieh und große Mengen dünnen Weins lieferte, der sich ideal zum Brennen eignete. Sein Volumen wurde dadurch auf ein Sechstel reduziert, was die Transportkosten erheblich senkte, und man konnte das Destillat zur Konservierung von Weinen oder zur Herstellung anderer Getränke nutzen. Die Niederländer versorgten ihre Gascogner Geschäftspartner mit schwedischem Kupfer für Brennkolben nach Charentaiser Muster, und die Eichenwälder der Region lieferten genügend Holz für Feuer und Fässer. Den Gascognern erschien das übliche zweifache Brennverfahren jedoch zu langwierig und aufwendig, weshalb sie die Erfindung des kontinuierlichen Brenngeräts gern aufgriffen, dessen Patent als *alambic armagnacais* König Ludwig XVIII. 1818 bestätigte.

Wie in vielen Regionen Frankreichs setzte die Reblaus 1893 einem aus den Fugen geratenen Weinbau ein Ende. Der Neubeginn baute auf Ugni Blanc, die Hauptsorte des Cognacs. Daneben behauptet sich die Hybride Baco A 22, die im Jahr 2010 ausscheiden soll, sehr zum Bedauern mancher Erzeuger, die deren Brände im Verschnitt nutzten. Folle Blanche, die ehemalige Hauptsorte, wird wegen der Finesse ihres *eau-de-vie* gerühmt, aber sie fault zu leicht. Während für Cognac Kreideböden die idealsten sind, sollte Armagnac auf Sand gebaut sein, allerdings mit tonhaltigem Unterboden, sonst fehlt es ihm an Körper. Beste Bedingungen findet er generell im westlichen Bas-Armagnac und dort auf fahlroten Sandböden, die Eisenoxide enthalten, die *sables fauves*. Man spricht dann vom ›Grand Bas‹ oder vom ›Armagnac noir‹. In der Tenarèze, wo Tonkalk dominiert, sind die *eaux-de-vie* kräftiger und rauher. Die dritte Großlage, das Haut-Armagnac, spielt heute eine unwesentliche Rolle.

Der Kellermeister überprüft in regelmäßigen Abständen, ob der Armagnac optimal altert.

Oben: Blick in einen modernen Alterungskeller
Links: Das von der Kristallfirma Daum entworfene Armagnac-Glas

Floc de Gascogne

Was dem Cognac der Pineau ist dem Armagnac der Floc. Auch er basiert auf Traubenmost, dessen Gärung durch Zugabe von einem Drittel jungem, mindestens 52 Vol% starkem Armagnac verhindert wird und der deshalb seine fruchtigen Aromen und seinen natürlichen Zuckergehalt bewahrt. Floc wird in der Gascogne besonders gern von unabhängigen Winzern hergestellt, die neben den Reben, die für Armagnac bestimmt sind, auch weitere Sorten für Tischweine angepflanzt haben. Es gibt ihn in zwei Versionen, blanc und rosé. Außer Ugni Blanc verwendet man für den weißen Floc gern Colombard, Gros Manseng, Baroque und eventuell andere Sorten. Der Most für den Rosé stammt von Tannat, den Cabernets, Merlot sowie bisweilen vom Malbec und Gamay. Bis Ende des Winters läßt man die Mischung ruhen, dann wird sie abgezogen, geschönt und gefiltert. In den Verkauf kommt der Floc in der Regel ein Jahr nach der Lese.

Armagnac auf einen Blick

Die Großlagen
1 Bas-Armagnac, Zentrum Eauze: 7500 ha Reben; Böden überwiegend sandig mit tonhaltigem Untergrund, in den gesuchtesten Lagen eisenoxidhaltig mit fahlroter Farbe. Spitzencru.
2 Tenarèze, Zentrum Condom: 5200 ha Reben; Böden sind tonkalkig. Das gibt Armagnacs einen kräftigeren, in der Jugend rauheren Charakter.
3 Haut-Armagnac, nur historisch bedeutend; hauptsächlich Kalkböden; heute knapp 200 ha.

Die Rebsorten
1 Ugni Blanc: Auch Saint-Émilion genannt, dominiert mit 75%, ist wie beim Cognac eindeutig Hauptsorte; sehr ertragreich, relativ problemlos und unreif geerntet besonders säurebetont.
2 Baco A 22: Hybridsorte aus amerikanischen und europäischen Reben, die im Jahr 2000 verschwinden soll, aber wegen ihrer körperreichen Brände geschätzt wird.
3 Folle Blanche: Der Picpoul des Midi oder Gros Plant im Muscadet; sehr für Fäulnis anfällig, deshalb selten; ergibt besonders feine Brände. Weitere 8 Sorten sind für Armagnac, der 1936 zur Appellation d'Origine Contrôlée erhoben wurde, zugelassen, die aber kaum destilliert werden. Darunter erlebt Colombard als trockener, aromatischer Weißer eine Renaissance.

Die Qualitäten
• Drei Sterne oder Kronen, VS oder Monopole: mindestens ein Jahr Alterung in Holzfässern.
• V.O. (Very Old), V.S.O.P. oder Réserve: mindestens vier Jahre Alterung in Holzfässern.
• Extra, Napoléon, XO, Hors d'Age, Vieille Réserve: mind. fünf Jahre Alterung in Holzfässern.
• Jahrgangs-Armagnac: Es zählt allein die Dauer der Alterung in Holzfässern und deshalb das Abfülldatum – das allerdings oft nicht vermerkt ist.
• Bas-Armagnac und Tenarèze dürfen auf den Etiketten angegeben werden, wenn die Brennweine ausschließlich aus diesen Großlagen stammen und dort destilliert wurden.
• Armagnac als Bezeichnung steht für einen Verschnitt aus verschiedenen Großlagen.
• Optimale Reife erfordert 20–30 Jahre im Faß.

Von Derbheit zur Finesse

Ideal zum Brennen sind nur 8–9 Vol% Alkohol enthaltende säurereiche Weine, wie der ertragsstarke Ugni Blanc sie liefert. Durch den Destilliervorgang werden deren anfangs nur schwache Aromen außerordentlich konzentriert. Einen hohen Säuregehalt strebt man durch zeitige Lese vor allem deshalb an, weil sich die Weine dann besser halten. Schwefel kann man ihnen nämlich nicht zusetzen, da er die Brände hart und sauer machen und ihnen einen beißenden Geruch geben würde. Je früher die gegen Mitte November durchgegorenen Weine gebrannt werden, desto aromatischer ist das Resultat. Typisch für den Armagnac ist das kontinuierliche Brennverfahren in Kolonnengeräten. Die stetig von außen nachfließenden Grundweine dienen zunächst als Kühlmittel für die Spirale, in der der Weingeist kondensiert. Dabei erwärmt sich der Wein, steigt auf und strömt von oben durch ein Rohr in den benachbarten Brennkolben. In dem Kolonnenapparat mit seinen zwei oder drei übereinanderliegenden Kesseln verdampft der Weingeist allmählich. Im Aufsteigen trifft er auf den niedertröpfelnden Wein, lädt sich zusätzlich mit Aromen auf, bis er über den Kondensator in den Kühltank gelangt. Farblos, in einer Stärke von 54–60 Vol%, je nach Grundwein und Gerät, tropft er heraus. Bei dieser Brennweise bleiben aromatische Unsauberkeiten erhalten, die den jungen Brand rauh machen. Seit 1972 ist auch die doppelte Destillierung der Cognac-Methode wieder erlaubt. Sie ist besonders geeignet, um jungen Armagnacs mehr Sanftheit zu verleihen.

Mit zunehmendem Alter entfaltet der Armagnac Komplexität, aber auch Fülle, Finesse und Länge. Seine künftige Qualität wird dabei nicht zuletzt von den neuen, vorzugsweise aus Gascogner Eiche hergestellten 400-Liter-Fässern mitgeprägt, deren Holz nicht das weiche, elegante, leicht süßliche und vanillebetonte Bukett der Limousin-Eichen abgibt, sondern dem Brand herbere, sprödere Noten mitteilt, über die sich auch Röstnoten markanter entwickeln. Dahinein wird das farblose Destillat gefüllt. Rechtzeitig – nach maximal 18 Monaten – muß es in älteres Holz umlogiert werden, sonst nimmt es zuviel Tannin und Farbe auf. Große Bedeutung kommt dem *chai*, dem oberirdischen Lagerkeller, zu, denn dessen Luftfeuchtigkeit und Temperatur beeinflussen das Altern entschieden. Daß die feinsten Brände aus dem Bas-Armagnac stammen, wird auch der größeren Nähe zum Atlantik und dem deshalb feuchteren Klima zugeschrieben. In einem alten, sozusagen toten Gebinde vollzieht sich während einer über 20 oder 30 Jahre dauernden Alterung eine langsame Oxidation, die zu immer größerer Verfeinerung der Aromen führt. Armagnac kann unbeschadet noch weitere 10–15 Jahre im Faß lagern, doch dann muß er in Glasballons oder Flaschen umgefüllt werden, da er sonst verflacht. Dieser langsame Ausbau verlangt viel Aufmerksamkeit. Denn erstens muß der Kellermeister immer aufs neue durch Degustation überprüfen, ob sich die Brände zufriedenstellend entwickeln. Außerdem muß er auch deshalb jedes Faß überwachen, da pro Jahr durchschnittlich 3%, der sogenannte Teil der Engel, verdunsten, das Faß aber voll bleiben muß.

Zwei weitere heikle Aufgaben hat der Kellermeister zu lösen: Will er den Armagnac nicht auf natürlicher Stärke lassen, gilt es ihn in Etappen behutsam zu reduzieren, in der Regel bis auf das vorgeschriebene Minimum von 40 Vol%. Zum anderen besteht seine Kunst darin, ihn mit Bränden von anderen Böden, Rebsorten und Jahrgängen zu assemblieren, um ihm möglichst viel Harmonie, Ausdruck und die Handschrift des Hauses mitzugeben. Gesucht und geachtet sind Armagnacs mit Jahresangabe, wobei man jedoch nicht an Wein denken sollte, denn durch Destillation und Alterung werden die Unterschiede der Jahrgänge verwischt. Wichtig sind die Jahre der Faßreife, deshalb kommt es auf das Abfülldatum an. Ist der Armagnac erst auf Flaschen gezogen, altert er nicht mehr. So bleibt ein 1964er, der 1966 abgefüllt wurde, eine simpler Drei-Sterne-Brand. Wurde er jedoch erst 1994 aus dem Faß gezogen, handelt es sich um eine dreißigjährige Rarität.

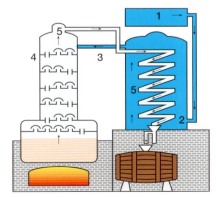

Der Wein kommt aus dem Tank (1) als Kühlmittel in das Aggregat (2), erwärmt sich, steigt auf und fließt (3) in den Brennkolben (4), wo er herabtropft, erhitzt wird, als Dampf aufsteigt, in die Kühlschlange gelangt (5) und kondensiert.

BORDEAUX, PÉRIGORD, GASCOGNE & PAYS BASQUE

Chariot de desserts

Amuse-bouche, Vorspeise, ein oder zwei Hauptgerichte sind bereits serviert und genossen, die Teller sind schon abgetragen worden, da tritt die Bedienung von neuem heran und macht so richtig reinen Tisch. Mit Hilfe einer Serviette, eines Messers, einer speziellen Schaufel oder sonstigem edlen Gerät beseitigt sie die Krümel, womit das Abräumen (französisch *desservir*) seinen Höhepunkt und Abschluß findet. Fast ist es so, als hätte der nun erwartete Akt mit dem gesamten Schau- und Schmeckspiel des Mahls gar nichts mehr zu tun, als würde der Vorhang aufgehen zu einem völlig neuen Stück. Tatsächlich fühlt man sich inzwischen entschieden anders, bereits wohlig gesättigt und angenehm erheitert durch die begleitenden Weine. Jede eventuelle anfängliche Steifheit ist zwischen und während der Gänge entschwunden. Man sieht dem süßen Nachspiel entspannt und doch erwartungsvoll entgegen. Während sich viele moderne Köche singuläre Kunststücke vorbehalten, die schon zu Beginn bestellt werden müssen, verteidigen andere den guten alten Dessertwagen. Zum Glück. Denn nun kommt für einen Augenblick das Schlaraffenland herangerollt. Die Augen dürfen sich an den angebotenen Leckereien weiden. Man darf sich verführen lassen, sich ausmalen, wie das eine und das andere mundet, sich nach eigenem Gusto das Nachspiel komponieren und das genossene Menü mit einer letzten – und bitte vielfältigen – Schwelgerei krönen. Dank der aufmerksamen Bedienung bleibt die Fülle dennoch im weisen Rahmen, was ihr jeder Gast, kaum daß er wieder zur Vernunft zurückgefunden hat, hochanzurechnen weiß.

Pastis, tourtière und croustade

Was den Gersois ihr *pastis*, den Landais die *tourtière* ist manch anderem Gascogner die *croustade*, nämlich ein luftiges, ziemlich arbeitsaufwendiges Kunstwerk. Wie ein handgemachter Blätterteig feinschmeckerische Dimensionen von einem industriellen entfernt ist, so ist es auch beim *pastis gascon*, den man bitte nicht mit dem *pastis landais* verwechseln möge, bei dem es sich ja um eine große mit Orangenblütenwasser und Rum aro-

304 BORDEAUX, PÉRIGORD, GASCOGNE & PAYS BASQUE

Pastis gascon

2 Kuchen für je 6 Personen

3 Eier
250 ml kaltes Wasser
1 Prise Salz
1 kg Mehl
200 g Butter
90–100 g Zucker
4 Äpfel oder 10 Pflaumen
50 ml Armagnac

Aus Eiern, Wasser, Salz und Mehl einen Teig bereiten, zu einer Kugel formen, in eine leicht geölte Folie einschlagen und über Nacht im Kühlschrank ruhen lassen.
Ein Tuch auf einen 2 m langen Tisch legen, mit Mehl bestäuben und den Teig über die ganze Fläche ausbreiten (1), buttern und zuckern (2) und die Kanten begradigen (3). Den Teig dreifach falten (4), jede Lage buttern und zuckern (5). Dann quer falten und in 4 Quadrate schneiden (6). Je ein Quadrat belegen (7–9), mit je einem zweiten abdecken (10) und bei 220 °C ca. 10 Minuten backen und flambieren (11).

1 Den Teig wie Strudelteig ›über die Hände ziehend‹ auf dem mit einem Tuch bedeckten Tisch ausbreiten.
2 Die hauchdünne Teigschicht mit flüssiger Butter bepinseln und mit Zucker bestreuen.
3 Mit einem Messer die Ränder entlang der Tischkante begradigen.

4 Den Teig mit Hilfe des Tuchs zweimal der Länge nach falten, so daß drei Lagen entstehen.
5 Die Oberfläche jeder Faltung ebenfalls gründlich mit Butter einpinseln und mit Zucker bestreuen.
6 Den längsgefalteten Teig einmal quer falten und in 4 quadratische Stücke schneiden.

7 Ein Quadrat in eine gut ausgebutterte runde Obstkuchenform legen.
8 Als Belag feingeschnittene Apfelspalten oder auch dünne Pflaumenscheiben darauf verteilen.
9 Auf keinen Fall darf der Armagnac fehlen, der dem feinen Kuchen sein Gascogner Aroma verleiht.
10 Mit dem zweiten Quadrat den Kuchen so abdecken, daß sich die Ecken sternförmig überschneiden.
11 Der Kuchen wird kurz, aber heiß gebacken, noch einmal mit Butter bepinselt und mit Armagnac flambiert.

Dieser Dessertwagen bietet eine hochkarätige Auswahl. Im Vordergrund in der Mitte ein Teller mit *Petits fours*, dann im Uhrzeigersinn: der Schokoladenkuchen *Opéra*, Weinbergpfirsiche in Pauillac von Lynch-Bages, *Îles flottantes* (Eischnee auf *crème anglaise* mit Praliné), eine *Mousse au chocolat*, geeiste Melonenkügelchen und eine feste Kaffeecreme. In der Mitte links ein Paris-Brest-Kuchen und rechts eine *Tarte au chocolat*.

matisierte Brioche handelt. Diese Verwirrung besteht einzig und allein in den Begriffen, denn der *pastis gascon* ist eben ein superfeiner Blätterteig, der als Erbe der im 8. Jahrhundert nach Poitiers marschierenden Mauren angesehen wird, inzwischen aber als echter Gascogner selbstverständlich nichts anderes als Armagnac verträgt.

Wo der Tabak wächst

Tabak, der zu den Nachtschattengewächsen der Gattung *Nicotiana* gehört, braucht mildes und feuchtes Klima, um gut gedeihen zu können. Obwohl er in Frankreich an vielen Orten geeignete Bedingungen vorfinden würde, hat er sich vor allem im Südwesten etabliert, vielleicht weil sich gerade die Schwemmböden in den Tälern von Dordogne, Lot und teilweise Garonne als ideal erwiesen haben. Wo sie nicht zur Verfügung stehen, pflanzt man auf fruchtbaren gut durchlässigen Böden. In den Departements Dordogne, Lot und Lot-et-Garonne gibt es an die 10 000 Höfe, die sich auf die arbeitsintensive, aber rentable Kultur eingelassen haben.

Tabak besitzt winzig kleine Samen, von denen ungefähr 10 000–13 000 auf ein Gramm kommen, weshalb man ihn nicht direkt säen kann. Er muß vorgezogen werden. Der Tabakbauer bereitet im Herbst ein gutgedüngtes und desinfiziertes Saatbeet vor, wobei er 1 m^2 für 100 m^2 im Freiland kalkuliert. Als Schutz für die Setzlinge ist in der Regel ein Plastiktunnel ausreichend. Ab 10. März sät er aus, indem er die Samen entweder mit der Gießkanne oder einem Pulverisator verteilt oder sie zum Beispiel mit feinem Sand mischt und von Hand ausstreut. Zwei bis zweieinhalb Monate sprießen die jungen Pflanzen im Tunnel, wobei der Bauer das Blattwerk stutzt, um die Jungpflanzen zu stärken. Heutzutage werden sie oft auch in schwimmenden Saatrahmen gezogen und mit löslichen Kunstdüngern genährt.

Bevor man die Setzlinge auspflanzen kann, muß das Feld gründlich vorbereitet sein. Tabak kann man nur im Fruchtwechsel anbauen, denn da die Pflanzen anfällig sind für Schwarze Wurzelfäulnis, eine Wurzelkrankheit, darf man nur alle drei bis vier Jahre auf demselben Feld Tabak anpflanzen. Als Vorkultur hat sich Getreide als besonders geeignet erwiesen.

Der gutdurchlässige Boden muß reich an organischer Materie sein. Meist wird deshalb im Herbst vor der eigentlichen Pflanzung Kuhdung ausgebracht, auch Gründünger zum Unterpflügen ist gebräuchlich. Ausgepflanzt wird je nach Region zwischen Anfang Mai und Anfang Juni in gut gelockerten, trockenen Boden mit 60–90 cm Reihenabstand. Genau dosierter Kunstdünger sorgt später dafür, daß sich die Blätter bestmöglich entwickeln. Gegen eine Anzahl von Schädlingen wie Schnecken, Läuse, Raupen, Heuschrecken und andere Blattfresser, aber auch gegen Krankheiten wie Mehltau oder Fäulnis muß der Bauer seine Kultur verteidigen, was er mit chemischen Mitteln tut. Um eine gute Blatternte zu erhalten, muß er außerdem die Blütenstände rechtzeitig entfernen und setzt Produkte ein, die die Knospenbildung verhindern.

Tabak muß man reif ernten. Etwa 60 Tage nach dem Pflanzen zeigen die untersten Blätter Anzeichen von Reife wie etwa hellgrüne Marmorierung, eine festere Struktur, weiße Mittelrippen oder ein Brüchigwerden der Ränder. Pflückt man die Blätter, die in Frankreich nach vier Etagen eingeteilt werden, muß Etage auf Etage getrennt von Hand eingebracht werden, wobei die ober-

Ein Tabakfeld an der Dordogne mit kräftigen erntereifen Pflanzen, deren Blätter 60–90 cm Länge erreichen.

Der in Frankreich weitverbreitete Braune Tabak kann mit Hilfe einer Maschine staudenweise geschnitten werden.

Die Stauden werden in speziellen Trockenschuppen auf Fäden oder Drähte gezogen und aufgehängt.

sten, die Kopfblätter, eine 60 Tage längere Reifezeit benötigen als die untersten. Wird staudenweise mit Hilfe einer Schnittmaschine geerntet, wartet man die Reife der oberen Mittelblätter ab. Insgesamt besitzt jede Staude 12–14 verwertbare Blätter. Unmittelbar nach der Ernte muß der Tabak zum Trocknen aufgehängt werden, wofür jeder Bauer spezielle Schuppen besitzt.

Die Trocknung, die bei Braunem Tabak an der Luft geschieht, ist ein wesentlicher Bestandteil der Kultur. Ein Bauer kann nur so viel Tabak anpflanzen, wie er auch unter optimalen Bedingungen trocknen kann, wobei man in einfacher Lage 35 Stauden pro Quadratmeter rechnet, bei Blättern 250–300 Stück pro Kubikmeter. Das Trocknen vollzieht sich in drei Phasen:

1. Gelbwerden: Bei einer günstigsten Temperatur von 20–25 °C und bei 80–90 % Luftfeuchtigkeit sollen die Blattzellen möglichst lange lebendig bleiben, damit sich die chemischen Umwandlungen ungehindert vollziehen können. Diese Phase dauert etwa 12 Tage.

2. Braunwerden: Bei einer Luftfeuchtigkeit, die nur für kurze Zeit 80 % überschreiten darf, verdunstet die Feuchtigkeit in den Blättern langsam. Für diese Phase rechnet man etwa 23 Tage.

3. Reduzierung der Rippen: Unter gleichen Bedingungen entweicht die Feuchtigkeit schließlich aus den Blattrippen und bewegt sich zum Rand, der dadurch wieder elastischer wird. Die dritte Phase nimmt etwa 18 Tage in Anspruch. Ist der Tabak gut getrocknet, werden seine Blätter nach den vier Etagen und nach gleichmäßiger Färbung sortiert. Qualitätskriterien sind die gute Brennbarkeit, füllige, weiche und feine Blätter von einheitlichem hellem Kastanienbraun, gutgetrocknete, gleichfarbige Rippen. In Ballen verpackt, die nicht schwerer als 25 kg sein dürfen, werden die Blätter meist Dezember und Februar an die Genossenschaft geliefert, die sie ankauft und die Fermentierung durchführt, bevor der Tabak an die Rauchwarenhersteller geliefert wird.

Entscheidendes Qualitätskriterium ist die Farbe der Blätter: Bei Spitzenware muß es ein helles Kastanienbraun sein.

Tabaksorten

Brauner Tabak
Er wird seit Jahrhunderten in Frankreich angebaut, liefert nach der Trocknung an frischer Luft hellbraune Blätter, die zu Rauchtabaken verarbeitet werden, die typisch französischen Geschmack besitzen.

Burley
Eine natürliche Mutation, die wegen eines Mangels an Chlorophyll nur blasse Blätter hat, die nach Lufttrocknung ein warmes Gelb besitzen; sie sind gut saugfähig und deshalb sehr geeignet, aromatisiert zu werden, um den *goût americain* zu ergeben.

Virginia
Entspricht der aktuellen Nachfrage am besten, mit angenehmen Aromen und gelber Farbe und einer hohen Füllkapazität bei Zigaretten. Er muß von Hand in Etappen gepflückt und in einem Spezialofen getrocknet werden.

Die erste Phase der Trocknung verlangt ein langsames Welken bei relativ hoher Temperatur und Luftfeuchtigkeit.

Die ausladenden luftigen Trockenschuppen sind zu einem architektonischen Charakteristikum des Südwestens geworden.

Ausreichende Luftzufuhr sorgt dafür, daß die Blätter einwandfrei trocknen und nicht schimmeln, so daß man manchmal etwas nachhilft.

Der blaue Dunst

Jean Nicot, französischer Gesandter am portugiesischen Hof, dachte bei Tabak an alles andere als an Gift. Er sah in ihm eine Wundermedizin und überbrachte 1560 Katharina von Medici Tabakpulver als Mittel gegen ihre Migräne. Vermutlich verschaffte es der Regentin zumindest Erleichterung, denn Tabak begann in der Folge in Frankreich als Medizin populär zu werden. Man schnupfte das Pulver, das wie man meinte bekömmliches Niesen auslöste und anregte. Als sich seine Anhänger selbst in der Kirche keinen Zwang mehr antaten, wurde darüber 1624 der Kirchenbann verhängt. Offenbar wirkte der nur bedingt abschreckend, denn er mußte 1650 erneuert werden. Daß der Tabakverbrauch nach wie vor hoch war, geht auch aus der Erhebung der ersten Tabaksteuer hervor. Damals war das Schnupfen eine aufwendige Angelegenheit, denn man mußte die zu einer Karotte zusammengewickelten Blätter noch selbst reiben. Schnupfbereit angebotenes Pulver war nicht vor Ende des 18. Jahrhunderts zu beziehen.

Als erster europäischer Raucher ist der englische Seefahrer und Haudegen Sir Walter Raleigh im 16. Jahrhundert in die Geschichte eingegangen,

Rechts: Der Gitanes Mais rauchende Fischer aus den Dombes
Unten: Was früher Werbegeschenk war, ist heute zum begehrten Sammelobjekt geworden, wie der Celtiques-Aschenbecher.

aber es waren die Niederländer, die im Paffen Pioniere wurden – und im Tabakhandel. George Sand, die schon mit ihren Liebesaffären Aufsehen erregende französische Schriftstellerin, trat im 19. Jahrhundert Pfeife rauchend in die Öffentlichkeit. Doch erst die Erfindung der Zigarette 1863 machte Tabak allgemein verfügbar. Ab 1876 erschienen die ersten Zigarettenmarken, 1878 wurde La Hongroise, die Vorläuferin der Gauloise, zum ersten Mal angezündet. Zwanzig Jahre später konkurrierten in Frankreich 242 verschiedene Marken, angeboten in zylindrischen Bündeln, die bis 1925 üblich blieben.

Die Gauloise kam 1910 auf den Markt und begann mit einem Absatz von 101 Millionen Stück. Als 1925 erstmals das blaue, mit einem Gallierhelm gekennzeichnete und 20 Zigaretten in zwei Reihen beinhaltende Päckchen erschien, wurden bereits 1,7 Milliarden verqualmt. Damals gaben sich die ebenfalls 1910 kreierten Gitanes noch ganz bescheiden mit 19 Millionen. Im darauffolgenden Jahr wurde S.E.I.T. gegründet, der Service d'Exploitation Industrielle des Tabacs, der 1935 mit der Hinzunahme der Streichhölzer, der *alumettes*, zur S.E.I.T.A. wurde, die bis heute als staatliche Gesellschaft die Tabakproduktion und -verarbeitung Frankreichs kontrolliert. Rauchwaren boten dem Staat eine großartige Gelegenheit, seine Anleihen zu begleichen, wofür die Régie Française Caisse Autonome d'Amortissement ins Leben gerufen wurde. Um die Einnahmen des Monopols zu steigern, schlug André Citroën, der in der zuständigen Regierungskommission mitwirkte vor, 1% des Umsatzes in Werbung zu investieren. Außerdem wurden weitere Zigarettenmarken geschaffen, um den Rauchern Auswahl und unterschiedliche Geschmacksrichtungen zu bieten. Denn neben dem typisch französischen Geschmack des Braunen Tabaks entwickelte die S.E.I.T.A. Marken mit amerikanischem Flair, um mit den – ebenfalls von ihr importierten – ausländischen Zigaretten zu konkurrieren. Primrose, Balto, Week-End, Gallia, Naja, Celtique, Anic, High-Life, Congo waren die klangvollen Namen der Marken, die entweder Fernweh, die Freizeit oder die Faszination des Exotischen als Vehikel benutzten. Dennoch blieben Gauloises und Gitanes Marktführer. Seit den dreißiger Jahren schrieb die S.E.I.T.A. mit Packungen, Plakaten und Anzeigen Werbegeschichte und vergab Aufträge an einige der bedeutendsten Grafiker Frankreichs.

Der eigentliche Boom kam in den Fünfzigern, als Gauloises – im folgenden werden nur die Ziffern für die so typischen Brunes und der Absatz in Frankreich berücksichtigt – zum ersten Mal die 30-Milliarden-Grenze überschritten und sich Gitanes von 1,2 Milliarden 1951 auf 11,5 Milliarden Stück 1962 steigerten. 1975 erreichten Gauloises ihren historischen Gipfel von knapp 50 Milliarden Stück (Gitanes 19,2 Milliarden 1977), doch von da an ging und geht es kontinuierlich bergab, um 1997 bei den Gauloises 13,7, bei den Gitanes 5,7 Milliarden zu erreichen. Die blonden Versionen, die 1985 bzw. 1986 eingeführt wurden, sind mit 5,1 bzw. 0,3 Milliarden Stück vergleichsweise unbedeutend. Während S.E.I.T.A. der Gauloises in Frankreich kaum Werbung widmete, wurden die Gitanes seit den dreißiger Jahren immer stark beworben, bis das Gesetz Veil 1976 die Tabakwerbung erheblich beschränkte. Nach wie vor aber basiert der Erfolg der Gauloise auf dem ursprünglichen Konzept. »Trotz femininer Konnotation des Namens ist das Konzept in höchstem Grade viril«, betont Grafikprofessor François Vermeil. »Die Gauloise zu rauchen, bedeutet Mann, Kämpfer, Franzose sein.«

Balto propagiert amerikanischen Zigarettengeschmack (Gestaltung Francis Giletta, 1951).

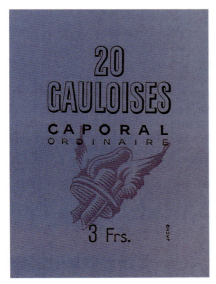

Nationale Identität im 20er-Pack: 1925 gestaltet Marcel Jacno die berühmte blaue Gauloises-Packung mit dem Helm.

Deutlicher kann man kaum ausdrücken, was eine Zigarette vermitteln soll: Gitanes-Plakat von 1951, gestaltet von René Ravo.

Toulousain
Quercy
Aveyron
Auvergne

André Dominé & Jim Budd

Chasselas de Moissac
Cassoulet de Castelnaudary
Millas
Schwarzer Wein von Cahors
Couscous
Knoblauch
Der Lämmer beste Stücke: Souris & quasi des Quercy
Wildpilze
Laguiole, das Messer
Roquefort
Die Käse der Auvergne
Käseküche der Auvergne
Würste & Schinken
Die grünen Linsen von Puy
Bodenständiges Backwerk: Fouace
Mineralwasser

Die Fouace von Laguiole hat es geschafft: Sie gilt als die Krönung des weitverbreiteten Kuchenkranzes.

Von den hochgelegenen Weiden des Cantal kommen exzellente und schwergewichtige Käse.

Toulouse ist stolze Hauptstadt der Region Midi-Pyrénées, die von kargen Hochebenen des Quercy und Bergweiden des Aubrac bis zu höchsten Gipfeln der Pyrenäen reicht, das Gascogner Geflügelparadies Gers jedoch ebenso einschließt wie die für Schinken und Trockenwürste bekannte Montagne Noire oder die Gegend von Lacaune. In seiner Vergangenheit war Toulouse allerdings mehr dem Languedoc oder dem Tarn verbunden als der Gascogne und Aquitanien, daher sind Spezialitäten wie Armagnac oder Stopflebern im vorangegangenen Kapitel erwähnt. Das ändert nichts daran, daß man in der quicklebendigen Kapitale des alten Okzitanien mit Vorliebe Enten, Gänse – natürlich *la grise de Toulouse* – und allerlei anderes Geflügel verspeist. Nicht von ungefähr pflanzte man in der unmittelbaren Umgebung sowie in den nahen Landschaften des Lauragais und Albigeois den weißen Mais für deren Mast oder für *millas*, den lockeren Maisbrei. Auch die Trockenbohnen, ohne die das *Cassoulet* undenkbar ist, stammen von dort. Gilt auch Castelnaudary als dessen eine, Carcassonne als die andere Wiege, so ist dieser üppige Eintopf doch auch Leib- und Magengericht der Toulousains. Dort gibt man ein gutes Stück der *saucisse de Toulouse* hinein, der wohl edelsten Bratwurst Frankreichs. Ein Cahors von den Ufern des Lot paßt hervorragend dazu. Außer für diesen charaktervollen, fast schwarzen Rotwein ist Cahors für schwarze Trüffeln bekannt, und die Köche der Umgebung wissen ausgezeichnet damit umzugehen. So wie mit anderen Wildpilzen oder mit dem zarten Milchlamm der karstigen Hochebenen. Weiter in Richtung Zentralmassiv erreicht man eine der berühmtesten Käseregionen. Sie beginnt im Aveyron mit dem unvergleichlichen Roquefort, dem rohe Schafsmilch seinen einzigartigen Schmelz verleiht. Der Lagouile ist bereits eng verwandt mit dem Cantal, der zu den beliebtesten Schnittkäsen zählt. Auf den Bergweiden liefern die rustikalen Salers-Kühe aber nicht nur hochwertige Milch, sondern auch bestes Fleisch, das zu überaus geschätzten Schlachtwaren verarbeitet wird.

In der Auvergne verdanken Käse und Linsen viel den Vulkanerden. Am meisten aber kommt die spezielle Geologie dieser alten Vulkanregion einem Lebensmittel zugute, das wie kaum ein anderes mit der Vorstellung von Reinheit verknüpft wird: dem Mineralwasser, das aus unzähligen Quellen sprudelt und auf immer mehr Tischen den Wein zu deftigen regionalen Gerichten verdrängt hat.

Erdbeeren

Im Aveyron gibt es in Saint-Geniez-d'Olt eine spezielle Sorte, die von dem Obstbauern Antoine Sannié Ende des 19. Jahrhunderts gezüchtet wurde. Sie besitzt kleine, feste, aromatische und sehr süße Früchte, die sehr spät reifen, was ihnen einen gewissen Markt schuf. Heute ist man bestrebt, ihren Anbau erneut mit virusresistenten Pflanzen zu beleben. Die größten Lieferanten von Erdbeeren, vor allem der Sorten Elsanta (Abbildung oben) und Gariguette, sind Lot-et-Garonne und Dordogne, die gemeinsam mehr als die Hälfte der jährlich knapp 80 000 t französischer Erdbeeren erzeugen. Die kostenintensive Kultur wird industriell unter Kunststofffolie durchgeführt. Die Saison beginnt Mitte April und erreicht im Mai und Juni ihren Höhepunkt.

Gepflegte und sorgsam gestutzte Rebzeilen charakterisieren die Weinberge von Moissac. Alle ungeeigneten Trauben werden frühzeitig herausgeschnitten und alle störenden Blätter entfernt.

Chasselas wird in drei Durchgängen gelesen, damit die Trauben jeweils optimal ausreifen können. Der Anbau erfordert viel Handarbeit, weshalb er überwiegend von Familienbetrieben ausgeführt wird.

Die Weinbauern erhalten pro Hektar Chasselas üblicherweise 1500 Aufkleber für jeweils eine Kiste mit 7 kg Trauben, wobei Qualität und Verpackung genau kontrolliert werden.

Chasselas de Moissac

Moissac, eine kleine Stadt nah des Zusammenflusses von Tarn und Garonne, ist für zwei Dinge berühmt: seine großartige romanische Abteikirche, die 1100 vollendet wurde, und seine Eßtrauben. Es waren die Mönche, die den Anbau von Reben förderten, doch bis etwa 1900 ging es dabei vorrangig um die Weinerzeugung. Die Chasselas-Traube, die als eine der ältesten, wenn nicht als die älteste Sorte überhaupt gilt, stammt aus Vorderasien und ergibt einen angenehmen, oft etwas rauchigen Weißwein, den man als Fendant in der Schweiz besonders schätzt, während er unter dem Namen Gutedel in Deutschland stark an Interesse verlor. Zugleich aber schenkt sie bei ausreichender Reife und ausgewogener Säure eine fruchtige und delikate Eßtraube, mit der spätestens seit Mitte des 19. Jahrhunderts ein blühender Handel betrieben wurde. In runde Körbe verpackt, gelangten sie über Bordeaux nach London, so wie die Weine des Tarn-Gebiets schon in den Jahrhunderten davor. Auch in Paris war man auf den Geschmack der transparenten goldenen Trauben gekommen: 1845 gingen per Postkutsche 40000 kg Chasselas in die Hauptstadt. Als wenig später die Eisenbahn neue Transportmöglichkeiten eröffnete, hatte sich 1860 der Absatz in der Hauptstadt verfünffacht. Der Chasselas erlebte eine goldene Epoche. Aber auch er war der Reblaus nicht gewachsen. Doch der Erfolg der Eßtraube blieb den Weinbauern in lebhafter Erinnerung, und als die Neupflanzungen anstanden, gaben sie ihr den Vorzug vor dem Faßwein. Nach dem Ersten Weltkrieg hatten die *chasselatiers de Moissac* ihre früheren Märkte zurückerobert, und 1952 erhielten sie als erste und bislang einzige Frischfrucht die Appellation d'Origine Contrôlée.

Wie bei den Crus unter den Weinen wurde das Anbaugebiet des Chasselas genau umrissen. Er wächst zu neun Zehnteln auf den Hochebenen und nach Süden oder Südwesten ausgerichteten Hängen des Bas-Quercy sowie ähnlich kargen Lagen im südwestlichen Lot. Nur drei Sorten sind erlaubt: Chasselas de Fontainebleau, Chasselas de Moissac, Chasselas de Montauban. Aber die Bestimmungen reichen weiter. Sie verlangen, daß die Weinstöcke im Spalier und im Fächerschnitt erzogen werden. Für den Anbau gibt es eine Reihe von Vorschriften, die das Wachstum makelloser Trauben garantieren sollen. Dazu gehören Auslichten und teilweises Entblättern zur besseren Belüftung. Die Handlese darf beginnen, wenn ein Minimum von 160 g Zucker pro Liter Most und eine gemäßigte Säure erreicht sind. Der große Aufwand an Handarbeit, der notwendig ist, um Chasselas einzubringen, hat die kleinen Familienbetriebe geschützt. Heute bestellen 2360 Familien 3000 ha Reben, von denen sie pro Jahr rund 25 000 Tonnen Trauben erhalten, das sind 6 % der französischen Produktion an Eßtrauben. Die Saison fällt auf September und Oktober, dank moderner Kühlmethoden können Chasselas aber bis Weihnachten angeboten werden. Sie sind nach Gewicht klassiert, wobei die Klasse Extra mehr als 150 g pro Traube wiegt und viel fürs Auge hergibt, kleine Trauben dagegen mehr an Süße und Geschmack bieten.

Cassoulet de Castelnaudary

Das berühmte Eintopfgericht des südwestlichen Languedoc und des Toulousain verdankt seinen Namen dem Tontopf, in dem es gegart wird, *cassolle* genannt. Er wurde in Uxel, einem Dorf bei Castelnaudary, hergestellt und gleicht eher einer Schale, da er eine weite Öffnung besitzt. Dieser Öffnung verdankt das *Cassoulet* den großen Anteil an Kruste, und diese Kruste zeichnet ein gelungenes *Cassoulet* aus. Die wichtigste Zutat, die Bohnen, gelangten erstmals um 1530 aus Mexiko nach Italien und eroberten Europa recht zügig, da bis dahin bekannte Hülsenfrüchte schwer zu kultivieren, wenig ertragreich und schlecht haltbar waren. Im 17. Jahrhundert breitete sich der Anbau in Südfrankreich aus. Im Lauragais, zwischen Carcassonne und Toulouse sowie um Revel und Castelnaudary, boten kieshaltige Schwemmböden den Bohnen gute Voraussetzungen. Unter den vielen Sorten haben sich die weißen *lingots* mit länglichen schmalen Kernen durchgesetzt. Unter dem Einfluß amerikanischer Importe ist die einst bedeutende Produktion nahezu eingestellt, doch finden in letzter Zeit lokale Sorten wie Tarbes, Pamiers und Revel erneutes Interesse.

Manche Köchinnen schieben ihr *Cassoulet* bis zu acht Mal in den Ofen zurück.

Cassoulet

400 g weiße Lingot-Bohnen
250 g zusammengebundene Schweineschwarte
1 Schinkenknochen
2 Zwiebeln
2 Möhren
1 Lorbeerblatt
2 Stengel Thymian
12 Knoblauchzehen
60 cm *saucisse de Toulouse* (feine Schweinsbratwurst)
2 *confits de canard* mit viel Schmalz (eingelegte Entenkeulen)
200 g Schweinerippen
400 g Schweineschulter
grobes Meersalz
grober Pfeffer

Mit Geduld und Schwarte

Die langwierige Zubereitung eines *Cassoulets* beginnt mit dem Einweichen der weißen Bohnen: 12 Stunden in kaltem Wasser, das man zwei- bis dreimal wechselt. Dann blanchiert man sie 5 Minuten, bevor man sie mit Schwarte, Schinkenknochen, Zwiebel, Möhre, Lorbeerblatt und Thymian in einen Topf gibt, mit so viel Wasser auffüllt, daß es zwei Finger breit über den Bohnen steht, und etwa 1 Stunde kocht (1). Dann werden Knochen und Gemüse entfernt.
Die Hälfte der Schwarte wird mit Knoblauch gehackt (2) und zu einem Püree zerdrückt. Die Bratwurst brät man in Entenschmalz, während man Rippen und Schulterstück mit Zwiebel und Möhre, alles in Stücke geschnitten, erst in Schmalz anbrät, salzt und pfeffert, dann mit Wasser aufgießt und ebenfalls 1 Stunde schmort (3). Auch hier wird das Gemüse entfernt.
Nun Wurst, Schwarte und Bohnen (4), dann die eingelegten Entenschenkel (5) in der *cassolle* verteilen. Nachdem man weitere Bohnen und das Knoblauchpüree zugefügt hat, gießt man mit Bohnenbrühe auf (6) und schiebt die gut gefüllte Schüssel in den auf 190 °C vorgeheizten Backofen. Nach 1 Stunde ist die Brühe fast verdampft und wird ergänzt. Dieser Vorgang wird mehrmals wiederholt, bis das Cassoulet eine aromatische Kruste besitzt und die Zutaten ihren Geschmack an die Bohnen abgegeben haben (7).

Millas

Millas, miques, broyé, um nur einige Namen zu nennen, ist im südwestlichen Frankreich das, was die *polenta* in Norditalien darstellt, ein aus Maismehl gekochter, dicker Brei, der als Brotersatz und früher oft als einziges Hauptgericht diente. Folglich etablierte er sich überall dort, wo sich der Anbau von Mais verbreitete, wie im Tarn, um Toulouse, in den Pyrenäen und in der früheren Gascogne. Die getrockneten Maiskörner wurden zu Mehl gemahlen, dann siebte man die Kleie aus. Je nach Region bevorzugte man gelben oder weißen Mais: In den Pyrenäen, wo man das Mehl in Milch kochte, hielt man es mit dem gelben, aber in den Ebenen, wo man mit Mais Geflügel mästete, bevorzugte man den weißen. Dort bereitete man *millas* mit Vorliebe in den Kesseln zu, in denen vorher *confit* garte und die noch Schmalz enthielten. Weil das Einlegen in Schmalz aber in die Wintermonate fiel und sich Maismehl nur kurz hält, wurde *millas* zu einer Speise der kalten Jahreszeit.

Seine Herstellung ist simpel, aber zeitaufwendig und verlangt Muskelkraft. Für 1,2 kg Maismehl nimmt man 5 Liter leicht gesalzenes Wasser, das man zum Kochen bringt. Man läßt das Maismehl handvollweise einrieseln und verrührt es unablässig mit dem Schneebesen (1). Hat man das gesamte Mehl zugegeben, bringt man die Mischung für 15 Minuten zum Kochen. Dann reduziert man die Temperatur und läßt den Brei weitere eineinhalb Stunden köcheln. Dabei muß man mit einem dicken Holzstab immer wieder kräftig rühren, damit er nicht am Topfboden ansetzt (2). Anschließend bedeckt man ein Blech mit einem bemehlten Tuch und gießt den Brei zum Erkalten darauf. Die Schicht sollte 15 mm dick sein (3). Schließlich wird der *millas* in 3 cm schmale und 10 cm lange Streifen geschnitten (4), die man in der Pfanne brät.

Man kann *millas* gesalzen als Beilage reichen, oder man bestreut ihn mit Zucker und serviert ihn zum Dessert.

Schwarzer Wein von Cahors

Einst zählte der tiefdunkle Rotwein aus der Umgebung von Cahors zu den berühmtesten Gewächsen Frankreichs. Bereits im 7. Jahrhundert kelterte man dort kraftvolle Tropfen, wie ein Schreiben des Bischofs von Verdun an seinen Amtskollegen in Cahors beweist, in dem er sich für die Zusendung des edlen Weins bedankt. Wie die Weine aus dem Bordelais erfuhren die des Quercy nach der Vermählung Eleonore von Aquitaniens mit Heinrich II. von England deutlichen Aufschwung. Auf dem Lot, der bei Aiguillon in die Garonne mündet, konnten die Fässer bis nach Bordeaux und von dort aus nach England verschifft werden. Zwar fielen den Bordelaisern immer neue Schliche ein, Exporte aus dem Hinterland zu behindern, doch der Cahors hatte mächtige Gönner. Franz I., luxusfreudiger und kriegslüsterner König, zog ihn dem Bordeaux vor und ließ sich sogar in Fontainebleau einen Hausweinberg anlegen. Peter der Große schwor auf den Wein aus Cahors, angeblich der einzige, den sein Magengeschwür duldete. Die Popen der russisch-orthodoxen Kirche erkoren ihn zum Meßwein und ließen ihn auf der Krim anpflanzen. Um 1720 erlebte der Cahors sein goldenes Zeitalter und die Rebfläche wuchs auf ein Ausmaß von 40 000 ha. 1779 datierte Geschäftsbriefe aus Berlin, Danzig und anderen deutschen Städten, in denen Händler das zu kleine Volumen der Fässer beklagten, beweisen seine Beliebtheit auch hierzulande. Wie alle Anbauregionen Frankreichs vernichtete die Reblaus 100 Jahre später sämtliche Weinberge.

Le Pont Valentré, die aus dem 14. Jahrhundert stammende, den Lot überspannende Brücke, ist das Wahrzeichen der Stadt Cahors und ihr schönster architektonischer Schatz.

Die Weinbruderschaft des Cahors, zu der so prominente Mitglieder zählen wie A. D. Perrin, Chef des Luxuskonzerns Cartier, und Comte André de Monpezat, Schwiegervater der dänischen Königin, verteidigt den Ruf ihres Weins weltweit.

Château Lagrezette, ein mit großem Aufwand renoviertes Renaissance-Schloß, zeugt mit seinen sorgsam gepflegten Weinbergen von der Wiederauferstehung des berühmten Cahors-Weins.

Gaillac

Gaillac ist ein Schmelztiegel zwischen mediterranen und atlantischen Einflüssen mit vielen Rebsorten. Ob perlend, moussierend oder still, ob trocken oder lieblich, ob weiß, rosé, rot – jeder Erzeuger bietet eine breite Palette. Am interessantesten sind Weiße von Len-de-l'El, Ondenc und Mauzac, Rote von Duras und Braucol. Die 1500 ha erstrecken sich zu seiten des Tarn und auf Hängen bis zum mittelalterlichen Cordes.

Marcillac

Der bekannteste der Weine des Aveyron, der im 10. Jahrhundert von den Mönchen der Abtei von Conques gepflanzt wurde, genießt das Mikroklima seiner geschützten Senke. Dort wächst auf 135 ha zu 90% Fer Servadou, hier Mansoi genannt, der einen einzigartigen, nach Himbeer und anderen Beeren duftenden Rotwein mit würzigen Tanninen ergibt, der 1990 die AOC erhielt. Er wird meist jung mit 16 °C getrunken.

Entraygues et Le Fel

Über dem Tal des Lot drängen sich die Rebstöcke dieser beiden V.D.Q.S. auf schmalen, zusammen rund 20 ha ergebenden Terrassen. Der weiße, auf lehmigen Kieserden und Granit wachsende Entraygues basiert auf Chenin Blanc, während Schiefer für den roten Le Fel reserviert ist, der aus Fer Servadou und den Cabernets besteht.

Estaing

Etwas weiter das Tal hinauf behauptet sich seit 1965 Estaing als kleiner V.D.Q.S mit nicht 15 ha auf Böden aus Schiefer und Tonkalk. Chenin und etwas Mauzac bilden den Weißen, Gamay, Fer und Cabernets fruchtige Rot- und Roséweine.

Côtes de Millau

Über 80 km entlang des Tarn-Tals verteilen sich die 55 ha des 1994 anerkannten V.D.Q.S. Chenin und Mauzac ergeben frischen Weißen, Rosé- und Rotwein werden meist aus Gamay, Syrah und Cabernet Sauvignon gemacht und jung getrunken.

Zum eigentlichen Verhängnis aber wurde der anschließende Mißgriff hinsichtlich der resistenten Pfropfunterlage, die sich als zu frühzeitig und produktiv erwies für den einheimischen Cot, auch Malbec oder Auxerrois genannt, und stark zum Verrieseln neigt. Nach dem Ersten Weltkrieg, in der Zeit des Massenweins, geriet der schwarze Cahors fast in Vergessenheit, erst Ende der fünfziger Jahre begann seine Renaissance. Inzwischen gibt es ihn wieder, den tintenfarbenen Wein mit intensiven Beeren-, Lakritz- und Gewürzaromen, kraftvoll, mit markanten, aber edlen Tanninen und dem richtigen Rüstzeug für lange Alterung.

Weine von Lot, Tarn und aus dem Aveyron

Cahors

Der Lot windet sich als Arterie durch das Weingebiet, das von der Stadt Cahors aus 40 km westlich reicht und 3500 ha umfaßt. Neben Rebflächen im Tal und auf seinen Hängen bestehen Pflanzungen auf den kargen *causse*, kreidereichen Hochplateaus. Dominierende Rebsorte ist der Cot oder Malbec, den man hier Auxerrois nennt und mindestens 70 % stellen muß. Ergänzt wird mit Tannat und Merlot.

319

Couscous

Gefallen an Couscous fanden die Franzosen ganz selbstverständlich während der 132 Jahre, in denen Algerien unter französischer Verwaltung stand und als Teil des Mutterlandes angesehen wurde. Als gegen Ende des 19. Jahrhunderts eine tiefe Faszination für alles Orientalische aufkam und diejenigen, die es sich leisten konnten, wenigstens ein Zimmer ihres Heims entsprechend möblierten, begann man verstärkt Geschmack an der Küche des Maghreb zu finden, wie man die Länder Nordwestafrikas, also Tunesien, Algerien, Marokko, nannte. Seinen Siegeszug trat *couscous*, das Nationalgericht des Maghreb, aber an, als die Franzosen 1962 Algerien verlassen mußten. Nicht nur die *pieds noirs*, die wegen der schwarzen Schuhe einst so genannten französischen Siedler, strömten über Marseille nach Südfrankreich, wo sie sich niederließen, sondern auch viele Algerier, die für sie gearbeitet hatten. In allen größeren Städten eröffneten sie Restaurants, in denen man ihre farbenprächtige Küche und vor allem Couscous in allen seinen Variationen genießen konnte. Dieses Couscous stammt aus Toulouse, wo es mehrere ausgezeichnete maghrebinische Restaurants gibt. Das einfach zuzubereitende Gericht ist aber inzwischen auch in vielen Haushalten unter die alltäglichen Rezepte aufgenommen worden, was man an der Präsenz mehrerer Couscous-Marken in Lebensmittelgeschäften und Supermärkten erkennt.

Couscous ist vorgegarter Grieß aus Hartweizen, den man einfach mit etwas Wasser quellen läßt und dann über Dampf erwärmt. Dafür gibt es den *couscoussier*, einen zweiteiligen Topf. Unten wird Wasser und Brühe hineingegeben, darüber, in den Aufsatz, dessen Boden perforiert ist, kommt der Weizengrieß. Aber ein Sieb, das man in einen Topf einhängt und mit dessen Deckel abdeckt, erfüllt den Zweck fast ebenso gut. Couscous ist ein einfaches, schmackhaftes Grundnahrungsmittel, und es läßt sich mit einer Vielzahl von Zubereitungen verbinden, solange man ausreichend Flüssigkeit in Form von Brühe oder Sauce dazugibt. In seiner Heimat wird Couscous mit den Fingern gegessen, indem man aus dem Grieß kleine Bällchen formt.

Hammelragouts sind sehr beliebt dazu, aber Gemüse dürfen eigentlich nie fehlen. Im mohammedanischen Algerien ißt man während des Ramadan Couscous gern mit dicken Bohnen und Rosinen. Oft werden die Saucen mit *harissa*, einer durch roten Pfeffer gefärbten Würzpaste, in der Kreuzkümmel einen deutlichen Akzent setzt, in ihrer Schärfe gesteigert, aber viele Köchinnen und Köche bereiteten auch eigene Würzmischungen zu. Hackbällchen und Kebabs, die bekannten Fleischspieße, sind weitere gern servierte Beilagen, ebenso wie *merguez*, die dünnen scharfen Paprikawürste aus Schaf- und Rindfleisch.

Nach allen Regeln der Kunst wird der Pfefferminztee ins Glas geschenkt.

Couscous au mouton à l'algéroise
Hammel-Couscous auf algerische Art

Couscous
500 g mittelgrober Couscous, vorgegart
100 g Butter

Lammklößchen
200 g Lammhack
3 Knoblauchzehen
2 Zwiebeln
1 Stengel Koriander
1 Handvoll feingehackte Petersilie
Salz und Pfeffer aus der Mühle
1 Prise gemahlener Kümmel
1 Prise geriebene Muskatnuß

Schaffleisch
1 kg Hammelschulter
2 EL Öl
3 Knoblauchzehen
2 Zwiebeln
2 TL mildes rotes Paprikapulver
1 Prise Ras al-hanout
1 Prise gemahlener Kümmel
1 Prise geriebene Muskatnuß
1 Messerspitze Cayenne-Pfeffer

Couscous-Gemüse
200 g Kirchererbsen
2 EL Natron
½ kleiner Wirsing
4 Möhren
4 weiße Rüben
4 kleine Zucchini
1 Stange Staudensellerie
2 Zwiebeln
1 EL Öl

Couscous in eine große Schüssel füllen und mit 1 Glas kaltem Wasser übergießen. Mit einer Gabel sorgfältig umrühren und 10 Minuten quellen lassen. Den Vorgang noch einmal wiederholen. Ziehen lassen. In Ermangelung eines *couscoussier*, den Couscous in ein Metallsieb füllen. In einem entsprechend großen Topf Wasser aufkochen, das Sieb mit dem Couscous hineinhängen und den Deckel darüberlegen. Etwa 10 Minuten über Wasserdampf garen. Die Butter zerlassen und unter den Couscous rühren.

Für die Lammklößchen das Fleisch in eine Schüssel geben. Knoblauch, Zwiebeln sowie den Koriander fein hacken und zufügen. Dann die Petersilie und die Gewürze zugeben und alle Zutaten gut miteinander vermengen. Vier Klöße formen und kalt stellen.

Das Schaffleisch in Würfel schneiden und in einer Pfanne in heißem Öl anbraten, es dann in einen Schnellkochtopf geben. Knoblauch und Zwiebeln hacken. Den Bratensatz mit etwas Wasser ablöschen und beides in der Pfanne andünsten. Dann die Temperatur reduzieren und das Paprikapulver darüberstreuen und verrühren, bevor man alles in den Topf gibt. Die Gewürze zufügen, mit reichlich Wasser auffüllen und den Topf verschließen. Das Fleisch etwa 30 Minuten garen, den Topf langsam abkühlen lassen, bis der Druck entwichen ist.

Linke Seite: Außer Couscous mit zusätzlichem Gemüse (unten) zeigt das Tablett ein weiteres Standardgericht maghrebinischer Küche: *Tajine* mit Hähnchen, Backpflaumen, Honig und Mandeln.

(Die üblichen französischen Drucktöpfe funktionieren betulicher und die Garzeit ist doppelt so lange.) Das Fleisch aus der Brühe nehmen und beiseite stellen. Die Brühe für die Gemüse verwenden. Für das Couscous-Gemüse die Kichererbsen mit dem Natron in lauwarmem Wasser einweichen und über Nacht stehen lassen, abgießen und 30 Minuten in Salzwasser kochen. Abtropfen lassen.

Den Wirsing putzen und vierteln, den Strunk entfernen und den Kohl in Streifen hobeln. Die restliche Gemüse putzen und in mundgerechte Stücke schneiden. Kohl, Möhren und weiße Rüben in die Fleischbrühe geben und 10 Minuten kochen, dann Zucchini und den Staudensellerie hineintun und weitere 10 Minuten garen.

Inzwischen die Zwiebel schälen, halbieren, in dünne Scheiben schneiden und in einem Topf in Öl glasig dünsten. Mit Wasser ablöschen, die Kichererbsen hineingeben und erwärmen.

Zum Schluß das Fleisch mit dem Gemüse erwärmen. Die Klößchen in heißem Öl in einer Pfanne braun braten. Alles getrennt in Schüsseln anrichten. Zu einer üppigeren Version, wie wir sie auf dem Foto zeigen, gehört noch jeweils eine gegrillte Paprikawurst, eine *merguez*, sowie ein gebratener Hühnerschenkel.

Entscheidend bei einem Couscous ist die zeitlich abgestimmte Fertigstellung der verschiedenen Beilagen, damit sie alle gemeinsam serviert werden können.

Unten: Eine Auswahl maghrebinischer Süßigkeiten beinhaltet *loukum* (Geleekonfekt; oben links), *mantécous* (kleine Zimtkuchen; oben rechts); außerdem (auf dem Tablett, von oben im Uhrzeigersinn): *gabelouz* (Grieskuchen mit Mandeln), ›Gazellenhorn‹ (Mandelgebäck), *mockroud* (Grieskuchen mit Datteln), *backlava* (Blätterteig mit Mandelpaste), ›Mandelfinger‹ (Marzipan mit Trockenfrüchten), *zalabia* (Honigkrapfen) und *halva* (Sesamkonfekt; in der Mitte).

Tajine de poulet aux pruneaux, miel et amandes
Tajine mit Hähnchen, Backpflaumen, Honig und Mandeln

1 Freilandhähnchen, 1 kg
2 EL Öl
500 g Tomaten
2 mittelgroße Zwiebeln, geraspelt
1 TL Zucker
1 TL Zimt
1 Messerspitze Safranfäden
je 1 TL Salz und Pfeffer
2 unbehandelte Zitronen
100 g Honig
2 EL feingehackter Koriander
200 g Backpflaumen, entsteint
100 g Zucker
50 g Mandeln
1 EL Erdnußöl
2 EL Sesamsamen

Das Hähnchen in mehrere Teile zerlegen, in einem Topf in Öl rundum anbraten. Tomaten vierteln, entkernen und fein würfeln, mit den Zwiebeln, Zucker, Zimt, Safranfäden, Salz und Pfeffer zu dem Fleisch geben. Die Zitronen auspressen, den Saft über die Hähnchenteile gießen. Zitronenschale und Honig hinzufügen. Zugedeckt etwa 1 Stunde schwach köcheln lassen, den Koriander untermischen, abschmecken und weitere 10 Minuten schmoren. Pflaumen und Zucker in einem Topf mit kaltem Wasser aufsetzen und kochen, bis der Zucker fast karamelisiert ist. Die Mandeln mit kochendem Wasser überbrühen, eiskalt abschrecken, häuten und die Mandeln in Öl in einer Pfanne unter ständigem Rühren hellbraun rösten.

Die Hähnchenteile auf einer *Tajine*-Platte anrichten, rundum die Pflaumen verteilen, mit Mandeln und Sesamsamen bestreuen. Sofort servieren.

Tajine ist die Bezeichnung eines Eintopfs, aber auch der glasierten Tonschale mit spitzem Deckel, die als Kochgerät dient.

TOULOUSAIN, QUERCY, AVEYRON & AUVERGNE

Getrocknet bieten die Knollen mit ihren Wurzeln und welken Blättern noch keinen sehr attraktiven Anblick.

Daher werden die verknitterten äußeren Schichten der Knollen und die Wurzeln von Hand entfernt – eine Arbeit der Frauen.

Der Rosarote von Lautrec

Knoblauch

Nur einen Katzensprung von Albi entfernt gibt es einen verschlafenen kleinen Ort, der Lautrec heißt und seinen Namen mit dem berühmten Maler teilt. In der Gemeinde und ihrer Umgebung wächst eine eigene lokale Knoblauchsorte, die sich durch die dezentere oder teils auch kräftigere Rosatönung ihrer Schale von allen anderen abhebt. Neben der geschmacklichen Qualität besitzt diese Sorte einen entscheidenden Vorteil, dem sie ihr Renommee verdankt: sie hält sich vorzüglich. Knoblauch, ein Mitglied der Lilienfamilie, findet in und um Lautrec nicht nur den leichten, aber fruchtbaren Tonkalkboden, sondern auch die Wärme und Sonne, die ihm behagt. Das aus Zentralasien stammende Zwiebelgewächs fand schon bei Griechen und Römern Zuspruch, die ihm stimulierende Wirkung zuschrieben. Auch in Frankreich gab man den heilenden zunächst vielleicht den Vorzug vor den würzenden Eigenschaften.

Hinsichtlich des Anbaus unterscheidet man zwei Arten von Knoblauch. Die eine wird im Herbst gesetzt und ergibt bei der Ernte im Juni und Juli des darauffolgenden Jahrs besonders große Knollen. Doch ihre Zehen beginnen bereits im Spätherbst wieder zu keimen, was ihre Haltbarkeit begrenzt. Die andere – und zu dieser zählt der *ail rose de Lautrec* – kommt erst zwischen Winterbeginn und Anfang des Jahres in den Boden. Dennoch kann man ihn zur gleichen Zeit ernten. Zwar erreichen seine Knollen nicht ganz das Ausmaß der im Herbst gesetzten Sorten, zu denen der weiße Knoblauch von Lomagne aus dem Tarn-et-Garonne und der violette Knoblauch von Cadours aus der Haute-Garonne zählen, aber sie sind weniger keimfreudig und lassen sich bis zur nächsten Ernte aufbewahren. Knoblauch wird im Freiland angebaut und mit der Maschine gesetzt. Im Gegensatz zum weißen Knoblauch bilden die

Nach und nach sieht die Knolle immer makelloser aus, bis sie schließlich eine völlig weiße und ansprechende Hülle zeigt.

Aus jeweils 12 oder 24 Knollen, deren Stiele vorschriftsmäßig gestutzt wurden, werden die bekannten Zöpfe, *manouilles*, geflochten.

bunten Sorten Blütenschäfte, die Anfang Juni abgeknipst werden, damit die ganze Kraft in die Zehen geht. Wenn Ende Juni die Blätter trocknen, wird Knoblauch maschinell geerntet. Zwar gelangt er auch frisch oder halbgetrocknet in den Handel, doch der größte Teil erreicht den Kunden getrocknet. In Lautrec findet vom 20. Juli bis 31. März jeden Freitag ein spezieller Knoblauchmarkt statt.

Bei all seiner Vielseitigkeit schätzt man im Anbaugebiet des Rosaroten drei Zubereitungsarten besonders: mit Knoblauch eingeriebenes und mit Olivenöl beträufeltes Brot, Knoblauchsuppe und eine ganze, im Ofen gebackene Knolle mit ihren cremigen Knoblauchzehen.

Der in gut durchlüfteten Scheunen getrocknete und anschließend ›herausgeputzte‹ Rosarote, fein säuberlich zum Zopf geflochten, hat als einziger Knoblauch das ›Label Rouge‹ erhalten, das die Qualität garantiert.

Frankreichs beste Schafe

1 Berrichonne du cher
Weitverbreitete Rasse aus dem Zentrum, aber auch im Südwesten. Überwiegend Stallhaltung. Gute Keulen. Lämmer nehmen schnell zu. Gewicht der Lämmer nach 70 Tagen: 21–27 kg.
2 Bleu de Maine
Große Tiere mit typisch blauen Köpfen aus dem Westen. Gute Mutterschafe. Weidehaltung. Feines mageres Fleisch. Gewicht der Lämmer nach 70 Tagen: 22,5–27 kg.
3 Charmoise
Sehr widerstandsfähig und genügsam; stellt den größten Teil der Herden des westlichen Zentrums. Freilandhaltung. Gewicht der Lämmer nach 70 Tagen: 15–18,5 kg.

4 Île de France
Stämmige, breitköpfige, allerdings relativ anspruchsvolle Rasse. Schnelle Gewichtszunahme und gute Wollqualität. Stall- und Freilandhaltung. Gewicht der Lämmer nach 70 Tagen: 22–27 kg.
5 Lacaune
Verbreitetste Milchrasse, deren Milch für Roquefort bestimmt ist. Robust, an Weidehaltung gewöhnt. Gutes Fleisch. Gewicht der Lämmer nach 70 Tagen: 25–30 kg.
6 Mouton charolais
Alte Rasse aus dem Burgund und Morwan und gewissermaßen das Pendant zu den Charolais-Rindern. Robust. Überwiegend Freilandhaltung. Gutes Fleisch. Gewicht der Lämmer nach 70 Tagen: 22–27 kg.

7 Mouton vendéen
Robuste, anpassungsfähige Rasse, die auch feuchte Winter gut verträgt. Meist Freilandhaltung. Gute Milchwerte. Gewicht der Lämmer nach 70 Tagen: 20–24 kg.
8 Rouge de l'est
Anpassungsfähige, große, zunehmend verbreitete Rasse. Weide- oder Stallhaltung. Gute Gewichtszunahme. Gewicht der Lämmer nach 70 Tagen: 22,5–28 kg. Verkauf als 100-Tage-Lämmer.
9 Caussenarde du Lot
Sehr widerstandsfähige Rasse, die als einzige die rüden Bedingungen der kargen Hochebenen des Quercy verträgt. Gute Milchtiere, können das ganze Jahr über lammen. Gewicht der Lämmer nach 3–5 Monaten: 16–19 kg.

TOULOUSAIN, QUERCY, AVEYRON & AUVERGNE

Der Lämmer beste Stücke
Souris & quasi des Quercy

Das Departement Lot ist seit langem für sein hervorragendes Schaf- und Lammfleisch bekannt. Das Geheimnis dieser Qualität sind die *causses*, Hochebenen aus der Zeit des Jura, steinige Karstlandschaften, in denen kümmerliches Gras, aber viele Kräuter gedeihen. Nur Schafe finden dort ausreichend Nahrung. In dieser harten Umgebung hat sich eine eigene Rasse entwickelt, die den speziellen Bedingungen gewachsen ist: die Caussenarde. Die Muttertiere weiden vom Frühjahr, wenn die ersten frischen Gräser erscheinen, bis in den späten Herbst, wenn das Wetter zu hart wird, draußen. Sie werfen zweimal im Jahr, zu Beginn des Frühlings und gegen Ende des Herbstes. Während sie ihre Lämmer aufziehen, erhalten sie zusätzliches Futter aus Getreide. Die Lämmer verbringen ihr Dasein in Freilaufställen und werden morgens und abends von ihren Müttern gesäugt. Aufgrund dieser Aufzucht werden sie als *agneau sous la mère* verkauft. Ihr Fleisch ist fettarm, hellrot, ausgesprochen fein und delikat. Das folgende, dreiteilige Gericht basiert auf verschiedenen Stücken der Keule, wie man sie im Quercy aufteilt. Neben der ganzen Keule kennt man zwei weitere Schnitte: *la souris*, ein mageres Muskelstück am Keulenansatz, und *le quasi*, ein saftiges Schnitzel vom oberen Teil der Keule.

Quasi d'agneau fermier du Quercy pané aux truffes et persil plat, jus d'ail en chemise
Lamm-*quasi* mit Trüffel-Petersilien-Panade und Knoblauch-Jus

Pro Person

1 *quasi*, 180 g
Salz und Pfeffer aus der Mühle
1 EL Öl
15 g Trüffeln
10 g glatte Petersilie
1 Ei
½ Steinpilz
1 TL Gänseschmalz
1 EL *jus d'agneau* (siehe Rezept S. 325)

Den Backofen auf 220 °C vorheizen. Den *quasi* salzen und pfeffern, kurz in Öl anbraten, dann 6 Minuten im Backofen garen. Herausnehmen und 10 Minuten ruhenlassen.
In der Zwischenzeit die Trüffeln und die Petersilie fein hacken und vermischen. Das Ei schlagen, damit das Fleisch bestreichen und es in der Trüffel-Petersilie-Mischung wenden. Weitere 2 Minuten in den Ofen stellen, herausnehmen.
Zwei schöne Steinpilzscheiben schneiden und in Gänseschmalz braten. Damit den *quasi* garnieren und *jus d'agneau* zufügen.

Souris cloutée d'ail de Lautrec rôtie
Mit Knoblauch gespickte *souris* aus dem Ofen

Pro Person

3 Knoblauchzehen
(ail rose de Lautrec)
1 *souris*
Entenschmalz
1 EL *jus d'agneau*
(siehe nebenstehendes Rezept)
3 Knoblauchzehen

Den Backofen auf 220 °C vorheizen. 3 Knoblauchzehen abziehen.
Die *souris* damit spicken und mit Entenschmalz bestreichen. In einen Bräter geben und 20 Minuten im Backofen garen, dann bei halb geöffneter Ofentür 10 Minuten ruhenlassen.
Die *souris* auf einem vorgewärmten Teller anrichten, etwas *jus d'agneau* darum verteilen und mit den drei ungeschält gerösteten Knoblauchzehen garnieren.
Der rosaschalige Knoblauch ist eine eigene Sorte aus der Umgebung von Lautrec.

Gigot d'agneau fermier du Quercy en daube légère
Keule vom Quercy-Lamm als leichtes Ragout

Für 8 Personen

1 Lammkeule, etwa 2,7 kg
200 g frische Tomaten
250 g Zwiebeln
Salz und grober Pfeffer
4 Knoblauchzehen
1 Bouquet garni
Schale und Saft 1 unbehandelten Orange
3 EL Haselnußöl
2 Flaschen Cahors-Wein (3–4 Jahre alt)
400 g geräucherter Speck
300 g Schwarte
Knoblauch-Croûtons

Die Lammkeule parieren, sämtliches Fett entfernen und das Fleisch in etwa 80 g schwere Würfel schneiden.
Die Tomaten enthäuten, entkernen und kleinschneiden. Die Zwiebeln schälen und würfeln. Das Fleisch in einen Schmortopf geben, salzen und pfeffern. Tomaten, Zwiebeln, Knoblauch, Bouquet garni, Orangenschale und -saft, Haselnußöl und den Cahors-Wein hinzugeben. Gut umrühren und an einem kühlen Ort 5 Stunden marinieren lassen.
Dann den Speck in kleine, die Schwarte in 2 cm große Würfel schneiden und in den Topf geben. Überprüfen, ob alle Zutaten mit der Marinade bedeckt sind, und gegebenenfalls Cahors ergänzen. Den Topf absolut dicht verschließen (mit einem Mehl-Wasser-Teig), in den auf 200 °C vorgeheizten Backofen stellen und 90 Minuten schmoren lassen.
Das Fleisch und die Gemüse mit dem Schaumlöffel herausnehmen, die Sauce entfetten und reduzieren. Abschmecken und heiß mit gerösteten Knoblauch-Croûtons servieren.

Jus d'agneau à l'ail en chemise
Lamm-Jus mit Knoblauch im Schlafrock

1 kg Lammknochen
3 EL Öl
12 ungeschälte Knoblauchzehen
250 g Zwiebeln
500 g Lammfleischreste
200 ml Weißwein
Thymian, Lorbeerblatt
½ Stange Staudensellerie
100 g frisches Tomatenpüree
Salz und Pfeffer aus der Mühle

Knochen und Knoblauchzehen in wenig Öl gut anrösten. Die Zwiebeln schälen, in Ringe hobeln und mit den Fleischresten in einem Topf leicht bräunen, dann Knochen und Knoblauch zugeben und mit dem Wein ablöschen. Nun mit 2 l Wasser aufgießen. Thymian, Lorbeerblatt, Staudensellerie und Tomatenpüree hinzufügen. 3–4 Stunden köcheln. Dann das Fett abschöpfen, den Sud durch ein feines Sieb passieren und nach Belieben reduzieren. Abschmecken und ins Wasserbad stellen.

Souris cloutée d'ail de Lautrec rôtie
Mit Knoblauch gespickte *souris* aus dem Ofen

Gigot d'agneau fermier du Quercy en daube légère – Keule vom Quercy-Lamm als leichtes Ragout

Quasi d'agneau fermier du Quercy pané aux truffes et persil plat, jus d'ail en chemise – Lamm-quasi mit Trüffel-Petersilien-Panade und Knoblauch-Jus

Oben: *Tête de nègre*, der Mohrenkopf *(Boletus aereus)*, ist der mit Abstand beliebteste Steinpilz, noch dazu, wenn man ihn so klein und fest, mit einem Wort makellos *(catégorie I)*, bekommen kann wie abgebildet.

Unten: Totentrompeten und Pfifferlinge

Wildpilze

Lot und Aveyron sind seit langem für ihre ausgezeichneten Wildpilze, *champions de cueillette*, bekannt, ebenso wie die Rouergue, jene Landschaft, die beide Departements verbindet. Unter den Pilzen, die in den ausgedehnten Wäldern der Region gesammelt werden, ist der Steinpilz, *cèpe*, der unangefochtene König – bis auf Rivalitäten im eigenen Haus, denn genaugenommen handelt es sich um mehrere engverwandte Mitglieder der Familie *Boletus*. Ihre Beliebtheit kommt nicht von ungefähr, sind sie doch nicht nur, verglichen mit anderen Pilzen, in besonders großer Menge und lange vertreten – ihre Saison reicht von Ende Juli bis zum November, und selbst im Frühjahr werden kleine Mengen gefunden –, im Gegensatz zu den meisten anderen Pilzen, die eher als Würzmittel zur Geltung kommen, lassen sich aus Steinpilzen vollständige Gerichte und hochgeschätzte Beilagen zubereiten. Frisch, in Scheiben geschnitten, einfach in der Pfanne mit Schalotten oder etwas Knoblauch gebraten und mit gehackter Petersilie bestreut, sind sie ein wahrer Genuß. In der Gunst der Feinschmecker folgen ihnen recht dicht die Pfifferlinge, alle anderen Arten jedoch erst mit größerem Abstand.

Die Ausnahme bilden Morcheln und Trüffeln. Erstere sind so selten, daß sie meist nur als feine Würze dienen oder bisweilen gefüllt kulinarische Preziosen ergeben. Die Trüffel spielt eine Sonderrolle. Nach der Reblauskatastrophe, die um 1870 die damals riesigen Rebflächen im Lot und im Périgord vernichtet hatte, eroberten Eichen die freien Flächen, und die Trüffelsporen erwachten zum Leben. Zwanzig Jahre später begann das goldene Zeitalter der Trüffel, und das Périgord wurde zum Inbegriff für die schwarze Art, die beim Kochen ihre ganze geheimnisvolle Würze entfaltet. Aber Weltkriege und Fortschritt führten dazu, daß die Wälder vernachlässigt wurden, was den Niedergang der Trüffelproduktion in der Region nach sich zog. Schließlich ist sie auf zwei bescheidene Tonnen jährlich gesunken, und das Périgord mußte seinen ersten Platz ans Vaucluse abtreten. Doch einige der renommiertesten Trüffelhäuser sind im Lot ansässig und aktiv geblieben, insbesondere in Cahors, und auch die Gastronomie der Region hat nicht aufgehört, der Schwarzen Trüffel zu huldigen.

Truffes fraîches en salade sur lit de pommes de terre charlotte tiède – Trüffelsalat auf warmem Kartoffelbett

Œuf truffé en baluchon et sabayon truffé – Getrüffelte Eiertaschen mit Trüffel-Sabayon

Crème de cèpes et cèpes sautés – Steinpilzcremesuppe mit fritierten Steinpilzen

Crème de cèpes et cèpes sautés
Steinpilzcremesuppe mit sautierten Steinpilzen

Für 12 Personen

750 g frische Steinpilze
350 g Porree (nur die weißen Teile)
200 g Zwiebeln
3 g Knoblauch
80 g Staudensellerie
100 g Entenschmalz
Salz und Pfeffer aus der Mühle
3 l weißer Geflügelfond
500 ml Crème fraîche

Garnitur

6 Stangen Porree (nur die weißen Teile)
200 g Sellerie
1 EL Entenschmalz

Die Steinpilze putzen, abbrausen, Köpfe und Stiele trennen. Die Hälfte der Köpfe beiseite legen. Das Gemüse putzen und in dünne Scheiben schneiden, die Pilzstiele ebenfalls klein schneiden. Das Entenschmalz in einem Topf erhitzen, das Gemüse zusammen mit den Pilzstielen und der Hälfte der Köpfe darin anschwitzen. Salzen und pfeffern. Mit dem Geflügelfond aufgießen und 30 Minuten kochen, dann Crème fraîche unterrühren. Mit dem Pürierstab zerkleinern, durch ein Sieb passieren, abschmecken und warm stellen. Für die Garnitur Porree und Sellerie in feine Streifen, die restlichen Pilzköpfe in dünne Scheiben schneiden. Porree und Sellerie in Entenschmalz andünsten, Pilze ohne Fett in einer Pfanne sautieren. Salzen und pfeffern.
Die Porree-Sellerie-Mischung in der Mitte der vorgewärmten Suppenteller kugelförmig aufhäufen, darauf die sautierten Steinpilze betten und mit der Steinpilzcremesuppe umgießen.

Truffes fraîches en salade sur lit de pommes de terre charlotte tiède
Trüffelsalat auf warmem Kartoffelbett

8 Kartoffeln der Sorte Charlotte (etwa 4 cm Durchmesser und 10 cm Länge)
grobes Salz und Pfeffer aus der Mühle
1 Knoblauchzehe
120 g schöne große Trüffeln
alter Weinessig
Trüffelöl

Die Kartoffeln schälen und daraus Zylinder von je 3 cm Durchmesser und 8 cm Länge schneiden. Salzen und in Dampf kochen. Warm stellen.
Einen Teller mit der halbierten Knoblauchzehe ausreiben. Die Trüffeln in Scheiben hobeln und auf den Teller legen, salzen und pfeffern, mit wenigen Tropfen Essig beträufeln, mit etwas Trüffelöl begießen und mit Klarsichtfolie abdecken. Bei Zimmertemperatur ziehen lassen.
Die Kartoffeln in 3 mm dünne Scheiben schneiden, auf vorgewärmten Tellern wie eine Blütenkrone anrichten, salzen und pfeffern und mit der Trüffel-Vinaigrette begießen. Die Trüffelscheiben auf den Kartoffeln ausbreiten und lauwarm servieren.

Œuf truffé en baluchon et sabayon truffé
Getrüffelte Eiertaschen mit Trüffel-Sabayon

50 g schöne Trüffeln
8 Eier
Butter zum Einstreichen
8 dünne Scheiben Stangenbrot, 3 cm Durchmesser
1 EL geklärte Butter oder Butterschmalz
2 Eigelb
100 ml Trüffelsaft
Kerbel

Aus den Trüffeln 8 schöne Scheiben schneiden, und den Rest fein hacken.
Eine Schale mit gebutterter Klarsichtfolie auskleiden. Mit den etwas gehackter Trüffel bestreuen, ein Ei aufschlagen und behutsam hineingleiten lassen. Dann die Folie so nahe wie möglich über dem Ei zu einem Beutel zusammenziehen und mit Küchenzwirn verschnüren. Diesen Vorgang für jedes weitere Ei wiederholen.
Die Brotscheiben in der geklärten Butter in einer Pfanne goldbraun rösten.
Für das Sabayon die Eigelbe mit dem Trüffelsaft bei niedriger Temperatur in einem kleinen Topf schaumig schlagen. Die 8 Trüffelscheiben erwärmen. Die Eier in siedendem Wasser 4 Minuten kochen.
Jeweils 2 Croûtons auf einen Teller geben, auf jeden vorsichtig ein aus der Klarsichthülle befreites Ei setzen, mit Sabayon übergießen und mit Trüffelscheiben und Kerbelblättchen garnieren.

Laguiole, das Messer

Wer in Frankreich auf sich hält, besitzt ein Taschenmesser aus Laguiole (layole ausgesprochen) oder hat sogar das frühere Besteck gegen eines aus dem kleinen Städtchen im Norden des Aveyron ausgetauscht. Obwohl es inzwischen von Designern kreierte und mit Intarsien eingelegte Modelle gibt, stammt das berühmte Messer ursprünglich aus kleinen Verhältnissen. Anfang des 19. Jahrhunderts entwickelten örtliche Schmiede ein einfaches Messer, das zur täglichen Benutzung für Bauern und Hirten des Aubrac bestimmt war. Dabei verschmolz eine rustikale Klinge aus dem baskischen Navarra mit dem einheimischen Dolch und erhielt einen aus dem Horn von Aubrac-Rindern gedrechselten Griff, dem man am anderen Ende einen Dorn zufügte. Pierre Jean Calmels begann 1829 als erster den Handel mit Messern aus Laguiole.

Wer all die Messer sieht, die man nahezu überall in Frankreich und inzwischen auch in vielen Geschäften im Ausland als echte ›Laguiole‹ anbietet, beginnt sich zu fragen, woher sie eigentlich stammen. Tatsächlich kommt nur ein kleiner Teil der Messer aus dem Städtchen des Aubrac, die meisten produziert man inzwischen anderswo, hauptsächlich in Thiers, einer Stadt nahe Clermont-Ferrand, die für ihre Schmiedekunst berühmt ist. Die Renaissance der Messer in ihrer Heimat leiteten die Ururenkelinnen Calmels ein, als sie das Familiengeschäft übernahmen. Ihnen folgte die Firma ›Le Couteau de Laguiole‹, deren Besitzer zunächst das Handwerk in Nordfrankreich erlernten, und schließlich die einzige wirk-

Dieses echte Laguiole mit dem L-Zeichen ist von der Klinge bis zum Griff in dem gleichnamigen Ort des Aubrac gefertigt worden, einzig die Korkenzieherspirale kann anderswo besser hergestellt werden.

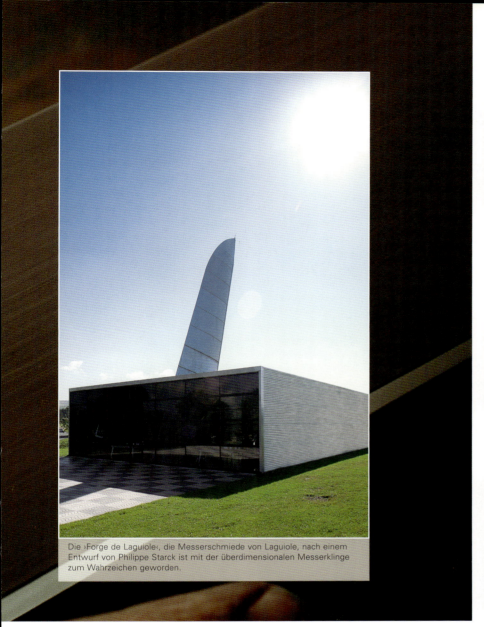

Die ›Forge de Laguiole‹, die Messerschmiede von Laguiole, nach einem Entwurf von Philippe Starck ist mit der überdimensionalen Messerklinge zum Wahrzeichen geworden.

Alle Einzelteile und das erforderliche Werkzeug, das ein Messerschmied benötigt, um das klassische dreiteilige Modell zusammensetzen zu können.

Jedes Messer wird von Hand zusammengesetzt und seine Klinge so lange justiert und nachgeschliffen, bis sie den Ansprüchen an Perfektion genügt.

Klinge, Korkenzieher, Dorn, Schaft und Griff des Messers werden an fünf Stellen durch Messingstifte miteinander verbunden.

Der typische Griff besteht aus dem Horn von Aubrac-Rindern und wird nachgefeilt und geschliffen, bis er vollkommen harmonisch in der Hand liegt.

liche Schmiede am Ortsrand, die ›Forge de Laguiole‹. Sie wurde erst 1987 eröffnet und ist mit ihrer avantgardistischen Architektur nach einem Entwurf von Philippe Starck und ihrem Wahrzeichen, einer 18 m langen und dramatisch in den Himmel weisenden Edelstahlklinge, unübersehbar. Neunzig Handwerker fertigen in der kleinen Fabrik jährlich 200000 Messer vom ersten bis zum letzten Arbeitsschritt – und hauptsächlich ist es das, was sie von allen anderen angeblich echten Messern unterscheidet (lediglich die Korkenzieherspirale ist zugereist): Hier werden sie geschmiedet, gestanzt, gehärtet, geschliffen und poliert, wobei man für die Klingen hochwertigen 440A- oder XC75-Stahl verwendet. Jedes einzelne Messer ist Handarbeit und kann von eineinhalb Arbeitsstunden für das einfachste Modell bis zu mehreren Tagen für die kunstfertigsten in Anspruch nehmen. Kennzeichen der Laguiole-Messer ist, abgesehen von dem in die Klinge eingestanzten Namen, die stählerne Fliege, das Verbindungsstück zwischen Klinge und Griff. Der Preis der Messer variiert beträchtlich und hängt davon ab, ob es ein ein-, zwei- oder dreiteiliges Modell ist, wie fein das Horn oder Holz ist, aus dem der Griff besteht, wie aufwendig er gestaltet und gearbeitet wurde und ob es sich um ein von einem Meisterschmied hergestelltes Einzelstück handelt.

Was die Messer der ›Forge de Laguiole‹ von allen anderen, mit dem Namen des Orts angebotenen unterscheidet, ist die selbstgeschmiedete, höchsten Qualitätsanforderungen entsprechende Klinge.

329

Roquefort

Der Star unter den Edelschimmelkäsen verdankt seine heutige Existenz einer urzeitlichen Katastrophe. Der nordöstliche Rand des steilaufragenden Kalksteinmassivs Combalou, zwischen Millau und Saint-Affrique gelegen, stürzte ein und verwandelte sich in einen gigantischen Schutthaufen. Die gewaltigen Felsbrocken verkeilten sich bei dem Sturz ineinander und schufen Hohlräume von teils beachtlicher Größe sowie *fleurines*, lange Spalten, die die natürlichen Keller mit der Außenwelt verbanden und für eine ständige Frischluftzufuhr sorgten. Dieses geniale Ventilationssystem garantiert die niedrigen Temperaturen, während der saugfähige Kalkstein 95 % Luftfeuchtigkeit liefert. Wie sich herausstellte, sind das die idealen Bedingungen für einen ganz besonderen Pilz, der sich an den Höhlenwänden ausbreitete: *Penicillium roqueforti*.
Die Keller sind fertig, der Pilz ist da, aber woher stammt der Käse? Der Combalou liegt am Rande des kargen Causse de Larsac, einer kalksteinigen, windgebeulteten Hochebene, auf der sich nur knorrige Sträucher und wilde Kräuter behaupten können, ein klassisches Schafgebiet also. Herden dünnbewollter Lacaune-Schafe machen sich hier die spärliche Nahrung streitig, die ihrer fetten Milch eine feine Würze verleiht. Was lag näher, als die daraus hergestellten Käse in den kühlen

Perfekt mit Edelschimmel durchzogener Käseteig

Die rohe Schafsmilch verleiht Frankreichs berühmtestem Blauschimmelkäse den besonderen Geschmack.

Höhlen zu lagern? Man stelle sich die Überraschung der frühjungsteinzeitlichen Hirten, die diese Gegend bereits zahlreich besiedelt haben, vor, als sie erstmals ihre ursprünglich weißen Käse mit blaugrünem Schimmel marmoriert wiedersahen, sie vielleicht zaghaft probierten und dann den Geschmack verbessert fanden. Die Römer sollen jedenfalls, wenn man Plinius dem Älteren Glauben schenken darf, davon geschwärmt haben, nicht anders als Jahrhunderte später die Tischgenossen Karls des Großen.
Im 15. Jahrhundert begann eine neue Epoche. Die Einwohner von Roquefort-sur-Soulzon, dem Dorf unterhalb des Combalou, kamen auf den gewinnbringenden Gedanken, ihre Keller nicht nur für die eigenen Käse zu nutzen, sondern anderweitig frische Laibe zu erstehen, sie darin reifen zu lassen und wieder zu verkaufen. So be-

gann der Name ›Roquefort‹ zu einem Begriff zu werden, der sich auszahlte, was schon bald unlautere Konkurrenten zum Mißbrauch verleitete. 1550 wurde man daher erstmals bei der Lokalregierung in Toulouse vorstellig, doch es sollte mehr als 100 Jahre dauern, bis 1666, ehe man den Schutz der Marke endlich erstritten hatte und Roquefort-Fälschern mit drastischen Strafen drohen konnte.

Mit der Entwicklung der Infrastruktur Mitte des 19. Jahrhunderts erfuhr der Roquefort einen ungeahnten Aufschwung. Die Käsekellereien erwarben Schafskäse in immer weiterem Umkreis. Um die Jahrhundertwende waren sie bis zu den Pyrenäen vorgestoßen, ein paar Jahre später sogar schon bis nach Korsika. Um aber Versuchungen entgegenzutreten, ihre Spezialität mit Kuhmilch zu ›verwässern‹, erreichten die Erzeuger bereits 1921 die Appellation d'Origine Contrôlée, die allererste, die einem Käse zuteil wurde. Heute wird er von der großen genossenschaftlichen Société sowie zusätzlich von zehn weiteren Käsefirmen im Ort erzeugt, die frische Schafskäse aus verschiedenen Departements Südfrankreichs angeliefert bekommen.

Inzwischen impft man bereits in den Molkereien Tausende Liter reiner, vollwertiger roher Schafsmilch mit winzigsten Mengen Pilzsporen, noch bevor die Käseherstellung beginnt. So infiziert erreichen die Laibe ihre Reifekeller. Ehe sie auf langen Gestellen aus solider Eiche aufgereiht werden und unverhüllt ihre erste Reifephase antreten, malträtiert man sie mit Nagelbrettern. Das auf diese Weise im Käselaib erzeugte luftige Röhrensystem soll dem Schimmelpilz die ungehinderte Entfaltung erleichtern. Einen Monat lang zumindest. Dann zeigt er sich so übermütig, daß es ihn zu bremsen gilt. Deshalb erhält der Käse jetzt sein typisches Gewand aus dünner Zinnfolie und zieht in tiefere und kühlere Gefilde des Combalou um. Mindestens drei weitere Monate erhält der Edelschimmel Gelegenheit, sein Adernetz zu spinnen. Manchen Qualitäten lassen die Erzeuger bis zu einem Jahr, seltenen Stücken sogar noch länger Zeit.

Die Maße eines Roquefort sind festgelegt. So beträgt sein Durchmesser 19–20 cm, das ist das Doppelte seiner Höhe. Er bringt 2,5–3 kg auf die Waage und zeichnet sich durch einen Fettgehalt von mindestens 52 % aus, was den besonderen Schmelz des Käses erklärt. Je jünger der Roquefort ist, desto weißer schimmert sein Teig, desto spärlicher und desto dunkler hebt sich der Edelschimmel davon ab. Mit zunehmender Reife gewinnt der Käse einen Elfenbeinton, der Pilz erobert mehr und mehr Terrain und zeigt sich im geschätzten Grünlichblau und mit voller Würze. Mit den natursüßen Muscat-Weinen des Südens, insbesondere dem Muscat de Rivesaltes, geht er eine verführerische Allianz ein, und in der Küche sollte er zu Hause sein, um für Salate oder *soufflés*, für Überbackenes oder für markante Saucen jederzeit zur Verfügung zu stehen.

Das auf Roggenbrot keimende *Penicillium roqueforti* garantiert dem Schafskäse die Durchdringung mit Edelschimmel.

Damit der Pilz sich im Käse entfalten kann, bohren ihm Nadeln gleichmäßig verteilte Luftkanäle.

Bis zu einem Monat dauert die erste Reifungsphase der bloßen, in Holzregalen gelagerten Laibe.

Der Käse- und Kellermeister der Genossenschaft überprüft das Reifestadium jedes einzelnen Käses.

Dieses unscheinbare Gerät ist das wichtigste Werkzeug des Käsemeisters, denn damit entzieht er die Proben.

Für die zweite Reifephase werden die Käse in Zinnfolie gewickelt und kommen in kühlere Höhlen.

Der Blauschimmelkäse gedeiht in den Höhlen des Kalksteingebirges Combalou

331

Die Käse der Auvergne

Die Auvergne mit ihren erloschenen Vulkanen und ihren Hochplateaus besitzt Bergweiden, auf denen eine vielfältige Flora gedeiht. Dort findet man auch heutzutage noch Enzian und Süßholz, Arnika und Steinbrech, Eisenhut und Wildanemonen. Aber die fruchtbaren, Magnesium und Pottasche enthaltenden Vulkanböden und das im Zentralmassiv so reichlich vorhandene Wasser bringen die hervorragenden Weiden mit ihrer Fülle verschiedener Gräser und Kräuter auf natürlichste Weise hervor. In dieser bergigen Region mit ihrem rauhen Klima, in der die Almwirtschaft eine lange Tradition hat, entwickelten sich die rustikalen und widerstandsfähigen Rinderrassen Aubrac und Salers. Ihre Kühe geben vergleichsweise wenig, aber dafür sehr fetthaltige Milch, was schon manchen Bauern dazu verleitete, mit produktiveren Tieren zu experimentieren. Vom späten Frühjahr an bis in den Herbst hinein ließen die Hirten – einige von ihnen tun es noch immer – ihre Tiere auf den höchstgelegenen Bergweiden grasen. Während dieser Zeit lebten sie in *burons*, stämmigen, mit Schiefer gedeckten Bauten, die ihnen als Behausung, als Käserei und als Reifekeller zugleich dienten, denn dort wurde die Milch sofort weiterverarbeitet. Da man für einen langen Zeitraum des Jahres Vorrat benötigte und außerdem weit ent-

Bei der 48 Stunden dauernden Prozedur wird der Druck zunehmend weiter erhöht. Der Preßvorgang selbst wird einige Male unterbrochen, um den Cantal wenden und das ihn einhüllende Tuch wechseln zu können.

In den Bergen der Auvergne entwickelten sich widerstandsfähige Rinderrassen, unter denen die Salers mit dem rostbraunen Fell und den weitgeschwungenen Hörnern die berühmteste ist.

332   TOULOUSAIN, QUERCY, AVEYRON & AUVERGNE

fernt war von den großen Märkten, entwickelten sie Techniken und Formen, die es ihnen erlaubten, Käse herzustellen, die sich über Monate, ja über Jahre hinweg hielten. Weil jedoch in manchen Kellern besondere Pilzkulturen einen Nährboden finden, reifen hier auch Spezialitäten wie die Edelschimmelkäse heran, die allerdings nicht so lange lagerfähig sind. Zählt man das Gebiet des in die Auvergne hineinragenden und eng verwandten Laguiole hinzu, kommt die Region auf sechs zur Appellation d'Origine Contrôlée erhobene Käse, und das ist selbst für französische Verhältnisse ein Rekord.

Cantal

Im 1. Jahrhundert n. Chr. erwähnt bereits Plinius der Ältere den Cantal, der damit als einer der ältesten Käse Frankreichs gilt. Sein grünes, als Pays Vert bekanntes und 600 000 ha großes Gebiet erstreckt sich in einem Massiv erloschener Vulkane. Die wichtigsten Weideflächen sind in 1000 m Höhe gelegene Hochebenen mit einem außergewöhnlichen Reichtum an Pflanzen. Die Besonderheit in der Käseherstellung, für die Milch von Salers-Kühen verarbeitet wird, ist das zweimalige Pressen. Bei diesem Verfahren wird der bereits gepreßte Bruch erneut zerkleinert, dann gesalzen und schließlich in seine endgültige Form gepreßt. Cantal wird im Alter von 30 Tagen als *jeune*, mit zwei bis sechs Monaten als *entre deux* oder mit mehr als sechs Monaten Reife als *vieux* angeboten.

Salers

Er stammt aus demselben Gebiet wie der Cantal, doch er darf nur während der Weidezeit vom 1. Mai bis zum 31. Oktober hergestellt werden, wenn die frischen Bergkräuter der Milch und damit auch dem Käse ein unvergleichliches Parfüm verleihen. Seinen Namen verdankt er einem hübschen Städtchen zwischen Aurillac und Mauriac, nahe den Cantal-Bergen. Auch dieser Käse wird zweimal gepreßt, muß aber mindestens drei Monate reifen. Oftmals läßt man ihm 12–18 Monate Zeit, sich zu entwickeln, bis er eine dicke, dunkle, mit rötlichen Flecken besetzte Rinde erhalten hat, und seine Textur zunehmend krümeliger, sein Geschmack immer ausgeprägter und pikanter geworden ist (abgebildet auf Seite 335).

Saint-Nectaire

Seine Heimat ist die Vulkanlandschaft um den Monts-Dore mit 750–1200 m Höhe. 52 Gemeinden des Puy-du-Dôme und 20 weitere im Cantal haben das Recht, diesen halbfesten Schnittkäse zu erzeugen. Bereits an der Tafel Ludwigs XIV. hat man sich von seinen Qualitäten überzeugen können. Der Bruch wird in Formen von 21 cm Durchmesser und 5 cm Höhe gepreßt, der fertige Käse wiegt etwa 1,7 kg, eine kleinere Variante wird mit 600 g produziert. Während seiner drei- bis sechswöchigen Reifephase wird er wiederholt mit Salzwasser abgerieben, was seine graue oder sandfarbene Rinde fördert, auf der sich gelbe oder rote Flecken bilden. Er hat einen elastischen, cremigen Teig und einen erdigen, bisweilen leicht moderigen Geschmack. Die selteneren *fermiers*, die Bauernkäse, die man vor allem um das Städtchen Besse-en-Chandresse findet, sind an einem ovalen grünen Kaseinzeichen zu erkennen (abgebildet auf Seite 335).

Fourme d'Ambert

Dieser Blauschimmelkäse, den vermutlich schon Julius Cäsar bei seiner Eroberung Galliens hätte kennenlernen können, verdankt seinen Charakter der 600–1600 m hohen Region der Monts du Forez im Zentralmassiv, wo er hergestellt wird. Der Bruch wird in Formen gefüllt, in denen man ihn abtropfen läßt. Nach Trocknung und Zusatz von Pilzkultur sticht man ihn mit Nadeln an, damit Luft eindringen kann und die Entwicklung des begehrten Blauschimmels fördert. Der 13 cm breite, 19 cm hohe und an die 2 kg schwere Käse muß mindestens vier Wochen reifen, ehe er in den Handel kommt. Die überwiegend industriell hergestellte Fourme d'Ambert hat ebenso wie die eng verwandte Fourme de Montbrison eine leichte ebenmäßige blaue Maserung und schmeckt cremig mild mit dezenter Pilznote. Selten sind handwerklich gefertigte Käse – man findet sie bestenfalls auf dem Markt in Ambert –, die nach langer Affinage einen sehr komplexen und pikanten Geschmack aufgebaut haben (abgebildet auf Seite 335).

Bleu d'Auvergne

Sein Gebiet umfaßt alle Käse-Appellationen der Auvergne, bis auf den östlichsten Bereich der Fourme d'Ambert und reicht weit in die Lozère und ins Lot hinein. Zugleich ist er das Nesthäkchen dieser großen Käseregion, denn er wurde erst Mitte des 19. Jahrhunderts geschaffen. Auf Kuhmilch basierend, folgt er der Tradition der Schimmelkäse, bei der bereits der Milch *Penicillium* zugesetzt wird. Nachdem er aus der Form genommen und gesalzen wurde, sticht man ihn mit Nadeln an, um durch die Belüftung die Pilzbildung zu fördern. Er reift mindestens vier Wochen in kühlen und feuchten Kellern und ergibt einen milden Blauschimmelkäse (abgebildet auf Seite 335).

Laguiole

Laguiole ist die wichtigste Stadt des Aubrac, einer Bergregion, die Teile des Aveyron, des Cantal und der Lozère vereint und seit dem 16. Jahrhundert für ihren Käse bekannt ist. Der beste Käse wird nach alter Tradition auf den Almen hergestellt, die Milch stammt meist von den widerstandsfähigen Aubrac-Rindern. Der feste Rohmilch-Schnittkäse, der eng verwandt ist mit dem Salers und Cantal, wird zur Form eines hohen Zylinders, *fourme*, gepreßt, der an die 50 kg wiegt und mindestens vier, aber auch bis zu zwölf Monaten reift (abgebildet auf Seite 51).

80–100 kg des Käseteigs geben die Männer in ein Tuch, das sie darüber zusammenschlagen. Dieses Paket kommt unter eine flache Presse, die typisch für die Cantal-Herstellung ist.

Bei diesem ersten Preßvorgang wird das Käsebündel wiederholt geöffnet, der Teig erneut zerteilt und gewendet und dann weitergepreßt, um so viel Molke wie möglich auszuscheiden.

Dann kommt der Käse in den 10–12 °C kalten und feuchten Keller, wo er zwei- bis dreimal die Woche gewendet und abgerieben wird. Je nach gewünschtem Reifegrad dauert die Affinage 1–12 Monate.

Käseküche der Auvergne

In der bergigen und abgelegenen Auvergne zählt Käse zu den Grundnahrungsmitteln. Die großen Zylinder, *tome* genannt, ließen sich in den kalten und feuchten Kellern bei sorgsamer Pflege ein Jahr oder sogar noch länger aufbewahren und konnten so als Vorrat für die langen Wintermonate dienen. Weitaus lieber aber nahm man von dem ganz jungen und milden Schnittkäse, wenn es darum ging, wenig aufwendige, schnell zubereitete und sehr nahrhafte Mahlzeiten auf den Tisch zu bringen. Zwei dieser einfachen ländlichen Gerichte sind die *truffade* und als eine Abwandlung der *aligot*. In beiden Fällen handelt es sich um die gelungene Verbindung von Kartoffeln und Käse. Die *truffade* ist rustikaler, denn sie basiert ausschließlich auf diesen beiden Zutaten. *Aligot*, dem ein feines Kartoffelpüree zugrunde liegt, verlangt zusätzlich nach etwas Crème fraîche und ein wenig Milch, auch dies auf einer Alm oder auf einem Bauernhof selbstverständliche Zutaten. Etwas weniger rustikal, aber ebenso verbreitet ist Käse als Bestandteil feiner Soufflés, als Füllung für Omeletts oder Crêpes, in Würfel geschnitten als Einlage für Salate. Besonders milde Sorten können sogar als Zutat oder Belag süßer Kuchen Verwendung finden. Wie so oft in der Küche sind der Phantasie kaum Grenzen gesetzt.

La Truffade

Für 6 Personen

1,2 kg Kartoffeln
100 g fetter Speck
1 EL Öl
5 Knoblauchzehen
Salz
400 g junger Cantal

Die Kartoffeln schälen und in dünne Scheiben schneiden.
Den Speck in Streifen schneiden. Das Öl in einer schweren Pfanne erhitzen, den Speck darin auslassen und die ungeschälten Knoblauchzehen anrösten (1). Grieben und Knoblauch aus der Pfanne nehmen, die Kartoffelscheiben hineingeben (2) und salzen. Auf niedriger Temperatur 20–30 Minuten braten, ohne daß die Kartoffeln dabei Farbe annehmen, daher ständig wenden. In der Zwischenzeit den jungen Cantal in schmale Stücke schneiden (3). Sind die Kartoffeln gar, verteilt man den Käse darüber (4), und wendet Kartoffeln und Käse fortwährend, bis er geschmolzen ist. Dann zerdrückt man die Kartoffeln (5) und verrührt die Masse aufs neue, bis sie gleichmäßig und fadenziehend ist. Fertig ist die *truffade*.

La Truffade kann zum Erlebnis werden.

TOULOUSAIN, QUERCY, AVEYRON & AUVERGNE

Soufflé au Cantal – Käse-Soufflé mit Cantal

Soufflé au Cantal
Käse-Soufflé mit Cantal

Für 5 Personen

80 g Cantal
2 EL Butter
2 EL Mehl
125 ml Milch
Salz und Pfeffer aus der Mühle
3 Eier
1 Prise Muskatnuß
Butter zum Einfetten

Den Käse reiben. Die Butter in einem kleinen Topf zerlassen (1). Das Mehl hineinstreuen und mit dem Schneebesen gut verrühren, so daß sich keine Klumpen bilden. Die heiße Milch zugießen und weiterrühren, bis sie gebunden ist (2). Vom Herd nehmen, salzen und pfeffern.
Den Backofen auf 180 °C vorheizen. Die Eier trennen. Eiweiß mit einer Prise Salz sehr steif schlagen. Eigelb in den Topf geben und unterrühren (3). Den Käse zufügen, etwas geriebene Muskatnuß hineinstreuen und verrühren (4). Jetzt das Eiweiß vorsichtig unter die Mischung heben und es verrühren, bis sich eine homogene Masse gebildet hat (5). Die Souffléförmchen gut einfetten (6). Die Masse hineinfüllen, die Formen in den Ofen schieben und 15 Minuten backen.

Die Käse der Auvergne, von rechts oben im Uhrzeigersinn:
Salers, Saint-Nectaire, ein Stück junger Cantal, Fourme d'Ambert und Bleu d'Auvergne

335

Würste & Schinken

Von Toulouse, das seinen Namen einer ausgezeichneten Bratwurst lieh, bis nach Clermont-Ferrand liegt das uralte Wissen um den richtigen Umgang mit Schweinefleisch gleichsam wie Kochschwaden über dem Land. Im Süden sind Landschaften wie die Montagne Noire und das Plateau de Lacaune, weiter im Norden die gesamte Auvergne, vor allem das Cantal und Puy-de-Dôme, für ihre hervorragenden Würste und Schinken berühmt. Aber auch Blutwürste wie der *galabar*, der *ségala*, der weiße *coudenou* von Mazamet oder diejenige mit Kastanien, *fetge*, die eingesalzene Schweineleber, wie man sie in Albi zubereitet, und der *friton*, das in Schmalz gegarte grobe Hack aus Reststücken, nicht zuletzt Sülzen und *fricandoux*, diese wie in den Cevennen aus Leber und Schlund zubereiteten gebackenen Frikadellen, gehören dazu. Zurückzuführen ist dieser kulinarische Reichtum auf die natürlichen Bedingungen, die Schweine in diesem weiten Gebiet vorfanden. In den niederen und mittelhoch gelegenen Teilen dehnen sich riesige Eichen- und Kastanienwälder, die den Tieren ihre bevorzugte Nahrung und damit ihrem Fleisch ein besonders feines Aroma schenkten. Die Lebensumstände der Bauern in diesem bergigen und teilweise nur schwer zugänglichen Gebiet, wo man lange Zeit im Jahr allein auf sich gestellt sein konnte, und wo das Überleben auch von der zuverlässigen Vorratshaltung abhängig war, zwangen förmlich dazu, für die Verarbeitung des Schlachtfleisches verschiedene Methoden der Konservierung zu entwickeln, sei es nun das Erhitzen in Fett, das Pökeln, das Räuchern oder das Trocknen an der Luft, das man gern den edelsten Stücken angedeihen ließ.

Längst haben in Lacaune und in den größeren Städten industrielle Fertigungsverfahren Einzug gehalten, doch der heutige Ruf der traditionellen Spezialitäten gründet sich in erster Linie auf die handwerklich erzeugten Produkte, die nicht selten von den Bauern selbst hergestellt werden. Denn schließlich ist die Qualität von Wurst und Schinken, aber auch von Braten und Koteletts untrennbar mit einem hohen Anspruch an Aufzucht und Haltung verbunden. Es ist längst kein Geheimnis mehr – falls es je eins war –, daß das Fleisch von Tieren, die möglichst natürliche Lebensbedingungen kennenlernen konnten, um ein Vielfaches besser ist als das Fleisch von Schlachtvieh aus Massentierhaltung.

Rechts: Ein Blick genügt, um von der hohen Qualität dieser traditionellen Schlacht- und Wurstwaren überzeugt zu sein. Von vorn links: Schale mit frischem Schweinefleisch, Koteletts und Braten; darüber die gerollte Schweinebrust; in den Gläsern sind Land- und Leberwurst, Schweinskopfsülze und *rillettes*; neben dem luftgetrockneten Landschinken die luftgetrockneten Würste, die dünnen *saucisses* und die dickeren *saucissons secs*; im Glas eingekochte Schweinsfüße, darunter der Bauchspeck und unten in der Mitte die im Ofen gebackene *pâté de campagne*.

336   TOULOUSAIN, QUERCY, AVEYRON & AUVERGNE

Die grünen Linsen von Puy

›Kaviar der Armen‹ hat man die Linsen von Puy genannt, und hebt damit ihren exzellenten Geschmack bei günstigem Preis hervor. Zu Recht, denn kein anderes Trockengemüse kann es mit ihnen aufnehmen. Ihre guten Eigenschaften beginnen mit der Größe. Mit einem Durchmesser von 4–5 mm sind sie ausgesprochen klein, und der im Verhältnis höhere Anteil an Schale erklärt ihr kräftigeres Aroma. Zudem ist ihre Schale feiner und ihr Stärkegehalt geringer, was die kürzere Garzeit, die angenehme Konsistenz und die gute Verträglichkeit bewirkt. Ihre grüne Farbe verdankt sie dem blauen Pigment Anthozyan, das zusammen mit dem gelben Kern für den blaßgrünen Grundton sorgt (und stärkend auf Blutgefäße wirkt). Da es nicht gleichmäßig in der Linse verteilt ist, zeichnen sich tiefergetönte blaugrüne Flecken ab. Beim Kochen färben sich allerdings auch die grünen Linsen braun.

Funde aus gallo-römischer Zeit belegen, daß der Linsenanbau im Velay auf eine fast 2000 Jahre alte Geschichte zurückblickt. Verschiedene natürliche Faktoren, die in dieser Vulkanlandschaft in der Auvergne zusammentreffen, begünstigten ihren Anbau wie ihre Qualität, damals wie heute. Fast 750 Landwirte säen gut 2500 ha mit der uralten Sorte Anicia ein. Im März und April, wenn die Bodentemperatur über 5 °C steigt, ist es soweit. Die Äcker, die auf 600–1200 m Höhe liegen, werden nicht gedüngt. Überwiegend auf vulkanischen Böden kultiviert, die von sich aus genügend Fruchtbarkeit besitzen, reicht den Linsen der Stickstoff, den sie selbst aus der Luft aufnehmen können. Größeren Einfluß auf ihre Qualität als die Vulkanerden hat das Mikroklima: Im Sommer wirken das Cantal und die Berge der Margeride im Südwesten sowie die Höhen des Vivarais im Südosten als schützende Barrieren und garantieren meist Sonne, Hitze und heißen trockenen Föhn. Dies fällt mit dem Beginn ihrer Reifeperiode zusammen. Die Trockenheit führt dazu, daß sie nicht voll ausreifen. Deshalb bleibt ihr Stärkegehalt geringer und ihre Schale weicher. Wenn ab Ende Juli und bis Mitte September geerntet wird, sind die Linsen bereits auf natürliche Weise getrocknet. Sie müssen nicht wie andere Hülsenfrüchte vor der Zubereitung eingeweicht werden, man setzt sie in kaltem Wasser auf und nach 25 Minuten sind sie gar.

Ab Juli werden Linsen im Velay, wo man sie auf über 2500 ha anbaut, mit Mähdreschern geerntet. Die von der Sonne auf dem Feld getrockneten Linsen besitzen weniger als 16 % Feuchtigkeit. Sie werden nur nach Größe und Qualität sortiert und dann verpackt.

Die grünen Linsen von Puy enthalten das blaue Pigment Anthozyan, das mit ihrem gelben Kern eine grünliche Grundfarbe bewirkt, aber ungleichmäßig verteilt ist, was die Flecken erklärt.

Traditionell werden Linsen in Säcke verpackt. Ihre Maßeinheit ist der Zentner. Im Jahr schwankt die Ernte im Velay zwischen 20 000 und 36 000 Zentnern.

TOULOUSAIN, QUERCY, AVEYRON & AUVERGNE

Croûtes de lentilles vertes et fricassé de grenouilles aux mousserons
Linsenkrusten und Froschfrikassee mit Ritterlingen

Tartare de saumon aux lentilles vertes du Puy – Lachstatar mit grünen Puy-Linsen

Tartare de saumon aux lentilles vertes du Puy
Lachstatar mit grünen Puy-Linsen

2 Zwiebeln
150 g Puy-Linsen
1 Bouquet garni
2 TL gekörnte Gemüsebrühe
3 EL Olivenöl
2 EL Weißweinessig
1 EL Senf
Meersalz, schwarzer Pfeffer
300 g Lachs
3 Schalotten
3 kleine Gewürzgurken
1 hartgekochtes Ei
1 EL feingehackte Petersilie
1 EL feingehackter Estragon
Zitronensaft
½ unbehandelte Orange
2 EL Orangensaft

Die Zwiebeln hacken, die Linsen abbrausen. Beides in einen Topf geben, die dreifache Menge Wasser, die Gemüsebrühe und das Bouquet garni hinzufügen. 20–25 Minuten garen, dann die Linsen abtropfen lassen. Aus 2 EL Öl, Essig, Senf, Salz und Pfeffer eine Vinaigrette zubereiten und ein Drittel der Sauce zu den noch warmen Linsen geben.
Den Lachs in kleine Stücke schneiden. Schalotten, Gurken und Ei fein hacken; mit Petersilie, Estragon und der restlichen Vinaigrette zu dem Lachs geben, alles gut vermischen und mit dem Zitronensaft und Salz abschmecken. Kalt stellen und 30 Minuten ziehen lassen.
Eine Törtchenform von etwa 10 cm Durchmesser pro Portion zu zwei Dritteln mit dem Lachstatar füllen und gut zusammendrücken. Darauf eine Schicht Linsen geben und diese gut andrücken, damit das Törtchen zusammenhält.
Die Orange so fein schälen, daß keine weiße Haut an der Schale haftet, dann die Schale in sehr dünne Streifen schneiden. Aus dem restlichen Öl, Orangensaft, Salz und Pfeffer eine Sauce rühren und die Schalen hinzufügen. Die Lachstörtchen auf Tellern anrichten und jeweils mit etwas Orangensauce umgießen.

Croûtes de lentilles vertes et fricassé de grenouilles aux mousserons
Linsenkrusten und Froschfrikassee mit Ritterlingen

Für 6 Personen

Frikassee
15 Frösche (etwa 1 kg)
60 g Butter
2 Schalotten, fein gehackt
200 ml Weißwein
2 EL Mehl
200 g Ritterlinge
Salz und Pfeffer aus der Mühle
50 ml Bratensaft

Linsenragout
100 g geräucherter Speck
1 kleine Zwiebel
2 Möhren
20 g Butter
1 EL Tomatenmark
400 g Linsen
1 l Geflügelbrühe
250 ml Sahne

Linsenkrusten
150 g Weizenmehl
200 g Reismehl
1 TL Salz
380 g Eiweiß
30 g Butter

Pimpinellen-Coulis
100 g glatte Petersilie
100 g Pimpinelle
80 g Butter
Butter zum Einfetten
Milch zum Bepinseln

Die Frösche abziehen und die 30 Schenkel zur Seite legen. 20 g Butter erhitzen, die Schalotten zufügen und glasig dünsten, das Fleisch zugeben und leicht anbraten, dann mit Weißwein ablöschen und auf niedriger Temperatur 15 Minuten garen. Das Fleisch herausheben, abkühlen lassen, von den Knochen lösen und beiseite stellen.

Für das Linsenragout Speck, Zwiebel und Möhren fein würfeln und in Butter dünsten. Das Tomatenmark zugeben, verrühren und die Linsen zufügen. Mit der Geflügelbrühe aufgießen und 25 Minuten kochen. Die Linsen abgießen, die Brühe auffangen. 3 EL gekochte Linsen beiseite stellen, 2 EL Linsen mit Brühe und Sahne 15 Minuten köcheln lassen, pürieren und zu der restlichen Linsen geben.
Für die Linsenkrusten die abgekühlten 3 EL Linsen pürieren, mit Mehl, Reismehl und Salz vermischen, das Eiweiß unterverrühren und die zerlassene Butter einarbeiten. Die Masse 1 Stunde kalt stellen. Den Backofen auf 180 °C vorheizen. Ein Backblech einfetten. Den Teig in 24 nußgroße Kugeln teilen, diese auf das Blech setzen, flachdrücken und mit Milch bepinseln. 8 Minuten im Ofen backen.
Für den Coulis Petersilie und Pimpinelle von den Stengeln zupfen, im Mixer mit etwas Wasser pürieren. Vorsichtig erhitzen und mit Butter montieren.
Für das Frikassee die Ritterlinge in 20 g Butter anbraten, dann das Froschfleisch zufügen, erhitzen und mit Salz und Pfeffer abschmecken. Das Linsenragout zugeben und vermischen.
Die Froschschenkel schwach salzen, in Mehl wenden und abklopfen. Die restliche Butter erhitzen und sie darin goldbraun braten.
Zum Servieren auf jeden Teller eine Linsenkruste legen, darauf eine dünne Schicht Ragout verteilen und mit einer Linsenkruste abdecken. Abwechselnd weiterschichten, bis der Turm mit einer vierten Linsenkruste abschließt. Um den Turm Pimpinellen-Coulis verteilen und mit jeweils 5 Froschschenkeln garnieren, die mit Bratensaft beträufelt werden.

Le Puy, von einer reizvollen Vulkanlandschaft umgeben, liegt mitten in dem berühmten Linsengebiet.

Bodenständiges Backwerk

Fouace

Im Brennpunkt jeder Behausung stand die Feuerstelle, weshalb man in Frankreich den Haushalt noch immer *foyer* nennt. Das dort, also zu Hause gebackene Brot hieß bei den Römern schlicht *panis focacius*, woher sich das französische *fouace* oder *fougasse* ableitet. Anfangs handelte es sich dabei nur um eine Art Fladen. Aber mit steigendem Wissen über Zutaten und Backvorgänge begann die Fouace mehr und mehr aufzugehen und Gestalt anzunehmen – viele verschiedene Gestalten. Sie wurde zu besonderen Gelegenheiten gebacken, zu Weihnachten, Ostern oder Pfingsten, zu Taufen oder Hochzeiten. Dann nahm man dafür das edelste, nämlich feingemahlenes Weizenmehl, fügte bald Milch und Eier, Butter und Honig oder später Zucker hinzu. Da man aber früher selten über einen eigenen Backofen verfügte, buk man die Fouace in heißer Asche. Inzwischen war sie bereits gehaltvoll und dick geworden, aber noch nicht locker und luftig. Diese Eigenschaften verlieh ihr erst die Hefe, was ihre Rezeptur jener der Brioche annäherte. So fundamental und so lecker wie sie ist, fand sie weithin Verbreitung, wobei jede Region ihren Akzent zufügte. Im Languedoc und Roussillon gibt es sie als flachen, auf dem Blech gebackenen süßen oder mit Grieben durchsetzten herzhaften, teilweise zu Brezeln geformten Kuchen. In der Provence würzt man sie gern mit Anis oder nimmt bisweilen Olivenöl dazu. In der Auvergne und im Aveyron kennt man sie mit kandierten Früchten oder Backpflaumen. Man nimmt auch Orangenblütenwasser oder geriebene Zitronenschale, um ihr Aroma zu verleihen. Eine Hochburg der Fouace ist Laguiole geworden. Dort gelingen besonders schöne, lockere Kranzkuchen, die man mit *chignons* verziert, kleinen, aus Teig geformten Schnecken, die nicht nur schön, sondern auch informativ sind, denn für jedes Pfund Teig kommt ein weiteres *chignon* auf den Kranz. Die Fouace wird übrigens nicht nur zum Frühstück oder zur Vesper genossen, man serviert sie ebenso gern zum Dessert mit Sahne, Eis oder Früchten oder zum Aperitif.

Unten: Die Fouace oder Fougasse gibt es in diversen Variationen in vielen Regionen, doch nur die aus Laguiole ist mit *chignons*, Schnecken, verziert.

Der gut gegangene Hefeteig muß stabil genug sein, um daraus einen gleichmäßigen Kranz formen zu können.

Aus demselben Teig werden schmale Streifen geschnitten, die zu *chignons* gedreht werden.

Die schneckenförmigen Wahrzeichen der Fouace aus Laguiole werden genau zugeteilt: je 1 *chignon* auf 1 Pfund Teig.

Eine fertige Fouace muß golden strahlen, weshalb sie vor dem Backen mit Eigelb eingepinselt wird.

Goldbraun und glänzend verlassen die Fouaces, hier in einer kleineren Ausgabe, den Ofen.

Fouace
Hefekranz

Für 6–8 Personen

15 g Hefe
100 ml lauwarmes Wasser
250 g Weizenmehl
2 Eier, verquirlt
1 TL Salz
75 g Zucker
2 EL Orangenblütenwasser
100 g Butter

Am Vorabend aus Hefe, Wasser und 50 g Mehl einen Vorteig rühren und 1 Stunde zugedeckt gehen lassen. Dann das restliche Mehl darübersieben, die Eier dazugeben und 10 Minuten kräftig mit dem Mehl verkneten. Nun Salz, Zucker und Orangenblütenwasser einkneten. Zum Schluß die weiche Butter behutsam einarbeiten, bis man einen homogenen Teig erhalten hat, den man 3 Stunden lang zugedeckt gehen läßt. Danach den Teig erneut durchkneten und über Nacht zugedeckt an einen kalten Ort oder in den Kühlschrank stellen.
Am nächsten Morgen den Backofen auf 225 °C vorheizen, den Teig zu einem gleichmäßigen Kranz formen und etwa 40 Minuten oder bis er goldbraun ist backen.
Diese Fouace-Version für den Hausgebrauch kann man auch mit Sukkade und Rosinen verfeinern.

Clafoutis

Für 4–6 Personen

500 g schwarze Kirschen
1 EL Butter
150 g Weizenmehl
5 Eier
75 g Zucker
Salz
250 ml Milch

Den Backofen auf 180 °C vorheizen.
Die Kirschen waschen, abtropfen lassen und von den Stielen befreien. Beim echten Clafoutis entsteint man sie nicht. Eine Auflaufform mit der Butter ausstreichen und die Kirschen hineingeben. Das Mehl in eine Schüssel sieben, Eier, 50 g Zucker, 1 Prise Salz und einen Schuß lauwarme Milch zufügen und gut verrühren. Dann nach und nach unter ständigem Rühren die restliche lauwarme Milch zufügen und zu einem Crêpe-Teig verarbeiten. Den Teig über die Kirschen gießen, die Form in den vorgeheizten Backofen schieben und 30 Minuten backen. Herausnehmen, sofort mit dem restlichen Zucker bestreuen und noch warm servieren.

Ursprünglich ein Dessert des Limousin, hat Clafoutis vor allem im und um das Zentralmassiv seine Anhänger. In der ursprünglichen Version gehören nicht entsteinte Kirschen hinein, und manche Hausfrau gibt einen Schuß Kirschwasser, Armagnac oder Rum dazu. Sehr gut eignen sich auch Aprikosen dazu, nur muß man dann mehr Zucker zufügen.

Mineralwasser

Kein anderes Getränk hat solche enormen Zuwachsraten zu verzeichnen wie Mineralwasser. Und das seit 50 Jahren. Aber vor allem in den letzten zwei Jahrzehnten ist der Verbrauch geradezu sprunghaft in die Höhe gestiegen.
Nationen, die um 1980 abgefülltem Wasser kaum Beachtung schenkten, liegen heute im Pro-Kopf-Verbrauch an der Spitze. Belgien, Deutschland, Österreich und die Schweiz zählen dazu. Seit einigen Jahren sind die Italiener Rekordhalter, die inzwischen pro Nase an die 130 Liter jährlich trinken und die Franzosen entthront haben. Dabei spielen international die französischen Wässer die bedeutendste Rolle. Das liegt zum einen an der Qualität der französischen Quellen, zum anderen aber daran, daß sie schon mit leistungsfähigen Abfüllstraßen ausgestattet waren, als man anderswo eine regionale Kundschaft sozusagen noch tropfenweise bediente. Denn in Frankreich schätzt man Mineralwasser nicht erst seit gestern.

Wo auch immer sie in Europa eine interessante Quelle entdeckten, errichteten die Römer Thermen, denn sie waren von den Heilkräften des Wassers ebenso überzeugt, wie sie Bäder als Genuß betrachteten. Vicus Calidus, das heutige Vichy, zählte dazu und auch das jetzige Saint-Galmier, wo man das Badoit abfüllt. Als die Römer dann an Macht und Einfluß verloren, dauerte es lange, bis man den Quellen erneut Beachtung schenkte. Erst im 16., besonders aber zu Beginn des 17. Jahrhunderts erwachte das Interesse an ihren Heilkräften erneut. Damit wertete man ihr Wasser als Medizin, und zum ersten Mal wurde Mineralwasser in Flaschen gefüllt und an den Hof oder reiche Adelige versandt. Ludwig XIII. ließ damals in Vichy ein Bad errichten. In der Folge reisten Mitglieder der königlichen Familie und des Hofes zur Kur in die Auvergne. Madame de Sévigné besuchte zum Beispiel wegen ihres Rheumatismus sowohl Vichy wie Bourbon-L'Archambault. Der Glaube an Mineralwasser als Heilmittel wuchs ständig und führte zu einem immer umfangreicheren Handel mit Abfüllungen. Diverse staatliche Verordnungen im Verlauf des 18. Jahrhunderts versuchten ihn zu kontrollieren und zu reglementieren. Doch die Revolution und die nachfolgenden unruhigen Zeiten beeinträchtigten die Entwicklung der Thermalbäder und des Mineralwassergeschäfts.

Das goldene Zeitalter der Bäder kam mit Napoleon III. und seiner Kaiserin Eugénie, denn das Herrscherpaar liebte die Badeorte und deren mondäne Atmosphäre. Zwischen 1861 und 1865 erkor es Vichy zu seinem persönlichen Kurbad, was der Stadt zu 300 000 Besuchern und dem Verkauf seines Wassers zu einem grandiosen Aufschwung verhalf. Vorreiter unter den modernen Mineralwasserabfüllern wurde aber Augustin Badoit, der 1837 die Quelle Saint-Galmier im Departement Loire erstanden hatte. Er füllte das Wasser unter seinem eigenen Namen in Glasflaschen und baute ein weitgefächertes Verteilernetz auf. Für Evian gingen ab 1870 die Entwicklung des Thermalbads und der Flaschenverkauf Hand in Hand. Zudem setzte man ab 1882 verstärkt auf die eben aufkommende Werbung, was sich bezahlt machen sollte. Von 95 000 Flaschen schaffte man es auf über 2 Millionen bis zum Beginn des 20. Jahrhunderts.

Setzte das von dem Anwalt Louis Boulomié aufgebaute Vittel ebenfalls auf Kurbad und Mineralwasserproduktion, nahm Perrier einen anderen Weg. Niemandem wollte es gelingen, die wegen ihres Gasaustoßes bekannte Quelle in Vergèze im Gard in ein Thermalbad zu verwandeln. Als Dr. Louis Perrier sie 1898 erwarb, verlegte er sich deshalb hauptsächlich auf die Herstellung von Limonade. Es mangelte ihm jedoch an Kapital, um das kohlensäurehaltige Wasser abfüllen und vermarkten zu können. Das brachte der Engländer John Harmsworth ein, der 1906 die ›Compagnie de la Source Perrier‹ gründete. Nur vier Jahre später belief sich die Produktion bereits auf 10 Millionen Flaschen, die zum größten Teil in die USA und nach England exportiert wurden. Die Flasche empfand Harmsworth einer Gymnastikkeule nach, denn bis zum Ersten Weltkrieg stand der Heilaspekt bei der Vermarktung von Mineralwässern generell im Vordergrund. In den zwanziger und dreißiger Jahren steigerte sich der Verbrauch auf über eine Viertel Milliarde Flaschen in Frankreich, aber der eigentliche Boom setzte erst nach 1947 ein.

Verschiedene Faktoren sind für den immer häufigeren Griff nach der Wasserflasche verantwortlich. Zwar ist das aus dem Hahn fließende Trinkwasser so kontrolliert wie niemals zuvor, doch geschmacklich läßt es gerade in den Großstädten stark zu wünschen übrig. Folglich entstand der Bedarf nach Ersatz. Zum einen wollten die Verbraucher die Gewißheit, daß ihr Trinkwasser zumindest rein sei, andererseits führten die veränderten Arbeits- und Lebensbedingungen zu einem immer größeren Gesundheitsbewußtsein und zum Schlankheitsideal. In den letzten Jahren kommen nach diversen Trinkwasserskandalen außerdem direkte Umweltbedenken hinzu. Und nicht zuletzt trug die äußerst engagierte Werbung der Riesen der Mineralwasserbranche ihr Scherflein zum Erfolg bei.

Die Auvergne ist mit ihren vulkanischen Quellen eine der bedeutendsten Mineralwasserregionen geworden. Nicht so sehr Vichy und Saint-Yorre stehen heute für ihren Erfolg als Volvic, das 10 km nördlich von Clermont-Ferrand im Parc des Volcans liegt. Sein Wasser kommt aus dem Chalet des Sources, das sich in den bewaldeten Hügeln oberhalb des gleichnamigen Städtchens befindet. Es wird zur Abfüllfabrik 4 km hinabgepumpt. Die Fabrik erstreckt sich inzwischen über 7 ha, wo täglich über 2,5 Millionen Flaschen von sechs Abfüllstraßen laufen, was annähernd eine Milliarde Flaschen im Jahr ergibt. In den fünfziger Jahren füllte Volvic gerade mal 50 Millionen Flaschen jährlich. Der größte Teil der Produktion, mit Ausnahme der für die Gastronomie bestimmten Glasflaschen, wird in die in Frankreich so populären, weil leichten Plastikgebinde abgefüllt, die an Ort und Stelle erzeugt werden. Ihnen wird in einem zunehmend ökologisch orien-

Dieser schmucke Trinkpavillon in Vichy stammt aus dem 19. Jahrhundert, als die mondänen Thermen noch alljährlich 300 000 Kurgäste anzogen.

tierten Europa heute kaum noch eine Zukunft beschieden sein. Inzwischen hat der Verbrauch an Mineralwasser allgemein in Frankreich wieder neue Rekorde erreicht und beläuft sich auf rund 6,5 Milliarden Flaschen, wobei die Franzosen in Bezug auf stilles Wasser bei weitem alle anderen Europäer überflügeln.
Unterscheiden muß man zwischen zwei Arten von Wasser: Mineralwasser ist sogenanntes Tiefenwasser aus den unterirdischen Vorkommen. In Dutzenden, teilweise Hunderten von Jahren filterten die darüberliegenden Erd- und Gesteinsschichten Regenwasser und reicherten es mit verschiedenen Mineralien und Spurenelementen an. Der gesundheitliche Wert beruht auf ihrem Vorkommen, ihrer Kombination, und ist von Wasser zu Wasser verschieden. Quellwasser ist ebenfalls ein Tiefenwasser, das vor jeglicher Art von Verunreinigung geschützt, mikrobiologisch gesund und ohne jegliche Behandlungen oder Zusätze – mit Ausnahme der auch bei Mineralwasser erlaubten Methoden der Filtrierung, der Dekantation und des Versetzens mit Kohlensäure – für menschlichen Genuß geeignet ist, aber daß keine Mineralien und Spurenelemente enthalten muß und nicht als gesundheitsförderlich ausgegeben werden darf.

Von den Römern entdeckt, zog Vichy erst im 17. Jahrhundert erneut die Aufmerksamkeit – vor allem Ludwigs XIII. – auf sich.

Die großen Wässer Frankreichs: Wasser mit Kohlensäure

Perrier, Vergèze
Seit 1863 autorisierte, weltweit bekannte Quelle im Gard, die reichlich mit eigener Kohlensäure versetzt ist.

Vernière, Lamalou-les-Bains
Große Blasen, wenig Perlung, leicht mineralisch, mit Magnesium und Sulfaten, aus dem Languedoc.

Vals, Vals-les-Bains
Große Blasen, doch angenehm prickelnd und sehr ausgewogen in der Zusammensetzung. Aus dem Thermalbad in der Ardèche.

Vichy Célestin
Mit angenehm wenig Kohlensäure, da direkt abgefüllt, reich an Natrium, Kalzium und Fluor, im Abgang trocken.

Ogeu, Ogeu-les-Bains
Lebendiges, feinnerviges Perlen, wenig Mineralstoffe, wirkt entgiftend; seit 1880 anerkannte Pyrenäenquelle.

Eau du Boulou, Source Janette
Aus dem Roussillon, reich an Mineralsalzen, insbesondere Natrium, ausgeprägter Geschmack.

Manon, Vals-les-Bains
Ein gringfügig salzigeres, mineralhaltigeres und etwas stärker perlendes Wasser als das aus der Hauptquelle abgefüllte.

Saint-Yorre
Dezentes Perlen, aber ein hoher Mineralsalzgehalt. Es stammt aus je zwei Quellen des Allier und des Puy-de-Dôme.

Arvie, Ardes
An Kalzium, Magnesium, Kalium und Chloriden reiches, fast süßlich schmeckendes Quellwasser der Auvergne.

Wasser mit Kohlensäure

Salvetat, Sources Rieumajou, La Salvetat sur Agout
Feinperlendes, angenehmes, mineralstoffarmes Wasser aus dem Naturpark des Haut-Languedoc.

Badoit, Source Saint Galmier, Loire
Mittelgroße, verhaltene Blasen, angenehm und ausgewogen, leichter Mineralton, gehört zu Evian.

Stille Wasser

Alet, Source Les Eaux Chaudes
Aus Alet-les-Bains im südfranzösischen Aude kommt ein mineralisiertes, für Säuglinge geeignetes Wasser.

Contrex, Source Contrexéville
An Kalzium, Magnesium und Schwefel reiches Wasser aus dem bekannten Kurort in den Vogesen.

Quézac, Source Diva
Ein kerniges, mineralsalzreiches Wasser aus den Cevennen, das seit 1901 anerkannt ist und u.a. Fluor enthält.

César, Sources de St-Alban
Dezent perlendes, sehr ausgewogenes und angenehmes Wasser aus dem Loire, westlich von Lyon.

Chateldon
Luxuswasser aus dem Puy-de-Dôme, das bereits Ludwig XIV. genoß und das besten Restaurants und Läden vorbehalten ist.

Thonon, Alpes de Haute Savoie
Stammt wie Evian vom Lac Léman, wenig mineralisiertes Wasser, das für Kleinkinder geeignet ist.

Cristalline, Source de Sainte-Cécile
Bei Cairanne, Côtes du Rhône, fließt dieses mineralsalzarme, für Säuglinge verträgliche Wasser.

Vauban, Source de Saint-Amand
Eine der seltenen Quellen im Departement Nord liefert dieses Kalzium und Sulfate enthaltende Wasser.

Hépar, Vittel
Der außergewöhnlich hohe Magnesiumgehalt zeichnet dieses Wasser aus dem berühmten Ort in den Vogesen aus.

Vittel, Grande Source
Berühmtes Wasser aus den Vogesen, das über gute Kalzium- und Magnesiumwerte verfügt und sich zur salzlosen Diät eignet.

La Française, Propiac-les-Bains
Mit viel Kalzium und Magnesium empfiehlt sich dieses Wasser aus der Drôme für Abmagerungskuren.

Evian, Source Cachat
In den Alpen, wo das Wasser 15 Jahre auf natürliche Weise gefiltert wird, fließt diese reine und ausgewogene Quelle.

Volvic, Sources Clairvic
Beliebtes Wasser aus der Auvergne. Es enthält nur wenig Mineralsalze, ist sehr ausgewogen und eignet sich gut für Säuglinge.

Abatilles, Arcachon
Aus 472 m Tiefe steigt das nitratfreie Wasser in den Kiefernwäldern Arcachons empor und zeichnet sich durch Reinheit aus.

Mont Roucous, Gard
Aus dieser Quelle in den Cevennen stammt eins der reinsten Wässer Frankreichs, das hohen diätetischen Wert besitzt.

Canyon, Source la Souterraine
In Alet-les-Bains, südlich von Limoux, wird dieses für Säuglinge geeignete Wasser abgefüllt.

Roussillon
Languedoc
Les Cévennes

André Dominé

Apéritifs à base de vin
Muscheln des
 Bassin de Thau
Soupe de poissons
Küstenrezepte
Anchovis
Die Cargolade
Wildschweine
Katalanische Kochkunst
Desserts à la catalane
Touron
Vins Doux Naturels
Die Weine des Roussillon
Fitou, Corbières
 & Minervois
Languedoc-Weine
Die Cevennen
Deftiges mit Tradition:
 Manoul & Moche
Cevennen-Honig

Auf der Domaine de Centeilles, nach der mittelalterlichen Kapelle im Hintergrund benannt, verstehen Daniel und Patricia Boyer-Domergue das Leben zu genießen und erzeugen hervorragende Minervois-Weine.

Das römische Aquädukt zu Füssen des Weindorfs Ansignan im Anbaugebiet des Côtes du Roussillon dient auch heute noch der Bewässerung von Gärten im Agly-Tal.

Midi nennt man den Süden Frankreichs und meint damit jenen Landstrich, der den Golf von Lion von der Rhône bis zu den östlichsten Ausläufern der Pyrenäen säumt. ›Midi‹ spielt auf die Sonne an, die im Zenit steht. Sonne und blauer Himmel sind Elemente, die den Lebensstil im Languedoc und im Roussillon geprägt haben und die für eine Lebensqualität stehen, auf die Städter aus dem Norden nicht selten neidisch sind. Montpellier, die Kapitale der Region, liefert dafür das beste Beispiel. Dort geht man gern und oft, aber vor allem dann Essen, wenn man im alten Stadtkern auf einem der kleinen charmanten Plätze oder auch in den nahen Küstenorten seine Mahlzeit im Freien genießen kann. Da sind dann keine aufwendigen und kostspieligen Menüs gefragt, sondern frische Zutaten in schmackhafter Zubereitung. Austern und Muscheln aus dem nahen Bassin de Thau beispielsweise.

Aber dies ist nur ein Aspekt der Region. Stößt man in ihren größeren Teil vor, der aus bergigem, oft unwegsamem Hinterland besteht, das im Roussillon sogar ins Hochgebirge übergeht, entdeckt man einen anderen. Bei allem mediterranen Einfluß und aller Gelassenheit, trotz einer spürbaren Naturverbundenheit war und ist das Leben dort hart und genügsam. Gleichwohl kennt man dort deftige, urwüchsige Rezepte und Spezialitäten, besonders im Gebiet der Cevennen. Was von dort an Zutaten kommt, ob nun Pilze und Kastanien, Beeren und Honig, Lamm und Wild, Wurstwaren und Pasteten, Ziegenkäse und Roquefort, es schafft den leichtlebigeren Ebenen ein solides Fundament. So wie der junge Ruhm des größten Weinbaugebiets der Welt letztendlich auf der Konsequenz querköpfiger Winzer beruht, die auf schwer zu bearbeitenden Hängen unvergleichlich mediterrane Weine erzeugen, so lebt auch der kulinarische Aufschwung des Languedoc-Roussillon von der genialen Verbindung zwischen traditionell verwurzelten Zubereitungen und Produkten mit einem neubelebten südlichen Esprit. So verwandelt sich das althergebrachte katalanische *mel i mato*, der mit Honig übergossene Ziegenfrischkäse, in ein hinreißendes Sorbet, das mit einem natursüßen Banyuls noch mal so gut mundet. Oder das hinlänglich bekannte klassische Stockfischpüree mit Namen *Brandade* verpuppt sich in den für die Region so typischen Mangoldblättern, um, nach altem Familienrezept verfeinert, als appetitanregende Einzigartigkeit wieder in Erscheinung zu treten. Und doch vermögen beide ihrem Wesen treu zu bleiben.

Apéritifs à base de vin

Unter dieser Bezeichnung, die richtiger Aperitifs auf Traubenbasis lauten sollte, werden Getränke zusammengefaßt, die vorwiegend aus Wein, aus mit Weingeist verstärktem Traubenmost oder aus beidem bestehen. Diese Mischungen wurden in Frankreich ab Mitte des 19. Jahrhunderts populär. Sie können mit pflanzlichen Aromastoffen, besonders gern mit Chinarinde, angereichert sein und werden erst nach mehreren Monaten Reife im Faß, die ihnen Harmonie verleiht, abgefüllt.

Byrrh

Der von den Brüdern Violet 1873 in Thuir als Markengetränk eingetragene Aperitif basiert auf nicht vergorenem rotem Traubenmost von Carignan, Grenache und Alicante, Weingeist und verstärktem Wein und wird mit Chinarinde, Extrakt der bitteren Colombo-Rinde, getrockneten Orangenschalen, Kakao- und Kaffeebohnen aromatisiert. Zwischen den Weltkriegen war es mit jährlich 35 Millionen verkauften Litern die größte Aperitifmarke Frankreichs.

Dubonnet

Joseph Dubonnet, ein Pariser Likörhersteller, tüftelte als erster ein mit Chinarinde aromatisiertes und auf Mistelle basierendes Getränk aus, das den Kolonialsoldaten die Einnahme von Chinin schmackhaft machte. ›Mistelle‹ nennt man den durch Zusatz von Alkohol am Gären gehinderten Most, in dem der gesamte natürliche Traubenzucker erhalten bleibt. Heute wird Dubonnet

Byrrh ist ein würziger Aperitif, der seine Süße Traubenmost verdankt, den zugesetzter Weingeist am Gären hinderte.

in verschiedenen Ländern als reiner, nicht aromatisierter Likörwein angeboten.

St. Raphael
Der von dem Lyoner Arzt Jupet kreierte Aperitif, der ebenfalls Chinarinde enthält, existiert in einer weißen und einer roten Version. *Cinchona officinalis*, die Rinde eines in den peruanischen Anden beheimateten Baums, wirkt fiebersenkend, appetitanregend und verdauungsfördernd. Im 17. Jahrhundert von den Jesuiten als Heilmittel in Europa verbreitet, schätzte man sie im 19. Jahrhundert als allgemeines Heil- und Stärkungsmittel.

Vermouth
1786 mischte Antonio Benedetto Carpano in Turin aus Wein, Wermut, Kräutern und Gewürzen einen ersten Versuch. Im damals zum Piemont gehörenden Herzogtum Savoyen nutzte man Alpenkräuter zum dezenteren Vermouth de Chambery. Und in Lyon ersann Louis Noilly seinen Noilly-Prat, der in Marseillan bei Sète erzeugt wird.

Unten: In der einstigen Firma Byrrh in Thuir bei Perpignan werden die Aromastoffe für den klassischen Aperitif wie vor 100 Jahren abgewogen.

Byrrh wird vor allem mit der wohltuenden Chinarinde, mit getrockneten Orangenschalen sowie mit Kaffee- und Kakaobohnen aromatisiert.

Das größte Holzfaß nimmt genau eine Million Liter auf und ist eine der Attraktionen von Thuir.

Als Byrrh noch der meistgetrunkene Aperitif in Frankreich war, rollten regelmäßig Tankwagen über den fabrikeigenen Schienenanschluß.

Muscheln des Bassin de Thau

Das Bassin de Thau ist eine 4–5 m tiefe Lagune, die sich über eine Fläche von 7500 ha zwischen Agde und Sète erstreckt. Vom Mittelmeer ist sie durch einen schmalen Landstreifen getrennt, der an drei Stellen durchbrochen ist, die den Austausch zwischen Binnensee und Meer ermöglichen. Mèze, Marseillan und Loupian haben Anteil daran, aber das berühmteste Dorf, das den hier gezogenen Austern seinen Namen gab, ist Bouzigues. Austern sind das Haupterzeugnis der etwa 650 Betriebe, die insgesamt 352 ha bewirtschaften, und zwar in Form rechteckiger Gerüstkonstruktionen, der Tische. 2600 Stück gibt es davon im Bassin, jeder 1250 m² groß. Gewöhnlich arbeitet ein Betrieb mit fünf Tischen, von denen die mit Zement an bis zu 1000 Schnüren je Tisch festgeklebten Austern ins Wasser hängen. Da die Nährstoffe im Bassin nicht gleichmäßig verteilt sind, kann man über die Plazierung der Tische das Austernwachstum steuern.

Auch Miesmuscheln züchtet man hier, und Ende des 18. Jahrhunderts galten die ungewöhnlich großen Exemplare als die besten der ganzen Küste zwischen Aigues Mortes und Cerbère.

Die Miesmuscheln vermehren sich ausreichend von allein, Züchter finden die Jungtiere auf den größeren Exemplaren oder auf Austern. Die kleinen Muscheln werden in feinmaschige Netze gegeben und zu den Tischen gefahren, an denen man sie befestigt, so daß sie 3–5 m tief im Wasser hängen. Wenn die Muscheln größer werden, wachsen sie aus dem Netz heraus, aber bleiben daran haften. Ihre vier bis fünf Monate dauernde Kinderstube findet im geschützten Wasser des Bassins statt, dann kommen sie für weitere acht bis neun Monate ins Meer, wo sie an 6–10 m langen Kabeln unter Wasser angekettet werden, die man nur tauchend erreichen kann. Bei der Ernte tauchen die Züchter erneut, um die Netze zu lösen. Dann hievt man sie mit einer Winde an Bord der flachen Barken, wo man sie in großen Korbkästen verstaut. Während sich im Bassin an Netzen und Muscheln allerlei Algen, andere Schalentiere und gallertartige Wasserwesen festsetzen und dazwischen auch Krebse, Krabben und kleinere Fische ideales Terrain finden, können sich im Meer wegen der stärkeren Strömung keinerlei Parasiten auf den Muscheln halten. Allerdings sind die Muschelzüchter bei zu stürmischem Wetter zuweilen gezwungen, die Ernte zu verschieben. Bei starkem Sturm können die Muscheln auch sandiger sein.

Kaum haben die Barken an ihren Baracken festgemacht, werden die eingebrachten Netze mit

Die Muscheln wachsen im Bassin an Netzen, die der Züchter heraushievt und in eine Maschine spannt, um die Muscheln abzulösen.

den daran haftenden Muscheln in eine Maschine eingespannt, in der sie gründlich gewaschen und gebürstet werden und alles, was sich sonst zwischen ihnen verirrt haben könnte, entfernt wird. Dann kalibriert man sie, indem sie zunächst in engen, dann in weiteren Edelstahlgittern gerüttelt werden. Anschließend kommen sie bis zum nächsten Tag in Wasser, um sich von dem Streß des Transports und der Reinigung zu erholen. Miesmuscheln sind gewöhnlich 12–14 Monate alt, wenn sie geerntet und gegessen werden. Die Muschelernte aus dem Meer vor der Küste des Languedoc beträgt jährlich 8000–12 000 Tonnen. Über die Ernte aus dem Bassin liegen keine genauen Angaben vor, man schätzt sie jedoch auf etwa 2000 Tonnen.

Miesmuscheln sollten so frisch wie möglich, auf jeden Fall aber innerhalb von vier Tagen verzehrt werden. Die Muscheln von mittlerer Größe mit 4–5 cm Länge, *les moyennes*, werden für *Moules marinières* verwendet, die größeren, *les grasses*, sind meist für *Paella* oder für *Moules farcies*, gefüllte Muscheln, bestimmt oder werden roh gegessen. Beliebt ist auch die *Brasucade*, bei der man die geöffneten Muscheln über Weinreisern grillt.

ROUSSILLON, LANGUEDOC & LES CÉVENNES

Moules marinières
Muscheln auf Seemannsart

Für 2 Personen

2 kg	frische Miesmuscheln
100 g	Butter
2 große	Schalotten, gehackt
4 EL	gehackte Petersilie
1	Zweig Thymian
1/2	Lorbeerblatt
1 EL	Weinessig
200 ml	Weißwein
1 TL	Stärkemehl

Die Muscheln sorgfältig reinigen und alle Bärte entfernen. Geöffnete Muscheln, die sich auf Druck nicht schließen, aussortieren.
Die Hälfte der Butter in einem ausreichend großen Topf erhitzen und die Schalotten darin glasig dünsten. Die Hälfte der Petersilie, den Thymianzweig sowie das halbe Lorbeerblatt zufügen, dann Essig und Wein dazugießen.
Die gereinigten Muscheln in den Topf geben und rasch zum Kochen bringen. Wenn die Muscheln sich geöffnet haben, was nach wenigen Minuten geschehen sein sollte, die Muscheln aus dem Sud heben und in Portionsschüsseln füllen.
Den Muschelsud mit der restlichen Butter verrühren und mit in Wasser angerührtem Stärkemehl binden. Die Sauce über die Muscheln gießen, mit der restlichen Petersilie bestreuen und sofort servieren.

Achtung: Muscheln, die sich beim Kochen nicht geöffnet haben, aussortieren.

1 Wichtig ist es, die Miesmuscheln gründlich zu reinigen und insbesondere die Bärte zu entfernen.
2 Hier sieht man deutlich an einer geöffneten frischen Muschel, wie die Bärte am Muschelmund verankert sind.
3 Reichlich Butter in einem hohen Topf zerlassen und darin die Schalotten andünsten, bevor man Essig und Wein zufügt.

4 Dann kommen die Muscheln in den Topf und werden zugedeckt zum Kochen gebracht.
5 Sobald sich nach einigen Minuten die Muscheln geöffnet haben, hebt man sie heraus und füllt sie zum Servieren in Tonschüsseln.
6 Butter im Muschelsud zerlassen, mit in Wasser angerührtem Stärkemehl binden und abschmecken.
Unten: Die Buttersauce wird heiß über die Muschelportionen gegossen, die man sofort aufträgt.

Die Zutaten sind einfach, nur etwas Schalotten, Thymian, Lorbeer, Petersilie, Weinessig und Weißwein kommen zu den Miesmuscheln, aber die Wirkung ist erstaunlich.

Soupe de poissons

Während die *Bouillabaisse* schon lange zu einem Luxusgericht aufgestiegen ist, das in den edelsten Restaurants zubereitet wird, findet man entlang der französischen Mittelmeerküste von Cerbère bis Menton eine einfachere Version der Fischsuppe. Wie ihre Kollegen an anderen Küsten auch, behielten die Fischer am Golf von Lion und an der Côte d'Azur früher nur die kleinsten Fische ihres Fangs für den Eigenbedarf zurück. Da lohnte sich nicht die Mühe, sie zu filetieren oder im ganzen zu servieren. Statt dessen kochte man sie mit Gemüse und den am Mittelmeer obligatorischen Tomaten und Knoblauchzehen in Wasser, pürierte alle Zutaten und strich sie durch ein Sieb, so daß man eine dickflüssige, rötliche und intensiv schmeckende Suppe erhielt. Um sie sättigender zu machen, serviert man geröstetes Brot dazu, das man mit der scharfen, auf Paprika, Knoblauch und Olivenöl basierenden *rouille* bestreicht.

Behielten die Fischer größere Fische übrig, dann bereiteten sie mit Vorliebe eine *Bullinada* daraus zu. Dafür nimmt man Fische wie Drachenkopf, Seeteufel, Seewolf oder Wittling aus und schneidet sie in gleichmäßig große Stücke. Abwechselnd schichtet man dann dicke Kartoffelscheiben und Fischstücke in einen Tontopf, begießt alles mit Fischsud und gart es langsam bei niedriger Temperatur. Als ein zusätzliches Würzmittel kann ein Stück *sagi*, leicht ranzig gewordener Speck, dienen. Aale aus dem Etang de Leucate gehören in die besonders im Roussillon beliebte Version der *Bullinada d'anguilles*.

Soupe de poissons de roche
Fischsuppe

4 Stangen Porree
2 große Zwiebeln
2 Möhren
2 EL Olivenöl
8 Tomaten
6 Knoblauchzehen
1/2 Bund glatte Petersilie, fein gehackt
1 EL Tomatenmark
4 kg frische Fische (Petermännchen, Knurrhahn, Wittling, Meeraal)
4,5 l Wasser
250 ml trockener Weißwein
1 Bouquet garni
Croûtons
1 EL Butter

Porree, Zwiebeln und Möhren putzen, in kleine Stücke schneiden und in einem großen Topf in Olivenöl andünsten. Die Tomaten würfeln und mit 4 zerdrückten Knoblauchzehen zu dem Gemüse in den Topf geben. 15 Minuten bei niedriger Temperatur dünsten.
Die Fische ausnehmen und gründlich abspülen.

354 ROUSSILLON, LANGUEDOC & LES CÉVENNES

1 Erst werden Lauch, Zwiebeln und Möhren in Olivenöl gedünstet, dann folgen Tomaten und Knoblauch.
2 Nachdem das Gemüse eine Viertelstunde auf kleiner Flamme garte, gibt man feingehackte Petersilie und Tomatenmark dazu.

3 Die in der Zwischenzeit ausgenommenen und gründlich gewaschenen Fische werden im Topf auf das Gemüse gebettet.
4 Jetzt ist es Zeit, Wasser und Wein anzugießen und das Bouquet garni hinzuzufügen.

5 Mit dem Pürierstab zerkleinert man alle Zutaten zu einer homogenen und relativ dickflüssigen Suppe.
6 Zum Schluß wird die Suppe durch ein Sieb passiert und sofort serviert.

Dann Petersilie und Tomatenmark in den Topf geben und gut unterrühren. Die Fische auf das Gemüse legen, Wasser und Weißwein angießen und das Bouquet garni hinzufügen. 20 Minuten kochen.
Nun die Suppe pürieren und anschließend durch ein nicht zu feinmaschiges Sieb streichen. Warm stellen.
Die Croûtons mit dem restlichen Knoblauch einreiben und in einer Öl-Butter-Mischung in der Pfanne rösten. Man gibt sie entweder gleich mit der Suppe in Suppenschalen und serviert sofort, oder man reicht die Croûtons zusammen mit einer kleinen Schüssel *rouille* getrennt.

Aus frischen Zutaten zubereitet, ist diese einfache und beliebte Fischsuppe eine köstliche Vorspeise.

Rouille
Scharfe Paprikasauce

2 reife rote Paprikaschoten
5 Knoblauchzehen
1 kleine rote Chilischote
1 g Safranfäden
1 TL Meersalz
1 große mehlige Kartoffel, in der Schale gekocht
200 ml Olivenöl

Die Paprikaschoten im Backofen garen, bis sich die Haut stellenweise braun verfärbt. Dann die Haut abziehen und die Kerne entfernen. Mit Knoblauchzehen, Chilischote, Safran und Salz im Mörser zerreiben. Dann mit der gekochten Kartoffel zu einer dicken Paste verrühren. Das Olivenöl unter ständigem Schlagen tropfenweise zufügen, bis die Sauce die Konsistenz eines sämigen Pürees hat.

Küstenrezepte

Gaspacho aux huîtres
Gazpacho mit Austern

2 rote Paprikaschoten
1 EL Olivenöl
4 Tomaten
100 ml Gurkensaft
200 ml Tomatensaft
200 ml Wasser
1 Knoblauchzehe
2 Eier
Salz und Pfeffer aus der Mühle
200 ml Olivenöl
16 Austern (aus Bouzigues)
Kräuter der Saison

Die Paprikaschoten auf den Rost des vorgeheizten Backofens legen und grillen, bis die Haut dunkel wird, dann enthäuten, Stiel und Kerne entfernen und in 1 EL Olivenöl braten. Kühl stellen.
Die Tomaten enthäuten, entkernen und in kleine Würfel schneiden.
Dann alle übrigen Zutaten, bis auf die Austern, mit dem Pürierstab zerkleinern, nach und nach das Öl zugießen, bis eine Art Mayonnaise entstanden ist. Die Austern öffnen, das Austernwasser abschütten und das Muschelfleisch kurz pochieren.
Jeweils eine halbe Paprikaschote, Tomatenwürfel und 4 Austern in der Mitte der Teller anrichten, mit Gazpacho-Sauce krönen und mit frischen Kräutern garnieren.

Ollada de petits légumes aux moules et boudin noir
Gemischtes Gemüse mit Muscheln und Blutwurst

1 Kartoffel
1 kleine Zucchini
1 Möhre
100 g grüne Bohnen
1 Stange Porree
1 Artischocke
Salz
50 g *sagi* (leicht ranziger Speck)
400 ml Gemüsebrühe
12 dünne Scheiben katalanische Blutwurst
12 große Miesmuscheln, gekocht und aus den Schalen gelöst
1 Tomate, gewürfelt

Die verschiedenen Gemüse, mit Ausnahme der Tomate, putzen, in kleine Würfel schneiden und separat in nicht zu stark gesalzenem, kochendem Wasser garen.
Den *sagi* wässern, um ihm möglichst viel Salz zu entziehen, dann in kleine Würfel schneiden. In einen Topf mit 400 ml Gemüsebrühe geben, zunächst 5 Minuten kochen, dann weitere 15 Minuten ziehen lassen und abschmecken.
Die vorgegarten Gemüse, die fertigen Muscheln und die Blutwurstscheiben in etwas Bouillon erhitzen.
Das Gemüse gleichmäßig auf 4 Tellern verteilen, dann je drei Blutwurstscheiben pro Teller dazugeben sowie die Muscheln und einige rohe Tomatenwürfel. Zum Schluß das Gericht mit heißer Brühe übergießen und sofort servieren.

Papillotte de moules et filets de sardines aux légumes du soleil
Eingewickelte Muscheln und Sardinenfilets mit Sonnengemüse

16 Sardinen
1 grüne Paprikaschote
1 rote Paprikaschote
1 Zucchini
1 kleine Aubergine
1 kleine Zwiebel
4 Knoblauchzehen
10 ml Olivenöl
Salz und Pfeffer aus der Mühle
Pergamentpapier
1 kg Miesmuscheln, gekocht und aus den Schalen gelöst
200 g entsteinte schwarze Oliven
1/2 Bund glatte Petersilie, fein gehackt

Die Sardinen filetieren. Das Gemüse putzen und in schmale Streifen schneiden. Zwiebel und Knoblauch in feine Scheiben schneiden und mit dem Gemüse in Olivenöl dünsten. Salzen und pfeffern und auf einem Teller beiseite stellen.
Das Pergamentpapier in 4 Stücke à 50 x 25 cm schneiden, mit Olivenöl einpinseln und auf jedes Stück (in die Mitte einer Hälfte) je ein Viertel der Gemüse, der Muscheln, 8 Sardinenfilets und einige Oliven legen, mit Olivenöl beträufeln, Petersilie darüberstreuen, salzen und pfeffern. Die unberührte Papierhälfte darüberschlagen und die Kanten fest zusammenfalten.
Die Päckchen in den auf 200 °C vorgeheizten Backofen auf den mittleren Rost legen, bis sie anschwellen. Sofort servieren.

Baudroie poêlée aux cèpes des Albères
Gebratener Seeteufel mit Steinpilzen

800 g Steinpilze
1 Schalotte, fein gehackt
Salz und Pfeffer aus der Mühle
1 EL gehackte Petersilie
2 EL Öl
4 Scheiben Seeteufel, ca. 2 cm dick
1 EL Sonnenblumenkernöl
50 ml Wasser
Saft 1/2 Zitrone
100 g Butter
Kerbel

Die Steinpilze putzen, in Scheiben schneiden und mit der feingehackten Schalotte in heißem Öl in einer Pfanne andünsten, mit Salz und Pfeffer würzen, anschließend mit gehackter Petersilie bestreuen und warm stellen.
Den Backofen auf mittlere Temperatur vorheizen. Die Fischscheiben kalt abspülen, trockentupfen und in Sonnenblumenkernöl von beiden Seiten anbraten, dann weitere 6–8 Minuten im vorgeheizten Backofen garen.
Das Wasser mit dem Zitronensaft in einen Topf geben, salzen und zum Kochen bringen, die Butter hinzufügen und gut durchrühren.
Auf jedem Teller etwas von den Steinpilzen anrichten (einige davon zurückbehalten), je eine Scheibe Seeteufel darauf betten, einige Löffel Buttersauce darüber gießen und schließlich mit dem Kerbel sowie mit einigen Pilzen verzieren.

Chapon rôti aux oignons, petit jus aromatisé au chorizo
Gerösteter Goldbarsch mit Zwiebeln in Chorizo-Sauce

1 kg Goldbarsch (oder roter Drachenkopf)
2 EL Öl
100 g Butter
Pfeffer aus der Mühle
200 ml Kalbsfond
200 g Chorizo
4 große Zwiebeln
Fett zum Anrösten
Basilikumblätter

Den Goldbarsch filetieren und in 4 Portionen schneiden. Die Filets in Öl goldgelb in der Pfanne anbraten, dann bei mittlerer Temperatur 10 Minuten im vorgeheizten Backofen garen.
Die Mittelgräte des Fisches in kaltem Wasser quellen lassen, abtropfen und in 50 g Butter anschwitzen. Frisch gemahlenen Pfeffer dazugeben und mit 200 ml Kalbsfond ablöschen.
Von der Chorizo 8 feine Scheiben abschneiden und beiseite legen. Die übrige Wurst in kleine Würfel schneiden, einige davon zurückbehalten und den Rest zur Sauce geben. Kurz einkochen, durch ein Sieb gießen und damit den Bratensatz in der Pfanne ablöschen. Mit der restlichen Butter montieren und die Chorizo-Würfel hineingeben.
Die Zwiebeln in Ringe schneiden, kurz in der Pfanne anrösten, in die Mitte jedes Tellers häufen und mit der Chorizo-Sauce beträufeln. Die Goldbarschfilets auf den Zwiebeln anrichten, mit 2 Chorizo-Scheiben und Basilikumblättern garnieren.

Pavé de congre aux supions, beurre d'arêtes parfumé au vinaigre
Meeraalsteak mit Tintenfischen in Essigsauce

Ratatouille-Gemüse: 1 Aubergine, 2 Zucchini, je 1/2 rote und grüne Paprika, 2 Tomaten, 1 Zwiebel
5 EL Olivenöl
Salz und Pfeffer aus der Mühle
Kräuter der Provence
4 Artischockenböden, in Scheiben geschnitten
800 g Meeraal
200 g kleine Tintenfische, küchenfertig
Sauce
250 g Butter
Pfeffer aus der Mühle
300 ml Weißwein
1 EL Tomatenmark
100 g Zucker
200 ml Banyuls-Essig

Das kleingeschnittene Gemüse in 2 EL Olivenöl dünsten, würzen und 20 Minuten schmoren.
Die Artischockenböden fritieren und warm stellen.
Den Meeraal entgräten, aufrollen und in 4 Scheiben schneiden. In 2 EL Öl anbraten, dann im vorgeheizten Ofen 15 Minuten garen. Die Tintenfische salzen und pfeffern, 2 Minuten in 1 EL Öl braten.
Für die Sauce die Gräten in kaltem Wasser quellen lassen, abgießen und mit 50 g Butter, Pfeffer, Weißwein und Tomatenmark erhitzen. Separat den Zucker karamelisieren und mit dem Essig ablöschen. Die Fischbutter mit der Karamelsauce vermischen, abschmecken, durch ein Sieb gießen und mit der restlichen Butter montieren.
Auf vorgewärmten Tellern anrichten.

Zarte Anchois de Collioure sind eine berühmte und gesuchte Spezialität

Die Anchovis werden mit 400 m langen Netzen gefangen und anschließend sofort verarbeitet.

Es sei denn, man will sie frisch mit Essig einlegen, dann kühlt man sie bis zur Zubereitung nur in Eis.

Für die klassischen Anchois de Collioure vermengt man die Fische gleich nach dem Fang mit Salz.

Anchovis

Im Sommer säumen Maler und Hobbykünstler mit ihren Staffeleien den Kai von Collioure, dem berühmtesten Fischer- und Badeort an der Côte Vermeille, nur einen Katzensprung von der spanischen Grenze entfernt. Immer wieder bannen sie die geschützte Bucht mit der befestigten Kirche und dem einstigen Sommersitz der Könige von Mallorca auf Leinwand oder Aquarellpapier. Seit der Zeit der Phönizier, Griechen und Römer scheint Collioure nichts von seiner Anziehungskraft eingebüßt zu haben. Im Gegenteil: Heute lebt es überwiegend vom Tourismus. Nur sein charaktervoller Rotwein, der natursüße Banyuls, und seine Anchovis, die berühmten Anchois de Collioure, zeugen noch von einer einst blühenden Wirtschaft.

Über Jahrhunderte war Collioure ein bedeutender Handelshafen. Bereits im Mittelalter hatte sich der hier hergestellte eingesalzene Fisch, ob Anchovis, Sardinen, Kabeljau oder Thunfisch, einen guten Ruf erworben. Als Collioure durch den Pyrenäen-Vertrag von 1659 an Frankreich fiel, befreite es der König sogar von der Salzsteuer, der *gabelle*. Während Collioure als Handelsplatz alle Bedeutung verlor, brach die goldene Zeit der Fischerei an.

Die Fischer von Collioure fuhren auf ihren *catalanes*, 10 m langen Segelbooten mit sechs Mann Besatzung, hinaus aufs Meer und warfen das *sardinal* aus, ein 400 m langes Netz. Immer schon stellten die Anchovis einen großen Teil ihres Fangs dar. Diese schmalen länglichen Heringsfische kommen zwar in allen warmen Ozeanen überaus zahlreich vor, doch die Anchovis des Mittelmeers gelten als besondere Delikatesse, vor allem die von Collioure. Die Konservierung durch Einsalzen war in dem kleinen Hafen am Fuß der Pyrenäen ein seit Generationen überliefertes Gewerbe, in dem viele Fischersfrauen Arbeit fanden. In der wirtschaftlichen Blütezeit des Orts gab es an die 30 Betriebe, von denen nur vier überlebt haben. Und von der einstigen stolzen Flotte mit 150 Barken blieb nur ein halbes Dutzend als touristische Schaustücke übrig. Rund 30 Jahre ist es her, daß die Fischer zum letzten Mal mit ihren *catalanes* von Collioure aus den Hafen in Richtung Meer verließen. Nur das benachbarte Port-Vendres hat eine kleine Flotte dieser alten Fischerboote bewahrt.

Die frisch gefangenen Fische werden unverzüglich mit Salz vermengt. Dann entfernt man Innereien und Köpfe und schichtet die Anchovis in Fässer, wobei zwischen jede Schicht reichlich grobes Salz gestreut wird. Mit großen Steinen beschwert, müssen sie dann drei Monate reifen, um ihr ausgeprägtes Aroma zu entwickeln. Danach wäscht man die Fische sorgfältig, um das Salz wieder zu entfernen, sortiert sie nach Größe, schichtet sie in Gläser und füllt mit Salzlake auf. Auf diese Weise konserviert, halten sich Anchovis länger als ein Jahr. Man kann beliebige Mengen entnehmen, muß jedoch darauf achten, daß die im Glas verbliebenen Fische mit Lake bedeckt bleiben.

Links: Port-Vendres ist der größte aktive Fischereihafen des Roussillon, in dem der frische Fang wochentags ab 17 Uhr angeboten wird.

Anchovis als Handelsware

Anchois – Anchovis
Ganze, in Salzlake eingelegte und meist in Gläsern angebotene Fische. Man muß sie wenigstens 60 Minuten in Wasser, das man mehrmals wechselt, entsalzen. Dann halbiert man sie der Länge nach und entfernt die Gräte. Gut abtupfen. Mit Olivenöl beträufeln, mit Persillade (feingehackter Petersilie und Knoblauch) bestreuen und mit hartgekochten Eiern servieren.

Filets d'anchois – Anchovisfilets
Meist in kleinen Gläsern in Öl eingelegt, sind sie als Würzzutat für Salate und Pizzas beliebt.

Crème d'anchois – Anchovispaste
Aus Filetstückchen und Öl gerührte Paste, die als Würze für Grilladen oder als Aufstrich für Toast oder Brot dient. Jedem Gericht geben Anchois de Collioure eine markante mediterrane Note.

Nach dem Salzen entfernt man Innereien und Köpfe und schichtet die Fische in Fässer.

Zwischen jede Schicht streut man grobes Salz. Die Anchovis müssen dann drei Monate reifen.

Als Halbkonserve in Gläsern gelangen sie schließlich auf den Markt.

Petit gris, die ›kleine graue‹ südeuropäische Weinbergschnecke, ersetzt heute vielfach die selten gewordene Burgunder-Schnecke.

Die Cargolade

Oben: Im eigenen Haus geröstete Schnecken gelten in manchen Regionen Frankreichs als ganz besondere Delikatesse.

Meister im Schneckenessen sind nicht, wie man vermuten könnte, die Burgunder, sondern die Katalanen des Roussillon. Sie treffen sich *en famille* oder mit Freunden an beliebten Grillplätzen, um gemeinsam eine *Cargolade* zu zelebrieren. Ursprünglich wurde sie als Festessen im Freien an Ostern oder Pfingsten zubereitet, aber mittlerweile ist jeder sonnige und nicht zu windige Tag recht. Die *Cargolade* – von *cargol*, katalanisch für Schnecke – ist ein geselliges Ereignis, bei dem jeder mit Hand anlegt. Denn im Gegensatz zu den in Restaurants aufwendig vor- und zubereiteten Weinbergschnecken *à la bourguignonne* ist die Karriere der katalanischen Kandidaten völlig unterschiedlich. Schneckennarren in Frankreichs südlichster Provinz halten selbst Ausschau nach den begehrten Leckerbissen. Sobald ein paar Regentropfen fallen, schwärmen sie mit Plastiktüten bewaffnet aus und grasen auf Beutezug insbesondere Ränder von Weinbergen und Straßengräben ab. Durch Feuchtigkeit aus dem Häuschen gebracht, fallen ihnen zahlreiche *petits gris* zum Opfer, jene ›kleinen Grauen‹, wie man die südeuropäischen Weinbergschnecken nennt. Mittlerweile wurden auch einige Zuchten eingerichtet, in denen sie bestens gedeihen. Die *petits gris* sind an ihrem vergleichsweise spitzen Haus zu erkennen, während die Art mit den deutlich flacheren Exemplaren einfach *cargol* genannt und nach Möglichkeit verschmäht wird, weil sie weniger mundet. Vierzehn Tage lang läßt man den Fang radikal fasten, damit er sich von eventuell verzehrten giftigen Blättern reinigt. Will man ihn darüber hinaus aufbewahren, verabreichen Katalanen den Schnecken eine Diät aus Mehl, Thymian und Fenchel, die ihnen einen besonders würzigen Geschmack verleiht. Hat man selbst keine Gelegenheit, Schnecken zu sammeln, findet man sie in kleine Netze verpackt auf den Wochenmärkten der Ebene.

Die Vorbereitung beginnt mit der äußeren Reinigung der Schneckenhäuser, bei der mit einem

Schneckenkunde

Escargot de Bourgogne Weinbergschnecke
Die mitteleuropäische Weinbergschnecke besitzt ein Gehäuse von meist 3–4 cm Durchmesser. In der Regel wird sie vorgekocht und tiefgekühlt oder auch als Dosenkonserve angeboten.

Petit gris – Kleine Weinbergschnecke
Die südeuropäische Weinbergschnecke mit 2–3 cm großen Häusern ist in diversen nahverwandten Arten bis nach Kleinasien verbreitet. Sie wird auch gezüchtet. Auf südfranzösischen Märkten kann man sie auch lebend erstehen, sonst als Konserve.

Escargot achatine – Achatschnecke
Die Achatschnecke stammt ursprünglich aus Ostafrika und ist in Asien sehr verbreitet, wo sie auch gezüchtet wird. Die bis zu einem Pfund schwere Riesenschnecke wird überwiegend aus China importiert. Sie dient zunehmend als Ersatz für Weinbergschnecken, indem man deren Gehäuse mit Stücken von ihrem Fleisch füllt und unter der schlichten Bezeichnung ›escargot‹ anbietet.

Die Schnecken verkapseln sich, um sich gegen Austrocknung zu schützen. Diese Schicht entfernt man mit einem Messer.

Gewürzt werden die Schnecken, indem man sie in eine Mischung aus Salz, Pfeffer und Thymian taucht.

Die gesäuberten und gewürzten Schnecken legt man dicht an dicht auf einen eigens dafür vorgesehenen Rost mit einem Griff in der Mitte.

Den Rost stellt man auf die Glut, so daß die Schnecken, ohne vorgegart worden zu sein, in ihren Häusern garen.

An der Farbe der austretenden Flüssigkeit erkennt man den Gargrad. Man hält das Haus mit Brot und zieht die Schnecke mit einer Nadel heraus (unten).

Weinbergschnecken

Antonin Carême (1784-1833), eigentlicher Begründer der feinen französischen Küche, sorgte Anfang des 19. Jahrhunderts auch dafür, daß Weinbergschnecken zu gastronomischen Ehren kamen – *à la bourguignonne* mit Butter, Knoblauch und Petersilie. Die mundgerechten Weichtiere wurden so beliebt, daß man für sie sogar spezielle, mit Vertiefungen versehene Teller und eine Zange erfand, mit der man ihre heißen Häuser fest im Griff hat, während eine zweizackige Gabel sie aufspießt. Doch bis es soweit kommt, ist einiges zu tun.

Schnecken müssen vor dem Verzehr eine mindestens zehntägige Hungerkur überstehen. Aus Gründen der Reinheit und der Appetitlichkeit absolvieren sie mehrere Waschungen, bevor man sie blanchiert, abkühlt, aus ihren Häusern zieht und meist in Bouillon kocht. Kalt füllen sie erneut die inzwischen sterilisierten Gehäuse. Mit Kräuterbutter zugestrichen sind sie ofenfertig.

Schon unsere Urahnen erfreuten sich an Bauchfüßlern, wovon prähistorische Abfallhaufen zeugen. Die Griechen widmeten ihnen eingehende Betrachtungen, und die nimmersatten Römer erfanden die Schneckenzucht. Sie grillten ihre spiralschaligen Leckerbissen, ganz so wie es Katalanen und Provenzalen noch heute mögen, ohne sie vorher zu garen. Im übrigen Frankreich überließ die Oberschicht nur zu gern den Armen die Schnecken und stocherte höchstens zur Fastenzeit daran herum – jedenfalls vor Carême. Seither übertreiben Franzosen ihre Schneckenliebe. Die große burgundische Weinbergschnecke, deren Haus bis zu 5 cm Durchmesser erreicht, wurde ein Opfer von Gourmets (und moderner Landwirtschaft) und ist mittlerweile sehr selten. Statt dessen präsentieren Köche eine kleinere Variante namens *petits gris* mit grauem Körper im weiß- oder gelbgesprenkelten Gehäuse. Sie bevölkern Gascogne, Provence, Languedoc und Roussillon und eignen sich, anders als ihre größeren Verwandten, auch für die Zucht, die *héliciculture*.

Für Konserven schaffen osteuropäische Importe und die türkischen Schnecken Abhilfe, die man an dunklerem Fleisch und einem schwarzen Hausrand erkennt, sowie ein aus China tiefgefroren eingeführter, mindestens halbpfundschwerer Gigant der Familie der Achatschnecken.

scharfen Messer – Opinel oder Laguiole sind am verbreitetsten – der Verschluß entfernt wird, den die Schnecken bilden, um sich gegen Austrocknung zu schützen. Auch eventuelle Ausscheidungen werden entfernt und tote Exemplare ausgesondert. Dann taucht man sie in eine Mischung aus Salz, Pfeffer, gegebenenfalls etwas Cayennepfeffer und Thymian. So gewürzt, werden sie nebeneinander auf einem Rost angeordnet, wobei traditionell ein kreisrunder zum Einsatz kommt, der an ein Kuchengitter mit in der Mitte angeschweißtem Griff erinnert. Für die Glut hat man ein Bündel Weinruten, die beim Schneiden der Reben anfallen, angezündet, sie geben eine anhaltende und gleichmäßige Glut. Auf dem Feuer sondern die Schnecken eine schäumende Flüssigkeit ab, die zuerst weiß ist, sich dann gelb färbt, bis sie einen dunklen Kastanienton annimmt, der dem erfahrenen Schneckenkoch signalisiert, daß die Mahlzeit nun bereitet ist. Traditionalisten schmelzen über den leise brutzelnden Schnecken ein Stück Speck, von dem in jedes Gehäuse einige Tropfen Schmalz fallen sollten.

Die gegarten Schnecken werden mit Hilfe einer Nadel aus dem Haus gezogen. Dazu ißt man gern mit *aïoli*, der scharfen Knoblauch-Mayonnaise, bestrichene Brotscheiben. Obwohl gestandene Katalanen Dutzende solcher Schnecken zu verzehren im Stande sind, handelt es sich dabei im Grunde nur um die Vorspeise einer vollständigen *Cargolade*. Ihnen folgen auf Weinruten gegrillte Schweins- und Blutwürste sowie Lammkoteletts. Während des Essens kreist der immerfort mit Rotwein nachgefüllte *porró*, eine spitztüllige Karaffe, aus dem man *à la regalada*, nach Wohlgefallen, trinkt, indem man aus möglichst weitem Abstand den Wein in den Mund rinnen läßt. Könner zielen dabei in den Mundwinkel, so daß der Wein seitlich in den Mund gespült wird und man problemlos schlucken kann.

Zu einer echten *Cargolade* gehören außer Schnecken auch Lammkoteletts, Würste und Weinruten für die Glut.

Wildschweine

Im bergigen Hinterland des Midi mit seinen ausgedehnten mediterranen Wäldern und der *garrigue*, der Wildheide, wo Heide, Rosmarin, Lavendel und andere Kräuter und Büsche gedeihen, kommen Wildschweine zahlreich vor. Längst haben sie keine natürlichen Feinde mehr – bis auf die Jäger. In den Dörfern des Roussillon und Languedoc, ebenso wie in denen der Provence, der Cevennen und der Ardèche, ist die Jagd das liebste Vergnügen der Männer. Insbesondere Winzer und andere Landwirte, aber auch Handwerker und Angestellte frönen dieser Leidenschaft in der Saison von September bis Mitte Januar: samstags, sonntags und wenn es ihnen möglich ist, auch noch mittwochs. Dabei handelt es sich um Treibjagden. Haben einige kundige Waidmänner eine Rotte Wildschweine aufgespürt, wird die Meute Jagdhunde in deren Rücken geführt und losgelassen. Sie versuchen das Rudel so zu treiben, daß die Tiere Lichtungen oder Wege überqueren müssen, wo die postierten Jäger zum Schuß kommen. Die Beute wird später aufgeteilt.

In den Vorbergen des Canigou haben sich Wildschweine bestens an das Leben im großen Freilaufgehege gewöhnt.

Bei Wildschweinen gehen die Keiler meist eigene Wege. Die Rotten setzen sich aus Mutterfamilien zusammen, die aus einer Bache, jüngeren weiblichen Nachkommen und Frischlingen bestehen. Die älteste Bache regiert den Familienverband. Nur wenn die Bachen rauschig werden, sondern sie sich ab. Beschert die Natur ein besonders futterreiches Jahr, reagiert das Schwarzwild darauf mit ungewöhnlich viel Nachwuchs. Ausgewachsene Bachen werfen in der Regel fünf Frischlinge, aber starke Muttertiere bringen es auf bis zu elf Nachkommen pro Wurf. Obwohl die Hauptpaarungszeit im November und Dezember liegt, kann es dann vorkommen, daß die Bachen ein zweites Mal rauschig werden. Frischlinge sind leicht an den gelben Streifen zu erkennen, die sich der Länge nach über ihre kurzborstigen Schwarten ziehen, wie man das Fell von Schweinen nennt. In der Farbe variiert es zwischen Ocker und Rotbraun. Mit fünf bis sechs Monaten verlieren die Frischlinge ihre Streifen. Im Mittelmeerraum haben Wildschweine meist das ganze Jahr über silbergraue Borsten. Sie ernähren sich in den südlichen Wäldern von Eicheln, Eßkastanien, Wurzeln und allerlei Getier, das sie im Boden finden. Das Fleisch erlegter Wildschweine ist geschmacklich intensiver als das gezüchteter Tiere, was einerseits an der natürlichen Ernährung liegt, andererseits mit dem Streß zusammenhängt, dem das Wild während der Jagd ausgesetzt ist. Natürlich kommt es gelegentlich vor, daß Jägern ein kleiner Frischling lebend in die Hände fällt. Während man ihn oft einfach laufen läßt, hat es schon manchen jagenden Bauern gereizt, ihn

Aus Wildschwein lassen sich ausgezeichnete Schlachtwaren zubereiten wie (von links) Pastete, Blutwurst und Salami, hier ergänzt durch einen luftgetrockneten Schweineschinken.

Omelett auf dem Bauernhof

Omeletts, diese saftigen Klassiker der französischen Küche, sind auf Bauernhöfen mit Bewirtung sehr beliebt.
Wo findet man sonst so frische und schmackhafte Eier, die dem nur kurz gebratenen Omelett eine wirklich goldene Farbe verleihen? Und wenn man es – wie hier – mit selbstgefundenen Trüffeln aus den umgebenden Eichenwäldern würzt, ist noch der anspruchsvollste Gast vollauf zufrieden.

aufzuziehen. So ging es den Brüdern Vargas im Roussillon, deren Hof in den Aspres, der dem Canigou im Osten vorgelagerten Hügelregion liegt, einem wegen seiner Korkeichen und seines Wildschweinreichtums bekannten Gebiet. Sie zogen einen jungen Keiler auf, der sich seinen neuen und beengteren Lebensumständen bestens anpaßte. Also kauften die Brüder zwei junge Bachen dazu, umzäunten 1 ha Eichenwald und setzten das Kleeblatt darin aus. Schnell entstand daraus eine ganz beachtliche Rotte. Das brachte die geschäftstüchtige Familie auf die Idee, auf ihrem Hof eine *ferme-auberge* einzurichten und Gäste mit Wildschweingerichten zu bewirten. Im Gegensatz zu Restaurants, deren Wildangebot auf die Saison begrenzt ist, können sie Frischlingsbraten und Wildschweinpfeffer das ganze Jahr hindurch anbieten. Außerdem verarbeiten sie das Fleisch zu Pasteten, Sülzen und Würsten, die sie als Vorspeise kredenzen.

In Spitzenzeiten umfaßte ihre Rotte einen Keiler, acht Bachen sowie 20 Jungtiere und Frischlinge. Dieser Großfamilie stehen 17 ha umzäunter Wald zur Verfügung, dessen Boden sie gründlichst umgegraben haben. Da Eicheln und Kastanien nicht ausreichen, um die Tiere zu ernähren, werden sie mit allerlei rohem Gemüse und Früchten zugefüttert, die Floréal Vargas vom nahen Großmarkt holt. Auch Getreide gehört zur Wildschweindiät. Ihm kommt es besonders auf die Reinrassigkeit seiner Tiere an, die er schon mehrmals mit Hilfe von Blutproben testen ließ. Vor Jahrzehnten, als auf den Höfen Hausschweine noch im Freien gehalten wurden, entwischte bisweilen eins, das sich dann keck unters Schwarzwild mischte. Die daraus hervorgegangenen Tiere sehen mit ihren schmaleren Körpern und den langen Schnauzen heute zwar genau wie alle Wildschweine aus, aber es ist keine Seltenheit, daß eins statt der reinrassigen 36 Chromosomen ein zusätzliches aufweist, das es einem entfernten Hausschweinahnen verdankt, der einst 38 mitbrachte.

Linke Seite: In der Küche gelten Jungtiere im Alter von bis zu 16 Monaten als *marcassin*, Frischling, weil ihr Fleisch noch zart ist und einen feinen Braten ergibt.

Civet de sanglier
Wildschweinpfeffer

750 g Wildschwein
Salz und Pfeffer aus der Mühle
500 ml Rotwein
2 Zwiebeln
8 Knoblauchzehen
2 Möhren
2 Zweige Thymian
2 Lorbeerblätter
2 EL Schweineschmalz
20 ml Cognac
50 g Butter
2 EL Mehl

Das Fleisch in Stücke schneiden, salzen und pfeffern, in eine Schüssel legen und den Rotwein darübergießen. Die Zwiebeln schälen und vierteln, Knoblauchzehen abziehen, Möhren putzen und in Stücke schneiden und alles zum Fleisch geben. Die Kräuter hinzulegen und das Fleisch zugedeckt mindestens 24 Stunden marinieren lassen.
Das Fleisch aus der Marinade nehmen und trockentupfen. Schmalz in einer Pfanne erhitzen, die Fleischstücke darin von allen Seiten anbraten, mit einem Schöpflöffel herausnehmen und in einen Schmortopf geben. Mit dem Cognac übergießen und flambieren.
Die Marinade durch ein Sieb zum Fleisch gießen und auf niedriger Temperatur schmoren, bis es weich geworden ist (bei einem jungen Wildschwein etwa 1 1/2 Stunden, Fleisch eines älteren Tieres braucht eher 2 1/2 Stunden).
Vor dem Servieren die Butter zerlassen, das Mehl hineinstreuen und eine helle Mehlschwitze zubereiten. Etwas Sauce zufügen und verrühren, dann die Mischung in den Topf geben, gut durchrühren und einige Minuten köcheln lassen. Das Fleisch in eine Schüssel füllen, mit der Sauce übergießen und mit gekochten oder gebackenen Kartoffeln oder weißen Bohnen servieren.

Civet de sanglier – Wildschweinpfeffer – ist ein Gericht, von dem Freunde einer deftigen Küche in ganz Frankreich träumen. Im Midi wird es traditionell mit weißen Bohnen, den *monjetes*, serviert.

ROUSSILLON, LANGUEDOC & LES CÉVENNES

Katalanische Kochkunst

Der katalanischen Küche wurde eins der ersten Kochbücher der Welt gewidmet, das im 12. Jahrhundert verfaßte Kochbuch der Sent Sovi. Im Mittelalter glich Katalonien einem überdimensionalen Kochtopf, in dem vielerlei Zutaten miteinander verrührt wurden. Lateinische, arabische, mozarabische, gallische und germanische Einflüsse kamen zusammen. Die katalanische Seefahrt erlebte eine Blütezeit, und ausländische Gewürze verliehen einheimischen Genüssen exotisches Flair, zumindest bei Hofe. Schon damals kristallisierte sich eine Vorliebe für salzig-süße Kompositionen heraus, die bis heute zu beobachten ist, wenn zum Beispiel Trockenfrüchte, anderes Obst und auch Bitterschokolade mit Geflügel, Lamm und Wild verarbeitet oder geriebene Mandeln in Saucen gerührt werden. Was die katalanische Kochkunst bis heute so reizvoll macht, ist die Fülle der Zutaten und der unbeschwerte Umgang damit, bei dem nicht selten *mer et montagne*, Mittelmeer und Gebirge, assoziativ miteinander verbunden werden, wie es hier das Rezept mit Languste und Hühnerflügel demonstriert.

Supions aux artichauts, vinaigrette à l'orange et crème aux noix
Kleine Tintenfische mit Artischocken und Nußcreme

Vinaigrette
150 ml Öl
abgeriebene Schale 1 unbehandelten Zitrone
abgeriebene Schale 1 unbehandelten Orange
50 ml Banyuls-Wein
Salz und Pfeffer aus der Mühle

Nußcreme
50 g gemahlene Walnußkerne
100 g frischer Ziegenkäse
1 EL Weinessig
2 EL Banyuls-Wein
2 Knoblauchzehen, gedünstet
Salz und Pfeffer aus der Mühle

Tintenfische
6 violette Artischocken aus der Provence
weißer Fond (Wasser, Mehl, Zitronensaft)
400 g Tintenfische
Olivenöl

Am Vortag das Öl für die Vinaigrette erhitzen, abgeriebene Zitronen- und Orangenschale dazugeben und über Nacht ziehen lassen.
Für die Nußcreme alle Zutaten mit dem Pürierstab mischen und kalt stellen.
Den Banyuls-Wein auf die Hälfte reduzieren, zu dem aromatisierten Öl geben und eine Vinaigrette herstellen. Salzen und pfeffern.
Stiele und Blätter von den Artischocken entfernen, mit einem Löffel das Heu herauskratzen. Die Artischockenböden in weißem Fond etwa 15 Minuten schwach kochen.
Die Tintenfische putzen, kalt abspülen, trockentupfen und in einer Pfanne in heißem Olivenöl kurz anbraten.
In der Mitte von 4 vorgewärmten Tellern die Tintenfische anrichten. Die Artischockenböden in je 6 gleich große Stücke schneiden und rosettenförmig um die Tintenfische legen. Mit etwas Vinaigrette beträufeln. Die Nußcreme kreisförmig auf dem Tellerrand verteilen.

Poivrons rouges rôtis et anchois de Collioure
Geröstete rote Paprikaschoten mit Anchovis

4 rote Paprikaschoten
Olivenöl
1 Eichblattsalat
1 Orange
200 g Anchovis (mit wenig Salz)

Den Backofen vorheizen. Die Paprikaschoten mit etwas Olivenöl einpinseln, in eine feuerfeste Form legen und in den Ofen stellen. Dabei ab und zu wenden. Wirft die Haut der Schoten Blasen und beginnt zu bräunen, die Schoten herausnehmen und die Haut abziehen. Das Gemüse halbieren, entkernen und in etwa 15 mm breite Streifen schneiden. Noch warm in Olivenöl legen und mindestens 3 Stunden marinieren.
Den Salat putzen, waschen und trockenschleudern. Die Orange schälen und in dünne Scheiben schneiden.
Paprikastreifen und Anchovis rosettenförmig auf den Tellern anrichten und in der Mitte mit Salatblättern und Orangenscheiben garnieren.

Ailes de poulet, langouste au citron et au gingembre
Hühnerflügel und Languste mit Zitrone und Ingwer

250 ml Öl
1 Vanilleschote
1 Languste, etwa 1 kg
1 Bund Suppengemüse: Sellerie, Möhre, Lauch, Zwiebel
1/2 Knoblauchzehe
250 ml Weißwein
1 l Wasser
1 EL frischer gehackter Ingwer
abgeriebene Schale 1/2 unbehandelten Zitrone
8 Hühnerflügel
250 g Frühkartoffeln
80 g Butter

Das Öl leicht erhitzen, die Vanilleschote halbieren, auskratzen und über Nacht darin ziehen lassen. Die Languste im Dampfkochtopf etwa 12 Minuten garen, anschließend den Kopf abtrennen und beiseite legen. Das Schwanzfleisch aus dem Panzer lösen und kalt stellen. Etwas Öl in einem Bratentopf erhitzen, das gewürfelte Suppengemüse und den Knoblauch darin kurz andünsten. Den zerkleinerten Langustenpanzer zufügen und kurz anbraten. Mit Weißwein ablöschen, etwas einkochen lassen, dann das Wasser angießen. Ingwer und Zitronenschale dazugeben und zusammen etwa 2 Stunden köcheln lassen, bis die Flüssigkeit auf ca. 100 ml reduziert ist. Anschließend durch ein Sieb passieren, in einen Saucentopf gießen und warm halten. In der Zwischenzeit die Hühnerflügel

Links: *Supions aux artichauts, vinaigrette à l'orange et crème aux noix* (Kleine Tintenfische mit Artischocken und Nußcreme) – Mitte: *Poivrons rouges rôtis et anchois de Collioure* (Geröstete Paprikaschoten mit Anchovis) – Rechts: *Ailes de poulet, langouste au citron et au gingembre* (Hühnerflügel und Languste)

Pintade à la catalane – Perlhuhn auf katalanische Art

Pintade à la catalane
Perlhuhn auf katalanische Art

1 Perlhuhn, küchenfertig
8 dünne Scheiben geräucherter Bauchspeck
30 Knoblauchzehen
3 unbehandelte Zitronen
100 ml Rancio-Wein
(ersatzweise trockener Banyuls-Wein)
200 ml Kalbsfond
Salz und Pfeffer aus der Mühle

Das Perlhuhn mit den Speckscheiben umwickeln und in einem Schmortopf rundum anbraten. Etwas Wasser angießen und zugedeckt schmoren lassen. In der Zwischenzeit die Knoblauchzehen schälen, halbieren, den grünen Keim entfernen, in kochendem Wasser 1 Minute blanchieren und abgießen. Die Zitronen schälen, 2 davon vierteln. Die dritte Zitrone in Scheiben schneiden. Alle drei Früchte ebenfalls 1 Minute blanchieren und abgießen. Wenn das Fleisch zart ist, das Perlhuhn herausnehmen und beiseite legen. Den Bratensatz mit dem Rancio-Wein ablöschen. Das Huhn halbieren, das Fleisch von der Karkasse lösen und diese zerkleinern. Zu dem Bratensaft geben und mit dem Kalbsfond aufgießen. 10 Minuten köcheln lassen, alles durch ein feines Sieb gießen. Knoblauchzehen und Zitronen in die Sauce geben, erwärmen und abschmecken. Das Perlhuhnfleisch in Stücke schneiden, in die Sauce legen und weitere 10 Minuten erhitzen. Sofort servieren. Als Beilage bieten sich Dampfkartoffeln oder Reis dazu an.

waschen, trockentupfen, dann den unteren Teil der Flügel abtrennen und für andere Zwecke verwenden.
Die Kartoffeln schälen, in Würfel schneiden, mit Salz und Pfeffer würzen und in dem heißen Vanille-Öl knusprig braten. Auch die Hühnerflügel rundum darin anbraten. Das Langustenfleisch in 16 Scheiben schneiden und in einer gebutterten Pfanne erhitzen. Die restliche Butter flöckchenweise in die Langustensauce einrühren. Die Kartoffeln jeweils in der Tellermitte verteilen, Hühnerflügel und Langustenscheiben rundherum anrichten. Zum Schluß die Sauce kreisförmig darübergeben.
Im Restaurant ›Les Feuillants‹ in Céret wird dieses Gericht oft – wie auf der Abbildung – mit Seegurken, einem Meeresbewohner aus der Familie der Stachelhäuter, garniert.

Desserts à la catalane

Im südlichsten Obstbaugebiet Frankreichs, dem Roussillon, braucht man sich um einen guten Nachtisch keine Sorgen zu machen. Schließlich reifen in Céret die ersten Kirschen der Grande Nation, und es gibt die *Rouge de Roussillon*, die köstliche rotbäckige Aprikosensorte, die sich nur schlecht transportieren läßt, aber an Ort und Stelle hervorragend mundet. Dann sollte man die Pfirsiche nicht vergessen, die vor allem im Riberal, im unteren Tal der Têt, gedeihen und deren Kapitale Ille-sur-Têt ist. Einige Kilometer talaufwärts, direkt zu Füßen des Canigou, wachsen Äpfel und Kiwis. Höher hinauf an seinen Hängen und in den Wäldern der Ostpyrenäen kann man Himbeeren, Walderdbeeren und Heidelbeeren sammeln. In vielen Gärten der tieferen Lagen steht ein Feigenbaum, in manchen ein Kakibaum, und an geschützten Standorten gedeihen Zitrusfrüchte. Im Spätsommer gibt es Muskat-Trauben und Mandeln. Schließlich sind da noch die im Hinterland geernteten unverfälschten Honige, die seit Jahrhunderten wegen ihres intensiven, würzigen Geschmacks geschätzt werden. Sie verleihen nicht nur den besten *touron*, Verwandten des weißen Nougats, Aroma, sie sind wesentlicher Bestandteil eines der typischsten, einfachsten und überraschendsten Desserts Kataloniens, des *mel i mato*, Ziegenfrischkäse, den man mit Honig beträufelt. Überraschend ist auch die Verwendung von Auberginen als Dessert, die in der klassischen Version einfach nur in Scheiben geschnitten, im Ofen gebacken und mit Zucker bestreut serviert werden. Aber das Roussillon kennt eine Vielzahl feiner Kuchen, in Öl Gebackenes und Cremes, die am liebsten mit Orangenblütenwasser und Anis gewürzt werden. Ihre berühmtesten Vertreter sind die *Crème catalane* und der *Bras de Vénus*.

Bras de Vénus, crème légère au fenouil confit
Fenchel-Biskuitrolle

Kandierter Fenchel
500 ml Wasser
350 g Zucker
1 Fenchelknolle

Fenchelcreme
2 Blatt weiße Gelatine
200 ml Fenchelsaft (aus 400 g Fenchel)
50 g Milch
3 Eigelb
60 g Zucker
20 g Sahnesteif
400 ml Schlagsahne, geschlagen

Biskuit
2 Eigelb
2 Eier
100 g Zucker
50 g Mehl
Puderzucker

Aus Wasser und Zucker einen Sirup kochen. Die Fenchelknolle putzen, waschen und kleinschneiden. Etwa 40 Minuten bei niedriger Temperatur im Sirup kochen, dann abgießen.
Die Gelatine in kaltem Wasser einweichen. Fenchelsaft und Milch in einem Topf aufkochen. In der Zwischenzeit Eigelb und Zucker aufschlagen, dann das Sahnesteif unterrühren. Alles zusammen in einem Topf erhitzen und die ausgedrückte Gelatine in der Masse auflösen. In eine Schüssel geben, mit Frischhaltefolie abdecken und kalt stellen. Den kandierten Fenchel unter die geschlagene Sahne und beides vorsichtig unter die Creme heben. Kalt stellen.
Den Backofen auf 200 °C vorheizen.
Für den Biskuitteig Eigelb, ganze Eier und Zucker mit dem elektrischen Handrührgerät schaumig schlagen. Das gesiebte Mehl untermischen. Sofort auf ein mit Backpapier ausgelegtes Blech streichen und etwa 10 Minuten backen. Aus dem Backofen nehmen, auf Backpapier stürzen und etwas abkühlen lassen. Noch warm mit der Fenchelcreme bestreichen und zu einer Rolle eindrehen. Mit Puderzucker bestreuen.

Crème catalane
Katalanische Creme

Für 8–10 Personen

500 ml Milch	
500 ml Schlagsahne	
abgeriebene Schale von 3 unbehandelten Orangen	
abgeriebene Schale von 3 unbehandelten Zitronen	
1 Zimtstange	
15 Eigelb	
180 g Zucker	
3 EL Mandelmilch	
150 g Rohrzucker	

Milch und Sahne mit Orangen-, Zitronenschale und Zimtstange in einen Topf geben und erhitzen. Kurz vor dem Kochen den Topf vom Herd nehmen.
Die Eigelb mit Zucker und Mandelmilch mit dem elektrischen Handrührgerät schlagen, bis eine cremige Masse entsteht. Die Milch-Sahne-Mischung durch ein Sieb gießen und langsam in die Eigelbmasse rühren. Die Masse im Wasserbad erhitzen, dabei ständig mit dem Schneebesen schlagen, bis die Creme fester wird. Um die Masse abzukühlen, in einem kaltem Wasserbad weiterschlagen. Sofort in vorbereitete tiefe Teller füllen und kalt stellen.
Vor dem Servieren den Backofengrill vorheizen. Den Rohrzucker gleichmäßig auf der Creme verteilen und unter dem Grillrost karamelisieren.

Mel i mato à notre façon
Mel i mato auf unsere Weise

Für 6 Personen

350 g Doppelrahmfrischkäse	
350 g Ziegenfrischkäse	
250 g Zucker	
100 ml Zitronensaft	
500 ml Wasser	
50 g Honig	
50 g Walnußkerne	

Die Frischkäse mit Zucker und Zitronensaft mischen, löffelweise das Wasser zugeben und alles gut miteinander verrühren. In eine flache Form füllen und etwa 2 Stunden ins Gefrierfach stellen (die Masse darf nicht zu hart werden).
Mit dem Eisportionierer je 2 Kugeln auf einen Teller geben, einige dekorative Linien aus Honig darüberziehen und mit Walnußhälften garniert servieren.

In Frankreich nimmt man für dieses Rezept statt eines beliebigen Doppelrahmfrischkäses auch gern einen Frischkäse namens Brousse, der in schmalen, 9 cm hohen konischen Plastikbechern verkauft wird. Bei seiner Herstellung wird die dickgelegte Milch, die sowohl von der Kuh wie vom Schaf stammen kann, vor dem Ablaufen der Molke geschlagen (provenzalisch *brousser*).

Tatin d'aubergines aux pommes
Auberginen-Apfel-Tatin

Für 4 Personen

4 Äpfel (Golden Delicious)	
2 Auberginen	
100 g Butter	
100 g Rohrzucker	
1 Packet tiefgekühlter Blätterteig	
1 Eigelb	

Den Backofen auf 200 °C vorheizen.
Die Äpfel schälen, die Kerngehäuse entfernen und die Früchte in jeweils 12 gleich große Stücke schneiden. Die Auberginen ebenfalls schälen und in dünne Scheiben schneiden. In einer beschichteten feuerfesten Form die Butter zerlassen, den Zucker nach und nach zugeben und karamelisieren lassen. Die Form vom Herd nehmen und abwechselnd Auberginenscheiben und Apfelstückchen kreisförmig hineinlegen. Butterflocken darauf verteilen und eine zweite Schicht Obst und Gemüse in die Form geben. Anschließend die Form etwa 15 Minuten oder bis der Belag leicht gebräunt ist in den vorgeheizten Backofen stellen.
Mit dem aufgetauten Blätterteig den Auberginen-Apfel-Auflauf bedecken und den Deckel mit Eigelb bepinseln. Ungefähr 35 Minuten backen. Zum Servieren den Auflauf stürzen, so daß der Blätterteig den Boden bildet.

Touron

Ursprünglich stammt diese gehaltvolle Süßigkeit aus dem Orient und kam mit den Mauren, deren Ärzte sie als Stärkungsmittel verschrieben, nach Spanien. Ihre Hauptzutaten, Mandeln, Haselnüsse und Honig, gab es in der Umgebung von Alicante und Xixona reichlich. Als diese Städte nach der Befreiung von den Mauren Bestandteil des Königreichs von Aragon wurden, entwickelten sie sich zu Hochburgen der *touron*-Herstellung, der zu Weihnachten und aus Anlaß der großen Viehmärkte zubereitet wurde. Bald eroberte der *touron* Barcelona und den Norden Aragoniens, dessen Macht sich im Mittelalter auf das Roussillon, bis Montpellier und in die Provence erstreckte. Anfangs wurden *tourons* in den Familien selbst gemacht, aber bald spezialisierten sich Zuckerbäcker auf ihre Herstellung und gründeten Zünfte. Obwohl bereits um 1840 in Perpignan eine *touron*-Fabrik ihre Tore öffnete, erlangte diese Spezialität erst durch Laurent Oriol Ramona größere Popularität. 1874 richtete der ambulante Händler in der Hauptstadt des Roussillon ein Geschäft ein, in dem er *tourons* eigener Herstellung verkaufte. Ab 1919 bot er sie unter der Marke L.O.R. an, die mit der Confisérie du Tech bis heute marktführend ist.

Im Roussillon werden verschiedene Arten des *touron* hergestellt, die sich in zwei Gruppen unterteilen lassen. Die erste basiert auf Marzipan, enthält keinen Honig, aber auch keine ganzen oder zerkleinerten Mandeln oder Haselnüsse. Dazu zählen der Touron Masapan oder Massapà, der Touron Toledo und das *pannelet*. Die zweite Gruppe vereint die *tourons* von Alicante, Xixona und Perpignan. Sie sind eng mit dem weißen Nougat verwandt, und ihre Qualität basiert vor allem auf der Menge und Beschaffenheit des Honigs. Die größeren Erzeuger verzichten aus Kostengründen ganz darauf und verwenden nur Zucker und Glukose. Ansonsten besteht der Unterschied zwischen den genannten Arten in der Konsistenz, die abhängig ist von der Temperatur der Honig-Zucker-Mischung. Der ziemlich feste Alicante wird am stärksten erhitzt. Xixona, bei dem 145 °C nicht überschritten werden, ist weicher. Am zartesten ist der Touron de Perpignan, der höchstens 122 °C erreicht.

Wird ein klassischer *touron*, der aus viel Honig und Eiweiß besteht, zu Weihnachten zubereitet, kommt ihm die kühlere, trockene Witterung des Roussillon zugute, so daß er sich einige Wochen gut hält. Für beste Qualität nimmt man drei Teile geröstete Mandeln, Haselnüsse, Pinienkerne und kandierte Früchte, zwei Teile Honig, ein knappes Teil Glukose und ein Teil Zucker.

Wichtig ist die Temperatur der Honig-Zucker-Mischung, denn sie ist verantwortlich für die spätere Konsistenz.

Mit der Honig-Zucker-Mischung wird das Eiweiß solange verrührt, bis die Masse gleichmäßig weiß geworden ist.

In die abgekühlte Masse werden gehackte Mandeln, Haselnüsse, Pinienkerne und kandierte Früchte gegeben und vermengt.

Die gründlich verrührte Masse wird portioniert, flach ausgerollt und auf Ober- wie Unterseite mit Oblaten abgedeckt (unten).

Der schwarze *touron* trägt seinen Namen eigentlich zu Unrecht, denn er ist ein Karamel, der Haselnüsse und farbige Zuckerperlen umschließt.

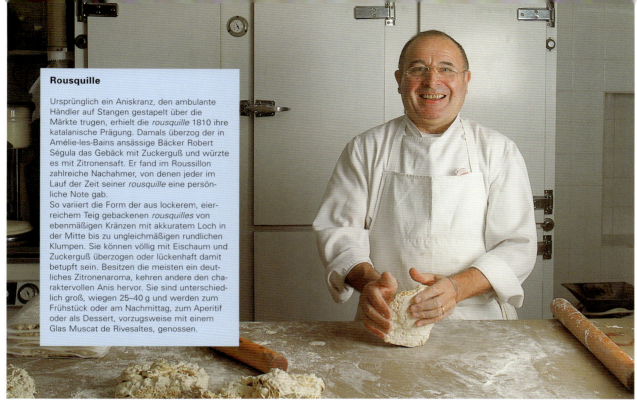

Rousquille

Ursprünglich ein Aniskranz, den ambulante Händler auf Stangen gestapelt über die Märkte trugen, erhielt die *rousquille* 1810 ihre katalanische Prägung. Damals überzog der in Amélie-les-Bains ansässige Bäcker Robert Ségula das Gebäck mit Zuckerguß und würzte es mit Zitronensaft. Er fand im Roussillon zahlreiche Nachahmer, von denen jeder im Lauf der Zeit seiner *rousquille* eine persönliche Note gab.
So variiert die Form der aus lockerem, eierreichem Teig gebackenen *rousquilles* von ebenmäßigen Kränzen mit akkuratem Loch in der Mitte bis zu ungleichmäßigen rundlichen Klumpen. Sie können völlig mit Eischaum und Zuckerguß überzogen oder lückenhaft damit betupft sein. Besitzen die meisten ein deutliches Zitronenaroma, kehren andere den charaktervollen Anis hervor. Sie sind unterschiedlich groß, wiegen 25–40 g und werden zum Frühstück oder am Nachmittag, zum Aperitif oder als Dessert, vorzugsweise mit einem Glas Muscat de Rivesaltes, genossen.

In Perpignan bereitet der Patissier Marcel Begrem seine einzigartigen *touron*-Laibe zu, die mit unterschiedlichen Honigen, Nüssen, kandierten Früchten, Kräutern und Gewürzen aromatisiert werden.

Touron-Sorten

Touron Masapan oder Massapà
Für diese Variante des Marzipans werden Mandeln und je nach Rezept auch Haselnüsse sehr fein gemahlen und mit einem auf nicht mehr als 110 °C erhitzten Zucker-Glukose-Sirup vermischt. Die Süßigkeit wird oft als buntgefärbte, rechteckige Stäbe, als Tafeln oder mit kandierten Früchten verziert angeboten.

Touron Toledo
Beim Touron Toledo handelt es sich um eine gewöhnlich 150 g schwere Rolle aus Marzipanmasse, die eine Mischung von kandierten Früchten umschließt und zu guter Letzt in nur schwach angerösteten Pinienkernen gewälzt wurde.

Pannelet
Das *pannelet* ist eine walnußgroße Kugel aus aromatisiertem Marzipan, die von Pinienkernen umhüllt ist. *Pannelets* werden meist nach Gewicht verkauft.

Touron Alicante
Diese harte Version des *touron* sollte aus gleichen Teilen Zucker und Honig bestehen, die mit Eiweiß vermischt werden. In seine weiße Masse sind geschälte und geröstete Mandeln eingearbeitet, bevor sie zwischen Oblaten gestrichen wird. Touron Alicante wird als Tafel angeboten.

Touron Xixona oder Jijona
Ebenfalls aus der gleichen Menge Honig und Zucker sowie Eiweiß und Mandeln zubereitet, wird dieser *touron* sehr fein gemahlen und dann unter Rühren leicht erhitzt. Seine völlig gleichmäßige Masse hat eine appetitliche hellbraune Nußfarbe. Er wird als Tafel angeboten.

Touron de Perpignan oder Catalan
Weicher weißer *touron* mit hohem Honiganteil, der eine Mischung aus Mandeln, Haselnüssen, Pinienkernen und zerkleinerten kandierten Früchten umschließt und von zwei Oblaten umgeben ist. Er wird als Tafel, als Dreieck oder nach Gewicht angeboten.

Touron noir
Ein klarer dunkler Karamel aus Zucker und Glukose, der ganze geschälte und geröstete Haselnüsse und farbige Zuckerperlen einschließt. Er wird als Tafel oder in Stücken nach Gewicht angeboten.

Kaffee und Nüsse

Kandierte Kirschen und Pistazien

Kandierte Orangen

Kandierte Orangen und Aprikosen

Thymian und kandierte Früchte

Anis und kandierte Früchte

Lavendel und kandierte Früchte

Zimt und Backpflaumen

Vanille und Feigen

Das süße Erbe der Tempelritter

Vins Doux Naturels

Als es 1285 dem Tempelritter, Arzt und Gelehrten Arnaldus von Villanova, dem späteren Rektor der Universität von Montpellier, gelang, nach arabischem Rezept aus Wein Alkohol zu destillieren, war der *vin doux naturel* geboren. Denn als Arnaldus mit diesem Weingeist experimentierte, entdeckte er, daß man damit die Gärung abbrechen konnte, dem Wein einen Teil seines natürlichen Zuckers erhielt und verhinderte, daß er zu Essig wurde. Mit dieser Methode, *mutage* (verstummen lassen), bescherte er den natursüßen und unverwüstlichen Weinen im Mittelalter und noch lange danach beachtlichen Erfolg.

Bereits 1936 erhielten die Vins Doux Naturels ihre Appellations d'Origine Contrôlées, die Anbauparzellen, Rebsorten, Reifegrade, Vinifikation und Mindestalterung festlegten. Seitdem sind die trockensten und heißesten Hänge und Terrassen des Roussillon, auf denen an die 2600 Sonnenstunden im Jahr gezählt werden, ihrem Anbau vorbehalten. Die Trauben dürfen erst gelesen werden, wenn sie ein Minimum von 252 g Zucker pro Liter entwickelt haben, was einem potentiellen Alkoholgrad von 14,4 % entspricht. Einen solch hohen Reifegrad erlangen sie nicht allein durch die Sonne, sondern auch durch eine Ertragsbegrenzung von 30 Hektoliter pro Hektar. Nachdem die Gärung eingesetzt hat, kontrolliert der Winzer oder Kellermeister die Umwandlung des Zuckers in Alkohol. Er wählt den richtigen Zeitpunkt, um dem gärenden Most den Weingeist zuzufügen und bestimmt so den Charakter seines Weins. Je früher er den Wein verstummen läßt, desto höher ist der Restzuckergehalt, je länger er damit wartet, desto trockener wird der Wein. Der Restzuckerwert darf 50 g pro Liter nicht unter-, 125 g pro Liter nicht überschreiten.

Das Roussillon stellt 90 % der französischen Vins Doux Naturels. Unter den vier hauptsächlich dafür zugelassenen Rebsorten Muscat, Macabeu, Malvoisie und Grenache nimmt von letzterem die Grenache Noir eine Sonderstellung ein. Diese traditionelle Sorte, die ihren Ursprung auf der Iberischen Halbinsel hat und auch südlichen Rotweinen Charakter verleiht – man denke an Châteauneuf-du-Pape –, ergibt die hochwertigsten Banyuls, Maury und Rivesaltes. Voraussetzung dafür ist neben ausgezeichnetem Lesegut die spezielle Methode der *mutage sur grains* oder *sur marc*, bei der man Weingeist nicht dem Most zusetzt, sondern ihn über die gemaischten Trauben gießt und sie mehrere Tage bis zu vier Wochen mazeriert. In dieser Zeit löst der erhöhte Alkoholgehalt Farb-, Aroma- und Gerbstoffe aus den Beerenschalen, bevor gepreßt wird und dabei ein Teil des Alkohols verlorengeht.

Traditionelle Banyuls, Maury und Rivesaltes altern in großen Holzfudern, in denen man sie ab-

Rechte Seite: Auf dem Mas Amiel vollzieht sich die erste Alterungsphase der Maury-Weine in Ballonflaschen ein Jahr lang unter freiem Himmel bei Hitze oder Kälte.

sichtlich der Oxidation aussetzt. Um die Entwicklung der Aromen zu beschleunigen, können die Weine in *demi-muids*, 600-Liter-Fässern, oder sogar in Ballonflaschen unter freiem Himmel den starken Temperaturschwankungen zwischen Tag und Nacht, Sommer und Winter ausgesetzt werden. Bukett und Geschmack der Weine erinnern im ersten Altersstadium an gekochte Früchte, frische Feigen, auch an Pfirsich und kandierte Kirschen. Dann schließt sich eine Phase an, in der getrocknete Früchte wie Backpflaumen, Rosinen, Feigen und Aprikosen dominieren. Etwa ab dem siebten Jahr treten Röstaromen hervor wie Zwieback, geröstete Nüsse, aber auch Karamel. Es folgen Kakao, Kaffee und später Tabak, bis sich nach 15–20 Jahren Rancio-Noten entwickeln. Sie lassen sich auch in sehr alten Cognacs, alten trockenen Sherrys und Vins Jaunes aus dem Jura finden und werden vom Aroma grüner Walnußschalen charakterisiert, die in Verbindung mit anderen Nuß- und Röstnoten auftauchen.

Seit 1975 gibt es einen neuen Typ, der sich vor allem in Banyuls und Maury durchsetzte: der Vintage, der in Banyuls oft Rimage genannt wird. Dabei werden die Weine frühzeitig abgefüllt, so daß sie äußerst saftig und dickflüssig wirken. Ihre Farbe ist dann oft schwarzrot. Der intensive Duft wird von frischen und reifen Kirsch- und Beerennoten bestimmt, und die Süße des Traubenzuckers verbirgt die meist sehr ausgeprägten Tannine. In der Flasche, im Keller eingelagert, altern sie wie große Rotweine, wobei ihre Süße immer dezenter wird.

Auch aus weißen Sorten oder einer Mischung mit Grenache Noir lassen sich Vins Doux Naturels gewinnen, die hervorragend altern. Nach zehn und mehr Jahren entwickeln sie oft Aromen von getrockneten Aprikosen, Orangenschale und

Appellationen

Banyuls und Banyuls Grand Cru
Etwa 1200 ha in den vier Küstengemeinden Collioure, Port-Vendres, Banyuls und Cerbère. Überwiegend Schieferböden. Mindestens 50 % Grenache Noir, für Grand Cru 75 %, sonst Grenache Blanc oder Gris, Macabeu, Malvoisie und Muscats; 10 % andere Sorten wie Carignan, Counoise, Syrah, Mourvèdre. Ertrag: 20–30 hl/ha. Produktion an die 26 000 hl. Alterung: 1 Jahr für Banyuls; 30 Monate für Grand Cru. Es gibt auch einen Banyuls Blanc, allerdings nur in geringen Mengen.

Maury
Rund 1700 ha, die sich über Maury hinaus auf das Gebiet der Gemeinden St-Paul de Fenouillet, Lesquerde, Tautavel und Rasiguères erstrecken. Überwiegend Schieferböden. Mindestens 70 % Grenache Noir, plus die anderen VDN-Sorten und 10 % zusätzliche rote Rebsorten. Ertrag: zwischen 25–30 hl/ha. Produktion etwa 35 000 hl. Alterung: mindestens 1 Jahr.

Rivesaltes
Etwa 7000 ha, die sich über 86 Gemeinden der Pyrénées Orientales und neun im Aude verteilen und in Reduzierung begriffen sind. Sehr unterschiedliche, aber trockene und heiße Böden in niedrigen, sehr sonnigen Lagen. Grenache Noir, Gris und Blanc, sowie Macabeu und wenig Malvoisie oder Muscat, außerdem 10 % zusätzliche Sorten. Ertrag: maximal 30 hl. Produktion 125 000 hl. Alterung nach Kategorien: Vintage – 12 Monate, davon drei in der Flasche; Ambré – nur weiße Sorten, mindestens 24 Monate; Tuilé – überwiegend rote Trauben, Minimum 24 Monate; Hors d'age – Rivesaltes ambré oder tuilé, die länger als fünf Jahre alterten.

Muscat de Rivesaltes
Rund 5700 ha in 90 Gemeinden der Pyrénées Orientales und neun im Aude. Sehr unterschiedliche Böden, aber besonders geeignet sind kalkreiche. Ausschließlich die Sorten Muscat à petits grains und Muscat d'Alexandrie. Mindestens 100 g Restzucker. Ertrag: maximal 30 hl/ha. Produktion an die 150 000 hl. Wird früh auf Flaschen gezogen. Seit Dezember 1997 existiert ein Muscat de Noël, speziell für die Feste zum Jahresende abgefüllt.

Muscats und Rasteau
Die anderen Vins Doux Naturels befinden sich vor allem im Languedoc, wo auf insgesamt 1500 ha Muscat de Frontignan, Muscat de Lunel, Muscat de Mireval und der Muscat de St-Jean de Minervois erzeugt werden. Im Vaucluse wächst auf 450 ha der Muscat de Beaumes de Venise und der aus Grenache-Sorten gekelterte Rasteau auf 50 ha.

Der *porró* ist das traditionelle Trinkgefäß der Katalanen. Aus der spitzen Tülle rinnt der Wein aus möglichst großem Abstand in den Mundwinkel.

Über den mit Grenache Noir bestockten Schieferhängen von Maury wacht die Katharerburg Queribus.

eine Note von Pinienharz. Jung bleiben Macabeu und Grenache Blanc als Süßwein eher verhalten. In Beliebtheit und Qualität werden sie vom Muscat de Rivesaltes überflügelt. Er basiert allein auf Muscat d'Alexandrie mit seinen großen Beeren und dem Muscat à petits grains, der kleine, reif dunkelgoldene Beeren besitzt. Als Weißwein auf niedriger Temperatur vinifiziert, zeigt der Muscat sein feines, aber intensives Aroma. Im Roussillon kann er sehr frische Aromen von Zitrone oder Pfirsich und bisweilen Noten von Ginster, Fenchel und Anis aufweisen. Er ist köstlich zum Roquefort, wird aber häufiger gut gekühlt als Aperitif gereicht oder zum Dessert serviert. Ein junger Muscat sollte immer einen sehr blassen Ton besitzen.

Auch Banyuls, Maury und Rivesaltes sind auf 12–15 °C gekühlt angenehme Aperitifs, die trotz ihrer intensiven Aromen nachfolgende Weine nicht beeinträchtigen. Sie begleiten *foie gras* und Entengerichte, die mit Früchten zubereitet wurden, und passen gut zu Ziegen- und Blauschimmelkäsen. Zum Nachtisch reicht man sie zu Kuchen, und schon legendär ist ihre einzigartige Verbindung mit Schokoladendesserts, die sie als einzige Weine spielend verkraften, vor allem die jungen Vintages oder trockenen Banyuls. Haben sie reife Aromen entwickelt, trinkt der Kenner sie als Digestif und zelebriert mit Staunen ihre unvergleichliche Komplexität.

Kategorien

Blanc: Hauptsächlich aus Grenache Blanc, Macabeu und selten aus der raren Malvoisie, blaß in der Farbe, nach Ginster, Fenchel und Anis duftend, nehmen sie später Honignoten an. Vorwiegend als Rivesaltes, besonders aus den Dörfern im Aude, aber auch als Banyuls Blanc. Zu Leberpasteten oder mariniertem Fisch.

Rosé: Wie beim trockenen Rosé durch zeitiges Abziehen (Abbluten) des Mostes von Grenache Noir oder Gris gewonnen, besitzen sie eine blasse Farbe und leicht fruchtige Aromen; sie werden sehr kalt als Aperitif oder zum Sorbet getrunken.

Ambré: Ein aus weißen Rebsorten gekelterter und wenige Jahre gealterter Rivesaltes, der zunächst einen vollen Goldton annimmt, dann auch Doré genannt wird, meist aber älter mit Bernsteinton und Aromen von Nüssen, kandierter Orangenrinde, Trockenobst und Honig angeboten wird. Am besten zu Desserts.

Rubis: Bezeichnet einen jungen rubin- bzw. granatroten Vin Doux Naturel (VDN), meist aus Grenache Noir. Bukett und Geschmack werden von Kirsche und Beerennoten geprägt. Leicht gekühlt, ist er ein angenehmer Aperitif, der auch zu Melone und zu Desserts aus roten Früchten paßt.

Tuilé: Einige Jahre oxidativ entwickelte VDNs, die vorwiegend auf roten Trauben basieren, weisen einen Ziegelton auf.

3, 6, 8, 10, 15 ans d'age: Altersangaben auf den Etiketten bezeichnen das Mindestalter des in der Flasche enthaltenen Weins, der oft zur Verbesserung mit älteren Qualitäten verschnitten wurde.

Hors d'age: Ein bei Banyuls und Maury nicht definierter Begriff für ältere Weine, garantiert bei Rivesaltes ein Mindestalter von 5 Jahren. Oxidativ ausgebaut weisen die Weine neben Aromen von Backobst nun deutliche Röstnoten wie geröstete Nüsse, Kakao und Kaffee auf.

Rancio: Bezeichnet ein besonderes Aroma, das nach langer oxidativer Alterung entsteht und vor allem an grüne Walnüsse erinnert. Es ist ein Merkmal besonders hochwertiger alter VDNs.

Vintage: In Banyuls auch Rimage (katalanisch für Alter der Trauben) genannt, ist ein in Anlehnung an die Portweine kreierter Weintyp, für den der Jahrgang früh auf Flasche gezogen wird.

Rimage Mise Tardive: Bezeichnet Jahrgangsweine, die einige Monate in Holzfässern, meist in Barriques, ausgebaut und dann abgefüllt wurden und ein reiferes Bukett aufweisen als Vintages.

Sec, Demi-sec, Demi-doux, Doux: Beim Banyuls wird damit die Verwendung angezeigt. Trockener Banyuls, mit ca. 60 g Zucker, aber erhöhtem Alkoholgehalt, eignet sich als Aperitif, zum Hors-d'œuvre und als Digestif. Demi-Sec, vor allem Demi-Doux und Doux begleiten Desserts; letzterer paßt vorzüglich zu Ziegen- und Blauschimmelkäse.

Die Weine des Roussillon

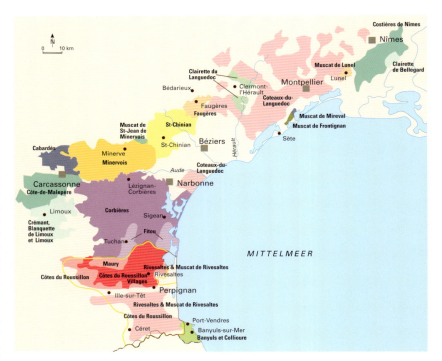

Das Weingebiet des Roussillon öffnet sich im Osten dem Mittelmeer. Es wird von den meist schneebedeckten Gipfeln des Canigou überragt, dessen Massiv und die Vorberge des 2469 m hohen Madres die Anbauzone im Westen begrenzen. Nach Norden zu, wo nur die Ebene auch für den Wein eine natürliche, vom Binnensee von Leucate beengte Passage bildet, erhebt sich die steile Kalksteinwand der Corbières als von Ost nach West reichende Barriere. Einst Grenze nach Frankreich, liegen hinter ihr die Appellationen Corbières und Fitou. Nach Süden hin erstrecken sich die Albères, wo das Urgestein der Pyrenäen zutage tritt, und über die seit 1659 die Grenze nach Spanien verläuft. Als sich Ende des Mesozoikums die Pyrenäen auffalteten, wurden die Erdschichten gewaltig durcheinandergeschoben. Als Folge davon bietet das Weingebiet des Roussillon eine große Vielfalt an geologischen Strukturen und Mikroklimata. Schiefer, Granit, Gneis, Ton, Kalk, Kies und Kiesel finden sich allein oder in Kombinationen. Daß die Weine bei aller Verschiedenartigkeit ihrer Böden und Lagen dennoch gemeinsame Charakterzüge besitzen, verdanken sie Klima und Rebsorten.

Obwohl die Weinberge der Côtes du Roussillon im Westen bis auf eine Höhe von 600 m hinaufreichen, erstrecken sie sich ausschließlich in dem Bereich, der von mediterranem Klima geprägt ist. Dessen wesentlichste Elemente im südlichsten Departement Frankreichs sind mehr als 2500 Sonnenstunden im Jahr, eine Jahresdurchschnittstemperatur von 15 °C und häufiger, starker Tramontane, ein vorwiegend trockener und für die Reben gesunder Wind aus Nordwest, während der seltenere vom Meer ins Land ziehende Marin Feuchtigkeit bringt, aber bei Winzern wenig beliebt ist. Hinzu kommen geringe Niederschläge von durchschnittlich 500–600 mm, die aber in weniger als 100 Tagen und oft im Herbst als Gewitter niedergehen, sowie heiße, trockene Sommer und milde Winter mit wenig Frost. Deshalb sind für die mengenmäßig dominierenden Rotweine vollreif gelesene Trauben üblich, die den Weinen intensive fruchtige, würzige Aromen verleihen. So besitzen die Weine, die nicht angereichert werden dürfen, eindeutig mediterranen Charakter. Bei Appellationsweinen tragen natürlich auch die Rebsorten dazu bei. Angeführt von Carignan und Grenache, beide aus Spanien, werden sie heute vor allem von der Syrah aus dem Rhône-Tal und dem katalanischen Mourvèdre ergänzt. Mindestens drei von ihnen – so wollen es Brauch und Gesetz – müssen im Mischsatz präsent sein. Bei den Roséweinen spielen neben den roten Sorten der mediterrane Cinsault und der Grenache Gris eine Rolle. Für den Weißwein stehen Macabeu, Grenache Blanc und Malvoisie zur Verfügung, die inzwischen von Marsanne und Roussane aus dem Rhône-Tal und dem in Italien, aber auch in der Provence wie auf Korsika verbreiteten Vermentino ergänzt werden.

Der Ruf der Weine des Roussillon basierte über Jahrhunderte auf den haltbaren Vins Doux Naturels. In den Dörfern im Hinterland pflanzten die Bauern zwar seit dem Mittelalter Wein, aber nur für den Eigenbedarf. Die Infrastruktur, die weitere Handelswege ermöglichen sollte, begann sich in der Ebene und in den Tälern des Agly, der Têt und des Tech Anfang des 19. Jahrhunderts zu entwickeln, erfaßte abgelegene Dörfer aber erst ein Jahrhundert später. Bahnverbindungen und industrielle Revolution führten 1882 zur Rekordrebenfläche von 76000 ha, bevor die Reblaus sie auf 42000 ha dezimierte. Zwischen den Weltkriegen erfolgte ein erneuter Aufschwung, an dem Süßweine entscheidend beteiligt waren. In den sechziger Jahren führte ein neuer Ansatz zur Pflanzung sogenannter verbessernder Sorten wie Grenache und Syrah, der den trockenen Weinen bereits 1977 die Appellationen Côtes du Roussillon und Côtes du Roussillon Villages einbrachte. Letztere ist auf 32 Gemeinden im nördlichsten Teil des Departements begrenzt und Rotweinen mit einem Ertrag von maximal 45 Hektolitern pro Hektar vorbehalten. In dem hügeligen, steinigen, trockenen Gebiet des Agly-Tals und des Fenouillèdes bestimmen Winzergenossenschaften das Geschehen. Eher selten sind unabhängige Güter, von denen einige aber zu den besten Er-

Collioure

Das Gebiet des Collioure deckt sich mit dem der Appellation Banyuls und liegt auf den Schieferhängen der Küste zwischen dem gleichnamigen Ort und der spanischen Grenze bei Cerbère. Der trockene Rote, den die Winzer schon immer neben dem natursüßen Wein kelterten, erhielt 1971 eine Appellation. War der Collioure zunächst eher rustikal, hat er sich inzwischen zu einem der reizvollsten Crus des Midi gemausert. Noch immer stammen die faszinierendsten Collioures aus Jahrgängen, die Grenache Noir begünstigten. Aber dank Syrah und/oder Mourvèdre gibt es tiefdunkle, würzige Rote, heute meist im Barrique ausgebaut. Daneben macht ein kräftiger Rosé von sich reden, der gut zu gegrilltem Fisch paßt. Die besten Weißweine der Küste werden aus sofort gepreßtem Grenache Gris und Blanc erzeugt und als ›Vin de Pays de la Côte Vermeille‹ abgefüllt.

372 ROUSSILLON, LANGUEDOC & LES CÉVENNES

Wichtigste Rebsorten im Midi

Rot- und Roséwein

Carignan: Flächenmäßig die führende Rebsorte Frankreichs, auch wenn er an Bedeutung verliert. Alte Stöcke mit niedrigem Ertrag ergeben, insbesondere auf Schiefer, konzentrierte und tanninreiche Weine, die im Mischsatz für Struktur sorgen. In Ganzbeerengärung unter Kohlensäure vergoren, können ihm Aromen von Gewürzen, Kräutern und Wildbret entlockt werden.

Cinsault: Traditionelle mediterrane Sorte, viel im Languedoc und der Provence verbreitet, eher selten im Roussillon. Im Mischsatz gibt er Rotweinen Frucht, Finesse und Länge, doch nur wenig Farbe. Gern wird er wegen seiner Eigenschaften als Rosé vinifiziert.

Grenache Noir: Hochwertige, in Südfrankreich starkverbreitete Sorte für Rot- und Roséweine, die Nummer drei in Frankreich. Ergibt alkoholreiche, fruchtbetonte Weine. Verträgt sehr trockene Böden und Wind, verrieselt aber leicht. Sein größter Nachteil: er oxidiert leicht. Verbindet sich ausgezeichnet mit Syrah und Mourvèdre, bringt Frucht und Fülle. Als Rosé sehr aromatisch. Die graue Variante ergibt in Farbe und Aroma blassere Weine. Eng verwandt ist der im Roussillon und Languedoc anzutreffende Lladoner Pelut.

Mourvèdre: Die ursprünglich katalanische Rebe, dort Mataro genannt, zeichnet sich durch hervorragende Tannine aus, die Rotweinen lange Lebensdauer und Finesse schenken. Aber er benötigt Hitze und Feuchtigkeit und muß mindestens 12 % potentiellen Alkohol erreichen, um zu überzeugen. Jung – auch als Rosé – eher zurückhaltend in den Aromen, entwickelt er im Alter eine faszinierende Komplexität.

Syrah: Der tiefdunkle Star des Rhône-Tals hat längst Provence und Languedoc-Roussillon erobert. Generell verbessert die aromatische Traube im Mischsatz die Qualität der Weine. Die überwiegend darauf basierenden und im Barrique ausgebauten Cuvées trugen zum internationalen Durchbruch der Weine des Languedoc-Roussillon bei. Neben intensiver, meist schwarzer Beerenfrucht und Lakritz besitzt sie an Wild erinnernde Noten.

Cabernet Sauvignon: Die berühmte Bordelaiser Sorte hat sich nicht nur in den Weinbergen der Neuen Welt verbreitet. Seit den achtziger Jahren eroberte sie die Landwein- vor allem dem Vin de Pays d'Oc – vorbehaltenen Rebflächen. Heute ist sie fester und gesuchter Bestandteil im Angebot sortenreiner Weine des Midi, denn unter seiner Sonne entwickelt der Cabernet intensive, beerige und würzige Aromen, nicht die oft unreifen, vegetalen Noten atlantischer Lagen. Nur in Cabardès und Côtes de Malepère gehört er zur Appellation.

Merlot: Auch die hochwertige Sorte des Saint-Émilion und Pomerol wurde in Südfrankreich für Vins de Pays gepflanzt und überflügelt hektarmäßig den Cabernet. Doch im Gegensatz zu diesem, der bei reduzierten Erträgen im Midi und in der Provence grandiose Weine zu ergeben vermag, liefert der Merlot unter intensiver Sonne nie wirklich große, aber gute und gefällige Tropfen.

Weißwein

Bourboulenc: Traditionelle Weißweinsorte, die wie der Tourbat des Roussillon zur Familie der Malvasier gehört. Fast in Vergessenheit geraten, lebte sie in den achtziger Jahren wieder auf. Heute Bestandteil vieler Weißweine des Languedoc. Obwohl spätreifend, kraftvoll und würzig, entwickelt sie einen guten, im Süden gesuchten Säuregehalt.

Clairette: Seit dem Mittelalter im Languedoc hoch angesehen, diente diese, einst Picardan genannte, alkoholstarke Sorte früher meist der Vermouth-Herstellung. Bei moderner Vinifikation ergibt sie angenehme, runde, fruchtbetonte Weißweine.

Grenache Blanc: Eng mit dem Grenache Noir verwandt, kommt er ausgezeichnet mit heißem und windigem Klima zurecht und entwickelt viel Alkohol, Rundheit und Länge. Noch vor 20 Jahren vorwiegend für Vins Doux verwendet und sonst eher abfällig beurteilt, erlebt er eine Renaissance in trockenen mediterranen Weißweinen.

Macabeu: Katalanischer Abstammung, mag er dennoch weder Trockenheit noch Wind. Er fällt kraftvoll und alkoholstark aus. Gern für natursüße Weine verwendet. Frühzeitig gelesen und jung getrunken, ergibt er angenehme, aber banale Weißweine, da er erst durch Reife und Alterung seine bemerkenswerte Aromenpalette entfaltet.

Marsanne: Hochangesehen als Grundlage des grandiosen weißen Hermitage, wurde diese Sorte in die meisten Appellationen des Languedoc-Roussillon eingeführt, um deren Weißweinen mehr Rasse und Eleganz zu verleihen.

Mauzac: Am verbreitetsten in Gaillac im Departement Tarn, besitzt er in Limoux Bedeutung, wo er Blanquette genannt wird. Mit seiner guten Säure und dem frischen Apfelaroma eignet er sich gut für die Herstellung von Schaumwein.

Muscat: Vor allem die Sorte Petits Grains, auch Muscat de Frontignan genannt, liefert sehr aromatische und doch feine Vins Doux Naturels. Seit einigen Jahren vinifiziert man frühgelesene Trauben auch als trockenen, sehr parfümierten Weißwein, der sich gut als Aperitif eignet.

Picpoul: Bei zeitgemäßer Vinifikation erhält er Frucht und Frische und wird als Begleiter zu den Austern des Bassin de Thau empfohlen, an dessen Ufern er gedeiht.

Roussanne: Meist mit der Marsanne assembliert, ist diese Sorte im Anbau wesentlich heikler, im aromatischen Ausdruck aber um so überzeugender. Sie soll den Weißweinen des Midi mehr Finesse verleihen und wird verstärkt angepflanzt.

Vermentino: Korsische, ursprünglich vermutlich aus Madeira stammende, widerstandsfähige und in Italien weitverbreitete Sorte. Spätreifend ergibt sie im Charakter leichte, doch runde und fruchtige Weißweine mit einem gewissen Biß. Im Languedoc und Roussillon erst vor kurzem eingeführt, existiert sie seit langem in der Provence, wo man sie oft fälschlicherweise Rolle nennt.

Chardonnay: Die weltweit beliebteste weiße Rebsorte hat auch vor dem Languedoc-Roussillon nicht haltgemacht und sich bedeutende Flächen als Vin de Pays d'Oc erobert. Unter die Appellationen des Midi stieg sie in Limoux auf, wo die dominierende Genossenschaft Caves du Sieur d'Arques durch Selektion der Terroirs und Vergärung in neuen Barriques einen so hohen Qualitätsstandard setzte, daß ihr Chardonnay 1993 anerkannt wurde.

Sauvignon: Die stark parfümierte Sorte des Sancerre, die in der Neuen Welt Furore macht, wird auch im Languedoc-Roussillon als sortenreiner Landwein kultiviert. Obwohl sie weniger gut Hitze und Trockenheit verträgt und weniger als der Chardonnay überzeugt, hält sie aufgrund der großen Nachfrage flächenmäßig fast mit.

Bis ins späte Frühjahr hinein trägt der Canigou noch Schnee

zeugern der Region zählen. Die Gemeinden Caramay, Latour de France, Lesquerde und Tautavel dürfen ihren Namen der Appellation zufügen. Das Gebiet der Côtes du Roussillon umfaßt 4800 ha, bei limitierten Erträgen von 50 Hektoliter pro Hektar. Neben rund 225 000 Hektolitern Rotwein werden etwa 27 000 Hektoliter Rosé und 18 000 Hektoliter Weißwein erzeugt. Moderne Kellertechnik, vor allem die Temperaturkontrolle, hat den Rosé- und Weißweinen zu frischen, fruchtigen oder floralen Aromen verholfen. Mit niedrigem Säuregehalt sind sie gut verträglich.

Fitou, Corbières & Minervois

Als erster trockener Rotwein des gesamten Languedoc-Roussillon erhielt Fitou 1948 die Anerkennung zur Appellation d'Origine Contrôlée. Damit wollte das staatliche Institut ein Zeichen setzen und Südfrankreichs Winzer ermutigen, sich von der Produktion von Massenweinen abzuwenden und sich statt dessen mit so geringen Erträgen zufriedenzugeben, wie sie beim Fitou üblich sind, nämlich nur 40 Hektoliter pro Hektar oder weniger. Dort sorgen steinige Böden und Trockenheit für eine natürliche Mengenreduzierung, die mit kraftvollem, konzentriertem Weincharakter einhergeht. Doch selbst die Fitou-Winzer folgten damals dem Fingerzeig nicht, denn ihr Anbaugebiet besitzt zugleich die Appellation Rivesaltes. So fuhren sie fort, natursüße Weine zu erzeugen, die damals wesentlich lukrativer waren. Erst als sich mit Beginn der achtziger Jahre der Niedergang der Vins Doux Naturels abzeichnete, entwickelte sich der Fitou mit erstaunlicher Schnelligkeit: Von 20000 Hektolitern 1982 erreichte die Appellation nur fünf Jahre später ihr heutiges Durchschnittsvolumen von knapp 100000 Hektolitern.

Die Appellation Fitou stellt ein Kuriosum dar. Sie besteht aus zwei Inseln im Gebiet des Corbières, die rund 30 km voneinander entfernt liegen. Fitou maritime erstreckt sich auf Ostausläufern der Corbières, auf tonkalkigen, oft kargen und steinigen Böden und grenzt ans Mittelmeer. Dessen Feuchtigkeit sorgt für gute Reife und bietet ideale Bedingungen für den heiklen, aber hochwertigen Mourvèdre. Es gehört zu den Gemeinden Fitou, Caves, Treilles, La Palme und Leucate. Der andere Teil wird Fitou de Hautes-Corbières genannt, denn er liegt im Herzen der Corbières. Die klassierten Parzellen der Dörfer Cascastel, Villeneuve-les-Corbières, Tuchan und Durban sind nur kultivierte Tupfer in der wilden, zerklüfteten Hügellandschaft, in der eine Vielfalt mediterraner Kräuter, Sträucher und Orchideen gedeiht. Auf den überwiegend schiefrigen Böden findet die Syrah-Rebe hervorragende Bedingungen. In beiden Zonen, die zusammen 2500 ha ausmachen, sind die Sommer heiß und Niederschläge höchst selten.

Seinen einst rustikalen Charakter verdankte der Fitou alten Carignan-Reben und Grenache Noir, die traditionell in Maischegärung vinifiziert wurden. Inzwischen macht Kohlensäuremaischung den Carignan zugänglicher, Syrah oder Mourvèdre im Mischsatz geben feine Tannine und rassigere Aromen. Neue, kleinere Fässer verleihen Würznoten und Eleganz.

Corbières

Die Corbières bilden ein riesiges Viereck, das 3000 m² bedeckt und südlich der Linie Narbonne–Carcassonne im Departement Aude liegt. Richtung Westen erreichen sie Höhen, in denen es den Reben zu kalt wird. Im Osten stoßen sie an die Lagunen von Leucate und Bages und ans Mittelmeer. Im Süden endet ihr Bereich auf den steilen Felsen, die von den Katharerburgen Queribus und Peyrepertuse gekrönt werden. Im Gegensatz zum Fitou mußten die Weinbauern der Corbières hart um ihre Appellation ringen, ehe sie ihnen 1985 erteilt wurde. Allerdings wurden von ursprünglich 42000 ha nur 23000 anerkannt, von denen heute nur noch 14000 in Ertrag stehen. Das gesamte Anbaugebiet zeichnet sich durch eine Fülle unterschiedlicher Böden und Klimata aus. Weinstöcke finden Schiefer aus dem Primär, Kalk und Sandstein des Sekundär, Mergel-Schichten aus dem Tertiär und kiesige Anschwemmungen, die das Quartär brachte. Natürlich ist grundsätzlich das nahe Mittelmeer verantwortlich für das Klima, aber auch atlantische Einflüsse wirken sich auf das Wetter und damit auf den Ausdruck der Weine aus. Seit 1990 begann man daher damit, elf Großlagen zu definieren, die diesen unterschiedlichen Charakteren Rechnung tragen: es sind Sigean, Durban, Quéribus, Termenès, St-Victor, Fontfroide, Lagrasse, Serviès, Montagne d'Alaric, Lézignan und Boutenac.

Auch die Winzer der Corbières waren bestrebt, den Sortenspiegel ihrer Region zu verbessern und erneuerten Tausende Hektar mit Grenache, Syrah, Mourvèdre, aber auch mit weißen Sorten wie Grenache Blanc, Rolle, Marsanne und Roussanne. Dennoch gelang es ihnen besser als ihren Kollegen im Roussillon oder Hérault, den als Massenträger mißbrauchten Carignan zu meistern. Zunächst bewahrten sie die Weinberge mit 40 und mehr Jahre alten Stöcken, die wenige, aber qualitativ hochwertige Erträge liefern. Außerdem entwickelten sie eine angemessene Vinifikationsmethode auf der Grundlage der *macération carbonique*. Bei dieser Kohlensäuremaischung oder Ganzbeerengärung genannten Methode füllt man die von Hand gelesenen ganzen Beeren in den vorher mit Kohlensäure gesättigten Tank, so daß jede einzelne Beere gezwungen wird, intrazellulär zu gären. Dabei löst der entstehende Alkohol aus den Schalen ein Maximum an In-

Die Blanquette de Limoux, der älteste Schaumwein Frankreichs, fließt besonders reichlich während des berühmten traditionsreichen Karnevals.

Limoux

Eine Urkunde beweist, daß am Oberlauf der Aude, 25 km südlich von Carcassonne, schon 1544 zu Festessen Schaumwein kredenzt wurde. Damit kamen die Benediktiner der Abtei Saint-Hilaire, die die *prise de mousse* 1531 entdeckten, dem Champagner um mindestens 150 Jahre zuvor. Die einheimische Rebsorte, die Blanquette, anderswo Mauzac genannt, machte es möglich. Sie neigt dazu, nicht durchzugären. Füllt man den Wein in Fässer oder Flaschen, beginnen die Hefen im Frühling, Restzucker in Alkohol umzuwandeln, wobei Kohlensäure entsteht. Die *méthode ancestrale* existiert noch immer,

aber seit Ende des 19. Jahrhunderts ging man auch in Limoux dazu über, Schaumweine im Champagnerverfahren zu erzeugen, also einen Grundwein mit einer Portion *liqueur du tirage* abzufüllen, und damit eine kontrolliertere Form der Flaschengärung durchzuführen. Leider gelang es den Limoux-Winzern nicht, ihrem Schaumwein das gebührende Renommee zu verschaffen, obwohl sie 1938 die Appellation dafür erhielten. Inzwischen hat sich speziell in bezug auf die Rebsorten einiges getan. Chenin und Chardonnay haben 1978 die früher zugelassene, nur schlecht geeignete Clairette ersetzt. Seit 1991 gibt es den Crémant de Limoux, der den Chardonnay herauskehrt. Unter seiner Appellation existieren gute und vergleichsweise günstige Schaumweine.

Aber Limoux steht inzwischen für weit mehr. Gezwungen in ihren 14000 ha Weinbergen auch andere Produkte zu erzeugen, nutzten die Winzer ihr zum Teil atlantisch beeinflußtes Klima, um Bordelaiser Rotweinsorten, Sauvignon und andere für Vin de Pays anzupflanzen. Ihren größten Erfolg verbuchten sie mit dem 1970 eingeführten Chardonnay. Die große Genossenschaft Les Caves du Sieur d'Arques führte eine aufwendige Selektion der Parzellen durch, die in der Definition von vier Terroirs gipfelte, die vor allem unterschiedliche klimatische Verhältnisse besitzen: Autan, Méditerranéen, Océanique und Haute Vallée, wobei sich letzteres als Grand Cru erweist, der besonders gut altert, aber andere, je nach Jahrgang, jünger mehr anzusprechen vermögen. Die besten, in neuen Barriques vinifizierten Chardonnays der beteiligten Dörfer werden jeweils am Palmsonntag unter dem Motto ›Toques et Clochers‹ (Kochmützen und Kirchtürme) mit großem Aufsehen versteigert. Die hohe Qualität der Weine erbrachte den Winzern 1993 die trockenem Weißwein vorbehaltene Appellation Limoux, für die Mauzac, Chenin und Chardonnay als Sorten zugelassen sind.

haltsstoffen. Bricht man diese Gärung frühzeitig nach sechs bis acht Tagen durch Pressen ab, gewinnt man zwar an Farbe und Aromen, verliert aber an Struktur und Tanninen. Der Wein wird gefälliger, was in den meisten Carignan-Gebieten durchaus erwünscht ist. In den Corbières dagegen verstehen es viele Winzer, durch eine anfängliche Temperatursteigerung die Extraktion zu erhöhen und durch eine Verlängerung der Maischezeit viel an Struktur und Tanninen zu erhalten. So vinifiziert, erhält Carignan-Wein eine gute Lagerfähigkeit, ein würziges, oft an wilde Kräuter erinnerndes Bukett und mit zunehmendem Alter Noten von Wild und Unterholz. Mit Grenache und Syrah, seltener mit Mourvèdre assemblierter majoritärer Carignan prägte einen Weinstil, der den Corbières trotz ihrer so unterschiedlichen Lagen einen gemeinsamen Nenner gibt. Mitte der achtziger Jahre erregte er viel Aufmerksamkeit und ist Garant einer verläßlichen Qualität.

Das herabgesetzte Volumen der Corbières-Weine liegt zur Zeit etwa bei 600000 Hektolitern, dabei beträgt der Anteil an Rosé- und Weißweinen etwa 15%. Beim Rosé spielt der Cinsault eine wichtige Rolle, der vielen Weinen ihren blassen Ton und eine eher florale Note gibt. Besondere Aufmerksamkeit gebührt den trockenen Weißweinen. Im Languedoc-Roussillon besannen sich die Corbières-Winzer als erste auf die interessanten Eigenschaften des Grenache Blanc für trockene Weiße, insbesondere auf seinen mediterranen Charakter. Statt der Säure der nördlicheren Weine vergeblich nachzueifern, setzen sie auf geschmackliches Volumen und Länge.

Minervois

Das Minervois ist ein zusammenhängendes Gebiet, das von den Vorbergen der Montagne Noire bis zum Canal du Midi und darüber hinaus zum Fluß Aude abfällt, auf dessen gegenüberliegender Seite die Corbières beginnen. Seine südliche Grenze verläuft zwischen Narbonne und Carcassonne. Die Weinberge liegen auf den Pyrenäen zugewandten Südhängen, auf 100–200 m hohen trockenen Ebenen und auf natürlichen Terrassen, aufgeschüttet von den Flüssen Argent Double, Cesse und Ognon. Das Anbaugebiet, in dem 5000 ha AOC-Weine liefern, verteilt sich auf 45 Gemeinden des Departement Aude und 16 des Hérault. Es setzt sich aus vier Hauptzonen zusammen, die in bezug auf Bodenbeschaffenheit und Klima erhebliche Unterschiede aufweisen.

Das Zentrum umfaßt die aus Kalk- und Mergelböden bestehende Hügelregion Petite Causse mit dem berühmten, von den Römern gegründeten Weinort La Livinière, die steinigen, kargen Terrassen des Argent Double und die Balcons de l'Aude mit ihrem braunen Mergel und der großen Winzergemeinde Laure. Insgesamt stellt das Zentrum mit seinem Mittelmeerklima zwei Drittel der gesamten Rebfläche des Minervois.

Auf Carcassonne zu und am westlichen Rand der Appellation machen sich atlantische Klima-Einflüsse deutlich bemerkbar. Hier findet man Sandstein und Mergel zu seiten des Flüßchens Clamoux, während weiter nördlich in den Côtes Noires Schiefer vorwiegt. Nur ein Zwölftel des Minervois-Weins stammt aus dieser Zone.

Um Minerve, der historischen Hauptstadt der Region, die die Römer Minerva, der Göttin der Weisheit, weihten, liegen die Montagnes du Causse. Hier ist das Klima trocken, aber rauh, die Böden sind kalkreich. Von hier kommt jährlich ein knappes Zehntel der Weine.

Nach Osten, wo sich die Weinberge auf 35 km Béziers nähern, sind die Mittelmeereinflüsse am markantesten. Oft dringt heftiger Seewind bis zu den weiten Ebenen und steinigen Terrassen, zu den Serres, Mourels und Terrasses de la Cesse, der heißesten und trockensten Zone, die ein Achtel des Volumens liefert.

Die Winzer des Minervois starteten 1990 eine qualitätsorientierte Initiative, die die Erträge freiwillig von den erlaubten 50 Hektoliter pro Hektar auf 45 senkte und höhere Ansprüche an den Mischsatz stellt. Seit 1999 ist der Carignan-Anteil auf 40% begrenzt. Grenache Noir und Syrah dominieren in der Assemblage, wobei viele Winzer letzterer den Vorzug geben. Der im Standort heikle Mourvèdre unterliegt, dagegen behauptet sich der traditionelle Cinsault, der Rot- wie Roséweinen Finesse verleiht. Auch wenn inzwischen einige reizvolle, heute oft auf Marsanne und Roussanne basierende Weißweine im Minervois vinifiziert werden, liegt seine Stärke in den Rotweinen. Immer mehr Genossenschaften und unabhängige Winzer bieten gutstrukturierte, im Barrique ausgebaute Gewächse, die sich über drei bis fünf Jahre, in großen Jahrgängen bis zu acht und zehn Jahren vorteilhaft entwickeln.

Im zentralen Teil der Corbières liegt der bergige Teil der Appellation Fitou. Sein Wahrzeichen ist die mittelalterliche Burg Aguilar bei Tuchan.

Corbières Rouge   Corbières Rosé   Corbières Blanc   Fitou   Minervois Rouge   Minervois Rosé   Minervois Blanc   Limoux   Crémant   Cabardès

Von der Masse zur Klasse

Languedoc-Weine

Dem Landstrich zwischen Rhône und Narbonne gelingt es erst in allerletzter Zeit, den schlechten Ruf abzuschütteln, den die Erzeugung von Massenwein ihm einbrachte. Dabei bietet er mit kargen, trockenen und sonnenverwöhnten Lagen beste Voraussetzungen für den Weinbau. Erste Reben pflanzten dort bereits die Phönizier, in deren Fußstapfen die Römer traten. Sie gründeten die Provinz Gallia Narbonensis, deren Weine selbst in Rom guten Ruf genossen und bis nach Germanien exportiert wurden. Mit dem Niedergang des Römischen Reichs verlor der Weinbau seine überregionale Bedeutung. Zwar wurde er ab dem 9. Jahrhundert von den zahlreich entstehenden Klöstern gefördert, doch diente er im Mittelalter nur dem Eigenkonsum der Region. Erst als sich die Infrastruktur Ende des 17. Jahrhunderts durch den Bau des Hafens von Sète, des Canal du Midi und durch verschiedene Überlandstraßen wesentlich verbesserte, erlebte der Weinbau im Languedoc einen bedeutenden Aufschwung. Große Nachfrage bestand damals nach *eau-de-vie*, das die Weine verstärkte und haltbar machte. So ging man dazu über, große Teile der Produktion zu destillieren. Während einerseits dafür in den Ebenen robuste Massenträger wie Aramon und Carignan gepflanzt wurden, setzten die Winzer der höher liegenden Dörfer mit ihren steinigen Hängen auf Grenache oder Mourvèdre, um bessere Qualitäten zu erzielen. Das Renommee einzelner Gemeinden und Lagen stammt aus dieser Zeit.

Eine entscheidende Veränderung des Marktes brachte die im 19. Jahrhundert rasant fortschreitende Industrialisierung in den Städten Nordfrankreichs. Mit ihr entstanden eine neue Bevölkerungsschicht und neue Konsumgewohnheiten. Wein erhielt im harten Alltag der Arbeiter als Nahrungs- und Genußmittel seinen festen Platz. Bahnlinien sicherten die Versorgung. Das Geschäft wurde so lukrativ, daß im Midi die Rebflächen alle anderen Kulturen verdrängten. Das Languedoc avancierte mit mehr als 460 000 ha zum größten Weingebiet der Welt. Damit war das Schicksal der besseren Gewächse besiegelt. Statt für sich allein angeboten zu werden, dienten stärkere, dunklere Qualitäten dazu, dünne Tropfen zu kurieren und wurden als Medizinweine gehandelt. Ob Reblauskatastrophe, Erster oder Zweiter Weltkrieg – trotz wiederholter Krisen setzten die Winzer des Languedoc immer

Vins de Pays

Neben den Appellations d'Origine Contrôlée, der höchsten Qualitätsstufe bei französischen Weinen, gibt es seit 1979 eine weitere Kategorie, die sich als überaus erfolgreich erwiesen hat: die Vins de Pays. Auch ihre Erzeugung unterliegt genau festgesetzten und kontrollierten Spielregeln, zu denen Ertragsbegrenzungen ebenso gehören wie eine Degustationsprüfung. Die Vins de Pays gaben den einfacheren Weinen sämtlicher französischer Anbauregionen eine Identität, und heute zählt man rund 100 verschiedene anerkannte Landweinzonen, die die Herkunft einem bestimmten und oft eng begrenzten Anbaugebiet zuordnen. Darüber hinaus gibt es noch übergeordnete, jeweils das Departement umfassende Bezeichnungen, für die Weine aus allen seinen Teilen assembliert werden dürfen.
Eine noch weitere Einheit liefern die vier überregionalen Zonen, Vin de Pays du Jardin de la France, Vin de Pays des Comtes Rhodaniens, Vin de Pays du Comté Tolosan und Vin de Pays d'Oc. Der Vin de Pays d'Oc stellt 80 % des gesamten mit Landwein erzielten Umsatzes.
Der Erfolg der einfachen Landweine beruht natürlich einerseits auf ihrem günstigen Preis-Leistungs-Verhältnis und andererseits darauf, daß es sich in der Regel um jung zu trinkende, fruchtbetonte und süffige Weine handelt. Besonders erfolgreich sind die sortenreinen, die es dem Verbraucher sehr erleichtern, das zu identifizieren und auch wiederzufinden, was ihm schmeckt.

Die Kiesel gehören zu einer der 12 besonderen Lagen der Coteaux-du-Languedoc, dem Terroir La Méjanelle am nordöstlichen Stadtrand von Montpellier.

Ein Mourvèdre-Stock vor der Falaise de l'Hortus im zur Zeit gefragtesten Terroir der Coteaux-du-Languedoc, dem Pic St-Loup.

wieder auf Masse. Erst die drastischen Folgen der Überproduktion brachten späte, glücklicherweise nicht zu späte Einsicht. So begann ab 1970 die Umstrukturierung, in deren Rahmen Hügellagen wie Faugères und St-Chinian erneut zu Ehren kamen, aromatischere Sorten gepflanzt wurden und 100 000 ha Massenreben in den Ruhestand versetzt wurden. Doch erst 1985 hatten die Coteaux-du-Languedoc, Corbières und Minervois ihre Anerkennung zur Appellation d'Origine Contrôlée errungen. Seither haben große Qualitätsschübe stattgefunden. Zum ersten Mal in der Weinbaugeschichte der Region hat sich eine Gruppe von Spitzenwinzern gebildet, die tiefdunkle, konzentrierte, gekonnt ausgebaute mediterrane Rotweine voll Charakter erzeugt, die international Anerkennung finden.

Zugleich aber trat eine völlig andere Entwicklung ein. Als Mitte der achtziger Jahre eine neue Krise den Weinbau traf, gründeten einige Pioniere 1987 einen Zusammenschluß von Winzern und hoben den Vin de Pays d'Oc aus der Taufe, einen Landwein mit Regionalcharakter und Qualitätsgarantie. Sie setzten vor allem auf international beliebte Rebsorten und auf die als Vin de Pays eingestuften, fruchtbareren Lagen, auf denen höhere Erträge gestattet sind. Mit moderner Kellertechnik, insbesondere der Temperaturkon-

Mit diesem kleinen Gerät lassen sich bei Bedarf einzelne Flaschen perfekt etikettieren, was Winzern entgegenkommt, die ihren Vorrat *tiré-bouché* in Paletten lagern, also nur abgefüllt und verkorkt.

trolle, begannen sie, sortenreine Weine zu erzeugen, Produkte, die Markt- und Konsumanforderungen entsprachen – und es heute noch mehr tun als damals. Zu Beginn zählte ihr Syndikat 200 Mitglieder mit einer Produktion von 200 000 Hektolitern Landwein. Zehn Jahre später gruppierte es über tausend Betriebe, die zusammen 2,6 Millionen Hektoliter vermarkteten, von denen 80 % exportiert wurden, Tendenz: steigend. Erneut ist das Languedoc-Roussillon stolz darauf, die größte zusammenhängende Weinregion der Welt zu sein und diejenige mit dem größten Potential an rebsortenreinen Weinen. Heute ist es eine der attraktivsten Anbauregionen Frankreichs und lockt Investoren aus dem In- und Ausland ans Mittelmeer.

Die Appellationen

Faugères
Das waldreiche Gebiet beginnt 15 km nördlich von Béziers. Von den ca. 5000 ha, die 1982 als Appellation klassifiziert wurden, ist ein Drittel bestockt. Als einzige AOC des Languedoc verfügt Faugères über homogene, auf Schiefer basierende Böden, die hochwertige Rotweine erbringen. Heute sind es meist Weine mit hohem Syrah-Anteil, die wegen ihrer Komplexität, Konzentration und Eleganz gesucht sind. Die feinfruchtigen, manchmal floralen, oft auf Cinsault basierenden Rosés sind von eher lokaler Bedeutung.

St-Chinian
Es liegt zwischen dem Minervois und Faugères, mit dem es 1982 zur Appellation erhoben wurde. Sein Zentrum ist das gleichnamige Städtchen auf einer geologischen Grenze: Das südliche Anbaugebiet besitzt tonkalkige Böden, auf denen körper- und tanninreiche Rote gedeihen; der Norden erstreckt sich über die Ausläufer der Monts de l'Espinouse und besteht aus Schiefergestein. Seit kurzem erlebt die AOC eine Renaissance, die sich in komplexen, vollen Roten manifestiert. Wie in Faugères ist nur der Rosé mitklassiert, Weißweine fallen unter die Appellation Coteaux-du-Languedoc.

Clairette du Languedoc
Diese bereits 1948 erteilte AOC zeichnete die gleichnamige Rebsorte aus, die seit Jahrhunderten zwischen Pézenas und Clermont-l'Hérault in elf Dörfern angebaut wurde, um zunächst sherryähnliche Weine, dann den Grundstoff für die Vermouth-Industrie zu liefern. Erst jüngst hat moderne Kellertechnik einen anderen, frischen, fruchtigen Aspekt dieser Sorte hervorgekehrt.

Coteaux-du-Languedoc
Das Anbaugebiet der Coteaux-du-Languedoc beginnt vor den Toren von Nîmes und endet in Narbonne. Über eine Strecke von mehr als 130 km zieht es sich am Mittelmeer entlang und reicht bis zu 50 km ins Landesinnere. Es schließt die oben genannten AOCs ein, die das Recht haben, sich auch als generelle Appellation zu deklarieren. Das weite Gebiet mit 157 Weinbau treibenden Gemeinden weist eine große geologische Vielfalt auf. Gemeinsamer Nenner der deutlich überwiegenden Rotweine ist nach wie vor Carignan, dessen Anteil jedoch inzwischen 40 % nicht überschreiten darf. Grenache und Syrah oder Mourvèdre gehören obligatorisch in den Mischsatz. Cinsault spielt insbesondere für Rosé eine Rolle. Bei den Weißweinen verschneiden die Winzer zwei Gruppen von Sorten. Dabei entfallen maximal 60 % auf Clairette, Picpoul, Ugni Blanc, Carignan Blanc und Terret Blanc, während mindestens 40 % für Macabeu, Grenache Blanc, Bourboulenc, Marsanne und Vermentino vorgesehen sind. Die Hälfte der klassierten Gemeinden besitzt nur die allgemeine Appellation. Die andere verteilt sich auf 12 Terroirs, deren Name hinzugesetzt werden kann (von Nord nach Süd): Coteaux de Vérargues, St-Christol, St-Drézery, Pic St-Loup, Montpeyroux, St-Saturnin, La Méjanelle, St-Georges-d'Orques, Cabrières, Picpoul de Pinet, La Clape und Quatorze. Insgesamt werden rund 350 000 Hektoliter erzeugt, was 46,6 Millionen Flaschen entspricht.

Costières de Nîmes
Das Departement Gard mit der Hauptstadt Nîmes gehört mit zum Languedoc-Roussillon, obwohl sich seine Winzer mehr dem Rhône-Tal zugehörig fühlen. Während man deshalb seine Côtes du Rhône, zu denen Chusclan, Laudun, St-Gervais sowie Lirac und Tavel zählen, weiterhin mit den anderen Rhône-Weinen aufführt, lassen sich die früheren Costières du Gard dem Languedoc zugesellen. Das Gebiet, auf dem 12 000 ha Weinberge in 24 Gemeinden in Produktion stehen, erstreckt sich südöstlich von Nîmes auf die Camargue zu. Seine Hügel sind mit Flußkieseln übersät. Die runden, oft sehr fruchtigen Rotweine und die ausgewogenen Rosés werden aus Grenache, Syrah, Mourvèdre, Cinsault und Carignan gekeltert. Für die nur 3 % des Volumens von 150 000 Hektoliter ausmachenden Weißweine stehen Grenache Blanc, Bourboulenc, Clairette, Marsanne, Roussanne, Rolle und Ugni Blanc zur Verfügung.

Clairette de Bellegarde
Südöstlich von Nîmes, auf dem Plateau des Costières, wo die typischen runden Flußsteine eine 10 m dicke Schicht bilden, ist diese Clairette zu Hause. Der 1949 anerkannte Weißwein besitzt Fülle und überzeugt mit floralen und fruchtigen Aromen.

In St-Chinian laden Winzer mit solchen Schildern zur Verkostung ein

ROUSSILLON, LANGUEDOC & LES CÉVENNES

Die Cevennen

Die Cevennen sind nach Korsika die wichtigste Eßkastanienregion Frankreichs. Heute stellt man daraus verschiedene Spezialitäten her, darunter süße Kastaniencreme, in Cognac eingelegte Maronen oder reines Maronenpüree.

Die Cevennen sind eine der Regionen, in denen man vorzügliche hausgemachte Wurstwaren und luftgetrocknete Schinken findet. Eine Spezialität sind die in Schmalz eingemachten Rippchen.

Wer beim Languedoc an die Mittelmeerküste von der Camargue bis zur Costa Brava und an ein Hinterland mit heißen, trockenen Hügeln denkt, die sich Reben, immergrüne Bergeichen, Rosmarin und Heide teilen, wird vom Departement Lozère überrascht sein. Dessen nördlichen Teil bilden das geologisch zur vulkanischen Auvergne zählende Aubrac und das Granitmassiv der Margeride, die für ihre Hochweiden bekannt sind. Wie deren Berge war auch der kahle Kegel des 1699 m hohen Mont-Lozère, an dem Lot, Tarn, Altier und Cèze entspringen, Ziel der *drailles*, des weitverzweigten Wegsystems des Almauftriebs. Seit drei Jahrtausenden werden im Juni Schaf- und heute auch Rinderherden auf die Bergweiden hinauf- und zum Herbstanfang wieder hinabgetrieben. Doch wo heute nur wenige Zehntausend Tiere weiden, waren es noch im 19. Jahrhundert, bevor der Massenweinbau im Hérault und Gard alle anderen Formen der Landwirtschaft verdrängt hatte, Hunderttausende von Schafen. Jede Herde trat die alten Routen weiter aus, die über Jahrhunderte zu den Lebensadern der Region geworden waren. In den Dörfern, die sie durchzogen, blühte der Handel. Dort verstand man sich wie nirgends sonst auf die Verarbeitung von Schaffleisch, aus dem viele Spezialitäten der Cevennen entstanden. Wo Lager- und Wasserstellen waren, gedieh die Landwirtschaft, die den Dung der Tiere nutzte. Davon ist wenig geblieben. Dagegen ist auch heute noch Schafzucht die Hauptaktivität der wenigen Bewohner der Grandes Causses, jener kargen, windigen Kalkplateaus in etwa 1000 m Höhe am Rand der Cevennen. Die Cevennen selbst, deren Kernstück sich zwischen dem wasserreichen Aigoual und dem Mont-Lozère erstreckt, bestehen überwiegend aus Schiefergestein. Die Höfe liegen weit verstreut, die Böden sind arm, die Lebensbedingungen hart. Die wilde, abweisende, unwegsame Landschaft verlangte den Menschen großen Einsatz ab. Noch bis vor wenigen Jahrzehnten waren die Höfe autark, was ohne die Eßkastanien, das wichtigste Lebensmittel der Cevennen, nicht möglich gewesen wäre. Sie gediehen dort, wo Getreideanbau nur selten möglich war, und ihr gezielter Anbau als Brotbaum geht auf das späte Mittelalter zurück. Als Brot und Brei, geröstet, gekocht oder püriert dienten die nahrhaften, ölhaltigen Früchte der Ernährung, wurden aber auch als Tierfutter eingesetzt und ihr Holz für Pfähle, Fässer, Möbel und als Brennmaterial verwendet. Die wertvollen Bäume wurden gepflegt, jährlich beschnitten, die Böden sauber gehalten. Landflucht und Krankheiten haben den Bestand reduziert, dennoch prägen Kastanien die Region bis heute. Nur sind die Bäume heute verwildert, krank und überaltert. Aber ihre Früchte sind eine traditionelle Spezialität der Cevennen geblieben.

Cassolette de petits gris d'Aurillac aux orties sauvages
Kleine Weinbergschnecken in Brennesselsauce

48 kleine Weinbergschnecken als Konserve aus Aurillac
150 ml trockener Weißwein
150 ml Schneckenbrühe
1 Knoblauchzehe
300 g Brennesseln
50 g Butter
Salz und Pfeffer aus der Mühle
1 Prise geriebene Muskatnuß

Die Schnecken abgießen und dabei die Brühe auffangen. Den Weißwein und 150 ml Schneckenbrühe mit der Knoblauchzehe in einen Topf geben und auf die Hälfte reduzieren lassen. Die Schnecken in der übrigen Brühe erhitzen und warm halten.
In der Zwischenzeit die Brennesseln abbrausen und abzupfen, in siedendes Wasser geben und sobald das Wasser zu kochen beginnt, vom Herd nehmen und abgießen. Im Mixer pürieren und durch ein Sieb streichen. Das Brennesselpüree mit der Brühe verrühren und unmittelbar vor dem Servieren mit der Butter aufschlagen. Salzen, pfeffern und mit Muskat würzen. Je 12 Schnecken in Suppenteller legen und mit der Sauce übergießen.

Weinbergschnecken in Brennesselsauce sind ein Beweis dafür, wie naturgegebene Zutaten zur regionalen Spezialität zusammenfinden.

Brandade de morue façon grand-mère
Stockfisch nach Großmutter-Art

1 kg Stockfisch
Thymian, Lorbeerblatt
1 Knoblauchzehe
1 Bund Petersilie
8 Mangoldblätter
2 EL Öl
1/2 Stangenweißbrot
1 EL Butter

Den Stockfisch 24 Stunden in kaltem Wasser einweichen, dabei das Wasser mehrmals erneuern. Dann den Fisch in kochendem Wasser mit Thymian und Lorbeerblatt 3 Minuten blanchieren. Den Stockfisch aus dem Sud heben, entgräten und enthäuten.
Knoblauch und Petersilie fein hacken. Die Mangoldblätter von den Stielen befreien und blanchieren.
Den Stockfisch in Öl in einer Pfanne anbraten. Das Brot in etwas Stockfischsud einweichen, mit einer Gabel zerdrücken und mit dem Fisch in der Pfanne vermischen. Petersilie, Knoblauch und die Butter zufügen und unterrühren. Mit Löffeln aus der Masse Kugeln formen und sie in die blanchierten Mangoldblätter wickeln. Sofort servieren.

Millefeuille de Pélardons aux châtaignes
Ziegenkäse-Blätterteigschnitte mit Kastanien
(ohne Abbildung)

6 Kastanien
3 Pélardon-Ziegenkäse
4 EL Crème fraîche
Salz und Pfeffer aus der Mühle
Basilikum, fein geschnitten
Phyllo-Blätter oder Kastanienbrot

Diese schmucken Mangoldbällchen enthalten eine Variation der berühmten *Brandade de morue*, denn Stockfisch war der einzige Meeresfisch, der den weiten Weg bis in die Cevennen überstand.

Die Lozère ist für ihre hervorragenden Wildforellen bekannt, besitzt sie doch eine ganze Anzahl an Flüssen und Bächen, von denen der berühmteste der Tarn ist.

Vinaigrette
1 Möhre
Balsamessig
Sonnenblumenkernöl

Die Kastanien kreuzweise einschneiden, 20 Minuten kochen, abgießen, schälen und pürieren. Den Käse und die Crème fraîche mit dem Pürierstab zu einem geschmeidigen Teig verarbeiten, dann das Kastanienpüree und das Basilikum untermischen. Mit Salz und Pfeffer würzen.
Die Möhre putzen, über Wasserdampf garen und pürieren. Aus Öl, Balsamessig und dem Möhrenpüree eine Vinaigrette herstellen. Die Phyllo-Blätter im vorgeheizten Backofen backen.
Von der Pélardon-Masse mit 2 Löffeln je 2 Klößchen pro Person abstechen und abwechselnd mit den Phyllo-Blättern aufschichten.
Ringsherum mit etwas Vinaigrette beträufeln.

Truite Fario au lard
Wildforelle mit Speck

Pro Person

30 g ungeräucherter, leicht ranziger Speck
1 Forelle ›Fario‹
1 EL Mehl
2 EL Sonnenblumenkernöl

Den Speck in kleine Würfel schneiden. Die Forelle ausnehmen, abspülen und abtupfen, dann in Mehl wälzen.
Das Öl in einer schweren Pfanne erhitzen, die Forelle darin 7 Minuten von einer Seite braten, dann die Speckwürfel hinzufügen, den Fisch vorsichtig wenden und weitere 7 Minuten braten, dabei mehrmals mit dem Bratensaft übergießen.
Als Garnitur passen gebackene Gemüsescheiben und geschmorte Pilze.

Deftiges mit Tradition

Manoul & Moche

Kein anderes Tier hat für die Lozère geschichtlich größere Bedeutung gehabt als das Schaf. Während man Koteletts oder Rücken, Bries oder Nieren, Keulen oder Schulter brät oder schmort, fand man eine besondere Verwendung für Innereien und Füße: den *manoul*. Dabei handelt es sich um gefüllten Schafsmagen. Stücke vom Pansen werden so zusammengenäht, daß sie kleine Beutel ergeben. Diese werden mit kleingeschnittenen Eingeweiden und Kutteln von Lamm und Schaf, mit entbeinten Füßen und mit rohem Schinken oder Speck gefüllt. Außerdem gehören Möhren und Zwiebeln, Knoblauch und Petersilie, Lorbeer und Thymian, Salz und Pfeffer in die Farce, die natürlich jeder Schlachter in leicht modifizierter Form zusammenrührt.

Bevorzugt verwendet man *broutards*, Lämmer, die sich von den Mutterschafen schon gelöst und angefangen haben, selbständig zu grasen. Die kaum mehr als 300 g wiegenden *manouls* brachte man früher zum Bäcker, damit der sie in seinem Ofen als Eintopf langsam garte. Wenn man dann müde von den Viehmärkten zurückkehrte, waren sie gerade richtig, und man konnte sie zu einem reichhaltigen Frühstück verspeisen. Im Hérault nennt man sie *tripoux*.

»Die Qualität der *tripes* ist eine Sache der Sauberkeit«, betont Patrick Pagès in Vialas, Verfechter traditioneller Rezepte des Languedoc und der Cevennen. »Tripier ist ein Beruf, dessen Niedergang der Rinderwahnsinn unglücklicherweise beschleunigen wird. Dies sind die Leute, die in Schlachthöfe gehen und dort Füße, Köpfe, Innereien reinigen. Das ist eine Wissenschaft für sich. Innereien vertragen keine Mittelmäßigkeit. Eine Region wie die Cevennen und die Lozère werden es ermöglichen, solche Berufe zu retten. Denn in unserer Region dauern die Traditionen länger als die Wirklichkeit.«

Dem Schwein kommt in der kulinarischen Tradition der Lozère ein Ehrenplatz zu. Denn es galt als Zeichen des Reichtums, wenn sich ein Bauer eins oder gar mehrere halten konnte. Vor allem bereicherte das Schwein die Ernährung, da man sein Fleisch im Gegensatz zu dem von Lamm, Schaf, Ziege oder Rind haltbar machen konnte, indem man es trocknete, einsalzte oder auch einkochte. Nach der Vorspeise, die aus *crudités*, rohem geraspeltem Gemüse mit Vinaigrette, bestand, verzehrten die Bauern am Schlachttag die *Carbonnade*. Ihr wichtigster Bestandteil ist Blutwurst, in die in den Cevennen natürlich Blut, aber auch Kräuter, Zwiebeln und ein Schuß Pastis gehören. Außerdem wird gebratenes Schweinefilet dazu gereicht sowie roh gebratene Kartoffeln, geschmorte Zwiebeln und Äpfel wie die Reinette grise. Beim Entbeinen des Schweins läßt man in der Lozère etwas Fleisch an den Knochen, die dann gepökelt und damit zu *petits salés* werden oder die man im eigenen Schmalz einkocht. Sie runden Eintopfgerichte geschmacklich ab. Besonders beliebt sind Würste mit Kohl,

Oben: In Gegenden wie der Lozère, wo sich der Gast darauf verlassen kann, daß das Fleisch aus regionaler, naturnaher Aufzucht stammt, sind Kalbskopf und andere Innereien immer stärker gefragte Spezialitäten.

Blattgemüse und Kräutern wie die *moche* oder *maôche*. Sie bringt es gewöhnlich auf eine Länge von 30 cm oder mehr und ist bis zu 6 cm dick. Schweinehack, Schulter, Brust und – in ihrer ursprünglichsten Version – Lunge sind Bestandteile der Rezeptur und natürlich Kohl. Je nach Lust und Verfügbarkeit kommen feingehackte Kräuter, Löwenzahn und Mangold hinzu. Während manche Schlachter auf ein Drittel Gemüse schwören, ziehen andere nicht mehr als ein Drittel Fleisch vor. Einige geben Kartoffeln in die Wurstmasse, für andere sind sie ausschließlich als Beilage erlaubt. Eine einfache Variante sind die kleinen *saucisses d'herbes*. Im Süden der Lozère nimmt man dafür nur Mangold, im Norden nur Kohl.

Verbreiteter sowohl in der Montage Noire sowie im Rhône-Tal und in der Provence (wo man sie *caillettes* nennt) sind die *fricandeaux*. Dabei handelt es sich um kleine, in Schweinenetz gehüllte Pasteten aus Leber und Schlund, die mit Lorbeer und Thymian gewürzt werden. Man backt sie in Formen aus Steingut oder Glas oder auf dem Blech im Ofen. Der *fricandeau* wird stückweise verkauft und als Vor- oder Zwischengericht oder auch als Hauptspeise verzehrt.

Tête de veau en estouffade, condiments et aromates en ravigote
Ragout vom Kalbskopf mit Kräutersauce

Für 10 Personen

1 Kalbskopf, 2,5 kg
250 g Möhren
250 g Staudensellerie
250 g Sellerie
250 g Porree
80 g gehackte Zwiebeln
Lorbeerblätter, Gewürznelken, Pfefferkörner
grobes Meersalz
200 g Mehl
500 ml Essig
800 g Blätterteig
1 Eigelb

Sauce
5 Eier
80 g Kapern
80 g Essiggurken
1/2 Bund Petersilie
50 ml Rotweinessig
150 ml Traubenkernöl
1 TL Senf
Salz und Pfeffer aus der Mühle

Den Kalbskopf entbeinen, mit Küchenzwirn zusammenbinden, in kochendes Wasser geben und vorgaren. Aus dem Sud heben und in kaltem Wasser mit dem Gemüse, den Kräutern, dem Salz aufsetzen. 2 1/2 Stunden kochen, dabei wiederholt abschäumen. Dann 200 g Mehl mit Essig verrühren und unter Rühren zu der Brühe geben. Gemüse und Kalbskopf herausnehmen, den Küchenzwirn entfernen, abtropfen und abkühlen lassen. Das Gemüse und den Kalbskopf in kleine Stücke schneiden.
Für die Sauce die Eier hartkochen, schälen und durch ein Sieb passieren. Kapern, Essiggurken und Petersilie fein hacken. Essig, Öl und Senf gut verrühren. Kapern, Essiggurken, Petersilie und Eier darunterischen. Mit Salz und Pfeffer würzen.
Den Backofen auf 240 °C vorheizen. Den Blätterteig dünn ausrollen, dann 1 großes oder 10 kleine Stücke ausschneiden. Die Kalbskopfstücke und das Gemüse in 1 große oder 10 kleine feuerfeste Formen schichten, mit Blätterteigdeckel(n) verschließen. Mit dem Eigelb bestreichen und im vorgeheizten Ofen backen, bis der Teig aufgegangen und goldgelb ist. Sofort servieren, die Sauce getrennt reichen.

Manouls lozériens
Gefüllte Lammägen

Für 10 Personen

10 gefüllte Lammägen
4 Möhren
1 Stange Porree
1 weiße Rübe
3 Zwiebeln
1,5 l Fleischbrühe
500 g Staudensellerie
1,2 kg Kartoffeln
80 g Butter
250 g feingeschnittene Zwiebeln
20 Lorbeerblätter
Salz und Pfeffer aus der Mühle
20 kleine Scheiben Rohschinken
1 Bund Petersilie, fein gehackt
Pfeffer aus der Mühle

Die Lammägen werden gewöhnlich fertig beim Metzger gekauft. Oder man füllt Lammpansen mit einer Farce aus Lammfüßen, rohem Schinken, Knoblauch und Petersilie.
Die Lammägen in kochendes Wasser geben und blanchieren. Abgießen, abschrecken und mit den geputzten Möhren, dem Porree, der weißen Rübe, den Zwiebeln, etwas Salz in der Fleischbrühe 3 Stunden kochen. Abkühlen lassen.
Den Sellerie in etwas Butter glasig dünsten. Die Kartoffeln schälen, waschen und in kleine Würfel schneiden. Die restliche Butter in einer Pfanne erhitzen und die Kartoffeln darin anbraten, dann mit den Zwiebeln, dem Sellerie und dem Fleisch in einen Schmortopf geben. Die Lorbeerblätter hinzufügen, salzen und pfeffern und 30 Minuten bei 210 °C im vorgeheizten Backofen garen. Man kann das Gericht auf Tellern anrichten, eindrucksvoll ist es aber auch in dem Topf, mit dem es im Ofen war.

Moche et saucisse d'herbes
Moche und Kräuterwurst

Für 10 Personen

4 *moche*-Würste
5 Kräuterwürste
1 kg Kartoffeln (Roseval)
200 ml Öl
400 g süße Zwiebeln (aus Saint-André)
Lorbeeblatt, Gewürznelken, Salz
50 ml Olivenöl
glatte Petersilie
Butter

Die Würste in kochendes Wasser geben und vorgaren. Abschrecken und abtropfen lassen.
Die Pellkartoffeln so kochen, daß sie fest bleiben, schälen und in große Würfel schneiden.
Zwiebeln, Würste, Kartoffeln, Gewürze und Salz mit dem Öl in einen Topf geben und zugedeckt 25 Minuten kochen. Anschließend abgießen und dabei die Garflüssigkeit auffangen.
Die Würste in Stücke schneiden und mit den Kartoffeln anrichten. Warm stellen.
Das Olivenöl zu der Garflüssigkeit geben, dann mit Petersilie und frisch gemahlenem Pfeffer bestreuen. Das Gericht mit der heißen Sauce übergießen, mit einigen gedünsteten Preißelbeeren garnieren und sofort servieren.

Carbonnade languedocienne
Schweinetopf nach Art des Languedoc

Für 10 Personen

1,5 kg Schweinefilet
700 g Äpfel
180 g Butter
700 g Zwiebeln
250 ml Öl
800 g Kartoffeln
1 kg Blutwurst
Sherry-Essig
500 ml Kalbsbrühe
Salz und Pfeffer aus der Mühle
gehackte Petersilie

Das Fleisch parieren und beiseite stellen.
Die Äpfel vierteln und in Butter braten. Die Zwiebeln schälen und in dünne Ringe schneiden, dann in Öl andünsten. Die Kartoffeln schälen, waschen, in gleichmäßige Scheiben schneiden und in heißem Öl roh braten.
Den Backofen auf 200 °C vorheizen.
Die Schweinefilets in Öl in einer Schmorpfanne von beiden Seiten gut anbräunen, dann 10 Minuten im Ofen garen und zur Seite stellen. Die Blutwurst am Stück in einer Pfanne anbraten, dann die Haut abziehen.
Den Bratensaft mit einigen Tropfen Sherry-Essig ablöschen, die Kalbsbrühe angießen, reduzieren und abschmecken.
Zum Servieren in die Mitte jedes vorgewärmten Tellers etwas von den gebratenen Äpfeln geben, dann Zwiebeln und Kartoffeln darum anrichten und je 3 Stücke Schweinefilet und 3 Stücke Blutwurst dazugeben.
Das Fleisch und die Wurst mit der Sauce umgeben und mit Petersilie bestreuen. Sofort servieren.

Links: *Manoul*, der gefüllte Lammagen ist ein Gericht, das Seele und Geschichte der Cevennen einfängt. – Mitte: Der hohe Gemüse- und Kräuteranteil gibt *moche* und Kräuterwurst eigene Textur und unvergleichlichen Geschmack. – Rechts: Mit der *Carbonnade*, dem traditionellen Mahl beim Schlachtfest, lassen sich heute Kenner der Cevennen verwöhnen.

Cevennen-Honig

Wie könnte es anders sein? Der liebste Honig der Cevennenbewohner ist der von Kastanienblüten. Aber der Symbolbaum der Region hat eine weit innigere Beziehung zum Imkerhandwerk, wurden doch aus Kastanienstämmen früher die Bienenstöcke angefertigt. Während die urigen Klötze, die fast wie Gnome aussehen, aus anderen Regionen schon seit langem verschwunden sind – in den Cevennen kann man ihnen noch häufig begegnen, wenngleich ihre Nutzung praktisch aufgegeben wurde. Nicht selten wohnen immer noch Bienen darin, die sich dort recht

> **Wissenswertes über Honig**
>
> Viele Pflanzen sind auf Fremdbefruchtung angewiesen und sondern in ihren Blüten Nektar ab. Nektar ist süß und enthält überdies eine Fülle von Begleitstoffen, um Bienen oder andere Insekten anzulocken. Dem verführerischen Tropfen erlegen, bürsten die Bienen beim Eindringen in die Blüte den Pollen ab, den sie dann weitertragen. Den Nektar saugen sie durch einen Rüssel ein, und im Honigmagen verwandeln ihn Sekrete in das, was wir Honig nennen. Ob Bienen jedoch Nektar oder Honigtau auf Blättern sammeln, sie bleiben der einmal gewählten Sorte treu. Daher gibt es die Trachtenhonige, die heute mit den sich ausweitenden Monokulturen immer mehr an Bedeutung gewinnen. Dabei bieten Honige, die aus einer Landschaft mit vielseitiger Flora stammen, eine erstaunliche Komplexität im Geschmack und an Inhaltsstoffen.
> Honig besteht zu 80% aus Zucker, doch handelt es sich dabei oft um rund 20 verschiedene Zuckersorten, bei denen Trauben- und Fruchtzucker überwiegen. Da sie vom menschlichen Organismus sofort absorbiert werden können, gibt es keinen schneller wirkenden natürlichen Energiespender als Honig. Abgesehen von etwa 17% Wasser sind in Honig über 180 Begleitstoffe nachgewiesen. Dazu zählen fast alle Mineralien und Spurenelemente, verschiedene organische Säuren sowie Aminosäuren. Der besondere gesundheitliche Wert basiert jedoch auf den Enzymen und Hormonen, Pollen und Lysozymen, natürlichen Antibiotika.
> Bienen sammeln den Honig in Waben, die sie mit Wachs verschließen. Bei artgerechter Haltung entnimmt der Imker nur reifen Honig und schleudert ihn in einer Zentrifuge heraus. Nach Durchlaufen eines Filters wird er abgefüllt. So bewahrt er seine wertvollen Inhaltsstoffe, die bei Erwärmung erheblich reduziert werden. Honig muß kühl, trocken, geruchsneutral und dunkel gelagert werden, da Wärme, Feuchtigkeit und Licht seine Qualität mindern. Übrigens ist die Bezeichnung ›Reiner Bienenhonig‹ in Frankreich untersagt, da Honig immer rein zu sein hat.

Ein typisches altes Bauernhaus in den Cevennen mit einer Sammlung lange bewohnter Bienenstöcke

Bienenstöcke wurden früher aus hohlen Kastanienstämmen gemacht, die man *buc* nannte und mit einer Steinplatte abdeckte.

ROUSSILLON, LANGUEDOC & LES CÉVENNES

sicher fühlen können, denn für den Imker war diese Art Bienenstock niemals ideal. Er konnte den Honig nur unter Schwierigkeiten mit Hilfe einer Kelle oder eines Messers herausziehen und mußte dabei viele Stiche in Kauf nehmen. Doch das Imkerhandwerk blüht in der Lozère.

Die beiden wichtigsten Ernten sind dort *miel de châtaignier*, der klare, mittelbraune, eher dickflüssige Kastanienhonig, dessen Saison der Juni ist, und *miel de toutes fleurs*, ein Blütenhonig, der meist *miel des Cévennes* genannt wird. Denn im Gegensatz zu den Ebenen, wo man ihn aus Sonnenblumen- und Rapsfeldern erhält, stammt er hier von Wildblumen, hat eine dunklere Farbe und ein würzigeres Aroma. Er wird Ende Juli, Anfang August eingebracht. Weitere Honige sind der sehr milde *miel de Montagne*, der aus Höhen von etwa 1400 m stammt, und *miel de Causse*, der Mitte Juli geerntet wird, stark parfümiert, aber ebenfalls mild ist, denn ihn liefern die vielen niedrigen, fast unscheinbaren Blumen und Kräuter, die auf den kalkreichen Hochebenen gedeihen. *Miel de Bruyère*, der sehr markante Heidehonig, steht an, wenn alle anderen Honige bereits geerntet sind, nämlich Mitte September. *Miel à la brèche* ist Wabenhonig, wie er entnommen wird: ungeschleudert, am ursprünglichsten und reichhaltigsten, denn die beim Schleudern unter den Honig gemischte Luft hat einen zwar geringfügigen, doch modifizierenden Einfluß. *Miel d'arbre* oder *miellat* wird Propolis genannt, jener Harz, den Bienen aufsammeln, umwandeln und als Kitt in ihren Stöcken verwenden. In den Cevennen ist er sehr dunkel, da er auf den Ausscheidungen von Läusen basiert, die an Eichen und Kastanien leben.

Was die Cevennen hinsichtlich des Honigs auszeichnet, ist ihre natürliche Flora, deren Blüten einen reinen, gesunden, vielfältigen und aromatischen Nektar bieten. Reine Trachthonige sind deshalb selten. Blüten sind für Geschmack, Konsistenz und Farbe des Honigs verantwortlich. So wird zum Beispiel ein trachtenreiner Akazienhonig niemals hart, dagegen kristallisiert Honig von Raps- und Orangenblüten schnell. Im Winter bringen manche Imker ihre Völker hinab in die Ebenen des Gard oder Hérault, wo es wärmer ist und wo die Blütensaison früher beginnt. Dort müssen die Bienen weniger lange gefüttert werden, was ihnen gastrische Probleme erspart.

Mit Respekt für die Bienen arbeitende Imker lassen dem Bienenvolk genügend Raum, um sich auf natürliche Weise zu entfalten und eine Wabe aus eigener Kraft zu bauen (deren Form man im Süden gern mit einem ellipsenähnlichen Rugbyball vergleicht). Bienen produzieren aus Instinkt immer mehr Honig, als sie wirklich brauchen. Dadurch kommt es zur Ernte. Wenn der untere Kasten des heute rechteckigen Bienenstocks, in dem sich das Volk befindet, gefüllt ist, fahren sie fort, die daraufgesetzten schmaleren Kästen und die darin eingehängten Rahmen mit Honig zu füllen, die der Imker abnimmt und erntet. Den Honig des Brutraums läßt jeder gewissenhafte

Miel de Narbonne

Narbonne, unter den Römern die Hauptstadt der bedeutenden Provinz Gallia Narbonnensis und später im Mittelalter mächtiger Erzbischofssitz, war schon im Altertum für zwei Produkte bekannt: Wein und Honig. Letzterer wurde über das Mittelmeer bis Ägypten und Zypern exportiert. Er verdankte seine besondere Qualität dem Rosmarin, der im östlichen, dem Meer nahen Teil der Corbières stark verbreitet ist. Denn dieses aromatische Würzkraut liebt sonnige und warme Lagen und kommt wild nur in rein mediterranem Klima vor. Rosmarin blüht blaßblau und früh im Jahr, zwischen März und Mai. Man pflegte ihn zu Saint-Jean am 23. Juni zu ernten. Rosmarin-Honig ist sehr hell, in festem Zustand weiß und besitzt den charakteristischen Duft südlicher Wildkräuter.
Narbonne behauptete sich als Umschlagplatz dieses Honigs, der vom Mittelalter bis Ende des 19. Jahrhunderts der bekannteste Honig Frankreichs war, was nach sich zog, daß manche Pariser Händler ihn fälschten. Wie so viele andere Spezialitäten und Produkte einer über Jahrhunderte gewachsenen Landwirtschaft wurde auch er von der Monokultur des Massenweinbaus erstickt. Die einst so geschätzte Bezeichnung ›Miel de Narbonne‹ geriet in Vergessenheit und wird von den Imkern nicht mehr verwendet. Inzwischen aber erlebt die Imkerei nicht nur in den Corbières, sondern im gesamten Languedoc-Roussillon eine Renaissance. Dabei geht die Zahl der berufsmäßigen Bienenhalter, die durchschnittlich 200–300 Völker besitzen, zurück, während die Zahl der Amateur-Imker steigt. Man schätzt den Bestand heute auf ca. 60 000 Völker. Die Qualität der geernteten Honige beruht auf den ausgedehnten, nicht kultivierten, hügeligen oder bergigen Gebieten, auf Wildheiden, Hochebenen und Wäldern, in denen eine Fülle von Kräutern und Büschen gedeiht. Honige, die von den Obst- und Ölkulturen der Ebenen eingebracht werden, können da nicht mithalten.

Imker für die Bienen unangetastet. Die Waben aus dem Honigraum werden abgeschleudert. Da im Stock immer eine Temperatur von etwa 35 °C herrscht, ist der Honig flüssig und fließt problemlos heraus. Oft kann aus Zeitgründen nicht alles sofort nach der Ernte geschleudert werden, weshalb man den Honig in Edelstahlfässern zwischenlagert. In Südfrankreich bleibt er darin bis Oktober oder gar November flüssig, doch mit abnehmender Temperatur verhärtet er sich, man sagt: er kristallisiert. Dann muß der Imker den Honig vor dem Schleudern erneut auf eine Temperatur von 35 °C bringen, damit er wieder jene Konsistenz erlangt, bei der Schleudern möglich ist. Dies wird nicht als Erhitzung betrachtet. Erhitzen auf mehr als 40–45 °C ist verpönt und wird praktisch von keinem Imker durchgeführt.

Was die Vermehrung angeht, da scheiden sich die Geister. Bei der artgerechten Haltung, die langsam in allen Ländern Europas Anhänger findet, greift der Imker erst dann ein, wenn das Volk durch natürlichen Trieb in Schwarmstimmung gerät. Kurz bevor die alte Königin ausschwärmen würde, kommt er dem Geschehen zuvor: Er nimmt sie heraus und teilt auf diese Weise das Volk. So entstehen neue Königinnen nur durch natürliche Vermehrung. Die meisten Imker setzen aber auf gezielte Auslese. Sie warten nicht ab, bis die Bienen ausschwärmen, sondern sie teilen die Schwärme im Frühjahr und züchten Königinnen aus den besten Völkern, die sie dann den verwaisten Stöcken zuteilen.

Außer an Honig (und an Wachs) ist der Mensch noch an anderen Produkten aus dem Bienenstock interessiert. Da sind zunächst die Pollen. Bienen bringen die Pollen an ihren Beinen, an denen der Blütenstaub festhaftet, in den Stock. Sie bürsten ihn ab und verbinden ihn mit Honig aus ihren Sekretdrüsen. Imker ernten diese Pollenklümpchen, indem sie Gitter vor den Stock spannen, durch die sich die Bienen zwängen müssen. Dabei verlieren sie etwa 15 % des Pollens, der aufgefangen wird. Dieser muß dann 24 Stunden bei 40 °C getrocknet werden. Er enthält Proteine und Glyzide und ist sehr nahrhaft. Bienen verwenden ihn in Form einer Art von Suppe, *bouillie*, und ernähren damit ihren normalen Nachwuchs, nicht ihre Königin. Pollen gilt als ein natürliches Stärkungsmittel und ist als Medikament gegen Prostata-Beschwerden anerkannt. Er verbreitet einen seltsamen Duft von Trockenblumen und Hefe. Gelée royale, der Stoff, mit dem die Königinnen gefüttert werden, wird von den meisten Imkern nicht erzeugt, da man dabei künstlich Bienenköniginnen ziehen und sie töten muß, sobald sie ihren Zweck erfüllt haben.

Von links: *Miel des Cévennes* – Blütenhonig; *Miel de Bruyère* – Heidehonig; *Miel des Fenouillèdes* – Honig des Roussillon; *Miel de Châtaignier* – Kastanienhonig

383

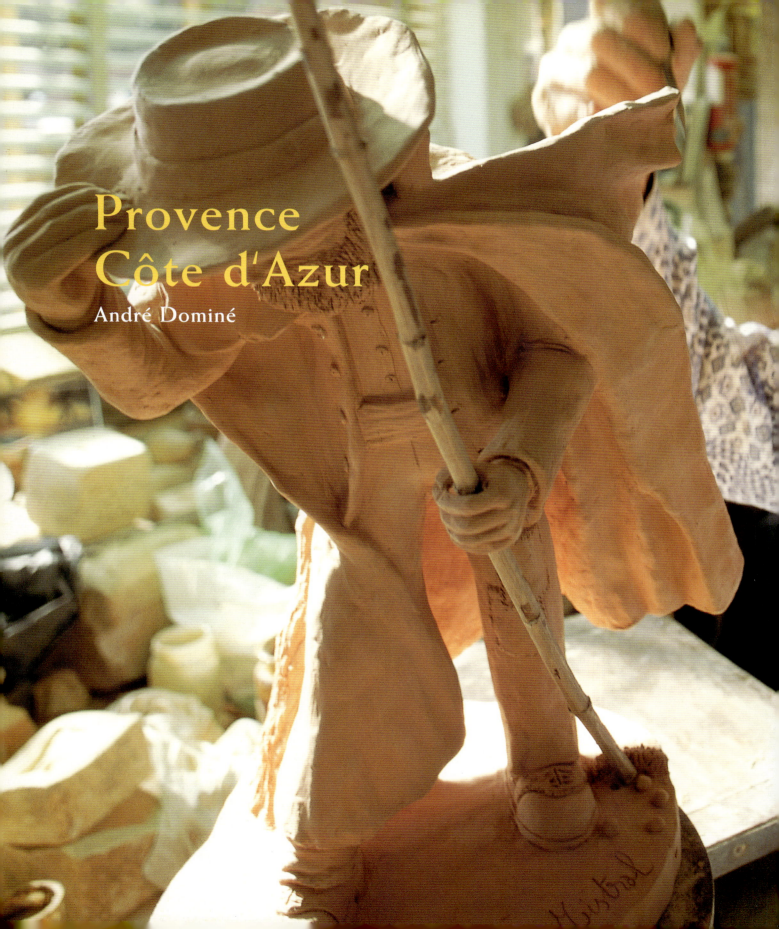

Provence
Côte d'Azur

André Dominé

Die echte Bouillabaisse
Fische und Meeresfrüchte der Provence
Provenzalische Fischgerichte
Oliven
Huile d'olive
Aïoli & pistou
Zauberkräuter
Pastis
Mesclun
Gemüse des Südens
Gemüseküche
Trüffelzeit in der Provence
Fleisch & Geflügel
Reis der Camargue
Die Stiere der Camargue
Die Weine der südlichen Rhône
Die Weine der Provence
Provenzalische Süße
Calissons d'Aix
Die 13 Weihnachtsdesserts
Santons: Krippengetümmel

Paul Fouque, Jahrgang 21, arbeitet an einem ›Coup de Mistral‹, dem ›Mistralstoß‹, dem ersten und berühmtesten *santon,* der Bewegung einfing und der aus 14 Formen zusammengesetzt wird.

Im Departement Drôme, in der Umgebung von Nyons, liegt das nördlichste und eins der ältesten und berühmtesten Olivengebiete Frankreichs.

Jahr für Jahr zieht der Charme der Provence Maler und Dichter, Fotografen und Filmemacher ebenso an wie Touristen aus allen Teilen Frankreichs und allen Ländern der Welt. Keine andere Provinz Frankreichs bietet so reichhaltige Eindrücke für alle Sinne. Da ist das Licht, das Landschaften und Dörfer verzaubert und in dem alle Texturen immer wieder anders wirken, da ist das Geräusch des Windes, da sind die unglaublichen Gerüche, die er trägt und die sich bisweilen mit Geschmackserlebnissen von seltener Intensität verbinden. Dabei scheinen stereotype Wohnsiedlungen und unförmige Geschäftszentren angetreten, die Idylle immer wieder in Frage zu stellen. Der eintönigen Architektur hält die Provence jedoch ihre kontrastreichen Landschaften entgegen. Da gibt es die unmerklich ins Meer übergehende Camargue mit ihren schwarzen Stieren und weißen Pferden, ihren Cowboys und Zigeunern und die schroffe Côte d'Azur mit Luxusresidenzen, Palmen und Zitronenhainen, das an Obst und Gemüse reiche Comtat bei Avignon und die karge Haute-Provence mit atemberaubenden Lavendelfeldern, den reizvollen Lubéron mit den malerischen Dörfern, umgeben von sanfter Wildheit, und das so quirlige, hitzige widersprüchliche und völkerreiche Marseille, wo man unvergleichlich gute *Bouillabaisse* genießen kann.

Die extreme Vielfalt birgt einen fast unerschöpflichen kulinarischen Reichtum, der sich auf den hinreißenden Märkten der größeren Städte greifbar entfaltet. Erst dort wird einem bewußt, daß die Provence der größte Obst-, Gemüse- und Kräuterlieferant in Frankreich ist, die meisten Oliven, bestes Olivenöl, ausgezeichneten Honig erzeugt, aber auch Ziegenkäse und luftgetrocknete Würste, Lamm- und Stierfleisch, liebliche und trockene Weine und eine Vielzahl an süßen Verführungen zu bieten hat.

Die Provenzalen wissen mit dieser Fülle auf eine eindeutig mediterrane Weise umzugehen, die jedem einzelnen Produkt Achtung erweist, indem sie auf Frische bestehen. So ist die Küche bunt, knackig, vitaminreich, und die Gerichte sind in würzige Düfte wie eingehüllt. Diese Duftnoten unterstreichen Einheimische mit Vorliebe durch Knoblauch und Anchovis, die sie in ihre diversen Saucen rühren. Nun braucht man nichts als einen schattigen Platz vor dem *cabanon*, dem ländlichen Zufluchtsgemäuer, oder auf einer geschützten Terrasse, wo die Gerüche der Landschaft in die Nase steigen, und das Sinnenspiel vollzieht sich von neuem.

387

Plädoyer zweier Experten

Die echte Bouillabaisse

»Will man als Koch ehrlich sein, ist eine ordentliche *Bouillabaisse* heutzutage unweigerlich kostspielig. Im Sommer nehmen täglich Gäste auf unserer Terrasse Platz, um sich nach der Lektüre des Preises für unsere *Bouillabaisse Miramar* zu erheben und fortzugehen. Sie vermuten einen überhöhten Preis, doch unsere Gewinnspanne ist niedriger als die derjenigen, die ihre *Bouillabaisse* preiswerter anbieten und dafür keine Qualitätsprodukte verwenden. Aber es gibt Grundregeln, die man respektieren sollte:

• Die Frische der Fische ist oberstes Gebot.

• Die Vielfalt und Menge der Fische ist mitentscheidend für die Qualität des Suppenfonds; alle Fische werden erst frisch auf Bestellung gegart.

• Reiner, unbedingt echter Safran ist unverzichtbar (genaugenommen gereichen weder Paprika noch Kräuter der Provence einer *Bouillabaisse* zum Vorteil).

• Der Fisch sollte vor dem Gast zerteilt werden und nicht fertig zubereitet aus der Küche kommen, es sei denn, die Anzahl der zu bedienenden Gäste ist zu hoch.

Außerdem muß man hervorheben, daß eine Languste kein grundsätzlicher Bestandteil einer *Bouillabaisse* sein kann, die ursprünglich ein sehr einfaches Gericht war, in dem nicht verkaufte oder beschädigte Fische verarbeitet wurden und dem man bisweilen Kartoffeln zufügen mußte, wollte die ganze Familie davon satt werden.

Schließlich sollte man wissen, daß die *Bouillabaisse du pêcheur* ursprünglich mit Meerwasser zubereitet wurde, das man am Strand während des Entknotens der Netze zum Kochen brachte. Wenn dieses Wasser kochte, ließ man also die vorgesehenen Fische darin mit Fenchelkraut, Tomate usw. garen. War die Arbeit des Entknotens beendet, konnten sich die Fischer mit ihrer Familie zu Tisch setzen, denn die *Bouillabaisse* war fertig. Ihre diversen Verfeinerungen erfuhr die ursprüngliche *Bouillabaisse* erst später.

Statt von Meerwasser auszugehen, wurde ein Fond aus kleinen Felsenfischen, die man mit Tomaten, Zwiebeln, Knoblauch, Fenchel, Safran angedünstet und durch ein Sieb gestrichen hatte, hergestellt. Heute handelt es sich um diesen bereits sehr aromatischen Fond, den man zum Kochen bringt und in den man den Fisch zum Garen eintaucht. Diese *Bouillabaisse* nennt sich ›die reiche *Bouillabaisse*‹ oder *Bouillabaisse Marseillaise*.

Wir denken, wenn man die kostspielige Anstrengung einer langen Reise unternimmt, um eine Region und ihre kulinarischen Spezialitäten zu goutieren, sollte man sich gut informieren und nicht zögern, eine authentische und hochwertige Zubereitung zu suchen, selbst wenn der Preis überraschen könnte.

Fisch ist ein untrennbarer Bestandteil der provenzalischen Küche. Zahlreiche auf Fisch basierende Rezepte sind in den klassischen Küchenbibeln wie im ›Reboul‹ verzeichnet. *Bouillabaisse* ist die bekannteste, aber *aïoli*, *anchoïade*, *Bourride*, *Oursinade*, *la Soupe de poissons à la Marseillaise* und viele mehr sind immer noch die großen klassischen und sehr aktuellen Rezepte. Unsere provenzalische Küche weiß Fische mit Kräutern aller Art, die aus den Wildheiden stammen, auf vollkommene Weise zu vereinen. Ihre Verbindung läßt sich hervorragend mit dem unvergleichlichen Olivenöl genießen.

All dieses erwartet Sie in der Provence, begleitet von einem Lächeln und einem Tropfen Pastis.«

Pierre und Jean-Michel Minguella
Restaurant Miramar, Marseille

Bouillabaisse
Provenzalischer Fischeintopf

Für 6 Personen

8 kg frische Mittelmeerfische (Drachenkopf und mindestens 6 verschiedene Arten: Petermännchen, Seeteufel, Knurrhahn, Wittling, Seewolf, Petersfisch, eventuell Taschenkrebs und Languste)
2 große Zwiebeln
12 EL Olivenöl
4 Tomaten
1 Bouquet garni
1 Streifen unbehandelte Orangenschale
4 Knoblauchzehen, zerdrückt
1 g Safranfäden
Salz und Pfeffer aus der Mühle
Bauernbrot in Scheiben, geröstet (je 1,5 cm)
750 g Kartoffeln (nach Belieben)

Fische und Krebse küchenfertig vorbereiten. Die Fische mit festem Fleisch (Drachenkopf, Petermännchen, Seeteufel, Knurrhahn, Taschenkrebs und Languste) von den anderen mit zartem Fleisch (Wittling, Seewolf, Petersfisch) trennen. Zwiebeln schälen und fein hacken, in einem großen Topf in 8 EL Olivenöl andünsten, aber nicht bräunen. Die Tomaten enthäuten und würfeln, zu den Zwiebeln geben, dann Bouquet garni, Orangenschale, Knoblauch und Safranfäden zufügen. Salzen und pfeffern. Erst den Krebs, dann die Fische mit festerem Fleisch auf das Gemüse betten, mit dem restlichen Olivenöl übergießen. 10 Minuten ziehen lassen, dann mit kochendem Wasser vorsichtig aufgießen, so daß die Fische bedeckt sind, abschmecken. Rasch zum Kochen bringen, 5 Minuten kräftig köcheln, dann die Fische mit zartem Fleisch hinzufügen und weitere 5–7 Minuten lebhaft kochen lassen. Eine gute *Bouillabaisse* sollte 10–15 Minuten stark kochen, damit das Öl und die Brühe sich binden.

In jeden Teller eine Scheibe Bauernbrot legen und mit der Fischbrühe übergießen. Krebse, Fische und die scharfe Sauce getrennt dazu reichen.

Wer mag, kann Kartoffelviertel über das Gemüse schichten und mit den Fischen zusammen garen.

Rouille
Scharfe Sauce für Fischsuppe

2 Knoblauchzehen, geschält
2 rote Chilischoten, geputzt
Cayennepfeffer
1 Prise Safran
2 EL Weißbrotkrumen in Hühnerbrühe
150 ml Olivenöl

Knoblauch schälen und mit den Chillies im Mörser zerreiben. Mit Cayennepfeffer und Safran würzen. Brotkrumen ausdrücken und mit den Gewürzen mischen. Das Öl tropfenweise darunterschlagen, bis die Sauce eine senfähnliche Konsistenz hat.

Bei einer echten *Bouillabaisse* werden die Fische immer unzerteilt aufgetragen und erst am Tisch zerlegt. Die Suppe wird gesondert serviert.

1 Für eine *Bouillabaisse* dünstet man zunächst in Olivenöl die Gemüse mit den Kräutern an und gibt dann die Fische mit festerem Fleisch hinzu.
2 Das Grundrezept läßt, da es sich ursprünglich um die Verwertung von Resten handelte, viele Varianten zu. So wurden oft auch Kartoffeln mitgekocht.
3 Wenn die Zutaten etwa 5 Minuten gekocht haben, gibt man die Fische mit zartem Fleisch in den Sud und läßt alles weitere 5–7 Minuten garen.

Fische und Meeresfrüchte der Provence

Anchois – Anchovis
Kleiner günstiger Heringsfisch, aus dem Mittelmeer besonders schmackhaft; im Sommer am besten ganz frisch, kurz mariniert und roh.

Sardine
Die recht fette Verwandte des Herings besitzt ein kräftiges Aroma, das vor allem Südfranzosen gefällt, die sie gern in großen Mengen sonnenförmig angeordnet als *Sardinade* auf einem Rost über Weinruten grillen.

Congre, fiélas – Meeraal
Fast schwarz, ganzjährig an allen Küsten vorkommend und bis zu 3 m lang. Wegen seiner vielen Gräten überwiegend für Suppen und Saucen genutzt.

Daurade royale – Goldbrasse
Lebt nicht nur im Mittelmeer, wird aber in der Provence besonders geschätzt, ob ganz oder filetiert, ob gegrillt oder im Ofen gebacken. Ganzjährig, mittlerweile oft gezüchtet.

Grondin – Knurrhahn
Das feste Fleisch der Knurrhähne ist sehr aromatisch, aber stachelige Schuppen und große Köpfe ergeben viel Abfall, weshalb man sie am besten für Suppen verwendet.

Baudroie, lotte – Seeteufel
Wegen seines schweren, häßlichen Kopfs immer ohne Kopf und ohne Haut angeboten. Er lebt in tiefen Gewässern, sowohl im Mittelmeer wie Atlantik. Sein festes Fleisch wird gern zum *rôti*, Rollbraten, gebunden und im Ofen gegart.

Rouget-barbet – Rotbarbe
Obwohl Rotbarben auch an der französischen Atlantikküste gefischt werden, gehören sie vor allem zur Mittelmeerküche und werden mit Kräutern und Olivenöl zubereitet. Nie pochieren.

Merlan – Wittling
Delikater Speisefisch mit sehr zartem Fleisch, der sehr frisch zubereitet werden sollte. Meist wird er im Atlantik gefangen, im Mittelmeer ist er inzwischen selten geworden.

Saint-Pierre – Petersfisch
Wegen seines feinen, aromatischen Fleisches gesucht und teuer. Er kommt in vielen Meeren vor, ist aber trotzdem selten. Wegen des vielen Abfalls als Filet pochiert oder gebraten oder in der *Bouillabaisse*.

Loup de mer – Seewolf, Wolfsbarsch
So heißt er am Mittelmeer, wo er wild selten geworden ist, aber inzwischen mit Erfolg gezüchtet wird. Sehr feiner, delikater, aber überteuerter Speisefisch, der gern ganz gegrillt, gebraten oder in Salzkruste gebacken wird. Seine Saison ist von August bis März.

Anguille – Aal
In der Camargue und im Etang de Berry gefangen, wo er zu den traditionellen Gerichten der Fischer gehört.

Morue – Stockfisch
Auch in Frankreich geschätzt, wo das bekannteste Rezept die *Brandade de morue*, eine Stockfischpaste, aus Nîmes ist. Die Vorliebe für Stockfisch hat auch frischem, vielseitig verwendbarem Kabeljau zur Renaissance verholfen.

Thon rouge – Thunfisch
Der im Mittelmeer gefangene Thunfisch wird auf Märkten in Scheiben angeboten, gegrillt oder gebraten, mit mediterranen Kräutern und Gemüsen zubereitet. Beste Saison: Frühsommer.

Mulet, muge – Meeräsche
In der Provence schätzt man weniger den Fisch als seinen Rogen, den *poutargue*, der in Martigues eingesalzen wird. Sonst wird das Fleisch wie Seewolf zubereitet, oft als Filet.

**Rascasse, chapon
Roter Drachenkopf**
Weder Panzer noch Stacheln schützen ihn vor der Verwendung als geschätzte Zutat zur *Bouillabaisse*, denn sein weißes Fleisch besitzt angenehmes Aroma.

PROVENCE & CÔTE D'AZUR

Araignée de mer – Große Seespinne
Die oft 20 cm breiten Krustentiere besitzen feines und hocharomatisches Fleisch, das gekocht gegessen wird. Beliebt sind auch ihre gefüllten Körperschalen.

Favouille – Strandkrabbe
Kleiner Krebs, der entlang der Küste und in den Lagunen gefangen wird, sehr parfümiert, gern in Suppen und mit Reis gegessen.

Langoustine – Kaisergranat (scampi)
Schmaler und graziler Verwandter des Hummers mit gefächertem Schwanzende und langen dünnen Scheren; ist am besten aus kühlen Gewässern, kommt aber auch im Mittelmeer vor.

Encornet – Kalmar
Haben einen länglichen Körper. Ganz kleine werden am Mittelmeer gern gebraten. Bei größeren füllt man den Mantel.

Poulpe – Tintenfisch
Können riesig werden. Nur wenn sie kleiner als Handbreit sind, ist ihr Fleisch zart. Sonst muß es geklopft und lange – am besten in Wein – gedünstet werden.

Oursin violet – Seeigel
Eine Delikatesse, die an der Provence-Küste zahlreich vorkommt. Die rohen, stark nach Jod schmeckenden Eierstöcke des Seeigels werden geschlürft oder geben der *Oursinade*, einer Suppe, ihren charakteristischen Geschmack.

Die eßbaren Teile des Hummers

1 Der Länge nach halbiert und mit einer der Scheren wird der Hummer angerichtet. So vorgelegt, sollte der Darm auf der Oberseite des Hinterleibs bereits entfernt sein.
2 Das wertvolle Schwanzfleisch liegt fast völlig frei und ist problemlos mit Messer und Gabel zu lösen. Im Kopfteil des Hummers ist die grünliche Leber als Würzmittel begehrt.
3 Der Zugang zur Schere beginnt beim unteren Glied und erfolgt mit Hilfe der Hummerzange.

4 Mit der dünnen Hummergabel läßt sich das Fleisch mühelos herausziehen. Ebenso verfährt man mit den dünnen Laufbeinen: Man dreht sie vom Panzer ab, öffnet sie mit der Zange und zieht das Fleisch heraus. Die Schere besteht aus zwei unterschiedlich großen Teilen, die mit einem Gelenk verbunden sind.
5 Das Ansetzen der Hummerzange an der Schere mag etwas knifflig sein.
6 Ist die Schere einmal geöffnet, liegt das schmackhafte Fleisch frei.

Neben dem gewöhnlichen Eßbesteck sind Hummerzange und -gabel wertvolle und effektive Werkzeuge im Umgang mit einem Hummer.

Die eßbaren Teile des Seeigels

1 Man legt sich den Seeigel mit der Oberseite nach unten auf die Handfläche und setzt an der leicht nach innen gewölbten Unterseite die kräftige Schere an.
2 Man führt die Schere rund um die Mundöffnung und schneidet ein ausreichend großes rundes Stück aus.
3 Die ungenießbaren Eßwerkzeuge und Innereien entfernt man und löffelt nur die Eierstöcke, Gonaden oder auch Zungen genannt, heraus. Die Flüssigkeit im Innern der Seeigel ist ein geschätztes Würzmittel.

Der Umgang mit Krebstieren

Tourteau, Taschenkrebs, besitzt aromatisches, faseriges Fleisch.

Echte Krabben weisen im Unterschied zu Scheinkrabben hinter den Scheren vier statt drei Laufbeinpaare auf. Sie alle werden vom Körper abgetrennt, um das Fleisch herauszulösen. Beste Stücke sind auch hier die Scheren. Der Panzer wird von der Bauchseite geöffnet, als Delikatesse gilt die Leber.

Langouste, die Languste, besitzt feines Fleisch, das weniger aromatisch als Hummerfleisch ist.

Die in Wasser gekochte Languste wird mit dem Messer halbiert, der in Saucen delikate Rogen mit dem Löffel entfernt.

Grande cigale, der große Bärenkrebs, besitzt vorzügliches Fleisch.

Sein Fleisch wird ihm zum Verhängnis werden, denn im Mittelmeer, wo er früher häufig anzutreffen war, ist er bereits stark überfischt. Gekocht kann man ihn der Länge nach teilen, und sein Fleisch ist gut auszulösen.

Wie bei vielen Krebstieren ist der Schwanz der fleischreichste Teil, um ihn auszulösen, nimmt man ein Messer.

Wenn man vorsichtig vorgeht, läßt sich das Fleisch im ganzen aus dem Panzer lösen.

392   PROVENCE & CÔTE D'AZUR

Man nimmt die gekochte Garnele zwischen Daumen und Zeigefinger und löst den Kopf (Rückenpanzer) ab.

Man preßt den Hinterleib leicht zwischen den Fingern, um die Panzersegmente zu lockern.

Manchmal muß man die oberen Segmente des Hinterleibpanzers einzeln ablösen.

Ist das Oberteil freigelegt, kann man das spitzzulaufende Ende meist gut herausziehen.

Crevette, die Garnele läßt sich zwischen Rückenpanzer und dem segmentierten Hinterleibpanzer auseinanderziehen. Von dem Garnelenfleisch ist bis auf einen kleinen Teil am Kopf alles eßbar.

Man drückt den Unterleib der gekochten Seespinne nach unten. Vorsicht vor dem stacheligen Panzer!

Er gibt dem Druck nach und bricht ab, wodurch das Innere des Körpers zugänglich wird.

Am besten läßt sich das innen am Panzer festsitzende Fleisch mit einer Gabel lösen.

Auf diese Weise abgelöst, kann man nun das Fleisch Stück für Stück herausziehen.

Araignée de mer, die Große Seespinne, bietet sehr aromatisches Fleisch und sollte auf keinem Meeresfrüchte-Plateau fehlen.

Provenzalische Fischgerichte

Les filets de rougets et petits encornets farcis de Méditerranée-poêlée aux aubergines – Rotbarbenfilets und kleine Kalmare, gefüllt mit Auberginenragout

Was wären Ferien an der Côte d'Azur oder in der Camargue ohne Fisch? Himmel, Sonne und Meer machen Appetit auf leichte, aromatische Kost, wie sie das Mittelmeer selbst zu bieten hat. Oder zu bieten haben sollte. Von Unvernunft diktierte industrielle Fangmethoden haben den Fischbestand stark dezimiert, und die Umweltbelastung tut ein übriges. Davon sind natürlich die vier wichtigen Fischereihäfen der Provence betroffen, Port-Saint-Louis, Port-de-Bouc, Martigues und Marseille, aber ebenso die Fischer, die aus den anderen Häfen der Küste zwischen Saintes-Maries-de-la-Mer und Menton mit ihren Booten auslaufen und meist zum *petit métier* zählen. Sie betreiben Fischfang auf die traditionelle Weise, die der felsigen Küste und dem ungleichmäßigen Meeresboden Rechnung trägt. Und gerade sie haben nicht nur unter dem Rückgang der Fischbestände zu leiden, sondern überdies unter dem Übermaß an Freizeitbooten jeglicher Art. Immerhin haben zwei Aktionen in den letzten Jahren spürbare Verbesserung gebracht. Zum einen haben die Küstenstädte Kläranlagen eingerichtet, zum anderen wurden neue Schutzgebiete geschaffen, wo Fische ungestört leben und sich fortpflanzen können.

Beides hat positive Auswirkungen auf Bestand und Artenvielfalt, nicht zuletzt zur Freude der kleinen Fischer und all jener, die ein *cabanon* besitzen. Einst waren dies Hütten, die Fischer in den Buchten errichteten, um bei Unwettern ein simples Dach über dem Kopf zu haben, wo sie Unterschlupf fanden und im Trockenen essen konnten. Inzwischen sind die Hänge vieler Buchten, besonders um Marseille, mit mehr oder weniger hergerichteten *cabanons* übersät, deren Eigentümer Sonne und Meer genießen und sich am liebsten mit Zubereitung und Genuß von Meeresfrüchten und Fisch beschäftigen. Hier öffnet man Seeigel zum Aperitif und schätzt kleine unausgenommene Rotbarben und *supions*, die Miniatur-Tintenfische, kocht prächtige Fischsuppen und vergnügt sich *en famille* bei einem *Grand aïoli*, bei dem man zur selbstgemachten Knoblauchmayonnaise Wellhornschnecken, Stockfisch und eine Vielzahl von Gemüsen serviert, oder trifft sich zu einer *Sardinade*, die stilecht über Pinien-nadeln gegrillt wird. Die kleinen unabhängigen Fischer, die allnächtlich hinausfahren und nach ihrer Rückkehr den Fang sofort verkaufen, liefern ihnen, Hausfrauen und Köchen ausgezeichnete Ware. Mit Gemüse, Kräutern und Olivenöl auf einfache Weise zubereitet und mit einem kühlen frischen Rosé de Provence serviert, ist es der Geschmack dieser Fischgerichte, der von Aufenthalten an der provenzalischen Küste bleibt.

Chapon farci vieille Provence
Gefüllter Drachenkopf

Für 6 Personen

1 Drachenkopf, 1,5 kg
1,2 kg Kartoffeln
3 Tomaten
1 rote Paprikaschote
1 grüne Paprikaschote
1 Knoblauchknolle
Fenchelkörner
einige Zweige Thymian
Lorbeerblätter
Salz und Pfeffer aus der Mühle
Olivenöl

Ratatouille-Füllung

1 rote Paprikaschote
1 grüne Paprikaschote
1 Zwiebel
8 Tomaten
1 Aubergine
1 Zucchini
5 Knoblauchzehen, fein gehackt
4 EL Olivenöl
Salz und Pfeffer aus der Mühle
200 g Weißbrotkrumen
100 ml Weißwein

Den Fisch vom Rücken her ausnehmen und entgräten. Unter fließendem Wasser gut ausspülen. Die Kartoffeln schälen, in große Würfel schneiden und in Salzwasser kochen. Das restliche Gemüse putzen, entkernen und ebenfalls würfeln. Den Knoblauch schälen. Zuerst Paprika, dann Zucchinis und Auberginen in Olivenöl andünsten, Gewürze und Kräuter zugeben und auf kleiner Flamme schmoren. Das Gemüse sollte keinesfalls zu weich sein.

Für die Farce die Paprikaschoten putzen und in Streifen, die Zwiebel schälen und in Ringe schneiden. Die Tomaten enthäuten, entkernen und würfeln. Die Aubergine und die Zucchini ebenfalls würfeln. Gemüse und Knoblauch in Öl schmoren, mit Salz und Pfeffer würzen. Zugedeckt bei niedriger Temperatur garen, dann die Weißbrotkrumen unterrühren.

Den Backofen auf 220 °C vorheizen. Den Fisch mit der Farce füllen. Die Gemüse in eine feuerfeste Form geben und den Drachenkopf darauf legen. Im Backofen etwa 15 Minuten garen, dann mit dem Wein aufgießen und weitere 5 Minuten in den Ofen stellen.

Loup de mer en croûte de sel
Seewolf in Salzkruste

Für 2 Personen

1 Seewolf, ca. 600 g
frische Kräuter nach Belieben

Salzteig

1,5 kg grobes Meersalz
2 Eiweiß
75–100 ml Wasser

Les filets de rougets et petits encornets farcis de Méditerranée-poêlée aux aubergines

Rotbarbenfilets und kleine Kalmare, gefüllt mit Auberginenragout

Kalmare und Füllung

8 kleine Kalmare
3 große Mangoldblätter
1/2 Zwiebel
4 Knoblauchzehen
1 Bund Petersilie
2 *chipolatas*-Würstchen
100 g Butter
80 g gekochter Reis
Meersalz
Pfeffer aus der Mühle
3 EL Weißwein
1 EL Olivenöl
3 EL Semmelbrösel

Sauce

1 Stange Staudensellerie
4 Schalotten
4 Knoblauchzehen
1 Flasche Rotwein (Côtes de Provence)
1 Messerspitze feingerebelter Thymian
1/2 Lorbeerblatt
100 ml Hummersuppe

Gemüse und Rotbarben

2 Auberginen, etwa 300 g
Olivenöl zum Anbraten
Saft 1 Zitrone
Pfeffer aus der Mühle
12 kleine Rotbarbenfilets, sorgfältig entgrätet

Die Kalmare küchenfertig vorbereiten, Köpfe und Arme in Würfel schneiden. Die Körper in den Kühlschrank stellen. Mangold putzen, grüne Blätter und Rippen klein würfeln, in kochendem Salzwasser blanchieren, abschrecken und abtropfen. Zwiebel und Knoblauch schälen und fein hacken, Petersilie hacken und die *chipolatas* würfeln.
Die Zwiebel in der Butter glasig dünsten, dann Kalmarwürfel, Knoblauch, Würstchen, Mangold, Petersilie und den gekochten Reis zugeben. Salzen und pfeffern. Wein, Olivenöl und Semmelbrösel zufügen und gut verrühren. Abkühlen lassen und die Kalmare mit der Farce füllen. Die Öffnungen mit Zahnstochern zustecken. Kalt stellen.
Für die Sauce Sellerie sehr fein würfeln, Schalotten hobeln, den Knoblauch schälen. Den Wein zum Kochen bringen und flambieren. Schalotten, Knoblauchzehen, Thymian, Lorbeer und Sellerie in den Topf geben und einkochen, bis fast alle Flüssigkeit verdampft ist. Mit der Hummersuppe aufgießen, weitere 3 Minuten kochen und warm stellen.
Die Auberginen waschen, putzen und gleichmäßig würfeln. In sprudelndem Salzwasser kochen und ohne abzuschrecken auf Küchenkrepp ausbreiten, abtropfen und abkühlen lassen. Beiseite stellen.
Den Backofen auf 200 °C vorheizen. Die gefüllten Kalmare in eine mit Olivenöl gefettete feuerfeste Form legen und 10 Minuten im Ofen backen. Herausnehmen und die Zahnstocher entfernen. Mit Zitronensaft beträufeln und pfeffern.
Olivenöl und Auberginen in einer Pfanne sanft erwärmen, abschmecken. Rotbarbenfilets in sehr heißem Olivenöl erst auf der Hautseite, dann auf der anderen Seite sehr schnell anbraten.
Auf den Tellern zuerst die Auberginenwürfel anrichten, die Sauce darum verteilen, die Rotbarben auf das Gemüse legen und zum Schluß die gefüllten Kalmare hinzufügen.

Loup de mer en croûte de sel – Seewolf in Salzkruste

Den Seewolf ausnehmen, aber nicht schuppen. Für den Salzteig das Salz mit dem Eiweiß mischen und langsam das Wasser einrühren. 2 Minuten rühren, dann kurz ruhenlassen.
Den Backofen auf 220 °C vorheizen. Das Backblech mit Alufolie auskleiden und in Fischkontur mit einer dicken Schicht Salzteig bedecken. Den Fisch darauf betten, Kräuter in die Bauchtasche füllen und den Fisch mit dem Salzteig abdecken. Im vorgeheizten Ofen ca. 15 Minuten backen, bis die Salzkruste goldbraun geworden ist.

Chapon farci vieille Provence – Gefüllter Drachenkopf

Oliven

Der lichte, immergrüne Ölbaum mit seinen silbrig schimmernden Blättern ist in sonnenreichen, niederschlagsarmen Regionen ein vertrauter Anblick. Bäume, die über 100 Jahre alt werden können, haben es mit dem Wachsen nicht eilig. Sie werden 3–10 m hoch und bilden immer knorrigere Stämme. Früher pflanzte man sie in weiten Abständen und nutzte den Boden dazwischen für andere Kulturen. Heutzutage setzt man sie dichter. Ölbäume tragen nach vier bis zehn Jahren, erreichen mit 30–35 Jahren ihr Maximum und sind nach 75 Jahren überaltert. Im Frühjahr bilden sich in den Blattachseln Triebknospen, an denen sich Anfang Juni unscheinbare weiße Blüten öffnen. Wind sorgt für die Bestäubung, die sehr unregelmäßig ausfallen kann. Indem man in neuangelegten Hainen verschiedene Sorten pflanzt, versucht man eine gleichmäßigere Bestäubung zu erreichen. Dennoch trägt nicht jeder Zweig Früchte, denn der Ölbaum folgt einem vegetativen Zwei-Jahres-Zyklus. Im Prinzip trägt er im ersten Jahr am jungen Holz Früchte, das im zweiten Jahr allein dem Wachstum dient. Beide Phasen bestehen gleichzeitig an einem Baum, doch es gibt Sorten, die eine ausgeprägte Neigung zur Alternanz zeigen. Dazu gehört auch die Tanche, die einzige Sorte im Anbaugebiet von Nyons. Ließe man sie gewähren, würde sie in einem Jahr viele Oliven treiben, aber im darauffolgenden Jahr ihre Kraft aufs Wachstum konzentrieren. Der Olivenbauer versucht diesem Rhythmus mit einem Frühjahrsschnitt entgegenzuwirken.

Ab Ende August können erste grüne Eßoliven gepflückt werden. Die eigentliche Ernte der grünen Oliven beginnt in der Provence im Oktober. Reifere Früchte pflückt man Ende November, Anfang Dezember, voll ausgereifte schwarze Oliven im Dezember und Januar. Gleichgültig wie ausgereift man sie erntet, direkt vom Baum sind sie immer ungenießbar bitter und verlangen eine Vorbehandlung. Es kann schon reichen, wenn man grüne Oliven leicht zerdrückt und einige Tage in mehrfach zu wechselndem Wasser wässert, bevor man sie mit Kräutern in Salzlake einlegt. Allerdings behalten sie einen leicht bitteren Beigeschmack. Grüne Oliven wie die Picholines oder die Salonenques ziehen 6–12 Stunden in einer zehnprozentigen Natriumcarbonatlösung, werden dann sechs Tage gewässert, bevor man sie in eine zehnprozentige Salzlake – mit Fenchel, Koriander und Lorbeer aufgekocht und abgekühlt – einlegt. Nach zwei Wochen sind sie genießbar. Schwarze Oliven wie die Tanches in Nyons oder die Cailletiers von Nizza braucht man nur mehrere Monate in Salzlake einzulegen. Grossane der Bouches-du-Rhône werden, bereitet man sie zu Hause zu, mit einer Gabel angestochen, mit grobem Salz in ein Gefäß geschichtet und bis fünf Tage den Nachtfrösten ausgesetzt.

Picholines
Klassische Provence-Sorte

Olives cassées à la provençale
Pikant gewürzte Oliven

Olives dénoyautées
Entsteinte Oliven

Olives farcies à l'anch
Mit Anchovis gefüllte O

Petites olives façon niçoise
Kleine Oliven Nizzaer Art

Picholines au fenouil
Oliven mit Fenchel

Panaché d'olives pimentées
Oliven mit Chilischoten

Olives niçoise
Große violette Nizza-Oli

Olives cassées paysanes
Zerdrückte scharfe Oliven

Olives cassées en escabèche
Große marinierte Oliven

Olives vertes goût piment
Mit Paprika gefüllte Oliven

Olives noires provença
Schwarze provenzalische O

Olivenernte nach Feierabend

Tapenade
Olivenpaste

6 Knoblauchzehen
50 g Kapern
10 Anchovisfilets in Öl
200 g entsteinte schwarze Oliven
1 gestrichener TL feingehackter frischer Thymian
1 gestrichener TL feingehacktes frisches Bohnenkraut
Saft von 1/2 Zitrone
Pfeffer aus der Mühle
Olivenöl

Die Knoblauchzehen schälen, die Keime entfernen und den Knoblauch fein hacken. Die Kapern gründlich abspülen und trocknen. Die Anchovisfilets abtupfen und kleinschneiden. Diese Zutaten gemeinsam mit den Oliven, dem Thymian und dem Bohnenkraut in einen Mixer geben, den Zitronensaft zufügen und pürieren. Mit Pfeffer abschmecken und dann in dünnem Strahl so viel Olivenöl untermischen, daß man eine dicke, streichfähige Paste erhält.
Tapenade wird auf gerösteten Brotscheiben zum Aperitif gereicht, eignet sich in kleinen Mengen aber auch vorzüglich zum Würzen von Gerichten.

Alles ist bereit für den Aperitif: links die gerösteten Baguette-Scheiben mit *tapenade,* verschieden zubereitete Oliven, Knoblauchbrot mit Olivenöl und luftgetrocknete Wurst.
Oliven, Olivenöl und Rotwein halten gesund und schenken ein langes Leben – was weltweit immer mehr Menschen überzeugt, für Provenzalen ist es eine Selbstverständlichkeit.

Huile d'olive

Provenzalische Küche ist wie die mediterrane allgemein ohne Olivenöl undenkbar. Der Olivenbaum *Olea europaea*, dessen Heimat der Mittelmeerraum ist, kam auch in der Provence schon wild vor. Spätestens die Griechen begannen ihn zu kultivieren, seine Früchte auszupressen und ihr Öl zu verwenden. Für die Küche war es allerdings lange Zeit zu kostbar. Statt dessen nährte es Lampen und diente zum Einreiben. In Religion und Medizin kam ihm große Bedeutung zu. Die Phönizier, die 600 v. Chr. das heutige Marseille gründeten, förderten Anpflanzung und Pflege der Olivenbäume in der Provence. Unter ihren römischen Nachfolgern wurde Olivenöl zu einem wichtigen Erzeugnis der Region, was zahlreiche Funde beweisen, und zum unabdingbaren Bestandteil der Kochkunst, wobei es als deren wichtigstes Fett das Fundament südeuropäischer Ernährung liefert. Diese Rolle wurde vom Christentum mit seinen Fastenvorschriften gestärkt. Die zahlreichen Klöster in der Provence förderten über Jahrhunderte den Olivenanbau. Allerdings war er immer wieder erheblichen Gefahren ausgesetzt, unter denen Frost die verheerendste ist. Trotz ihres milden Klimas wurde und wird die Provence in größeren Abständen von schweren Frosteinbrüchen heimgesucht, denen Olivenbäume nicht standzuhalten vermögen. (Der letzte ereignete sich 1956.) Aber auch die Konkurrenz anderer Erzeugerländer machte den provenzalischen Ölbauern schon in früheren Jahrhunderten zu schaffen. Im 20. Jahrhundert waren es billig zu erzeugende Ölsaaten und eine Vorliebe der Verbraucher für helle und geschmacksneutrale Speiseöle, die die Nachfrage nach Olivenöl drückten. Doch inzwischen finden immer mehr Verbraucher Geschmack an Olivenöl, nicht zuletzt aufgrund seiner äußerst positiven Eigenschaften. Zunächst ist es leicht verdaulich, hat generell eine positive Wirkung auf Magen und Darm, schützt gegen Geschwüre und beugt Gallensteinen vor. Sein hoher Anteil einfach ungesättigter Fettsäuren, der mit 75 % nicht nur den tierischer Fette, sondern auch den der meisten anderen pflanzlichen Öle weit übersteigt, senkt, da sie die Blutgefäße elastischer machen, das Risiko der Herz- und Kreislaufkrankheiten. Schließlich übersteht Olivenöl aufgrund des hohen Gehalts an Antioxidantien die Erhitzung auf Temperaturen von über 200 °C, ohne sich in gesundheitsschädliche Substanzen zu spalten, wie dies bei tierischen und anderen pflanzlichen Fetten geschieht, und vermutlich wirken sie im Organismus darüber hinaus als Schutz gegen Krebs. Unterstützt von diesen Argumenten, gewinnt die mediterrane Olivenöl-Küche immer mehr Anhänger, auch in Frankreich. Über 20 Jahre kletterte der Olivenölverbrauch langsam, aber stetig, um 1993 die Marke von 30000 Tonnen zu erreichen. Dann aber änderte sich die Kurve, so daß fünf Jahre später bereits 50000 Tonnen abgesetzt wurden, und die Tendenz ist weiterhin steil steigend. Da Frankreich aber nur gerade 5 % des eigenen Bedarfs zu befriedigen vermag, weht ein warmer Wind durch die Olivenhaine der Provence sowie des Midi, und nicht selten sind die 120 einheimischen Mühlen und Genossenschaften schon zu Beginn des Sommers ausverkauft. Ein Zeichen der neuen Hochschätzung des Olivenöls und des steigenden Selbstbewußtseins seiner Erzeuger ist auch die Anerkennung der traditionellen Anbauregionen zur Appellation d'Origine Contrôlée. Den Anfang machte mit dem in der Drôme liegenden Nyons 1994 das nördlichste Olivengebiet Frankreichs.

Unten: Nicht nur Öl bietet der Mühlenladen in Nyons, sondern alles, was man aus Oliven herstellen kann, zum Beispiel auch Seife.

Stolz verkündet das in die Flasche eingegossene Siegel die Herkunft des Öls, denn Nyons erhielt als erste Region eine eigene Appellation zuerkannt.

Die Paste wird auf Matten gestrichen, die unter die hydraulische Presse kommen, wobei sie die festen Bestandteile zurückhalten, während das Öl abtropft.

Die Färbung der Oliven, die von Grün über Violett zu Schwarz reicht, zeigt den unterschiedlichen Reifegrad an.

Schwere, aus Granit gefertigte Mahlsteine zerquetschen zunächst Fruchtfleisch und Kerne zu einer einheitlichen, feuchtfetten Paste.

Kaltgepreßtes Paradies

Im November färben sich die Oliven an den Bäumen dunkel und zeigen die Reife an, auf die provenzalische Ölmüller warten, denn schwarze Oliven ergeben eine gute Ausbeute und im Charakter sanfte und milde Qualitäten. Die Oliven werden von Hand gepflückt oder maschinell auf Netze geschüttelt, wobei jeder ausgewachsene Baum 10–30 kg Ertrag bringt. Der erste Arbeitsgang in der Mühle besteht im Waschen und Verlesen der Oliven. Beim anschließenden Kollergang rollen wuchtige, runde Granitsteine über die in dünner Lage ausgebreiteten Früchte und zermalmen Fruchtfleisch und Kerne zu einer gleichmäßigen, feuchtfetten Paste. Zwar werden die Mühlsteine heute von Motoren bewegt, doch im Prinzip hat sich an der uralten Mahlmethode nichts geändert. Die Paste wird dünn auf *scroutins* gestrichen, runde Matten, die inzwischen statt aus Kokosfasern aus Nylon bestehen. Sie werden unter der hydraulischen Presse übereinandergestapelt und durch sich langsam erhöhenden Druck gepreßt. Gewöhnlich ergeben etwa 5 kg Oliven 1 Liter Öl. Der Saft ist eine Emulsion von Wasser und Öl. Früher machte man sich zunutze, daß Öl leichter als Wasser ist und sich von selbst absetzt. Der Nachteil dieser Methode besteht darin, daß das Öl länger der Luft ausgesetzt ist. Heute werden Wasser und Öl in einer Zentrifuge getrennt, und heraus fließt das goldgrüne ungefilterte, leicht trübe Öl der ersten Kaltpressung, wie es intensiver und unverfälschter nicht sein könnte.

Olivenöle der Provence

Nyons
1994 erhielten Olivenöl und Oliven aus dem Anbaugebiet um Nyons in der südlichen Drôme und dem nördlichen Vaucluse die erste für diese Produkte vergebene Appellation d'Origine Contrôlée; angebaut wird nur die sehr ergiebige Sorte Tanche (abgesehen von 5 % pollinisierenden Sorten); Mindestplatz pro Baum 24 m²; Maximalertrag 6 t Oliven pro ha; die reifen Oliven müssen innerhalb von 7 Tagen nach der Ernte kaltgepreßt werden.

Vallée des Baux
Die Zone dieser 1997 zuerkannten Olivenöl-Appellation liegt im Departement Bouches-du-Rhône und umfaßt 16 Gemeinden zwischen Tarascon und Saint-Rémy. Als Hauptsorten sind anerkannt: Salonenque, Beruguette, Grossane und Verdale, von denen jetzt mindestens 50 % vorgeschrieben sind. Als Nebensorte sind Picholine und lokale Arten zugelassen. Der Höchstertrag liegt bei 8 t, die weiteren Vorschriften stimmen mit denen in Nyons überein.

Ebenfalls eine Appellation haben:
Nice: das Gebiet um Nizza mit seinen kleinen Cailletiers, für die auch als Eßoliven der Antrag gestellt wurde.
Aix-en-Provence: das Gebiet um Aix-en-Provence, wo die Sorte Picholine vorherrscht.
Haute-Provence: im Hinterland der Côte d'Azur wächst vorwiegend die Sorte Aglandau, die ein besonders komplexes Öl ergibt.

Qualitäten
Huile d'olive vierge extra: Beste Qualität kaltgepreßten nativen Olivenöls erster Pressung, das höchstens 1% freie, den Genußwert beeinträchtigende Fettsäuren, oft jedoch 0,5% oder weniger enthält und einwandfreien, überdurchschnittlich guten Geschmack besitzt.
Huile d'olive vierge: Gute Qualität kaltgepreßten nativen Olivenöls aus erster Pressung, das maximal 2% freie Fettsäuren enthalten darf und einwandfreien, guten Geschmack besitzt.
Huile d'olive vierge courante: Ordentliche Qualität kaltgepreßten nativen Olivenöls, meist aus zweiter Pressung; bis 3,3% freie Fettsäuren.
Huile d'olive: Eine Mischung aus kaltgepreßtem und raffiniertem, d. h. durch Einsatz von Chemikalien extrahiertem Olivenöl.

Haltbarkeit
Dunkel, trocken und kühl gelagert, hält sich Olivenöl 2 Jahre lang; angebrochen sollte man es am besten im Kühlschrank aufbewahren.

Provenzalen, Katalanen und Spanier streiten heute um die Ehre, als eigentliche Heimat des *aïoli* zu gelten. Für seine Zubereitung wird die Knoblauchknolle in ihre Zehen zerlegt, die man schält und zunächst hackt.

Wer den originalen *aïoli* zubereiten will, darf die Mühe nicht scheuen und muß die althergebrachten Utensilien verwenden: möglichst einen steinernen Mörser und einen aus feinem Olivenholz gedrechselten Stößel.

Nachdem man mit dem Stößel den gehackten Knoblauch völlig zerdrückt hat, fügt man als die einzige Zutat Olivenöl aus erster kalter Pressung hinzu – zunächst tropfenweise, später in dünnem Strahl. Der Stößel muß schnell rotieren.

Der echte *aïoli* unterscheidet sich deutlich von einer Knoblauch-Mayonnaise: zum einen durch seine weniger feste Konsistenz, zum anderen durch seine blassere Farbe, zum dritten durch seine feurige Schärfe.

Aïoli & pistou

Welcher Provenzale, ob er nun aus der Camargue, von der Côte d'Azur, aus der Haute-Provence oder dem Vaucluse stammte, würde *aïoli* nicht für eine provenzalische Erfindung halten? Würde man ihm vor Augen führen, daß sich *aïoli* im Roussillon, aber auch in Katalonien und im übrigen Spanien seit Jahrhunderten auf den Tellern behauptet, könnte er andere Argumente anführen. Denn schließlich gibt es nur in der Provence den *Grand aïoli*. Was einst ein Fastengericht war, hat sich in ein wahres Festmahl verwandelt. In dessen Mittelpunkt steht reichlich *aïoli*, aber umgeben von diversen Zutaten. Darunter hat sich in der traditionellen Version aus den Fastengepflogenheiten die *morue*, der Stockfisch, erhalten, und gern begleitet man ihn mit *bulots*, den großhäusigen Strandschnecken. Aber nicht selten ist auch schon Fleisch mit von der Partie, in der Form von gesiedetem Schaf- und Rindfleisch, und hartgekochte Eier dürfen bei keiner Version fehlen. Vor allem ist der *Grand aïoli* jedoch ein richtiges Gemüsefest. Artischocken und Zucchini, Staudensellerie und Möhren, grüne und dicke Bohnen, weiße Rübchen und Fenchel, Brokkoli und Kartoffeln oder was sonst die Saison gerade bietet, gehören dazu. Sie werden einfach in Salzwasser knackig gegart, und das bedeutet, jedes Gemüse für sich allein. Lauwarm, gemeinsam mit Fisch oder Fleisch, Eiern und Oliven, wird es um den *aïoli* angerichtet, und jeder bedient sich nach Belieben und nutzt die vielfältigen Zutaten als Gelegenheit, ausgiebig von der Knoblauchmayonnaise zu genießen.

Knoblauch wird in der Provence vorrangig im Vaucluse angebaut, wo ihm etwa 1000 ha vorbehalten sind. Man konzentriert sich, wie in der benachbarten Drôme, hauptsächlich auf weiße Sorten, die sich am besten lagern lassen. Im Hinterland der Côte d'Azur hält man dagegen am regionalen rosafarbenen Knoblauch fest, der oft kleinere Zehen entwickelt. Die frische Ernte erscheint im Juni, gerade rechtzeitig für die Sommergäste.

Aïoli
Klassische Version

1 Knoblauchknolle
250–300 ml Olivenöl

Die Knoblauchknolle zerlegen, die Zehen schälen und hacken. Anschließend entweder im Mörser zerstoßen oder im Mixer pürieren.
Unter ständigem Rühren tropfenweise das Olivenöl zugeben. Wenn die Sauce dick zu werden beginnt, das Öl etwas zügiger zugießen, bis man eine Paste erhält.
Man kann die Knoblauchpaste mit einer Prise Salz und einigen Tropfen Zitronensaft abschmecken.
Achtung: diese Version, die am folgenden Tag noch besser schmeckt, ist sehr scharf.

Aïoli
Angepaßte Version

10 Knoblauchzehen
1/4 TL feines Meersalz
2 Eigelb
250 ml Olivenöl
2 TL Zitronensaft
schwarzer Pfeffer

Alle Zutaten auf Zimmertemperatur bringen. Den Knoblauch schälen, mit dem Salz zerstoßen und mit dem Eigelb gründlich verrühren.
Unter ständigem Rühren in einem dünnen Strahl das Olivenöl hinzufügen. Wenn etwa die Hälfte des Öls eingerührt wurde, ist die Paste bereits emulgiert. Daher kann man das restliche Öl – unter ständigem Rühren – etwas schneller zugießen. Abschließend den Zitronensaft unterrühren und die Mayonnaise mit Pfeffer abschmecken.

Pistou
Basilikumpaste

6 Knoblauchzehen
Meersalz
2 Bund Basilikum
100 g Parmesan, frisch gerieben
schwarzer Pfeffer aus der Mühle
50 ml Olivenöl

Knoblauchzehen schälen und fein hacken, in einen Mörser geben, eine Prise Salz darüberstreuen und zerstoßen. Das Basilikum in feine Streifen schneiden, hinzugeben und mit dem Knoblauch zu einer gleichmäßigen Masse verrühren. Den Parmesan zufügen, leicht pfeffern und gründlich unterrühren. Zunächst das Olivenöl tropfenweise unter ständigem Rühren zugeben, dann in dünnem Strahl und weiterrühren, bis man eine homogene Paste erhalten hat.
Pistou, der Zwillingsbruder des italienischen *pesto*, wird in der Provence zwar auch zum Würzen von Fisch oder Lamm benutzt, findet aber vor allem als Würze einer auf weißen Bohnen basierenden Gemüsesuppe Verwendung.

Vermutlich waren es die Römer, die erstmals aus Knoblauch und Olivenöl eine Paste herstellten und damit den *aïoli* erfanden. Die Qualität des *aïoli* hängt entscheidend von der des Knoblauchs ab, der möglichst jung sein sollte und keinesfalls vertrocknet sein darf.

PROVENCE & CÔTE D'AZUR

Herbes de Provence
Zauberkräuter

Thymian, Rosmarin, Salbei, Bohnenkraut, Fenchel, Lavendel und andere Kräuter gehören zur natürlichen Flora der Provence, seit die Römer vor 2000 Jahren hier die ausgedehnten Wälder rodeten. Die zurückbleibenden verkarsteten Böden eroberten sich Kräuter und Heide. Selbstverständlich machten sich die Provenzalen den aus landwirtschaftlichem Niemandsland sprießenden Reichtum zunutze. Sammler durchzogen die *garrigues*, die Wildheiden, und lieferten eine Fülle verschiedener Kräuter an Apotheker, Parfümhersteller und Gewürzhändler in Marseille und Nizza, Grasse und Apt. Stieg Lavendel unter den Duftstoffen zum unerreichten Star auf, unter den Küchenkräutern behauptete sich *farigoule*, wie Provenzalen den *Thymus vulgaris* nennen. Kein anderes aromatisches Kraut vereint sich so bereitwillig mit so verschiedenen Zutaten. Würsten und Schinken, Feigen und Backpflaumen gibt Thymian Finesse. Medizinisch wirkt er auf Magen, Darm und Lungen, romantisch aufs Gemüt, wußten sich doch die Mädchen der Provence geliebt, wenn sie ein Thymiansträußchen an ihrer Tür fanden.

Obwohl der Bedarf an aromatischen Pflanzen, besonders an Thymian, nach dem Zweiten Weltkrieg anstieg, blieb der Anbau wegen des hohen Arbeitsaufwands, vor allem bei der Ernte, bescheiden. Erst als zu Beginn der achtziger Jahre im Departement Drôme zwei Bauern eine Erntemaschine austüftelten, gelang ein Durchbruch im Thymiananbau. Thymian wird in engstehenden Reihen angebaut und bildet niedrige kugelförmige Büsche. Blaßrot blüht er ab Ende April bis in den Juni. Im zeitigen Frühjahr wird zwischen den Reihen gepflügt und Unkraut gerupft, denn nach der Ernte ist es zu spät, Spreu vom Weizen zu trennen. Die kurz vor der Blüte eingebrachte Ernte kommt als 10 m² große, 1,5 m dicke, 2 Tonnen schwere Kräutermatratze in Trockenräume, in denen von unten warme Luft durch das Stengelgewebe bläst. Dann wird entblättert, sortiert, abgepackt und verschickt. Herbes de Provence bestehen meist aus einer Mischung von drei oder vier Kräutern, die jeder Hersteller nach Belieben komponiert. Immer dabei sind Thymian und Rosmarin, oft Majoran und Bohnenkraut, bisweilen Salbei und Lorbeer. Überwiegend werden sie getrocknet, gerebelt und fertig gemischt angeboten, aber man findet sie auch einzeln abgefüllt, immer häufiger sogar frisch, allein oder als Sträußchen, und es gibt sie als Essenz und Paste.

Die Haut-Provence liefert den meisten Lavendel, der vor allem als Spender eines exquisiten Honigs Eingang in Küche und Desserts findet, aber als Küchenkraut großes Fingerspitzengefühl verlangt.

Die wichtigsten Kräuter der Provence

Thymian
Der König unter den Provence-Kräutern ist äußerst vielseitig verwendbar, denn sein fast süßes, doch prägnantes Aroma paßt zu Gemüse, Fisch, Fleisch und allerlei Saucen.

Rosmarin
Intensives harziges Aroma, das besonders zu Lamm und mediterranen Fleischgerichten paßt, aber auch ausgezeichnet Röstkartoffeln und *Ratatouille* würzt.

Bohnenkraut
Sarriette, auch Karst-Bergminze oder Eselspfeffer, auf provenzalisch *pebre d'ase*, genannt, gehört natürlich zu Bohnengerichten, aber auch zu gegrilltem Fleisch und Ragouts.

Majoran
Sein intensives Aroma erinnert an Thymian, ist aber feiner, süßlicher und eignet sich besonders für Hackfleischgerichte, Geflügel, Fleisch- und Tomatensaucen.

Oregano
Der wilde Majoran besitzt eine stärkere Würzkraft als sein zivilisierter Bruder, doch die entfaltet sich erst in getrocknetem Zustand optimal, besonders in Tomatensaucen und Gemüsegerichten.

Salbei
Sein intensives und eigenwilliges Aroma verlangt nach vorsichtigem Umgang, dann verleiht er Schweine- und Hammelfleisch sowie Geflügel überaus reizvolle Akzente.

Basilikum
Ursprünglich aus Asien, erreichte es die Provence über Italien. Dessen *pesto* wurde zum heißgeliebten *pistou*, aber auch sonst ist Basilikum allgegenwärtig.

Fenchel
Wild findet man ihn zwar immer seltener, aber als einheimische Gewürz- und Gemüsepflanze wird er gern für Oliven, Fisch, aber auch für Pastis benutzt. Sein Grün und seine Blüte ähneln dem Dill.

Estragon
Im Mittelalter gelangte er aus Rußland ans Mittelmeer, wo er gut gedeiht, aber kein typisch provenzalisches Kraut ist. Oft in Fisch, Salaten und *sauce Béarnaise*.

Lorbeer
Keineswegs ein Kraut, sondern ein gestandener Baum, der eine beachtliche Größe erreichen kann, sind seine Blätter ein bedeutendes Gewürz, besonders für Marinaden und Saucen.

Pastis

In den zwanziger Jahren war er in den Bistrots von Marseille ein gewohnter Anblick: der junge Mann, der für seinen Tafelwein warb. Auf dem selbstentworfenen Etikett prangten Rebstöcke, Olivenbäume und eine strahlende Sonne als Sinnbilder der Provence, seiner Heimat. Paul Ricard träumte vom wirtschaftlichen Erfolg und damit von der Freiheit, das tun zu können, was ihm gefiel. Malerei hätte er am liebsten studiert, aber davon wollte sein Vater nichts wissen. Deshalb begann er im väterlichen Weinhandel, kümmerte sich um die Auslieferung, ließ sich Buchhaltung beibringen und zerbrach sich den Kopf, was ihn seinem Ziel näherbringen könnte. *Vin ordinaire* jedenfalls nicht. Weder sein Wein noch ein eigener Marc brachten ihn weiter. Aber bei seinen häufigen Bistrotbesuchen fiel ihm auf, was die Gäste am liebsten tranken: Pastis. Nach dem Absinthverbot von 1915 hatte die Regierung 1922 zwar die Harmlosigkeit des Anis anerkannt, aber nur einen Likör mit einer Mindestmenge von 150g Zucker genehmigt. In der Provence, wo man das erfrischende Aroma dieses Krauts seit langem schätzte, ließ man sich durch solche Vorschriften wenig irritieren. Jeder Winzer und jeder Wirt wußte sich eine eigene Mischung zu zaubern. In Bistrots und Cafés schenkte man sie unter der Hand aus. Die Hauptzutaten waren kein Geheimnis. Außer Alkohol und Wasser gehörten Anis, Lakritz und wenig Zucker hinein, außerdem Kräuter und Gewürze nach Laune und Geschmack. In jeder Kneipe aber schmeckte der Pastis anders. Mal besser, mal schlechter. Paul Ricard witterte seine Chance.

Unermüdlich machte er sich ans Werk. Jeden Abend komponierte er aus Alkohol, Anisessenz und Kräutern an seiner Pastis-Version. »Ich hatte mir angewöhnt, am Morgen nach meinen Destillierungen, Mazerationen und Filtrierungen eine Probe mit auf meine Touren zu nehmen«, berichtet er in seiner Autobiographie ›La passion de créer‹. »Ermutigt von den Bemerkungen meiner Verkoster und ihren Wünschen, feilte ich an meiner Herstellung, um am folgenden Morgen meine kleine Befragung in einem anderen Lokal weiterführen zu können.« Nach einigen Monaten war er sich seiner Sache vollkommen sicher. Es gab nur ein Hindernis: das Verbot. Als es 1932 aufgehoben wurde, begann er im Hinterhof seines Elternhauses im Marseiller Vorort Sainte-Marthe mit der Produktion des Ricard. Um für seinen *vrai Pastis de Marseille* zu werben, verlieh er ihm absichtlich mediterranes Flair. Das personifizierte der Sänger Dargelys, ein verschmitzter Provenzale mit offenem Hemd und mit keckem Charme. Ricard fehlte auf keiner größeren Veranstaltung, er überflügelte alle Konkurrenten. Im Handumdrehen wurde der Anisschnaps zum Erfolg, denn er knüpfte mit seinem typisch würzigen, auch von Lakritz geprägten Geschmack an den berüchtigten Absinth an und wurde wie dieser nach persönlichem Belieben mit Wasser verdünnt. Pastis wurde zum liebsten Aperitif aller Franzosen.

Von 1951 an begannen viele ehemalige Absinthmarken Pastis anzubieten und erinnerten oft mit ihren Etiketten an verbotene Vorläufer. Sie basieren auf der magenfreundlichen Anisessenz. Die wird meist aus Sternanis, der Frucht des Badian, eines in China gezogenen immergrünen, zypressenähnlichen Baums, destilliert. Anethol kann aber auch aus Anissamen, Fenchel oder Estragon gewonnen werden. Dazu kommen Süßholz (Lakritz) und Provencekräuter, die man mit Alkohol und Wasser ansetzt. Diese Bestandteile aromatisieren einen 45 Vol% starken, mit Zucker und Karamel abgeschmeckten und gefärbten Alkohol. Seit kurzem gibt es eine neue Generation von Edelpastis, die auf alten provenzalischen Rezepten basieren. Sie kombinieren bis zu 72 verschiedene Pflanzen und Gewürze. Ungefiltert, ungefärbt und teils ungesüßt abgefüllt, bieten diese Aperitifs wesentlich mehr Finesse, aromatische Vielfalt und anregende Wirkung. Eins aber ist allen Pastis gemeinsam. Sie werden verdünnt genossen. Der Kenner gibt nur eisgekühltes Wasser, nie Eiswürfel hinzu, die eine Absonderung des Anethols bewirken. Selbst die Flaschen dürfen nicht kalt stehen, sonst trübt sich der Pastis.

Pastis trinkt man niemals unverdünnt. Zum Verdünnen verwendet man jedoch nur eisgekühltes Wasser, keine Eiswürfel. Durch die Kristallisierung des im Pastis enthaltenen Minzöls bei der Zugabe des Wassers entsteht die charakteristische trübe Färbung.

Bitter

Im Grunde zählt der Pastis hinsichtlich seiner Zutaten zur Familie der Kräuterliköre, zu der auch eine andere Kategorie von Aperitifgetränken gehört, die Bitter. ›Bitter‹ bürgerte sich als Bezeichnung für Aperitifs ein, deren charakteristischer leicht bitterer Geschmack gewöhnlich durch Chinarinde und Bitterorangenschale erzielt wird, aber in Ausnahmefällen auch auf Enzianwurzel oder Kiefernextrakt zurückzuführen ist. Ihre wesentlichsten Bestandteile sind Alkohol, Wasser, Zucker, Karamel und pflanzliche Aromastoffe. Die beiden bekanntesten Vertreter in Frankreich sind:

Amer Picon

Der Provenzale Gaëton Picon erfand den ersten Bitter Mitte des 19. Jahrhunderts in Algerien und verlagerte dessen Herstellung 1872 nach Marseille. Amer Picon wird mit Chinarinde, Enzianwurzel und Orangendestillat aromatisiert und stieg nach dem Absinthverbot zum beliebtesten französischen Aperitif auf. Heute ist hauptsächlich der mit Bier aufzufüllende Picon Bière gefragt.

Suze

Um die Jahrhundertwende von dem Pariser Bankierssohn Henri Porté kreierter, 1965 dann von Pernod erworbener Aperitif. Er basiert im wesentlichen auf monatelang in Alkohol mazerierten Enzianwurzeln, von denen die meisten aus dem Zentralmassiv stammen. Er ist der bekannteste der appetitanregenden Gentiane und wird mit Eiswürfeln und Soda als Longdrink serviert.

Zutaten für Edelpastis
1 Minze – **2** Birkenblätter – **3** Mais – **4** Eisenkraut
5 Splintholz – **6** Süßholz – **7** Kamille – **8** Johannisbeerblätter (Cassisblätter) – **9** Mohnsamen
10 Thymian – **11** Koreander – **12** Petersilie – **13** Zimt
14 Sternanis – **15** Fenchel – **16** Pfefferkraut
17 Kreuzkümmel – **18** Anissamen

Schon waren sie totgesagt, die kleinen Marken, die einst zu Hunderten in der Provence existierten, aber jetzt präsentiert sich eine neue Generation individueller Pastis.

405

Appetitlicher Strauß
Mesclun

Auf den Höhen über Nizza haben sich einige Gemüsebauern auf eine Spezialität konzentriert, die heutzutage provenzalischen Feinschmeckern das ganze Jahr über das Wasser im Mund zusammenlaufen läßt und ihnen das schöne Gefühl gibt, auf angenehme Weise etwas für ihre Gesundheit zu tun. Gemeint ist *mesclun* oder *mesclum*, dessen Name sich vom Verb *mescla* herleitet, was in Nizzaer Mundart ›mischen‹ bedeutet. Es handelt sich um ein Potpourri aus jungen Blättern, die gerade eben so groß geworden sind, daß es sich überhaupt lohnt, sie zu verspeisen. Wer einen eigenen Garten hat, kennt die Versuchung, die von den jungen Salatpflanzen ausgeht, wenn diese sich höchst appetitlich formen, aber weise Enthaltung nötig ist, will man eine ordentliche Ernte einbringen. Seinen Ursprung hatte der *mesclun* vermutlich in der Natur und im menschlichen Hang zum Sammeln. In der Umgebung von Nizza fanden sich wilde Rauke und Löwenzahn, Brunnenkresse, Petersilie und andere grüne eßbare Blätter, die im zeitigen Frühjahr einen köstlichen Salat ergaben, der so geschätzt und begehrt war, daß ihn spätestens im 19. Jahrhundert erste Gärtner gezielt aussäten. In seiner klassischen Form besteht *mesclun* nur aus Rauke, sehr jung gepflücktem Löwenzahn und ganz jungen grünen Salatblättern, wobei von letzteren verschiedene Sorten möglich sind. Die zunehmende Begeisterung hat weiteren Salat- und generell Blattpflanzen den Weg in die Mischung geebnet, die nun schon durch Chicorée und Radicchio gelbe und rote Farbtupfer erhält. Die Salatbauern säen im Freiland und unter Glas die verschiedenen Zutaten meist getrennt aus, nicht gemeinsam, wie dem Freizeitgärtner manche Samentüten nahelegen. Nur ein sehr gut vorbereiteter, an Humus reicher und lebendiger Boden gibt den Pflanzen eine knackige Struktur und intensive Aromen. Nach dreieinhalb bis vier Wochen kann man ernten. Während manche Sorten abgeschnitten werden und noch vier- oder fünfmal nachsprießen, müssen andere nachgesät werden. Ein abwechslungsreicher Salatstrauß wird heute am meisten geschätzt, in dem die Rauke am besten aus dem Freiland kommt, damit sie kräftigen und pfeffrigen Geschmack besitzt. Die Standardmischung für *mesclun* umfaßt folgende Blätter: Rauke, Löwenzahn, Brunnenkresse, Kerbel, Portulak, glatte Petersilie, Feldsalat, Eichblatt, Römischen Salat, krause und glatte Endivie, Chicorée und Radicchio.

Solange es frische, junge Blätter sind, ist im *mesclun* inzwischen alles erlaubt, was anmacht.

Cerfeuil – Kerbel
Kerbel, ein einjähriges Kraut mit dünnen Stengeln und gefiederten Blättern, wird wegen seines anisähnlichen Aromas stets nur frisch in Salaten, Saucen und Suppen geschätzt.

Frisée – Krause Endivie
Mitglied der Chicorée-Familie mit schmalen, gezackten, außen recht festen und dunkelgrünen, im Herzen zarteren und gelben Blättern; angenehm bitterer Geschmack.

Romaine – Römischer Salat
Bildet um einen Mittelstrunk große, tiefgrüne, länglich-ovale, aufrechtstehende, früher oft zusammengebundene Blätter; herbwürzig und innen knackig.

Trévise – Radicchio
Verwandter von Chicorée und Endivie; feste kleine, weiß und rot gefärbte Köpfe; er wird gern für *mesclun* verarbeitet, der von der Farbe wie von dem angenehm bitteren Geschmack profitiert.

Endive – Chicorée
Die Salatzichorie treibt im zweiten Jahr aus ihrer dicken Wurzel in Dunkelheit helle Kolben mit knackigen, leicht bitteren Blättern; beliebt für Salat oder als Gemüse.

Feuille de chêne – Eichblatt
Blattsalat mit leichter Kopfbildung, dessen am Rand rötliche Blätter deutlich an Eichenlaub erinnern; feiner nussiger Geschmack, gut in gemischten Blattsalaten.

Mâche – Feldsalat, Rapunzel
Ursprünglich sehr weitverbreiteter Wildsalat mit kleinen Blattrosetten, besonders vitaminreich, im Winter und im zeitigen Frühjahr, guter Nußgeschmack.

Pissenlit – Löwenzahn
Weitverbreitete, in der Volksmedizin vielverwandte Wildpflanze, deren ganz junge oder gebleichte Blätter viel ätherisches Öl enthalten; sehr würziges, feinbitteres Aroma.

Pourpier – Portulak
Ein altes, auch wildwachsendes Gemüse, dessen ovale, fleischige, sehr gesunde Blätter roh eine knackige Textur und leicht nussigen Geschmack besitzen.

Rouquette – Rauke
In warmen Regionen weitverbreitete Wildpflanze, im Freiland mit dunkelgrünen, festen länglichen Blättern, die ein charakteristisches, leicht pfeffriges Aroma besitzen.

Scarole – Glatte Endivie, Escariol
Verwandte des Chicorées, flachwachsend mit grünen, etwas zähen Außenblättern und strahlend gelbem Herz, leicht bitterer Geschmack, kann auch gekocht werden.

Sucrine
Kleinköpfiger rustikaler Sommersalat mit etwas dickfleischigeren, festeren Blättern als Kopfsalat, dezent süßlicher, feinherber Geschmack; wird nach Gewicht verkauft.

Gemüse des Südens

Im Gegensatz zu den anderen Regionen Frankreichs ist die Provence ein Schlaraffenland für Gemüsefreunde. Zeigt sich dies schon auf den farbenprächtigen Märkten, auf denen die Gemüsestände ein überwältigend vielfältiges Angebot ausbreiten, so gilt es insbesondere für die Küche und – dies ist die große Ausnahme – auch die der Restaurants. Provenzalische Köche widmen Salaten und Gemüsegerichten viel Aufmerksamkeit und viel Zeit, denn Gemüse zuzubereiten ist immer aufwendig. Die Nähe Italiens spielte dabei eine nicht unwichtige Rolle, sowohl was Sorten als auch was Eßgewohnheiten betrifft. Die *Bagna cauda*, das Gemüse-Fondue, bei dem man verschiedene Gemüsestreifen in eine heiße Anchovis- und Knoblauchsauce taucht und dann fast roh in geselliger Runde genießt, stammt ursprünglich aus dem Piemont und beginnt außerhalb der Provence nur zögernd Anhänger zu gewinnen. Aber die unerschütterliche Vorliebe für Gemüse manifestiert sich von der Vorspeise bis zum Dessert. Die berühmte *Soupe au pistou* ist eine reine Gemüsesuppe, andere Suppen basieren auf Tomaten oder Kürbissen. Die Urform der gefüllten Tomaten kommt aus der Provence, wo man schon Artischocken zupfte, als anderswo Franzo-

PROVENCE & CÔTE D'AZUR

sen damit noch nichts anzufangen wußten. Sie ist auch die Heimat des *Pan bagnat*, dieses mit Olivenöl getränkten, mit Zwiebel, Tomate, grüner Paprika, schwarzen Oliven, hartgekochtem Ei und Anchovis belegten Weißbrots. Man versteht sich auf herzhafte Kuchen, für die man besonders gern Mangold oder Spinat verwendet, oder man schiebt Gemüsegratins in den Ofen, die nach der rotbraunen Tonschüssel, in der man sie zubereitet, *tian* genannt werden. Natürlich benutzt man immer Olivenöl, vergißt eigentlich nie die Knoblauchzehen, kaum jemals eine Prise gemahlene Chillies und widersteht selten der Versuchung, auch noch ein paar Anchovis zuzufügen, entweder als Filet oder zumindest als *pissalat*, das würzige Sardinenpüree. Besonders gern macht man sich die Mühe, Gemüse und Zucchiniblüten zu füllen oder das mediterrane Gemüseragout, die *Ratatouille*, nach altem, langwierigem Rezept zuzubereiten. Es stammt aus Nizza und dürfte inzwischen ganz Europa erobert haben. Der *Grand aïoli* würde seinen Charakter vollkommen einbüßen, fehlten ihm die Gemüse. Mangold wird sogar in einen süßen Rosinenkuchen verwandelt, die *Tourte de bléa*, und auch Kürbis ergibt als süßer Kuchen ein traditionelles Dessert. Gemüse – das wollen diese Beispiele zeigen – gehören einfach zur Provence wie die Sonne, die Pinien und die Zikaden.

Diese Ansicht des Marktes von Aix-en-Provence gibt nur einen zufälligen Blick auf den Reichtum.

Rote Bete wird in der Provence gewöhnlich bereits gekocht angeboten.

Die Gemüsehändler nehmen sich Zeit für die Gestaltung ihrer Auslagen.

Paprika, Auberginen und Zucchini galten einst als Grundpfeiler mediterraner Küche.

Allein schon die vielen verschiedenen Bohnensorten setzen in Erstaunen.

Gemüseküche

Ratatouille ist die wohl gelungenste Verbindung der vier für das Mittelmeer typischsten Gemüse. Denn obwohl man die Mengenverhältnisse unterschiedlich beurteilt, herrscht Einvernehmen darüber, daß Tomaten, Paprikaschoten, Auberginen und Zucchini hinein gehören, außerdem Knoblauch, ein Bouquet garni und ausreichend Olivenöl. Ob Basilikum die Rezeptur vervollkommnet oder sprengt, ist bereits Gegenstand heftiger Kontroversen. Mit Nachdruck scheiden sich die Gemüter, was die Zubereitungsweise betrifft. Die Puristen bestehen darauf, jede Gemüsesorte einzeln in Olivenöl anzubraten, bis der gewünschte Gargrad erreicht ist. Auch die Sauce aus Tomaten, Knoblauch und Bouquet garni köchelt separat. Einige unter ihnen gehen soweit, die einzelnen, exakt gegarten Gemüse, lagenweise von Tomatensauce getrennt, in eine Servierschüssel aus provenzalischer Keramik zu schichten, was die *Ratatouille* zweifellos zu einem kulinarischen Kunstwerk erhebt. Die zweite Methode, bei der die Gemüse in einem Topf assembliert, mit Tomatensauce übergossen und langsam gegart werden, ist die unkompliziertere, schnellere und deswegen wohl auch die beliebtere. Zugegeben, wer die unterschiedlich garenden Gemüse getrennt zubereitet, riskiert nicht, daß eins die Contenance verliert, verzichtet aber auf den vollen aromatischen Gehalt.

Les petits farcis de légumes provençaux
Salade de mesclun au pistou et parmesan
Kleine gefüllte provenzalische Gemüse, *mesclun* mit *pistou* und Parmesan

4 neue runde Kartoffeln, festkochend
4 mittelgroße Tomaten
Salz
4 violette Artischocken
100 g Parmesan, frisch gerieben
Olivenöl
Saft von 1 Zitrone
1 EL *pistou* (siehe S. 401)
Pfeffer
150 g *mesclun* (gemischter junger Blattsalat)
1 Stück Parmesan

Farce
400 g Rinderragout vom Vortag oder
400 g Rinderhack
200 g Kartoffeln
Olivenöl
1 große Zwiebel
4 Knoblauchzehen
1 Bund Petersilie
1 Bund Basilikum
2 EL frisch geriebener Parmesan
Salz und Pfeffer aus der Mühle

Die neuen Kartoffeln mit der Schale in Salzwasser kochen. Abkühlen lassen und das obere Drittel abschneiden. Den unteren Teil aushöhlen.
Den Deckel der Tomaten abschneiden und sie aushöhlen. Das Innere salzen und sie umgedreht auf einem Rost abtropfen lassen.
Von den Artischocken oben gut zwei Drittel abschneiden, die Stiele und die harten äußeren Blätter entfernen. In kochendem Salzwasser nicht zu weich kochen. Abkühlen lassen und das Heu mit einem Teelöffel entfernen.
Für die Füllung das Rinderragout fein hacken. Die Kartoffeln schälen, in Stücke schneiden und in Olivenöl in einer Pfanne bei mittlerer Temperatur braten, dann mit einer Gabel zerdrücken. Die Zwiebel schälen, in Ringe schneiden und in einem Topf in Olivenöl dünsten. (Sofern rohes Hackfleisch verarbeitet wird, brät man es kurz an.) Knoblauch schälen und ebenso wie Petersilie und Basilikum fein hacken. Die gekochten Kartoffeln, das gehackte Rinderragout (ersatzweise das angebratene Hackfleisch), Knoblauch, Petersilie, Basilikum und 2 EL Parmesan hinzugeben. Alles miteinander vermischen und abschmecken, dabei gut pfeffern.
Den Backofen auf 180 °C vorheizen. Die vorbereiteten Gemüse in eine feuerfeste Form stellen, die Farce einfüllen, mit geriebenem Parmesan bestreuen und im Backofen erwärmen. In einer großen Schüssel aus Olivenöl, Zitronensaft und *pistou* eine Sauce rühren, salzen und eventuell pfeffern. Den gemischten, gezupften Salat zugeben und gut wenden, ihn auf die Mitte der Teller verteilen, Parmesan darüber hobeln, die gefüllten lauwarmen Gemüse darauf anrichten und mit Olivenöl beträufelt servieren.

Fleurs de courgettes frites
Fritierte Zucchiniblüten

2 Eier
100 ml Mineralwasser
50 ml Weißwein
1 EL Öl
Meersalz
schwarzer Pfeffer aus der Mühle
200 g Weizenmehl
16 Zucchiniblüten mit Fruchtansatz
Öl zum Ausbacken

Die Eier trennen. Eigelb mit Mineralwasser, Wein, Öl, Salz und Pfeffer gut verrühren und nach und nach das Mehl zu der Eimasse geben.
Den Teig etwa 20 Minuten quellen lassen. Dann das Eiweiß mit einer Prise Salz sehr steif schlagen und unter den Teig ziehen.
Reichlich Öl erhitzen. Die Zucchiniblüten vorsichtig säubern – nicht naß waschen – durch den Ausbackteig ziehen und portionsweise fritieren. Vor dem Servieren auf Küchenkrepp abtropfen lassen.

Bagna cauda
Gemüse-Fondue

Gemüse
Staudensellerie
Fenchel
Paprikaschoten
Möhren
Endivienherzen
Brokkoli
Radieschen

Sauce
75 g Anchovisfilets in Öl
5 Knoblauchzehen
300 ml Olivenöl

Verschiedenes Gemüse der Saison vorbereiten, indem man es gut wäscht und putzt und in längliche Stücke teilt oder schneidet. Der Staudensellerie

Les petits farcis de légumes provençaux, Salade de mesclun – Gefüllte Gemüse auf *mesclun*

PROVENCE & CÔTE D'AZUR

Frische mediterrane Gemüse wie Zucchini und Auberginen sind die Hauptzutaten der *Ratatouille*.

Farbe geben rote und grüne Paprikaschoten, die halbiert, entkernt und in Stücke geschnitten werden.

Olivenöl ist ein weiterer wichtiger Aromaspender wie auch Zwiebeln, die man nur leicht anbräunt.

Auch Auberginen und Paprika schmecken besser, wenn man sie vorher etwas andünstet.

Nach den Zucchini gibt man die Tomaten dazu, wobei man möglichst vollreife verwenden sollte.

wird in seine Stangen zerteilt, der Fenchel geachtelt, die Paprikaschoten in Streifen geschnitten, die Möhren in Stücke geschnitten und die Salatherzen geviertelt, der Brokkoli in Röschen zerlegt, die Radieschen ganz gelassen oder halbiert. Man richtet das Gemüse dekorativ auf Tellern an, so daß jeder Gast leicht Zugang zu allen Sorten hat.

Für die Sauce die Anchovisfilets in einem Mörser zerdrücken. Die Knoblauchzehen schälen, hacken, ebenfalls zerdrücken und mit den Anchovis gründlich verrühren. Nach und nach das Olivenöl unter ständigem Rühren zufügen. Die Sauce in einen kleinen Topf umfüllen und auf niedriger Temperatur unter ständigem Rühren cremig und heiß werden lassen. Dann auf einen Rechaud in die Mitte des Tisches stellen.

Jeder taucht nach Belieben ein Stück Gemüse in die Sauce, die nie kochen oder rauchen darf, und ißt es knackig und fast noch roh, begleitet von Weißbrot und einem spritzigen Rosé der Côtes de Provence.

Ratatouille
Provenzalischer Gemüseeintopf
(Abbildung oben)

4 kleine Zucchini
2 Auberginen
je 2 rote und grüne Paprikaschoten
4 Fleischtomaten
2 Zwiebeln
3 Knoblauchzehen
8 EL Olivenöl
Salz und Pfeffer aus der Mühle
1 Bouquet garni: Petersilie, Rosmarin, Majoran, Thymian, Estragon, Bohnenkraut

Die Zucchini in 1 cm dicke Scheiben, die Auberginen in Würfel schneiden. Die Paprikaschoten halbieren, entkernen und in Stücke schneiden. Die Tomaten überbrühen, enthäuten und vierteln. Die Zwiebeln kleinschneiden und den Knoblauch fein hacken.

Den Backofen auf 180 °C vorheizen.
Das Olivenöl in einem großen Schmortopf erhitzen und die Zwiebeln darin leicht anbräunen. Dann Auberginen und Paprika hinzufügen und andünsten. Kurz danach Zucchini und Tomaten dazugeben. Die Gemüse salzen, pfeffern und mit dem gehackten Knoblauch bestreuen.
Alle Zutaten gut, aber vorsichtig vermischen, das Bouquet garni auf die Gemüse legen und den Topf zudecken.
Den Topf in den Backofen stellen und die Gemüse 1 Stunde garen. Oder den Gemüseeintopf zugedeckt auf niedriger Temperatur 50–60 Minuten schmoren lassen. Das Bouquet garni entfernen und die *Ratatouille* servieren.
Ob als Eintopf aufgefaßt oder alle Gemüse separat gegart, *Ratatouille* ist nicht nur heiß oder lauwarm als Beilage zu Fleisch oder Fisch und als Hauptgericht einzusetzen, an heißen Tagen sollte man sie auch als gekühlte und erfrischende Vorspeise probieren.

Trüffelzeit in der Provence

Was kann die Provence im Winter schon zu bieten haben? Die Tage sind kurz, das Wetter reich an Enttäuschungen. Und viele der empfehlenswerten kulinarischen Adressen sind geschlossen. Dennoch zieht es gerade jetzt Genießer hierher: Es ist, als erschnupperten auch sie den Duft der Trüffeln. Denn die Provence, genauer gesagt, das Departement Vaucluse, ist der wichtigste Trüffelerzeuger der Welt. Obwohl in den Eichenwäldern des Mont Ventoux noch immer Trüffeln gedeihen, sind die Zeiten verschwenderischer Fülle längst vorbei. Heute stammen 90 % aller provenzalischen Trüffeln aus angelegten Hainen, in denen man mit Sporen infizierte Eichen pflanzt. Zehn Jahre dauert es, bis eine *truffière* die erste bescheidene Ernte gewährt. Weitere 40 Winter liefert sie mehr oder weniger schwarze Diamanten. Dann erlischt ihre Produktivität.

Trüffeln werden im April und Mai geboren. Im April sollte es Gewitter geben, im Mai nicht zu kalt, im Juni und Juli nicht zu trocken und zur Weinlese etwas feucht sein. Dann reifen im Dezember ausgezeichnete *Tuber melanosporum*, wie die Edelsorte botanisch heißt. Voreilige Exemplare dieser Schlauchpilze erscheinen schon im November und Nachzügler bis Mitte März, aber der eigentliche Höhepunkt liegt zwischen dem 15. Januar und dem 15. Februar. Doch nicht jedes Jahr sind die Bedingungen gleichermaßen günstig. So schwankt die Ernte, die um 1900 noch mehrere 1000 Tonnen ausmachte, heute zwischen 20 Tonnen in extrem schlechten und 35 Tonnen in sehr guten Jahren, während sich die Weltproduktion auf 80 Tonnen beläuft. Die Ernten aus Plantagen mit infizierten Eichen, mit denen Trüffeln am liebsten eine Symbiose eingehen, sind ungleichmäßig und unkalkulierbar. Nur wenn die Trüffeln reif geworden sind, entfalten sie ihren intensiven Duft, und nur dann können Hunde oder Schweine die äußerlich völlig unscheinbaren Erdklumpen aufstöbern.

Am Freitagmorgen ist Trüffelmarkt in Carpentras vor der Bar ›Univers‹ beim Hôpital. Man drängt sich. Viele Alte, viele Schiebermützen, viele Plastiktüten. Konspirative Atmosphäre. Man tuschelt. Gewährt verstohlene Blicke in Körbe und Tüten, schnüffelt, befühlt. Dann gibt der Marktmeister per Trillerpfeife das Startsignal, und wie von Zauberhand wird Ordnung in dem Chaos. Die Anbieter reihen sich auf. Die Arbeit der *courtiers*, der Makler, beginnt. Über allem strahlt stahlblauer Himmel, und der Mistral weht kalt um Ohren und Schnüffelnasen. Heute erregt ein kurzhaariger kerniger Typ Aufsehen, der einen halbvollen Korb mit fast 4 kg Trüffeln trägt, die er innerhalb von sechs Tagen in seinem rund 1000 ha umfassenden Pachtbezirk am Mont Ventoux gesammelt hat. Drei Hunde gleichzeitig hatte er dabei. Schweine sind längst aus der Mode gekommen. Im geheizten Vorraum des ›Univers‹ haben die Makler ihre ›Büros‹ aufgemacht. Dort wiegen sie das Angebot routiniert ab, überreichen versteckt Scheine oder schreiben hastig Schecks aus. All das spielt sich direkt gegenüber vom bunten Wochenmarkt in Carpentras ab, wo es reichlich Oliven, Würste, Ziegenkäse, Gemüse und Haushaltsgeräte gibt. Neben den Märkten von Nizza und Toulon gilt er als einer der besten der Provence.

> **Trüffelsorten**
>
> - *Tuber aestivum* wird im Sommer gesammelt. Äußerlich ähnelt sie der schwarzen Trüffel, ihr Inneres ist jedoch hell und der Geschmack fade.
> - *Tuber brumale* erscheint zur selben Zeit wie *T. melanosporum* und sieht äußerlich ähnlich aus, ist aber selten. Das Geflecht der breiteren Adern ist weniger dicht. Ihr Geruch und ihr Geschmack sind deutlich schwächer.
> - *Tuber magnatum*, die weiße Trüffel des Piemont, beweist nur frisch ihre aromatische Kraft. Sie kommt in Frankreich nicht vor.
> - *Tuber melanosporum*, die echte Trüffel des Périgord (und der Provence) ist schwarz und von feinen hellen Venen durchzogen. Ihr intensives und betörendes Parfüm erinnert an Moschus und Lorbeer. Beim Kochen entfaltet sie ihr Aroma erst richtig.

Während Trüffelbauern und -sucher mittags bereits ihren geschäftlichen Erfolg begießen, steht den Maklern am Nachmittag der zweite Teil ihrer Arbeit noch bevor. In ihren Niederlassungen sortieren sie die morgens erstandenen Trüffeln und klassieren sie in zwei Größen und zwei Qualitäten. Dabei bleiben die Trüffeln in ihrem Erdkleid, denn so halten sie sich drei bis vier Tage in Topzustand. Gewaschen und gebürstet, verlieren

In solchen Körben werden jeweils 7 kg ungeputzte Trüffeln von den Maklern an Händler verschickt.

Ein solches Prachtexemplar von *Tuber melanosporum* bekommt selbst ein Profi nicht in jeder Saison zu sehen. Für derartiges Wachstum müssen die Bedingungen schon außergewöhnlich gut gewesen sein.

sie ihr Aroma bereits am nächsten Tag. Mindestens 7 kg fassen die Körbe, die vorwiegend von den bekannten Konservenherstellern des Périgord geordert werden. Aber auch einheimische Firmen beziehen den begehrten Rohstoff meist von lokalen *courtiers*. Dabei ist die Gewinnspanne weniger hoch, als man annehmen könnte, jedenfalls nach Aussage der Makler, denn bis zu zwei Drittel ihres Umsatzes haben sie selbst an Unkosten. Spitzenpreise – der Endverbraucher mußte im Winter 2003/2004 immerhin bis zu 200 Euro für 100 g beste schwarze Trüffeln bezahlen – lassen sich natürlich nur mit Spitzenqualität erzielen, und in der Regel entfallen auf 1 kg eingekaufte Trüffeln rund 30 %, die als minderwertige Ware den Höchstpreis nicht erbringen und weit günstiger an die Nahrungsmittelindustrie weiterverkauft werden. Durchschnittlich 10–15 % Erde pro Kilogramm werden in Kauf genommen, da sie helfen, die kostbare Ware kurzfristig zu konservieren. Zum Glück sind Trüffeln eher Leichtgewichte, und schon 100 g reichen davon aus, um diverse Speisen und Pasteten zu aromatisieren. Im Hinblick auf das Vergnügen, das sie bereiten, sind Trüffeln damit sogar fast günstig.

Samstagmorgens gegen 11 Uhr wird die Dorfstraße in Richerenches im Zentrum des renommiertesten Trüffelanbaugebiets der Provence unpassierbar. Immer mehr Leute stehen in kleinen Gruppen herum, unterhalten sich, hier und da hört man vereinzeltes Lachen. Sie beherrscht alle Gespräche, aber zu sehen ist sie nicht: die Trüffel auf ihrem berühmtesten Markt. Eine Händlerin verrät, daß die geforderten Preise noch zu hoch seien, deshalb würden keine Abschlüsse getätigt. Das eigentliche Geschehen ist wenig spektakulär. Man muß schon auf die kleinen Lieferwagen am Straßenrand achten, bei denen sich Leute drängen. Wenn man dort jemandem über die Schulter schaut, bekommt man plötzlich Tüten und Körbe mit Trüffeln zu Gesicht und die Hängewaagen der *courtiers*. Etwa 15 Makler haben sich eingefunden. Hier kommen vier- bis fünfmal soviel Trüffeln zusammen wie in Carpentras, und in guten Jahren werden hier bis zu 400 kg umgeschlagen, so daß an einem einzigen Vormittag etliche tausend Euro ihre Besitzer wechseln.

Schweine als Trüffelsucher haben längst den besser schnüffelnden Hunden Platz gemacht, ohne die auch ein Trüffelbauer nicht auskommt.

Wenn es interessant wird, zücken die *courtiers* plötzlich ihre Hängewaagen, und dann geht es meist sehr schnell.

Wer als Privatperson einige wenige Trüffeln ersteht, sollte sie geputzt und in Sonnenblumenkernöl eingelegt tiefkühlen, so halten sie am besten.

PROVENCE & CÔTE D'AZUR

Gemüse kann nicht alles sein

Fleisch & Geflügel

Schafen gehört die besondere Vorliebe der Provenzalen. Wenn die Herden auch selten geworden sind, die die große Provinz auf althergebrachte Weise durchziehen, um zum Beispiel von den Weiden der Crau, südöstlich von Arles, die Almen der Haute-Provence zu erreichen, wo die Tiere während des Sommers Futter und erträglichere Temperaturen finden, es gibt sie noch immer, die *transhumance*, den Almauftrieb. Während die meisten Schafzüchter sich dabei heute riesiger Lastwagen bedienen, die ein paar Hundert Tiere gleichzeitig befördern können, hält eine Minderheit unverdrossen an der Tradition fest und bringt die Herden zu Fuß in die provenzalischen Alpen. Dabei geht es vor allem nachts und in den frühen Morgenstunden voran, tagsüber ruht man dagegen aus und gönnt den Tieren Zeit, sich auf zuvor entlang der Strecke reservierten Wiesen und Weiden zu stärken. Manche Herden sind zehn Tage lang unterwegs, bis sie ihre dreimonatige Sommerfrische erreicht haben. Früher, als viele tausend Tiere Mitte Juni in die Berge zogen und Mitte September zurückkehrten, war ihre Prozession zugleich eine Art wandelnder Markt. Auf diese Weise wanderten Schafe und Lämmer direkt in die Schmortöpfe und auf die Weinrutenglut, auf der sie heute noch am liebsten gegrillt werden.

So erhielt Avignon sie gewissermaßen frei Haus: die Hauptzutat für seine berühmte *daube*, einen Schmortopf, den man andernorts aus Rindfleisch zubereitet. Vielleicht sind die früher so unermüdlich wandernden Schafherden ja auch der Grund für ein weiteres Lieblingsrezept der Provenzalen mit Schaffleisch, die *Pieds et paquets*, zu deutsch Füße und Päckchen. Ursprünglich wurde dieses deftige Gericht im Marseiller Restaurant ›La Pomme‹ gekocht, aber längst hat es die gesamte Provinz erobert. Es kombiniert Schafsfüße mit Schafskutteln, die mit einer Farce aus Lammbries, Schinken, Knoblauch und Petersilie gefüllt werden. Gemeinsam garen sie stundenlang in einer kräftigen Fleischbrühe auf niedriger Temperatur, bis sie auf der Zunge zergehen.

Aber neben solchen Deftigkeiten und den heißgeliebten Schmorgerichten ist der Umgang mit Fleisch zwischen Montélimar und Menton vor allem durch geniales Würzen gekennzeichnet. Das kann schlicht mit Kräutern, Knoblauch und Chillipulver geschehen, etwas risikofreudiger mit *tapenade* oder *anchoïade*, der Anchovispaste, oder sogar raffiniert mit Lavendelhonig oder Pastis. Jedenfalls wird ein provenzalisches Fleischgericht immer eindeutig Farbe bekennen.

Râble de lapin farci à la tapenade – Mit *tapenade* gefüllter Kaninchenrücken

Râble de lapin farci à la tapenade
Mit *tapenade* gefüllter Kaninchenrücken

1 Kaninchenrücken
1 Möhre
1 Zwiebel
1 Stange Staudensellerie
1 Bouquet garni: Lorbeer, Thymian, Rosmarin
200 ml Weißwein
2 EL Olivenöl
Salz und Pfeffer aus der Mühle

Tapenade

100 g schwarze Oliven
25 g Anchovis
1 Knoblauchzehe

Den Kaninchenrücken entbeinen, die Knochen zerhacken und in einem Topf leicht anrösten. Möhre, Zwiebel, Staudensellerie putzen und in Stücke schneiden. Gemüse und Kräuter zu den Knochen geben, den Wein angießen und reduzieren. Dann etwas Wasser zugeben und weitere 20 Minuten einkochen. Die Sauce durch ein Sieb passieren.
Für die *tapenade* Oliven, Anchovis und Knoblauch mit dem Pürierstab fein zerkleinern.
Den Backofen auf 180 °C vorheizen. Die ausgelösten Kaninchenrückenfilets (samt der dünnen Fleischpartie auf den Rippen) auf der Innenseite salzen, pfeffern und mit *tapenade* bestreichen, dann jeweils die dünne Partie um das ›Filet‹ schlagen und mit Küchenzwirn festbinden. In Olivenöl rundum anbraten und im Backofen 15 Minuten garen, dabei mehrmals mit Saft übergießen.
10 Minuten ruhenlassen, dann das Fleisch herausnehmen, den Bratensatz mit der Sauce ablöschen, 1 EL *tapenade* mit etwas Olivenöl unter die Sauce ziehen. Abschmecken.
Die gewickelten Kaninchenrücken im Ofen aufwärmen, dann in Medaillons schneiden, mit der Sauce übergießen. Sofort servieren.

Daube avignonnaise
Lammragout Avignon

600 g Lammschulter (ohne Knochen)
2 Möhren
2 Zwiebeln
2 Knoblauchzehen
2 Stiele Petersilie
2 Lorbeerblätter
1 Zweig Rosmarin
1 Gewürznelke
1 Prise Muskat
Salz und Pfeffer aus der Mühle
500 ml trockener Weißwein
100 ml Olivenöl
20 g fetter Speck

Die Lammschulter in große Würfel schneiden. Das Gemüse putzen und in Stücke schneiden. Das Fleisch mit den Möhren, einer Zwiebel, mit Knoblauch, Kräutern, Gewürzen und Olivenöl im Weißwein 4 Stunden marinieren.
Den Speck in einem Schmortopf auslassen, darin die restliche gehackte Zwiebel andünsten, das Fleisch dazugeben und anbraten. Die Marinade angießen. Zugedeckt 3 Stunden garen lassen. Das Fleisch herausnehmen und warm halten, während man die Sauce auf die gewünschte Konsistenz reduziert. Mit Dampfkartoffeln servieren.

Daube de bœuf à la provençale
Rindfleisch auf provenzalische Art

Für 6 Personen

1,5 kg Schulter- oder Nußstück
1 Kalbsfuß
2 EL Olivenöl
etwa 1 l trockener Weißwein
Salz und Pfeffer aus der Mühle
2 Möhren
150 g Zwiebeln
300 g Champignons
2 Tomaten, blanchiert und enthäutet
150 g geräucherter Speck
100 g schwarze Oliven
1 Bouquet garni
Schale 1 unbehandelten Orange
500 ml Kalbsfond
Mehl

Das Fleisch würfeln, mit Kalbsfuß, Olivenöl, Salz, Pfeffer und Weißwein 24 Stunden marinieren.
Die Gemüse putzen. Möhren, Zwiebeln, Champignons in Streifen schneiden, Tomaten würfeln.
Das Fleisch aus der Marinade nehmen und anbraten. Gemüse, Speck, Oliven, das Bouquet garni und die Orangenschale hinzufügen, je zur Hälfte Marinade und Kalbsfond angießen, so daß es eben bedeckt ist.
Den Backofen auf 180 °C vorheizen. Aus Mehl und Wasser einen Teig herstellen, mit dem man den Deckel und den Topf luftdicht verschließt.
Im Backofen 6 Stunden garen.

Poulettes au pastis
Hühnchen in Pastis

Für 6 Personen

2 junge Hühner, in je 4 Teile geteilt
40 ml Pastis
1 Prise Safran
250 ml Olivenöl
Salz und Pfeffer aus der Mühle
2 Zwiebeln
6 Knoblauchzehen
4 Tomaten, blanchiert und enthäutet
1 Stiel Fenchel
2 Stiele Petersilie
4 Kartoffeln
rouille (Rezept siehe S. 355 oder S. 388)

Die Hühnerteile in Pastis, Safran, 100 ml Olivenöl, Salz und Pfeffer über Nacht marinieren.
Zwiebeln und Knoblauch abziehen und fein hacken, die Tomaten würfeln. Zwiebeln und Knoblauch in Olivenöl andünsten, dann die Tomaten dazugeben, Fenchel- und Petersilienstiele und schließlich die Hühnerteile darauflegen. Die Marinade darübergießen und mit kochendem Wasser auffüllen. Zugedeckt 10 Minuten kochen lassen. Die Kartoffeln schälen, in Scheiben schneiden und in den Topf geben. Weitere 20 Minuten zugedeckt köcheln. Kurz vor dem Servieren das Fleisch einen Augenblick stark aufkochen lassen, damit sich das Olivenöl gut mit den übrigen Flüssigkeiten verbindet. Mit *rouille* bestrichene Scheiben von Bauernbrot dazureichen.

Canette laquée au miel de lavande
Entenbrustfilets in Lavendelhonig

2 junge Enten
Lavendelhonig
1 Möhre
1 Zwiebel
1 Stange Staudensellerie
1 Bouquet garni:
Thymian, Lorbeer, Rosmarin
Salz und Pfeffer aus der Mühle
1 TL Butter

Die jungen Enten entbeinen und die Brustfilets auslösen. Die Hautseite der Brustfilets mit Honig bestreichen.
Aus den Knochen, dem Gemüse und den Kräutern einen Geflügelfond zubereiten und auf niedriger Temperatur 90 Minuten kochen lassen. Salzen und pfeffern.
Den Backofen auf 190 °C vorheizen. Die Hautseite der Brustfilets ohne Fett in einer Pfanne goldbraun karamelisieren, 5 Minuten im heißen Ofen braten, dann 10 Minuten ruhenlassen.
Die Brustfilets aus der Pfanne nehmen und im Ofen warm stellen. Den Bratensaft mit dem Geflügelfond ablöschen und reduzieren, dann die Butter unterrühren. Die Entenbrust auf vorgewärmten Tellern anrichten, die Sauce darübergießen und sofort servieren.
Dazu passen Kartoffeln oder geschmorte Tomaten und Paprika.

Canette laquée au miel de lavande – Entenbrustfilets in Lavendelhonig

Reis der Camargue

Das Land der Stiere und der Wildpferde hat noch eine sehr viel schlichtere, aber nicht weniger beachtenswerte Besonderheit zu bieten: Die Camargue ist das nördlichste Reisanbaugebiet in Europa, und das mit langer Tradition, wurde er doch schon von den Mauren in Spanien eingeführt, von wo er nach Italien und im 13. Jahrhundert nach Frankreich gelangte. Nennenswertes Ausmaß erreichte er dort jedoch erst nach der Eindeichung der sumpfigen Region im Rhône-Delta um 1870, die eine Versalzung der Felder hervorrief. Damals setzten die Bauern Reis nur als Zwischenkultur ein, um die Böden für das Pflanzen von Rebstöcken vorzubereiten. Als im Zweiten Weltkrieg Reisimporte nicht nur als Kriegsfolge ausblieben, sondern die sich abzeichnende Unabhängigkeit der französischen Kolonie Indochina grundsätzliche Engpässe in Aussicht stellte, erwachte ein ernsthaftes Interesse an dieser Getreidekultur. Nach 1945 wurden im Rahmen des Marshall-Plans in der Camargue Bewässerungskanäle und Pumpstationen geschaffen, und sie entwickelte sich in den darauffolgenden 15 Jahren mit 30 000 ha Reisfeldern zu einem der bedeutendsten europäischen Anbaugebiete.

Der Anbau der Wasserpflanze Reis erfordert absolut ebene Felder. Früher war dies eine sehr aufwendige Arbeit, bei der man alle 10 m Pflöcke trieb, um die Bodenhöhe abzumessen, und Unebenheiten von Hand ausglich. Seit Mitte der achtziger Jahre sind dazu mit Laser ausgerüstete, computergesteuerte Planierraupen im Einsatz, die auf einem fußballfeldgroßen Acker höchstens 2 cm Toleranz zulassen. Daher steht das Wasser heute nur 5–10 cm hoch in den Reisfeldern, was direkten Einfluß auf die Erträge hat. Denn Reis braucht Wärme, um zu gedeihen und die ist hier nicht immer ausreichend garantiert. Je geringer aber die Wasserhöhe, desto schneller erwärmt es sich.

Ab Mitte April wird gesät. Vier bis fünf Tage zuvor überfluten die Reisbauern ihre Felder mit Rhône-Wasser. Reis benötigt eine Temperatur von 15–17 °C zum Keimen, und dafür muß die Sonne um diese Jahreszeit schon ausdauernd scheinen. Nach etwa einem Monat läßt man das Wasser allmählich ab, damit die jungen, noch schwimmenden Reispflänzchen auf den Boden sinken und Wurzeln schlagen können. Anschließend setzt man sie erneut unter Wasser. In der zweiten Augusthälfte blüht der Reis. Dies ist ein heikler Moment, denn die Blüte dauert nur eineinhalb Stunden. Sind die Bedingungen ungünstig, bleibt das Korn leer. Insgesamt braucht der Reis 130–150 Tage von der gekeimten Saat bis zur Ernte. Temperaturen unter 12 °C verträgt er nicht, was in manchen Jahren für Probleme sorgt. Die 25–27 % Feuchtigkeit, die er bei der Ernte mitbringt, müssen – meist künstlich in Spezialöfen – auf 14 % gesenkt werden, bevor man ihn entspelzen und schälen kann. Diese und alle weiteren Arbeiten übernehmen Handelsfirmen, da ein Gesetz den Reisbauern den Vertrieb ihrer eigenen Ernte untersagt.

Unbehandelter Reis, Paddy, ist von hartem Spelz umschlossen. Wird diese ungenießbare Außenschale entfernt, erhält man den braunen Vollkornreis mit Silberhäutchen und Keim, die den größten Teil der wertvollen Substanzen bergen, darunter die wichtigen B-Vitamine. Da Vollkornreis nicht so lagerfähig ist (und am besten im Kühlschrank aufbewahrt wird), durchläuft er gewöhnlich eine Schälmaschine, wobei auch der größte Teil seiner Vitalstoffe und Vitamine entfernt wird, darunter das Vitamin B 1, das der Organismus braucht, um die Stärke, die im Korn enthalten ist, verdauen zu können. So wurde weißer Reis in Asien Ursache der Nervenkrankheit Beriberi.

Die Reisfelder sind so angelegt, daß abfließendes, von konventioneller Landwirtschaft schadstoffbelastetes Wasser in den Étang de Vaccarès läuft. Dem Naturschutzgebiet Camargue wäre es zu wünschen, daß die Reisproduktion auf ökologischen Anbau umgestellt würde.

Links: Roter Reis ist eine Spezialität der Camargue.
Rechts: In den fünfziger Jahren wurde Reis noch von Hand gepflanzt, heute setzt man modernste Maschinen ein.

Reis – die Stufen seiner Verwandlung

Paddy: Vom Halm geerntet, besitzt jedes Reiskorn Spelzen, die es einhüllen und schützen, die es jedoch ungenießbar machen, weshalb es entspelzt werden muß.

Vollkorn, Cargo: Nach der Entspelzung besitzt das Reiskorn noch seine unversehrten Randschichten, die den Keim und die wertvollen Vitalstoffe enthalten.

Polierter Reis: Um dem Reiskorn sein weißes Aussehen zu verleihen, werden die Randschichten, die den Keim und damit zwei Drittel der Vitalstoffe enthalten, entfernt.

Parboiled Rice: Durch Vordämpfen des Vollkorns dringt ein Teil der Vitalstoffe ins Innere des Korns, so daß sie beim anschließenden Schälen erhalten bleiben.

Sofern Witterungsverhältnisse die kurze Blüte der Reispflanzen nicht beeinträchtigten, neigen sich die von Ähren schweren reifen Halme zu Boden.

PROVENCE & CÔTE D'AZUR

Auf den flinken weißen Pferden der Camargue reitend, haben *manadiers* und ihre Freunde eine kleine Gruppe von Stieren von der Herde abgesondert und führen sie – zwischen den Pferden eingekesselt – in die Arena.

Der Spaß nähert sich seinem Ende. Stiere und Kühe werden wieder freigelassen und zurück auf die natürlichen Weiden des Feuchtlands gejagt, wo sie das ganze Jahr unter freiem Himmel – fast wild – verbringen.

Die Stiere der Camargue

Seit dem Mittelalter werden im Feuchtland der Camargue, im Mündungsdelta der Rhône, kleinwüchsige, pechschwarze Stiere mit aufragenden Hörnern gezüchtet. Erst kürzlich wurde ihnen eine Appellation d'Origine Contrôlée zuerkannt, denn ihr Fleisch ist sehr aromatisch und zart. Doch den *manadiers*, den Stierzüchtern, die eine *manade*, eine Herde, besitzen, geht es keineswegs nur um das Fleisch. Sie wollen nicht nur gute, sondern aggressive, listige Tiere, die sich in der *course camarguaise*, dem Stierkampf der Region, behaupten. Im Gegensatz zur spanischen *corrida*, wo sich massige Stiere mit nach unten weisenden Hörnern von eleganten *toreros* zum Narren halten lassen und dies mit dem Leben bezahlen müssen, haben die *toros* der Camargue, sind sie nur böse und hinterhältig genug, eine große Karriere vor sich. Im Alter von drei bis vier Jahren stehen sie erstmals in einer Arena – die größten befinden sich in Arles, Nîmes, Lunel, Beaucaire und Châteaurenard. Man bindet dem Jungstier eine *cocarde*, eine Kordel mit zwei Pompons, zwischen die Hörner, womit er zum *cocardier* wird, zum Kampfstier, und schickt ihn hinaus. In dem von einer hohen Brüstung umgebenen Kreis treten ihm meist weißgekleidete *razeteurs* entgegen und versuchen, ihm die Kokarde mit einem speziellen kurzen Haken zu entreißen, was mit einer Geldprämie belohnt wird. Sträubt sich *lo biou*, der Stier, mit Wut und Schläue, macht den *razeteurs* das Leben schwer und bewahrt seine Kokarde während des viertelstündigen Wettkampfs, erntet er den Ruhm, darf stolz zurück in den Lastwagen seines Züchters traben, der ihn – bis zum nächsten Kampf – wieder auf die Weide entläßt. Im Juli und August ist Hochsaison für Stiere und Kühe, dafür können sie zwischen November und März völlig ungestört unter dem weiten Himmel der Camargue grasen und im stillen ihre Wut auf enge Arenen, lärmende Zuschauer und lästige *razeteurs* kultivieren. Ist aber eines der schwarzen Rinder, die auf den Weiden fast wild leben und sich nur von den Naturgräsern ernähren, eher friedliebend, dann tritt es den Weg zum Schmortopf an und beendet seine Karriere gewöhnlich in der *Gardiane*, dem in Rotwein, vorzugsweise einem Costières de Nîmes, simmernden Stierragout der Camargue, dessen Qualität an der Dickflüssigkeit seiner Sauce gemessen wird.

Links: Eine *course camarguaise* dient besonders auf Hochzeitsgesellschaften als Amüsement, wenn die Männer einer jungen Kuh die Kokarde zu entreißen versuchen und erwarten, daß sie ihre Ehre mit vielversprechender Wut verteidigt.

Die Weine der südlichen Rhône

Zwischen Montélimar und der Papststadt Avignon erstrecken sich auf den niedrigen Hügeln zu beiden Seiten der Rhône weite Rebflächen. Größtenteils gehören sie zur 1937 anerkannten Appellation Côtes du Rhône, die 43 500 ha umfaßt und vier von fünf Flaschen Rhône-Wein stellt. In diesem großen Gebiet gibt es eine Vielzahl unterschiedlicher Böden und Mikroklimata, dabei sind mediterrane Sonne, Trockenheit und kühler Mistral die wichtigsten gemeinsamen Nenner. Diese Faktoren bedingen von vornherein die Erzeugung von Rotweinen und haben auch dazu geführt, daß sich gewisse Rebsorten an der südlichen Rhône besser bewährten und sich entsprechend verbreiteten. Darunter ist Grenache Noir uneingeschränkt führend, die es zu hohen Alkoholgraden und großer Fruchtigkeit bringt. Allerdings wird sie meist mit anderen Sorten assembliert, um an Farbe, Tanninen und Komplexität zu gewinnen. Bei den einfacheren Qualitäten geschieht dies durch *macération carbonique*, Kohlensäuremaischung, vinifizierte Carignan, bei den anspruchsvollen mit Syrah und Mourvèdre. Durch Grenache aber gelangt die Sonnenhitze in die Côtes du Rhône, was sie gerade in kühleren Ländern und zur kälteren Jahreszeit so beliebt gemacht hat. Nur jeweils 2 % der rund 2,1 Millionen Hektoliter jährlich sind Rosés und Weiße.

Unangefochtener Star unter den Weinen der südlichen Rhône ist der Châteauneuf-du-Pape, was sowohl für den Rotwein als auch den selteneren Weißwein gilt, der 7 % der Appellation stellt. Insgesamt sind 13 Rebsorten dafür zugelassen, aber kaum ein Winzer verwendet sie alle zugleich. In den letzten Jahren sind vor allem Syrah und Mourvèdre in viele Cuvées eingezogen, um ihnen raffiniertere Struktur zu geben, ohne die Fülle zu mindern. Auch in anderen Gemeinden haben Winzer ihren Weinen mehr Tiefe verliehen. In der 1966 erteilten Appellation Côtes du Rhône Villages konnten sich viele Gemeinden aufgrund steigender Qualität einen eigenen Namen machen. Gigondas, das bereits 1971 eine eigene Appellation erhielt, wurde zum Vorreiter. Vacqueyras gelang endlich 1990 die Anerkennung als unabhängiger Cru, Cairanne steht kurz davor. Im Gard, am rechten Ufer (eigentlich schon im Languedoc-Roussillon), fühlen sich die Winzer vinologisch zur Rhône gehörend. Dort haben Lirac, der Rosé von Tavel und die Costières de Nîmes eigene Appellationen. Ergänzt wird das Anbaugebiet durch die Schaumweine von Die, die natursüßen Weine des Muscat de Beaumes-de-Venise und Rasteau, die Coteaux du Tricastin südlich Montélimars, die Côtes du Ventoux bei Carpentras und die Côtes du Lubéron südöstlich von Cavaillon.

Séguret, von den Tempelrittern erbaut, zählt zu den malerischsten Dörfern der Côtes du Rhône und ist bekannt für kraftvolle, ausdauernde Rotweine.

Appellationen der südlichen Rhône

Côtes du Rhône
Die regionale Appellation, die alle Villages und Crus umfaßt, erstreckt sich über klassierte Lagen in 163 Gemeinden, in denen 1720 Güter und 75 Winzergenossenschaften überwiegend Rotweine anbieten. Wird ein Teil davon als fruchtig-süffige Primeurweine Ende November abgefüllt, so ist auch der vorherrschende Weintyp angenehm, rund und fruchtig, während von den steinigsten Böden und den besten Winzern dunkle, würzige, kraftvolle Rote kommen. Rosés und Weiße spielen nur eine geringe Rolle.

Côtes du Rhône Villages
Die 1966 erteilte Appellation umfaßt 77 Gemeinden mit 5700 ha Weinbergen in den Departements Drôme, Vaucluse, Gard und Ardèche. Sechzehn haben das Recht, ihren eigenen Namen hinzuzufügen; dies sind in der Drôme: Rochegude, Rousset-les-Vignes, St-Maurice, St-Pantaléon-les-Vignes und Vinsobres; im Vaucluse: Beaumes-de-Venise, Cairanne, Rasteau, Roaix, Sablet, Séguret, Valréas und Visan; und im Gard: Chusclan, Laudun und St-Gervais. Die Appellation gilt für alle drei Farben.

Châteauneuf-du-Pape
Berühmtester Cru der südlichen Rhône, unter den Gegenpäpsten ab dem 14. Jahrhundert gefördert; besonderes Terroir, sehr heiß und sonnig mit sandigen, von großen Flußsteinen übersäten Lehmböden, insgesamt 3200 ha mit einem Höchstertrag von 35 hl/ha. Sehr voluminöse starke Rotweine, meist aus Grenache, Syrah, Mourvèdre und Cinsault, mit Aromen von Kirsche, Leder, Lakritz und Gewürzen. Sehr südliche, volle, ausdauernde Weiße aus Clairette, Bourboulenc, Roussane.

Gigondas
Östlich von Orange, 1200 ha in der gleichnamigen Gemeinde, wuchtige Rot- und Roséweine von sehr heißem, steinigem Schwemmboden, auf dem seit den sechziger Jahren eine Renaissance dieser großen Lage stattfand, wo Grenache dominiert, der zu mindestens 15 % mit Syrah und Mourvèdre assembliert wird. Anfangs sehr fruchtig, entwickeln die meist in Fudern ausgebauten Roten bei längerer Lagerung deutliche Moschus- und Wildnoten.

Vacqueyras
Zu Füßen der Dentelles de Montmirail haben die Winzer mit hoher Qualität Stufe um Stufe genommen, um vom einfachen Côtes du Rhône zum eigenen Cru aufzusteigen, von dem etwa 800 ha bestockt sind. Als Rot-, Rosé- oder Weißwein zugelassen, stellt der rote 95 % des Volumens. Reife Beeren und Lakritz bestimmen die Nase der robusten Rotweine in ihrer Jugend.

Lirac
Auf der rechten Rhône-Seite erstrecken sich die 450 ha der Appellation über die vier Gemeinden Lirac, Roquemaure, St-Laurent-des-Arbres und St-Géniès-de-Comolas im Gard. Über Jahrhunderte wurden die Weine über den Hafen von Roquemaure gen Norden verschifft. Vier Fünftel sind fruchtige, kräuterige Rotweine, ein Achtel kraftvolle Rosés, der Rest runde Weißweine.

Châteauneuf-du-Pape

Tavel
Der König der Rosés ist das einzige ausschließlich Rosé vorbehaltene Terroir Frankreichs. Er wird aus roten Sorten wie Grenache, Syrah, Mourvèdre, Cinsault, Carignan und dem rustikalen Calitor, aber auch aus weißen Trauben wie Clairette, Picpoul und Bourboulenc komponiert. Rote Früchte und geröstete Mandeln bestimmen sein Aroma, er ist aromatisch, würzig, gut strukturiert und wird nicht zu kalt mit ca. 13 °C serviert.

Coteaux du Tricastin
Südlich von Montélimar gelegen und bis nach Grignan reichend, umfaßt diese Appellation 2500 ha Weinberge, deren Produktion zu 96 % aus oft sehr fruchtbetonten Rotweinen besteht.

Clairette de Die & Crémant de Die
Die Schaumweine der mittleren Rhône sind seit alten Zeiten bekannt. Basierend auf mindestens drei Viertel Muskateller, besitzt die Clairette ein charakteristisches Bukett. Der Crémant wird dagegen ausschließlich aus Clairette vinifiziert.

Côtes du Ventoux
Ein riesiges Gebiet, das sich von Vaison-la Romaine im Norden westlich und südlich um das mächtige Kalkgebirge des Mount Ventoux herumzieht und bis nach Apt reicht. Knapp 7000 ha sind bestockt und liefern wegen des temperierteren Klimas meist leichtere, angenehme Rotweine und frische Rosés.

Côtes du Lubéron
Man verwaltet diese Appellation – wie die Côtes du Ventoux – in Avignon und zählt sie administrativ zum Rhône-Tal. Dabei ist der sich nördlich der Durance erstreckende Lubéron tiefste Provence. Er liefert auf Grenache und Syrah basierende fruchtbetonte, harmonische Rotweine, elegante Rosés und, mit einem Viertel der Produktion von rund 3000 ha, reizvolle, ausgewogene Weißweine.

Costières de Nîmes siehe S. 377

Die Weine der Provence

Ihre Farbe leuchtet in reizvollem Rosé, das vom Ton der Rosenblüten über blasses Lachs- zu frischem Himbeerrosa reicht und an Mittelmeer, buntgedeckte Tische auf schattigen Terrassen, an Oliven und Pistazienkerne, *Bagna cauda* und *aïoli*, an gegrillten Fisch und Lammkoteletts denken läßt. Der angenehme Rosé, den man gutgekühlt und ohne viel Bedenken zu allem servieren kann, ist für Winzer und Genossenschaften ein Segen, denn er füllt ihre Kassen so schnell, wie er getrunken wird. Überwiegend aus Grenache und Cinsault gekeltert, bleibt es eine seltene Kunst, ihn aus dem Durchschnitt herauszuheben.

Die besten Winzer der Region widmen sich mit entschieden größerer Leidenschaft den Rotweinen, für die ein breites Spektrum an Sorten zur Verfügung steht, in dem Syrah und Mourvèdre, aber auch der seit mehr als einem Jahrhundert in der Provence heimische Cabernet Sauvignon tonangebend sind, bereichert durch Grenache Noir, bisweilen alten Carignan oder heimische Counoise. Obwohl moderne Errungenschaften wie Edelstahltanks, kontrollierte Gärtemperatur und Barrique-Ausbau in diese Weinregion Einzug hielten, die wie kein zweites französisches Anbaugebiet betuchte Seiteneinsteiger anzog, ist der vorherrschende Charakter der Rotweine auf sympathische Weise traditionsgebunden geblieben und entfaltet sich erst nach einigen Jahren Alterung zu einem ausgeprägten Bukett, in dem sich Aromen von Wildbret, Leder, Wildkräutern, Beeren und orientalischen Gewürzen mischen.

Am faszinierendsten sind die Rotweine Bandols, unter denen die besten zum überwiegenden Teil aus Mourvèdre bestehen. Auf den *restanques*, den typischen breiten Terrassen der provenzalischen Weingärten, die im Bandolgebiet zum Mittelmeer liegen und von der Feuchtigkeit profitieren, die von dort ins Inland zieht, findet der anspruchsvolle, spätreifende Mourvèdre optimale Bedingungen. Er zeichnet sich durch Farbe, Struktur und feine Tannine aus und wird in vielen Appellationen des Midi als Bestandteil des Mischsatzes geschätzt. Man sollte sich aber nicht von den vordergründigen Aromen schwarzer Beeren verführen lassen, die der Mourvèdre in seiner Jugend aufweist. Ein roter Bandol braucht in der Regel mindestens acht Jahre, bevor er sein wahres Wesen enthüllt, nach Leder und Gewürzen duftet und am Gaumen eine seltene Finesse zeigt. In großen Jahrgängen – und die stimmen keineswegs mit denen des Bordeaux überein – besitzt Bandol genügend Kraft und Festigkeit, um über 15 und mehr Jahre zunehmend an Dimension zu gewinnen. Bemerkenswert ist das allgemein hohe Niveau der Appellation, bei der man hinsichtlich des Rotweins selten Enttäuschungen erlebt, dagegen oft die Banalität der mengenmäßig dominierenden Rosés bedauern muß. Weißweine, die in ihren fruchtigen und floralen Aromen oft ihre mediterrane Heimat widerspiegeln, stellen dagegen in der gesamten Provence meist weniger als ein Zehntel der Produktion.

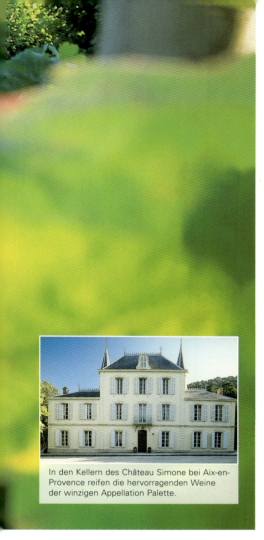

In den Kellern des Château Simone bei Aix-en-Provence reifen die hervorragenden Weine der winzigen Appellation Palette.

Grenache Noir spielt in der Provence wie an der südlichen Rhône und im Midi eine bedeutende Rolle.

Appellationen der Provence

Bandol
Schon 1941 zur eigenständigen Appellation erhoben, verstanden und verstehen es die Winzer dieses nur 1300 ha umfassenden Gebiets im Hinterland des Küstenorts Bandol bis heute, die Besonderheit ihres Weins hinreichend zu pflegen, der seinen Charakter, ob Rot oder Rosé dem Mourvèdre verdankt. Ein Zehntel der jährlich 5 Millionen Flaschen entfällt auf trockene Weißweine.

Les Baux-de-Provence
Früher unter den Coteaux d'Aix rangierend, hat diese reizvolle, auf den Süd- und Nordhängen der malerischen Alpilles gelegene Miniregion 1995 ihre unabhängige Appellation für Rot- und Roséweine erlangt. Die dominierenden Roten werden aus Grenache, Syrah und/oder Mourvèdre komponiert, die mindestens 60 % ausmachen müssen. Die berühmtesten unter den 14 Domänen der Appellation bestellen ihre Weinberge biologisch.

Bellet
Nizzas eigener Cru wird auf den Höhen über der Stadt kultiviert und ergibt gerade mal 75 000 Flaschen pro Jahr. Die aus Rolle und Vermentino gekelterten Weißweine sind sehr aromatisch, die Rotweine werden aus Braquet und Fuella vinifiziert, zwei einheimischen Sorten voll Charme und Finesse.

Cassis
Seine Sonderrolle verdankt Cassis seinem volumenreichen und charaktervollen Weißwein, der drei Viertel der Erzeugung seiner 170 ha Reben ausmacht und auf Ugni Blanc, Clairette, Sémillon und Marsanne basiert. Er gedeiht auf dem Meer zugewandten Terrassen, auf denen seit dem Altertum Wein angebaut wird. Der Wille zur Qualität bescherte den Winzern bereits 1936 die erste AOC der Provence. Das übrige Viertel stellen sehr helle, da meist direkt gepreßte, aus Grenache, Cinsault und Carignan bestehende Rosés.

Coteaux d'Aix-en-Provence
Im Osten von der Montagne Sainte-Victoire und im Südwesten von den Alpilles begrenzt, erstrecken sich die 3600 ha Weinberge südlich der Durance in 49 Gemeinden. Von den an die 20 Millionen Flaschen jährlich stellt inzwischen der Rosé den größten Teil, gefolgt vom Rotwein, der dank Syrah und Cabernet Sauvignon an Qualität gewinnen konnte, während die angenehmen Weißweine vergleichsweise selten sind.

Coteaux Varois
Im Zentrum der Provence gelegen und von den Côtes de Provence umschlossen, wollten die zahlreichen Winzergenossenschaftler zunächst von einer Appellation nichts wissen. Späte Einsicht führte schließlich zur 1993 erteilten Anerkennung. Rund 1800 ha stehen in Produktion, von denen überwiegend Rosé – zu 70 % aus Cinsault und Grenache –, aber auch Rot- und etwas Weißwein vinifiziert werden.

Côtes de Provence
Mit 18 000 ha, die auf 83 Gemeinden in Var, Bouches-du-Rhône und Vaucluse entfallen, größte (seit 1977 bestehende) Appellation des Südostens. Sie unterteilt sich in fünf Zonen: die zwischen Hyères und St-Tropez vom Massif des Maures zum Meer abfallenden Hänge; das nördlich dieses Massivs liegende breite innere Tal; die nach Norden hin aufsteigenden Hügel des Haut-Pays; die Senke von Beausset und die Flächen zu Füßen der Montagne Sainte-Victoire. Vier Fünftel sind Rosé, der Rest vorwiegend Rotwein, selten sind die würzig-aromatischen Weißweine.

Palette
Vor den Toren von Aix, auf nach Norden und Nordosten orientierten Hängen, gedeiht einer der seltensten und charaktervollsten Weine der Provence auf nur 32 ha. Sowohl die Rotweine, vorwiegend aus Grenache Noir, Mourvèdre und Cinsault, wie die hauptsächlich aus Clairette bestehenden Weißen altern vorzüglich und gewinnen große Komplexität.

423

Links: *Le flan de marrons de Collobrières et son sorbet mandarine de Nice* – Kastaniencreme mit Mandarinen-Sorbet
Rechts: *La tartelette feuilletée aux pommes, noix, pignons et raisins florentins* – Apfeltorteletts mit Nüssen, Pinien und Rosinen

Provenzalische Süße

Man sagt den Provenzalen nach, daß sie Naschkatzen und Schleckermäuler seien. Wen wundert das, genießen sie doch den Vorzug, in einer Region aufzuwachsen, die durchaus paradiesische Züge besitzt. Es ist der außerordentliche Reichtum dieser von mediterranem Klima verwöhnten Landschaft, der sich auch in den zahlreichen Süßspeisen und Desserts widerspiegelt, die für die Provence charakteristisch sind.

Da war und ist zunächst der Honig, der schon im Mittelalter den besten Ruf genoß. Ungefähr die Hälfte ist Lavendelhonig mit seinem ausgeprägten, unverwechselbaren Aroma. Neben dem allgemeinen Blütenhonig, der in der Provence mit ihren vielen Wildkräutern noch würziger scheint als anderswo, gibt es eine große Anzahl von verschiedenen Trachtenhonigen wie Kastanie, Rosmarin oder Thymian oder von Honigen, die in Landschaften eingebracht werden, die eine spezielle Flora charakterisiert, beispielsweise Wildheide, die *garrigue*, oder der Berghonig aus den provenzalischen Alpen. Lange bevor Zucker eine Allerweltszutat wurde, schenkte die reichliche Honigernte den Provenzalen die erste essentielle Grundlage jeder Süßigkeit. Die zweite kam mit den Mandelbäumen, die die gesamte Region eroberten und deren getrocknete, geriebene oder zerstoßene Nußkerne Bestandteil vieler süßer und früher auch herzhafter Zubereitungen sind. Ergänzt werden sie durch Wal- und Haselnüsse, Pistazien und Pinienkerne. Und drittens gibt es in keiner anderen Region Frankreichs eine so reiche Auswahl an Früchten, die von Äpfeln und Birnen über Kirschen und Erdbeeren, Feigen und Granatäpfel, Aprikosen und Pfirsiche, Quitten und Melonen bis hin zu Zitronen und Orangen reicht. Alles zusammen sind die drei Elemente, aus denen sich Wunder schaffen lassen.

Le flan de marrons de Collobrières et son sorbet mandarine de Nice
Kastaniencreme mit Mandarinen-Sorbet

150 ml Wasser
250 g Zucker
500 ml Mandarinensaft (vorzugsweise aus Nizza)
4 Eigelb
100 ml Schlagsahne
1/2 Vanilleschote
30 g Kakaopaste
300 g Kastaniencreme
20 g Whisky oder Rum

Für das Sorbet das Wasser mit 200 g Zucker zum Kochen bringen. 4 Stunden abkühlen lassen, dann den Mandarinensaft dazugeben und unter wiederholtem Rühren fest werden lassen.
Für den Flan in einer Schüssel das Eigelb und den restlichen Zucker schaumig schlagen. Die Sahne in einen Topf geben. Das Vanillemark aus der Schote kratzen und beides in der Sahne erwärmen. Den Topf vom Herd nehmen. Kakaopaste, Kastaniencreme und Whisky (Rum) unterrühren, dann unter die Eigelbmasse heben. Den Backofen auf 100 °C vorheizen. Die Masse in Portionsförmchen füllen und 40 Minuten im Ofen backen. Völlig auskühlen lassen und auf Teller stürzen, dazu je 1 oder 2 Bällchen Mandarinen-Sorbet anrichten. Nach Belieben mit einer kandierten Kastanie garnieren.

La tartelette feuilletée aux pommes, noix, pignons et raisins florentins
Apfeltorteletts mit Nüssen, Pinien und Rosinen

140 g Blätterteig
Butter zum Einfetten
4 Äpfel (Golden Delicious)
500 ml Apfelsaft
Saft 1/2 Zitrone
60 g Zucker
30 g Butter
20 g Honig
20 ml Schlagsahne
40 g Walnüsse
40 g helle Rosinen
60 g Pinienkerne

Den Backofen auf 200 °C vorheizen. Den Blätterteig dünn ausrollen. 4 Tortelettförmchen von 10 cm Durchmesser mit Butter einfetten und mit dem Teig auslegen. Etwa 20 Minuten im Ofen goldgelb backen. Einen Apfel schälen, entkernen und kleinschneiden. Mit dem Apfelsaft 10 Minuten kochen. Mit dem Pürierstab zerkleinern, Zitronensaft zugießen und kalt stellen.
50 g Zucker mit 2 EL Wasser erhitzen. Wenn der Zucker fast gebräunt ist, den Topf vom Herd nehmen. Unter Rühren 20 g Butter, den Honig und die Sahne dazugeben. Zurück auf den Herd stellen und weitere 3 Minuten köcheln. Nacheinander Nüsse, Rosinen und 40 g Pinienkerne untermischen. Abkühlen lassen und in die Torteletts füllen. Die 3 restlichen Äpfel schälen, vierteln, entkernen und in gleich große Stücke schneiden. Den restlichen Zucker in einer Pfanne goldgelb karamelisieren, dann die restliche Butter darin zerlassen. Die Apfelstücke unter häufigem Wenden 5 Minuten darin dünsten. Pinienkerne zugeben, vom Herd nehmen und einige Minuten abkühlen lassen. Die Masse in die Torteletts füllen und mit dem Apfelsaft übergießen.

Nougat glacé
au miel de châtaignier
Eisgekühlter Nougat mit Kastanienhonig

250 g Zucker
50 g zerkleinerte Mandeln
Sonnenblumenkernöl
12 Eigelb
150 g Kastanienhonig
10 ml Wasser
750 ml Schlagsahne

Zunächst den Krokant zubereiten und dafür 100 g Zucker in einem Topf mit 3 EL Wasser auf etwa 160 °C erhitzen, bis er einen hellen Karamelton annimmt. Mit den zerkleinerten Mandeln vermischen und 1 Minute gemeinsam erhitzen, dann auf ein eingeöltes Backblech gießen, gleichmäßig verstreichen und härten lassen.
Das Eigelb schaumig schlagen. Den Honig, den restlichen Zucker und das Wasser auf 120 °C erhitzen, dann unter ständigem Rühren unter das Eigelb heben und erkalten lassen.
Den Krokant fein zerkleinern, die Sahne sehr steif schlagen und alle Zutaten behutsam mit einem Holzlöffel vermischen. Eine große oder Portionsformen mit Frischhaltefolie auskleiden, mit der Nougat-Creme füllen und in der Tiefkühltruhe in etwa 5 Stunden fest werden lassen.

Man träufelt etwas Kastanienhonig über den Nougat und garniert mit Beeren und Pfefferminze.

1 Der erste Schritt zum *Nougat glacé* besteht in der Herstellung des Krokants, den man – sobald er hart geworden ist – sehr fein hackt.
2 Anschließend gibt man Honig, Zucker und etwas Wasser in den Topf und verrührt sie gut miteinander.
3 Sobald sich die Mischung verbunden hat, bringt man sie langsam – ohne zu rühren – auf 120 °C.

4 Während man das Eigelb schaumig schlägt, gibt man die Honig-Zucker-Mischung hinzu.
5 Eigelb und Honigmischung müssen gründlich miteinander verrührt werden, damit man eine gleichmäßige cremefarbene Masse erhält.
6 Nun den feinkörnigen Krokant hinzufügen und gut mit der Eier-Honig-Masse verrühren.

7 Dann hebt man die unterdes geschlagene Sahne unter den Nougat und füllt ihn in die ausgelegte Form.
8 Nach mehreren Stunden im Tiefkühlfach ist der Nougat fest und läßt sich durch die Frischhaltefolie leicht aus der Form stürzen.
9 Zum Servieren schneidet man mit dem in warmes Wasser getauchten Messer dünne Scheiben.

Calissons d'Aix

Jedes Jahr am ersten Sonntag im September werden in Aix-en-Provence die Mandelschiffchen gesegnet. Dieser 1996 wiederbelebte Brauch geht auf das Jahr 1630 zurück, als der Schöffe Martelly anläßlich einer großen Messe in der von der Pest geschlagenen Stadt gelobte, alljährlich einen Dankgottesdienst abhalten zu lassen. Bis zur Revolution erklangen in Erinnerung daran jeden 1. September alle Kirchenglocken der Stadt. Während dieser Messen wurde die Bevölkerung mit den lateinischen Worten »Venite ad calicem« herangerufen, um den Segen zu empfangen. Da zugleich die Mandelschnitten gesegnet wurden, übersetzte man die fromme Aufforderung bald schmunzelnd mit »Venes toui i calissoum«, »Kommt alle zum *calisson*.«

Die *calissons* sind untrennbar mit Mandeln verbunden. Ein lateinischer Text von 1170 belegt die Herstellung einer *calisone* genannten Mandelschnitte in Padua, und hundert Jahre später verteilte man *calissons* beim Markusfest in Venedig. Dabei geht das Wort selbst auf das griechische Verb *kalikos* zurück, das umhüllen bedeutet, so wie in der christlichen Kunst die Mandorla den erleuchteten Christus oder die Muttergottes umhüllt. Vielleicht waren deshalb Kirchenfürsten den *calizioni di marzapane* besonders zugetan, allen voran im 16. Jahrhundert Papst Pius V., dessen geheime Leidenschaft sie gewesen sein sollen.

Mandelbäume, die ursprünglich aus Westasien stammen, haben schon die Römer in Italien kultiviert; bereits im Mittelalter verbreiten sie sich in der Provence. Einen wichtigen Impuls erfuhr ihr Anbau durch den Agronomen Olivier de Serres, der Ende des 16. Jahrhunderts Mandel- und Maulbeerbäume aus Asien nach Südfrankreich brachte. In der Provence fanden sie hervorragende Wachstumsbedingungen, und die Mandelgärten erreichten ein solches Ausmaß, daß ihr Weltmarktpreis lange Zeit in Aix bestimmt wurde.

Jeder Confiseur in Aix besitzt seine Version des Grundrezepts, aber immer besteht ein *calisson* aus drei Teilen: Den Boden bildet eine Oblate, die eine Paste aus Mandeln und kandierten Früchten trägt, welche eine Haube aus Spritzguß ziert. Für die Paste werden die geschälten Mandeln gemahlen, dann kommen kandierte Melonen aus Apt hinzu sowie eine geringere Menge an kandierten Orangen. Alle drei Zutaten werden zu einer dicken Paste verarbeitet, die nach eineinhalbstündiger Garzeit im Wasserbad, während der man als einzigen Konservierungsstoff Zuckersirup einrührt, homogen und saftig geworden ist. Danach braucht die Paste eine Ruhezeit von 72 Stunden, bevor automatisch die *calissons* geformt werden: Durch ein Rohr wird die Paste in kleine Formen gefüllt, während ein anderes den Spritzguß darauf verteilt und auf kleinen Rollen die Oblate darunterrutscht. Eine Drehung und der eben entstandene *calisson* fällt auf ein Fließband, das ihn durch den Trockenofen befördert. Abgekühlt sind die Rauten bereit, verpackt zu werden. Nur die unverfälschten, in Aix hergestellten *calissons* haben das Recht auf den Namen Calissons d'Aix-en-Provence und erfahren in der Provence am Heiligabend ihren großen Auftritt als eins der 13 Weihnachtsdesserts.

Rechts: Während die Paste aus kandierten Melonen, Orangen und Mandeln im Wasserbad erhitzt, schafft der Sirup die richtige Konsistenz.
Unten: Die Paste wird in Schiffchenform gepreßt, erhält einen Spritzguß und eine Oblate als Boden und kommt automatisch in den Ofen.

Kandierte Melonen aus Apt sind eine der wichtigsten Zutaten der Calissons d'Aix.

Sie werden mit kandierten Orangen, die als zusätzliche Würze dienen, zerkleinert.

Weitere Grundzutat sind blanchierte Mandeln, wobei die besten aus der Provence stammen.

Gemeinsam werden kandierte Früchte und Mandeln zerkleinert und gemischt.

Früchte und Mandeln bleiben im Zerkleinerer, bis sich eine zähe Paste gebildet hat.

Ein Zuckersirup wirkt als einziger und natürlicher Konservierungsstoff.

Die 13 Weihnachtsdesserts

Bevor man Heiligabend zur Mitternachtsmesse geht, zelebriert die Familie gemeinsam das *gros souper*. Auf den Tisch gehören drei Decken und drei Kerzenleuchter. Die Vorspeise besteht meist aus einer *Bagna cauda*, dem Gemüse-Fondue mit heißer Anchovis-Sauce. Es folgen die traditionellen Karden, ein artischockenähnliches Gemüse, von dem statt der Blütenköpfe die Blattstiele verzehrt werden, und in der Regel Stockfisch, *Bourride* oder *Bouillabaisse* (beides Fischsuppen). Dann reicht man provenzalischen Käse, anschließend deckt man den Tisch neu. Ausklang und Höhepunkt des Essens sind die Desserts, von denen es 13 gibt, in Anspielung auf die Zahl der Teilnehmer des Abendmahls. Je nach Region schleichen sich lokale Spezialitäten ein, oder man berücksichtigt eigene Vorlieben, aber traditionell sind die Desserts vorgeschrieben.

Da sind zunächst als vier *mendiants*, Bettelmönche, Rosinen (Dominikaner), getrocknete Feigen (Franziskaner), Mandeln (Karmeliter) und Haselnüsse (Augustiner). Hinzu kommen Walnüsse und eine weitere Trockenfrucht wie Datteln oder Backpflaumen. Manche reihen hier die beliebte Quittenpaste ein oder, vor allem wenn man in Apt und Umgebung feiert, kandierte Früchte.

Die Früchte der Wintersaison stellen drei weitere Kandidaten der 13 Desserts, wobei man meist Äpfeln und Birnen einen festen Platz einräumt, dann aber zwischen Melonen, Trauben, Mandarinen oder Orangen schwankt.

Immer gehören der weiche weiße und der härtere schwarze Nougat dazu sowie, jedenfalls im Umkreis von Aix, die zarten *calissons*.

Das dreizehnte Dessert ist die *pompe de Noël à huile d'olive*, ein lockerer Kuchen aus Hefe-Eier-Teig, mit Rohrzucker gesüßt, mit geriebener Zitronen- wie Orangenschale gewürzt und mit Orangenblütenwasser beträufelt. Früher schenkte ihn der Bäcker seinen Stammkunden zum Fest, und der Weinhändler stiftete den *vin cuit* dazu. Mit ›gekochtem Wein‹ – ein irreführender Ausdruck, der sich hartnäckig hält – bezeichnet man natursüße Weine wie Rasteau oder Beaumes-de-Venise, oder man nippte Carthagène, eine Mischung aus Most und Weingeist. Die *pompe* wird niemals geschnitten, sondern mit den Händen gebrochen.

Nougat

»Tu nous gâte« – »Du verwöhnst uns«, schwärmten die Kinder, als Großmutter ihnen aus Honig, Zucker und Mandeln Süßigkeiten zubereitete, und so soll diese Spezialität zu ihrem Namen gekommen sein. Sprachforscher verweisen dagegen auf den lateinischen Begriff für Nußkuchen, *nux gatum*. Allerdings mußten die Nüsse durch Mandeln ersetzt werden. Ohne sie hätte der weiße Nougat nicht sein typisches Aroma. Nougat blickt in der Provence auf eine mindestens 400jährige Tradition zurück.

Die Qualität des Nougat steht und fällt mit der seiner Zutaten. Außer guten Mandeln kommt es vor allem auf den Honig an. Das feinste Aroma liefert reiner Lavendelhonig, und mit ihm beginnt die Herstellung. Er wird im Wasserbad erhitzt, damit das darin enthaltene Wasser verdunstet. Dann kommen Eiweiß und Zucker hinzu, der zuvor mit etwas Glukose (Traubenzucker) gekocht wurde. Sie verhindert, daß er kristallisiert. Übersteigt seine Temperatur 120 °C nicht, bleibt der spätere Nougat weich. Klettert sie über 150 °C, wird er hart. Es gilt daher, den richtigen Moment abzupassen, wenn der Teig locker und luftig ist. Sobald die Konsistenz stimmt, was ein erfahrener Hersteller mit den Fingern prüft, schlägt er die Masse langsamer, da sie sonst zu kompakt würde, und gibt zerstoßene oder halbierte Mandeln und Pistazien hinzu. Auch andere Nüsse und kandierte Früchte sind denkbar. Hat man alle Zutaten gründlich vermischt, wird die Masse in mit Spezialpapier ausgekleidete Rahmen gestrichen. Während minderer Nougat übersüß und wenig aromatisch ist, überraschen Spitzenerzeugnisse mit dezenter Süße, zarter Konsistenz, feinen Mandel- und Pistazienaromen und mit einem unverkennbaren Hauch von Lavendel. Für *nougat noir* nimmt man geröstete Mandeln und Blütenhonig, der sich bei hoher Temperatur dunkel färbt. Man gießt die Masse in Rahmen, sorgt für die Oblaten und schneidet in Form. Der weiße und der schwarze Nougat zählen zu den provenzalischen Weihnachtsdesserts.

Die Farben der vier *mendiants* – Rosinen, Feigen, Mandeln und Haselnüsse – erinnern an die Kutten der bekanntesten in der Provence tätigen Bettelmönchsorden.

Kandierte Kaktusfrüchte

Kandierte Mandarinen

Kandierte Früchte

Die Provence ist der reichhaltigste Obstgarten Frankreichs. Um die verderbliche Fülle zu bewahren, gab es früher nur eine einzige und aufwendige Möglichkeit: Man mußte die Früchte kandieren oder einlegen. Seit dem 14. Jahrhundert machte sich die im Lubéron gelegene Stadt Apt einen Namen für diese glänzenden Fruchtjuwelen. Ihr Renommee verdankte sie nicht zuletzt zweien ihrer Söhne, die in Avignon den Päpsten als Confiseure dienten. So köstlich und kunstvoll waren die Produkte der Apter Zuckerhandwerker, das sich ihr Ruf rasch verbreitete und sie in der Stadt selbst bereits im 17. und 18. Jahrhundert vielen Menschen Arbeit gaben. Die kandierten Kostbarkeiten gelangten über Paris an die Höfe Europas und in die Kapitalen der Welt. Aber nicht nur die ganzen, erlesenen, teuren Früchte, die dekorative Geschenke abgeben, erfreuten sich großer Nachfrage, auch die schneller herzustellenden Stücke von Zitrusfrüchten, Melonen oder die kleinen Kirschen waren in großen Mengen verlangt. Die Konditoren entdeckten schon bald, daß sie sich hervorragend zum Aromatisieren und Verzieren von Kuchen und Keksen eignen, und kein richtiger Cake kann auf sie verzichten. Apt ist auch heute unangefochten die Kapitale des Kandierens, auch wenn sich diese Kunst in der Provence und über sie hinaus verbreitet hat. Die Nummer eins unter den Früchten ist übrigens mit Riesenvorsprung die Kirsche.

Um Früchte zu kandieren, müssen sie makellos sein und unmittelbar vor ihrer Reife gepflückt werden, wenn sie noch fest sind und am meisten Aromen enthalten. Das Prinzip des Kandierens besteht darin, das in den Früchten enthaltene Wasser durch einen Zuckersirup auszutauschen. Dies gelingt nicht auf einmal, sondern verlangt, je nach Art und Größe der Frucht, eine Vielzahl von Bädern. Zunächst werden die Früchte blanchiert und in einem leichten Sirup gekocht, der aber noch nicht weit in sie eindringt. Deshalb läßt man sie in großen Steingutschüsseln, die immer mehrere Kilogramm einer Sorte fassen, ruhen. Dann folgt die nächste *façon*, für die man die Zuckerkonzentration des Sirups ein wenig erhöht. So schreitet das Kandieren etappenweise voran und kann bei großen Früchten acht und mehr Wochen dauern, wo bei jedem neuen Bad konzentrierterer Sirup benutzt wird. Erst wenn die Frucht vollständig durchzogen ist, macht der Zucker sie haltbar. Um ihr dann ein besonders schönes Äußeres zu verleihen, werden sie in einem heißen Sirup glaciert. Nun funkeln sie wie Edelsteine, kleben nicht an den Fingern und haben eine besonders haltbare Schutzschicht. In Apt schätzt man vor allem Melonen, Aprikosen, Mandarinen und Bianchetti-Birnen.

Kandierte Früchte gehören zu den köstlichsten Süßigkeiten der Provence und zwangsläufig zum Weihnachtsdessert

Gâteau des Rois

In ganz Frankreich ißt man zum Dreikönigsfest – und in den Tagen davor sowie in den zwei, drei Wochen danach – den Königskuchen, von dem es zwei Versionen gibt. Beim einen handelt es sich um einen Kranz aus Brioche-Teig, der mit kandierten Früchten belegt und mit Hagelzucker bestreut wird, beim anderen um eine *galette*, einen zwei Finger hohen runden, mit Marzipan gefüllten Blätterteigkuchen. Fand man letzteren früher eher im Norden und den Kranz im Süden, werden sie inzwischen beide überall angeboten. Eins aber ist ihnen gemeinsam: Sie enthalten eine *fève*, eine Bohne, oft eine winzige Porzellanfigur, die als Glücksbringer angesehen wird. Ursprünglich geht diese Sitte auf einen heidnischen Brauch zurück, wo man drei Figuren im Kuchen versteckte: einen König, eine Königin und einen Pagen. Wer sie erhielt, übernahm die jeweilige Rolle während des Festtags.

429

Dichtes Krippengetümmel

Santons

Rechts: Bauern und Bäuerinnen sowie Berufsstände, die mit Essen und Trinken zu tun haben, sind häufige *santon*-Motive. Insgesamt fertigt das Haus Fouque 1800 verschiedene Figuren. Es ist die größte Sammlung der Welt.

Selbst im Sommer stößt man in der Provence auf *santons*, auf bunte Tonfiguren, die alle erdenklichen traditionellen Berufe oder Aktivitäten darstellen und ein facettenreiches Bild dieser so reizvollen Provinz nachzeichnen. Viele dieser Figuren beziehen sich auf das Landleben, andere auf die *métiers de bouche*, die für Ernährung und gastronomische Freuden sorgen. Da sieht man die Fischhändlerin und den Müller, die Kürbis tragende Bäuerin und den Jäger, den Angler und den Knoblauchbauern, die Gänsezüchterin und den Käsehändler, den Bäcker und den Koch, den Trüffelsucher und den Olivenpflücker, den Weinhändler und den Kastanienverkäufer und viele andere. Wer genau hinsieht, findet die Provenzalin, die *aïoli* rührt, und eine andere, die die Zutaten für die *pompe*, den Weihnachtskuchen bereithält. All diese Figuren bereichern die Krippe, in deren Zentrum selbstverständlich das Jesuskind, die Jungfrau Maria und der heilige Joseph stehen.

Seit dem 16. Jahrhundert stellte man zum Weihnachtsfest Krippen in den Kirchen auf. Die Entstehung der *santons* – nach dem provenzalischen Wort *santoum*, das kleiner Heiliger bedeutet – fällt in die Revolutionszeit. Damals blieben die Kirchen geschlossen, aber in den Familien bewahrte man die Tradition der Krippen. Jetzt machte man eben kleinere Figuren und zwar aus jedem Material, das sich dafür anbot: aus Holz, Gips, Ton und aus Brotteig, bemalte sie oder kleidete sie in Stoffe. Jean-Louis Lagnel stellte als erster Gipsformen nach Modellen her, mit deren Hilfe er aus Ton Serien von Figuren gießen konnte. Andere *santonniers* blieben dabei, ihre Figuren zu bekleiden. Die erste *santon*-Messe fand im Dezember 1803 in Marseille statt. Besonderen Auftrieb erhielt die Krippe durch das Hirtenspiel ›Maurel‹, in dem dargestellt wird, wie Jesus im 19. Jahrhundert in einem kleinen Dorf der Provence geboren wird. Damit erhielten neben den biblischen Gestalten auch die provenzalischen Zutritt zu der Krippengemeinschaft, die zum Spiegel des Lebens der Familie wird. Jedes Mitglied hat eine Figur, die es repräsentiert, während andere an Verwandte und Freunde erinnern. Die ganze Familie hilft, die Krippe mit Moos, getrockneten Pflanzen, Holzstücken und schönen Steinen auszustatten, die man gemeinsam am 1. Advent in der Natur sammelt. Ab dem 4. Dezember dürfen die Kartons geöffnet werden, in denen man die Figuren verwahrt. Aber das Jesuskind kommt erst am 24. Dezember vor dem großen Souper dazu und die Heiligen Drei Könige erst an Epiphanias. Jedes Jahr wird die Krippe der Familie ergänzt, so daß sie über Generationen wächst und für ein provenzalisches Weihnachten unentbehrlich ist.

Wie ein santon entsteht

Vorbereitung des Tons
Die Tonerde wird aus der Tongrube entnommen, gewässert und durchgesiebt. Die Flüssigkeit leitet man in spezielle Becken, wo sie ungefähr zwei Monate lang ruht. In der warmen Jahreszeit verdampft der Wasserüberschuß dank der Sonne; die zurückbleibende Masse wird herausgeholt, sobald sie nicht mehr an den Fingern kleben bleibt. Sie wird eingekellert und für ein Jahr lang kühl und feucht gelagert. Mit diesem reinen Ton werden die *santons* hergestellt.

Herstellung der santons
Die erste Figur wird immer von Paul oder Mireille Fouque selbst in Handarbeit hergestellt. Sie dient für die folgenden als Modell, von dem eine zweiteilige Pressform angefertigt wird: die Mutterform. Nach dem Trocknen entsteht daraus die Tochterform, so daß man schließlich die *santons* serienweise herstellen kann. Für einige Figuren sind mehrteilige Formen erforderlich, um mehr Bewegung in den Körperhaltungen zu erreichen. In einem solchen Fall müssen die einzelnen Teile wie zum Beispiel Arme, Hände, Kopf, Hut, Umhang usw. mit Tonschlicker (flüssigem Ton) angeklebt werden.

Trocknen
Die aus der Form genommene Figur wird überarbeitet, geglättet und entgratet, wobei der überflüssige Ton entfernt wird. Das Trocknen muß sehr langsam (in Trockenschränken) vor sich gehen, denn ein zu schneller Feuchtigkeitsverlust würde zu Rissen im Ton führen. Das Trocknen der Figuren dauert – je nach ihrer Größe – zwischen acht Tagen und zwei Monaten.

Brennen
Wenn sie gut durchgetrocknet sind, werden die *santons* – sorgfältig angeordnet, damit sie nicht zerbrechen – in den Ofen geschoben. Der Ofen wird neun Stunden progressiv bis auf eine Temperatur von 960 °C aufgeheizt. Zum Abkühlen muß er 24–48 Stunden geschlossen bleiben. Erst dann können die *santons*, die jetzt fest wie Ziegelstein sind, herausgenommen werden.

Dekorieren
Das ist eine langwierige und kleinteilige Arbeit, die mit dünnen Pinseln und Ölfarbe ausgeführt wird. Beim Dekorieren tragen wir eine Farbe nach der anderen auf. Jede Figur wird mehrmals überarbeitet, bis alle Details der Kleidungsstücke ausgeführt sind. Dank dieser matten Farbe werden unsere *santons* für lange Zeit unverwüstlich, und die Ölfarben, die wir benutzen, verleihen ihnen ihre anerkannt hohe Qualität.
Jedes Jahr – und seit zwei Jahrhunderten nach derselben Methode – stellen wir neue *santons* her.

Eine richtige Krippe präsentiert das Bild einer ganzen Landschaft mit mehreren Häusern und Ställen, Mühlen und Brücken. Knapp zwei Monate kann man sich an deren Anblick erfreuen, denn erst am 2. Februar werden die Figuren für das kommende Weihnachtsfest wieder sorgfältig eingepackt. Allerdings gibt es eine Reihe anderer Feste und Ereignisse, für die man bestimmte *santons* aus ihrem Sommerschlaf holt, zum Beispiel Oliven- oder Weinlesefeste. Aber auch als ständige Dekoration behaupten sich *santons* in vielen provenzalischen Häusern und Gärten.

430   PROVENCE & CÔTE D'AZUR

1 Im Atelier in Aix werden die Figuren in Handarbeit nach 200 Jahre alten Prinzipien hergestellt. Das Zusammensetzen der komplizierteren will gelernt sein.
2, 3 Wenn die Figuren aus der Form kommen, ist der Ton noch weich, aber Ränder und Konturen sind unsauber. Dann müssen sie nachgearbeitet werden, bevor man sie trocknet und anschließend brennt.

La Corse

Sharon Sutcliffe

Fische
Korsische Fischrezepte
Fruchtweine,
    Liköre & Co
Wissen um
    Salz & Rauch
Brot vom Baum
Unverfälscht korsisch
Brocciu
Brocciu à la carte
Korsischer Wein
Clementinen

In urtümlichen Mühlen wie dieser werden getrocknete Kastanien zu Mehl gemahlen, das früher den Korsen ihr Brot schenkte und bis heute Zutat vieler traditioneller Rezepte ist.

Auf dem einzigen Fleck grünen Grases erhebt sich
die schlichte Kirche von Sainte Michelle de Murato
im wildzerklüfteten Hinterland Bastias

Goldene Strände und Ebenen mit Zitrus- und Olivenhainen sind die Postkartenansichten, die die Touristen beeindrucken, und nicht von ungefähr preisen die Franzosen Korsika als Insel der Schönheit. Aber wer das wirkliche Korsika kennenlernen will, der muß die Küsten verlassen und in den dichten Wäldern der Castagniccia, entlang kurvenreicher Bergstraßen und in kleinen Dörfern danach suchen. Und er muß es schmecken. »Ich würde meine Insel mit geschlossenen Augen erkennen, nur durch den Geruch des Maquis, der über den Wellen schwebt«, sagte der in Ajaccio geborene Napoleon. Er berief sich auf das Buschland der Insel, das Fremden unzugänglich erscheint, für die Einheimischen aber seit je eine wahre Speisekammer ist. Korsika duftet nach den wilden Kräutern des Maquis und gibt diese Aromen an seine Speisen.

Trotz beeindruckender Küstengebiete sind die Korsen mehr dem Landesinnern verbunden als dem Meer. Das Meer brachte immer wieder eroberungswillige Machthaber, was die Einheimischen jedesmal landeinwärts in Wälder und Bergregionen trieb, wo sie lernen mußten, mit den gegebenen Nahrungsmitteln auszukommen, und authentische korsische Küche ist ein getreues Abbild der gelungenen Anpassung. Das Landesinnere ist ideal für die Ziegen- und Schafhaltung, Lämmer und Zicklein ergeben *stufatu*, aromatische Ragouts oder festliche Braten. Die Milch wird zu pikanten Käsen oder dem berühmten Brocciu verarbeitet, ohne den ein korsisches Essen nicht vollständig wäre.

Die Castagniccia, der dichte, von kleinen Weilern durchsetzte Kastanienwald, war einst das Herz der Insel. Er bot Schutz und die Kastanien, deren Mehl in Brot, Kuchen oder Polenta jahrhundertelang als Grundnahrungsmittel diente und als Schweinefutter zusammen mit Eicheln auch den Fleischbedarf der Korsen sicherstellte. Obwohl die Korsen traditionell eher Jäger als Fischer sind, nutzt die Küche dennoch die reichen Küstengewässer zu ihrem Vorteil, und die Frische von Fischen und Meeresfrüchten ist legendär.

Auch der Ausklang einer korsischen Mahlzeit kommt unprätentiös daher, man widmet sich genußvoll einer süßen Clementine oder einer frischen Feige. Kandierte Cedratzitronen geben ihre bittere Süße an Nougats und Kuchen, womit selbst bei den Desserts Kastanien und Brocciu gegenwärtig sind. Und zu jedem typischen Gericht der Insel findet sich der passende Wein.

Frisch aus der Hölle

Fische

Barbaren, Griechen, Römer, Iberer, Sarazenen, Pisaner, Genuesen – ihnen allen schien die Insel überaus verlockend, und irgendeiner scheint immer versucht zu haben, sie seinem Machtbereich einzuverleiben, was die Korsen immer tiefer ins Landesinnere trieb. Sie wurden Jäger und lebten von dem, was die Erde hergab. Die Küste bedeutete Gefahr. Außerdem war das meiste Land dort sumpfig und überdies mit Malaria-Mücken verseucht. Im 19. Jahrhundert notierte ein Besucher der Insel in sein Tagebuch: »Viele von ihnen [den Korsen] haben das Meer nie gesehen, und eine der Eigenarten ihres Charakters besteht in dem Abscheu, den diese Bergbewohner für das Element empfinden, das ihre Insel umgibt.« Das korsische ›Geh zur Hölle!‹ heißt denn auch ›Che tu vaga in mare!‹, also: Geh ins Meer!

Bedenkt man diese abweisende Einstellung, ist es kaum ein Wunder, daß Fischrezepte auf Korsika nicht die Rolle spielen, die man von einer Mittelmeerinsel erwarten würde. Dabei gibt es Fisch von großartiger Qualität. Seine Frische kann nur durch tägliche Beutezüge kleiner Holzboote erreicht werden, die sich nicht weiter als sechs Meilen von der Küste entfernen. Ihr Fang besteht aus kleinen Mengen verschiedener Arten, von denen an die 50 in korsischen Gewässern gezählt werden, darunter Rotbarbe, Petersfisch, Seeaal, Knurrhahn, Drachenkopf, Meeräsche, Katzenhai, Kalmare, Kraken und mehrere Arten, die für das Mittelmeer typisch sind wie *sar*, Geißbrasse, *denté*, Zahnbrasse, oder die regenbogenfarbige *girelle*, Meerjunker, eine Lippfischart. Diese wunderbare Vielfalt endet oft mit Olivenöl, Knoblauch, Fenchel, Safran, Thymian, Lorbeer und Orangenschale im dampfenden Topf der *Aziminu*, der Fischsuppe der Korsen. Inzwischen hat sich deren Einstellung nämlich gewandelt, und aus den vielen kleinen Häfen rund um die Insel laufen über 200 kleine Fischerboote aus, die für ein beispielhaft frisches Angebot auf den Märkten der Insel sorgen. Außerdem gibt es eine kleine Flotte von Schleppnetzkuttern, die weiter auf das Mittelmeer hinausfahren, um Barsche, Schwertfische, Thunfische und Sardinen zu fangen. Ergänzt werden die Fänge inzwischen mit Doraden und Seewölfen, die man mit Erfolg in Käfigen im offenen Meer züchtet. Auch Meeresfrüchte fehlen nicht. Hochgeschätzt von den Einheimischen sind die nur im Winter gefangenen Seeigel. Im Frühjahr ist die beste Zeit für die Große Meerspinne, die sich auf dem Felsengrund um Korsika ebenso wohl fühlt wie die Languste, deren Bestand aber arg dezimiert wurde. Die Binnenmeere der Diane und von Urbino, wo traditionell mit flachen Barken gefischt wird, liefern zudem Austern und Muscheln.

Pageot – Rotbrasse
Dieses Mitglied der weitverzweigten Familie mediterraner Brassen, einer großen Gruppe barschähnlicher Fische, wird meist gegrillt oder gebraten.

Loup de mer – Seewolf, Wolfsbarsch
Sehr feiner und delikater Speisefisch, der mit Vorliebe im ganzen gegrillt wird und den man inzwischen in den korsischen Binnenseen mit viel Erfolg züchtet.

Liche – Stöcker
Man nennt sie auch Bastardmakrele, und es gibt sie in vielen Sorten und Arten, ihr Fleisch ist recht trocken, aber in der Fischsuppe sieht man sie gern.

LA CORSE

Sar – Geißbrasse
Dieser wilde Verwandte der inzwischen gezüchteten Dorade fühlt sich in den korsischen Gewässern besonders wohl und wird vorzugsweise im Ofen gegart oder gegrillt.

Saint-Pierre – Petersfisch
Sein delikates und aromatisches Fleisch wird von Kennern in der Fischsuppe oder gebraten geschätzt. Leider ist er sehr selten geworden.

Rouget – Rotbarbe
Die Rotbarbe ist zum Symbol der Mittelmeerküche geworden. Sie wird ausschließlich gegrillt oder gebraten und ist köstlich mit Olivenöl und Maquis-Kräutern.

In Bastia, wie in den vielen kleinen Häfen rund um die Insel, ist Fischfang heute mehr denn je ein Wirtschaftsfaktor, und die Frische des Angebots ist beispielhaft.

Korsische Fischrezepte

Die Qualität der angebotenen Fische erlaubt es, sie ganz einfach zuzubereiten: zu grillen oder im Ofen zu braten und dann mit Olivenöl oder Zitrone zu beträufeln. Darüber hinaus sind Füllungen sehr beliebt wie bei dem allgegenwärtigen *Sardines farcies au brocciu* oder bei Kalmaren, die man mit einer Mischung aus Tomate, Zwiebel und Knoblauch stopft. Kleine Rotbarben und Zahnbrassen kommen mit Fenchel auf den Grill oder mit Tomaten und Anchovis-Sauce in den Ofen. Aale bevorzugt man gebraten mit Knoblauch und Petersilie. Krebs mit Reis ist eine Spezialität von Bastia, und die vor der Küste häufig gefangene Große Meerspinne erscheint in Begleitung einer Spaghettisauce auf dem Tisch. Zu Ostern wird in jedem katholischen Haushalt ein Stockfischgericht zubereitet, wie man es schon seit Jahrhunderten tut. Denn der eingesalzene und getrocknete Kabeljau war der einzige Fisch, der ohne Einbußen bis ins Inselinnere vordrang. Man bewahrte ihm auch noch die Treue, als unter genuesischer Herrschaft nur minderwertige Qualität nach Korsika gelangte. Erhalten blieb dieses historische Faktum im Ausdruck ›baccalà per Corsica‹, das alles bezeichnet, was man mit Verachtung oder Spott weitergibt.

Das Meer versorgt die korsische Küche mit einigen besonderen Leckerbissen. Neben der *boutargue*, dem korsischen Kaviar, gelten *bianchetti* als kulinarischer Höhepunkt, die im Golf von Ajaccio gefangen werden. Dabei handelt es sich vorwiegend um die Brut der Sardinen, die sich nach Unwettern im Februar und März, wenn das Wasser aufgewühlt und trübe ist, in großen Schwärmen in der Bucht bewegt. Was die *friture* dem Festlandfranzosen, sind *bianchetti* – durchsichtige, 1–3 cm kleine Minifische – den Korsen. In Teig ausgebacken, aber auch in der Fischsuppe oder mit Vinaigrette sind sie ein lange bezeugter Genuß, dem ökologische Vernunft bald Einhalt gebieten sollte. Kostspieligste Spezialität sind Langusten. Bis Mitte des 20. Jahrhunderts waren sie so zahlreich, daß die Korsen pro Jahr 300 Tonnen davon fingen. Heute sind sie durch gedankenloses Überfischen stark dezimiert und werden fast nur noch betuchten Feriengästen angeboten. Einheimische Küstenbewohner bewahren sich diese Köstlichkeit für ganz besondere Gelegenheiten auf, wie es etwa Mariä Himmelfahrt am 15. August ist. Im Inland gibt es dagegen zum gleichen Anlaß Kalbsbraten.

Links: *Sardines farcies au brocciu* – Mit Brocciu gefüllte Sardinen
Rechts: *Pavé de loup vigneronne à la myrte* Seewolf in Wein- und Myrtensauce

Boutargue

Über den Fang des 50–100 cm Länge erreichenden *mulet cabot*, einer Meeräsche, freuen sich die Fischer besonders im Juni. Obwohl sie ihn auch gegrillt und gebraten schätzen, geht es ihnen in erster Linie um den Rogen der Weibchen, *boutargue, poutargue* oder korsischer Kaviar genannt. Schon im Altertum war diese Spezialität bekannt und teuer. Man nimmt an, daß Korsika schon damals ein Hauptlieferant dieser Delikatesse war. Seine Ostküste mit den natürlichen Binnenseen wirkt auf Meeräschen besonders anziehend, die hier reichlich Nahrung und ideale Fortpflanzungsbedingungen finden. Schon früh ersannen die Korsen Methoden, sie zu fangen, bevor die Weibchen abgelaicht hatten. Eine bestand darin, die Binnenseen, zu denen die Fische durch natürliche Kanäle vom Meer aus Zugang haben, zum richtigen Zeitpunkt im Juni abzuriegeln. Eine andere findet vor der Küste statt. Hat man Meeräschen in einer Bucht entdeckt, schließen mehrere Fischerboote sie mit der *battuda*, einem hohen Netz, ab. Beim Ausnehmen wird den Weibchen der Rogen sehr vorsichtig entnommen, damit die dünne Haut, die die Eier umhüllt, nicht reißt. Sofort eingesalzen, preßt man ihn und läßt ihn mehrere Tage an der Sonne trocknen. Auf korsische Weise ißt man *boutargue* in dünne Scheiben geschnitten, mit etwas Olivenöl beträufelt und mit Zitronensaft und Pfeffer gewürzt, oder man verarbeitet ihn zu einer äußerst schmackhaften Sauce für Spaghetti.

Sardines farcies au brocciu
Mit Brocciu gefüllte Sardinen

12 frische Sardinen
1 EL Öl
1 Bund frische Minze
1 Brocciu von 250 g
3 Eier
Salz und Pfeffer aus der Mühle
500 ml Tomatensauce

Die Sardinen am Bauch entlang aufschlitzen, ausnehmen und die Gräten entfernen. Die offenen Fische mit der Hautseite nach unten in eine gut mit Öl ausgestrichene Form legen.
Die Minze waschen, abzupfen und fein hacken. Käse, Eier und Minze miteinander verrühren, salzen und pfeffern. Die Sardinen mit je 1 EL Brocciu-Mischung bestreichen und im Grill etwa 7 Minuten überbacken. Heiße Tomatensauce dazu reichen.

Pavé de loup vigneronne à la myrte
Seewolf in Wein- und Myrtensauce

Pro Person

1 Schalotte
60 g weiche Butter
250 ml Rotwein
1 Handvoll Myrtenblätter
einige Thymianblüten oder -blättchen
Salz und Pfeffer aus der Mühle
1 Seewolfsteak
1 EL Olivenöl

Die Schalotte schälen, fein hacken und in 10 g Butter andünsten. Mit dem Rotwein ablöschen und auf die Hälfte reduzieren. Die Myrtenblätter zugeben und fortfahren zu reduzieren, dann den Thymian zufügen und mit Salz und Pfeffer würzen. Das Seewolfsteak in heißem Olivenöl braten, dabei nur einmal wenden, salzen und pfeffern.
In der Zwischenzeit die Sauce bis auf etwa 2 EL reduzieren, dann die restliche Butter darunterschlagen. Den Fisch auf einem Teller anrichten und die Sauce darum verteilen.

Aziminu de bianchetti
Fischsuppe von Fischbrut

3 Mangoldblätter
1 Tomate
2 Kartoffeln
1 Zwiebel
3 Knoblauchzehen
2 EL Olivenöl
500 g *bianchetti*
Salz und Pfeffer aus der Mühle
dünne, getoastete Weißbrotscheiben

Von den Mangoldblättern die Mittelrippe entfernen und das Grün fein hacken. Tomate enthäuten, entkernen und würfeln. Kartoffeln schälen und in dünne Scheiben schneiden. Die Zwiebel schälen und fein hacken, die Knoblauchzehen zerdrücken. Öl erhitzen, darin erst Zwiebel, dann Knoblauch andünsten sowie Mangold, Tomate, Kartoffeln und ein Drittel der *bianchetti* zugeben. Gut verrühren, salzen, pfeffern und 1 l Wasser aufgießen. Etwa

Links: *Aziminu de bianchetti* (Fischsuppe von Fischbrut) – Mitte: *Salade de poulpe* (Tintenfischsalat) – Rechts: *Méli mélo de roches* (Grundrezept für Felsenfischsalat)

20 Minuten brodelnd kochen. Wenn die Kartoffeln gar sind, die restlichen *bianchetti* hineingeben und 1 weitere Minute kochen.
Das getoastete Brot in Suppenteller legen und die Suppe darübergießen.

Spaghetti à la boutargue
Spaghetti mit korsischem Kaviar

3 Knoblauchzehen
60 ml Olivenöl
3 Stengel getrockneter Fenchel
1 Chilischote
150 ml Weißwein
Salz
500 g Spaghetti
100 g *boutargue*
1 Bund Petersilie

Knoblauch schälen und fein hacken. Olivenöl in einem schweren Topf mit Knoblauch, Fenchel und Chili langsam erhitzen. Den Wein zugießen, salzen und auf die Hälfte reduzieren. Gleichzeitig reichlich Salzwasser zum Kochen bringen und die Spaghetti kochen. Abgießen, gut abtropfen lassen und in eine vorgewärmte Tonschüssel geben, mit etwas Olivenöl beträufeln. Die *boutargue* raspeln, die Petersilie fein hacken und beides in die sehr heiße Sauce geben (sie dürfen nicht kochen), über die Spaghetti gießen. Sofort und sehr heiß servieren.

Salade de poulpe
Tintenfischsalat

1 Tintenfisch, 1 kg
250 ml Weißwein
2 Scheiben von 1 unbehandelten Zitrone
1 Möhre
1 kleine Stange Porree
1 Lorbeerblatt
2 Stengel getrockneter Fenchel
3 EL Olivenöl
1 EL gealterter Rotweinessig
Meersalz aus Guérande, Pfeffer
gegrillte Fischfilets oder Paprika nach Belieben

Den Tintenfisch küchenfertig vorbereiten.
In einem Schnellkochtopf 1,5 l Wasser mit dem Wein, der Zitrone, der in Stücke geschnittenen Möhre, Porree, Lorbeerblatt und Fenchel 15 Minuten kochen lassen. Den Tintenfisch dazugeben, den Schnellkochtopf verschließen und 30 Minuten kochen. Abkühlen lassen.
Den Tintenfisch herausnehmen, die Haut abziehen und das Fleisch in kleine Stücke schneiden. Aus Öl, Essig, Salz und Pfeffer eine Vinaigrette rühren. Das Tintenfischfleisch auf einem Bett aus gemischtem Blattsalat anrichten, mit der Vinaigrette beträufeln und servieren.
Nach Belieben mit gegrillten und enthäuteten Fischfilets anreichern oder mit Streifen von gegrillter und enthäuteter roter Paprika verzieren.

Méli mélo de roches
Grundrezept für Felsenfischsalat

1 unbehandelte Zitrone
3 EL Olivenöl
Salz und Pfeffer aus der Mühle
1 kg frische Felsenfische (Seewolf, Rotbarbe, Goldbarsch, Drachenkopf)

Die Zitrone heiß abwaschen und von der Schale schmale Streifen abschneiden. Die Zitronenschalen in brodelndes Wasser tauchen, 5 Minuten kochen, dann abgießen. Erneut Wasser zum Kochen bringen, die Zitronenschalen ein weiteres Mal 5 Minuten kochen, abgießen und abtropfen lassen, dann in sehr kleine Würfel schneiden.
Den Saft $1/2$ Zitrone auspressen und mit dem Olivenöl verrühren. Die Zitronenschalen hinzufügen, die Vinaigrette mit Salz und Pfeffer würzen.
Die Fische küchenfertig vorbereiten, abspülen und filetieren. Die Fischfilets entgräten und trockentupfen. In einer Pfanne in Öl beidseitig kurz braten. Die Vinaigrette auf Teller gießen und die Fischfilets fächerförmig darauf anrichten. Als Beilage paßt ein mit einigen Tropfen hochwertigem Olivenöl aromatisiertes Kartoffelpüree.

Spaghetti à la boutargue – Spaghetti mit korsischem Kaviar

Die heimlichen Prozente

Fruchtweine, Liköre & Co

Korsika scheint ein Paradies der Brenner, Mazerierer, Mischer und Verschneider. Wo die Natur solch aromareiche Früchte wie Zitronen, Clementinen, Orangen, Kirschen, Feigen, Myrtebeeren schenkt und dazu Trauben, die kraftvolle Weine ergeben, hat eine Tradition überdauern können, die einst überall auf dem europäischen Festland gepflegt wurde: Wein zu aromatisieren und zu verstärken, um ihn gehaltvoller und haltbarer zu machen.

Mit dem 16. Jahrhundert, als korsischer Muskatwein in Italien Furore machte, begann man, einheimische Früchte in Weinbrand zu mazerieren. Ungeahnten Aufschwung erlebte diese Produktion, als ab Beginn des 19. Jahrhunderts die ersten Brennkolben auf der Insel Einzug hielten. Da die feine Gesellschaft in Frankreich, das Korsika 1768 von Genua erworben hatte, für Liköre zu begeistern war – besonders für solche mit Zitrusaroma –, wußte man auf der Insel rasch davon zu profitieren. Mit den Brennkolben eroberte auch der Weingeist die Dörfer, wo bald jede Familie eigene Rezepte ersann und sich diverse Aperitifs und Sorgentröster braute. Besonders Obstbauer und Winzer tüftelten eigene Elixiere aus und eigneten sich mit zunehmender Erfahrung auch aufwendigere Herstellungsverfahren an. So ließen sie zum Beispiel die Früchte zunächst in Weingeist mazerieren, um den dadurch erzeugten Auszug anschließend zu destillieren und damit ein farbloses Aroma-Konzentrat zu erhalten. Für viele dieser Getränke bot sich Roséwein als Basis an. Am bekanntesten wurde der Vin du Cap Corse au Quinquina, den Louis-Napoléon Mattei 1872 kreierte. Wie die engverwandten Dubonnet und Byrrh auf dem französischen Festland, nahm sich dieser *apéritif à base de vin* als Kundschaft vor allem die Soldaten in den überseeischen Besitzungen zum Ziel. Denn das Wundermittel Chinarinde sollte ihnen auf angenehme Weise verabreicht werden und sie gegen Fieber und Magenverstimmungen schützen. Zugleich diente der inzwischen kurz Cap Corse genannte Aperitif für Korsen überall in der Welt als Mittel gegen Heimweh.

Die Firma Mattei entwickelte sich zum aufstrebenden Spirituosenunternehmen der Insel. Sie verstand es, die Rezeptur verschiedener traditioneller Getränke zu verbessern, in der Herstellung zu meistern und als eigene Marke herauszubringen. Da aber jedes von ihnen in Wirklichkeit weiter zurückreichende Wurzeln besitzt, werden vergleichbare Produkte auch von kleineren Herstellern angeboten. Unter ihnen hat sich die Domaine Orsini einen Namen gemacht, die aus eigenen Früchten eine Vielzahl von verlockenden Spezialitäten herstellt, die sonst oft nur unter der Hand von privaten Erzeugern zu haben sind.

Der Likör Cédratine verstand es, ein überliefertes korsisches Rezept und die Symbolfrucht der Insel, die Cedratzitrone – hier im ganzen kandiert –, für einen feinen Digestif zu nutzen.

Korsische Elixiere

Cap Corse
Beim berühmtesten korsischen Aperitif handelt es sich um durch Zugabe von Weingeist ›stumm gemachten‹ Traubenmost, der aus der Appellation Cap Corse stammen muß. Um ihn zu aromatisieren, verwendet man 17 verschiedene pflanzliche Aromastoffe, darunter Enzian, Kakaobohnen, Sevilla-Orangen, flüssige Vanille und Chinarinde. In Frankreich und Übersee war er zur Zeit der Belle Époque sehr erfolgreich. Man sollte ihn kühl, aber ohne Eis trinken oder als Marseillaise, gemischt aus 2/3 Cap Corse und 1/3 Limonade.

Cédratine
Liqueur de cédrat
Mattei brachte 1880 unter dem Namen Cédratine einen Likör auf den Markt, der sein intensives Zitrus- und Zedernaroma der Cedratzitrone verdankt, womit er an eine jahrhundertealte Tradition anknüpfte. Dazu läßt man die Schalen der Früchte ein Jahr lang in Weingeist mazerieren, um diesen Extrakt anschließend zu destillieren. Mit dem Destillat wird dann die Grundmischung des Likörs aus Sirup und Alkohol aromatisiert. Er wird gut gekühlt getrunken.

Bonapartine
Liqueur d'orange
Im Jahr 1920 ließ die Firma Mattei ein weiteres Produkt registrieren, bei dem es sich um einen Orangen- und Mandarinen-Likör handelt, der 22 Vol% ins Glas bringt und eine 30% starke Schwester besitzt, die Impératrice.
Andere Erzeuger der Insel stellen einen einfachen Liqueur d'Orange her, für den man Orangenschalen in Weingeist mazerieren läßt, dann brennt und das Destillat mit Sirup und eventuell zusätzlichen Frucht- und Gewürzextrakten vermischt.

Liqueur de myrte
Die im Maquis gepflückten Beeren werden zunächst drei Wochen lang getrocknet und dann mit Alkohol angesetzt, wobei man 1 Liter auf 1 Kilogramm Beeren rechnet. Nach 40 Tagen Mazeration fügt man einen konzentrierten Sirup zu. Der daraus resultierende purpurfarbene Likör wird gefiltert, abgefüllt und einige Zeit gelagert. Werden die Beeren destilliert, erhält man einen wasserklaren Likör. Diese Grundrezepte werden von verschiedenen Herstellern, aber auch von Privatleuten aufgrund von alten, nicht selten seit Generationen in den Familien überlieferten Rezepturen variiert.

Vins de fruit
Grundsätzlich sind alle Früchte dazu geeignet, Obstwein daraus zu erzeugen, aber auf Korsika werden Zitrusfrüchte sowie Wildkirschen, Weinbergpfirsiche, die wilden Arbusen (Erdbeerbaumfrüchte) oder auch die im Maquis gesammelten Beeren der Myrte eindeutig bevorzugt. Üblicherweise setzt man die Früchte in Weingeist an und läßt sie drei oder mehr Monate lang mazerieren. Dann wird dieser aromatisierte Alkohol durch einen Filter gegossen, mit Roséwein versetzt und mit Zucker geschmacklich abgerundet.

Rappu
Vor allem in Patrimonio hergestellt, besteht Rappu aus den Rebsorten Grenache, Aleatico und Alicante. Die überreif gelesenen, sehr zuckerreichen Trauben werden zunächst mit ihren Rappen eingemaischt, was Rappu seinen typischen Akzent verleiht. Dann lassen die Winzer den Most gären. Wenn noch etwa 100 g Restzucker erhalten sind, stoppen sie die Gärung durch Zugabe von jungem Weinbrand. Im Faß gelagert, erhält er seine Mahagonifarbe und seine an Kompott, Geröstetes und Karamel erinnernden Aromen.

Eau-de-vie de châtaigne
Nicht nur, daß man die Früchte der Eßkastanie für Mehl, Brot, Kuchen und Püree nutzt, Die Korsen verstehen es auch, einen köstlichen und ungewöhnlichen Schnaps daraus zu machen. Dafür werden die Kastanien zuerst gemahlen, dann angesetzt, vergoren und gebrannt. Jeder Brenner bietet eine ganz eigene Version, je nachdem welche der an die 50 verschiedenen Kastaniensorten er verarbeitet.

Alte Etiketten, Aschenbecher und andere Werbemittel zeugen von den vielen Jahrzehnten, in denen sich korsische Aperitifs und Liköre ihre Kundschaft zu erobern wußten.

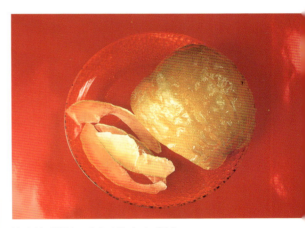

Noch bis 1950 kam jede dritte in der Welt verarbeitete Cedratzitrone, die kandiert das vielbenutzte Zitronat ergibt, aus Korsika. Heute ist sie eine eher seltene Spezialität.

Cedratzitrone: Anspruchsvoller Duft

Die Urzitrone, die schon im Altertum aus dem fernen Asien ans Mittelmeer kam, verbreitete sich in Italien und in der Provence. Im Mittelalter von Seeleuten nach Korsika gebracht, gedieh dort eine Mutation, die ein süßliches Fruchtfleisch besitzt und als *cédrat de Corse* bekannt ist. Aber zum Rohessen ist diese Frucht nicht bestimmt. Sie sieht wie eine enorme Zitrone aus, besitzt eine sehr dicke, runzelige, wulstige Schale. Nur ein Drittel bleibt für das saftige Fruchtfleisch übrig. Der buschähnliche stachelige Cedratbaum, der auf Korsika 3–4 m hoch wird, ist eine recht anspruchsvolle Pflanze. Er mag keinen Wind, keine großen Temperaturschwankungen und schon gar keinen Frost, dafür aber gut gedüngte Böden. Dann trägt ein erwachsener Baum bis zu 100 kg Früchte, die bis zu 25 cm lang werden und 3–4 kg wiegen können.

Daß die Cedratzitrone dennoch zu Ruhm gelangte, verdankt sie zum einen ihrem intensiven und faszinierenden Duft, der an Zedern erinnert, zum anderen den Juden. Die jüdische Religion sieht sie als die verbotene, Wissen schenkende Frucht an, der Adam im Garten Eden nicht widerstehen konnte. Deshalb orderten während der genuesischen Besatzung Korsikas (1300–1768) italienische Juden große Mengen von – in Fässern mit Meerwasser verschifften – Cedratfrüchten, die sie kandiert vor allem zum Laubhüttenfest aßen. Unter den Franzosen setzte sich der Export der Früchte oder des Zitronats fort, die nun auch zu Likör verarbeitet wurden. Die Kultur der Cedratbäume erreichte in der zweiten Hälfte des 19. Jahrhunderts ihren Höhepunkt. Damals wurde die Frucht als Symbol der Insel angesehen. Als andere Früchte und Frühgemüse schnelleren und vor allem leichteren Gewinn versprachen, nahm ihre Verbreitung rapide ab, aber seit etwa 1970 ist ein neues Interesse daran erwacht.

Kandierte Cedratzitronen sind relativ teuer, da sie selten und ihre Herstellung langwierig ist. Zunächst wird die Frucht als ganzes, in Hälften oder in Stücken in ein Faß mit Salzwasser gegeben, in dem sie fermentiert und dadurch Bitterstoffe einbüßt. Je nach Größe der Stücke kann diese Phase von einigen Tagen bis zu mehreren Wochen dauern. Gründlich abgespült, werden sie dann wiederholt in heißem Zuckersirup gekocht. Kleine Stücke des aromatischen Zitronats sind ideale Würzmittel für Kuchen und Torten. Sonst wird die Schale zu Konfitüre verarbeitet, oder man gewinnt daraus einen Extrakt, der als Basis des Cedrat-Likörs dient.

LA CORSE

Prisuttu, figatellu & Co

Wissen um Salz & Rauch

Wollten die Korsen einen Köder auslegen, um den Gourmet auch noch ins abgelegenste Nest zu locken, das man nur über halsbrecherische Bergstraßen erreichen kann, würden sie ihm zuraunen: *salumu, coppa, lonzu, figatellu, prisuttu, sangui*. Denn den wahren Schatz korsischer Gastronomie muß man entdecken: seine Schinken, Würste und anderen Schlachtwaren. Dem Schwein und seinem Speck als wichtigstem Fett kam im zurückgezogenen Leben der Korsen eine Hauptrolle zu. Nicht irgendeiner bleichen Rasse, sondern der korsischen, die das bleiben konnte, was Schweine einst waren: schnellfüßige, sich frei bewegende Waldbewohner. Im Sommer führen Hirten die schwarzen oder schwarz-rosa gefleckten Tiere hinauf in die kühleren Berge, aber im Oktober, wenn Kastanien und Eicheln reifen, holen sie zurück, damit sie sich in den Wäldern satt und damit eine gute Speckschicht anfressen. Diese wahrhaft traditionelle Schweinehaltung hat sich bis heute fortgesetzt, weil sie in den Händen der Bauern geblieben ist, die dabei zunächst die Versorgung der eigenen Familie im Auge hatten. Zwar gibt es inzwischen unter den 900 Schweinehaltern Spezialisten, aber sie haben nie offizielle Märkte beliefert. Sie bieten ihre Schlachtwaren Privatkunden an, und eine Anzahl betreibt *fermes-auberges*, Bauernhöfe mit Bewirtung, wo ihre Gäste an Ort und Stelle die eigenen Produkte genießen können.

Die Ferkel kommen im Juli und Januar zur Welt. Wenn sie nach einem traumhaften Schweinedasein ihr Leben lassen müssen, geschieht dies zum Fest der Santa Lucia am 13. Dezember und danach. Dann sind sie mindestens 15 Monate alt und bringen um die 130 kg auf die Waage. Nach Schätzungen werden pro Jahr auf Korsika 25 000 Schweine geschlachtet. So ganz genau weiß das niemand. Es werden immer nur so viele Tiere auf den Höfen oder in den veterinärisch überwachten kleinen Schlachthäusern getötet, wie die jeweilige Familie mit Hilfskräften direkt verarbeiten kann. Dann werden die Rückenstücke zu *coppa*, die Filets zu *lonzu*, Blut, Hirn und Speck zur Blutwurst, *sangui*, Leber und Innereien zu *figatellu*, bestes Fleisch und Speckstücke zur luftgetrockneten *salumu*, die Reste zur Frischwurst, der *salcicetta*. Panzetta, Schwartenspeck, und *prisuttu*, Schinken, werden eingesalzen. Letzterer ist das Prunkstück korsischer Hausmetzgerkunst. Denn Schinkenmachen ist eine delikate Aufgabe, und nicht jeder überlebt, die weniger fetten und weniger vollkommenen mutieren zur *salumu*. Die Dauer des Einsalzens der Schinken wird heute nach folgendem Schlüssel berechnet: 1 Tag pro Kilo plus 5 Tage. Ist die Arbeit des Salzes getan, kommt der Schinken zur Lufttrocknung in Berghütten, wo er heiße Sommer in kühlen Kellern verbringt. Beste Schinken reifen 12, 18 oder 24 Monate. Bevor sie angeboten werden, prüft man die Qualität, indem man an drei Punkten einen zugespitzten Pferdeknochen in das Fleisch sticht, denn nichts nimmt den Geruch so auf wie dieses Material. Allein am Geruch weiß der Fachmann abzulesen, ob der Schinken optimal gereift ist.

Rechts: Schnell füllt der Rauch den *fucone* und hüllt die Würste ein.
Unten: (im Uhrzeigersinn, von oben) *figarettu*, geräucherte, trockene Leberwurst; *salumu*, feine getrocknete Dauerwurst; *prisuttu*, Bauernschinken; *coppa*, getrocknetes Rippenstück; *lonzu*, delikates getrocknetes Schweinefilet

In der Schinkenkammer harren die wertvollen Hinterteile ein bis zwei Jahre darauf, die richtige Reife zu erlangen.

Ein Schinkenmeister versteht es, das Reifestadium und die Geschmackstiefe vom Pferdeknochen abzuschnüffeln.

Die Scheiben aus den dicksten Teilen des Schinkens widerstanden dem Rauch am längsten und bieten den feinsten Genuß.

LA CORSE 443

Unsere tägliche Kastanie
Brot vom Baum

Die Kastanie war für die Korsen so wichtig, daß sie ein ganzes Gebiet der Insel nach ihr benannten. ›La Castagniccia‹ ist ein dichter Wald von Kastanienbäumen im Landesinnern, in 500 bis 1000 m Höhe. Die Erde ist dort gänzlich ungeeignet für den Getreideanbau, aber die Bäume gedeihen auf den dünnen, sauren Kieselböden so gut, daß manche von ihnen 30 m hoch wachsen und ein Alter von 500 Jahren erreichen. Der Baum, der das Brot brachte (und von dem etwa 50 Arten existieren), hat immer eine fundamentale Rolle sowohl in der Wirtschaft wie auch in der Geschichte der Insel gespielt. Seine Früchte waren für Jahrhunderte ein Grundnahrungsmittel und wurden als Tauschobjekt für Olivenöl, Käse und Wein benutzt. Auf Kastanien vertraute man, wenn die Zeiten hart waren, und wenn Reich wie Arm sie gleichermaßen zu schätzen wußten. Reich an Energie und Nährstoffen, enthalten Kastanien doppelt soviel Stärke wie Kartoffeln, dazu eine Reihe lebenswichtiger Mineralien sowie B-Vitamine und roh beinah ebenso viel an Vitamin C wie Zitronen. Sie wirken wohltuend auf Magen und Verdauung, generell beruhigend und helfen Blutarmut zu beheben. Mit ihrer dichten Textur sättigen sie schnell und wirkungsvoll und geben ihren Zucker nur langsam frei. Das macht sie zur perfekten Nahrung für alle, die körperlich arbeiten, und zur aufwärmenden Kost in den Wintermonaten.

Vom 16. Jahrhundert an errichteten Geistliche und Bessergestellte ihre Häuser im Landesinnern unter Kastanienbäumen, und ihr Reichtum wurde nach der Zahl der Bäume berechnet, die sie besaßen. Die einfachen Leute planten beim Bau ihrer Unterkünfte einen Trockenboden über dem Wohnraum ein, wo die Kastanien ausgebreitet werden konnten und die Wärme des *fucone*, des Kamins, zu spüren bekamen. Kastanien wurden zum wichtigsten Exportgut der Insel. Aber die Castagniccia und die anderen Kastanienwälder, die im 18. Jahrhundert fast ein Sechstel Korsikas bedeckten, waren ein ausgezeichnetes Versteck für Banditen und Rebellen. Am liebsten hätte deshalb der von den Franzosen 1768 eingesetzte Gouverneur die Kastanienwälder allesamt abhol-

Kastanienmehl besitzt eine leicht gelbliche Farbe, und es eignet sich für Brot, Gebäck, Kuchen sowie für eine Art Polenta.

Mit Heißluft werden die Kastanien innerhalb von einer Woche getrocknet, wobei sie zwei Drittel ihres Gewichts verlieren.

Die von ihrer harten Schale und der darunter befindlichen pelzigen Haut befreiten Kastanien müssen getrocknet sein, um gemahlen werden zu können.

zen lassen, doch ihre Bedeutung für die Wirtschaft der Insel war zu groß, als daß er es ernsthaft hätte in Betracht ziehen können.

Die so urwüchsig scheinenden Wälder waren keineswegs sich selbst überlassen. Jeder Baum hatte seinen Besitzer. Sich um die Bäume zu kümmern und das Mehl zu mahlen war Arbeit der Männer, das Sammeln der Kastanien die der Frauen. Bereits im September entfernten die Männer Unterholz und Farn unter den Bäumen, so daß die Früchte leicht geerntet werden konnten, wenn sie im Oktober und November reiften. Die Frauen brauchten sie dann nur noch zusammenzuharken. Heute spannt man meist Netze unter den niedrigsten Ästen aus, um die Nüsse aufzufangen. Im Anschluß an die Ernte kommen dann die Schweine zu ihrem Recht.

Anfang des 20. Jahrhunderts begannen die Kastanienwälder auf Korsika wie im übrigen Frankreich zu schrumpfen. Zunächst wurden sie das Opfer des ländlichen Exodus, der zur Aufgabe von vier Fünfteln der Wälder führte, in denen die nicht mehr gepflegten Bäume langsam eingingen. Zwei Seuchen beschleunigten den Niedergang noch. Dem begegnet die Regierung inzwischen mit Subventionen. Auf Korsika ist ein Projekt angelaufen, daß die Neubepflanzung von 800 ha Land mit hochwertigen Eßkastanien zum Ziel hat. Zur Zeit werden etwa 6000 ha bewirtschaftet, während man die Fläche des verwilderten Kastanienwaldes mindestens auf das Vierfache schätzt. In einem guten Jahr erntet man auf Korsika rund 2000 Tonnen Kastanien, was etwa 15 % der französischen Produktion entspricht.

Um Mehl mahlen zu können, müssen die Kastanien getrocknet sein. Nach althergebrachter Methode, die in manchen Regionen der Insel noch in Gebrauch ist, werden sie in 30–40 Tagen im Rauch getrocknet, was dem Mehl auch einen dezenten rauchigen Geschmack verleiht. Gewöhnlich trocknet man sie heutzutage jedoch mit Heißluft, was nicht länger als eine Woche dauert, in der die Kastanien zwei Drittel ihres Gewichts einbüßen. Völlig getrocknet, werden die Schalen mechanisch entfernt und alle verdorbenen oder verbrannten Früchte aussortiert. Meist bringt man die Ernte dann gleich zur Mühle und läßt sie mahlen. Aber dieses cremefarbene Mehl besitzt nicht das gleiche volle Aroma wie das von Kastanien, die im Dorfofen gebacken wurden. Der wird mit Holz und Heidekraut gefüllt und erhitzt. Dann entfernt man die Glut. Zwei Stunden später – wenn man die Hand auf die Ofentür legen kann, ohne sich zu verbrennen – gibt man die Kastanien für zwei Tage hinein. Nach Ablauf der Zeit müssen sie über Nacht abkühlen, bevor man sie am nächsten Tag in einem Sack mehrmals gegen einen Baumstamm schlägt, was die dünne pelzige Haut, von der die Früchte umhüllt sind, löst. Deren Bitterstoffe würden dem Geschmack des Mehls abträglich sein. Noch einmal werden die hellen cremefarbenen Kastanien verlesen, bevor man sie mahlt. Traditionelle Mühlen besitzen einen feststehenden und einen rotierenden Mahlstein, der früher mit Wasserkraft, heute weitgehend elektrisch betrieben wird. Diese Prozedur ergibt ein leicht rötliches Mehl mit einem dezenten Karamelgeschmack.

Kastanienmehl spielt in der traditionellen korsischen Küche noch immer eine wichtige Rolle. Bis vor kurzem servierte man zum Beispiel in der Gegend von Alesani (Haute-Corse) bei Hochzeitsfeierlichkeiten 22 verschiedene Zubereitungen aus Kastanienmehl. Noch immer erfordern viele der überlieferten korsischen Rezepte gemahlene Kastanien wie zum Beispiel *pisticcin*, flache Brötchen, *frascajoli*, weiches Brot, *nicci*, knusprige Pfannkuchen, *fritelli*, Schmalzgebackenes, *brilluli*, Kekse, *castagnacciu*, saftiger Kastanienkuchen, oder *pulenta*, ein schnittfester, der Maispolenta ähnlicher Brei.

Pietra ist die jüngste Kreation aus Kastanien. Seit 1996 wird es in Furiani mit dem Wasser der Acqua-Bianca-Quelle aus Malz und grobgemahlenen Kastanien gebraut. Auf niedriger Temperatur vergoren, entsteht eine 6 % starke Spezialität, die an die Weihnachtsbiere erinnert, die man in einigen Ländern braut.

445

Unverfälscht korsisch

Wenn die überlieferten korsischen Rezepte trotz vieler Invasoren weitgehend frei von äußeren Einflüssen wie von oberflächlicher Verfeinerung blieben – sieht man von einer gewissen italienischen Inspiration ab, die sich etwa in dem souveränen Umgang mit *pasta* ausdrückt –, so ist dies dem Umstand zu verdanken, daß die furchtlosen Eroberer dem Maquis und den Bergregionen in Wirklichkeit kein Interesse abgewinnen konnten. Zum Glück für alle Verehrer ursprünglicher Genüsse hat das Herzstück der Insel bislang auch dem Ansturm europäischer Normen standgehalten. Bauernhöfe mit Bewirtung und kleine familiäre Berghotels bieten die besten Gelegenheiten, auf den Geschmack zu kommen. Dort weiß man die einzigartigen Würste und Schinken entweder selbst herzustellen oder sich zu besorgen, kennt tausendundein Rezept für die Verarbeitung von Brocciu, backt die ausgezeichneten Lämmer und Zicklein einfach im Ofen und schmort Kaninchen oder Wildschwein auf eine so gemächliche Art, wie man sie anderswo längst vergessen hat.

Fricassée de lapereau aux citrons
Kaninchenfrikassee mit Zitronen
(Abbildung unten)

1 Kaninchen, küchenfertig
50 ml Olivenöl
2 Zwiebeln
3 Möhren
3 Knoblauchzehen
4 Zweige Thymian
2 Lorbeerblätter
5 Salbeiblätter
1 EL Honig
Salz und Pfeffer aus der Mühle
500 ml Weißwein
2 unbehandelte Zitronen, geviertelt

Das Kaninchen in Stücke schneiden. Olivenöl in einem gußeisernen Topf erhitzen und darin das Fleisch anbraten. Die Zwiebeln schälen und in feine Ringe hobeln, Möhren putzen und in Scheiben schneiden. Zwiebeln, Möhren und den geschälten Knoblauch zu dem Kaninchen geben, leicht anbräunen. Das Fett abschöpfen. Kräuter und Honig hinzufügen, salzen und pfeffern. Mit dem Wein aufgießen, die Zitronenviertel zugeben und zugedeckt bei mittlerer Temperatur etwa 1 Stunde schmoren lassen.
Die Kaninchenstücke herausnehmen, auf einer Servierplatte anrichten. Die Sauce nach Bedarf nachwürzen, dann über das Fleisch geben. Sofort servieren.

Terrine à la châtaigne
Kastanienpastete

Für 10 Personen
(ohne Abbildung)

6 große Zwiebeln
1 kg Lammrippchen
1 kg Kalbsknochen
4 Zweige Thymian
2 Lorbeerblätter
2 EL Olivenöl
300 g Rindfleisch
300 g Schweinefleisch
200 g Kalbfleisch
200 g Kalbsleber
300 g altbackene Weißbrotkrumen
8 Knoblauchzehen
Salz und Pfeffer aus der Mühle
200 ml Feigenbranntwein
200 g Kastanien
500 ml gelatinehaltige Fleischbrühe
(vom Vortag)

Am Vortag die Zwiebeln schälen, in Ringe schneiden und in heißem Öl mit den Lammrippchen anbraten. Die gewaschenen Kalbsknochen und die Kräuter zufügen, mit 3 l Wasser auffüllen und 3 Stunden lang einkochen, dabei, falls notwendig, heißes Wasser nachgießen. Reduzieren, bis 1 l Fond übrig ist. Abseihen, über Nacht ruhenlassen, am nächsten Tag das Fett abschöpfen.
Das Fleisch durch den Fleischwolf drehen und gut vermischen. Die Hälfte des Fond erhitzen, Brotkru-

Fricassée de lapereau aux citrons
Kaninchenfrikassee mit Zitronen

446

men darin einweichen, mit dem geschälten Knoblauch pürieren und mit dem Fleisch vermischen, würzen und Feigenbranntwein zufügen. Kastanien und Fleischmasse in eine feuerfeste Form schichten. Die Terrine im vorgeheizten Backofen bei 120–150 °C im Wasserbad 2 Stunden garen. Den restlichen Fond erhitzen und über die warme Terrine gießen. Vor dem Anschneiden etwa 12 Stunden kühl stellen.

Agneau de lait
Milchlamm

1 kg Milchlamm
3 EL Öl
Salz und Pfeffer aus der Mühle
2 Zweige Thymian
1 kleiner Zweig Rosmarin
2 Zwiebeln
3 Lorbeerblätter
200 ml Roséwein

Das Lammfleisch in große Stücke zerteilen. In einem gußeisernen Topf das Olivenöl erhitzen. Das Fleisch hineingeben, mit Salz und Pfeffer bestreuen, die Kräuter auflegen. Nach 15 Minuten die Lammstücke wenden. Die Zwiebeln schälen und in Viertel schneiden und mit den ganzen Lorbeerblättern hinzugeben. Weitere 15 Minuten braten. Dann das Fleisch erneut wenden, den Wein angießen und verdunsten lassen. Portionsweise auf vorgewärmten Tellern oder auf einer Platte anrichten. Als Beilagen passen geröstete Kartoffeln und *Tomates confites* – gebackene Tomaten (siehe Rezept unten). Als Wein bietet sich ein trockener Rosé an.

Ein Milchlamm darf nicht älter sein als 6 Monate und wurde ausschließlich mit Milch gefüttert, ansonsten ist die Bezeichnung nicht gerechtfertigt. Sein Fleisch ist normalerweise extrem hell, nimmt aber in der Zubereitung die Farbe bestimmter Zutaten rasch an.

Tomates confites
Gebackene Tomaten

10 reife Fleischtomaten
Salz und Pfeffer aus der Mühle
1 Bund glatte Petersilie, gehackt
4 Knoblauchzehen, gehackt
Olivenöl

Den Backofen auf 200 °C vorheizen.
Die Fleischtomaten waschen, abtrocknen, halbieren und die Kerne entfernen. Die Hälften nebeneinander in eine mit Öl ausgepinselte feuerfeste Form legen, salzen und pfeffern. Mit der gehackten Petersilie und dem gehackten Knoblauch bestreuen und reichlich Olivenöl darüberträufeln.
Die Tomaten 30 Minuten bei 200 °C im Backofen garen. Dann die Temperatur auf 150 °C reduzieren und die Tomatenhälften weitere 30 Minuten backen, dabei wiederholt prüfen, ob sie nicht zu stark bräunen.
Diese gebackenen Tomaten sind eine ideale Beilage zu sommerlichen Fleischgerichten, ergeben mit einigen Scheiben Weißbrot und einem grünen Salat aber auch eine leichte Zwischenmahlzeit. Um den Geschmack der Tomaten auch außerhalb der Saison verfügbar zu haben, wurden Tomaten auf Korsika früher in der Sonne getrocknet und für den Winter mit ebenfalls getrockneten Kräutern in Olivenöl eingelegt.

Oben: *Agneau de lait* – Milchlamm
Unten: *Tomates confites* – Gebackene Tomaten

LA CORSE

Brocciu

Manche Spezialitäten lassen sich ohne Schaden von entdeckungsfreudigen Gourmets einpacken, und noch Tausende Kilometer von ihrem Ursprungsgebiet entfernt geben sie ihr Bestes. Andere widerstehen konsequent jeder Versuchung zu reisen, beschränken sich auf ihre Heimat und wollen verdient sein. Zu ihnen gehört der Brocciu. Widerspenstig bleibt er seinem heimatlichen Korsika treu und offenbart sich nur jenen, die aufbrechen, die Gaumenfreuden dieser wilden Landschaft zu entdecken. Man trifft ihn selten außerhalb der Insel an und nie in seiner besten Form. Brocciu, der als Appellation anerkannt ist, wird frisch gegessen, vorzugsweise in den drei Tagen nach seiner Herstellung. Danach benutzt man ihn zur Zubereitung köstlicher Gerichte, von der Vorspeise bis zum Dessert, und ohne ihn ist eine korsische Mahlzeit unvorstellbar. Früher, wenn ein junges Paar heiraten wollte, trafen sich die beiden Familien, um das anstehende Ereignis gebührend zu feiern, bei Brocciu-Krapfen. Beim ersten Bissen galt die Verlobung als besiegelt.

Was aber ist Brocciu? Es gibt auf Korsika Käse und Brocciu, und das sind zwei entschieden unterschiedliche Dinge. Käse entsteht durch das Gerinnen der Milch, aber Brocciu wird aus der Molke gewonnen, die bei der Käseherstellung sozusagen als Abfall anfällt. Der Hirte gibt die Milch in ein großes Gefäß und fügt bei der richtigen Temperatur Lab hinzu. Die Milch gerinnt, und der Bruch sinkt auf den Boden, während die Molke darüber steht. Er gießt dann die Molke ab, und zwar in einen Kupferkessel, und erhitzt sie auf 65 °C, um das übriggebliebene Lab zu eliminieren. Dann schüttet er etwas Salz und ein Viertel bis ein Drittel (im Verhältnis zur Molke) von der Vorabendmilch (*u purriccu*) hinzu. Dieser anscheinend simple Vorgang verlangt Jahre der Erfahrung, denn der Augenblick, in dem man die Milch zufügt, bestimmt die Qualität des Brocciu. Beim weiteren Erhitzen verfestigt sich die Molke etwas. Bei gut 80 °C flocken die Proteine des Laktoserums aus. Die Teilchen, die zum Brocciu werden, steigen wirbelnd wie Schneeflocken an die Oberfläche. Der Käser entfernt den Schaum und sammelt den Brocciu mit Hilfe einer großen Holzkelle (*u coppulu*). Jeden Kelleninhalt füllt er in Abtropfformen (*fattoghje*). Sind alle voll, stürzt er jeweils eine in eine andere, um die Menge darin zu verdoppeln.

Die Brocci wiegen zwischen 250 g und 3 kg. Sind sie abgetropft, können sie sofort gegessen werden, frisch und geschmeidig, glänzend und mit Bergkräutern parfümiert. Man kann Zucker darüberstreuen oder Schnaps daraufträufeln. Frisch nimmt man ihn auch für Desserts oder für den *fiadone*, einen Käsekuchen ohne Boden, bei dem Brocciu nur mit Eiern, Zucker und Aromen wie Zitronenschale, Orangenblütenwasser oder Likör parfümiert und dann gebacken wird. Sonst kommt er in den Keller, am besten in einen natürlichen Felsenkeller (*le casgile*), wo er am ersten Tag auf der Oberfläche gesalzen und dann für 21 Tage affiniert wird. Danach gelangt er als *brocciu passu* in den Handel. Mit Salz saturiert, heißt er *salitu*. Er ist dann trocken oder halbtrocken und benötigt ein 24stündiges Entsalzen, bei dem man das Wasser mehrmals wechselt.

Korsische Käse

D'Alesani
Runder, milder Ziegenkäse, der das ganze Jahr über angeboten wird, meist mit 400 g.

Bastelicaccia
Cremiger Weichkäse aus roher Schafsmilch, nur handwerklich hergestellt, runde, ungleichmäßige Zylinder von ungleichem Gewicht, nur im Winter.

Calenzana
Weichkäse aus Ziegen- oder Schafsmilch, pikant, quadratische Form von 300–400 g, nur im Winter.

Corte
Milder runder Weichkäse aus Schafsmilch der Gegend um Corte bei Venaco, wiegt 400 g, wird weich oder halbtrocken gegessen.

Galéria
Weicher, quadratischer Käse aus Ziegenmilch, sehr pikant, da er mit Salz bedeckt lange reift.

Niolo
Sehr cremiger Weichkäse aus roher Ziegen- oder Schafsmilch, mild bis scharf, quadratische 500–700-g-Stücke, nur im Sommer.

Sarteno
Festerer Weichkäse aus Ziegen- oder Schafsmilch (oder beidem), strenger bis scharfer Geschmack, abgeflachte Kugel, 1–1,5 kg schwer.

Venaco
Weicher Rotschmierkäse aus Ziegen- und Schafsmilch, nur handwerklich erzeugt, entweder 400–500 g schwere Taler oder Quadrate, 2–3 Monate affiniert.

1 Galéria – **2** Calenzana – **3** Brocciu
4 Venaco – **5** Brocciu poivré – **6** Niolo in unterschiedlichen Reifegraden

Wenn Ziegen- und Schafskäse fertig sind und anderswo die anfallenden Rückstände beseitigt werden, schlägt die Stunde des Brocciu.

Schafe und Ziegen

Korsika beherbergt 130000 Schafe und 48000 Ziegen. Sie gehören etwa 900 Schäfern und Hirten. Ein großer Teil der Schafsmilch wird seit rund 100 Jahren zu Roquefort verarbeitet. Doch inzwischen gewinnt die Produktion eigener korsischer Käse wieder mehr Boden. Eine beachtliche Zahl der Schaf- oder Ziegenhalter kümmert sich darum, denn die echten korsischen Käse werden auf den Höfen und vor allem auf den Almen hergestellt, wo die Tiere wie eh und je die Sommermonate verbringen, während sie im Winter auf niederen Lagen und in den Küstenebenen grasen. Die auf den Almen handwerklich hergestellten Käse erfahren immer eine gewisse Reifezeit, die ihnen, wenn es sich um Weichkäse oder Rotschmierkäse handelt, einen mehr oder weniger pikanten und kräftigen Geschmack verleiht. Man sagt, sie seien wie die Korsen selbst: Zunächst erscheinen sie robust und rauh, aber darunter versteckt sich ein weiches Herz.

Die auf Korsika verbreiteten Rassen sind bestens an die natürlichen Bedingungen einer extensiven Haltung angepaßt. Das korsische Milchschaf ist von kleiner Statur, widerstandsfähig, anspruchslos und kommt bestens im Gebirge zurecht. Noch ursprünglicher ist die korsische Ziege, die dem asiatischen Urahn dieses Haustiers noch immer nahesteht. Sie ist noch anspruchsloser als das korsische Schaf und findet im Maquis ausreichend Futter. Die Zicklein kommen hauptsächlich im November zur Welt, so daß sie zu Weihnachten die Festtafeln bereichern und den Korsen ihren liebsten Braten schenken.

Zum Abtropfen kommt der aus der Molke gewonnene Brocciu in Plastikformen, die mit einem Schöpflöffel nachgefüllt werden.

Der Schäfer stülpt eine Form auf eine andere, um auf diese Weise das Gewicht des Brocciu zu verdoppeln.

Um ihn haltbar zu machen, wird Brocciu auch mit Salz bestreut. Ist es eingezogen, wird der Brocciu trockener (rechts).

Brocciu à la carte

Storzapretti

500 g Brocciu
1 Ei
Majoran
100 g Schafskäse, frisch gerieben
Mehl
300 ml Sauce

Brocciu mit dem Ei, Majoran und 70 g geriebenem Käse gründlich vermischen. Von Hand kleine Klößchen formen, in Mehl wenden und in siedendem Salzwasser 5 Minuten garen. Aus dem Wasser nehmen und in eine feuerfeste Form geben. Mit Sauce begießen, mit dem restlichen Käse bestreuen und im vorgeheizten Grill überbacken. *Storzapretti* sind eine Beilage zu Braten, so daß man einen Teil der Sauce zum Überbacken verwenden kann.

Raviolis au brocciu
Ravioli mit Brocciu-Füllung

200 g Mangoldblätter oder Spinat
600 g Mehl
7 Eier
Salz und Pfeffer aus der Mühle
2 EL Olivenöl
500 g Brocciu
100 g geriebener Schafskäse
500 ml Tomaten-Coulis

Mangoldblätter oder Spinat putzen, waschen und davon 100 g in kochendem Salzwasser etwa 8 Minuten blanchieren. In ein Sieb geben, abtropfen lassen (Spinat auspressen) und hacken.
Das Mehl in eine Schüssel füllen, in die Mitte eine Mulde drücken. Gemüse, 5 Eier, Salz, Pfeffer und Olivenöl hineingeben, zu einem geschmeidigen Teig verkneten. Mit einem feuchten Tuch bedeckt 1 Stunde im Kühlschrank ruhenlassen.
Inzwischen den restlichen Mangold oder Spinat hacken. Den Käse abtropfen lassen, mit 2 Eiern vermengen und würzen. Den Teig vierteln und auf einer bemehlten Arbeitsfläche dünn ausrollen. Kreise ausstechen (Durchmesser nach Belieben), etwas von der Füllung auf einen Teigkreis geben, mit einem zweiten abdecken und die Ränder gut festdrücken. Auf einem bemehlten Backblech ruhenlassen. In brodelndem Salzwasser 10 Minuten (je nach Größe) garen. Mit einem Schaumlöffel herausnehmen und gut abtropfen lassen. Mit geriebenem Käse bestreuen und mit Tomaten-Coulis reichen.

Beignets de brocciu
Brocciu-Krapfen

700 g Brocciu (Abtropfgewicht)
500 g Weizenmehl
7 g Trockenhefe
1 Prise Salz
1 Ei
Öl zum Fritieren

Den Käse zerbröseln, mit Mehl, Hefe und Salz vermischen. Ei und ein wenig Wasser hinzufügen. Die Konsistenz sollte fest bleiben. 30 Minuten ruhenlassen. Aus der Käsemasse kleine Kugeln formen und in heißem Öl goldgelb ausbacken. Auf Küchenpapier abtropfen lassen. Lauwarm servieren (heiß serviert, verliert sich der Käsegeschmack).

Storzapretti, überbackene Brocciu-Klöße, können als Beilage mit jeder beliebigen Sauce serviert werden oder nur mit etwas Olivenöl und geriebenem Käse überbacken als eigenständige Mahlzeit dienen.

Raviolis au brocciu – Ravioli mit Brocciu-Füllung

Beignets de brocciu – Brocciu-Krapfen

LA CORSE

Gâteau de crêpes aux pommes
Apfel-Crêpes-Kuchen

Für 6 Personen

200 g Kastanienmehl
100 g Weizenmehl
500 ml Milch
4 Eier
100 g zerlassene Butter
8 mittelgroße Äpfel (Reinette)
100 g Butter
100 g Zucker
2 EL Kastanienhonig

Für die Crêpes Mehl, Milch, Eier, zerlassene Butter zu einem glatten Teig rühren, zugedeckt 30 Minuten ruhenlassen. Äpfel schälen und dünn schneiden. Butter in einer Pfanne zerlassen, Äpfel und Zucker zugeben und karamelisieren lassen.
Aus dem Teig Crêpes backen. Abwechselnd Crêpes und Äpfel zum Kuchen aufschichten. Mit einer Crêpe enden. Den Honig erwärmen und darübergießen.

Flan de brocciu, coulis d'orange
Brocciu-Flan mit Orangen-Coulis

Für 6–8 Personen

8 Eier
150 g Zucker
500 g Brocciu
geriebene Schale von 1 unbehandelten Zitrone
300 ml Schlagsahne
Saft von 10 Orangen
150 g Zucker
Clementinen als Garnitur

Den Backofen auf 150 °C vorheizen.
Eier und Zucker schaumig schlagen. Käse abtropfen lassen, mit Zitronenschale und Sahne in die Eiermischung rühren. In kleine feuerfeste Formen füllen und ca. 60 Minuten im Wasserbad im Ofen backen. Für das Coulis Orangensaft mit Zucker aufkochen und kalt stellen.

Fiadone
Brocciu-Kuchen ohne Boden

400 g Brocciu
5 Eier, getrennt
180 g Zucker
2 EL Aquavita di baghi (Erdbeerbaumfruchtbrand)
Salz
30 g Butter

Brocciu gut abtropfen lassen. Eigelb mit Zucker schaumig schlagen, dann Brocciu und Schnaps unterrühren. Eiweiß mit Salz steif schlagen und vorsichtig unterziehen.
Den Backofen auf 180 °C vorheizen. Eine beschichtete viereckige Backform mit hohem Rand ausbuttern, den Teig einfüllen, glattstreichen und 40 Minuten backen. Aus dem Ofen holen, nach 15 Minuten aus der Form stürzen und völlig auskühlen lassen. Den Kuchen in kleine Vierecke teilen und mit Aquavita servieren.

Die Abbildung ganz rechts zeigt neben dem *fiadone chaussons sucrés au Brocciu*, ausgebackene Mürbeteigtaschen mit einer Füllung aus 500 g Brocciu, 100 g Zucker, Zitronen- und Orangenschale und 2 EL Aquavita. Die Füllung reicht für 250 g Mürbeteig. Dazu Konfitüre von grünen Tomaten reichen.

Gâteau de crêpes aux pommes – Apfel-Crêpes-Kuchen; er erscheint auf dieser Seite mit Brocciu-Rezepten, weil statt der Äpfel- auch eine Frischkäse-Füllung empfehlenswert ist.

Flan de brocciu, coulis d'orange – Brocciu-Flan

Fiadone – Brocciu-Kuchen ohne Boden

Korsischer Wein

Nur selten bietet sich Weinliebhabern außerhalb Korsikas Gelegenheit, einen Wein von der Insel zu probieren, denn 80 % der Produktion werden dort und hauptsächlich von den Sommergästen getrunken. Der lyrische Name Vin de Pays de l'Île de Beauté bezeichnet die Landweine, die vier Fünftel der Produktion ausmachen. Das übrige Fünftel erhielt Appellationsstatus. Wer die Weinberge der Insel sehen möchte, muß sich auf kurvige Straßen und staubige Wege gefaßt machen, die oft nirgendwo hinzuführen scheinen. Plötzlich taucht dann doch noch ein Gut auf, das einem Vertreter der neuen Generation von Weinmachern gehören wird, die aus traditionellen Traubensorten ausgezeichnete Weine mit individuellem Charakter keltern.

Die Phönizier gründeten Alalia (das heutige Aléria) 565 v. Chr. an der Ostküste und erkannten als erste das korsische Potential für hochwertige Weine. Wie üblich war es Rom, das den Ball ins Rollen brachte, als es um 100 v. Chr. einige Zenturios im Ruhestand als Siedler hierher beorderte. Eine Blüte erlebte der Weinbau der Insel im 16. Jahrhundert unter genuesischer Führung. Um 1850 war Korsika mit 20000 ha Reben bedeckt, und drei Viertel seiner Bevölkerung lebten davon. Keine 50 Jahre später verwüstete die Reblauskatastrophe die Weinberge, und der Weinbau erlebte, wie die Kastanienwälder, einen weiteren Niedergang nach dem Ersten Weltkrieg. Die Landflucht versetzte ihm fast den letzten Schlag, doch in den sechziger Jahren kehrten Algerienauswanderer zurück und begannen neu zu pflanzen. Unglücklicherweise waren sie bei der Wahl der Reben nur auf hohe Erträge fixiert. Ein Jahrzehnt später begann sich eine neue Generation von Weinbauern mehr für die Qualität der Weine einzusetzen, indem sie einheimische Sorten pflanzten und die Kellertechnik verbesserten. Gegenwärtig sind auf Korsika 8100 ha bestockt, 2200 ha davon als Appellation d'Origine Contrôlée klassiert. Aufzuckerung und Bewässerung sind verboten. Die Rotweine stellen 50 %, Weiße 10 % und Rosés 40 %.

Die Geographie der Insel spielt für den Weinbau eine ebenso große Rolle wie Klima und Böden. Den Weinparzellen auf dem ›Gebirge im Meer‹ kommt der Schutz der hohen Erhebungen zugute. Das Mittelmeer nimmt tagsüber die Sonnenhitze auf, die es nachts zurückstrahlt. Der Schirocco, der das ganze Jahr über, aber besonders im Gebiet von Patrimonio bläst, temperiert die Sommerhitze. Geologisch ist die Insel ein Mosaik aus Schiefer, Gneis, sandigem Mergel, Ton, Kalk und Granit, der die Böden der meisten Weinberge prägt. Um 20 Rebsorten werden eingesetzt, darunter Cinsault, Ugni Blanc, Syrah, Carignan, Grenache, Merlot und Alicante, aber die drei bedeutendsten ragen heraus, denn sie sind italienischen Ursprungs:

Der weiße Vermentino, auf Korsika auch Malvoisie genannt, ist in der Provence als Rolle bekannt. Oft alkoholstark, besitzt er ein florales Bukett und vermittelt am Gaumen einen Eindruck der Fülle, verbunden mit Aromen von Mandeln und Äpfeln. Die besten Weine ergibt er im Norden.

Der rote Nielluccio ist identisch mit Sangiovese, der berühmten Chianti-Sorte. Hauptsächlich in Patrimonio und Ost-Korsika gepflanzt, ergibt er tiefdunkle, körperhafte Weine mit Aromen von Lakritz und Gewürzen.

Der rote Sciacarello ist die Hauptsorte des Ajaccio, wo er auf Granit wächst und hellrote Weine ergibt, die nach den Wildkräutern des Maquis duften und leicht pfeffrig schmecken. Er wird meist mit anderen Sorten assembliert, die ihm Rundheit verleihen.

Um Ajaccio hat der Sciacarello eine ideale Heimat gefunden. Anfangs etwas spröde, entwickeln sorgfältig vinifizierte Weine nach Jahren ein faszinierendes Bukett, und ihre Alterung lohnt sich.

Stolz ziert das Siegel der Domaine die Flaschenkapsel, auch dies ein Zeichen dafür, daß man inzwischen auf Korsika für hochwertige Weine kämpft.

Der Rosé spielt auf Korsika eine besondere Rolle, denn er stellt allein 40 % der Qualitätsweine. Schließlich paßt er ausgezeichnet zur korsischen Küche – und zur Ferienstimmung.

Die Güter der neuen, auf Qualität setzenden Winzergeneration liegen oft weit abseits der größeren Straßen in wilder Natur wie hier die aufsteigende Domaine Leccia.

Die neun Weingebiete

Patrimonio
Älteste, 1968 erteilte, im Norden gelegene Appellation mit seltenem Tonkalkboden. Dort erzeugen vorwiegend kleine Güter individuelle Weine, wobei die Roten auf Nielluccio basieren, fleischig und tanninreich sind und gut altern. Rosés sind nervös, Weiße aus Vermentino fruchtig und nachhaltig dank des Kalkbodens.

Ajaccio
Der zweite Cru nach Patrimonio erhielt 1984 seine Appellation, die der einheimischen, gut auf den Granitböden gedeihenden Sciacarello-Rebe Rechnung trägt, die ab 2000 zu mindestens 60 % vertreten sein muß. Im Rosé ist oft ein großer Teil weißer Vermentino enthalten, was ihm viel Körper gibt.

Vin de Corse
Dies ist die umfassende Appellation, die für alle klassierten Lagen der Insel gilt, aber die zugänglichen, leicht zu trinkenden Weine, die sie tragen, kommen größtenteils aus der östlichen Ebene. Für Rot- und Roséwein greift man oft auf Nielluccio und Sciacarello zurück, Weißwein setzt 75% Vermentino voraus.

Vin de Corse Calvi
Schon Seneca pries diese Weine, die heute nicht mehr bei der Stadt Calvi, sondern in der nordwestlichen Region der Balagne, der Toskana Korsikas, wachsen.

Vin de Corse Coteaux du Cap Corse
Im 19. Jahrhundert mit 2300 ha eine bedeutende Weinregion, gibt es heute nur 30 ha Weinberge, wo man vor allem guten, runden Vermentino keltert.

Vin de Corse Figari
Diese Villages-Appellation nimmt den südlichsten Zipfel Korsikas ein, eine der ältesten Anbauregionen der Insel, wo auf Granit kräftige und rustikale Weine gedeihen.

Vin de Corse Porto-Vecchio
Im Jahr 383 v. Chr. gegründet, liefert das bergige Hinterland des einstigen Portus Syracusanus alterungsfähige Rot-, kernige Weiß- und angenehme Roséweine.

Vin de Corse Sartène
Um die Hauptstadt des Südens besitzen die Roten oft die Aromen roter Beeren und eine robuste Struktur, während die Weißweine fein und aromatisch sind.

Muscat du Cap Corse
Erst 1993 erhielt der schon im 16. Jahrhundert berühmte, auf Muscat à petit grain basierende Vin Doux Naturel die Appellation, der oft Zitrusaromen zeigt und kalt als Aperitif oder zum Dessert getrunken wird.

Oben: Noch ist Ausbau in neuen Eichenfässern eher eine Ausnahme auf Korsika (und die Gesellschaft von Putten ist es allemal).

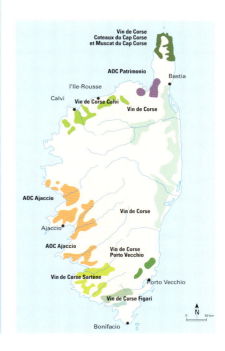

LA CORSE

Clementinen

Die einzige Frucht Korsikas, die mit einer Appellation belohnt wurde, ist die Clementine, die als Inselsymbol längst die Cedratzitrone entthronte. Auf einem schmalen Streifen zwischen Küste und Bergen, der gerade 10 km breit und 80 km lang ist und sich von Bastia nach Solenzara erstreckt, stehen die immergrünen, 3–5 m hohen Bäume auf gut 2000 ha. Fährt man zwischen November und Februar durch dieses Gebiet der Haute-Corse, leuchten zwischen den dunkelgrünen Blättern der Bäume unzählige dieser kleinen orangefarbenen Früchte, die unter strikten Qualitätskontrollen verpackt und verkauft werden. Was die korsischen Clementinen so attraktiv macht – und inzwischen von Fruchthändlern anderer Länder imitiert wird –, ist das Blätterpaar, mit dem jede Frucht versehen sein muß. Es setzt nicht nur farblich einen reizvollen Kontrast, es ist vor allem eine untrügliche Frischegarantie, denn bereits wenige Tage nach der Ernte trocknen die Blätter aus und fallen ab. Die Regeln der Appellation bestehen auf diesem natürlichen Schmuck, der an die Obstbauern hohe Anforderungen stellt. Denn deshalb müssen die Früchte von Hand gepflückt werden, da sie bei einer Maschinenernte ohne Blätter herabgeschüttelt würden. Für Verbraucher hat dies einen weiteren wichtigen Vorteil: korsische Clementinen kön-

> **Clémentines confites**
> Eingelegte Clementinen
>
> 1 kg kleine, leicht saure Clementinen
> 1 kg Zucker
>
> Den Stengelansatz der Clementinen entfernen, die Früchte halbieren und sie in einem Kochtopf auf kleiner Flamme und mit wenig Zucker kochen. Immer, wenn die Zubereitung flüssig wird, etwas vom restlichen Zucker zufügen, bis man ihn ganz aufgebraucht hat. Dann abkühlen lassen.

Für *Clementines confites* nimmt man säurehaltige, im November und Dezember geerntete Früchte.

Die Clementinen werden mit Scheren abgeschnitten, weshalb die Erntehelfer die Hand, die nach den Früchten greift, mit einem Handschuh schützen.

Die Clementinen-Ernte ist eine arbeitsintensive Angelegenheit, die über vier Wintermonate viele Saisonarbeiter einspannt.

nen nicht künstlich nachgereift werden, sondern werden sofort nach der Ernte versandt. Deshalb zeigt die Schale dort, wo die Sonne sie nicht erreichte, noch grüne Stellen, obwohl die Früchte ausgereift sind. Die Ernte beläuft sich auf 25 000 Tonnen Clementinen jährlich, die aber fast ausschließlich in Frankreich verkauft werden.

Zitrusfrüchte kultiviert man auf Korsika seit den Zeiten der Römer, aber Clementinen sind ein noch junger Familienzuwachs. Die Mehrzahl der Obstgärten wurde vor 30 oder 40 Jahren angelegt. Die Clementine ist eine Kreuzung zwischen Mandarine und Pomeranze. Sie wurde 1902 in den Obstgärten eines landwirtschaftlichen Waisenheims bei Oran in Algerien erzeugt, das dem französischen Missionar Pater Clement Dozier unterstand. Die 5–6 cm großen korsischen Clementinen sind gewöhnlich leicht zu schälen und in ihre Segmente zu zerteilen. Ihre Beliebtheit verdanken sie nicht zuletzt ihrer Kernlosigkeit (maximal zwei). Sie sind reich an Vitamin C, süßer als Mandarinen und überaus saftig. Ihr besonderer Reiz beruht auf dem charakteristischen Duft, den sie ätherischen Ölen verdanken. Sie werden vor allem frisch verzehrt, aber auf Korsika bereitet man daraus auch aromatische Liköre und Fruchtweine zu, kandiert sie oder legt sie in Sirup ein.

Auf Korsika serviert man mit Vorliebe Konfitüren zum Käse, so wie hier Feigenkonfitüre (vorn) und Konfitüre aus grünen Tomaten (oben).

455

Glossar

Abstich Wein aus einem Faß oder Tank umfüllen, um ihn vom Bodensatz zu befreien.

Affinage Beim Käse das Nachreifen bis zum optimalen Verzehrpunkt; beim Wein das Nachreifen in Flaschen.

Affineur Käsehändler, der jungen Käse einkauft und im eigenen Keller zur Reife führt.

Aïoli Aus Knoblauch, eventuell mit Eigelb, geschlagene Mayonnaise, zu Fischsuppen, kaltem Fleisch, Gemüse oder Vorspeisen.

Amuse-bouche Appetithäppchen, häufiger und deftiger *amuse-gueule,* ›Schnauzenfreude‹, genannt, werden zum Aperitif oder vor der ersten Vorspeise gereicht.

Anatto Gelbroter Lebensmittelfarbstoff Bixin (E 160 b), gewonnen aus den Samen des im Amazonasgebiet heimischen Orleanstrauches *(Bixa orellana).*

Andouillette Innereienwurst

Aperitif Der appetitanregende Schluck vor dem Essen; auch eine Getränkekategorie.

Appellation d'Origine Contrôlée, AOC Höchste französische Weinkategorie mit kontrollierter Ursprungsbezeichnung.

Assemblage Mischung verschiedener Rebsorten oder Lagen, Verschnitt.

Bain-marie Wasserbad; schonendes Garen in einem Topf, der in einem größeren mit kochendem Wasser hängt oder in speziellen doppelwandigen Töpfen, wodurch ein Anbrennen vermieden wird.

Bavarois Kalte Nachspeise aus mit Gelatine gebundenem Fruchtpüree und Crème anglaise.

blanchieren Zutaten, vor allem Gemüse, kurz in kochendes Wasser geben und vorgaren. Der Garprozeß sollte durch Eintauchen in Eiswasser anschließend sofort unterbrochen werden. Alle Keime und Enzyme werden dabei zerstört.

Botrytis cinerea Edelfäule, Pilz, der aus reifen Beeren Wasser entzieht und dadurch zu erhöhter Zuckerkonzentration führt, zugleich verleiht er ein subtiles Aroma.

Bouquet garni Kräutersträußchen, immer mit Thymian und Lorbeer, meist zusätzlich mit Petersilie; aber auch mit Rosmarin, Majoran, Liebstöckl oder Sellerie, je nach Gericht und Region; meist, aber nicht immer, zusammengebunden zugefügt.

Bukett Franz. *bouquet,* bezeichnet den Duft von bereits entwickeltem Wein, seine ›Nase‹.

Cargolade Katalanische Grillade, bei der Schnecken die Hauptrolle spielen.

Charlotte Cremige Süßspeise, die von einem äußeren Kranz von Löffelbiskuits umgeben ist; zur Zubereitung benutzt man eine zylindrische Form.

Confit Franz. für ›eingemacht‹ oder ›eingelegt‹, bezieht sich oft als Adjektiv auf kandierte Früchte; als Substantiv bezeichnet es meist in eigenem Fett eingelegte Fleisch- und Geflügelstücke, vor allem von Gans und Ente, aber auch vom Schwein.

Coulis Sauce aus püriertem Obst oder Gemüse

Court-bouillon Sud aus Wasser unter Zugabe von Zwiebel, Möhre, Lauch, eventuell Sellerie, Kräutern und Gewürzen.

Crème anglaise Franz. für ›englische Creme‹, eine dicke, süße Cremesauce aus Zucker, Eigelb, Sahne und Vanille.

Crème fraîche (épaisse) Dicke und dezent säuerliche Sahne zur Verfeinerung und Bindung von herzhaften wie süßen Saucen und Speisen.

Crème pâtissière Konditorcreme, vielseitige Creme aus Eigelb, Zucker, Mehl und Milch, die zum Füllen, Über- oder Umgießen von Gebäck und Nachspeisen verwendet wird, oft mit Vanille-Aroma.

Crêpes Sehr dünner Pfannkuchen mit vielfältiger Garnierung; ursprünglich aus der Bretagne.

Croûtons Geröstete Brotwürfel

Cru Fachbegriff im Weinbau für gute Lage; Grand Cru ist eine Spitzenlage; als Adjektiv bedeutet es ›roh‹, bei Butter und Käse ›nicht pasteurisiert‹.

Cuvée Bezeichnung bei Champagner oder Wein, bei denen das fertige Produkt aus verschiedenen Fässern und Tanks gemischt wurde.

Daube Langsam geschmortes Fleisch- und Gemüsegericht.

deglacieren Ablösen, durch Zugabe von Flüssigkeit und unter Rühren den Bratensatz vom Topf- oder Pfannenboden lösen.

degorgieren Bei Schaumweinen durch Rütteln der Flasche den Hefesatz in den Flaschenhals befördern und – meist mittels Vereisung – entfernen.

Degustation Verkostung; insbesondere das Probieren von Weinen, um ihre aromatischen Charakteristiken zu ergründen.

dekantieren Umfüllen von Wein in eine Karaffe, um ihn zu belüften und/oder vom Bodensatz in der Flasche zu trennen.

Eau-de-vie Wörtlich ›Lebenswasser‹, jeglicher durch Destillation gewonnene Schnaps.

Edelfäule siehe Botrytis

entrappen Entfernen der Rappen genannten Strünke der Trauben bei der Weinbereitung.

Farce Durch den Wolf gedrehte Mischung von Fleisch oder Fisch mit Kräutern, Gewürzen, auch anderen Zutaten zur Füllung von Pasteten, Geflügel, Fischen, Gemüsen u.a.; auch als Aufstrich.

Foie gras Stopfleber, die von der Gans *(d'oie)* oder von der Ente *(de canard)* stammt.

Fond Saft, der nach dem Garen von Fleisch oder Fisch zurückbleibt und die Basis für Saucen bildet.

Fricassée In Frankreich handelt es sich dabei in der Regel um wenige, aber große Fleisch- oder Geflügelstücke pro Person.

Fumet Franz. ›Geruch‹, ›Duft‹; bezeichnet eine durch Kochen, Reduzieren und Passieren gewonnene konzentrierte Suppen- oder Saucenbasis, meist von Fischen, Krebstieren oder Pilzen.

glasieren Desserts oder Gebäck mit Zuckerguß oder Schokolade überziehen; herzhafte kalte Zubereitungen mit Gelatine überziehen.

gratinieren Gerichte durch starke Oberhitze überkrusten, oft mit Käse oder Semmelbrösel.

Gribiche Mit Kapern, eingelegten Gurken und Kräutern gewürzte Mayonnaise mit kleingeschnittenen hartgekochten Eiern.

hachieren Fein hacken, durch den Wolf drehen.

Hors-d'œuvre Sammelbegriff für kalte oder warme Vorspeisen.

Julienne In feine Streifen geschnittene Zutaten, meist Gemüse.

Jus Franz. Saft; auch entfetteter Bratensaft.

Kaisergranat Bekannter unter seinem ital. Namen *scampi* oder dem franz. *langoustine*; kleiner Verwandter des Hummers.

Maische Mischung von festen und flüssigen Bestandteilen bei der Bier- oder Weinherstellung; bei letzterer gemahlene Trauben, deren Schalen in gärendem oder vergorenem Most ziehen.

Malo, malolaktische Gärung Biologischer Säure-Abbau, der nach (oder seltener auch während) der alkoholischen Gärung auftritt und Apfel- in milde Milchsäure verwandelt. Wird bei Weißweinen häufiger ganz oder teilweise unterbunden, um ihnen Frische zu bewahren.

marinieren, beizen Zutaten in einer Sauce aus Öl, Essig oder Zitronensaft, eventuell Wein sowie Gewürzen und Kräutern einlegen und einige Zeit ziehen lassen, um sie zarter zu machen oder zu würzen.

mazerieren Begriff aus der Getränkeherstellung: das Ziehenlassen von Früchten oder anderen Zutaten in Alkohol, Wein oder Most.

Mirepoix Kleingewürfelte, dann angeröstete Gemüsemischung aus Möhren, Zwiebeln, Schalotten etc. sowie Kräutern und etwas rohem Schinken, die dazu

dient, den Geschmack von Saucen, Suppen und anderem zu heben.

Mutage ›Verstummen lassen‹; Zugabe von Alkohol zum Most, um die Gärung zu unterbinden; bei Weinaperitifs und Vins Doux Naturels.

Parfait Halbgefrorenes oder auch delikater Schaum aus luxuriösen Zutaten wie *foie gras* oder Hummer.

Persillade Mischung aus feingehackter Petersilie mit Knoblauch.

Phylloxera Reblaus; in der Regel Synonym für die Schädlingskatastrophe, die in der 2. Hälfte des 19. Jahrhunderts viele Weinstöcke vernichtete.

pochieren Behutsames Garen in Flüssigkeiten, die nicht kochen.

Potage Pürierte und gebundene Gemüsesuppe.

Praliné In Frankreich ein Bonbon aus gebrannten Mandeln; eine Praline ist dagegen ein *bonbon au chocolat.*

Rancio Bestimmte Bukett- und Geschmacksnote, die bei alten Weinbränden und Süßweinen auftritt und an frische Walnüsse erinnert; alter Süßweintyp.

Ras al-hanout Orientalische Gewürzmischung mit variabler Rezeptur aus einer Vielzahl von Einzelgewürzen, darunter Pfeffer, Piment, Muskatblüte, Gewürznelken, Dillsamen, Lorbeerblättern, Kurkuma, Kümmel, Galgant, Rosenblüten u.v.m., die bei Bedarf gemahlen werden.

Reduktiver Ausbau Begriff aus der Weinbereitung, wobei der Kontakt mit Sauerstoff unterbunden wird, z. B. durch frühe Flaschenabfüllung, wodurch primäre Fruchtaromen verstärkt erhalten bleiben.

reduzieren Verringern und verdicken einer Flüssigkeitsmenge durch Einkochen bei starker Hitze.

Robe Farbe des Weins

Sabayon Weinschaumcreme

Sauce béchamel Sauce auf der Basis einer mit Milch verrührten, mit Muskatnuß und Salz abgeschmeckten Mehlschwitze.

sautieren Synonym für schmoren

Soufflé Lockere, auf steif geschlagenem Eiweiß basierende süße oder herzhafte Auflaufmasse, die in Porzellanformen im Ofen gebacken wird.

Source Quelle

spicken Speckstreifen, Trüffelscheiben oder Knoblauchzehen unter die Haut oder Oberfläche von Geflügel oder Fleisch applizieren, am besten mit einer speziellen Spicknadel.

Tannine Gerbstoffe im Wein, die aus Schalen und Strünken (Rappen) stammen und als natürlicher Konservierungsstoff wirken; sie garantieren Rotweinen eine lange Lagerfähigkeit und wirken vorbeugend gegen Gefäßerkrankungen.

Tian Nach den flachen Tonformen, in denen sie garen, genannte und überbackene provenzalische Zubereitungen aus Gemüse, Fisch und anderem.

Tournedos Dickes und zartes Stück aus der Filetspitze.

Trou normand, trou gascon Wörtlich ›Loch‹; zwischen den Gängen kredenzter junger Calvados oder Armagnac, um für weitere Genüsse Platz zu schaffen.

Velouté Wörtlich ›samtig‹; mit Mehlschwitze gebundene, mit Eigelb, Butter und Sahne verfeinerte Suppe; auch für vergleichbare, auf Mehlschwitze basierende Fleisch- oder Fischsaucen.

Vin de Pays Landwein; unterliegt in Frankreich einer genauen Kontrolle, insbesondere bezüglich Herkunft und Ertrag.

Vin Doux Naturel (VDN) Natursüßer Wein; spezielle Weinkategorie für südfranzösische Süß- und Dessertweine wie Banyuls, Maury, Rasteau, Rivesaltes und verschiedene Muscat-Weine.

Vinaigrette Kalte Salatsauce auf der Basis von *vinaigre* (Essig) und Öl, oft zusätzlich mit Senf gewürzt.

Vinifikation Gesamter Prozeß der Weinbereitung.

Vivier Meerwasseraquarium in Restaurants oder beim Fischhändler, insbesondere für Hummer und Langusten.

Bibliographie

Androuet, Pierre: Un fromage pour chaque jour, Paris 1981
ANITTA–Association Nationale Interprofessionnelle Technique du Tabac:
Burley – Du semis à la livraison, Bergerac 1997
Tabac Brun – Du semis à la livraison, Bergerac 1997
Virginie – Du semis à la livraison, Bergerac 1996
Assire, Jérôme: Le Livre du Pain, Paris 1996
Auby, Jean-François: Les Eaux Minérales, Paris 1994
Aurières, Albert / Antonietti, Armand: Le Service du Restaurant des Étages, du Salon de Thé, du Bar, Paris 1974
Bonneton, Christine (Hrsg.): Champagne Ardenne, Cahors 1987
Bourgeat, Jacques: Les Plaisirs de la Table en France gaulois à nos jours, Paris 1963
Brochier, Jean-Jacques: La Cuisine des Gibiers, Paris 1993
Brunet, Pierre: Histoire et Géographie des Fromages, Caen 1987
Buren, Raymond: Le Jambon, Grenoble 1990
Cantin, Christian: Les Fromages, Paris 1978
Centre d'Études et de Documentation du Sucre – Le Sucre: Richesse agro-alimentaire française, Paris 1992
Collection de l'Université du Vin: Le Vin des Historiens (Suze-la-Rousse), 1990
Courtine, Robert: Le Ventre de Paris – La Vie Parisienne – De la Bastille à l'Étoile des siècles d'appétit, Paris 1985
Cousteaux/Casamayor: Le Guide de l'Amateur de l'Armagnac, Toulouse 1985
Cuisine et Gastronomie de Bretagne (Editions Quest-France), Rennes o.J.
Davidson, Alan / Knox, Charlotte: Seafood, London 1998
Dominé, André (Hrsg.): Culinaria – Europäische Spezialitäten, Band II, Köln 1995
Dominé, André: Die Kunst des Aperitif, Weingarten 1989
Dominé, André: Roussillon und die Côte Vermeille, Badenweiler 1992
Dovaz / Lecouty / Martini / Spurrier: Encyclopédie des Vins de Corse, Paris 1990
Drischel / Poulain / Tuchelut: Histoire et Recettes de l'Alsace Gourmande, Toulouse 1984
Dumont, Cédric: Sprachführer für Gourmets, Französisch – Deutsch, Bern 1992
Encyclopédie des Aliments, Paris 1997
Fuchs, Claude: L'Âme des Winstubs (Editions du Rhin)
Gay, Lisa: Éloge de l'huître, Paris 1990
Gerbelle, Antoine / Couvreur, Dominique: Vins et Vignobles en France, Paris 1996/1997
Green, Maureen u. Timothy: The Good Water Guide, London 1985
Hubatschek, Irmtraud: L'Île des Bergers, Innsbruck 1997
I.N.A.O.: L'atlas des Vins de France, Paris 1989
L'inventaire du patrimoine culinaire de la France: Aquitaine, Paris 1997
L'inventaire du patrimoine culinaire de la France: Bourgogne, Paris 1993
L'inventaire du patrimoine culinaire de la France: Bretagne, Paris 1994
L'inventaire du patrimoine culinaire de la France: Corse, Paris 1996
L'inventaire du patrimoine culinaire de la France: Île-de-France, Paris 1993
L'inventaire du patrimoine culinaire de la France: Languedoc-Roussillon, Paris 1998
L'inventaire du patrimoine culinaire de la France: Midi-Pyrénées, Paris 1996
L'inventaire du patrimoine culinaire de la France: Nord-Pas-de-Calais, Paris 1993

L'inventaire du patrimoine culinaire de la France: Pays-de-la-Loire, Paris 1992
L'inventaire du patrimoine culinaire de la France: Provence-Alpes-Côte d'Azur, Paris 1995
L'inventaire du patrimoine culinaire de la France: Rhônes-Alpes, Paris 1995
Johnson, Hugh: Der neue Weinatlas, Bern 1994
Joly, Nicolas: Le vin – du ciel à la terre, Paris 1997
Koffmann, Pierre: Memories of Gascony, London 1993
Larousse des Vins, Paris 1995
Larousse gastronomique, Paris 1997
Le Divellec, Jacques: Les Poissons, Paris 1990
Maestracci, Marie-Louise u. Fabienne: Corses Gourmandes, 1997
Malaval, Catherine / Oberlé, Roland: L'Histoire des Pâtes d'Alsace, Strasbourg o.J.
Meiller, Daniel / Vannier, Paul: Limousines – L'aventure de la race bovine limousine, o.O. und o.J. (La Manufacture)
Meurville, Elisabeth de / Creignou, Michel: La France Gourmande, Paris 1997
Meurville, Elisabeth de / Girard, Sylvie: L'Atlas de la France Gourmande, Paris 1990
Morand, Simone: Bretagne, Châteaulin 1996
Musset, Danielle: Lavandes et plantes aromatiques, Marseille 1989
Olivier, Jean-François: Huiles et matières grasses, Paris 1992
Pebeyre, Pierre-Jean u. Jacques: Le Grand Livre de la Truffe, Paris 1987
Pitiot, Sylvain / Servant, Jean-Charles: Les Vins de Bourgogne, Paris 1997
Poussier, Jean-Luc: Bretagne, Paris 1995
Quand les Bretons passent à Table (Éditions Apogée), Rennes 1994
Renaud, Guy: Histories de moutarde, cassis et pain d'épice, Dijon 1987
Rio, Bernard / Buytaert, Jean-Luc: Terroirs de Bretagne, Rennes 1996
Robinson, Jancis: The Oxford Companion to Wine, Oxford 1994
Robinson, Jancis: Vines, Grapes and Wines, London 1986
Sharman, Fay / Chadwick, Brian: The A–Z Gastronomique, London 1990
Terrasson, Laurence: Atlas des desserts de France, Paris 1995
Traité de l'alimentation et du corps (Flammarion), Paris 1994
Willan, Anne: French Regional Cooking, London 1989
Zeitschriften:
Bourgogne aujourdhui
Cuisine et Vins de France
Essen & Trinken
Der Feinschmecker
Gault-Millau
Revue du Vin de France
Saveurs

Fotonachweis

Alle Aufnahmen:
Günter Beer, www.beerfoto.com
Markus Bassler, Fotoassistenz

Mit Ausnahme von:

AKG Archiv für Kunst und Geschichte, Berlin: S. 34 o. 11. und o. Mitte
Bagyi, Franz, Weil der Stadt: S. 62 (Wildschwein, Wildente)
Bink, Margarete, Hameln: S. 62 (Reh)
© Bois-Prévost, Serge: S. 272 re. (inset)

© Bruniaux, Philippe: S. 192 u. (beide Fotos); S. 193 o. (beide Fotos)
Bureau Interprofessionnel des Vins de Bourgogne, Beaune: S. 181 u. re.
B.N.I.A., Eauze: S. 302/303 (alle Fotos)
Comité Interprofessionnel des Vins de Savoie, Chambéry: S. 229 o. li. (alle insets), u. re.
C.I.V.B.: Pierre Mackiewicz: S. 264 u. (beide insets)
Centre d'Information des Viandes: S. 138/139 (alle Fotos); Laurent Rouvrals: S. 248/249 (alle Fotos)
Comité Interprofessionnel des Lentilles Vertes du Puy, Puy-en-Veley: S. 338/339
Conseil Interprofessionnel des Vins d'Alsace, Colmar Zvardon: S. 84; S. 86/87 (Hintergrund); P. Bouard: S. 86 (alle insets)
Corbis/Sygma: S. 34 u. Mitte
Dahm, Hjalmar: S. 122/123
Danegger, Manfred, Owingen: S. 62 (Rebhuhn)
Dominé, André, Trilla: S. 160/161; S. 173; S. 174/175 (alle Fotos); S. 176 o. re. (beide Fotos); S. 180; S. 181 o. und Mitte re.; S. 183 o. (alle Fotos); S. 196/197; S. 210/211 (alle Fotos); S. 228/229 (Hintergrund); S. 228 li. (inset); S. 230/231; S. 269 o. li.; S. 272 li. re. und li. (inset); S. 273; S. 288/289 (Hintergrund); S. 289 (inset); S. 319 o. (inset); S. 324 (Caussenarde du Lot); S. 352; S. 371; S. 372 u. Mitte; S. 374 o. re.; S. 382; S. 402/403 (Hintergrund); S. 403 (Bohnenkraut); S. 405 li. (Picon, Suze); S. 418/419
Archiv André Dominé, Trilla (mit freundlicher Genehmigung der Hersteller): S. 57 u. re.; S. 86 u. re.; S. 141 Mitte; S. 104 (Etiketten); S. 266/267 (Etiketten); S. 268/269 (Etiketten); S. 277 o. re.
Franken, Owen, Paris: S. 363 o. Mitte und re.; S. 412; S. 413
Groupe Neptune/C.A.B Communication, Boulogne S. 345 (Chateldon)
© Tandem Verlag GmbH: Helmut Claus: S. 346/347; Food-Foto: S. 69 li.; S. 157 u. (alle Freisteller); S. 406 u. li.; Fuis & Büschel GbR/Büschel: S. 98 (Glattbutt, Kabeljau/Dorsch, Scholle, Hering); S. 99 (Meeraal); Fuis & Büschel GbR/Fuis: S. 226 (Erdbeere, Himbeere, Heidelbeere, Rote Johannisbeere, Tafeltraube); Ruprecht Stempell: S. 75 (alle insets); S. 99 (Makrele, Seezunge, Weißer Thunfisch, Steinbutt); S. 120 u.; S.121; S. 131 (Porree); S. 214 u. 11. (inset); S. 226 (Aprikose, Pfirsich, Nektarine und Brugnole, Pflaume, Apfel Golden Delicious, Quitte); S. 227 (alle Fotos außer Melone); S. 403 (Oregano); S. 406/407 (alle Freisteller); S. 417 li. (inset)
Kuhn, Dieter, Sulzbach: S. 62 (Hase)
Les Seigneurs de Cahors, Parnac: S. 319 u. (inset)
Marek, Erich Tierbildagentur: S. 62 (Fasan); S. 62/63 (Hintergrund)
Millo, F.: S. 394/395 o.; S. 424
© OKAPIA, Frankfurt a.M.: Hans Reinhard: S. 66 (Löwenzahnblüten, Schwarze Holunderbeeren, Vogelbeeren); NAS M.P Gadomski: S. 66 (Heidelbeeren); Wolfgang Weinhäupl: S. 167 (Sonnenblumenkerne); Björn Svensson: S. 167 (Erdnüsse); TH Foto/Tschanz-Hofmann: S. 167 (Oliven); G. Büttner/Naturbild: S. 167 (Mais); Fritz Hanneforth: S. 167 (Rapsblüten); Manfred Ruckszio: S. 167 (Solabohnen)
Orteiza, Pierre: S. 283 u. li.
Parcé, Pierre, Perpignan: S. 400/401; S. 411
Photo CCISBM: S. 94
Photo Studio Farine: S. 416/417 (Hintergrund); S. 417 re. (inset)
Pneu Michelin, Paris: S. 40/41 (Hintergrund); S. 40 u. li.
Sipa Press, Paris: Cinello: S. 15 (Hintergrund); S. 15 u. (inset); Yli/Sipa Icono: S. 15 o. (inset)
SOPEXA, Düsseldorf: S. 49 (Vacherin), S. 162; S. 216 (Kapaun, Pute); S. 238 (Europäische Auster, Pazifische Felsenauster oder Japanische Auster); S. 314 o. (inset); S. 324 (Berrichonne du Cher, Bleu de Maine, Île de France, Lacaune, Mouton vendéen, Rouge de l'Est, Charmoise, Mouton charolais)
UPRA France Limousin Sélection, Limoges: S. 247 re.
Vichy Célestin/C.A.B. Communication, Boulogne S. 342/343; S. 344 o.

Danksagung

Paris & Île-de-France
Semmaris, Rungis
Compagnie des Courtiers Jurés, Piqueurs de Vins de Paris
Boulangerie Jean-Luc Poujauran, 7. Arrondissement
Rémie Romieu, Brûlerie des Ternes, 16. Arrondissement
Spécialités yiddish, Sacha u. Florence Finkelsztajn, 4. Arrondissement
Pâtisserie Dalloyau, Pascal Niaü u. Jean-Luc Matyjasik, 8. Arrondissement
Brasserie Mollard, Joël Renty, 8. Arrondissement
Brasserie La Coupole, Mme Nadine Gros, 14. Arrondissement
Hôtel Ritz und seine Brigaden, 1. Arrondissement
Historische Rezepte, Hôtel du Louvre, Jean Michel Mougard, 1. Arrondissement
Traiteur Potel et Chabot, Jean-Pierre Biffi, Chef des cuisines, 16. Arrondissement
Pneu Michelin, M. Alain Arnaud, 75341 Paris
Jacques Valet de Reganhac, École Hôtellière Ferrandi, Paris, 6. Arrondissement
Les Maîtres d'Hôtel de France, Clichy
Küchenutensilien: Ets Michel Lejeune, Asnières
Fromagerie Roland Barthélémy, 7. Arrondissement
Fil o'Fromage, Sylvie u. Chérif Boubrit

Champagne, Lorraine & Alsace
Comité Interprofessionnel du Vin de Champagne, Epernay
CIVC, Jacques Lechat, Brüssel
Champagne Moët et Chandon, Epernay
Hôtel Ritz, Paris, 1. Arrondissement
Biscuiterie Rémoise, Charles de Fougeroux, Reims
Clotilde Frenneaux, Crepac, Chalons-sur-Marne
Schweinsfüße: Le Soleil d'Or, Yvan de Singly, Sainte-Menehould
Le Saint-Hubert, Haybes
Charcuterie Roffidal, Haybes
Wildrezepte: Restaurant Les Echevins, Pascal Oudea, Mouzon
Confitures Dutriez, André Dutriez, Bar-le-Duc
Philippe Thomé, Charleville-Mézières
Restaurant La Marmite, Gérard Silvestre, Rouvray
Comité Régional de Tourisme, Michèle Wagner, Nancy
Pâtisserie Palet d'Or, André Cordel, Bar-le-Duc
Baba au rhum: Pâtisserie Begrem, Perpignan
Biscuits Saint-Michel Grellier, St-Michel
Boulangerie Daniel Helmstetter, Colmar
Choucroute: Restaurant Chez Philippe, Philippe Schadt, Blaesheim
Brasserie Schutzenberger, Rina Muller-Walter, Schiltigheim, Straßburg
Association de Gestion et de Promotion de la Route de Bière d'Alsace, Straßburg
Monique Dognin, ABDOCOM
Foie gras: Charcuterie La Ferme, Bernard Voinot, Colmar
Winstub: Chez Yvonne S'Burjestuwel, Yvonne Haller, Straßburg
Munster: Fromagerie Jacques Haxaire, Lapoutroie
Syndicat Interprofessionnel du Fromage Munster-Géromé
Comité Interprofessionnel des Vins d'Alsace, Pierre Bouard, Colmar
Distillerie Jean-Paul Metté, M. Traber, Ribeauvillé
Fédération Nationale des Distillateurs d'Eaux-de-Vie, Paris

Nord – Pas de Calais, Picardie, Normandie & Bretagne
Brasserie La Coupole, Paris, 14. Arrondissement
Association des producteurs d'Agneaux de pré-salés de la baie du Mont-St-Michel, St-Senier-sous-Avranches
Crié de Boulogne, Chambre de Commerce et d'Industrie, M. Wyts, Boulogne
Fischräucherei Fournier et Fils, Christophe u. Stéphane Fournier, Calais
Comité d'Expansion Agro-Alimentaire de Normandie, Caen
Pascal Copin, REC Communication, Cesson Sévigné
Restaurant Le Chalut, Jean-Philippe Foucat, St-Malo
Restaurant Tiré-Guérin, Roger Tirel, La Gouesnière
Le Germinal, David Etcheverry, Cesson Sévigné
Moulin de la Charbonnière, M. R. Schmitt, St-Grégoire
Lecoq Gadby, Véronique Bregeon, Rennes
Auberge Grand Maison, J. Guillo, Mûr de Bretagne
Jean-Bernard Bourdier, St. Coulomb
Marc Brisset, Cherbourg
Genièvre: Distillerie Persyn, M. Hugues Persyn, Houlle
Louis Peugniez, Les Amis de la Bière, Aire-sur-la-Lys
Pierrot Coucke, Le Bistrot de Pierrot, Lille
Jean-Paul Belot, Fontaine-Notre-Dame
Office de Tourisme de Lille
Le Succès Berckois, Micheline Matifas, Berck-Plage
Confiserie Afchain, Cambrai
Fromagerie Leduc-Frouhin, Sommeron
Syndicat Normand des Fabricants de Camembert, Caen
Sopexa, Paris
Comité Départemental du Tourisme du Calvados, Armelle Le Goff, Chantal Ollivier, Caen
Andouillerie Artisanale Bernard Boscher, St-Denis-Le-Gast
Hummer und Kutteln: Restaurant La Bourride, Michel Bruneau, Caen
Cidrerie Château d'Hauteville, Eric Bordelet, Charchigné
Bureau National Interprofessionnel du Calvados, Michèle Frêné, Caen
Comité Départemental du Tourisme du Finistère, J. L. Jourdain
Conseil Régional de Tourisme de Bretagne, Chantal Fournier
Apfeldesserts: Restaurant La Bourride, Michel Bruneau, Caen
Galettes und Crêpes: Crêperie Ti Nevez, St-Malo

Pays de Loire & Centre
Jean-Roland Barret, C.D.D.M., Angers
Champignonnière du Saut aux Loups, Jannick Neveux, Montsoreau
Fischgerichte: Restaurant Villa Mon Rève, Gérald Ryngel, Basse-Goulaine
Charcuterie Hardouin, André u. Jacques Hardouin, Vouvray
Centre d'Information de Viande, Paris
Château de la Preuille, Philippe Dumortier, St-Hilaire de Loulay
Domaine L'Echansonne, Gaston Huet u. Noël Pinguet, Vouvray
Château de la Roche aux Moines, Nicolas Joly, Savennières
Vinaigres Martin-Pouret, Jean-François Martin, Fleury-Orléans
Pralinen: Mazet de Montargis, B. Digeon, Montargis
Confiserie Edé, Thierry Edé, Nougatines, Nevers
Crottin: Fromagerie Dubois, Gilles Dubois, Chavignol

Bourgogne & Franche-Comté
Abbaye de Citeaux und ihre Mönche
Anis de Flavigny, Cathérine Troubat, Flavigny-sur-Ozerain
Jean-Baptiste Joannet, Liquoriste, Arcenat
Gabriel Boudier, Dijon
Traditionelle Rezepte des Burgund: Auberge la Beursaudière, Gérald Carpentier, Nitry
Paul Fénéon, Charolais-Züchter, St-Julien-de-Civry
Jacques Despierres, Chevillard, St-Christophe-en-Brionnais
Sopexa, Paris

Moutarde Edmond Fallot, Beaune
Huilerie Artisanale Leblanc, Famille Leblanc, Iguérande
Hostellerie de l'Ecusson, Jean-Pierre Senelet, Beaune
Comité Interprofessionnel des Vins de Bourgogne, Beaune und Chablis
Château de Monthélie, Eric de Suremain, Monthélie
Distillerie Joseph Cartron, Nuits-St-Georges
Jean-Claude Gros, Destillateur, Vosne-Romanée
Comité de Promotion des Produits Régionaux Franche-Comté, Besançon
Boulangerie Le Belflore, Dominique Fiorone, Belfort
Charcuterie Salaisons Pierre Faivre, Grand Combe Châteleu
Jambon persillé: Hostellerie de l'Ecusson, Beaune
Comté: Fromagerie Rieme, Jean-François Rieme, Pont de la Roche
Groupement Interprofessionnel Gruyère de Comté
Distillerie Pierre Guy, François Guy, Pontarlier
Domaine Hubert Clavelin, Voiteur
Institut des Vins du Jura, Nicolas Visier, Château Pécaud, Arbois

Lyon & Rhône-Alpes
Bistrotgerichte: Bistrot de Lyon, Jean-Paul Lacombe, Guy Gâteau, Frédéric Gros, Lyon
Charcuterie Reynon, Georges u. Michel Reynon, Lyon
Chocolatiers Maurice u. Jean-Jacques Bernachon, Lyon
Mousse au chocolat: Restaurant La Littorine, Jean-Marie Patroueix, Banyuls
Coulis-Kunst: Restaurant Claude Lutz, Jean-Philippe Monnot, Méximieux
Domaine du Moulin Blanc, Alain u. Danièle Germain, Charnay en Beaujolais
Union Interprofessionnelle des Vins du Beaujolais, Michel Deflache, Villefranche-sur-Saône
Coopérative agricole de producteurs de poisson des Dombes, Meximieux
Comité Interprofessionnel des Volailles de Bresse, Louhans
Robert Maugard, La Ferme du Canardier, Anneville-Ambourville
Volaillerie Saint-Antoine, Familie Colls, Perpignan
Houdan Distribution, Houdan
Geflügelgerichte: Restaurant Claude Lutz, Claude Lutz, Chalan Chabane, Meximieux
Maison Alpes Dauphiné Isère, Claude Lauzière, Paris
Comité Départemental de la Drôme, Christophe Bonin
Gerichte der Drôme: Restaurant Le Caveau, Christian u. Muriel Cormont, Nyons
Bioobst: Domaine Combier, Laurent Combier, Pont de l'Isère
Sopexa, Anja von Treskow, Düsseldorf
Office National Interprofessionnel des Fruits, des Légumes et de l'Horticulture, Paris
Direction Régionale de l'Agriculture et de la Forêt Rhône-Alpes, Patrick Landrot, Lyon
Direction de l'Agriculture et du Tourisme, Marie-Rose Narce, Charbonnières-les-Bains
Comité Interprofessionnel des Vins d'AOC Côtes du Rhône et de la Vallée du Rhône, Avignon
Comité Interprofessionnel des Vins de Savoie, Chambéry
Chartreuse Diffusion, Mme Moscatoba, Voiron

Poitou-Charentes & Limousin
Jim Budd, London
Philippe Huvé, Chambre d'Agriculture Poitou-Charente, Poitiers
Fischgerichte: Restaurant Les Jardins du Lac, Michel Suire u. Alain Orillac, Trizay
Beurre d'Echiré, M. Chartier, Echiré
Kandierte Engelwurz: Angeli Cado, Bernard Albert, Niort
Sopexa, Paris
Rindfleisch- und Kaninchengerichte: Charlou Reynal, Brive-la-Gaillarde

Centre d'Information de Viande, Paris
Le Rex de Poitou, Olivier Thibault, Neuville-de-Poitou
Moutarde violette, Denoix, Brive-la-Gaillarde
Jean-Yves Lelièvre, Chambre d'Agriculture, Limoges
Cognac & Pineau de Charente, Jean-Yves Moine,
   Villeneuve de Chassors
La Cognathèque, Serge Arrou, Cognac
Bureau National Interprofessionnel du Cognac, Cognac

Bordeaux, Périgord, Gascogne & Pays Basque
Conseil Interprofessionnel des Vins de Bordeaux, Anne
   Marbot, Bordeaux
Sylvie Cazes, Château Lynch-Bages, Pauillac
Fisch- und Fleischgerichte: Hôtel-Restaurant Château
   Cordeillan-Bages, Thierry Marx, Pauillac
Steinbuttgericht: Auberge Kaïkou, Émile u. Jeanne
   Ourdanabia, St-Jean-de-Luz
Syndicat des Marins, M. Larzabal, St-Jean de Luz
Baskische Gerichte: Hotel Restaurant Arraya,
   Guillaume Fagoaga, Sare
Schafskäse: Fromagerie Martin Harriet, Arnéguy
Charcuterie Pierre Orteza, Les Aldudes
Irouléguy, Domaine Brana, St-Jean-Pied-de-Port
Madiran: Château Bouscassé, Alain u. Cathy Brumont,
   Maumusson-Laguian
Poule au pot: Pierrette Sarran, Restaurant La Berge-
   raye, St-Martin-d'Armagnac
Syndicat d'Initiative de Gimont, Mlle Denjean, Gimont
Sopexa, Jean-Michel Barbier, Paris
Agence Monique Dognin, Paris 11. Arrondissement
Kochkurs: Hôtel-Restaurant Château de Larroque,
   André Fagedet, Gimont
Pruneaux d'Agen Raymond Cabos, Mirabel
Pierre Sarran, Saint-Martin-d'Armagnac
Bureau National Interprofessionnel d'Armagnac, Marie-
   Claude Seguin u. Sébastien Lacroix Eauze
Desserts: Château Cordeillan-Bages, Pauillac
ANITTA – Association Nationale Interprofessionnelle
   Technique du Tabac, Bergerac
Tabakerzeuger Joanès Huard, Alles-sur-Dordogne
Musée de la S.E.I.T.A, Paris

Toulousain, Quercy, Aveyron & Auvergne
Chasselas de Moissac, Gilbert Lavilledieu, Boudou
Cassoulet, Millas: Auberge du Poids Public,
   Claude Taffarello, Saint-Félix-du-Lauragais
Chambre d'Agriculture, Promotion des Produits du Lot,
   Josiane Gouclas, Cahors
Couscous: Restaurant Alhambra, Jackie Bensimhon,
   Toulouse
Knoblauch (Rosaroter von Lautrec): Jean-François
   Tournier, Brassac-St-Clement
Lamm- und Pilzgerichte: Restaurant Le Gindreau,
   Alexis Pélissou, St-Médard-Catus
Truffade: Auberge des Montagnes, Pailherols
Forge de Laguiole, Gérard Boissins, Laguiole
Société de Roquefort, M. Astruc, Roquefort-sur-Soulzon
Office de Tourisme, Aurillac
Association des Fromages d'Auvergne, Aurillac
Käse: Laiterie Maurice Condutier, Cezens
Charcuterie Maurice u. Annie Rispal, Latga,
   Tanavelle
Cilverpuy, Bernadette Segaud, Le Puy-en-Velay
La Fouace de Laguiole, Denise Roux, Laguiole
Bénédicte Ringot, Thermalauvergne, Royat
Société Neptune, Thiais
C.A.B. Communication, Clotilde Cupin, Boulogne

Roussillon, Languedoc & Les Cévennes
Société Cusenier, Thuir
Josian Alexandre, Etang de Thau, Balaruc
Section conchiliculture, Mèze
Moules marinières, Fischsuppe, Fischgerichte:
   Restaurant La Littorine, Jean-Marie Patroueix,
   Jean Sannac, Banyuls-sur-Mer
Anchois, Maison Roque, Collioure
Jean-Pierre Parayre, Banyuls-sur-Mer

Cathy u. Jeannot Rousseill-Mucciolo, Banyuls-sur-Mer
Wildschwein und Omelette: Ferme-Auberge Mas Can-
   tuern, Familie Vargas, Oms
Katalanische Gerichte und Desserts: Restaurant Les
   Feuillants, Didier Banyuls, Jean Plouzenec, Cérét
Touron: Pâtisserie Begrem, Marcel Begrem, Perpignan
Charcuterie und Gerichte: Restaurant La Lozerette,
   Pierrette Agulhon, Cocurès
Crème de Marron, Yves u. Roseline Bazin, St. Pierre-
   ville
Manoul und Moche: Restaurant Chanteoiseau, Patrick
   u. Christiane Pagès, Vialas
Pierre Agulhon, Cocurès
Imkerin Bernadette Thoyer, Fraissinet de Lozère

Provence & Côte d'Azur
Paul Fouque, Aix-en-Provence
Bouillabaisse, Wolfsbarsch und Drachenkopf:
   Restaurant Mirarmar, Pierre u. Jean-Michel
   Minguella, Marseille
Rotbarben: Restaurant Le Bacchus Gourmand,
   Philippe Rousselet, Chef de cuisine, Les Arcs-sur-
   Agens
Moulin à huile Autrand Dozol, Josiane Dozol, Nyons
Pierre Parcé, Perpignan
Pastis: Epicérie Sous l'Olivier, Alain Duchémin, Isle-sur-
   la-Sorgue
Trüffel: Restaurant La Beaugravière, Guy Jullien,
   Mondragon
Ferme-Auberge Au Vieux Chêne, Pierre Hilaire, Grillon
André, Pierre-André u. Georges Valayer, Valréas
Fleischgerichte: Restaurant La Prévôté,
   Roland Mercier, Isle-sur-la-Sorgue
Centre Français du Riz, Arles
Société Griotto, Arles
Stierzüchter Marcel, Jean u. Pierre-Frédéric Raynaud,
   Domaine du Grand Radeau, Saintes-Maries de la
   Mer
Ferme-Auberge Lou Mas doù Juge, Roger u. Renée
   Granier, Saintes-Maries de la Mer
Comité Interprofessionnel des Vins de Provence, Jean-
   François Millo, Les Arcs-sur-Agens
Château Simone, René Rougier, Palette
Desserts: Restaurant Le Bacchus Gourmand,
   Jean-Daniel Cigarini, Pâtissier, Les Arcs-sur-Agens
Nougat glacé: Restaurant La Lozerette, Pierrette
   Agulhon, Cocurès
Calissons: Confiserie Brémond, Familie Beaurelly,
   Aix-en-Provence
Nougat: Albert Escobar, Montélimar
Fruits confits et Galette des rois: Marcel Begrem,
   Perpignan
Santons Fouque, Mireille Fouque, Aix-en-Provence

La Corse
Restaurant A Pasturella: Marie-Madeleine
   Martini Savelli, Monticello
Restaurant A Pampana, Fabienne Maestracci, Ajaccio
Ferme-Auberge de Campo di Monte, Familie Julliard,
   Murato
Auberge Chez Séraphin, Monique Manzaffi, Péri
Traditionelle Wurstwaren: A. Muratinca, Pascal Flori,
   Murato
U Paese, M.Giona u. M. Bereni, Bastia
Agence de Tourisme de Corse, Xavier Olivieri
   u. Edith Herson, Ajaccio
Moulin de Bocognano, Jean Bonelli
Brasserie Pietra, Armelle Sialelli, Furiani
Ziegenkäse: Daniel u. Marie-Christine Sabiani, Galéria
Uvacorse, Ajaccio
Société des Vins de Cap Corse, Borgo
Domaine Orsini, Tony Orsini, Calenzana
Domaine Lecchia, Yves Lecchia, Poggio d'Oletta
Domaine Peraldi, Guy de Poix, Mezzavia
Comité Régional d'Expansion et de Promotion Agricole
   de la Corse, Claudine Bianchi, Bastia
Chambre d'Agriculture de Haute Corse, Bastia

Register

Verweise auf Rezepte und ausführlichere Textstellen
sind halbfett gesetzt.

Aal 240
Aal mit Sauce Tartare 135 (Abb.)
Aal-Terrine mit Pfifferlingen 277
Abondance 50 (Abb.)
Absinth 190–191
Achatschnecke 360
Ackerman, Jean 140
affineur 46
Agneau de lait 447 (Abb.)
Agneau de Pauillac cuit de trois façons, petite farce
   d'abats au thym 278 (Abb.)
ail rose de Lautrec 322
Ailes de poulet, langouste au citron et au gingembre
   364 (Abb.)
aïoli 400–401
Aïoli (Angepaßte Version) 401
Aïoli (Klassische Version) 401
Aisy Cendré 171 (Abb.)
Albert, Bernard 244, 245
Alexander I., Zar 34
Aliénors von Aquitanien 260
aligot 334
Alose de Loire à l'oseille 135 (Abb.)
Alsace Grand Cru 84
amande de mer 100 (Abb.)
Amandine-Törtchen 24
Amer Picon 405 (Abb.)
Ami du Chambertin 171 (Abb.)
Anchovis **358–359**, 390 (Abb.)
Anchovis, Geröstete rote Paprikaschoten mit
   364 (Abb.)
Andouille de Vire **110–111**
andouillette 110, 137
Angelica 244–245
Angelica archangelica 244
Anguille de Loire Tartare 135 (Abb.)
Anis **154–155**, 190, 191, 404
Anjou **140**
Aperitifs **350–351**, 405
Apfel s. auch Calvados; Cidre; Pommeau
   Golden Delicious 226 (Abb.)
   Rezepte: Apfel im Schlafrock 118, Apfel-Charlotte
   118, Apfel-Crêpes-Kuchen 451 Apfelkuchen
   wie früher 119, Apfeltaschen mit Calvados 118,
   Apfeltorteletts mit Nüssen, Pinien und Rosinen 424
   (Abb.), Auberginen-Apfel-Tatin 367 (Abb.), Flam-
   bierte Apfeltorte mit Calvados 118, Gestürzter
   Apfelkuchen 118, Tarte mit Epoisses und Äpfeln
   158 (Abb.)
Apfelbranntwein s. Calvados
Apfelwein s. Cidre
Apollinaire 191
Aprikose 226 (Abb.)
araignée de mer 101 (Abb.), 391 (Abb.)
Ardi-Gasna 51 (Abb.)
Armagnac **302–303**
Artemesia absinthium 190
Artischocken **120**
Artischocken mit Kaisergranat und Kammuscheln,
   Blumenkohl und 120
Artischocken und Nußcreme, Kleine Tintenfische
   mit 364 (Abb.)
Artischockenböden, Petersfischfilets mit einer
   Garnitur von 121
Artischockenböden, Soufflé von 121
Auberginen-Apfel-Tatin 367 (Abb.)
Augelot 109
Aumônières de biche forestière sauce champagne
   64
Aumônières de pommes de terre au Calvados 118
Austern **100** (Abb.), **238–239**, 352

Austern, Warme   31 (Abb.)
Austernpilze   132 (Abb.)
Austerntörtchen mit Kressebutter   277 (Abb.)
Aziminu de bianchetti   438 (Abb.)

Baba au rhum   70 (Abb.)
Bäckeoffe   81
backlava   321 (Abb.)
Backpflaumen   300–301
Badoit, Augustin   342
Baeckoffa   81
Bagna cauda   410
Baguette   17, 18, 19, 73 (Abb.)
Ballotine de Volaille de Comté   189
Baltard, Victor   14
Bar   31
barbue   98 (Abb.)
Bärenkrebs, Großer   101 (Abb.), 392 (Abb.)
Barthélémy, Roland   47
Bas rond de lapin à la gaillarde   250 (Abb.)
Basilikum   403 (Abb.)
Basilikumpaste   401
Bastelicaccia   448
Baudelaire   191
baudroie   98 (Abb.), 390 (Abb.)
Baudroie poêlée aux cèpes des Albères   357 (Abb.)
Beaufort   50 (Abb.)
Beauvilliers, Antoine   28
Beerenobst (Übersicht)   226 (Abb.)
Beignets de brocciu   450 (Abb.)
Beindächla   81
Belon-Auster   100
Bénédictine   232 (Abb.)
Benediktiner (Orden)   82
Berlingots   106
Bernachon, Maurice   204
Besson, René   208
Bethmale   51 (Abb.)
Bêtises de Cambrai   106
Bibeleskäs   81
Bibendum   40
Bier
   Allgemein   104, 77
   Brauereien   104
   Elsaß   76–77
   Herstellung   76
   Pietra   445 (Abb.)
bigorneau   100 (Abb.)
Birne   226 (Abb.)
   s. auch Branas
Birnen in Wein, Cassis-Sorbet, Honigkuchen   159
   (Abb.)
Bistro(t)   30, 198
Bistrot à Vin   30
Bistrot de Lyon   199
Bistrot-Küche   200–201
Bitter   405
Blauschimmelkäse   47 (Übersicht), 50 (Abb.), 330–
   331 (Roquefort)
Bleu d'Auvergne   50 (Abb.), 333
Bleu de Gex   50 (Abb.), 189 (Abb.)
Bleu de Septmoncel   50 (Abb.)
Bleu des Causses   50 (Abb.)
Bleu du Haut-Jura   50 (Abb.)
Blumenkohl   120
Blumenkohl und Artischocken mit Kaisergranat
   und Kammuscheln   120
Bocuse, Paul   40
Bohnenkraut   403 (Abb.)
Boletus aereus   326
Bonapartine   441
Bordelet, Eric   115
Bouchard Père et Fils   181
Bouchon   198
boudin à la flamande   110
Bouillabaisse   388 (Abb.)
Bouillabaisse du pêcheur   388

Bouillane   220
Boulanger   28, 33
Boulogne-sur-Mer   95
Boulomié, Louis   342
bouquet   101 (Abb.)
Bourumeau, Louis-Jules   147
boutarge   438
Bouton de culotte   171 (Abb.)
Bouvet-Ladubay   140
Brana, Étienne   286, 287
Branas   286
Brandade de morue façon grand-mère   379 (Abb.)
Branntwein   s. Absinth; Armagnac; Branas; Calvados;
   Kirschwasser; Marc de Bourgogne; Obstbrand;
   Pastis; Wacholderschnaps
Bras de Vénus, crème légère au fenouil confit
   366 (Abb.)
Brasserie   30, 31
Brassica nigra   165
Brauereien   104
Brebis   285
Bresse-Huhn   214–215
Bresse-Huhn in Rahmsauce, Fricassée vom
   218 (Abb.)
Bresse-Huhn, mit Gemüse-Julienne gefüllt, in
   Rotwein-Sauce, Brust vom   218 (Abb.)
Bretzel   72 (Abb.)
Brie de Meaux   48 (Abb.)
Brie de Melun   48 (Abb.)
Brillat-Savarin (Käse)   48 (Abb.)
Brillat-Savarin, Jean-Anthèlme   34
Brocciu   448–451
Brocciu-Flan mit Orangen-Coulis   451 (Abb.)
Brocciu-Krapfen   450 (Abb.)
Brocciu-Kuchen ohne Boden   451 (Abb.)
Brochet beurre blanc   135 (Abb.)
Brot   s. auch Brötchen; Kleingebäck
   Allgemein   17, 18, 72–73, 444–445
   Baguette   17, 18, 19, 73 (Abb.)
   Brotformen   18 (Abb.)
   Jiddische Spezialitäten   22–23, 73 (Abb.)
   Übersicht (Abb.)   19, 22, 73
   Spezialitäten: Brioche 19, fouace 340, Hefebrot 19,
      Hefezopf 22, Kastanienbrot 445, Kümmelbrot 22,
      Roggenbrot 19, Russisches Schwarz-Roggenbrot
      22, Toastbrot 19, Walnußbrot 19, Weizenbrot 19,
      Weizenmischbrot 19
   Rezept: Hefekranz 341 (Abb.)
Brötchen   s. auch Brot; Kleingebäck
   Übersicht (Abb.)   19, 23
   Spezialitäten: Bagel 23 (Abb.), Fladenbrötchen 19
      (Abb.), Frühstücksbrötchen 19 (Abb.), Landbrötchen
      19 (Abb.), Roggenbrötchen 19 (Abb.), Stangenbröt-
      chen 19 (Abb.), Weizenbrötchen 19 (Abb.), Zwiebel-
      brötchen 23 (Abb.)
broyé   317
Brugnole   226 (Abb.)
Brumont, Alain   290
bucarde   100 (Abb.)
buccin   100 (Abb.)
Buchweizen   124
Bullinada   354
bulot   100 (Abb.)
Butter   242–243
Butterkuchen, Bretonischer   125
Byrrh   350, 351

Cabécou   49 (Abb.)
cabillaud   99 (Abb.)
Cafés   20–21, 30
Cahors   318–319
Caille aux poires   38 (Abb.)
Calenzana   448
calissons   426
Calissons d'Aix   426–427
Calvados   116–117
Camembert   47 (Abb.), 48 (Abb.), 108

Canette laquée au miel de la lavande   415 (Abb.)
Cantal   47 (Abb.), 51 (Abb.), 333
Cap Corse   440, 441
Capsicum annuum   282
Carbonnade languedocienne   381 (Abb.)
Carême, Antonin   24, 34, 361
Carpano, Antonio Benedetto   351
Carré d'agneau au four, ris d'agneau sur rosace de
   pomme de terre et étuvée de pochas   282 (Abb.)
carrelet   98 (Abb.)
casseron   240
Cassis-Sorbet, Honigkuchen, Birnen in Wein   159
   (Abb.)
Cassolette de petits gris d'Aurillac aux orties
   sauvages   379 (Abb.)
Cassolettes de tripes normandes   113
Cassoulet   316
Cassoulet de Castelnaudry   316
Caves de Grenelle   140
Caviar de Gironde   277
Cédratine   440 (Abb.), 441
Cedratzitrone   441 (Abb.)
Cervelas de Lyon   202
cervelle de cornut   221 (Abb.)
céteau   240
Chabichou du Poitou   49 (Abb.)
Chablis   174–175
Chamarande, Jaques Auguste   60
Chambry   132
Champagner   56–59
Champignons   132–133
Chaource   48 (Abb.)
chapon   390 (Abb.)
Chapon farci vieille Provence   394 (Abb.)
Chapon rôti aux oignons, petit jus aromatisé au
   chorizo   357 (Abb.)
charcuteries   110
Charlotte aux pommes   118
Charolais (Käse)   49 (Abb.)
Charolais (Rind)   160–161, 162 (Abb.)
Charolles   49 (Abb.)
Charretier, Rumillet   233
Chartreuse   230–231, 232 (Abb.)
Chartreuse à la Parisienne nach Carême   35 (Abb.)
Chasselas   86 (Abb.), 87
Chasselas de Moissac   315
Château Ausone   272 (Abb.)
Château Bélingard   274 (Abb.)
Château Bouscassé   290 (Abb.)
Château Cheval Blanc   272 (Abb.)
Château d'Yquem   270–271 (Abb.)
Château de La Preuille   128 (Abb.)
Château de Monbazillac   274 (Abb.)
Château Margaux   262–263 (Abb.)
Château Montus   290
Château Palmer   268 (Abb.), 269 (Abb.)
Château Pétrus   273 (Abb.)
Château Simone   423 (Abb.)
Châteauneuf-du-Pape   421
chaudrée   240 (Abb.)
Chevet, Germain   37
Chèvre (Übersicht)   47, 49 (Abb.)
Chiboust   24
Chicorée   131 (Abb.), 407 (Abb.)
chicorée à café   21
Chicorée mit Schinken   131
Chipirons entiers poêlés et marmelade de crabe
   283 (Abb.)
Choiseul, César Herzog von   146
Choucroute   74–75, 81
Choucroute à l'ancienne   75
Choucroute maison   75
Chou-fleurs et artichauts aux pétoncles et
   langoustines   120
Choux farci au lapin de garenne, braisé au serpolet
   200 (Abb.)
Choux farcis   250 (Abb.)

ANHANG

461

Cidre **114–115**, 286
Cinchona officinalis 351
Cîteaux **170–171**
civelle 241
Civet de sanglier 363 (Abb.)
Clafoutis 341
clam 100 (Abb.)
Clause, Jean-Pierre 78
Clementine **454–455**
Clémentines confites 454 (Abb.)
clovisse 100 (Abb.)
clochard 14
cochonailles 208
Cocktails
    Rezepte: Communard 157 (Abb.), Kir 157 (Abb.),
        Kir Royal 157 (Abb.)
Cognac **252–253**
Cointreau 233 (Abb.)
Collioure 372
Columbanus 82
Columella 164
Communard 157 (Abb.)
Comté 47 (Abb.), 50 (Abb.), **188–189**
confit **298–299**
confiture d'angélique 244
congre 98 (Abb.), 390 (Abb.)
coppa 442 (Abb.)
Coq au vin de Bourgogne, macaronis et truffes
    d'ici 168 (Abb.)
coque 100 (Abb.)
coquille Saint-Jacques 100 (Abb.)
Corbières **374–375**
coresses 97
Corte 448
Cortés, Fernando 205
Côte Chalonnaise 173
Côte d'Or   s. Côte de Beaune; Côte de Nuits
Côte de Beaune 177, 178, **181**
Côte de bœuf 163 (Abb.)
Côte de Nuits 177, 179, **180**
Côtes du Rhône 421
Côtes du Ventoux 421
Coteaux du Lyonnais 211
Cotriade **102**
Coulis **206–207**
Coulommiers 48 (Abb.)
Couscous **320**
Couscous au mouton à l'algéroise 321 (Abb.)
couteau 100 (Abb.)
Crassostrea angulata 238 (Abb.)
Crassostrea gigas 238 (Abb.)
Crémant d'Alsace 84
Crème catalane 367 (Abb.)
Crème de Cassis **156–157**
Crème de cèpes et cèpes frits 327 (Abb.)
Crème des hortillons aux moules 120
Crème fraîche 243
Creme, Katalanische 367 (Abb.)
crèmeries 46
Crêpe **124–125**
Crêpes aus Buchweizenmehl,
    Grundrezept für 124
Crêpes Suzette 125
Crêpes, Grundrezept 125
Crêpes-Kuchen, Apfel- 451 (Abb.)
crevette grise 101 (Abb.), 240
crevette rose 101 (Abb.), 240
Croissant **18**
Croquante aux agrumes 24 (Abb.)
Croque Madame 44
Croque Monsieur 44 (Abb.)
croquembouches 24
Crottin de Chavignol 49 (Abb.)
croustade 304
Croustille d'agneau à la menthe poivrée 38 (Abb.)
Croûtes de lentilles vertes et fricassé de
    grenouilles aux mousserons 339 (Abb.)

Crus Classés **262–263**
Curnonsky (eigentlich Edmond Saillard) 198

D'Alesani 448
Dagueneau, Didier 143
Dalloyau 26
Dargelys 404
Daube avignonnaise 414
Daube de bœuf à la provençale 415
daurade royale 390 (Abb.)
Dekor   s. Coulis
Demoiselles de Cherbourg 113
Desarmeniens, Marc 165
Dessert   s. Süßspeisen
Diner 34
Domaine Leccia 453 (Abb.)
Domaine Leroy 143
Domaine Orsini 440
Dorsch 98 (Abb.)
Dos de saumon grillé au fleur du sel 123
Douillons aux pommes 118
Dozier, Pater Clement 455
Drachenkopf, Gefüllter 394 (Abb.)
Drachenkopf, Roter 390 (Abb.)
Dschingis Khan 155
Dubied, Major 190
Dubonnet 350
Dubonnet, Joseph 350
Ducru Beaucaillou 268 (Abb.)
Dumas, Alexandre 75

Eau-de-vie de Châtaigne 441
Eau-de-vie-de-cerise 191
Edelzwicker 87
Edmond Fallot (Firma) 165
Edward I., König 272
eglefin 99 (Abb.)
Eichblatt 407 (Abb.)
Eier
    Rezepte: Eierkuchen mit Backpflaumen 125 (Abb.),
        Getrüffelte Eiertaschen mit Trüffel-Sabayon 327
        (Abb.), Rotwein-Eier auf Kalbsfüßen 279
Eintopf, Lothringer 69
Emmental Grand Cru 189 (Abb.)
encornet 391 (Abb.)
Endives au jambon 131
Endivie, glatte 130 (Abb.), 407 (Abb.)
Endivie, krause 406 (Abb.)
Engelwurz **244–245**
Ente
    Allgemein 216 (Abb.), 296, 297, 298
    confit **298–299**
    Stopfleber 296, 297
    Zerlegen 299
Entenbrustfilets in Lavendelhonig 415 (Abb.)
Entrecôte Villette 45
Entre-Deux-Mers 260, **261**
Epoisses 49 (Abb.), 171 (Abb.)
Erbsensuppe Saint-Germain 31 (Abb.)
Erdbeere 226 (Abb.), 314 (Abb.)
Erdbeeren in Schokolade 39 (Abb.)
Escargots en os à moelle aux pétales d'ail et sel
    gros 168 (Abb.)
Escariol 130 (Abb.), 407 (Abb.)
Escoffier, Auguste **34**
Essig **144–145**
Eßkastanie 227 (Abb.), 378, **444–445**
Estragon 403 (Abb.)
étrille 391 (Abb.)
Eugénie, Kaiserin 342
Evian (Firma) 342

Far aux pruneaux 125 (Abb.)
Fasan 62 (Abb.)
Faßherstellung **254–255**
favouille 391 (Abb.)
Feige 227 (Abb.)

Feigen in gewürzter Karamelsauce 223 (Abb.)
Feldsalat 130 (Abb.), 407 (Abb.)
Felsenfischsalat, Grundrezept für 439 (Abb.)
Fenchel 403 (Abb.)
Fenchel-Biskuitrolle 366 (Abb.)
Fiadone 451 (Abb.)
fiélas 390 (Abb.)
figarettu 442 (Abb.)
Figues rôties aux mendiants et au caramel épicé
    223 (Abb.)
filet de hareng mariné au vinaigre 97
Finguer foie gras 38 (Abb.)
Fisch   s. auch einzelne Fische
    boutargue 438
    Fang **94–95**, 213, 280, 394
    Gironde 277
    Kaviar 277
    Konservierung 359
    Korsika 436
    Loire 134
    Übersicht (Abb.) 98–99, 390, 436–437
    Verarbeitung 95
    Versteigerung **94**
    Zubereitung 438
    Zucht 213
    Rezepte: Aal mit sauce Tartare 135 (Abb.), Aal-Ter-
    rine mit Pfifferlingen 277, Bouillabaisse 388 (Abb.),
    Eingewickelte Muscheln und Sardinenfilets mit
    Sonnengemüse 356 (Abb.), Fischereintopf der Ar-
    mor-Küste 102, Fischragout in Biersauce 103 (Abb.),
    Fischsuppe 354 (Abb.), Fischsuppe von Fischbrut
    438 (Abb.), Gebratener Seeteufel mit Steinpilzen
    357 (Abb.), Gefüllter Drachenkopf 394 (Abb.),
    Gegrilltes Lachssteak mit Meersalz 123, Geröstete
    rote Paprikaschoten mit Anchovis 364 (Abb.), Gerö-
    steter Goldbarsch mit Zwiebeln in Chorizo-Sauce
    357 (Abb.), Geschmorter Seehecht mit Muscheln in
    grüner Sauce 283 (Abb.), Grundrezept für Felsen-
    fischsalat 439 (Abb.), Hecht in Buttersauce 135
    (Abb.), Hechtklößchen in Sauerampfersauce 158
    (Abb.), Hechtrücken mit Schalotten 277, Lachstatar
    mit grünen Puy-Linsen 339 (Abb.), Loire-Alse mit
    Sauerampfer 135 (Abb.), Makrelen-Rillettes Pays
    Minier 103, Meeraalsteak mit Tintenfischen in
    Essigsauce 357 (Abb.), Mit Brocciu gefüllte Sardi-
    nen 438 (Abb.), Neunaugen-Ragout mit Rotwein
    276 (Abb.), Petersfischfilets mit einer Garnitur von
    Artischockenböden 121, Rotbarbenfilets und kleine
    Kalmare, gefüllt mit Auberginenragout 395 (Abb.),
    Spaghetti mit korsischem Kaviar 439 (Abb.), See-
    wolf in Salzkruste 394 (Abb.), Seewolf in Wein- und
    Myrtensauce 438 (Abb.), Steinbuttsteaks wie im
    Kaïku 281 (Abb.), Stockfisch nach Großmutter-Art
    379 (Abb.), Tintenfischsalat 439 (Abb.), Wildforelle
    mit Speck 379 (Abb.), Wittlinge Bercy 31 (Abb.),
    Zander nach Müllerinart, große Gnocchi mit Bau-
    ernspeck 379
Fischeintopf 240 (Abb.)
Fischeintopf, Provenzalischer 388 (Abb.)
Fischereintopf der Armor-Küste 102
Fischragout in Biersauce 103 (Abb.)
Fischsuppe 354 (Abb.)
Fischsuppe von Fischbrut 438 (Abb.)
Fitou **374**
Flammeküeche 81 (Abb.)
Flan d'huîtres battu au cresson 277 (Abb.)
Flan de brocciu, coulis d'orange 451 (Abb.)
Flavigny 154
Fleischpastete, Lothringer 69
Fleischschnacka de queue de bœuf 81 (Abb.)
Fleurs de courgettes frites 410
Floc de Gascogne 302
Flußkrebsen und Filets mignons, Chartreuse von
    35 (Abb.)
foie gras   s. Stopfleber
*Fondant de foies de volaille aux avocats et concassée
    de tomates* 201 (Abb.)

Forest, Georges 147
Forestine 147 (Abb.)
fouace 340–341
Fouace 341 (Abb.)
Fourme d'Ambert 50 (Abb.), 333
Fourme de Montbrison 50 (Abb.)
Fraise de veau poulette 247 (Abb.)
Fraises au chocolat 39 (Abb.)
Fraisier 24 (Abb.)
Fraisse, Pierre 113
Framboisine 25 (Abb.)
Franz I., König 318
Französische Revolution 13, 17, 34, 37, 77, 231
Fricassée de lapereau aux citrons 446 (Abb.)
Fricassée de poulet de Bresse à la crème 218 (Abb.)
Frischlingskeule in Johannisbeersauce, Scheiben von 65
fromage blanc à la crème 220 (Abb.)
fromager-affineur 46
fromages à croûte fleurie 47 (Übersicht), **48** (Abb.)
fromages à croûte lavée 47 (Übersicht), **49** (Abb.)
fromages à pâte persillée 47 (Übersicht), **50** (Abb.)
fromages à pâte pressée cuite 47 (Übersicht), **50** (Abb.)
fromages à pâte pressée non cuite 47 (Übersicht), **51** (Abb.)
Froschfrikassee mit Ritterlingen, Linsenkrusten und 339 (Abb.)
Froschschenkel in Poulette-Sauce 134 (Abb.)
Früchte, kandierte **429**
Fruchtwein 440, 441
Frühlingssuppe 131
Frühstück **18, 20,** 209

gabelouz 321 (Abb.)
Galéria 448
Galette **124,** 241 (Abb.)
Galette de bœuf bourguignon à la chapelure d'oignons 168 (Abb.)
Galette des Rois 24
Galette von Burgunder Rindsragout mit Zwiebelbröseln 168 (Abb.)
Gambas mille graines 38 (Abb.)
Gambas tausend Samen 38 (Abb.)
ganache 147
Gans
  Allgemein **294,** 296
  Stopfleber 78, 79, **294–296,** 297
Gänseleberpastete **78**
Garnele mit rotem Panzer 101 (Abb.)
Garnier, Charles 26
Gaspacho aux huîtres 356 (Abb.)
Gâteau basque 283 (Abb.)
Gâteau breton 125 (Abb.)
Gâteau de crêpes aux pommes 451 (Abb.)
Gâteau des Rois 429
Gazpacho mit Austern 356 (Abb.)
Geflügel s. auch einzelne Arten; Wild
  Allgemein **216**
  Stopfleber 78, 79, **294–296**
  Übersicht (Abb.) 216–217
Geflügelpastete im Teigmantel 79 (Abb.)
Geißbrasse 437 (Abb.)
Gemüse s. auch einzelne Gemüse; Sauerkraut
  Allgemein 120, **130, 408–410**
  Übersicht (Abb.) 130–131
  Rezepte: Auberginen-Apfel-Tatin 367 (Abb.), Blumenkohl und Artischocken mit Kaisergranat und Kammuscheln 120, Cassoulet 316 (Abb.), Chicorée mit Schinken 131, Erbsensuppe Saint-Germain 31 (Abb.), Fritierte Zucchiniblüten 410, Frühlingssuppe 131, Gebackene Tomaten 447 (Abb.), Gemischtes Gemüse mit Muscheln und Blutwurst 356 (Abb.), Gemüse-Fondue 410, Glasierte weiße Rübchen 131, Kleine gefüllte Gemüse, *mesclun* mit *pistou* und Parmesan 410 (Abb.), Kressecremesuppe 44, Lachstatar mit grünen Puy-Linsen 339 (Abb.),

Linsenkrusten und Froschfrikassee mit Ritterlingen 339 (Abb.), Miesmuschel- und Gemüsecreme 120, Pariser Kartoffel-Porree-Suppe 44, Petersfischfilets mit einer Garnitur von Artischockenböden 121, Ratatouille 411 (Abb.), Soufflé von Artischockenböden 121, Überbackene Zwiebelsuppe 44 (Abb.)
Génépy des Alpes 233 (Abb.)
Genever s. Genièvre
Genièvre **104–105**
George IV., König 34
Gewürze s. Anis
Gewürztraminer 86 (Abb.), 87
Gfillte Säumawe 81
Gigot d'agneau fermier du Quercy en daube légère 325 (Abb.)
Glattbutt 98 (Abb.)
Goldbarsch mit Zwiebeln in Chorizo-Sauce, Gerösteter 357 (Abb.)
Goldbrasse 390 (Abb.)
Gougères 159 (Abb.)
Gournay **109** (Abb.)
Grand Marnier 233 (Abb.)
grande cigale de mer 101 (Abb.)
Grands Crus **85, 180–181,** 272
Gratien & Meyer 140
Gratin dauphinois 219
Gratinée des Halles 44 (Abb.)
Grattau, Joseph 233
Graves 260, **268,** 269
Grelier 147
Grenouilles sauce poulette 134 (Abb.)
grondin 99 (Abb.), 390 (Abb.)
Grumbeerknepfle 81
Gruyère de Comté 50 (Abb.), 188
Gugelhupf 70 (Abb.)
Gurke 130 (Abb.)

Haeberlin, Paul 40
Hähnchen, Backpflaumen, Honig und Mandeln, Tajine mit 321 (Abb.)
Halles, Les **14–15**
halva 321 (Abb.)
Hammel-Couscous auf algerische Art 321 (Abb.)
Harel, Marie 108
hareng 99 (Abb.)
hareng bouffi 96 (Abb.), 97
hareng fumé doux 97
hareng saur 97
Harmsworth, John 342
Hartkäse (Übersicht) 47, **50** (Abb.)
Hase 62 (Abb.)
Haselnuß 227 (Abb.)
Haussmann, Baron 14
Hecht 213
Hecht in Buttersauce 135 (Abb.)
Hechtklößchen in Sauerampfersauce 158 (Abb.)
Hechtrücken mit Schalotten 277
Hefekranz 341 (Abb.)
Heidelbeere 226 (Abb.)
Heidelbeerhörnchen 39 (Abb.)
Heinrich II., König 24, 120, 260
Heinrich III., König 144
Heinrich IV., König 288, 292
Helmstetter, Daniel 72
Helmstetter, Louis 73
Henri d'Albret 288
Henriod 190
Hérison 204 (Abb.)
Hermitage 228, 229
Herzmuschel 100 (Abb.)
Hering **94, 96–97,** 98 (Abb.)
Heringskönig 98 (Abb.)
Himbeere 226 (Abb.)
Hirsch/Hirschkuh 62 (Abb.)
Hirschkeule in Weinessigsauce 65 (Abb.)
Hirschkuhtaschen mit Champagnersauce 64
homard 101 (Abb.)

Homard à l'americaine 113
Homard au Calvados 113
Honig **382–383,** 424
Honigkuchen, **155**
Honigkuchen, Birnen in Wein, Cassis-Sorbet 159 (Abb.)
Huet, Gaston 143
Huhn
  Bresse-Huhn **214–215**
  Übersicht (Abb.) 216–217
  Zerlegen **219** (Abb.)
  Rezepte: Brust vom Bresse-Huhn, mit Gemüse-Julienne gefüllt, in Rotwein-Sauce 218 (Abb.), Fricassée vom Bresse-Huhn in Rahmsauce 218 (Abb.), Gebratenes Perlhuhn mit Leber und Schwarzwurzeln 279 (Abb.), Huhn in Wein mit Makkaroni und hiesigen Trüffeln 168 (Abb.), Hühnchen in Pastis 415 (Abb.), Hühnerflügel und Languste mit Zitrone und Ingwer 364 (Abb.), Masthuhn mit Makkaroni und Trüffeln 35 (Abb.), Perlhuhn auf katalanische Art 365 (Abb.), Perlhuhnbrüstchen mit Ravioli und Porree 223 (Abb.), Poule au pot 292–293 (Abb.), Tajine mit Hähnchen, Backpflaumen, Honig und Mandeln 321 (Abb.)
Huilerie Leblanc (Firma) 166
huître creuse 100 (Abb.), 238 (Abb.)
huître creuse du Pacific 238 (Abb.)
huître plate 100 (Abb.), 238 (Abb.)
Huîtres chaudes 31 (Abb.)
Hummer 101 (Abb.), **112–113,** 391 (Abb.)
Hummer in Calvados 113

Îles flottants 305 (Abb.)
Innereien s. auch Kutteln
  Geschichte **139**
  Übersicht (Abb.) **138–139**
  Rezepte: Gefüllte Lammägen 381 (Abb.), Ragout vom Kalbskopf mit Kräutersauce 381
Irouléguy **287,** 291
Izarra 233 (Abb.)

Jacno, Marcel 309
Jacquet, Bruno 231
Jagd **62**
Jakobsmuschel 100 (Abb.)
jalet 124
Jaluzot, Clément 146
Jambon à la Porte Maillot 45 (Abb.)
Jambon persillé tradition bourguignonne 187 (Abb.)
Jeanne d'Arc 60
Jefferson, Thomas 262, 270
Jiddische Spezialitäten **22–23,** 73 (Abb.)
Johann ohne Land 272
Johannes VIII., Papst 154
Johannisbeeren s. auch Crème de Cassis
  Konfitüre **66–67**
  Übersicht (Abb.) 226
  Rezept: Honigkuchen, Birnen in Wein, Cassis-Sorbet 159 (Abb.)
Joly, Nicolas 143
Joséphine, Kaiserin 143
Joues de sanglier et poires confites au Bouzy 65
Jüdische Gemeinde von Paris 22
Julius Cäsar 154
Jupet 351
Jurançon **288–289,** 291
Jus d'agneau à l'ail en chemise 325 (Abb.)

Kabeljau 98 (Abb.)
Kaffee **20–21**
Kaffeezichorie **21**
Kaisergranat 100 (Abb.), 241, 391 (Abb.)
Kaisergranat mit Zitrone 38 (Abb.)
Kaisergranat und Kammuscheln, Blumenkohl und Artischocken mit 120
Kakao 204
Kaki 227 (Abb.)

Kalb s. auch Limousin; Rind
   Innereien 138–139 (Abb.)
   Milchkalb von Brive 247
   Rezepte: Kalbsbries mit Johannisbeerpulver 169
   (Abb.), Kalbsbries-Terrine 79 (Abb.), Kalbsgekröse in
   Sauce poulette 247 (Abb.), Milch-Kalbsbraten in
   Salzkruste 247 (Abb.), Ragout vom Kalbskopf mit
   Kräutersauce 381 (Abb.), Rotwein-Eier auf Kalbsfüßen 279
Kalmar 391 (Abb.)
Kalmare mit Krebsragout, Kleine ganze 283 (Abb.)
Kammuschel 100 (Abb.)
Kammuscheln, Blumenkohl und Artischocken mit
   Kaisergranat und 120
Kandierte Früchte **429**
Kaninchen 217 (Abb.), **250**
Kaninchen nach Art von Brive, Geschmortes 250
   (Abb.)
Kaninchen in Senfsauce 250 (Abb.)
Kaninchenfrikassee mit Zitronen 446 (Abb.)
Kaninchenrücken in Olivengelee und Klößchen aus
   Tapenade 223 (Abb.)
Kaninchenrücken, Mit tapenade gefüllter 414 (Abb.)
Kapaun 216 (Abb.)
Karl der Große 181, 330
Karl VI., König 144
Karl VII., König 60
Karl VIII., König 160
Karl IX., König 136
Karpfen 213
Kartäuser (Orden) 230–231
Kartoffelgratin 219
Kartoffel-Porree-Suppe, Pariser 44
Käse s. auch einzelne Käsearten; Produktnamen
   Allgemein **46**
   Almkäse **284**
   Brocciu **448–449**
   Herstellung: Brocciu 448, Camembert 108, Cantal
   332–333, Cîteaux 170–171, Munster 83, Roquefort
   330–331, Saint-Marcellin 220–221, Schafskäse 285,
   Ziegenkäse 148
   Reifung **46**
   Spezialitäten aus: Auvergne 333, 335 (Abb.), Beau-
   jolais 208, Burgund 171, Jura 189, Korsika 448, Nor-
   mandie 109
   Übersicht (Abb.) **47–51, 109, 171, 189**, 335, 448
   Rezepte: Apfel-Crêpes-Kuchen 451 (Abb.), Brocciu-
   Flan mit Orangen-Coulis 451 (Abb.), Brocciu-Krapfen
   450 (Abb.), Brocciu-Kuchen ohne Boden 451 (Abb.),
   Käse-Soufflé mit Cantal 335 (Abb.), Käsewindbeutel
   159 (Abb.), La Truffade 334 (Abb.), Mel i mato auf
   unsere Weise 367 (Abb.), Ravioli mit Brocciu-Fül-
   lung 450 (Abb.), Storzapretti 450 (Abb.), Ziegen-
   käse-Blätterteigschnitte mit Kastanien 379
Kastanien s. Eßkastanien
Kastaniencreme mit Mandarinen-Sorbet 424
   (Abb.)
Kastanienpastete 446–447
Katalanische Creme 367 (Abb.)
Katalanische Küche **364–367**
Katharina von Medici 24, 120, 308
Kaviar 277
Kaviar, Spaghetti mit korsischem 439 (Abb.)
Kerbel 406 (Abb.)
Kernobst (Übersicht) 226 (Abb.)
Kipper 96 (Abb.), 97
Kir 157 (Abb.)
Kir Royal 157 (Abb.)
Kir, Félix 156
Kirsche 226 (Abb.)
Kirschwasser **191**
Kiwi 227 (Abb.)
Kleingebäck s. auch Brötchen; Kuchen
   Jiddische Spezialitäten 23 (Abb.)
   Maghrebinische Spezialitäten 321 (Abb.)
   Übersicht (Abb.) 23
   Spezialitäten: Apfelstrudel 23 (Abb.), Heidelbeer-
   hörnchen 39 (Abb.), Mandelmakronen 39 (Abb.),

Mandeltörtchen 23 (Abb.), *Petits fours* 305 (Abb.),
   Pistazienkeks 39 (Abb.), Teigrollen mit Füllungen
   23 (Abb.), Teigtaschen mit Füllungen 23 (Abb.)
   Rezepte: Apfeltorteletts mit Nüssen, Pinien und
   Rosinen 424 (Abb.), Käsewindbeutel 159 (Abb.),
   Madeleines 70 (Abb.)
Klemens VI., Papst 251
Klevner de Heiligenstein 87
Kliesche 98 (Abb.)
Knoblauch **322–323**
Knoblauch gespickte souris aus demOfen, Mit
   325 (Abb.)
Knurrhahn 99 (Abb.), 390 (Abb.)
Kochschulen **41**
Kohl, Gefüllter 250 (Abb.)
Kohlröllchen mit Kaviar 39 (Abb.)
Kolumbus, Christoph 204
Konfitüre **66–67**, 455
Kougelhopf 70 (Abb.)
Kouign Amann 125
Krabbe 101 (Abb.)
Krake 391 (Abb.)
Krapfen, Brocciu- 450 (Abb.)
Kräuter **402–403**
Kräuterlikör s. Bitter; Pastis
Krebs und Aubergine, Überraschung mit 38 (Abb.)
Kressecremesuppe 44
Krippenfiguren **430–431**
Kuchen s. auch Kleingebäck; Torten
   Allgemein 70
   Jiddische Spezialitäten 23 (Abb.)
   Spezialitäten: Bunter Schichtkuchen 23 (Abb.),
   Butterstreußelkuchen 23 (Abb.), Feigenkuchen 23
   (Abb.), *Gâteau des Rois* 429, Honigkuchen 155
   (Abb.), Linzertorte 23 (Abb.), Mandelkuchen 23
   (Abb.), Mohnkuchen 23 (Abb.), Nuß-Bananen-Ku-
   chen 23 (Abb.), *Opéra* **26–27**, 305 (Abb.), Pflaumen-
   kuchen 23 (Abb.), Quark-Käse-Kuchen 23 (Abb.),
   Russischer Käsekuchen 23 (Abb.), Schokolade-Nuß-
   Kuchen 23 (Abb.), *Tarte au chocolat* 305 (Abb.)
   Rezepte: Apfel-Crêpes-Kuchen 451 (Abb.), Apfel-
   kuchen wie früher 119, *Baba au rhum* 70 (Abb.),
   Bretonischer Butterkuchen 125, Bretonischer
   Kuchen 125 (Abb.), Brocciu-Kuchen ohne Boden
   451 (Abb.), *Clafoutis* 341, Fenchel-Biskuitrolle 366
   (Abb.), *Gâteau basque* 283 (Abb.), Gestürzter Apfel-
   kuchen 118, Gugelhupf 70 (Abb.), *Pastis gascon*
   305
Küchenbrigade **32**
Küchenutensilien **42–43**
Kutteln **113**, 138 (Abb.)
Kutteln mit Räuchergeschmack im Apfelkästchen
   113
Kutteln, Tonpfännchen mit normannischen 113

L'épaule d'agneau de Pauillac rôtie boulangère 279
La Cancoillotte 189 (Abb.)
La Coccinelle 25 (Abb.)
La Corne d'abondance 24 (Abb.)
La Cotriade d'Armor 102
La pintade fermière rôtie au foie chaud et salsifis
   279 (Abb.)
La potée lorraine 69
La tartelette feuilletée aux pommes, noix, pignons
   et raisins florentins 424 (Abb.)
La Truffade 334 (Abb.)
Lachssteak mit Meersalz, Gegrilltes 123
Lachstatar mit Basilikum 39 (Abb.)
Lachstatar mit grünen Puy-Linsen 339 (Abb.)
Lacombe, Jean-Paul 199
Laguiole (Käse) 51 (Abb.), 333
Laguiole (Messer) **328–329**
Lamartine, Alphonse de 110
Lamm s. auch Schaf
   agneau de Pauillac 278
   Innereien 138–139 (Abb.)
   Salzwiesenlämmer 92 (Abb.)

Rezepte: Auf dreifache Weise zubereitetes Lamm,
   kleine Innereien-Farxe mit Thymian 278 (Abb.),
   Gefüllte Lammägen 381 (Abb.), Keule vom Quercy-
   Lamm als leichtes Ragout 325 (Abb.), Lammjus mit
   Knoblauch im Schlafrock 325 (Abb.), Lamm-*quasi*
   mit Trüffel-Petersilien-Panade und Knoblauchjus 324
   (Abb.), Lammragout Avignon 414, Lammschulter
   auf Bäckerart 179, Milchlamm 447 (Abb.), Mit Knob-
   lauch gespickte *souris* aus dem Ofen 325 (Abb.),
   Rippenstück vom Lamm im Ofen, Lammbries auf
   Kartoffelrosette mit Bohnentopf, 282 (Abb.)
Lamproie à la bordelaise 276 (Abb.)
Langlois-Château 140
langouste 101 (Abb.)
langouste 101 (Abb.), 241, 391 (Abb.)
Langoustines au citron 38 (Abb.)
Langres 49 (Abb.)
Languste 101 (Abb.)
Languste mit Zitrone und Ingwer, Hühnerflügel
   und 364 (Abb.)
Lapereau à la moutarde violette 250 (Abb.)
Lapostolle 233
Le Cotignac 147 (Abb.)
Le dos de brochet à l'échalote 277
Le flan de marrons de Collobrières et son sorbet
   mandarine de Nice 424 (Abb.)
Le Grand Dessert de la ›Vogue‹ de la Croix Rousse
   200 (Abb.)
Le Millefeuille 24 (Abb.)
Le Négus 147 (Abb.)
Le pressé d'anguilles de Gironde aux girolles 277
Le Roussillon 25 (Abb.)
Lemaire, Raoul 73
Leroux, Jean-Baptiste Alphonse 21
Les blancs de Saint-Pierre en barigoule bretonne
   121
Les escargots de Bourgogne en coquille 158 (Abb.)
Les filets de rougets et petits encornets farcis de
   Méditerranée-poêlée aux aubergines 395 (Abb.)
Les œfs meurettes aux pieds de veau 279
Les petits farcis de légumes provençaux, Salade de
   mesclum au pistou et parmesan 410 (Abb.)
Les pieds de porc à la Sainte-Menehould 60 (Abb.)
liche 436 (Abb.)
Likör s. auch einzelne Produktnamen
   Herstellung: allgemein 232, Chartreuse 231, Crème
   de Cassis 156
   Korsika 440
   Übersicht **232–233** (Abb.), **441**
Limande 98 (Abb.)
Limousin (Rind) 162 (Abb.), **246–247**
Linsen **338–339**
Linsenkrusten und Froschfrikassee mit Ritterlingen
   339 (Abb.)
Liqueur d'Orange 441
Liqueur de Cédrat 441
Liqueur de Myrte 441
Livarot 49 (Abb.), **109** (Abb.)
Loire-Alse mit Sauerampfer 135 (Abb.)
lonzu 442 (Abb.)
Lorbeer **403**
lotte 98 (Abb.), 390 (Abb.)
loukinkos 282
loukum 321 (Abb.)
loup de mer 390 (Abb.), 436 (Abb.)
Loup de mer en croûte de sel 394 (Abb.)
Löwenzahn 407 (Abb.)
Lucullus de Valenciennes 110
Ludwig XI., König 220
Ludwig XIII., König 60, 146, 160, 342
Ludwig XIV., König 17, 20, 146, 272, 333
Ludwig XV., König 56, 70
Ludwig XVI., König 78
Ludwig XVIII., König 302

Macarons 39 (Abb.)
Mâconnais 173

Madeleines 70 (Abb.)
Madiran **290–291**
Maghrebinische Küche **320–321**
Majoran 403 (Abb.)
Makrele 96 (Abb.), 99 (Abb.)
Makrelen-Rillettes Pays Minier 103
Mandelmakronen 39 (Abb.)
Mangos mit Passionsfruchtsaft, Gebratene 39 (Abb.)
Mangues rôties au jus de passion 39 (Abb.)
Manouls lozérien 381 (Abb.)
mantécous 321 (Abb.)
maquereau 99 (Abb.)
Marc de Bourgogne **182–183**
mareyeur 94
Marguérite von Flandern 155
Marie Antoinette, Königin 70
Marie Brizard 233 (Abb.)
Marinière de légumes 38 (Abb.)
Maroilles 49 (Abb.), **109** (Abb.)
Martelly 426
Martin Pouret (Firma) 144
Masthuhn mit Makkaroni und Trüffeln 35 (Abb.)
Matelotte 134
Matelotte de poissons 81
Mattei, Louis-Napoléon 440
Mayas 205
Mazet, Léon 146
Médaillons de tartare de truite et saumon fumé 201 (Abb.)
Médoc 260, 262, **268,** 269
Meeraal 99 (Abb.), 390 (Abb.)
Meeraalsteak mit Tintenfischen in Essigsauce 357 (Abb.)
Meeräsche 390 (Abb.)
Meeresfrüchte   s. auch einzelne Meeresfrüchte
  Allgemein 240–241
  Fang 240–241
  Zerlegen (Abb.): Hummer 391, Krebstiere 392–393, Seeigel 391
  Übersicht (Abb.) 100–101, 391
  Zucht: Austern 238–239, Muscheln 241
  Rezepte: Austerntörtchen mit Kressebutter 277 (Abb.), Blumenkohl und Artischocken mit Kaisergranat und Kammuscheln 120, Chartreuse von Flußkrebsen und Filets mignons 35 (Abb.), Eingewickelte Muscheln und Sardinenfilets mit Sonnengemüse 356 (Abb.), Fischereintopf der Armor-Küste 102, Gemischtes Gemüse mit Muscheln und Blutwurst 356 (Abb.), Geschmorter Seehecht mit Muscheln in grüner Sauce 283 (Abb.), Hummer in Calvados 113, Kleine ganze Kalmare mit Krebsragout 283 (Abb.), Kleine Tintenfische mit Artischocken und Nußcreme 364 (Abb.), Meeraalsteak mit Tintenfischen in Essigsauce 357 (Abb.), Miesmuschel- und Gemüsecreme 120, Muscheln auf Seemannsart 353 (Abb.), Rotbarbenfilets und kleine Kalmare, gefüllt mit Auberginenragout 395 (Abb.), Schwimmkrabbensuppe 103 (Abb.), Warme Austern 31 (Abb.)
Meersalz der Guérande **122–123**
Meerscheide 100 (Abb.)
Mel i mato à notre façon 367 (Abb.)
Mel i mato auf unsere Weise 367 (Abb.)
Méli mélo de roches 439 (Abb.)
Melone 227 (Abb.)
Mère Maury 222
Mère Richard 221
merlan 99 (Abb.), 390 (Abb.)
Merlans Bercy 31 (Abb.)
merlu 98 (Abb.)
Merlu braisé aux coquillages, sauce verte 283 (Abb.)
mesclun **406**
Messer **328–329**
Metté, Jean-Paul 88
Michelin **40,** 41
Miel de Narbonne **383**
Miesmuschel 100 (Abb.), 352

Miesmuschel- und Gemüsecreme 120
Milch-Kalbsbraten in Salzkruste 247 (Abb.)
Milchlamm 447 (Abb.)
Milchprodukte   s. Butter, Crème fraîche
millas 317 (Abb.)
Millefeuille de Pélardons aux châtaignes 379
Mimolette 51 (Abb.)
Mineralwasser **342–345**
Minervois **375**
miques 317
Mirabelle de Lorraine **88**
Moche et saucisse d'herbes 381 (Abb.)
Moche und Kräuterwurst 381 (Abb.)
mockroud 321 (Abb.)
Möhre 131 (Abb.)
Molesme, Robert 170
Monpezat, Comte André de 319
Montrachet 47 (Abb.), 49 (Abb.), 171 (Abb.)
Morbier 51 (Abb.), 189 (Abb.)
Morcheln 326
morue 390 (Abb.)
morue fraîche 98 (Abb.)
mouclade 241 (Abb.)
moule 100 (Abb.)
Moules marinières 353 (Abb.)
Mousse au chocolat 207 (Abb.)
moutarde à l'ancienne 165
moutarde de Dijon **164–165**
muge 390 (Abb.)
mulet 390 (Abb.)
Mulot 155
Munster 47 (Abb.), 49 (Abb.), **82–83**
Munster-Géromé 49 (Abb.)
Muscadet **140**
Muscat d'Alsace 86 (Abb.), 87
Muscheln auf Seemannsart 353 (Abb.)
Muscheln und Blutwurst, Gemischtes Gemüse mit 356 (Abb.)
Muscheln und Sardinenfilets mit Sonnengemüse, Eingewickelte 356 (Abb.)
Muschelzucht 241, 352
mye 100 (Abb.)

Naigeon, Jean 164
Nandron, Gérard 201
Napoleon I., Kaiser 21
Napoleon III., Kaiser 14, 26, 262, 342
Navets glacés 131
Negus, Kaiser 147
Nektarine 226 (Abb.)
Neufchâtel 48 (Abb.), **109** (Abb.)
Neunaugen-Ragout mit Rotwein 276 (Abb.)
Nicot, Jean 308
Niolo 448
Noilly, Louis 351
Noix de veau Brillat-Savarin 34 (Abb.)
Nordseekrabbe 101 (Abb.)
Nougat **428**
Nougat glacé au miel de châtaignier 425 (Abb.)
Nougat mit Kastanienhonig, Eisgekühlter 425 (Abb.)
Nougatine 147 (Abb.)
Nudelrouladen mit Ochsenschwanzfüllung 81 (Abb.)
Nüsse **227** (Abb.)

Obst   s. auch Fruchtwein; Obstbrand; einzelne Obstsorten
  Anbau 240 (Rhône-Tal)
  Backpflaumen 300–301
  Kandierte Früchte 429
  Übersicht (Abb.) 226–227
Obstbrand
  Branas **286**
  Calvados **116–117**
  Crème de Cassis **156–157**
  Eau-de-vie de Châtaigne 441

  Geschichte 88
  Herstellung 88
  Kirschwasser **191**
  Korsika 440
  Mirabelle de Lorraine 88
  Wacholderschnaps **104–105**
Obstwein   s. Fruchtwein
Ochsenschwanzfüllung, Nudelrouladen mit 81 (Abb.)
Œuf truffé en baluchon et sabayon truffé 327 (Abb.)
Œufs à la neige 200 (Abb.)
Oh La La! au crabe et aubergine 38 (Abb.)
Öl   s. Speiseöl
Oliven **396–397**
Olivenöl 167, **398–399**
Olivenpaste 397
Ollada de petits légumes aux moules et boudin noir 356 (Abb.)
Omelett 363
Opéra **26–27,** 305 (Abb.)
Ordinaire, Pierre 190
Oregano 403 (Abb.)
Ossau-Iraty 51 (Abb.), 285
Ostrea edulis 238 (Abb.)
oursin violet 391 (Abb.)

pageot 436 (Abb.)
Pagès, Patrick 380
pain d'épice de Dijon **155**
Pain d'épices, poires au vin et sorbet au cassis 159 (Abb.)
Paleron de bœuf lardé 200 (Abb.)
palourde 100 (Abb.)
Papillotte de moules et filets de sardines aux légumes du soleil 356 (Abb.)
Paprikasauce, Scharfe 355
Paris-Brest (Torte) 24, 25 (Abb.), 305 (Abb.)
Pastete, Lothringer 69
Pasteten **136**
  Rezepte: Geflügelpastete im Teigmantel 79 (Abb.), Kastanienpastete 446–447, Lothringer Fleischpastete 69, Lothringer Pastete 69
Pasteur, Louis 192
Pastis **404–405**
pastis gascon 304
Pastis gascon 305
pastis landais 304
Pâte à crêpes 125
Pâte à galettes de blé noir 124
pâté de campagne 336 (Abb.)
pâté de Chartres 136
pâté de mauviettes de Pithiviers 136
Pâté de volaille en croûte 79 (Abb.)
Pâté lorraine 69
Patisserie **24**
Paupiettes de bœuf 246 (Abb.)
Pavé de congre aux supions, beurre d'arêtes parfumé au vinaigre 357 (Abb.)
Pavé de loup vigneronne à la myrte 438 (Abb.)
Pavé de turbot à l'Auberge Kaïku 281 (Abb.)
Pêche Melba 34
peigne 100 (Abb.)
Pélardon 49 (Abb.)
Penicillium roqueforti 330
Perlhuhn 217 (Abb.)
Perlhuhn auf katalanische Art 365 (Abb.)
Perlhuhn mit Leber und Schwarzwurzeln, Gebratenes 279 (Abb.)
Perlhuhnbrüstchen mit Ravioli und Porree 223 (Abb.)
Pernod (Firma) 190–191
Perrier (Firma) 342
Perrier, Louis 342
Perrin, A. D. 319
Peter der Große, Zar 318

Petersfisch   98 (Abb.), 390 (Abb.), 437 (Abb.)
Petersfischfilets mit einer Garnitur von
    Artischockenböden   121
petit noir   21
Petit-Suisses   **109** (Abb.)
Petitjean   155
Petits four   305 (Abb.)
pétoncle   100 (Abb.)
Pfannkuchen   s. Crêpe
Pfefferminztee   320
Pfefferschoten   282
Pfirsich   226 (Abb.)
Pflaumen   226 (Abb.), **300–301**
Philipp der Kühne, Herzog   155, 176, 208
Philipp II., König   116
Philippe Auguste, König   14
Philo de rouget aux tétragones   38 (Abb.)
piballe   241
Pichon-Longueville-Baron   268
Picodon de l'Ardèche   49 (Abb.)
Picodon de la Drôme   49 (Abb.)
Picon, Gaëton   405
Pierre-qui-vire   171 (Abb.)
Pietra   445 (Abb.)
Pilze   s. Austernpilze; Champignons; Mocheln; Stein-
    pilze; Trüffeln; Wildpilze
    Rezepte: Gebratener Seeteufel mit Steinpilzen 357
    (Abb.), Getrüffelte Eiertaschen mit Trüffel-Sabayon
    327 (Abb.), Huhn in Wein mit Makkaroni und hiesi-
    gen Trüffeln 168 (Abb.), Steinpilzcremesuppe mit
    fritierten Steinpilzen 327 (Abb.), Trüffelsalat auf
    warmem Kartoffelbett 327 (Abb.)
Piment d'Espelette   **282**
Pineau des Charentes   **253**
Pintade à la catalane   365 (Abb.)
Pistazienkeks mit gerösteten Äpfeln   39 (Abb.)
Pistou   **401**
Pius V., Papst   426
Plinius   330
Poêlée minute de cerf au vinaigre de Reims
    infusée au genièvre   65 (Abb.)
Poivrons rouges rôtis et anchois de Collioure
    364 (Abb.)
Pomerol   272, **273**
Pommeau   **117**
pompe de Noël à huile d'olive   428
Pompidou, Georges   14
Pont-l'Évêque   49 (Abb.), **109** (Abb.)
Pontac, Arnaud de   260, 262
Porree   131 (Abb.)
Porté, Henri   405
Portulak   407 (Abb.)
Potage cressonnière   44
Potage parisien   44
Potage printanier   131
Potée Comtoise   185, 186
Potel & Chabot   37
Potjevlesh   110
Pouilly-Fumé   **141**
Poujauran, Jean-Luc   16, 17
Poularde Talleyrand nach Escoffier   35 (Abb.)
Poule au pot   292–293 (Abb.)
Poulettes au pastis   415 (Abb.)
Pouligny-Saint-Pierre   49 (Abb.)
poulpe   391 (Abb.)
poutarge   438
praire   100 (Abb.)
praliné   147
Pralinen   **146–147**, 204
Presskopf   81
prisuttu   442 (Abb.)
Procopio   20
Provenchère   136
Pruneaux d'Agen   **300–301**
Prunelle   233 (Abb.)
Prunier, Émilie   277
Purée Saint-Germain   31 (Abb.)

Pute   216 (Abb.)
Puy-Linsen   **338–339**

Quasi d'agneau fermier du Quercy pané aux truffes
    et persil plat, jus d'ail en chemise   324 (Abb.)
Quenelle de brochet ›Nandron‹   201 (Abb.)
Quenelles de brochet à la crème d'oseille   158
    (Abb.)
Quiche lorraine   68 (Abb.)
Quiches   **68–69**
Quitte   226 (Abb.)

Rabelais   164
Râble de lapereau en gelée d'olive et quenelle de
    tapenade   223 (Abb.)
Râble de lapin farci à la tapenade   414 (Abb.)
Radicchio   407 (Abb.)
Ragout de poissons à la bière   103 (Abb.)
Ragueneau   24
raie   98 (Abb.)
Ramona, Laurent Oriol   368
Rappu   441
Rapunzel   407 (Abb.)
rascasse   390 (Abb.)
Ratatouille   411 (Abb.)
Rauchfleisch   **185–186**, 442
Rauke   407 (Abb.)
Ravioli mit Brocciu-Füllung   450 (Abb.)
Raviolis au brocciu   450 (Abb.)
Ravo, René   309
Rebhuhn   62 (Abb.)
Reblochon   51 (Abb.)
Rebsorten
    Aramon   376
    Auxerrois   261
    Auxerrois Blanc   87
    Bouchet   261
    Bourboulenc   373
    Cabernet Franc   140, 141, 261, 274, 287 (Abb.),
    291
    Cabernet Sauvignon   260, **261**, 268, 272, 274,
    287, 373, 422
    Carignan   372, **373**, 374, 375, 376, 421, 422
    Chardonnay   141, 172, 174, 181, **193**, 208, 373
    Chasselas   **87**
    Chenin Blanc   140, 141, 142
    Cinsault   **373**
    Clairette   **373**
    Cot   261
    Counoise   422
    Fer Servadou   290, 291
    Gewürztraminer   84, 86 (Abb.), **87**
    Gamay   141, 208, 210
    Grenache   370, 372, 452
    Grenache Blanc   371, **373**
    Grenache Noir   370, **373**, 374, 421, 422 (Abb.)
    Gros Manseng   289, 291
    Gutedel   **87**
    Knipperlé   **87**
    Macabeu   370, 371, **373**
    Malbec   261
    Malvoisie   370
    Marsanne   228, 229, **373**, 374
    Mauzac   373
    Merlot   260, **261**, 272, 273 (Abb.), 274, **373**, 452
    Mourvèdre   372, **373**, 374, 376 (Abb.), 421, 422
    Muscat   370, 371, **373**
    Muscat d'Alsace   84, 86 (Abb.), **87**
    Muscadet   140
    Nielluccio   452
    Petit Courbu   287 (Abb.), 291
    Petit Manseng   287, 289 (Abb.)
    Petit Verdot   **261**
    Picpoul   **373**
    Pineau de la Loire   s. Chenin Blanc
    Pinot Blanc   84, 86 (Abb.), **87**
    Pinot Gris   84, 86 (Abb.), **87**

    Pinot Noir   84, 86 (Abb.), **87**, 141, 172, **176–177**,
    193, 208
    Poulsard   **193**
    Pressac   261
    Riesling   84, 86 (Abb.)
    Rolle   374
    Roussanne   228, 229, **373**, 374
    Sauvignon   **261**, 270 (Abb.), 274, 291, **373**
    Savagnin   192, **193**
    Sciacarello   452
    Sémillon   **261**, 270 (Abb.), 274
    Sylvaner   84, 86 (Abb.), **87**
    Syrah   228, 229, 372, **373**, 374, 421, 422, 452
    Tannat   290, 291
    Trousseau   **193**
    Vendange tardive   86 (Abb.), **87**
    Vermentino   **373**, 452
Régal Chocolat   25 (Abb.)
Reh   62 (Abb.)
Rehlendenschnitten mit Wildschweinschinken
    64 (Abb.)
Reis   **416–417**
Remoulade de pieds de mouton   201 (Abb.)
Restaurantbrigade   33
Restaurants   **28–30**, **32–33**, **40**
Reynière, Grimot de la   37
Ricard, Paul   404
Richau   220
Richelieu, Kardinal   60
rillette   **136**
Rillettes de maquereaux à la Minoise   103
rillon   **136**
Rimbaud   191
Rind   s. auch Charolais; Kalb; Limousin; Stiere
    Fleischschnitt   162 (Abb.), **248–249** (Abb.)
    Gütesiegel   **161**
    Innereien   **138–139** (Abb.)
    Rassen (Übersicht)   162 (Abb.)
    Umgang mit Rindfleisch   163
    Zucht   **160–161** (Charolais)
    Rezepte: Côte de bœuf 163 (Abb.), Galette von
    Burgunder Rindsragout mit Zwiebelbröseln 168
    (Abb.), Nudelrouladen mit Ochsenschwanzfüllung
    81 (Abb.), Rindfleisch auf provenzalische Art 415,
    Rindsrouladen 246 (Abb.), Zwischenrippenstück
    Villette 45
Ris de veau à la poudre de cassis   169 (Abb.)
Ritz, César   34
Rochen   98 (Abb.)
Römischer Salat   406 (Abb.)
Roquefort   47 (Abb.), 50 (Abb.), **330–331**
Rosmarin   403 (Abb.)
Rostand, Edmond de   24
Röstkartoffeln mit Lamm und Pfefferminze   38 (Abb.)
Rotbarbe   390 (Abb.), 437 (Abb.)
Rotbarbe mit Sommerspinat, Phyllo von   38 (Abb.)
Rotbarbenfilets und kleine Kalmare, gefüllt mit
    Auberginenragout   395 (Abb.)
Rotbarsch   99 (Abb.)
Rotbrasse   436 (Abb.)
Rothschild, Baron Philippe de   263
Rôti de veau de lait fermier en croûte de sel   247
    (Abb.)
Rouelles de jarret de marcassin braisées au cassis
    65
Rouget barbet aux épices   200 (Abb.)
rouget   437 (Abb.)
rouget-barbe   390 (Abb.)
Rouille   355, 388 (Abb.)
Roulés de choux au caviar   39 (Abb.)
rousquille   369
Rübchen, Glasierte weiße   **131**
Rungis   14

Sablé pistache et pommes rouges   39 (Abb.)
Saccharomyces oviformis   193
Saillard, Edmond   198

466   ANHANG

Saint-Cochon au Bistrot   200 (Abb.)
Saint-Émilion   **272–273**
Saint-Florentin   171 (Abb.)
Saint-Honoré (Kuchen)   24, 25 (Abb.)
Saint-Marcellin   48 (Abb.), **220–221**
Saint-Nectaire   51 (Abb.), 333
Saint-Pierre   98 (Abb.), 390 (Abb.), 437 (Abb.)
Sainte-Maure   49 (Abb.)
Salade de Cervelas   81
Salade de poulpe   439 (Abb.)
Salade lyonnaise   201 (Abb.)
Salat   **406–407**
Salat, Römischer   406 (Abb.)
Salbei   403 (Abb.)
Salers (Käse)   51 (Abb.), 333
Salers (Rind)   162 (Abb.)
Salon de Thé   **30–31**
salumu   442 (Abb.)
Salz   **122–123**
Samtmuschel   100 (Abb.)
Sancerre   **141**
Sandklaffmuschel   100 (Abb.)
Sandre en meunière de gaude, gros gnocchis au
   lard paysan   169
santons   **430–431**
sar   437 (Abb.)
Sardine   390 (Abb.)
Sardinen, Mit Brocciu gefüllte   438 (Abb.)
Sardinenfilets mit Sonnengemüse, Eingewickelte
   Muscheln und   356 (Abb.)
Sardines farcies au brocciu   438 (Abb.)
Sarteno   448
Sauce für Fischsuppe, Scharfe   388 (Abb.)
Saucisse de Morteau   **185**, 186 (Abb.)
saucisses   336 (Abb.)
Saucisson de Lyon   **202**
saucisson secs   336   (Abb.)
Saucissonaille   201 (Abb.)
Sauerkraut   **74–74**
Sauerkraut auf traditionelle Art   75
Sauerkraut nach Hausmacherart   75
Saumur   **140–141**
saurissage   97
Savarin de sole et saumon   38 (Abb.)
scampi   241, 391 (Abb.)
Schaf   s. auch Lamm
   Allgemein   380, 449, 414
   Innereien   138 (Abb.), 380
   Rassen (Übersicht)   324 (Abb.)
   Zucht   324
   Rezepte: s. Lamm; Hammel
Schafskäse   220 (Abb.), **285, 330–331, 448**
Schaumwein
   Allgemein   140, 229
   Champagner   **56–59**
   Crémant d'Alsace   84
   Limoux   374
Schellfisch   99 (Abb.)
Schiffala   81
Schinken
   Ardennenschinken   **61**
   Korsika   **442–443**
   Luxueil-les-Bains   186
   Toulouse   **336–337**
   Übersicht   186 (Abb.)
   Rezepte: Gekochter Schinken Porte Maillot 45
   (Abb.), Schinken-Käse-Toast 44 (Abb.), Schinken-
   sülze mit Petersilie nach Burgunder Art 187 (Abb.)
Schnecke
   Allgemein   **360–361**
   Arten   360
   Weinbergschnecke   361
   Zubereitung   360–361 (Abb.)
   Rezepte: Kleine Weinbergschnecken in Brennessel-
   sauce 379 (Abb.), Weinbergschnecken in Kräuter-
   butter 158 (Abb.), Weinbergschnecken in Markkno-
   chen mit Knoblauch und grobem Salz 168 (Abb.)

Schnittkäse, halbfeste und feste (Übersicht)   47, **51**
   (Abb.)
Schokolade   s. auch Nougat; Pralinen   **204–205**
Schokoladencreme   207 (Abb.)
Scholle   98 (Abb.)
Schutzenberger (Brauerei)   77
Schwein   s. auch Rauchfleisch; Schinken; Wurst
   Allgemein   380, 442
   rillette   **136**, 336 (Abb.)
   rillon   **136**
   Schweinsfüße   60
   Rezepte: Cassoulet 316 (Abb.), Gekochter Schinken
   Porte Maillot 45 (Abb.), Lothringer Fleischpastete
   69, Schweinetopf nach Art des Languedoc 381
   (Abb.), Schweinsfüße Sainte-Menehould 60 (Abb.)
Schwimmkrabbe   101 (Abb.)
Schwimmkrabbensuppe   103 (Abb.)
Schwitzerkässalat   81
sébaste   99 (Abb.)
Seehecht   98 (Abb.)
Seehecht mit Muscheln in grüner Sauce,
   Geschmorter   283 (Abb.)
Seeigel   391 (Abb.)
Seelachs   98 (Abb.)
Seespinne, Große   101 (Abb.), 391 (Abb.)
Seeteufel   99 (Abb.), 390 (Abb.)
Seeteufel mit Steinpilzen, Gebratener   357 (Abb.)
Seewolf   390 (Abb.), 436 (Abb.)
Seewolf in Wein- und Myrtensauce   438 (Abb.)
Seewolf in Salzkruste   394 (Abb.)
Seezunge   99 (Abb.)
Seezungen- und Lachskrone   38 (Abb.)
Selles-sur-Cher   49 (Abb.)
Senf   **164–165**
Senf, Violetter   **251**
Serres, Olivier de   426
Sevigné, Madame de   22, 342
Sinapis alba   165
sole   99 (Abb.), 240
solette   240
Sommelier   **33**
Sorbet
   Rezepte: Kastaniencreme mit Mandarinen-Sorbet
   424 (Abb.), Honigkuchen, Birnen in Wein, Cassis-
   Sorbet 159 (Abb.)
Soufflé au Cantal   335 (Abb.)
Soufflé de fonds d'artichauts   121
Soufflé von Artischockenböden   121
Soumaintrain   171 (Abb.)
Soupe au pistou   408
Soupe blanche de poisson et flan de choux fleur
   201 (Abb.)
Soupe d'étrilles   103 (Abb.)
Soupe de poissons de roche   354 (Abb.)
Souris cloutée d'ail de Lautrec rôtie   325 (Abb.)
Spaghetti à la boutargue   439 (Abb.)
Spaghetti mit korsischem Kaviar   439 (Abb.)
Spargel   130 (Abb.)
Speckkuchen, Lothringer   68 (Abb.)
Speck-Zwiebel-Kuchen   81 (Abb.)
Speiseöl   **166–167, 398–399**
Spiegelkarpfen   213
St. Raphael   351
Stanislas Leszczynski, König   70
Steinbutt   99 (Abb.)
Steinbuttsteaks wie im Kaïku   281 (Abb.)
Steinobst (Übersicht)   226 (Abb.)
Steinpilzcremesuppe mit fritierten Steinpilzen
   327 (Abb.)
Steinpilze   326
Stiere   **418–419**
Stierkampf   419
Stöcker   436 (Abb.)
Stockfisch   390 (Abb.)
Stockfisch nach Großmutter-Art   379 (Abb.)
Stohrer   70
Stopfleber   78, 79, **294–297**

Stopfleberfinger   38 (Abb.)
Storzapretti   450 (Abb.)
Strandkrabbe   391 (Abb.)
Strandschnecke   100 (Abb.)
Sucrine   407 (Abb.)
Sueri nierli   81
Supions aux artichauts, vinaigrette à l'orange et
   crème aux noix   364 (Abb.)
Suppen
   Rezepte: Bouillabaisse 388 (Abb.), Erbsensuppe
   Saint-Germain 31 (Abb.), Fischsuppe 354 (Abb.),
   Fischsuppe von Fischbrut 438 (Abb.), Frühlings-
   suppe 131, Gazpacho mit Austern 356 (Abb.),
   Kressecremesuppe 44, Miesmuschel- und Gemü-
   secreme 120, Pariser Kartoffel-Porree-Suppe 44,
   Schwimmkrabbensuppe 103 (Abb.), Steinpilzcreme-
   suppe mit fritierten Steinpilzen 327 (Abb.), Über-
   backene Zwiebelsuppe 44 (Abb.)
Suprême de pintade et ravioles aux poireaux
   223 (Abb.)
Suprême de poulet de Bresse farci à la julienne de
   légumes sauce au Gamay du Bugey   218 (Abb.)
Suprême Denoix   233 (Abb.)
Süßigkeiten   s. auch Pralinen; Schokolade
   Allgemein   **107**
   Anisbonbons   154–155 (Abb.)
   Berlingots   **106**
   Bêtises de Cambrai   **106**
   Calissons d'Aix   **426–427**
   Confiture d'angélique   **244–245**
   Maghrebinische Spezialitäten   321 (Abb.)
   Pruneaux d'Agen   **300–301**
   touron   **368–369**
Süßmandel   227 (Abb.)
Süßspeisen
   Allgemein   **304–305, 424**
   Katalanische Spezialitäten   366–367
   Rezepte: Apfel im Schlafrock 118, Apfel-Charlotte
   118, Apfeltaschen mit Calvados 118, Auberginen-
   Apfel-Tatin 367 (Abb.), Apfeltorteletts mit Nüssen,
   Pinien und Rosinen 424 (Abb.), Brocciu-Flan mit
   Orangen-Coulis 451 (Abb.), Eisgekühlter Nougat mit
   Kastanienhonig 425 (Abb.), Feigen in gewürzter Ka-
   ramelsauce 223 (Abb.), Kastaniencreme mit Manda-
   rinen-Sorbet 424 (Abb.), Katalanische Creme 367
   (Abb.), Mel i mato auf unsere Weise 367 (Abb.),
   Mousse au chocolat 207 (Abb.)
Suze   405 (Abb.)
Sylvaner   86 (Abb.), 87

Tabak   **306–307, 308**
Tafeltraube   226 (Abb.)
Tajine de poulet aux pruneaux, miel et amandes
   321 (Abb.)
Tapenade   397
Tartare de saumon au basilic   39 (Abb.)
Tartare de saumon aux lentilles vertes de Puy
   339 (Abb.)
Tarte à l'Epoisses et aux pommes   158 (Abb.)
Tarte au chocolat   305 (Abb.)
Tarte aux pommes d'hier   119
Tarte flambée au Calvados   118
Tarte mit Epoisses und Äpfeln   158 (Abb.)
Tarte Tatin   118
Taschenkrebs   101 (Abb.)
Tatin d'aubergines aux pommes   367 (Abb.)
Taube   217 (Abb.)
Tenay, Jean de   160
Tenay, Laurent de   160
Terrine à la châtaigne   **446–447**
Terrine de ris de veau   79 (Abb.)
Terrinen   **136**
Tête de veau en estouffade, condiments et
   aromates en ravigote   381
thon germon   99 (Abb.)
thon rouge   390 (Abb.)
Thun, Maria   143

ANHANG   467

Thunfisch 390 (Abb.)
Thunfisch, Weißer 99 (Abb.)
Thymian 403 (Abb.)
Tintenfisch 240, 280
Tintenfische mit Artischocken und Nußcreme,
    Kleine 364 (Abb.)
Tintenfischen in Essigsauce, Meeraalsteak mit
    357 (Abb.)
Tintenfischsalat 439 (Abb.)
Toast, Schinken-Käse- 44 (Abb.)
Tomate 130 (Abb.)
Tomaten, Gebackene 447 (Abb.)
Tomates confites 447 (Abb.)
Tomme de Savois 51 (Abb.)
Torten   s. auch Kleingebäck; Kuchen
    Allgemein 24
    Übersicht (Abb.) 24–25
    Spezialitäten: Eisbombe 25 (Abb.), Paris-Brest 24,
        25 (Abb.), 305 (Abb.)
    Rezept: Flambierte Apfeltorte mit Calvados 118
Torula cognaciensis 252
Touraine 141
Tournedos de chevreuil au jambon de sanglier
    gratiné à l'oignon 64 (Abb.)
touron 368–369
Tourte de bléa 409
Tourte lorraine 69
tourteau 101 (Abb.)
tourtière 304
Traber, Philippe 88
Traiteur 37
Tripes à la mode de Caen 113
Tripes au goût fumé en écrin de pommes 113
tripotxa 282
Trockenfrüchte   s. Backpflaumen
Troisgros 40
Troubat 154
truffade 324
Truffade, La 324 (Abb.)
Trüffeln
    Allgemein 326, 412–413
    Sorten 412
    Rezepte: Getrüffelte Eiertaschen mit Trüffel-
        Sabayon 327 (Abb.), Huhn in Wein mit Makkaronis
        und hiesigen Trüffeln 168 (Abb.), Trüffelsalat auf
        warmem Kartoffelbett 327 (Abb.)
Truffes fraîches en salade sur lit de pommes de
    terre charlotte tiède 327 (Abb.)
Truite Fario au lard 379 (Abb.)
Tuber aestivum 412
Tuber brumale 412
Tuber magnatum 412
Tuber melanosporum 412, 413 (Abb.)
Tulipes au myrtille 39 (Abb.)
turbot 99 (Abb.)

Uferschnecke 100 (Abb.)
Ursulinen (Orden) 154

Vacherin Mont d'Or 49 (Abb.), 189 (Abb.)
Venaco 448
Venusmuschel 100 (Abb.)
Venusmuschel, Rauhe 100 (Abb.)

Vercingetorix 154
Verlaine 191
Vermouth 351
Verveine de Velay 233 (Abb.)
Veuve Amiot 140
Vignard, Jean 201
Villanova, Arnaldus von 88, 370
Vin d'Alsace 84
Vincelli, Bernardo 232
Violet, Gebrüder 350
Volvic (Firma) 342

Wacholderschnaps 104–105
Wachtel 217 (Abb.)
Wachtel mit Birnen 38 (Abb.)
Walfang 280
Walnuß 227 (Abb.)
Weichkäse mit Rotflora 47 (Übersicht), 49 (Abb.)
Weihnachten
    Desserts 428
    Gebäck 73
    Krippen 430–431
Wein   s. auch Cidre; Fruchtwein; Rebsorten;
    Schaumwein; einzelne Weinbaugebiete
    Anbau: biodynamisch 143, Burgund 172, Chablis
        174, Chenin Blanc 142, Gamay 210, Gironde 270–
        271, Jura 192, Madiran 291, Roussillon 372
    Anbaugebiete (Übersichtskarten): Aveyron 319,
        Beaujolais 210, Bordeaux 261, Burgund 172,
        Chablis 175, Côte de Beaune 178, Côte de Nuits
        179, Dordogne 275, Garonne 275, Jura 192, Korsika
        453, Loire 141, Lot 319, Provence 423, Pyrenäen
        291, Rhône (nördliche) 228, Rhône (südliche) 420,
        Roussillon 372, Savoyen 229, Tarn 319
    Aveyron 319
    Baskenland 287
    Beaujolais 208–211
    Biodynamischer Weinbau 143
    Bordeaux 260–261, 268–269
    Burgund 172–181
    Chablis 174–175
    Dordogne 274, 275
    Elsaß 84–87
    Etikett 86, 264–267 (Abb.)
    Garonne 274, 275
    Gironde 270–271
    Herstellung: Burgund 172, Chablis 174–175, Chenin
        Blanc 142, Gamay 210, Jura 193, Pinot Noir 176–
        177, Madiran 291, Vin de Paille 193, Vin Jaune 192–
        193, Vins Doux Naturels 370–371
    Jura 192–193
    Klassierung/Kategorien 87, 141, 271, 371, 376
    Korsika 452–453
    Languedoc 376–377
    Loire 140–143
    Lot 319
    –, natursüß 261, 268, 270–271, 370–371, 372,
        421
    Provence 422–423
    Pyrenäen 287–291
    Rhône 228–229, 420–421
    Roussillon 372–373
    Savoyen 229

Tarn 319
    Versteigerung 181
Weinbergpfirsiche 305 (Abb.)
Weinbergschnecke 360 (Abb.), 361
Weinbergschnecken in Brennesselsauce, Kleine
    379 (Abb.)
Weinbergschnecken in Kräuterbutter 158 (Abb.)
Weinbergschnecken in Markknochen mit
    Knoblauch und grobem Salz 168 (Abb.)
Weinbrand   s. Armagnac; Calvados; Cognac; Marc de
    Bourgogne
Weinstuben 80–81
Weintrauben 315
Weißschimmelkäse 47 (Übersicht), 48 (Abb.), 108
Weißwurst 60–61
Wellhornschnecke 100 (Abb.)
Wermut 190 (Abb.)
Widerad 154
Wild   s. auch einzelne Arten
    Jagd 62
    Übersicht (Abb.) 62, 217
    Rezepte: Hirschkeule in Weinessigsauce 65 (Abb.),
        Hirschkuhtaschen mit Champagnersauce 64,
        Rehlendenschnitten mit Wildschweinschinken 64
        (Abb.), Scheiben von Frischlingskeule in Johannis-
        beersauce 65, Wildschweinbäckchen mit Rotwein-
        birnen 65
Wildente 62 (Abb.)
Wildforelle mit Speck 379 (Abb.)
Wildpilze 326
Wildschwein 62 (Abb.), 362–363
Wildschweinbäckchen mit Rotweinbirnen 65
Wildschweinpfeffer 363 (Abb.)
Wittling 99 (Abb.), 390 (Abb.)
Wittlinge Bercy 31 (Abb.)
Wolfsbarsch 390 (Abb.), 436 (Abb.)
Wurst   s. auch einzelne Wurstsorten
    Herstellung: andouille 110–111, andouillette 137,
        Cervelas de Lyon 202, Saucisse de Morteau 185,
        Saucisson de Lyon 202
    Übersicht (Abb.): Franche-Comté 186, Korsika 442,
        Lyon 202–203, Toulouse 336–337
    Rezepte: Gemischtes Gemüse mit Muscheln und
        Blutwurst 356 (Abb.), Moche und Kräuterwurst 381
        (Abb.), Potjevlesh (Sülze) 110

zalabia 321 (Abb.)
Zander nach Müllerinart, große Gnocchi mit
    Bauernspeck 169
Ziege 54, 149 (Abb.), 449
Ziegenkäse
    Beaujolais 208
    Herstellung 148, 185
    Korsika 448
    Übersicht 47, 49 (Abb.), 220 (Abb.), 448 (Abb.)
Ziegenkäse-Blätterteigschnitte mit Kastanien 379
Zigaretten 308–309
Zola, Émile 14
Zucchiniblüten, Fritierte 410
Zucker 107
Zwiebel 130 (Abb.)
Zwiebelsuppe, Überbackene 44 (Abb.)
Zwischenrippenstück Villette 45